Preußische

Amtsgerichtsordnung

für

bürgerliche Rechtsstreitigkeiten.

Zusammenstellung

der

auf den amtsgerichtlichen Civilprozeß bezüglichen in Preußen geltenden Vorschriften

von

Felix Vierhaus,

Landrichter, zur Zeit kommissarischem Hülfsarbeiter im Reichs-Justizamt.

Berlin und Leipzig.

Verlag von J. Guttentag (D. Collin).

1881.

Vorwort.

Nach dem Erlasse der Hannoverschen Bürgerlichen Prozeßordnung vom 8. November 1850 erschien aus der Feder Leonhardts eine Amtsgerichtsordnung für bürgerliche Rechtsstreitigkeiten.[1]) Der Verfasser begründete[2]) das Bedürfniß zu seinem Werke damit, daß der Bürgerlichen Prozeßordnung das Verfahren vor den höheren Gerichten als die Regel zum Grunde gelegt sei, und die Bestimmungen für den amtsgerichtlichen Civilprozeß theils als Ausnahmen in dem allgemeinen Theile, theils nur in einem kurzen Abschnitte des besonderen Theiles Aufnahme gefunden hätten.

Die Sachlage ist gegenwärtig bezüglich der Deutschen Civilprozeßordnung genau dieselbe. Zu dem Bedürfnisse, welches Leonhardt aus der systematischen Anordnung herleitete, tritt nunmehr aber noch ein zweiter Grund hinzu, der eine Zusammenstellung der lediglich auf den amtsgerichtlichen Civilprozeß bezüglichen Vorschriften als nützlich erscheinen lassen dürfte. Es ist die Unübersichtlichkeit des Rechtsstoffs in Folge der sich mannigfach durchkreuzenden Reichs- und Landesgesetze und der Fülle reglementarischer Vorschriften.

Der Verfasser glaubte sich daher der ihm von der Verlagshandlung gegebenen Anregung, eine Amtsgerichtsordnung nach dem Muster der Leonhardtschen auf Grund der Deutschen Civilprozeßordnung zu bearbeiten, nicht entziehen zu sollen. Praktische Brauchbarkeit konnte die-

---

[1]) Amtsgerichtsordnung für bürgerliche Rechtsstreitigkeiten auf Grundlage der allgemeinen bürgerlichen Prozeßordnung vom 8. November 1850 bearbeitet und erläutert von Dr. A. Leonhardt, Obergerichtsrath und Referenten im Justizministerium zu Hannover. Zweite sehr vermehrte Auflage. Hannover. 1853. XX und 403 S. 8°.

[2]) in der Vorrede zur ersten Auflage.

selbe indeß nur beanspruchen, wenn sie sich auf Berücksichtigung der Landesgesetzgebung eines Bundesstaates beschränkte. Das vorliegende Werk stellt sich daher als Preußische, nicht als Deutsche Amtsgerichtsordnung dar.

Bei der Lösung der gestellten Aufgabe wurde dem Verfasser die von Anfang an gehegte Ueberzeugung zur vollkommenen Klarheit, daß es ihm nicht möglich sei, dem musterhaften Werke Leonhardts etwas annähernd Aehnliches an die Seite zu stellen. Aber auch abgesehen von dieser allgemeinen Ungleichheit, ist der Verfasser in zwei Punkten bewußt von seinem Vorbilde abgewichen. Einerseits sind die erläuternden Anmerkungen auf solche Bemerkungen beschränkt, welche den Zusammenhang der einzelnen Vorschriften mit verwandten Bestimmungen betreffen. Bei einem weitergehenden Kommentare wäre die Grenze des Aufzunehmenden kaum zu bestimmen gewesen; Selbständiges hätte bei der Knappheit des Raumes nicht geboten werden können; ein Bedürfniß, die zahllos vorhandenen Kommentare zu vermehren, war schwerlich gegeben; Umfang und Preis des Buches wäre ohne erheblichen Nutzen nachtheilig beeinflußt worden. — Andererseits ist von der Aufnahme von Musterbeispielen abgesehen worden, denn dem Bedürfniß nach zweckentsprechenden Formularen ist vom Preußischen Justizministerium in weitem Umfange Rechnung getragen;[3]) über den Kreis der amtlichen Formulare hinaus dürfte die individuelle Gestaltung der einzelnen Fälle den Werth von Musterbeispielen als einen problematischen erscheinen lassen.

Die einzelnen Bestimmungen sind thunlichst wörtlich in die Amtsgerichtsordnung aufgenommen. Diejenigen §§, in welchen mit Rücksicht auf den Zweck des Buches und die mitunter veränderte Anordnnng der einzelnen Vorschriften, Worte ausgelassen oder verändert sind, sind durch ein Sternchen (*) kenntlich gemacht. Außerdem ist, um das Buch thunlichst eng an den Gesetzestext anzuschließen, die Quelle, aus der die einzelnen §§ entlehnt sind, stets genau angeführt; ebenso sind Citate stets in der ursprünglichen Form wiedergegeben, beziehungsweise ist in eigenen Citaten auf den Gesetzestext selbst Bezug genommen.

---

[3]) Es sei dem Verfasser gestattet, auf sein Formularbuch zu den Deutschen Prozeßordnungen für den Gebrauch der Gerichte und Staatsanwaltschaften (3. Abdruck, Berlin, 1880) zu verweisen, welches in Nr. 1 bis 59, 371, 386 das vorliegende Werk ergänzt.

Daneben sind die entsprechenden §§ der Amtsgerichtsordnung stets gleichzeitig angeführt, und zwar in eckigen Klammern [ ], in welche überhaupt durchgängig alle auf das Werk selbst bezüglichen Verweisungen, im Gegensatze zu anderweiten Allegaten, eingeschlossen sind. —

Der Zweck des Verfassers war, in handlicher Form den amtsgerichtlichen Beamten Alles zu bieten, was sie zu ihrer Thätigkeit in bürgerlichen Rechtsstreitigkeiten an gesetzlichem und instruktionellem Materiale in Betreff des Verfahrens bedürfen. Er giebt sich der Hoffnung hin, daß die praktische Brauchbarkeit des Buches sich erproben und so seine Absicht erreicht werden möchte.

Berlin, 15. Dezember 1880.

Inhalts-Verzeichniß.

Anhang.

Anlagen.

Erklärungen der gebrauchten Abkürzungen.

AG. = Ausführungsgesetz.
AGO. = Allgemeine Gerichts-Ordnung.
Begr. = Begründung des Entwurfes einer Civilprozeßordnung, Anlage zu Nr. 6 der Drucksachen des Deutschen Reichstags, II. Legislaturperiode, II. Session 1874.
BGBl. = Bundes-Gesetzblatt.
CPO. = Civilprozeßordnung vom 30. Januar 1877 (RGBl. S. 83).
EG. = Einführungsgesetz.
GAGB. = Geschäftsanweisung für die Gerichtsvollzieher vom 24. Juli 1879 (Anl. zu Nr. 31 des JMBl. 1879).
Gesch.-O. = Geschäftsordnung für die Gerichtsschreibereien der Amtsgerichte vom 1. August 1879 (Anlage I zu Nr. 32 des JMBl. 1879).
GKG. = Gerichtskostengesetz vom 18. Juni 1878 (RGBl. S. 141).
GOGB. = Gebührenordnung für Gerichtsvollzieher vom 24. Juni 1878 (RGBl. S. 166).
GORA. = Gebührenordnung für Rechtsanwälte vom 7. Juli 1879 (RGBl. S. 176).
GOZ. = Gebührenordnung für Zeugen und Sachverständige vom 30. Juni 1878 (RGBl. S. 173).
GS. = Gesetz-Sammlung für die Königlich Preußischen Staaten.
GVG. = Gerichtsverfassungsgesetz vom 27. Januar 1877 (RGBl. S. 41).
GVO. = Gerichtsvollzieherordnung vom 14. Juli 1879 (Anlage zu Nr. 30 des JMBl. 1879).
HO. = Hinterlegungsordnung vom 14. März 1879 (GS. S. 249).
JMBl. = Justiz-Ministerial-Blatt für die Preußische Gesetzgebung und Rechtspflege.
KO. = Konkursordnung vom 10. Februar 1877 (RGBl. S. 351).
RAO. = Rechtsanwaltsordnung vom 1. Juli 1878 (RGBl. S. 177).
RGBl. = Reichs-Gesetzblatt.
RMG. = Reichsmilitärgesetz vom 2. Mai 1874 (GS. S. 45).
SO. = Subhastationsordnung vom 15. März 1869 (GS. S. 421).
StrGB. = Strafgesetzbuch für das Deutsche Reich (RGBl. 1876 S. 39).

Ist bei Anführungen aus dem RGBl. (BGBl.), der GS. oder dem JMBl. der Jahrgang nicht besonders angeführt, so ist derjenige gemeint, welcher dem Datum des angezogenen Gesetzes (Verordnung, Verfügung 2c.) entspricht.

Erster Theil.

Verfassung der Amtsgerichte.[1])

Erster Titel.

Richteramt.

§ 1.

(§ 1 GVG.)

Die richterliche Gewalt wird durch unabhängige, nur dem Gesetze unterworfene Gerichte ausgeübt. Richterliche Gewalt.

§ 2.*

(§ 6 GVG., § 7 AG. GVG.)

Die Richter[2]) werden vom Könige auf Lebenszeit ernannt.[2a]) Richter.

---

[1]) Nur die auf die Thätigkeit der Amtsgerichte in bürgerlichen Rechtsstreitigkeiten bezüglichen Vorschriften haben Aufnahme gefunden.

[2]) Die Vorschriften über die Befähigung zum Richteramte (§§ 2 bis 5 GVG; §§ 1, 2 AG. GVG.; Gesetz vom 6. Mai 1869, GS. S. 656; Regulativ vom 22. August 1879, JMBl. S. 246; Allg. Verf. v. 20. März 1880, JMBl S. 56) haben für die Amtsgerichte keine unmittelbare praktische Bedeutung, mit Ausnahme folgender Bestimmungen:

a) § 8 Abs. 2 des Ges. v. 6. Mai 1869:* Die Referendare können die Verrichtungen eines Gerichtsschreibers wahrnehmen.

b) § 2 AG. GVG. s. unten § 10.

c) § 20 vb. mit §§ 15, 16, 22 des Regul. v. 22. August 1879*:

Der Referendar ist während eines Zeitraums von mindestens anderthalb Jahren bei einem Amtsgericht zu beschäftigen.

Die allgemeine Beaufsichtigung und Leitung des Vorbereitungsdienstes liegt den Präsidenten der Oberlandesgerichte ob.

Die besondere Beaufsichtigung und Leitung des Vorbereitungsdienstes liegt den Vorständen der Gerichte, welchen die Referendare zur Beschäftigung überwiesen sind, ob.

Dieselben haben zugleich mit der Beendigung dieser Beschäftigung dem Präsidenten des Oberlandesgerichts ein Zeugniß über das dienstliche und außerdienstliche Verhalten sowie über die Leistungen der Referendare und die darin hervorgetretenen Mängel zu übermitteln.

Das Zeugniß ist den Referendaren nicht auszuhändigen.

Der Referendar hat ein Geschäftsverzeichniß zu führen, in welchem eine

§ 3.*

(§ 8 AG. GVG.; Nr. 4 des Allerhöchsten Erlasses vom 11. August 1879.)[3])

Die bei den Amtsgerichten angestellten Richter führen den Amtstitel Amtsrichter.

Die Amtsrichter gehören zur fünften Rangklasse der höheren Provinzialbeamten. Einem Theile der Amtsrichter kann durch die Ernennung zum Amtsgerichtsrath persönlich ein höherer Amtskarakter mit dem Range der Räthe der vierten Klasse verliehen werden. Diese Verleihung soll jedoch nicht über ein Drittheil der Gesammtzahl umfassen[4]) und nur an solche Richter erfolgen, welche mindestens ein zwölfjähriges richterliches Dienstalter erreicht haben.

§ 4.

(§ 9 Abs. 1 Satz 1 und 2, § 10 AG. GVG.)

Die Verleihung der etatsmäßigen Gehälter und Gehaltszulagen an die Richter erfolgt innerhalb des Besoldungsetats nach der durch das Dienstalter bestimmten Reihenfolge. Neu ernannte oder in einen anderen Besoldungsetat versetzte Richter treten nach dem Dienstalter in die Reihenfolge ein.

Die Gehälter der Landrichter und der Amtsrichter sind nach gleichen Grundsätzen zu bemessen.

§ 5.*

(§ 5 der Verordnung, betreffend die für die Bestimmung des Dienstalters maßgebenden Grundsätze, vom 16. April 1879.)[5])

Für jeden Oberlandesgerichtsbezirk wird ein gemeinschaftlicher Besoldungs-Etat der Landrichter und Amtsrichter gebildet und die Reihenfolge der Richter durch das Dienstalter als Gerichtsassessor (richterliches Dienstalter) bestimmt.[6])

Uebersicht seiner Thätigkeit, unter Hervorhebung der bedeutenderen Geschäfte zu geben ist.

Dasselbe ist allmonatlich der mit der besonderen Leitung des Vorbereitungsdienstes betrauten Person zu übergeben und von dieser zum Zeichen genommener Einsicht mit einem Vermerke zu versehen.

[2a]) Inwieweit Versetzungen einer Königlichen Versetzungsordre bedürfen, bestimmt der Allerhöchste Erlaß vom 8. Dezember 1879 (JMBl. S. 471).

[3]) GS. S. 579.

[4]) Da auch den Landrichtern durch Ernennung zum Landgerichtsrath der höhere Amtskarakter beigelegt werden kann, und die Vorschrift des Textes sich auf beide Kategorien bezieht, so ist unter dem Drittheil ein Drittheil der Gesammtzahl aller Amts- und Landrichter zu verstehen.

[5]) GS. S. 318. — Diese Verordnung kann nur durch Gesetz abgeändert werden. § 9 Abs. 1 Satz 4 AG. GVG.

[6]) Die weiteren Vorschriften des § 5 der angef. Verordnung interessiren als nur für die Uebergangszeit bestimmt, hier nicht.

§ 6.

(§ 9 Abs. 2 AG. GVG.)

Die Verleihung einer Gehaltszulage bleibt ausgesetzt, so lange ein Disziplinarverfahren oder wegen eines Verbrechens oder Vergehens ein Hauptverfahren oder eine Voruntersuchung schwebt. Führt das Verfahren zum Verluste des Amts, so findet eine Nachzahlung des zurückbehaltenen Mehrgehalts nicht statt.

§ 7.

(§ 11 AG. GVG.)

Andere Vergütungen, als die auf Gesetz beruhenden Gehälter und Entschädigungen oder auf Stiftungen beruhende Bezüge, dürfen den Richtern für richterliche Geschäfte nicht gewährt werden.

Unterstützungen in Fällen eines außerordentlichen Bedürfnisses werden von dieser Vorschrift nicht betroffen.

§ 8.

(§ 8 GVG.)

Richter können wider ihren Willen nur kraft richterlicher Entscheidung und nur aus den Gründen und unter den Formen, welche die Gesetze [7]) bestimmen, dauernd oder zeitweise ihres Amtes enthoben oder an eine andere Stelle oder in Ruhestand versetzt werden.

Die vorläufige Amtsenthebung, welche kraft Gesetzes eintritt,[8]) wird hierdurch nicht berührt.

Bei einer Veränderung in der Organisation der Gerichte oder ihrer Bezirke können unfreiwillige Versetzungen an ein anderes Gericht oder Entfernungen vom Amte unter Belassung des vollen Gehalts durch die Landesjustizverwaltung verfügt werden.[9])

§ 9.

(§ 9 GVG.)

Wegen vermögensrechtlicher Ansprüche der Richter aus ihrem Dienst-

---

[7]) Vgl. Gesetz, betreffend die Dienstvergehen der Richter und die unfreiwillige Versetzung derselben auf eine andere Stelle und in den Ruhestand, vom 7. Mai 1851 (GS. S. 213), abgeändert durch Gesetz vom 26. März 1856 (GS. S. 201). Diese Gesetze gelten im ganzen Umfange der Monarchie gemäß der Verordnung vom 23. September 1867 (GS. S. 1613). Vgl. ferner Ges., betr. die Abänderung von Bestimmungen der Disziplinargesetze, vom 9. April 1879 (GS. S. 345), dessen § 27 die erwähnten Gesetze auch auf den Kreis Herzogthum Lauenburg ausgedehnt hat.

[8]) § 44 des Ges. v. 7. Mai 1851.

[9]) Vgl. auch noch § 21 EG. GVG.: Innerhalb zwei Jahren nach dem Inkrafttreten des Gerichtsverfassungsgesetzes kann die Landesjustizverwaltung bei nothwendiger Einziehung von Richterstellen die unfreiwillige Versetzung eines Richters an ein anderes Gericht von gleicher Ordnung unter Belassung des vollen Gehalts und Erstattung der Umzugskosten verfügen.

verhältnisse, insbesondere auf Gehalt, Wartegeld oder Ruhegehalt darf der Rechtsweg nicht ausgeschlossen werden.[10])

§ 10.* [11])

(§ 2 AG. GVG.)

Zeitweilige Wahrnehmung richterlicher Geschäfte.

Referendare, welche im Vorbereitungsdienste seit mindestens zwei Jahren beschäftigt sind, können im Falle des Bedürfnisses durch die Justizverwaltung mit der zeitweiligen Wahrnehmung richterlicher Geschäfte bei den Amtsgerichten beauftragt werden.

Denselben kann nach näherer Anordnung der Justizverwaltung durch den Amtsrichter, welchem sie zur Ausbildung überwiesen sind, die Erledigung einzelner richterlicher Geschäfte übertragen werden.

Zur Urtheilsfällung sind Referendare nicht befähigt.[12])

§ 11.*

(§ 3, § 4 Satz 1 AG. GVG.)

Die Gerichtsassessoren werden nach ihrer Ernennung einem Amtsgericht oder Landgericht oder mit ihrer Zustimmung einer Staatsanwaltschaft zur unentgeltlichen Beschäftigung [13]) überwiesen. Die Bezeichnung des Gerichts oder der Staatsanwaltschaft erfolgt durch den Justizminister.

Die Versetzung der Gerichtsassessoren von dem Orte, an welchem sie einem Gerichte oder einer Staatsanwaltschaft zur unentgeltlichen Beschäftigung überwiesen sind, ist nur mit ihrer Zustimmung zulässig.

Die Gerichtsassessoren sind indeß verpflichtet, auf Anordnung des Justizministers die Verwaltung einer Amtsrichterstelle, die Stellung eines Hülfsrichters oder eines Hülfsarbeiters bei der Staatsanwaltschaft zu übernehmen.

---

[10]) §§ 1 bis 8 des Gesetzes, betreffend die Erweiterung des Rechtsweges, vom 24. Mai 1861 (GS. S. 241). Diese Vorschriften gelten im ganzen Umfange der Monarchie; vgl. Verordnung vom 16. September 1867 (GS. S. 1515) und — für den Kreis Herzogthum Lauenburg — § 3 des Ges. vom 25. Februar 1878 (GS. S. 97).

[11]) Zu §§ 10, 11 vgl. § 10 GVG: Die landesgesetzlichen Bestimmungen über die zeitweilige Wahrnehmung richterlicher Geschäfte bleiben unberührt.

[12]) 1. Referendaren, welche im Vorbereitungsdienste seit mindestens zwei Jahren beschäftigt sind, kann durch den Amtsrichter, welchem sie zur Ausbildung überwiesen sind, die selbständige Erledigung einzelner richterlicher Geschäfte mit Ausschluß solcher, zu welchen sie nach Absatz 3 des § 2 AG. GVO. [§ 10] nicht befähigt sind, übertragen werden. Es wird jedoch als Regel zu beachten sein, daß von dieser Vorschrift nur hinsichtlich der Abhaltung von Terminen Gebrauch gemacht werde.

2. Die Bestellung von Referendaren zu Hülfsrichtern in Gemäßheit der Absätze 1 und 3 des angezogenen § erfolgt bis auf Weiteres durch den Justizminister. Allg. Verf. vom 9. Dezember 1879 (JMBl. S. 466).

[13]) Diese Beschäftigung kann eine unselbständige sein oder in der den Gerichtsassessoren übertragenen Erledigung einzelner richterlicher Geschäfte bestehen.

Zweiter Titel.

Gerichtsbarkeit.

§. 12.

(§ 12 GVG.)

Die ordentliche streitige Gerichtsbarkeit wird durch Amtsgerichte und Landgerichte, durch Oberlandesgerichte und durch das Reichsgericht ausgeübt. Gerichte.

§ 13.*

(§ 13 GVG.)

Vor die ordentlichen Gerichte gehören alle bürgerlichen Rechtsstreitigkeiten, für welche nicht entweder die Zuständigkeit von Verwaltungsbehörden [1]) oder Verwaltungsgerichten [2]) begründet ist, oder reichsgesetzlich besondere Gerichte [3]) bestellt oder zugelassen sind.

---

[1]) Die Abgrenzung der Zuständigkeit der Verwaltungsbehörden und der Gerichte — die Lehre von der Zulässigkeit des Rechtsweges — gehört dem Staatsrechte an und liegt außerhalb des Rahmens dieser Schrift. Reichsgesetzlich ist für die Zulässigkeit des Ausschlusses des Rechtsweges durch die Landesgesetzgebung eine — für Preußen bedeutungslose — Beschränkung in §§ 4, 5 Satz 2 EG. CPO. gegeben. Vgl. von Rönne, Preußische Staatsrecht § 56 Bd. I Abth. 1 S. 267 ff.; Reichsstaatsrecht § 102 Bd. II Abth. 2 S. 25 ff. und die bis zum Zeitpunkte ihrer Zusammenstellung vollständige Uebersicht in von Rönne's Ergänzungen zur AGO. (Ergänzungen und Erläuterungen der Preußischen Rechtsbücher Band III), 5. Ausgabe, 1865, zu § 1 der Einleitung S. 85 bis 141.

[2]) Vgl. insbesondere das Gesetz, betreffend die Verfassung der Verwaltungsgerichte und das Verwaltungsstreitverfahren, vom 3. Juli 1875 (GS. S. 375) und das Gesetz, betreffend die Zuständigkeit der Verwaltungsbehörden und der Verwaltungsgerichtsbehörden im Geltungsbereiche der Provinzialordnung vom 29. Juni 1875, vom 26. Juli 1876 (GS. S. 297).

[3]) Die nähere Darstellung der Verfassung und Zuständigkeit der besonderen Gerichte liegt außerhalb des Rahmens dieser Schrift. Eine kurze Uebersicht in dieser Beziehung findet sich im Jahrbuch der Preußischen Gerichtsverfassung, Jahrgang XIV, Berlin 1879, S. 62 ff. Als besondere Gerichte in bürgerlichen Rechtsstreitigkeiten, deren Zuständigkeit mit der der Amtsgerichte, diese ausschließend, zusammentrifft, sind zu nennen:

a) der Geheime Justizrath für Rechtsstreitigkeiten der Mitglieder der Königlichen Familie und der Fürstlichen Familie Hohenzollern (a. a. O. S. 67);
b) die Rheinschifffahrtsgerichte (a. a. O. S. 64);
c) die Elbzollgerichte (a. a. O. S. 65);
d) die Auseinandersetzungsbehörden (a. a. O. S. 70);
e) die Gewerbegerichte im Bezirke des früheren Appellationsgerichtshofes zu Cöln a. a. O. S. 67).

§ 14.
(§ 15 GVG.)

Die Gerichte sind Staatsgerichte.

Die Privatgerichtsbarkeit ist aufgehoben, an ihre Stelle tritt die Gerichtsbarkeit desjenigen Bundesstaats, in welchem sie ausgeübt wurde. Präsentationen für Anstellungen bei den Gerichten finden nicht statt.

Die Ausübung einer geistlichen Gerichtsbarkeit in weltlichen Angelegenheiten ist ohne bürgerliche Wirkung. Dies gilt insbesondere bei Ehe- und Verlöbnißsachen.

§ 15.
(§ 16 Satz 1 GVG.)

Ausnahmegerichte sind unstatthaft. Niemand darf seinem gesetzlichen Richter entzogen werden.

§ 16.*
(§ 17 Abs. 1 GVG., § 1, § 4 Abs. 1, § 21 Abs. 1 der Verordnung, betreffend die Kompetenzkonflikte zwischen den Gerichten und den Verwaltungsbehörden, vom 1. August 1879.)[3a]

Zulässigkeit des Rechtswegs.

Die Gerichte entscheiden über die Zulässigkeit des Rechtswegs.[4]

Die Entscheidung von Streitigkeiten über die Zulässigkeit des Rechtswegs erfolgt jedoch durch den Gerichtshof zur Entscheidung der Kompetenzkonflikte:

a) wenn die Verwaltungsbehörden den Rechtsweg in einem bei den Gerichten anhängigen bürgerlichen Rechtsstreite für unzulässig erachten und deshalb der Kompetenzkonflikt erhoben wird;

b) wenn in einer Sache einerseits die Gerichte und andererseits die Verwaltungsbehörden oder Verwaltungsgerichte ihre Unzuständigkeit endgültig ausgesprochen haben, weil von den Gerichten die Verwaltungsbehörden oder Verwaltungsgerichte und von diesen die Gerichte für zuständig erachtet worden sind, auf Antrag einer bei der Sache betheiligten Partei.[5]

[3a] GS. S. 573.

[4] Gerichtskosten: § 26 Nr. 2 GKG. [§ 990]. — Rechtsanwaltsgebühren: § 20 GO. RA. [§ 1099].

[5] I. Die Verordnung vom 1. August 1879 dient zur Ausführung folgender reichsgesetzlicher Bestimmungen:

a) § 17 Abs. 2 GVG.: Die Landesgesetzgebung kann jedoch die Entscheidung von Streitigkeiten zwischen den Gerichten und den Verwaltungsbehörden oder Verwaltungsgerichten über die Zulässigkeit des Rechtswegs nach Maßgabe der folgenden Bestimmungen übertragen. (Diese Bestimmungen sind in der Verordnung vom 2. August 1879 ausdrücklich wiederholt).

b) § 17 Abs. 2 EG. GVG.: Für diejenigen Bundesstaaten, in denen die im § 17 des Gerichtsverfassungsgesetzes bezeichneten Behörden bestehen und nach Maßgabe der Vorschriften im § 17 Nr. 1 bis 4 eine Veränderung ihrer Einrichtung und des Verfahrens bedürfen, kann die Veränderung, sofern sie nicht bis zum

Inkrafttreten dieses Gesetzes landesgesetzlich getroffen ist, durch landesherrliche Verordnung eingeführt werden.

II. Aus der Verordnung vom 1. August 1879 sind folgende Bestimmungen für den Prozeßrichter von Interesse:

§ 1 s. Text.

§§ 2, 3 betrifft die Organisation des Gerichtshofes.

§ 4 Abs. 1 s. Text lit. a.

§ 4 Abs. 2: Der Kompetenzkonflikt kann nicht erhoben werden, wenn die Zulässigkeit des Rechtswegs in der Sache durch rechtskräftiges Urtheil des Gerichts feststeht.

§ 5. Zur Erhebung des Kompetenzkonflikts ist nur die Central- und die Provinzial-Verwaltungsbehörde befugt.

Dieselben können den Kompetenzkonflikt auch dann erheben, wenn die Zuständigkeit zur Entscheidung der Sache für die Verwaltungsgerichte in Anspruch genommen wird.

Hat die Provinzialbehörde mehrere Abtheilungen, so steht die Erhebung des Kompetenzkonflikts dem Plenum zu.

§ 6. Die Erhebung des Kompetenzkonflikts erfolgt bei dem Gerichte, bei welchem die Sache anhängig ist, durch die schriftliche Erklärung der Verwaltungsbehörde, daß der Rechtsweg für unzulässig erachtet werde.

Der Erklärung soll eine Begründung beigefügt werden.

Wird die Erklärung bei einem Gerichte, bei welchem die Sache nicht anhängig ist, abgegeben, so hat dieses die Erklärung an das zuständige Gericht zu übersenden.

§ 7. Das Prozeßverfahren wird durch die Erhebung des Kompetenzkonflikts für die Dauer des denselben betreffenden Verfahrens unterbrochen (§ 226 CPO. [§ 302]).

Durch die nach dem Schlusse einer mündlichen Verhandlung eintretende Unterbrechung, wird auch die Verkündung einer Entscheidung gehindert.

Das Gericht hat die Verwaltungsbehörde von dem Eingange der Erklärung und die Parteien von der Erhebung des Kompetenzkonflikts von Amtswegen zu benachrichtigen.

Den Parteien ist zugleich Abschrift der Erklärung zu übersenden.

§ 8. Ist die Sache bei einem Gericht höherer Instanz anhängig, so sind die Prozeßakten, unter Beifügung der Erklärung der Verwaltungsbehörde und der Zustellungsurkunden über die Benachrichtigung der Parteien, dem Gerichtsschreiber des Gerichts erster Instanz zurückzusenden.

§ 9. Innerhalb der Frist eines Monats, die mit der Zustellung der Benachrichtigung beginnt, können die Parteien bei dem Gericht erster Instanz einen Schriftsatz über den Kompetenzkonflikt einreichen.

Der Schriftsatz muß von einem Rechtsanwalt unterzeichnet sein. Oeffentliche Behörden, sowie Personen, welche zum Richteramt befähigt sind, können den Schriftsatz ohne Zuziehung eines Rechtsanwalts einreichen.

Das Gericht hat der Verwaltungsbehörde und der Gegenpartei den Schriftsatz in Abschrift mitzutheilen. Die erforderliche Zahl von Abschriften ist von der Partei einzureichen.

Sind innerhalb der Frist Schriftsätze nicht eingegangen, so hat das Gericht der Verwaltungsbehörde davon Anzeige zu machen.

§ 10. Nach Eingang der Schriftsätze der Parteien oder, wenn Schriftsätze nicht

§ 17.*

(§§ 1, 7 des Gesetzes, betreffend die Konflikte bei gerichtlichen Verfolgungen wegen Amts- und Diensthandlungen, vom 13. Februar 1854[6]); § 11 Abs. 2 EG. GVG.)[7])

Wenn gegen einen Civil- oder Militärbeamten wegen einer in Ausübung oder in Veranlassung der Ausübung seines Amtes vorgenommenen Handlung oder wegen Unterlassung einer Amtshandlung eine

---

eingegangen sind, nach Ablauf der im § 9 bestimmten Frist sendet das Gericht die Akten mittels gutachtlichen Berichts an das Oberlandesgericht, welches ihn unter Beifügung seines Gutachtens dem Justizminister überreicht.

Der Justizminister sendet die Akten und die Gutachten der Gerichte an den Gerichtshof zur Entscheidung der Kompetenzkonflikte und setzt davon den betheiligten Verwaltungschef in Kenntniß.

§ 11 enthält Vorschriften für das Verfahren der Verwaltungsbehörden.

§§ 12 bis 16 regeln das Verfahren vor dem Gerichtshofe.

§ 17. Eine Ausfertigung des Urtheils ist dem Verwaltungschef, eine andere mit den gerichtlichen Akten dem Justizminister mitzutheilen.

Der Justizminister übersendet die Ausfertigung des Urtheils mit den Akten an das Gericht, bei welchem die Sache anhängig war. Das Gericht hat den Parteien das Urtheil von Amtswegen zustellen zu lassen.

§ 18. Ist der Rechtsweg für unzulässig erkannt, so werden Gerichtskosten nicht erhoben und die bereits erhobenen zurückgezahlt; eine Erstattung der den Parteien erwachsenden Kosten findet nicht statt.

§ 19. Ist zur Zeit der Erhebung des Kompetenzkonflikts ein in dem Rechtsstreit erlassenes Urtheil vorläufig vollstreckbar, so hat das Gericht, bei welchem die Sache anhängig ist, die einstweilige Einstellung der Zwangsvollstreckung von Amtswegen anzuordnen. Gegen diese Entscheidung findet kein Rechtsmittel statt.

Wird der Rechtsweg für zulässig erkannt oder der Kompetenzkonflikt zurückgenommen, so ist die Entscheidung von Amtswegen wieder aufzuheben.

§ 20 bezieht sich auf das Verfahren vor dem Gerichtshofe.

§ 21 Abs. 2 bis 4. (Im Falle eines negativen Kompetenzkonflikts — s. Text zu b) — ist der Antrag der Partei auf Entscheidung über den Konflikt durch den Gerichtshof) bei dem Gericht anzubringen, bei welchem die Sache in erster Instanz anhängig war. Der Antrag ist der Gegenpartei von Amtswegen zuzustellen. Diese kann innerhalb der Frist eines Monats einen Schriftsatz über den Kompetenzkonflikt einreichen.

Im Uebrigen finden die Vorschriften der §§ 9 bis 17, 20 dieses Gesetzes entsprechende Anwendung.

Der Gerichtshof hat in seinem Urtheil die demselben entgegenstehenden Entscheidungen aufzuheben und die Sache zur anderweiten Verhandlung und Entscheidung an die betreffende Instanz zu verweisen.

§ 22. Bei Anwendung der Vorschriften dieser Verordnung gelten die Auseinandersetzungsbehörden als Verwaltungsbehörden.

§§ 23, 24 enthalten Schlußbestimmungen.

[6]) GS. S. 86.

[7]) Der § lautet: Die landesgesetzlichen Bestimmungen, durch welche die strafrechtliche oder civilrechtliche Verfolgung öffentlicher Beamten wegen der in Ausübung

gerichtliche Verfolgung im Civil- oder Strafverfahren eingeleitet worden ist, so steht der vorgesetzten Provinzial- oder Centralbehörde des Beamten, falls sie glaubt, daß der Beamte sich einer Ueberschreitung seiner Amtsbefugnisse oder der Unterlassung einer ihm obliegenden Amtshandlung nicht schuldig gemacht habe, die Befugniß zu, den Konflikt zu erheben.

Die Entscheidung über den Konflikt steht dem Oberverwaltungsgerichte[8]) zu.[9])

Ausgeschlossen von diesen Vorschriften bleiben die Fälle, in denen die gerichtliche Verfolgung eingeleitet ist

1) gegen richterliche Beamte;
2) gegen andere Justizbeamte, mit Ausnahme der Beamten der Staatsanwaltschaft und der gerichtlichen Polizei;
3) gegen die im Bezirke des bisherigen Appellationsgerichtshofes zu Cöln angestellten Hypothekenbewahrer und Civilstandsbeamten.

§ 18.

(§ 18 GVG.)

Exterritorialität

Die inländische Gerichtsbarkeit erstreckt sich nicht auf die Chefs und Mitglieder der bei dem Deutschen Reiche beglaubigten Missionen. Sind

---

oder in Veranlassung der Ausübung ihres Amts vorgenommenen Handlungen an besondere Voraussetzungen gebunden ist, treten außer Kraft.

Unberührt bleiben die landesgesetzlichen Vorschriften, durch welche die Verfolgung der Beamten entweder im Falle des Verlangens einer vorgesetzten Behörde oder unbedingt an die Vorentscheidung einer besonderen Behörde gebunden ist, mit der Maßgabe (diese Maßgaben — betreffend den Inhalt der Vorentscheidung und die zuständige Behörde — sind im Texte zum Ausdruck gebracht).

[8]) Vgl. §§ 17 ff. Ges. vom 3. Juli 1875 (GS. S. 378).

[9]) Auf das Verfahren bei Erhebung des Konflikts finden die Vorschriften des Gesetzes vom 8. April 1847 (GS. S. 170), nicht die der Verordnung vom 1. August 1879 Anwendung. Ob das Verfahren vor dem Oberverwaltungsgerichte sich nach den für dieses bestehenden Vorschriften oder nach dem Gesetze vom 8. April 1847 zu richten habe, ist streitig. — Die übrigen Bestimmungen des angeführten Gesetzes beanspruchen nur geringeres Interesse. — Ueber den Einfluß der Reichsjustizgesetze auf das Institut vgl. die Motive zu dem — von dem Abgeordnetenhause verworfenen — Entwurfe eines Gesetzes, betreffend die Konflikte bei gerichtlichen Verfolgungen wegen Amts- und Diensthandlungen. Drucksachen des Herrenhauses, Sitzungsperiode 1878/79, Nr. 9. — Nach § 6 des Gesetzes vom 20. Februar 1854 findet dasselbe auch Anwendung, wenn Personen des Soldatenstandes wegen Handlungen, welche von ihnen bei Ausübung oder in Veranlassung der Ausübung ihrer Dienstverrichtungen vorgenommen sind, oder wegen Unterlassung ihrer Dienstverrichtungen bei anderen als Militärgerichten belangt werden. Die Vorentscheidung erfolgt durch das Militärjustizdepartement (den Kriegs- und Justizminister) unter Mitwirkung dreier höherer Offiziere. Die betreffenden Bestimmungen, deren nähere Mittheilung wegen der Seltenheit des Falles ohne Interesse ist, sind durch § 11 EG. GVG. nicht berührt worden.

diese Personen Staatsangehörige eines der Bundesstaaten, so sind sie nur insofern von der inländischen Gerichtsbarkeit befreit, als der Staat, dem sie angehören, sich der Gerichtsbarkeit über sie begeben hat.

Die Chefs und Mitglieder der bei einem Bundesstaate beglaubigten Missionen sind der Gerichtsbarkeit dieses Staates nicht unterworfen. Dasselbe gilt von den Mitgliedern des Bundesraths, welche nicht von demjenigen Staate abgeordnet sind, in dessen Gebiete der Bundesrath seinen Sitz hat.

§ 19.

(§ 19 GVG.)

Auf die Familienglieder, das Geschäftspersonal der im § 18 [§ 18] erwähnten Personen und auf solche Bedienstete derselben, welche nicht Deutsche sind, finden die vorstehenden Bestimmungen Anwendung.

§ 20.

(§ 20 GVG.)

Durch die Bestimmungen der §§ 18, 19 [§§ 18, 19] werden die Vorschriften über den ausschließlich dinglichen Gerichtsstand in bürgerlichen Rechtsstreitigkeiten[10]) nicht berührt.

§ 21.

(§ 21 GVG.)

Die im Deutschen Reiche angestellten Konsuln sind der inländischen Gerichtsbarkeit unterworfen, sofern nicht in Verträgen des Deutschen Reichs mit anderen Mächten Vereinbarungen über die Befreiung der Konsuln von der inländischen Gerichtsbarkeit getroffen sind.[11])

Dritter Titel.

Verfassung der Amtsgerichte insbesondere.

§ 22.

(§ 21 AG. GVG.)

Einrichtung. Die Sitze und Bezirke der Amtsgerichte werden durch Königliche Verordnung bestimmt.[1])

---

[10]) § 25 CPO. [§ 103].

[11]) Derartige Befreiungen sind bezüglich der Gerichtsbarkeit in bürgerlichen Rechtsstreitigkeiten in den neueren Konsularverträgen nicht enthalten.

[1]) a. Verordnung, betreffend die Errichtung der Amtsgerichte, vom 26. Juli 1878 (GS. S. 275).

b. Verordnung, betreffend die Bildung der Amtsgerichtsbezirke, vom 5. Juli 1879 (GS. S. 393).

Vgl. Verordnung, betreffend die Berichtigung der Bezirke einiger Amtsgerichte, vom 1. Oktober 1879 (GS. S. 615); Verordnung, betreffend die Abänderung und Berichtigung der unter a. und b. angeführten Verordnungen, vom 10. November 1879 (GS. S. 627), vom 26. Februar 1880 (GS. S. 84).

Dieselben können nach dem 1. Oktober 1882 nur durch Gesetz verändert werden.

Veränderungen solcher Gemeinde- oder Gutsbezirksgrenzen, welche zugleich die Grenzen von Amtsgerichtsbezirken bilden, ziehen von selbst die Veränderung der letzteren Grenzen nach sich.

§ 23.

(§ 22 AG. GVG.)

Die Abhaltung von Gerichtstagen außerhalb des Gerichtssitzes kann durch den Justizminister angeordnet werden.[2])

§ 24.

(§ 22 Abs. 1 GVG.)

Den Amtsgerichten stehen Einzelrichter vor.

§ 25.*

(§ 22 Abs. 2 Satz 1 GVG., § 79 AG. GVG.)

Ist ein Amtsgericht mit mehreren Richtern besetzt, so ist die Aufsicht über die bei demselben angestellten oder beschäftigten nicht richterlichen Beamten durch den Justizminister einem der Richter zu übertragen.[3])

§ 26.*

(§ 22 Abs. 2 Satz 2 GVG.)

Bei den mit mehreren Richtern besetzten Amtsgerichten erledigt jeder Amtsrichter die ihm obliegenden Geschäfte als Einzelrichter.

§ 27.

(§ 23 AG. GVG.)

Bei den mit mehreren Richtern besetzten Amtsgerichten werden die Geschäfte nach örtlich abgegrenzten Bezirken oder, wenn das Interesse der Rechtspflege dies erfordert, nach Gattungen oder nach Gattungen und Bezirken vertheilt. Die Vertheilung erfolgt durch das Präsidium des Landgerichts im Voraus auf die Dauer eines Geschäftsjahres nach den von dem Justizminister festgestellten Grundsätzen.[4])

---

[2]) Allgemeine Anordnungen in dieser Hinsicht sind nicht ergangen, vielmehr ist die Angelegenheit durch spezielle, ungedruckte Erlasse des Justizministers provinziell geregelt.

[3]) Der Inhalt dieses Aufsichtsrechts liegt außerhalb des Rahmens des vorliegenden Werkes. Vgl. Jahrb. der Preuß. Gerichtsverf., XIV. Jahrg., 1879, S. 61 f. 93.

[4]) Vgl. allgemeine Verfügung vom 21. Juli 1879 (JMBl. S. 198), insbes. Nr. II: Bei den mit zwei Richtern besetzten Amtsgerichten sind die Geschäfte, sofern nicht ausnahmsweise nach Lage der konkreten Verhältnisse eine Vertheilung nach Gattungen oder nach Gattungen und Bezirken (vgl. S. 212) im Interesse der Rechtspflege erforderlich ist, nach örtlich abgegrenzten Bezirken zu vertheilen.

Hinsichtlich der mit drei Richtern besetzten Amtsgerichte ist in jedem einzelnen Falle besonders zu erwägen, welche Art der Geschäftsvertheilung dem Interesse der Rechtspflege am meisten entspricht.

Bei den mit vier oder mehr Richtern besetzten Amtsgerichten sind die Geschäfte in der Regel nach Gattungen zu vertheilen.

Die Gültigkeit der Handlung eines Amtsrichters wird dadurch nicht berührt, daß die Handlung nach der Geschäftsvertheilung von einem der anderen Amtsrichter vorzunehmen gewesen wäre.

§ 28.*

(§ 24 Abs. 1, 2 AG. GVG.)

Mehrere Richter desselben Amtsgerichts vertreten sich wechselseitig in der durch das Präsidium des Landgerichts im Voraus bestimmten Reihenfolge.

Die Vertretung der Amtsrichter durch Richter benachbarter Amtsgerichte kann von der Justizverwaltung im Voraus angeordnet werden. Eine solche Anordnung muß erfolgen bei Amtsgerichten, welche nur mit einem Richter besetzt sind. Diese Vertretung erstreckt sich nicht auf den Fall der rechtlichen Verhinderung eines Richters in Angelegenheiten, auf welche der § 36 der Deutschen Civilprozeßordnung [§ 114] Anwendung findet.[5])

§ 29.

(§ 23 GVG.)

Zuständigkeit.[6]) Die Zuständigkeit der Amtsgerichte umfaßt in bürgerlichen Rechtsstreitigkeiten, soweit dieselben nicht ohne Rücksicht auf den Werth des Streitgegenstandes den Landgerichten zugewiesen sind:

1. Streitigkeiten über vermögensrechtliche Ansprüche, deren Gegenstand an Geld oder Geldeswerth die Summe von dreihundert Mark nicht übersteigt;[7])
2. ohne Rücksicht auf den Werth des Streitgegenstandes:

   Streitigkeiten zwischen Vermiethern und Miethern von Wohnungs- und anderen Räumen wegen Ueberlassung, Benutzung und Räumung derselben, sowie wegen Zurückhaltung der vom Miether in die Miethsräume eingebrachten Sachen;[8])

   Streitigkeiten zwischen Dienstherrschaft und Gesinde, zwischen Arbeitgebern und Arbeitern hinsichtlich des Dienst- und Arbeitsverhältnisses, sowie die im § 108[9]) der Gewerbeordnung bezeich-

---

[5]) Die näheren Vorschriften betreffs der Vertretung der Amtsrichter durch Richter benachbarter Amtsgerichte enthält die allgemeine Verfügung vom 10. September 1879 (JMBl. S. 340). Die Anordnungen finden nur bei den mit einem Richter besetzten Amtsgerichten statt; sie erfolgen durch den Oberlandesgerichtspräsidenten.

[6]) Eine Uebersicht der gesammten Zuständigkeit der Amtsgerichte s. in dem in Anm. 3 zu [§ 13] angeführten Jahrbuche S. 11 ff.

[7]) Vgl. § 2 verb. mit §§ 3 bis 9 CPO. [§§ 82 bis 89].

[8]) Diese Sachen sind Feriensachen § 202 Nr. 4 CPO. [§ 79 Nr. 3].

[9]) Nach der Fassung des Gesetzes vom 17. Juli 1878 (RGBl. S. 199) jetzt § 120. a. Es sind dies: Streitigkeiten der selbstständigen Gewerbetreibenden mit

neten Streitigkeiten, insofern dieselben während der Dauer des Dienst-, Arbeits- oder Lehrverhältnisses entstehen;

Streitigkeiten zwischen Reisenden und Wirthen, Fuhrleuten, Schiffern, Flößern oder Auswanderungsexpedienten in den Einschiffungshäfen, welche über Wirthszechen, Fuhrlohn, Ueberfahrtsgelder, Beförderung der Reisenden und ihrer Habe und über Verlust und Beschädigung der letzteren, sowie Streitigkeiten zwischen Reisenden und Handwerkern, welche aus Anlaß der Reise entstanden sind;

Streitigkeiten wegen Viehmängel;

Streitigkeiten wegen Wildschadens;

Ansprüche aus einem außerehelichen Beischlaf;

das Aufgebotsverfahren.

§ 30.

(§ 70 Abs. 2 GVG.)

Die Landgerichte sind ohne Rücksicht auf den Werth des Streitgegenstandes ausschließlich zuständig:

1. für die Ansprüche, welche auf Grund des Gesetzes vom 1. Juni 1870 über die Abgaben von der Flößerei [10]) oder auf Grund des Gesetzes über die Rechtsverhältnisse der Reichsbeamten vom 31. März 1873 [11]) gegen den Reichsfiskus erhoben werden;
2. für die Ansprüche gegen Reichsbeamte wegen Ueberschreitung ihrer amtlichen Befugnisse oder wegen pflichtwidriger Unterlassung von Amtshandlungen.

§ 31.*

(§ 39 AG. GVG.)

Die Landgerichte sind ferner ohne Rücksicht auf den Werth des Streitgegenstandes ausschließlich zuständig:

1. für die Ansprüche der Staatsbeamten gegen den Landesfiskus aus ihrem Dienstverhältnisse;
2. für die Ansprüche gegen den Landesfiskus wegen Verschuldung von Staatsbeamten;
3. für die Ansprüche gegen öffentliche Beamte wegen Ueberschreitung ihrer amtlichen Befugnisse oder wegen pflichtwidriger Unterlassung von Amtshandlungen;
4. für die Ansprüche gegen den Landesfiskus in Betreff der Verpflichtung zur Entrichtung einer Erbschaftssteuer, eines Werth-

---

ihren Arbeitern, die auf den Antritt, die Fortsetzung oder Aufhebung des Arbeitsverhältnisses, auf die gegenseitigen Leistungen aus demselben, auf die Ertheilung oder den Inhalt der Arbeitsbücher oder Zeugnisse sich beziehen.

[10]) RGBl. S. 312. [11]) RGBl. S. 61.

stempels oder eines nicht nach dem Betrage des Gegenstandes zu bemessenden Vertragsstempels.

Die Vorschriften über die Voraussetzungen der Zulässigkeit des Rechtsweges für diese Ansprüche bleiben unberührt.[12])

§ 32.*

(§ 24 GVG.)

Im übrigen wird die Zuständigkeit und der Geschäftskreis der Amtsgerichte in bürgerlichen Rechtsstreitigkeiten durch die Vorschriften des Gerichtsverfassungsgesetzes und der Civilprozeßordnung bestimmt.[13])

Vierter Titel.[1])

Gerichtsschreiber.[2])

---

[12]) Die Zulässigkeit der Begründung der ausschließlichen Zuständigkeit der Landgerichte nach [§ 31] im Wege der Landesgesetzgebung beruht auf § 70 Abs. 3 GVG.

[13]) Es sind hervorzuheben die Zuständigkeit des Amtsgerichts in folgenden Angelegenheiten:

1. Rechtshülfe § 158 GVG. [§ 44];
2. Verfahren zur Sicherung des Beweises § 448 CPO. [§ 519];
3. Sühneversuch vor Erhebung der Klage § 471 CPO. [§ 348];
4. Sühneversuch in Ehesachen § 571 CPO. [§ 575];
5. Entmündigungssachen §§ 593, 616, 621, 625 CPO. [§§ 579, 592, 597, 601];
6. Mahnverfahren § 628 CPO. [§ 604];
7. Thätigkeit als Vollstreckungsgericht §§ 684, 685, 688 Abs. 2, 699; §§ 729, 747, 752, 755, 759, 780 CPO. [§ 659, und Anm. 46 dazu];
8. Anordnung des Arrestes § 799 CPO. [§ 877];
9. Erlaß einstweiliger Verfügungen § 820 CPO. [§ 898].

[1]) Die Vorschriften über die Staatsanwaltschaft sind für die Thätigkeit der Amtsgerichte in bürgerlichen Rechtsstreitigkeiten nur von untergeordneter Bedeutung; zudem ist in Ehesachen und in Entmündigungssachen nur die Staatsanwaltschaft bei dem Landgerichte zur Mitwirkung berufen (§§ 569, 595 Abs. 2 CPO.).

[2]) Zum Geschäftskreise der Gerichtsschreiber in bürgerlichen Rechtsstreitigkeiten gehören — abgesehen vom Bureau- und Registraturdienste und den Geschäften bezüglich des Kosten- und Rechnungswesens —:

a) die Protokollführung (§§ 149, 151 CPO.);
b) die selbständige Aufnahme von Protokollen bei Gesuchen, Anträgen u. dgl. (§§ 44, 98, 109, 225, 346, 351, 367, 371, 448, 457, 462, 463, 532, 800, 815, 824 CPO.);
c) Mitwirkung bei Zustellungen (§§ 152 bis 155, 173, 179, 187 CPO.);
d) Entgegennahme von Schriftstücken (§ 193 CPO.);
e) Mitwirkung bei der Feststellung der Urtheilsverkündung und die Ertheilung von Ausfertigungen der Urtheile und Beschlüsse (§§ 286 bis 288 CPO.);
f) der Verkehr mit dem ersuchten Gericht und dem Gericht höherer Instanz (§§ 327, 506 CPO.);
g) die Ertheilung von vollstreckbaren Ausfertigungen und von Zeugnissen über die Rechtskraft (§§ 646, 662, 663 CPO.);

§ 33.

(§ 154 Satz 1 GVG.)

Bei jedem Gerichte wird eine Gerichtsschreiberei eingerichtet.

§ 34.

(§ 68 AG. GVG.)

Die Dienstverhältnisse der Gerichtsschreiber werden durch Gesetz, die Geschäftsverhältnisse derselben durch den Justizminister bestimmt.[3])

§ 35.

(§ 4 Abs. 1 des Gesetzes, betreffend die Dienstverhältnisse der Gerichtsschreiber vom 3. März 1879.[4])

Neben den Gerichtsschreibern können Gerichtsschreibergehülfen ernannt werden.

---

h) Vermittelung der Rechtshülfe (§ 162 GVG).

Vgl. auch über die Dienstobliegenheiten der Gerichtsschreiber im allgemeinen § 4 Gesch. O. in Anl. B.

[3]) Ueber die Geschäftsverhältnisse vgl.:

a) Geschäftsordnung für die Gerichtsschreibereien der Amtsgerichte vom 1. August 1879 (Anl. I zum JMBl. Nr. 32 — unten abgedruckt als Anl. A.) und dazu allg. Verf. vom 3. August 1879 (JMBl. S. 230);

b) Bestimmungen über die Beschaffung des Schreibwerks bei den Justizbehörden vom 4. September 1879 (JMBl. S. 309), und allgemeine Verfügung von demselben Tage (JMBl. S. 308), beide geändert durch allgem. Verf. vom 29. September 1879 (JMBl. S. 391).

[4]) GS. S. 99. — Zur Ausführung dieses Gesetzes ist die allgemeine Verfügung vom 5. September 1879, betreffend den Vorbereitungsdienst, die Prüfung und die Anstellung der Gerichtsschreiber (JMBl. S. 317) ergangen. — Die Vorschriften über die Befähigung zum Amte des Gerichtsschreibers bezw. Gerichtsschreibergehülfen (§§ 1 bis 3, 4 Abs. 2, 3 des Ges.; §§ 1 bis 16, 18 bis 21 der allg. Verf.) haben kein näheres Interesse. Bemerkt mag nur werden:

a. Innerhalb des Vorbereitungsdienstes für die Gerichtsschreiberprüfung, bei dessen Antritt der Justizanwärter nach den für Staatsbeamte bestehenden Vorschriften eidlich verpflichtet wird, ist der Anwärter mindestens ein Jahr bei einem Amtsgerichte (und dann drei Monate bei einem Gerichtsvollzieher) zu beschäftigen; der Vorbereitungsdienst soll alle Zweige des Gerichtsschreiberdienstes, insbesondere auch die Beschäftigung mit dem Kostenwesen, mit Rechnungsarbeiten und den vorkommenden Justizverwaltungssachen umfassen. Den Vorständen der Gerichte liegt die allgemeine Leitung des Vorbereitungsdienstes ob. Sie haben die Dauer und Reihenfolge der einzelnen Abschnitte des Vorbereitungsdienstes innerhalb des Zeitraums, für welchen der Anwärter der betreffenden Behörde überwiesen ist, festzusetzen und die Gerichtsschreiber (Gerichtsvollzieher) zu bestimmen, unter deren besonderer Leitung der Anwärter beschäftigt werden soll. Ueber den Erfolg des Vorbereitungsdienstes haben die Vorstände der Gerichte, bei welchen der Anwärter beschäftigt wurde, nach Anhörung des mit der besonderen Leitung des Vorbereitungsdienstes beauftragten Beamten ein Zeugniß auszustellen und dasselbe der Anstellungsbehörde vorzulegen.

b. Der Gerichtsschreibergehülfenprüfung muß ein mindestens sechsmonatiger

§ 36.*

(§ 5 des angef. Gesetzes, verb. m. § 1 Nr. 1, 3.)

Die Gerichtsschreibergehülfen sind zur Wahrnehmung der Gerichtsschreibergeschäfte befähigt.

Zur Ertheilung von vollstreckbaren Ausfertigungen und von Zeugnissen, welche sich auf die Rechtskraft der Urtheile beziehen, sollen jedoch nur diejenigen verwendet werden, welche daß einundzwanzigste Lebensjahr vollendet und die Gerichtsschreiberprüfung bestanden haben.

§ 37.

(§ 6 des angef. Ges.)

Die Gerichtsschreiber und Gerichtsschreibergehülfen werden von dem Justizminister ernannt.

Derselbe kann die Ernennungsbefugniß den Vorständen der Provinzialjustizbehörden übertragen.[5])

§ 38.

(§ 7 des angef. Ges.)

Die Gerichtsschreiber und Gerichtsschreibergehülfen werden gegen festes Gehalt auf Lebenszeit angestellt. Die Anstellung der Gerichtsschreibergehülfen kann auch gegen Diäten auf Kündigung erfolgen.[5a])

§ 39.

(§ 8 des angef. Ges.)

Die Gerichtsschreiber bei den Amtsgerichten sind verpflichtet, auf Verlangen der Justizverwaltung, gegen eine von derselben festzusetzende Entschädigung

1) die bei Beschaffung des Schreibwerks erforderlichen Hülfskräfte zu stellen und die Bestreitung der mit dem Schreibwerk verbundenen sächlichen Kosten zu übernehmen,

---

Vorbereitungsdienst vorangehen. Während dieses Zeitraums ist der Anwärter drei Monate bei einem Amtsgericht zu beschäftigen. Der Vorbereitungsdienst ist in der Weise zu leiten, daß der Anwärter Gelegenheit erhält, sich für die den Gegenstand der Gerichtsschreibergehülfenprüfung bildenden Zweige des Gerichtsschreiberdienstes (Aufnahme von Gesuchen zu Protokoll des Gerichtsschreibers, Protokollführung bei den gerichtlichen Verhandlungen, leichtere Zweige des Gerichtsschreiberdienstes, insbesondere Registraturdienst sowie Anfertigung einfacher Kostenliquidationen und einfacher Rechnungsarbeiten) auszubilden. Im übrigen finden die zu a. mitgetheilten Vorschriften Anwendung.

[5]) Vgl. die angef. allgem. Verf. vom 5. Sept. 1879 § 17: Die Gerichtsschreiber werden von dem Präsidenten des Oberlandesgerichts in Gemeinschaft mit dem Oberstaatsanwalt ernannt. — § 22: Die Gerichtsschreibergehülfen werden von der in § 17 bezeichneten Behörde ernannt.

[5a]) Die Gerichtsschreiber führen den Amtstitel „Sekretär", und die gegen festes Gehalt auf Lebenszeit angestellten Gerichtsschreibergehülfen den Amtstitel „Assistenten". Allg. Verf. vom 12. Dezember 1879 (JMBl. S. 471).

2) die erforderlichen Hülfskräfte für die Bureaugeschäfte zu stellen.

Die von den Gerichtsschreibern angenommenen Personen gelten als deren Privatgehülfen und sind zur selbstständigen Thätigkeit im Gerichtsschreiberdienst nicht befugt.[6])

§ 40.

(§ 9 des angef. Ges.)

Die Vorschriften über die Befähigung zur einstweiligen Wahrnehmung der Gerichtsschreibergeschäfte werden, vorbehaltlich der Vorschrift im § 8 Abs. 2 des Gesetzes vom 6. Mai 1869[7]) sowie der nachstehenden Bestimmungen, von dem Justizminister erlassen.[8])

Für einzelne dringende Geschäfte kann die Vertretung eines be-

---

[6]) Vgl. §§ 26 bis 34 der Bestimmungen vom 5. Sept. 1879 (JMBl. S. 317), vb. mit der allgem. Verf. vom 3. Okt. 1879 (JMBl. S. 400). — Die in Nr. 1 des Textes bezeichnete Verpflichtung ist bis auf weiteres nur den Gerichtsschreibern bei den mit einem oder zwei Richtern besetzten Amtsgerichten auferlegt. Ausnahmen nach beiden Richtungen sind statthaft. — Die zu Nr. 2 des Textes bezeichnete Verpflichtung kann von den Oberlandesgerichtspräsidenten dem Gerichtsschreiber bei solchen mit einem Richter besetzten Amtsgerichten, bei welchen neben dem Gerichtsschreiber weder ein Gerichtsschreibergehülfe angestellt ist noch Hülfskräfte für den Gerichtsschreiberdienst gewährt werden, der Umfang der Geschäfte jedoch so groß ist, daß deren Erledigung bei normaler Thätigkeit des Gerichtsschreibers von demselben nicht allein gefordert werden kann, gegen eine Entschädigung von jährlich 300 bis 600 Mark auferlegt werden. — Die näheren Modalitäten s. in Nr. II, III der allg. Verf. vom 4. September 1879 (JMBl. S. 308).

[7]) abgedruckt in Anm. 2 zu § 2 unter Buchst. a.

[8]) Allg. Verf. vom 5. September 1879 (JMBl. S. 317) § 23: Im Falle einer erforderlichen Aushülfe oder Stellvertretung können mit der einstweiligen Wahrnehmung der Gerichtsschreibergeschäfte beauftragt werden:

Personen, welche zu Gerichtsschreibern oder zu Gerichtsschreibergehülfen ernannt werden können, sowie Personen, welche die Gerichtsschreiberprüfung oder die Gerichtsschreibergehülfenprüfung bestanden haben.

In Ermangelung der vorstehend bezeichneten Personen können beauftragt werden:

Personen, welche im Vorbereitungsdienst für die Gerichtsschreiber- oder Gerichtsschreibergehülfenprüfung mindestens drei Monate beschäftigt worden sind, sowie Personen, welche auf der Gerichtsschreiberei seit mindestens sechs Monaten als Kanzlisten, Lohnschreiber oder Privatgehülfen beschäftigt worden sind.

Die auf Grund der Vorschrift des zweiten Absatzes beauftragten Personen sollen zu den im § 5 Absatz 2 des Gesetzes vom 3. März 1879 [§ 36 Abs. 2] bezeichneten Geschäften nicht verwendet werden.

Die Vorschriften des § 9 Absatz 2 des Gesetzes vom 3. März 1879 [§ 40 Abs. 2] werden durch die vorstehenden Bestimmungen nicht berührt.

§ 24: Zur Ertheilung des Auftrags ist jeder Vorstand des Gerichts hinsichtlich der seiner Aufsicht unterstellten Personen ermächtigt. Soll für die einstweilige Wahrnehmung des Gerichtsschreiberdienstes eine Entschädigung bewilligt werden, so kann der Auftrag nur von der Anstellungsbehörde ertheilt werden.

hinderten Gerichtsschreibers durch eine jede von dem Richter berufene Person erfolgen.

Die Gerichtsschreibergeschäfte dürfen in jedem Falle nur von Personen wahrgenommen werden, welche den allgemeinen Diensteid geleistet haben oder dahin beeidigt sind, daß sie die Pflichten eines Gerichtsschreibers getreulich erfüllen wollen.

Fünfter Titel.

Zustellungs- und Vollstreckungsbeamte.

§ 41.*

(§ 155 GVG., § 73 AG. GVG.)

Die Dienst-[1]) und Geschäftsverhältnisse[2]) der mit den Zustellungen, Ladungen und Vollstreckungen zu betrauenden Beamten (Gerichtsvollzieher) werden durch den Justizminister bestimmt.[3])

§ 42.*

(§ 156 GVG.)

Der Gerichtsvollzieher ist von der Ausübung seines Amtes in bürgerlichen Rechtsstreitigkeiten kraft Gesetzes ausgeschlossen

1) wenn er selbst Partei oder gesetzlicher Vertreter einer Partei ist, oder zu einer Partei in dem Verhältnisse eines Mitberechtigten, Mitverpflichteten oder Schadensersatzpflichtigen steht;

2) wenn seine Ehefrau Partei ist, auch wenn die Ehe nicht mehr besteht;

3) wenn eine Person Partei ist, mit welcher er in gerader Linie verwandt, verschwägert oder durch Adoption verbunden, in der Seitenlinie bis zum dritten Grade verwandt oder bis zum zweiten Grade verschwägert ist, auch wenn die Ehe, durch welche die Schwägerschaft begründet ist, nicht mehr besteht.[4])

---

[1]) Gerichtsvollzieherordnung vom 14. Juli 1879 (Anlage zum JMBl. Nr. 30) vb. m. der allg. Verf. von demselben Tage (JMBl. S. 194), unten abgedruckt als Anlage B.

[2]) Geschäftsanweisung für die Gerichtsvollzieher, vom 24. Juli 1879 (Anlage zum JMBl. S. 31) vb. m. der allg. Verf. von demselben Tage (JMBl. S. 206), unten abgedruckt als Anlage C.

[3]) Die Gebührenordnung für Gerichtsvollzieher ist in dem Anhange mit berücksichtigt, vgl. §§ 1038 ff.

[4]) Vgl. §§ 3, 4 GAGV. [Anl. C].

Sechster Titel.

Rechtshülfe.

§ 43.*

(§ 157 GVG.)

Die Gerichte haben sich in bürgerlichen Rechtsstreitigkeiten Rechtshülfe zu leisten. Rechtshülfe.

§ 44.

(§ 158 GVG.)

Das Ersuchen um Rechtshülfe ist an das Amtsgericht zu richten, in dessen Bezirke die Amtshandlung vorgenommen werden soll.[1])

§ 45.

(§ 159 GVG.)

Das Ersuchen darf nicht abgelehnt werden.

Das Ersuchen eines nicht im Instanzenzuge vorgesetzten Gerichts ist jedoch abzulehnen, wenn dem ersuchten Gerichte die örtliche Zuständigkeit mangelt oder die vorzunehmende Handlung nach dem Rechte des ersuchten Gerichts verboten ist.

§ 46.

(§ 160 GVG.)

Wird das Ersuchen abgelehnt, oder wird der Vorschrift des § 159 Abs. 2 [§ 45] zuwider dem Ersuchen stattgegeben, so entscheidet das Oberlandesgericht, zu dessen Bezirke das ersuchte Gericht gehört. Eine Anfechtung dieser Entscheidung findet nur statt, wenn dieselbe die Rechtshülfe für unzulässig erklärt, und das ersuchende und das ersuchte Gericht den Bezirken verschiedener Oberlandesgerichte angehören. Ueber die Beschwerde entscheidet das Reichsgericht.

Die Entscheidungen erfolgen auf Antrag der Betheiligten oder des ersuchenden Gerichts ohne vorgängige mündliche Verhandlung.

§ 47.

(§ 161 GVG.)

Die Herbeiführung der zum Zwecke von Vollstreckungen, Ladungen und Zustellungen erforderlichen Handlungen erfolgt nach Vorschrift der Prozeßordnungen ohne Rücksicht darauf, ob die Handlungen in dem Bundesstaate, welchem das Prozeßgericht angehört oder in einem anderen Bundesstaate vorzunehmen sind. Bewirkung von Handlungen ohne Nachsuchen der Rechtshülfe.

---

[1]) Ueber die geschäftliche Behandlung der Rechtshülfesachen vgl. § 11 Gesch.O. [Anl. A.].

§. 48.

(§ 162 GVG.)

Gerichte, Staatsanwaltschaften und Gerichtsschreiber können wegen Ertheilung eines Auftrages an einen Gerichtsvollzieher die Mitwirkung des Gerichtsschreibers des Amtsgerichts in Anspruch nehmen, in dessen Bezirke der Auftrag ausgeführt werden soll. Der von dem Gerichtsschreiber beauftragte Gerichtsvollzieher gilt als unmittelbar beauftragt. [2])

§ 49.*

(§ 165 GVG.)

Kosten der Rechtshülfe.

Im Falle der Rechtshülfe unter den Behörden verschiedener Bundesstaaten werden Kosten der Rechtshülfe von der ersuchenden Behörde nicht erstattet. [3])

Ist eine zahlungspflichtige Partei vorhanden, so sind die Kosten von derselben durch die ersuchende Behörde einzuziehen und der eingezogene Betrag der ersuchten Behörde zu übersenden.

Stempel-, Einregistirungsgebühren oder andere öffentliche Abgaben, welchen die von der ersuchenden Behörde übersendeten Schriftstücke (Urkunden, Protokolle) nach dem Rechte der ersuchten Behörde unterliegen, bleiben außer Ansatz.

§ 50.

(§ 166 GVG.)

Für die Höhe der den geladenen Zeugen und Sachverständigen gebührenden Beträge sind die Bestimmungen maßgebend, welche bei dem Gerichte gelten, vor welches die Ladung erfolgt.

Sind die Beträge nach dem Rechte des Aufenthaltsortes der geladenen Personen höher, so können die höheren Beträge gefordert werden.

Bei weiterer Entfernung des Aufenthaltsorts der geladenen Personen ist denselben auf Antrag ein Vorschuß zu bewilligen. [4])

§ 51.

(§ 167 GVG.)

Vornahme von Handlungen außerhalb des Gerichtsbezirks ohne Nachsuchung von Rechtshülfe.

Ein Gericht darf Amtshandlungen außerhalb seines Bezirks ohne

---

[2]) Vgl. § 11 Abs. 2, § 19 Abs. 3, Gesch.O. [Anl. A.]

[3]) Die einzige Ausnahme — die baaren Auslagen, welche durch eine Ablieferung oder Strafvollstreckung entstehen, sind der ersuchten Behörde von der ersuchenden zu erstatten — hat für den Civilprozeß keine Bedeutung.

[4]) Nachdem durch die Gebührenordnung für Zeugen und Sachverständige vom 30. Juni 1878 (RGBl. S. 173) [§§ 1063 ff.] in den vor die ordentlichen Gerichte gehörigen Rechtssachen, auf welche die CPO. Anwendung findet, die Zeugen- und Sachverständigengebühren einheitlich für das Deutsche Reich bestimmt sind, beschränkt sich die Bedeutung des im Text wiedergegebenen Prinzips auf den Fall des § 13 Abs. 1 der Gebührenordnung [§ 1075].

Zustimmung des Amtsgerichts des Orts nur vornehmen, wenn Gefahr im Verzuge obwaltet. In diesem Falle ist dem Amtsgerichte des Orts Anzeige zu machen.

§ 52.

(§ 169 GVG.)

Die in einem Bundesstaate bestehenden Vorschriften über die Mittheilung von Akten einer öffentlichen Behörde an ein Gericht dieses Bundesstaats kommen auch dann zur Anwendung, wenn das ersuchende Gericht einem andern Bundesstaate angehört. Mittheilung von Akten.

Siebenter Titel.

Oeffentlichkeit und Sitzungspolizei.

§ 53.

(§ 170 GVG.)

Die Verhandlung vor dem erkennenden Gerichte, einschließlich der Verkündung der Urtheile und Beschlüsse desselben, erfolgt öffentlich. Oeffentlichkeit.

§ 54.

(§ 172 Abs. 2 GVG.)[1])

Das Verfahren wegen Entmündigung oder Wiederaufhebung der Entmündigung (§§ 593 bis 604, 616 bis 619 CPO.) [§§ 579 bis 590, 592 bis 595] ist nicht öffentlich.

§ 55.

(§ 173 GVG.)

In allen Sachen kann durch das Gericht für die Verhandlung oder für einen Theil derselben die Oeffentlichkeit ausgeschlossen werden, wenn sie eine Gefährdung der öffentlichen Ordnung oder der Sittlichkeit besorgen läßt.

§ 56.

(§ 174 GVG.)

Die Verkündung des Urtheils erfolgt in jedem Falle öffentlich.

§ 57.

(§. 175 GVG.)

Ueber die Ausschließung der Oeffentlichkeit wird in nicht öffentlicher Sitzung verhandelt.

Der Beschluß, welcher die Oeffentlichkeit ausschließt, muß öffentlich verkündet werden.

---

[1]) § 171 GVG. bezieht sich auf Ehesachen, § 172 Abs. 1 auf das auf die Klage wegen Anfechtung oder Wiederaufhebung der Entmündigung einer Person wegen Geisteskrankheit eingeleitete Verfahren. Beide Gattungen von bürgerlichen Rechtsstreitigkeiten gehören nicht zur Zuständigkeit der Amtsgerichte, die bezeichneten Vorschriften sind daher für dies Werk ohne Bedeutung.

§ 58.

(§ 176 GVG.)

Der Zutritt zu öffentlichen Verhandlungen kann unerwachsenen und solchen Personen versagt werden, welche sich nicht im Besitze der bürgerlichen Ehrenrechte befinden, oder welche in einer der Würde des Gerichts nicht entsprechenden Weise erscheinen.

Zu nicht öffentlichen Verhandlungen kann der Zutritt einzelnen Personen von dem Vorsitzenden gestattet werden.

§ 59.*

(§ 89 AG. GVG.)

Amtstracht

Richter und Gerichtsschreiber tragen in den öffentlichen Sitzungen eine von dem Justizminister zu bestimmende Amtstracht.[2])

§ 60.

(§ 177 GVG.)

Sitzungspolizei.

Die Aufrechterhaltung der Ordnung in der Sitzung liegt dem Vorsitzenden[3]) ob.

§ 61.*

(§ 178 GVG.)

Parteien, Zeugen, Sachverständige oder bei der Verhandlung nicht betheiligte Personen, welche den zur Aufrechthaltung der Ordnung erlassenen Befehlen nicht gehorchen, können auf Beschluß des Gerichts aus dem Sitzungszimmer entfernt[4]), auch zur Haft abgeführt und während einer in dem Beschlusse zu bestimmenden Zeit, welche vierundzwanzig Stunden nicht übersteigen darf, festgehalten werden.

§ 62.*

(§ 179 GVG.)

Das Gericht kann gegen Parteien, Zeugen, Sachverständige oder bei der Verhandlung nicht betheiligte Personen, welche sich in der Sitzung einer Ungebühr schuldig machen, vorbehaltlich der strafgerichtlichen Verfolgung, eine Ordnungsstrafe bis zu einhundert Mark oder bis zu drei Tagen Haft festsetzen und sofort vollstrecken lassen.

§ 63.*

(§ 180 GVG.)

Das Gericht kann gegen einen bei der Verhandlung betheiligten

---

[2]) Dieselbe besteht aus einem schwarzen Gewande, weißer Halsbinde und schwarzem Baret. Allerh. Ordre vom 4. Juli 1879, Allgem. Verf. vom 12. Juli 1879 (JMBl. S. 172 — Berichtigung a. a. O. S. 204).

[3]) Diesem steht selbstverständlich der Einzelrichter in öffentlicher Sitzung gleich.

[4]) Ist eine bei der Verhandlung betheiligte Person zur Aufrechterhaltung der Ordnung von dem Orte der Verhandlung entfernt worden, so kann auf Antrag gegen sie in gleicher Weise verfahren werden, als wenn sie freiwillig sich entfernt hätte. (§ 144 Satz 1 CPO. [§ 222].)

Rechtsanwalt, der sich in der Sitzung einer Ungebühr schuldig macht, vorbehaltlich der strafgerichtlichen oder disziplinaren Verfolgung, eine Ordnungsstrafe bis zu einhundert Mark festsetzen.

§ 64.

(§ 181 GVG.)

Die Vollstreckung der vorstehend bezeichneten Ordnungsstrafen hat der Vorsitzende unmittelbar zu veranlassen.

§ 65.

(§ 182 GVG.)

Die in den §§ 177 bis 181 [§§ 60 bis 64] bezeichneten Befugnisse stehen auch einem einzelnen Richter bei der Vornahme von Amtshandlungen außerhalb der Sitzung zu.

§ 66.*

(§ 183 GVG.)

Ist in den Fällen der §§ 179, 180, 182 [§§ 62, 63, 65] eine Ordnungsstrafe festgesetzt, so findet binnen der Frist von einer Woche nach der Bekanntmachung der Entscheidung Beschwerde statt.

Die Beschwerde hat in dem Falle des § 179 [§ 62] keine aufschiebende Wirkung, in den Fällen des § 180 und des § 182 [§§ 63 und 65] aufschiebende Wirkung.[5])

Ueber die Beschwerde entscheidet das Oberlandesgericht.

§ 67.

(§ 184 GVG).

Ist eine Ordnungsstrafe wegen Ungebühr festgesetzt oder eine Person zur Haft abgeführt, oder eine bei der Verhandlung betheiligte Person entfernt worden, so ist der Beschluß des Gerichts und dessen Veranlassung in das Protokoll aufzunehmen.

§ 68.

(§ 185 GVG.)

Wird eine strafbare Handlung in der Sitzung begangen, so hat

---

[5]) d. h. die Beschwerde hat

1) keine aufschiebende Wirkung, wenn gegen Parteien, Zeugen, Sachverständige oder nicht betheiligte Personen wegen Ungebühr in der Sitzung eine Ordnungsstrafe verhängt ist;

2) aufschiebende Wirkung,
   a. wenn gegen Rechtsanwälte,
   b. wenn wegen Ungebühr außerhalb der Sitzung
   eine Ordnungsstrafe verhängt ist.

Gegen die Entfernung aus dem Sitzungs- und Terminszimmer bezw. gegen die Abführung zur Haft wegen Ungehorsams gegen die zur Aufrechterhaltung der Ordnung erlassenen Befehle findet, mögen sie in oder außerhalb der Sitzung angeordnet sein, überhaupt keine Beschwerde statt.

das Gericht den Thatbestand festzustellen und der zuständigen Behörde das darüber aufgenommene Protokoll mitzutheilen. In geeigneten Fällen ist die vorläufige Festnahme des Thäters zu verfügen.

Achter Titel.

Gerichtssprache.

§ 69.

(§ 186 GVG.)

Gerichtssprache.

Die Gerichtssprache ist die deutsche.

§ 70.

(§ 187 GVG.)

Verhandlung mit Sprachunkundigen.

Wird unter Betheiligung von Personen verhandelt, welche der deutschen Sprache nicht mächtig sind, so ist ein Dolmetscher zuzuziehen. Die Führung eines Nebenprotokolls in der fremden Sprache findet nicht statt; jedoch sollen Aussagen und Erklärungen in fremder Sprache, wenn und soweit der Richter dies mit Rücksicht auf die Wichtigkeit der Sache für erforderlich erachtet, auch in der fremden Sprache in das Protokoll oder in einer Anlage niedergeschrieben werden. In den dazu geeigneten Fällen soll dem Protokolle eine durch den Dolmetscher zu beglaubigende Uebersetzung beigefügt werden.

Die Zuziehung eines Dolmetschers kann unterbleiben, wenn die betheiligten Personen sämmtlich der fremden Sprache mächtig sind.

§ 71.

(§ 188 GVG.)

Zur Verhandlung mit tauben oder stummen Personen ist, sofern nicht eine schriftliche Verständigung erfolgt, eine Person als Dolmetscher zuzuziehen, mit deren Hülfe die Verständigung in anderer Weise erfolgen kann.

§ 72.

(§ 189 Abs. 1 GVG.)

Ob eine Partei, welche taub ist, bei der mündlichen Verhandlung der Vortrag zu gestatten sei, bleibt dem Ermessen des Gerichts überlassen.

§ 73.

(§ 190 GVG.)

Personen, welche der deutschen Sprache nicht mächtig sind, leisten Eide in der ihnen geläufigen Sprache.

§ 74.

(§ 191 GVG.)

Dolmetscher.

Der Dolmetscher hat einen Eid dahin zu leisten:

daß er treu und gewissenhaft übertragen werde.

Ist der Dolmetscher für Uebertragungen der betreffenden Art im allgemeinen beeidigt, so genügt die Berufung auf den geleisteten Eid.

§ 75.

(§ 192 GVG.)

Der Dienst des Dolmetschers kann von dem Gerichtsschreiber wahrgenommen werden. Einer besonderen Beeidigung bedarf es nicht.

§ 76.

(§ 193 GVG.)

Auf den Dolmetscher finden die Bestimmungen über Ausschließung und Ablehnung der Sachverständigen entsprechende Anwendung. Die Entscheidung erfolgt durch das Gericht oder den Richter, von welchem der Dolmetscher zugezogen ist.

§ 77*

(§ 13 Abs. 2 GOZ.)

Dolmetscher erhalten Entschädigung als Sachverständige nach den Vorschriften der Gebührenordnung für Zeugen und Sachverständige [1]), sofern nicht ihre Leistungen zu den Pflichten eines von ihnen versehenen Amtes gehören.

[1]) Vgl. unten [§§ 1065 ff.]

Neunter Titel. [1])

Gerichtsferien.

§ 78.

(§ 201 GVG.)

Die Gerichtsferien beginnen am 15. Juli und endigen am 15. September.

§ 79.*

(§ 202 GVG.)

Während der Ferien werden nur in Feriensachen Termine abgehalten und Entscheidungen erlassen.

Feriensachen sind

1) Arrestsachen und die eine einstweilige Verfügung betreffenden Sachen;
2) Meß- und Marktsachen [2]);
3) Streitigkeiten zwischen Vermiethern und Miethern von Wohnungs- und anderen Räumen wegen Ueberlassung, Benutzung

[1]) Der 17. Titel des GVG., „Berathung und Abstimmung“ ist für die Thätigkeit des Amtsgerichts in bürgerlichen Rechtsstreitigkeiten ohne Bedeutung, weil bei ihnen der Amtsrichter stets allein thätig wird.

[2]) Vgl. über den Begriff der Meß- und Marktsache, § 30 CPO. [§ 108.]

und Räumung derselben, sowie wegen Zurückhaltung der vom Miether in die Miethsräume eingebrachten Sachen;

4) Wechselsachen;

5) Bausachen, wenn über Fortsetzung eines angefangenen Baues gestritten wird.

Das Gericht kann auf Antrag auch andere Sachen, soweit sie besonderer Beschleunigung bedürfen, als Feriensachen bezeichnen. Die gleiche Befugniß hat vorbehaltlich der Entscheidung des Gerichts der Vorsitzende.

§ 80.*

(§ 204 GVG.)

Auf das Mahnverfahren und das Zwangsvollstreckungsverfahren sind die Ferien ohne Einfluß.[3])

Die Vorschriften des Einführungsgesetzes zum Deutschen Gerichtsverfassungsgesetze vom 27. Januar 1877 (RGBl. S. 77) haben für den Gegenstand der AGO., die Thätigkeit der Amtsgerichte in bürgerlichen Rechtsstreitigkeiten, für welche keine besonderen Gerichte zugelassen sind, keine Bedeutung.

---

[3]) Vgl. § 9 GA. GV. [Anl. C.]

Zweiter Theil.

Civilprozeßordnung.

Erstes Buch.

Allgemeine Bestimmungen.

Erster Abschnitt.

Gerichte.

Erster Titel.

Sachliche Zuständigkeit der Gerichte.

§ 81.

(§ 1 CPO.)

Die sachliche Zuständigkeit der Gerichte wird durch das Gesetz über die Gerichtsverfassung bestimmt.[1]) Zuständigkeit.

§ 82.

(§ 2 CPO.)

Insoweit nach dem Gesetze über die Gerichtsverfassung die Zuständigkeit der Gerichte von dem Werthe des Streitgegenstandes abhängt, kommen die nachfolgenden Vorschriften zur Anwendung[2]) Werth des Streitgegenstandes.

§ 83.

(§ 3 CPO.)

Der Werth des Streitgegenstandes wird von dem Gerichte nach freiem Ermessen festgesetzt[3]); dasselbe kann eine beantragte Beweis=

---

[1]) Vgl. [§§ 29 bis 32] nebst den Anmerkungen zu diesen §§.

[2]) Dieselben kommen ferner zur Anwendung

a) bei der Feststellung des Gegenstandes der Verurtheilung § 649 Nr. 4 CPO. [§ 625].

b. Bei der Werthsberechnung zum Zwecke der Gebührenerhebung § 9 GKG. [§ 974].

[3]) In der Klageschrift soll der Werth des nicht in einem bestimmten bestehenden Streitgegenstande angegeben werden, wenn die Zuständigkeit des Gerichts von diesem Werthe abhängt (§ 230 Abs. 3 CPO. [§ 306]). Diese besondere Vorschrift ist durch § 14 GKG. [§ 979] dahin erweitert, daß die Angabe bei jedem Antrage zu erfolgen hat, soweit der Werth nicht aus früheren Anträgen erhellte.

aufnahme sowie von Amtswegen die Einnahme des Augenscheins und die Begutachtung durch Sachverständige anordnen.[4])

§ 84.

(§ 4 CPO.)

Für die Werthsberechnung ist der Zeitpunkt der Erhebung der Klage[4a]) entscheidend; Früchte, Nutzungen, Zinsen, Schäden und Kosten bleiben unberücksichtigt, wenn sie als Nebenforderungen geltend gemacht werden.[5])

§ 85.

(§ 5 CPO.)

Mehrere in einer Klage geltend gemachte Ansprüche werden zusammengerechnet; eine Zusammenrechnung des Gegenstandes der Klage und der Widerklage[6]) findet nicht statt.[7])

§ 86.

(§ 6 CPO.)

Der Werth des Streitgegenstandes wird bestimmt[8]): durch den Werth einer Sache, wenn deren Besitz, und durch den Betrag einer Forderung, wenn deren Sicherstellung oder ein Pfandrecht Gegenstand des Streits ist. Hat der Gegenstand des Pfandrechts einen geringeren Werth, so ist dieser maßgebend.

§ 87.

(§ 7 CPO.)

Der Werth einer Grunddienstbarkeit wird durch den Werth, welchen dieselbe für das herrschende Grundstück hat, und wenn der Betrag, um welchen sich der Werth des dienenden Grundstücks durch die Dienstbarkeit mindert, größer ist, durch diesen Betrag bestimmt.

§ 88.

(§ 8 CPO.)

Ist das Bestehen oder die Dauer eines Pacht- oder Miethverhältnisses streitig, so ist der Betrag des auf die gesammte streitige Zeit fallenden

---

[4]) Für das Verfahren werden besondere Gerichts- oder Rechtsanwaltsgebühren nicht erhoben soweit nicht eine Abschätzung nöthig wird. §§ 16, 17 GKG.; § 29 Nr. 1 GORA. [§§ 981 f. 1108].

[4a]) Darüber s. § 230 Abs. 1 CPO. [§ 306].

[5]) Ueber ihre Berechnung für den Gebührenansatz s. § 13 GKG. [§ 978].

[6]) Ueber den für die Werthsbemessung des Gegenstandes der Widerklage maßgebenden Zeitpunkt der Erhebung der letzteren § 254 CPO. [§ 333].

[7]) Anders unter gewissen Voraussetzungen bei der Werthsberechnung zum Zwecke des Gebührenansatzes § 11 GKG. [§ 976].

[8]) Bei nicht vermögensrechtlichen Ansprüchen hat eine Annahme des Werthes des Streitgegenstandes für die Bestimmung der Gerichtszuständigkeit keine Bedeutung, da diese für solche absolut geregelt ist; hinsichtlich des Gebührenansatzes in solchen Fällen s. § 10 GKG. [§ 975].

Zinses und, wenn der fünfundzwanzigfache Betrag des einjährigen Zinses geringer ist, dieser Betrag für die Werthsberechnung entscheidend.

§ 89.

(§ 9 CPO.)

Der Werth des Rechts auf wiederkehrende Nutzungen oder Leistungen wird nach dem Werthe des einjährigen Bezugs berechnet und zwar:

auf den zwölfundeinhalbfachen Betrag, wenn der künftige Wegfall des Bezugsrechts gewiß, die Zeit des Wegfalls aber ungewiß ist,

auf den fünfundzwanzigfachen Betrag bei unbeschränkter oder bestimmter Dauer des Bezugsrechts. Bei bestimmter Dauer des Bezugsrechts ist der Gesammtbetrag der künftigen Beträge maßgebend, wenn er der geringere ist.

§ 90.

(§ 11 CPO.)

Ist die Unzuständigkeit eines Gerichts auf Grund der Bestimmungen über die sachliche Zuständigkeit der Gerichte rechtskräftig ausgesprochen, so ist diese Entscheidung für das Gericht bindend, bei welchem die Sache später anhängig wird.[9] Allgemeines

Zweiter Titel.

Gerichtsstand.[1]

[9]) Ueber die Verweisung der Sache an ein bestimmtes Amtsgericht vgl. § 249 CPO.

[1]) Vgl. außerdem über die örtliche Zuständigkeit der Amtsgerichte in bürgerlichen Rechtsstreitigkeiten, soweit es sich nicht um Klagerhebung handelt:

a) für das Verfahren zur Sicherung des Beweises § 448 CPO. [§ 519];
b) für den Sühneversuch in Ehesachen § 571 CPO. [§ 575];
c) für den Erlaß von Befehlen zur Herstellung des ehelichen Zusammenlebens 2c. §§ 5, 6 AG. CPO. [§§ 572 f.];
d) für das Verfahren in Entmündigungssachen: §§ 594, 621 Abs. 3 CPO. [§§ 580, 597];
e) für das Mahnverfahren § 629 Abs. 2 CPO. [§ 605];
f) für die Thätigkeit als Vollstreckungsgericht §§ 684, 729 Abs. 2, §§ 755, 780 CPO. [§§ 659, 703, 731, 858];
g) für die Anordnung eines Arrests § 799 CPO. [§ 877];
h) für die Erlassung einstweiliger Verfügungen § 816 Abs. 1, § 820 CPO. [§§ 894, 898];
i) für das Aufgebot von Urkunden § 839 CPO., § 20 AG. CPO. [§§ 918, 930];
k) für das Aufgebot eines Verschollenen § 22 Abs. 3 AG. CPO. [§ 932];
l) für die Rechtshülfe § 158 GVG. [§ 44].

§ 91.

(§ 12 CPO.)

Allgemeiner Gerichtsstand.

Das Gericht, bei welchem eine Person ihren allgemeinen Gerichtsstand hat, ist für alle gegen dieselbe zu erhebenden Klagen zuständig, sofern nicht für eine Klage ein ausschließlicher Gerichtsstand begründet ist.[2])

§ 92.

(§ 13 CPO.)

Gerichtsstand des Wohnsitzes.

Der allgemeine Gerichtsstand einer Person wird durch den Wohnsitz bestimmt.[3])

§ 93.

(§ 14 CPO.)

Militärpersonen[4]) haben in Ansehung des Gerichtsstandes ihren Wohnsitz am Garnisonorte.

Diese Bestimmung findet auf diejenigen Militärpersonen, welche nur zur Erfüllung der Wehrpflicht dienen, oder welche selbständig einen Wohnsitz nicht begründen können, keine Anwendung.[5])

§ 94.

(§ 15 CPO.)

Als Wohnsitz der Militärpersonen, welche zu einem Truppentheile gehören, der im Deutschen Reiche keinen Garnisonort hat, gilt in Ansehung des Gerichtsstandes der letzte deutsche Garnisonort des Truppentheils.[6])

---

[2]) Fälle des ausschließlichen Gerichtsstandes für zur amtsgerichtlichen Zuständigkeit gehörige bürgerliche Rechtsstreitigkeiten sind:

a) der dingliche Gerichtsstand § 25 CPO. [§ 103];
b) der Gerichtsstand für die Wiederaufnahme des Verfahrens § 547 CPO. [§ 553];
c) der Gerichtsstand für das Verfahren in Entmündigungssachen §§ 594, 621 CPO. [§§ 580, 597];
d) der Gerichtsstand für das Mahnverfahren § 629 Abs. 2 CPO. [§ 605];
e) die in dem achten Buche der CPO. „Zwangsvollstreckung" — §§ 644 bis 822 CPO. [§§ 620 bis 900] — angeordneten Gerichtsstände § 707 CPO. [§ 681], vgl. Anm. dazu.
f) der Gerichtsstand für das Aufgebot von Urkunden über Ansprüche, welche in einem Grund- oder Hypothekenbuche eingetragen sind, und zum Zwecke der Löschung solcher Forderungen § 839 Abs. 2 CPO.; § 21 AG. CPO. [§§ 918, 931].

[3]) Ueber die Exterritorialen vgl. §§ 18 bis 21 GVG. [§§ 18 bis 21].

[4]) Vgl. § 38 des Reichs-Militär-Gesetzes vom 2. Mai 1874 (RGBl. S. 45). S. auch § 4 u. Anlage des Militärstrafgesetzbuchs vom 20. Juni 1872 (RGBl. S. 174); Verordnung vom 29. Juni 1880 (RGBl. S. 169).

[5]) Für sie gilt die Bestimmung des § 21 CPO. [§ 100.].

[6]) § 39 Abs. 3 RMG.: Es bleiben diejenigen landesgesetzlichen Vorschriften in Kraft, nach welchen für Truppentheile, die nach der Mobilmachung ihre Garnison verlassen haben oder sich dauernd im Auslande aufhalten, die Ausübung der streitigen Gerichtsbarkeit einem inländischen Gerichte oder den Auditeuren ein für

§ 95.

(§ 16 CPO.)

Deutsche, welche das Recht der Exterritorialität genießen [7]), sowie die im Auslande angestellten Beamten des Reichs oder eines Bundesstaates, behalten in Ansehung des Gerichtsstandes den Wohnsitz, welchen sie in dem Heimathstaate hatten. In Ermangelung eines solchen Wohnsitzes gilt die Hauptstadt des Heimathsstaates als ihr Wohnsitz. [8]) Ist die Hauptstadt in mehrere Gerichtsbezirke getheilt [9]), so wird der als Wohnsitz geltende Bezirk im Wege der Justizverwaltung durch allgemeine Anordnung bestimmt.

Auf Wahlkonsuln [10]) findet diese Bestimmung keine Anwendung.

§ 96.

(§ 17 CPO.)

Die Ehefrau theilt in Ansehung des Gerichtsstandes den Wohnsitz des Ehemannes, sofern nicht auf immerwährende Trennung von Tisch und Bett [11]) erkannt ist.

Eheliche und diesen gleichgestellte Kinder theilen in Ansehung des Gerichtsstandes den Wohnsitz des Vaters, uneheliche den Wohnsitz der Mutter. Sie behalten diesen Wohnsitz, bis sie denselben in rechtsgültiger Weise aufgeben.

§ 97.

(§ 18 CPO.)

Der allgemeine Gerichtsstand einer Person, welche keinen Wohnsitz GSt. des Aufenthaltsorts.

---

allemal übertragen ist, oder für den einzelnen Fall im Verordnungswege übertragen werden kann. — Diese reichsgesetzliche Bestimmung ist intakt geblieben, Prot. S. 641 f., d. h. mit Ausschluß der gesperrt gedruckten, durch § 15 CPO. [§ 94] ersetzten Worte, also nur für den Fall der Mobilmachung. — Für diesen Fall aber bestehen landesgesetzliche Vorschriften der im RMG. erwähnten Art in Preußen nicht.

[7]) Hierhin gehören die Chefs und Mitglieder der bei dem Deutschen Reiche oder bei einem Bundesstaate beglaubigten Missionen, soweit dieselben Staatsangehörige eines der Bundesstaaten sind, ebenso Mitglieder des Bundesraths; ferner die Familienglieder und das Geschäftspersonal der erwähnten Personen, §§ 18, 19 GVG. [§§ 18, 19].

[8]) In Ermangelung eines Heimathsstaates ist der Gerichtsstand der Reichsbeamten, deren dienstlicher Wohnsitz sich im Auslande befindet, in Berlin begründet. (§ 21 des Reichsbeamtengesetzes vom 31. März 1873, RGBl. S. 61.)

[9]) Diese Voraussetzung trifft in Preußen nicht zu.

[10]) § 9 des Reichsgesetzes, betreffend die Organisation der Bundes-Consulate, vom 8. November 1867 (BGBl. S. 137): Zu Wahlkonsuln (consules electi) sollen vorzugsweise Kaufleute ernannt werden, welchen das Bundesindigenat zusteht.

[11]) d. h. nur, wenn auf die Trennung vor dem 1. Januar 1876 erkannt und nicht nachher die Auflösung des Bandes der Ehe ausgesprochen ist (§ 77 RGes. v. 6. Febr. 1875, RGBl. S. 25).

hat, wird durch den Aufenthaltsort im Deutschen Reiche und, wenn ein solcher nicht bekannt ist, durch den letzten Wohnsitz bestimmt.

§ 98.

(§ 19 CPO.)

GSt. des Sitzes der Verwaltung.

Der allgemeine Gerichtsstand der Gemeinden, der Korporationen, sowie derjenigen Gesellschaften, Genossenschaften oder anderen Personenvereine und derjenigen Stiftungen, Anstalten und Vermögensmassen, welche als solche verklagt werden können, wird durch den Sitz derselben bestimmt. Als Sitz gilt, wenn nicht ein Anderes erhellt, der Ort, wo die Verwaltung geführt wird.

Gewerkschaften haben den allgemeinen Gerichtsstand bei dem Gerichte, in dessen Bezirk das Bergwerk liegt, Behörden, wenn sie als solche verklagt werden können, bei dem Gerichte ihres Amtssitzes.

§ 99.

(§ 20 CPO.)

Der allgemeine Gerichtsstand des Fiskus wird durch den Sitz der Behörde bestimmt, welche berufen ist, den Fiskus in dem Rechtsstreite zu vertreten.

§ 100.

(§ 21 CPO.)

II. Besonderer Gerichtsstand[12]) 1. des Orts der Beschäftigung.

Wenn Personen an einem Orte unter Verhältnissen, welche ihrer Natur nach auf einen Aufenthalt von längerer Dauer hinweisen, insbesondere als Dienstboten, Hand- und Fabrikarbeiter, Gewerbegehülfen, Studirende, Schüler oder Lehrlinge sich aufhalten, so ist das Gericht des Aufenthaltsorts für alle Klagen zuständig, welche gegen diese Personen wegen vermögensrechtlicher Ansprüche erhoben werden.

Diese Bestimmung findet auf Militärpersonen, welche nur zur Erfüllung der Wehrpflicht dienen oder welche selbständig einen Wohn-

---

[12]) Außerdem enthalten Vorschriften über die Gerichtszuständigkeit für Klagen bestimmten Inhalts, soweit dieselben vor die Amtsgerichte gehören,

a) für die Hauptintervention: § 61 CPO. [§ 140];
b) für die Nichtigkeits- und Restitutionsklage § 547 CPO. [§ 553];
c) für Wechselklagen § 566 CPO. [§ 570];
d) für die Klage auf Erlassung eines Vollstreckungsurtheils § 660 CPO. [§ 635];
e) für die Klage auf Ertheilung der Vollstreckungsklausel § 667 CPO. [§ 642];
f) für Klagen zur Geltendmachung von Einwendungen gegen den Anspruch selbst in der Vollstreckungsinstanz § 686 CPO. [§ 661];
g) für Klagen wegen Unzulässigkeit der Vollstreckungsklausel § 687 CPO. [§ 662];
h) für Klagen zur Geltendmachung der Rechte Dritter in der Zwangsvollstreckungsinstanz § 690 CPO. [§ 665];

Zu Buchst. e bis h vgl. auch § 704 Abs. 3, § 705 Abs. 4 CPO. [§§ 679, 680];

i) für Klagen zur Geltendmachung eines Widerspruchs gegen den Vertheilungsplan § 765 CPO. [§ 843];
k) für Klagen, welche aus einem schiedsrichterlichen Verfahren entspringen § 871 CPO. [§ 954];

Die Gerichtsstände zu d bis i sind ausschließliche, § 707 CPO. [§ 681].

sitz nicht begründen können, in der Art Anwendung, daß an die Stelle des Gerichts des Aufenthaltsorts das Gericht des Garnisonorts tritt.

§ 101.

(§ 22 CPO.)

Hat Jemand zum Betriebe einer Fabrik, einer Handlung oder eines anderen Gewerbes eine Niederlassung, von welcher aus unmittelbar Geschäfte geschlossen werden, so können gegen ihn alle Klagen, welche auf den Geschäftsbetrieb der Niederlassung Bezug haben, bei dem Gerichte des Orts erhoben werden, wo die Niederlassung sich befindet. GSt. der Niederlassung.

Der Gerichtsstand der Niederlassung ist auch für Klagen gegen Personen begründet, welche ein mit Wohn- und Wirthschaftsgebäuden versehenes Gut als Eigenthümer, Nutznießer oder Pächter bewirthschaften, soweit diese Klagen die auf die Bewirthschaftung des Guts sich beziehenden Rechtsverhältnisse betreffen.

§ 101 a.

(§ 23 CPO.)

Das Gericht, bei welchem Gemeinden, Korporationen, Gesellschaften, Genossenschaften oder andere Personenvereine den allgemeinen Gerichtsstand haben, ist für die Klagen zuständig, welche von denselben gegen ihre Mitglieder als solche oder von den Mitgliedern in dieser Eigenschaft gegen einander erhoben werden. Besonderer GSt. des Sitzes der Verwaltung

§ 102.

(§ 23 CPO.)

Für Klagen wegen vermögensrechtlicher Ansprüche gegen eine Person, welche im Deutschen Reich keinen Wohnsitz hat, ist das Gericht zuständig, in dessen Bezirke sich Vermögen derselben oder der mit der Klage in Anspruch genommene Gegenstand befindet. Bei Forderungen gilt als der Ort, wo das Vermögen sich befindet, der Wohnsitz des Schuldners und, wenn für die Forderung eine Sache zur Sicherheit haftet, auch der Ort, wo sich die Sache befindet. Dinglicher GSt.

§ 103.

(§ 25 CPO.)

Für Klagen, durch welche das Eigenthum, eine dingliche Belastung oder die Freiheit von einer solchen geltend gemacht wird, für Grenzscheidungs-, Theilungs- und Besitzklagen, ist, sofern es sich um unbewegliche Sachen handelt, das Gericht ausschließlich zuständig, in dessen Bezirke die Sache belegen ist.

Bei den eine Grunddienstbarkeit oder eine Reallast betreffenden Klagen ist die Lage des dienenden oder belasteten Grundstücks entscheidend.

§ 104.

(§ 26 CPO.)

In dem dinglichen Gerichtsstande kann mit der hypothekarischen

Klage die Schuldklage, mit der Klage auf Löschung einer Hypothek die Klage auf Befreiung von der persönlichen Verbindlichkeit, mit der Klage auf Anerkennung einer Reallast die Klage auf rückständige Leistungen erhoben werden, wenn die verbundenen Klagen gegen denselben Beklagten gerichtet sind.

§ 105.

(§ 27 CPO.)

In dem dinglichen Gerichtsstande können persönliche Klagen, welche gegen den Eigenthümer oder Besitzer einer unbeweglichen Sache als solchen gerichtet werden, sowie Klagen wegen Beschädigung eines Grundstücks oder in Betreff der Entschädigung wegen Enteignung eines Grundstücks erhoben werden.

§ 106.

(§ 28 CPO.)

GSt. der Erbschaft. Klagen, welche Erbrechte, Ansprüche aus Vermächtnissen oder sonstigen Verfügungen auf den Todesfall oder die Theilung der Erbschaft zum Gegenstande haben, können von dem Gerichte erhoben werden, bei welchem der Erblasser zur Zeit seines Todes den allgemeinen Gerichtsstand gehabt hat.

In dem Gerichtsstande der Erbschaft können auch Klagen der Nachlaßgläubiger aus Ansprüchen an den Erblasser oder die Erben als solche erhoben werden, wenn sich der Nachlaß noch ganz oder theilweise im Bezirke des Gerichts befindet, oder wenn mehrere Erben vorhanden sind und der Nachlaß noch nicht getheilt ist.

§ 107.

(§ 29 CPO.)

GSt. der Erfüllung. Für Klagen auf Feststellung des Bestehens oder Nichtbestehens eines Vertrags [13]), auf Erfüllung oder Aufhebung eines solchen, sowie auf Entschädigung wegen Nichterfüllung oder nicht gehöriger Erfüllung, ist das Gericht des Orts zuständig, wo die streitige Verpflichtung zu erfüllen ist. [14])

§ 108.

(§ 30 CPO.)

GSt. des Meß- und Marktorts. Für Klagen aus den auf Messen und Märkten, mit Ausnahme der Jahr- und der Wochenmärkte, geschlossenen Handelsgeschäften (Meß- und Marktsachen) [15]) ist das Gericht des Meß- oder Marktortes zuständig,

---

[13]) Ueber die Zuläſſigkeit einer solchen Klage vgl. § 231 CPO. [§ 307].

[14]) Eine besondere Bestimmung für Wechselklagen enthält § 566 CPO. [§ 570].

[15]) Meß- und Marktsachen haben folgende Eigenthümlichkeiten:
a) sie sind Feriensachen, § 202 Nr. 2 GVG. [§ 79 Nr. 2];
b) sie können in einem besondern Gerichtsstand erhoben werden, vgl. Text;
c) die Ladungs- und die Einlassungsfrist beträgt mindestens vierundzwanzig Stunden, §§ 194, 459 Abs. 1 CPO. [§§ 271, 311].

Ueber die geschäftliche Behandlung der Meß- und Marktsachen vgl. § 23 Abs. 5 Gesch.O. [Anl. A.].

wenn die Erhebung der Klage erfolgt, während der Beklagte oder ein zur Prozeßführung berechtigter Vertreter desselben am Orte oder im Bezirke des Gerichts sich aufhält.

§ 109.

(§ 31 CPO.)

Für Klagen, welche aus einer Vermögensverwaltung von dem Geschäftsherrn gegen den Verwalter oder von dem Verwalter gegen den Geschäftsherrn erhoben werden, ist das Gericht des Orts zuständig, wo die Verwaltung geführt ist. GSt. der geführten Verwaltung.

§ 110.

(§ 32 CPO.)

Für Klagen aus unerlaubten Handlungen ist das Gericht zuständig, in dessen Bezirke die Handlung begangen ist. GSt. der unerlaubten Handlung.

§ 111.

(§ 33 CPO.)

Bei dem Gerichte der Klage kann eine Widerklage [16]) erhoben werden, wenn der Gegenanspruch mit dem in der Klage geltend gemachten Anspruche oder mit den gegen denselben vorgebrachten Vertheidigungsmitteln in Zusammenhang steht. GSt. des Hauptprozesses.

Diese Bestimmung findet keine Anwendung, wenn die Zuständigkeit des Gerichts für eine Klage wegen des Gegenanspruchs auch durch Vereinbarung nicht würde begründet werden können. [17])

---

[16]) Ueber die Widerklage in dem amtsgerichtlichen Verfahren in bürgerlichen Rechtsstreitigkeiten sind folgende Bestimmungen gegeben:

a) über die Berechnung des Werthes des Streitgegenstandes § 5 CPO., § 11 Abs. 1 GKG. [§§ 85, 976];
b) über den Gerichtsstand: die Bestimmung des Textes;
c) über die Bedeutung einer Prozeßvollmacht auch für die W.Kl. § 77 CPO. [§ 156];
d) über den Wegfall der Kautionspflicht der Ausländer bei W.Kl. § 102 Nr. 3 CPO. [§ 181];
e) über die Trennungsbefugniß des Gerichts § 136 Abs. 2 CPO. [§ 214];
f) über die Zeit der Zulässigkeit §§ 251 bis 253 CPO. [§§ 330 bis 332];
g) über die Art der Erhebung § 254 CPO. [§ 333];
h) über die Ertheilung von Theilurtheilen auf die Widerklage § 273 CPO. [§ 342];
i) über die Rechtskraft einer Entscheidung auf die Widerklage § 293 CPO. [§ 572];
k) über das Versäumnißverfahren auf eine Widerklage § 312 CPO. [§ 391];
l) über die Behandlung einer in einem amtsgerichtlichen Prozesse erhobenen, zur Zuständigkeit der Landgerichte gehörigen Widerklage § 467 CPO.; § 30 GKG. [§§ 329, 994];
m) über die Unzulässigkeit einer Widerklage im Urkundenprozeß § 558 CPO. [§ 563];
n) über den Wegfall des ausländischen Klägern obliegenden Kostenvorschusses § 85 Abs. 2 GKG. Nr. 3 [§ 1022];
o) über die Berechnung der Kosten im Falle der Zurücknahme einer Widerklage § 94 Nr. 2 GKG. [§ 1031].

[17]) § 40 Abs. 2 CPO. [§ 118].

§ 112.

(§ 34 CPO.)

GSt. des Hauptprozesses.

Für Klagen der Prozeßbevollmächtigten, der Beistände, der Zustellungsbevollmächtigten und der Gerichtsvollzieher wegen Gebühren und Auslagen ist das Gericht des Hauptprozesses zuständig.

§ 113.

(§ 35 CPO.)

Mehrheit der GSt.

Unter mehreren zuständigen Gerichten hat der Kläger die Wahl.

§ 114.

(§ 36 CPO.)

Die Bestimmung des zuständigen Gerichts erfolgt durch das im Instanzenzuge zunächst höhere Gericht:

1. wenn das an sich zuständige Gericht in einem einzelnen Falle an der Ausübung des Richteramts rechtlich oder thatsächlich verhindert ist;
2. wenn es mit Rücksicht auf die Grenzen verschiedener Gerichtsbezirke ungewiß ist, welches Gericht für den Rechtsstreit zuständig sei;
3. wenn mehrere Personen, welche bei verschiedenen Gerichten ihren allgemeinen Gerichtsstand haben, als Streitgenossen [17]) im allgemeinen Gerichtsstande verklagt werden sollen und für den Rechtsstreit ein gemeinschaftlicher besonderer Gerichtsstand nicht begründet ist;
4. wenn die Klage in dem dinglichen Gerichtsstande erhoben werden soll und die Sache in den Bezirken verschiedener Gerichte belegen ist;
5. wenn in einem Rechtsstreite verschiedene Gerichte sich rechtskräftig für zuständig erklärt haben;
6. wenn verschiedene Gerichte, von welchen eines für den Rechtsstreit zuständig ist, sich rechtskräftig für unzuständig erklärt haben.

§ 115.

(§ 37 CPO.)

Die Entscheidung über das Gesuch um Bestimmung des zuständigen Gerichts kann ohne mündliche Verhandlung erfolgen. [18])

Eine Anfechtung des Beschlusses, welcher das zuständige Gericht bestimmt, findet nicht statt.

---

[17]) Vgl. §§ 56, 57 CPO. [§§ 135, 136]. Der allgemeine Gerichtsstand eines Wechselverpflichteten bildet im Falle gemeinschaftliche Inanspruchnahme mehrerer Wechselverpflichteten der Gerichtsstand für alle, § 566 CPO. [§ 570].

[18]) Gebührenfrei § 47 Nr. 3 GKG. [§ 1011]; Rechtsanwaltsgebühren für einen solchen Antrag § 23 Nr. 1, § 29 Nr. 6 GO.RA. [§§ 1102, 1108]. — Die geschäftliche Behandlung solcher Gesuche erfolgt nach den Vorschriften für Anträge außerhalb eines bei dem Gerichte anhängigen Rechtsstreits. § 23 Abs. 6 Gesch. O. [Anl. A.]

Dritter Titel.

Vereinbarung über die Zuständigkeit der Gerichte.

§ 116.

(§ 38 CPO.)

Ein an sich unzuständiges Gericht erster Instanz wird durch ausdrückliche oder stillschweigende Vereinbarung der Parteien zuständig.

§ 117.

(§ 39 CPO.)

Stillschweigende Vereinbarung ist anzunehmen, wenn der Beklagte, ohne die Unzuständigkeit geltend zu machen, zur Hauptsache mündlich verhandelt hat.

§ 118.

(§ 40 CPO.)

Die Vereinbarung hat keine rechtliche Wirkung, wenn sie nicht auf ein bestimmtes Rechtsverhältniß und die aus demselben entspringenden Rechtsstreitigkeiten sich bezieht.

Die Vereinbarung ist unzulässig, wenn der Rechtsstreit andere als vermögensrechtliche Ansprüche betrifft, oder wenn für die Klage ein ausschließlicher Gerichtsstand begründet ist.[1])

Vierter Titel.

Ausschließung und Ablehnung der Gerichtspersonen.

§ 119.

(§ 41 CPO.)

Ein Richter ist von der Ausübung des Richteramts kraft Gesetzes ausgeschlossen: Ausschließung.

1. in Sachen, in welchen er selbst Partei ist, oder in Ansehung welcher er zu einer Partei in dem Verhältnisse eines Mitberechtigten, Mitverpflichteten oder Regreßpflichtigen steht,
2. in Sachen seiner Ehefrau, auch wenn die Ehe nicht mehr besteht;
3. in Sachen einer Person, mit welcher er in gerader Linie verwandt, verschwägert oder durch Adoption verbunden, in der Seitenlinie bis zum dritten Grade verwandt oder bis zum zweiten Grade verschwägert ist, auch wenn die Ehe, durch welche die Schwägerschaft begründet ist, nicht mehr besteht;

---

[1]) Fälle einer ausschließlichen sachlichen Zuständigkeit enthält § 70 GVG., § 39 AG. GVG. [§§ 30, 31]. Fälle der ausschließlichen örtlichen Zuständigkeit sind zusammengestellt oben in Anm. 2 zu [§ 92]. — Gerichtskosten für die Entscheidung über die Zuständigkeit § 26 GKG. [§ 990], Rechtsanwaltsgebühren § 20 GO. RA. [1099].

4. in Sachen, in welchen er als Prozeßbevollmächtigter einer Partei bestellt oder als gesetzlicher Vertreter einer Partei aufzutreten berechtigt ist oder gewesen ist;
5. in Sachen, in welchen er als Zeuge oder Sachverständiger vernommen ist;
6. in Sachen, in welchen er in einer früheren Instanz oder im schiedsrichterlichen Verfahren bei der Erlassung der angefochtenen Entscheidung mitgewirkt hat, sofern es sich nicht um die Thätigkeit eines beauftragten oder ersuchten Richters handelt.

§ 120.

(§ 42 CPO.)

Ablehnung. Ein Richter kann sowohl in den Fällen, in welchen er von der Ausübung des Richteramts kraft Gesetzes ausgeschlossen ist, als auch wegen Besorgniß der Befangenheit abgelehnt werden.

Wegen Besorgniß der Befangenheit findet die Ablehnung statt, wenn ein Grund vorliegt, welcher geeignet ist, Mißtrauen gegen die Unparteilichkeit eines Richters zu rechtfertigen.

Das Ablehnungsrecht steht in jedem Falle beiden Parteien zu.

§ 121.

(§ 43 CPO.)

Eine Partei kann einen Richter wegen Besorgniß der Befangenheit nicht mehr ablehnen, wenn sie bei demselben, ohne den ihr bekannten Ablehnungsgrund geltend zu machen, in eine Verhandlung sich eingelassen oder Anträge gestellt hat.

§ 122.

(§ 44 CPO.)

Das Ablehnungsgesuch [1]) ist bei dem Gerichte, welchem der Richter angehört, anzubringen; es kann vor dem Gerichtsschreiber zu Protokoll erklärt werden.

Der Ablehnungsgrund ist glaubhaft zu machen [2]); der Eid ist als Mittel der Glaubhaftmachung ausgeschlossen. Zur Glaubhaftmachung kann auf das Zeugniß des abgelehnten Richters Bezug genommen werden.

Der abgelehnte Richter hat sich über den Ablehnungsgrund dienstlich zu äußern.

Wird ein Richter, bei welchem die Partei in eine Verhandlung sich eingelassen, oder Anträge gestellt hat, wegen Besorgniß der Befangenheit

---

[1]) Für die Verhandlung und Entscheidung über dasselbe werden Gebühren nicht erhoben: § 47 Nr. 4 GKG. [§ 1011] — Rechtsanwaltsgebühren: s. § 23 Nr. 1, § 29 Nr. 6, GO. RA. [§§ 1102, 1108].

[2]) § 266 CPO. [§ 345].

abgelehnt, so ist glaubhaft zu machen, daß der Ablehnungsgrund erst später entstanden oder der Partei bekannt geworden sei.

§ 123.

(§ 45 Abs. 2[3]) CPO.)

Wird ein Amtsrichter abgelehnt, so entscheidet das Landgericht. Einer Entscheidung bedarf es nicht, wenn der Amtsrichter das Ablehnungsgesuch für begründet hält.

§ 124.

(§ 46 CPO.)

Die Entscheidung über das Ablehnungsgesuch kann ohne vorgängige mündliche Verhandlung erfolgen.

Gegen den Beschluß, durch welchen das Gesuch für begründet erklärt wird, findet kein Rechtsmittel, gegen den Beschluß, durch welchen das Gesuch für unbegründet erklärt wird, findet sofortige Beschwerde[4]) statt.

§ 125.

(§ 47 CPO.)

Ein abgelehnter Richter hat vor Erledigung des Ablehnungsgesuches nur solche Handlungen vorzunehmen, welche keinen Aufschub gestatten.

§ 126.

(§ 48 CPO.)

Das für die Erledigung eines Ablehnungsgesuches zuständige Gericht hat auch dann zu entscheiden, wenn ein solches Gesuch nicht angebracht ist, ein Richter aber von einem Verhältnisse Anzeige macht, welches seine Ablehnung rechtfertigen könnte, oder wenn aus anderer Veranlassung Zweifel darüber entstehen, ob ein Richter kraft Gesetzes ausgeschlossen sei:

Die Entscheidung erfolgt ohne vorgängiges Gehör der Parteien.

§ 127.

(§ 49 CPO.)

Die Bestimmungen dieses Titels finden auf den Gerichtsschreiber entsprechende Anwendung[5]); die Entscheidung erfolgt durch das Gericht, bei welchem der Gerichtsschreiber angestellt ist. Gerichtsschreiber.

---

[3]) Abs. 1 bezieht sich nur auf Kollegialgerichte.

[4]) § 540 CPO. [§ 546.].

[5]) Die Vorschriften über die Folge der Mitwirkung eines ausgeschlossenen oder mit Erfolg abgelehnten Richters bei einer Entscheidung § 542 Nr. 2, 3 CPO [§ 548]. (Grund für die Nichtigkeitsklage) finden hingegen auf die Mitwirkung eines in gleicher Lage befindlichen Gerichtsschreibers keine Anwendung.

Zweiter Abschnitt.
Parteien.

Erster Titel.
Prozeßfähigkeit.

§ 128.
(§ 50 CPO.)

Die Fähigkeit einer Partei, vor Gericht zu stehen, die Vertretung nicht prozeßfähiger Parteien durch andere Personen (gesetzliche Vertreter) [1]) und die Nothwendigkeit einer besonderen Ermächtigung zur Prozeßführung bestimmt sich nach den Vorschriften des bürgerlichen Rechts [2]), soweit nicht die nachfolgenden Paragraphen abweichende Bestimmungen enthalten.

§ 129.
(§ 51 CPO.)

Eine Person ist insoweit prozeßfähig, als sie sich durch Verträge verpflichten kann. [3])

Die Prozeßfähigkeit einer großjährigen Person wird dadurch, daß sie unter väterlicher Gewalt steht, die Prozeßfähigkeit einer Frau dadurch, daß sie Ehefrau ist, nicht beschränkt.

Die Vorschriften über die Geschlechtsvormundschaft [4]) finden auf die Prozeßführung keine Anwendung.

§ 130.
(§ 3 Satz 1 AG. CPO.)

Die für die Vermögensverwaltung der Deutschen Landesherrn und

---

[1]) Vorschriften über die gesetzlichen Vertreter finden sich außer in diesem Titel:
a) bezüglich der Verurtheilnng in durch sie verursachte Kosten § 94 CPO. [§ 176];
b) bezüglich ihrer Erwähnung in Schriftsätzen § 121 Nr. 1 CPO. [§ 200];
c) bezüglich ihrer Erwähnung in Protokollen § 145 Abs. 2 Nr. 4 CPO. [§ 223];
d) bezüglich der Zustellungen: in §§ 157, 169 CPO. [§§ 234, 247];
e) über den Wegfall eines gesetzlichen Vertreters in §§ 219, 223 CPO. [§§ 296, 299];
f) bezüglich ihrer Erwähnung im Urtheile § 284 Nr. 1 CPO. [§ 363];
g) über die Eidesleistung durch gesetzliche Vertreter: § 391 Abs. 3, §§ 433, 435, 436, 438 CPO. [§§ 461, 503, 505, 506, 509].

[2]) Ihre Darstellung gehört daher auch dem bürgerlichen Rechte der einzelnen Preußischen Rechtsgebiete an.

[3]) Vgl. z. B. Gesetz, betreffend die Geschäftsfähigkeit Minderjähriger 2c., vom 12. Juli 1875 (GS. S. 518). Die Vorschriften über die Geschäftsfähigkeit anderer Personenkategorien (z. B. Verschwender) sind nicht einheitlich für ganz Preußen geregelt.

[4]) Dies Institut besteht in Preußen nicht mehr.

der Mitglieder der Deutschen landesherrlichen Familien sowie der Mitglieder der Fürstlichen Familie Hohenzollern bestehenden Behörden gelten im Sinne der Vorschriften der CPO. als gesetzliche Vertreter derselben für alle zu ihrem Geschäftskreise gehörigen Gegenstände mit den Rechten und Pflichten der gesetzlichen Vertreter einer nicht prozeßfähigen Partei.[4a])

§ 131.

(§ 52 CPO.)

Einzelne Prozeßhandlungen, zu welchen nach den Vorschriften des bürgerlichen Rechts eine besondere Ermächtigung erforderlich ist[5]), sind ohne dieselbe gültig, wenn die Ermächtigung zur Prozeßführung im Allgemeinen ertheilt oder die Prozeßführung auch ohne eine solche Ermächtigung im Allgemeinen statthaft ist.

§ 132.

(§ 53 CPO.)

Ein Ausländer, welchem nach dem Rechte seines Landes die Prozeßfähigkeit mangelt, gilt als prozeßfähig, wenn ihm nach dem Rechte des Prozeßgerichts die Prozeßfähigkeit zusteht.

§ 133.

(§ 54 CPO.)

Das Gericht hat den Mangel der Prozeßfähigkeit, der Legitimation des gesetzlichen Vertreters und der erforderlichen Ermächtigung zur Prozeßführung von Amtswegen zu berücksichtigen.[5a])

Die Partei oder deren gesetzlicher Vertreter kann zur Prozeßführung mit Vorbehalt der Beseitigung des Mangels zugelassen werden, wenn mit dem Verzuge Gefahr für die Partei verbunden ist. Das Endurtheil darf erst erlassen werden, nachdem die für die Beseitigung des Mangels zu bestimmende Frist abgelaufen ist.

§ 134.

(§ 55 CPO.)

Soll eine nicht prozeßfähige Partei verklagt werden, welche ohne gesetzlichen Vertreter ist, so hat der Vorsitzende des Prozeßgerichts denselben, falls mit dem Verzuge Gefahr verbunden ist, auf Antrag bis zu dem Eintritte des gesetzlichen Vertreters einen besonderen Vertreter zu bestellen.[6])

Der Vorsitzende kann einen solchen Vertreter auch bestellen, wenn

---

[4a]) Die reichsgesetzliche Zulässigkeit dieser Vorschrift ergiebt sich aus § 5 EG. CPO. [§ 958].

[5]) Es gilt das in Anm. 2 Bemerkte.

[5a]) Gerichtskosten für eine bezügliche Entscheidung: § 26 Nr. 2 GKG. [§ 990]; Rechtsanwaltsgebühren § 20 GO. RA. [§ 1099].

[6]) Kostenfrei: § 47 Nr. 9 GKG. [§ 1011]. — Rechtsanwaltsgebühren für den Antrag: § 23 Nr. 1, § 29 Nr. 6 GO. RA. [§§ 1102, 1108].

in den Fällen des § 21 [§ 100] eine nicht prozeßfähige Person bei dem Gerichte ihres Aufenthaltsorts oder Garnisonorts verklagt werden soll. [7])

Zweiter Titel.

Streitgenossenschaft.

§ 135.

(§ 56 CPO.)

Mehrere Personen können als Streitgenossen gemeinschaftlich klagen oder verklagt werden, wenn sie in Ansehung des Streitgegenstandes in Rechtsgemeinschaft stehen, oder wenn sie aus demselben thatsächlichen und rechtlichen Grunde berechtigt oder verpflichtet sind.

§ 136.

(§ 57 CPO.)

Mehrere Personen können auch dann als Streitgenossen gemeinschaftlich klagen oder verklagt werden, wenn gleichartige und auf einem im wesentlichen gleichartigen thatsächlichen und rechtlichen Grunde beruhende Ansprüche oder Verpflichtungen den Gegenstand des Rechtsstreits bilden.

§ 137.

(§ 58 CPO.)

Streitgenossen stehen, soweit nicht aus den Vorschriften des bürgerlichen Rechts [1]) oder dieses Gesetzes [2]) sich ein Anderes ergiebt, dem Gegner dergestalt als Einzelne gegenüber, daß die Handlungen des einen Streitgenossen dem anderen weder zum Vortheile noch zum Nachtheile gereichen.

§ 138.

(§ 59 CPO.)

Kann das streitige Rechtsverhältniß allen Streitgenossen gegenüber nur einheitlich festgestellt werden, oder ist die Streitgenossenschaft aus einem sonstigen Grunde eine nothwendige, so werden, wenn ein Termin oder eine Frist nur von einzelnen Streitgenossen versäumt wird, die säumigen Streitgenossen als durch die nicht säumigen vertreten angesehen.

Die säumigen Streitgenossen sind auch in dem späteren Verfahren zuzuziehen.

§ 139.

(§ 60 CPO.)

Das Recht zur Betreibung des Prozesses steht jedem Streitgenossen

---

[7]) Vgl. Anm. 6.

[1]) Vgl. Anm. 2 zu [§ 128].

[2]) Vgl. §§ 59, 391, 434 CPO. [§§ 138, 461, 504].

zu; er muß, wenn er dem Gegner zu einem Termine ladet, auch die übrigen Streitgenossen laden.[3] [4])

Dritter Titel.

Betheiligung Dritter am Rechtsstreit.

§ 140.

(§ 61 CPO.)

Wer die Sache oder das Recht, worüber zwischen anderen Personen ein Rechtsstreit anhängig geworden ist, ganz oder theilweise für sich in Anspruch nimmt, ist bis zur rechtskräftigen Entscheidung dieses Rechtsstreits berechtigt, seinen Anspruch durch eine gegen beide Parteien gerichtete Klage bei demjenigen Gerichte geltend zu machen, an welchem der Rechtsstreit in erster Instanz anhängig wurde. Hauptintervention.

§ 141.

(§ 62 CPO.)

Der Hauptprozeß kann auf Antrag einer Partei bis zur rechtskräftigen Entscheidung über die Hauptintervention ausgesetzt werden.[1])

§ 142.

(§ 63 CPO.)

Wer ein rechtliches Interesse daran hat, daß in einem zwischen anderen Personen anhängigen Rechtsstreite die eine Partei obsiege, kann dieser Partei zum Zwecke ihrer Unterstützung beitreten. Nebenintervention.

Die Nebenintervention kann in jeder Lage des Rechtsstreits bis zur rechtskräftigen Entscheidung desselben, auch in Verbindung mit der Einlegung eines Rechtsmittels erfolgen.

---

[3]) Vgl. zur Erläuterung dieser Voraussetzungen Begr. S. 82 f. — Es gehören z. B. hierher nach Allg. L.-R. die Rechtsverhältnisse des Miteigenthums und Miterbrechts; nach gem. Recht die Rechtsverhältnisse der Grundgerechtigkeiten, wenn das — herrschende oder dienende — Grundstück in Miteigenthum steht.

[4]) Weitere Vorschriften über Streitgenossenschaft finden sich

a) über die Bestallung eines gemeinschaftlichen Gerichtsstandes in § 36 Nr. 3, CPO. [§ 114];

b) über die Haftung für die Kostenerstattung in § 95 CPO. [§ 174];

c) über die Trennungs- und Verbindungsbefugniß des Gerichts §§ 136, 138 CPO. [§§ 214, 216];

d) über die Eidesleistung durch Streitgenossen § 391 Abs. 3, §§ 414, 434, 438 [§§ 461, 484, 505, 509];

e) über die Haftung für die gerichtlichen Gebühren: § 91 GKG. [§ 1028].

[1]) Für diese Anordnung werden als für eine Entscheidung über die Prozeß- oder Sachleitung Gerichtsgebühren nicht erhoben: § 47 Nr. 1 GKG., § 23 Nr. 4, § 29 Nr. 6 GO. RA. [§§ 1011, 1102, 1108]. Ueber die Aussetzung des Verfahrens Rechtsanwaltsgebühren: s. §§ 223 ff. CPO. [§§ 299 ff.]

§ 143.

(§ 64 CPO.)

Der Nebenintervenient muß den Rechtsstreit in der Lage annehmen, in welcher sich dieser zur Zeit seines Beitritts befindet; er ist berechtigt, Angriffs- und Vertheidigungsmittel geltend zu machen und alle Prozeßhandlungen wirksam vorzunehmen, insoweit nicht seine Erklärungen und Handlungen mit Erklärungen und Handlungen der Hauptpartei in Widerspruch stehen.[2])

§ 144.

(§ 65 CPO.)

Der Nebenintervenient wird in dem Verhältnisse zu der Hauptpartei mit der Behauptung nicht gehört, daß der Rechtsstreit, wie derselbe dem Richter vorgelegen habe, unrichtig entschieden sei; er wird mit der Behauptung, daß die Hauptpartei den Rechtsstreit mangelhaft geführt habe, nur insoweit gehört, als er durch die Lage des Rechtsstreits zur Zeit seines Beitritts oder durch Erklärungen und Handlungen der Hauptpartei verhindert worden ist, Angriffs- oder Vertheidigungsmittel geltend zu machen, oder als Angriffs- oder Vertheidigungsmittel, welche ihm unbekannt waren, von der Hauptpartei absichtlich oder durch grobes Verschulden nicht geltend gemacht sind.

§ 145.

(§ 66 CPO.)

Insofern nach den Vorschriften des bürgerlichen Rechts die Rechtskraft der in dem Hauptprozesse erlassenen Entscheidung auf das Rechtsverhältniß des Nebenintervenienten zu dem Gegner von Wirksamkeit ist,[3]) gilt der Nebenintervenient im Sinne des § 58 [§ 137] als Streitgenosse der Hauptpartei.

§ 146.

(§ 67 CPO.)

Der Beitritt des Nebenintervenienten erfolgt durch Zustellung eines Schriftsatzes. Derselbe muß enthalten:

1. die Bezeichnung der Parteien und des Rechtsstreits,
2. die bestimmte Angabe des Interesses, welches der Nebenintervenient hat,

---

[2]) Ausnahme: Eideszuschiebung an den Nebenintervenienten § 414 CPO. [§ 484]. Wegen der Erstattung der durch eine Nebenintervention entstehenden Kosten s. § 96 CPO. [§ 175].

[3]) Vgl. zur Erläuterung dieser Vorschrift: Begr. S. 88. „Es gehören unter diesen Paragraphen die Fälle, in welchen das Recht oder die Verbindlichkeit des Nebenintervenienten durch das Bestehen des Rechts oder der Verbindlichkeit einer im Prozesse begriffenen Partei bedingt ist.“ Als Beispiele führt die Begr. an: l. 505, D. de leg. I. 30; l. 14 D. de appell. 49, 1; § 298 ALR. I. 12.

3. die Erklärung des Beitritts.

Außerdem finden die allgemeinen Bestimmungen über die vorbereitenden Schriftsätze[4]) Anwendung.

§ 147.

(§ 68 CPO.)

Ueber den Antrag auf Zurückweisung einer Nebenintervention wird nach vorgängiger mündlicher Verhandlung unter den Parteien und dem Nebenintervenienten entschieden.[5]) Der Nebenintervenient ist zuzulassen, wenn er sein Interesse glaubhaft macht.[6])

Gegen das Zwischenurtheil[7]) findet sofortige Beschwerde statt.

So lange nicht die Unzulässigkeit der Intervention rechtskräftig ausgesprochen ist, wird der Intervenient im Hauptverfahren zugezogen.

§ 148.

(§ 69 CPO.)

Eine Partei, welche für den Fall des ihr ungünstigen Ausganges des Rechtsstreits einen Anspruch auf Gewährleistung oder Schadloshaltung gegen einen Dritten erheben zu können glaubt, oder den Anspruch eines Dritten besorgt, kann bis zur rechtskräftigen Entscheidung des Rechtsstreits dem Dritten gerichtlich den Streit verkünden. Streitverkündung.

Der Dritte ist zu einer weiteren Streitverkündung berechtigt.

§ 149.

(§ 70 CPO.)

Die Streitverkündung erfolgt durch Zustellung eines Schriftsatzes, in welchem der Grund der Streitverkündung und die Lage des Rechtsstreits anzugeben ist.[8])

Abschrift des Schriftsatzes ist dem Gegner mitzutheilen.

§ 150.

(§ 71 CPO.)

Wenn der Dritte dem Streitverkünder beitritt, so bestimmt sich sein Verhältniß zu den Parteien nach den Grundsätzen über die Nebenintervention.

Lehnt der Dritte den Beitritt ab, oder erklärt er sich nicht, so wird der Rechtsstreit ohne Rücksicht auf ihn fortgesetzt.

---

[4]) §§ 120 bis 124 CPO. [§§ 199 bis 203]. — Vgl. über die Form der Intervention im amtsgerichtlichen Verfahren aber auch § 462 CPO. [§ 201].

[5]) Gerichtskosten für die Verhandlung und Entscheidung über die Zulässigkeit der Nebenintervention: § 27 Nr. 1 GKG. [§ 991]; Rechtsanwaltsgebühren für dieselbe: § 23 Nr. 1, § 29 Nr. 2 GO.RA. [§§ 1102, 1108]. Im übrigen werden für den Nebenintervenienten besondere Kosten nicht in Ansatz gebracht.

[6]) § 266 CPO. [§ 345].

[7]) § 275 CPO. [§ 354].

[8]) Im übrigen finden §§ 120 bis 124 CPO. [§§ 199 bis 303] Anwendung. Vgl. über die Form der Streitverkündung im amtsgerichtlichen Verfahren aber auch § 462 CPO. [§ 201].

In allen Fällen dieses Paragraphen kommen gegen den Dritten die Vorschriften des § 65 [§ 144] mit der Abweichung zur Anwendung, daß statt der Zeit des Beitritts diejenige Zeit entscheidet, zu welcher der Beitritt in Folge der Streitverkündung möglich war.

§ 151.

(§ 72 CPO.)

Wird von dem verklagten Schuldner einem Dritten, welcher die geltend gemachte Forderung für sich in Anspruch nimmt, der Streit verkündet, und tritt der Dritte in den Streit ein, so ist der Beklagte, wenn er den Betrag der Forderung zu Gunsten der streitenden Gläubiger gerichtlich hinterlegt[9]), auf seinen Antrag aus dem Rechtsstreite unter Verurtheilung in die durch seinen unbegründeten Widerspruch veranlaßten Kosten zu entlassen und der Rechtsstreit über die Berechtigung an der Forderung zwischen den streitenden Gläubigern allein fortzusetzen. Dem Obsiegenden ist der hinterlegte Betrag zuzusprechen und der Unterliegende auch zur Erstattung der dem Beklagten entstandenen, nicht durch dessen unbegründeten Widerspruch veranlaßten Kosten, einschließlich der Kosten der Hinterlegung, zu verurtheilen.[10])

§ 152.

(§ 73 CPO.)

Benennung des Rechtsurhebers.

Wer als Besitzer einer Sache verklagt ist, die er im Namen eines Dritten zu besitzen behauptet, kann, wenn er diesem vor der Verhandlung zur Hauptsache den Streit verkündet, und ihn unter Benennung an den Kläger zur Erklärung ladet, bis zu dieser Erklärung oder bis zum Schlusse des Termins, in welchem sich der Benannte zu erklären hat, die Verhandlung zur Hauptsache verweigern.

Bestreitet der Benannte die Behauptung des Beklagten oder erklärt er sich nicht, so ist der Beklagte berechtigt, dem Klageantrage zu genügen.

Wird die Behauptung des Beklagten von dem Benannten als richtig anerkannt, so ist dieser berechtigt, mit Zustimmung des Beklagten an dessen Stelle den Prozeß zu übernehmen. Die Zustimmung des Klägers ist nur insoweit erforderlich, als derselbe Ansprüche geltend macht, welche unabhängig davon sind, daß der Beklagte im Namen eines Dritten besitzt.

Hat der Benannte den Prozeß übernommen, so ist der Beklagte auf

---

[9]) Vgl. §§ 5, 6, 11 bis 17, 20 der Hinterlegungsordnung vom 14. März 1879 (GS. S. 249). Eine Annahme des zu hinterlegenden Betrages in vorläufige Verwahrung bei dem Amtsgerichte ist in diesem Falle **nicht** zulässig (§§ 73, 74 HO.) [Anl. F.]

[10]) Kosten: § 26 Nr. 3 GKG. [§ 990]; Rechtsanwaltsgebühr: § 20 GO. RA. [§ 1099].

seinen Antrag von der Klage zu entbinden [11]). Die Entscheidung ist in Ansehung der Sache selbst auch gegen den Rechtsnachfolger wirksam und vollstreckbar.

Vierter Titel.
Prozeßbevollmächtigte und Beistände. [1])

§ 153.*
(§ 75 CPO.)

Die Parteien können den Rechtsstreit selbst oder durch jede prozeßfähige [2]) Person als Bevollmächtigten führen. Prozeßbevollmächtigte.

§ 154.*
(§§ 26, 100 Abs. 2 RAO.)

Auf Grund der Zulassung bei einem Gericht [3]) ist der Rechtsanwalt befugt, vor jedem Amtsgericht innerhalb des Reichs als Beistand aufzutreten und die Vertretung zu übernehmen.

Die bei dem Reichsgerichte zugelassenen Rechtsanwälte dürfen bei einem anderen Gerichte nicht auftreten.

---

[11]) Vgl. die Anführungen in Anm. 10.

[1]) § 74 Abs. 1 CPO. bestimmt: Vor den Landgerichten und vor allen Gerichten höherer Instanz müssen die Parteien sich durch einen bei dem Prozeßgerichte zugelassenen Rechtsanwalt als Bevollmächtigten vertreten lassen (Anwaltsprozeß). — Die auf den Anwaltsprozeß bezüglichen Bestimmungen sind als ohne Interesse für das amtsgerichtliche Verfahren hier nicht berücksichtigt.

[2]) § 51 CPO. [§ 129 AGO.].

[3]) § 8 Abs. 1 RAO.: Die Zulassung zur Rechtsanwaltschaft erfolgt bei einem bestimmten Gerichte.

§ 17. Nach der ersten Zulassung hat der Rechtsanwalt in einer öffentlichen Sitzung des Gerichts, bei welchem er zugelassen ist, folgenden Eid zu leisten:

„Ich schwöre bei Gott dem Allmächtigen und Allwissenden, die Pflichten „eines Rechtsanwalts gewissenhaft zu erfüllen, so wahr mir Gott helfe."

§ 20.: Bei jedem Gerichte ist eine Liste der bei demselben zugelassenen Rechtsanwälte zu führen. In der Liste ist der Wohnsitz der Rechtsanwälte anzugeben.

Hat der Rechtsanwalt den Eid geleistet und seinen Wohnsitz (am Orte des Gerichts oder mit Genehmigung der Landesjustizverwaltung in einem anderen Orte innerhalb des Amtsgerichtsbezirks) genommen, so ist er in die Liste einzutragen. Veränderungen des Wohnsitzes hat derselbe unverzüglich anzuzeigen.

Mit der Eintragung beginnt die Befugniß zur Ausübung der Rechtsanwaltschaft.

Die Eintragungen sind von dem Gericht auf Kosten des Rechtsanwalts durch den Deutschen Reichsanzeiger bekannt zu machen.

§ 25. Die Stellvertretung eines an der Ausübung seines Berufs zeitweise verhinderten Rechtsanwalts kann nur einem Rechtsanwalt oder einem Rechtskundigen, welcher mindestens zwei Jahre im Vorbereitungsdienste beschäftigt worden ist, übertragen werden.

Insofern die Stellvertretung nicht von einem bei demselben Gerichte zugelassenen

§ 155.
(§ 76 CPO.)

Der Bevollmächtigte hat die Bevollmächtigung durch eine schriftliche Vollmacht nachzuweisen und diese zu den Gerichtsakten abzugeben.

Eine Privaturkunde muß auf Verlangen des Gegners gerichtlich oder notariell beglaubigt werden. Bei der Beglaubigung bedarf es weder der Zuziehung von Zeugen noch der Aufnahme eines Protokolls.

§ 156.
(§ 77 CPO.)

Die Prozeßvollmacht ermächtigt zu allen den Rechtsstreit betreffenden Prozeßhandlungen, einschließlich derjenigen, welche durch eine Widerklage, eine Wiederaufnahme des Verfahrens und die Zwangsvollstreckung veranlaßt werden; zur Bestellung eines Vertreters sowie eines Bevollmächtigten für die höheren Instanzen; zur Beseitigung des Rechtsstreits durch Vergleich, Verzichtleistung auf den Streitgegenstand oder Anerkennung des von dem Gegner geltend gemachten Anspruchs; zur Empfangnahme der von dem Gegner zu erstattenden Kosten.[4])

§ 157.
(§ 78 CPO.)

Die Vollmacht für den Hauptprozeß umfaßt die Vollmacht für das eine Hauptintervention[5]), einen Arrest[6]) oder eine einstweilige Verfügung[7]) betreffende Verfahren.

§ 158.*
(§ 79 CPO.)

Eine Beschränkung des gesetzlichen Umfangs der Vollmacht hat dem Gegner gegenüber nur insoweit rechtliche Wirkung, als diese Beschränkung die Beseitigung des Rechtsstreits durch Vergleich, Verzichtleistung auf den Streitgegenstand oder Anerkennung des von dem Gegner geltend gemachten Anspruchs betrifft.

Eine Vollmacht kann für einzelne Prozeßhandlungen ertheilt werden.

Rechtsanwalt übernommen wird, darf die Bestellung des Stellvertreters nur durch Anordnung der Landesjustizverwaltung erfolgen. (Ueber die Stellvertretung von Rechtsanwälten vgl. auch Allg. Verf. v. 19. April 1880 JMBl. S. 88.)

§ 29. Der Rechtsanwalt muß, wenn er sich über eine Woche hinaus von seinem Wohnsitze entfernen will, für seine Stellvertretung sorgen, auch dem Vorsitzenden des Gerichts, bei welchem er zugelassen ist, sowie dem Amtsgericht, in dessen Bezirk er seinen Wohnsitz hat, Anzeige machen und den Stellvertreter benennen.

Die übrigen Vorschriften der ARO., welche sich lediglich auf die Organisation der Rechtsanwaltschaft oder deren Verhältniß zu dem Auftraggeber beziehen, sind, weil ohne Interesse für den amtsgerichtlichen Civilprozeß, hier übergangen.

4) vgl. § 49 GKG. [Anl. C.].

5) § 61 CPO. [§ 140].

6) §§ 796 ff. [§§ 874 ff.].

7) §§ 814 ff. [§§ 892 ff.].

§ 159.

(§ 80 CPO.)

Mehrere Bevollmächtigte sind berechtigt, sowohl gemeinschaftlich als einzeln die Partei zu vertreten. Eine abweichende Bestimmug der Vollmacht hat dem Gegner gegenüber keine rechtliche Wirkung.[8])

§ 160.

(§ 81 CPO.)

Die von dem Bevollmächtigten vorgenommenen Prozeßhandlungen sind für die Partei in gleicher Art verpflichtend, als wenn sie von der Partei selbst vorgenommen wären. Dies gilt von Geständnissen und anderen thatsächlichen Erklärungen, insoweit nicht dieselben von der miterschienenen Partei sofort widerrufen oder berichtigt werden.

§ 161.

(§ 82 CPO.)

Die Vollmacht wird weder durch den Tod des Vollmachtgebers, noch durch eine Veränderung in Betreff seiner Prozeßfähigkeit oder seiner gesetzlichen Vertretung aufgehoben; der Bevollmächtigte hat jedoch, wenn er nach Aussetzung des Rechtsstreits für den Nachfolger im Rechtsstreite auftritt[9]), eine Vollmacht desselben beizubringen.

§ 162.*

(§ 83 CPO.)

Dem Gegner gegenüber erlangt die Kündigung des Vollmachtvertrages erst durch die Anzeige des Erlöschens der Vollmacht rechtliche Wirksamkeit.

Der Bevollmächtigte wird durch die von seiner Seite erfolgte Kündigung nicht gehindert, für den Vollmachtgeber so lange zu handeln, bis dieser für Wahrnehmung seiner Rechte in anderer Weise gesorgt hat.

§ 163.*

(§ 84 Abs. 2 CPO.)

Das Gericht hat den Mangel der Vollmacht von Amtswegen zu berücksichtigen.

§ 164.

(§ 85 CPO.)

Vertretung ohne Vollmacht.

Handelt Jemand für eine Partei als Geschäftsführer ohne Auftrag oder als Bevollmächtigter ohne Beibringung einer Vollmacht, so kann er gegen oder ohne Sicherheitsleistung[9a]) für Kosten und Schäden zur Prozeßführung einstweilen zugelassen werden. Das Endurtheil[10]) darf

---

[8]) Gebühren mehrerer bevollmächtigten Rechtsanwälte § 2 GORA. [§ 1081].

[9]) § 223 CPO. [§ 299].

[9a]) § 101 CPO. [§ 180].

[10]) §§ 272, 273 CPO. [§§ 351, 352].

erlassen werden, nachdem die für die Beibringung der Genehmigung zu bestimmende Frist abgelaufen ist.

Die Partei muß die Prozeßführung gegen sich gelten lassen, wenn sie auch nur mündlich Vollmacht ertheilt oder wenn sie die Prozeßführung ausdrücklich oder stillschweigend genehmigt hat.

§ 165.*

(§ 86 CPO.)

Beistand. Eine Partei kann mit jeder prozeßfähigen Person [11]) als Beistand erscheinen.

Das von dem Beistande Vorgetragene gilt als von der Partei vorgebracht, insoweit es nicht von dieser sofort widerrufen oder berichtigt wird.

Fünfter Titel.

Prozeßkosten. [1])

§ 166.

(§ 87 CPO.)

Tragung der Prozeßkosten. Die unterliegende Partei hat die Kosten des Rechtsstreits zu tragen, insbesondere die dem Gegner erwachsenen Kosten zu erstatten, soweit dieselben nach freiem Ermessen des Gerichts zur zweckentsprechenden Rechtsverfolgung oder Rechtsvertheidigung nothwendig waren.[2]).

Die Gebühren und Auslagen des Rechtsanwalts der obsiegenden Partei [3]) sind in allen Prozessen zu erstatten, Reisekosten eines aus-

---

[11]) § 51 CPO. [§ 129]. — Ueber die Befähigung eines Rechtsanwalts zur Beistandsleistung s. § 26 RAO. [§ 154 Abs. 1]. — Gebühren hierfür: § 4 GORA. [§ 1083].

[1]) Dieser Titel „giebt nur die Vorschriften über die wechselseitigen Rechtsverhältnisse der Parteien in Betreff der Prozeßkosten. Die Rechte des Justizfiskus und der von den Parteien im Prozesse in Anspruch genommenen Beamten bezüglich der Sporteln und Gebühren stehen hier außer Frage". Begr. S. 111. — Diese Verhältnisse sind geregelt in:

a. dem deutschen Gerichtskostengesetze vom 18. Juni 1878 (RGBl. S. 141),
b. der Gebührenordnung für Gerichtsvollzieher vom 24. Juni 1878 (RGBl. S. 166),
c. dem Preußischen Ausführungsgesetze zu den unter a. und b. erwähnten Gesetzen vom 10. März 1879 (GS. S. 145),
d. der Gebührenordnung für Rechtsanwälte vom 7. Juli 1879 (RGBl. S. 176),
e. dem Preußischen Ausführungsgesetze zu der letzteren vom 2. Februar 1880 (GS. S. 43).

Die Bestimmungen dieser Gesetze sind, soweit sie sich auf das Verfahren in bürgerlichen Rechtsstreitigkeiten der Amtsgerichte beziehen, im Anhange [§ 966 ff.] abgedruckt.

[2]) Vgl. auch die Anwendung in § 66 Abs. 4 GAGB. [Anl. C].

[3]) Nicht eine vertragsmäßig festgesetzte von der Gebührenordnung abweichende Vergütung § 94 GORA. [§ 1149].

wärtigen Rechtsanwalts[4]) jedoch nur insoweit, als die Zuziehung nach dem Ermessen des Gerichts zur zweckentsprechenden Rechtsverfolgung oder Rechtsvertheidigung nothwendig war. Die Kosten mehrerer Rechtsanwälte[5]) sind nur insoweit zu erstatten, als sie die Kosten eines Rechtsanwalts nicht übersteigen, oder als in der Person des Rechtsanwalts ein Wechsel eintreten mußte.

§ 167.

(§ 88 CPO.)

Wenn jede Partei theils obsiegt, theils unterliegt, so sind die Kosten gegen einander aufzuheben oder verhältnißmäßig zu theilen.

Das Gericht kann der einen Partei die gesammten Prozeßkosten auferlegen, wenn die Zuvielforderung der anderen Partei eine verhältnißmäßig geringfügige war und keine besonderen Kosten veranlaßt hat, oder wenn der Betrag der Forderung der anderen Partei von der Festsetzung durch richterliches Ermessen, von der Ausmittelung durch Sachverständige oder von einer gegenseitigen Berechnung abhängig war.

§ 168.

(§ 89 CPO.)

Hat der Beklagte nicht durch sein Verhalten zur Erhebung der Klage Veranlassung gegeben, so fallen dem Kläger die Prozeßkosten zur Last, wenn der Beklagte den Anspruch sofort anerkennt.

§ 169.

(§ 90 CPO.)

Die Partei, welche einen Termin oder eine Frist versäumt, oder die Verlegung eines Termins, die Vertagung einer Verhandlung, die Anberaumung eines Termins zur Fortsetzung der Verhandlung oder die Verlängerung einer Frist durch ihr Verschulden veranlaßt, hat die dadurch verursachten Kosten zu tragen.[6])

§ 170.

(§ 91 CPO.)

Die Kosten eines ohne Erfolg gebliebenen Angriffs- oder Vertheidigungsmittels können der Partei auferlegt werden, welche dasselbe geltend gemacht hat, auch wenn sie in der Hauptsache obsiegt.

§ 171.

(§ 92 Abs. 1, 2 CPO.)

Die Kosten eines ohne Erfolg eingelegten Rechtsmittels fallen der Partei zur Last, welche dasselbe eingelegt hat.

Die Kosten der Berufungsinstanz können der obsiegenden Partei

---

4) Vgl. § 78 ff. GORA. [§§ 1133 ff.].

5) Vgl. § 2 GORA. [§ 1081].

6) Besondere Verzögerungsgebühr: § 48 GKG. [§ 1012].

ganz oder theilweise auferlegt werden, wenn sie auf Grund eines neuen Vorbringens obsiegt, welches sie nach freiem Ermessen des Gerichts in erster Instanz geltend zu machen im Stande war.

§ 172.
(§ 93 CPO.)

Die Kosten eines abgeschlossenen Vergleichs sind als gegen einander aufgehoben anzusehen, wenn nicht die Parteien etwas Anderes vereinbart haben. Dasselbe gilt von den Kosten des durch Vergleich erledigten Rechtsstreits, soweit nicht über dieselben bereits rechtskräftig erkannt ist.

§ 173.
(§ 94 CPO.)

Die Anfechtung der Entscheidung über den Kostenpunkt [7]) ist unzulässig, wenn nicht gegen die Entscheidung in der Hauptsache ein Rechtsmittel eingelegt wird.

§ 174.
(§ 95 CPO.)

Besteht der unterliegende Theil aus mehreren Personen, so haften dieselben für die Kostenerstattung nach Kopftheilen.[7a])

Bei einer erheblichen Verschiedenheit der Betheiligung am Rechtsstreite kann nach dem Ermessen des Gerichts die Betheiligung zum Maßstabe genommen werden.

Hat ein Streitgenosse ein besonderes Angriffs- oder Vertheidigungsmittel geltend gemacht, so sind die übrigen Streitgenossen für die durch dasselbe veranlaßten Kosten nicht verhaftet.

Durch die Bestimmungen dieses Paragraphen wird eine nach den Vorschriften des bürgerlichen Rechts [8]) begründete Verpflichtung, wegen der Kosten solidarisch zu haften, nicht berührt.

§ 175.
(§ 96 CPO.)

Die Bestimmungen der §§ 87 bis 93 [§§ 166 bis 172] finden auch auf die durch eine Nebenintervention [9]) verursachten Kosten Anwendung.

Gilt der Nebenintervenient als Streitgenosse der Hauptpartei (§ 66) [§ 145], so sind die Vorschriften des § 95 [§ 174] maßgebend.

---

[7]) Erinnerungen gegen den Ansatz von Gebühren oder Auslagen des Gerichts § 4 GKG. [§ 969]; — der Gerichtsvollzieher § 685 Abs. 2 CPO., § 22 GOGV. [§§ 660, 1059].

[7a]) Ebenso gegenüber der Staatskasse § 91 GKG. [§ 1028].

[8]) Deren Darstellung im einzelnen liegt außerhalb des Rahmens dieser Schrift. Die Begründung (S. 197) erwähnt als Beispiel § 426 ALR. I. 5.

[9]) §§ 63 ff. CPO. [§§ 142 ff.].

§ 176.

(§ 97 CPO.)

Gerichtsschreiber, gesetzliche Vertreter, Rechtsanwälte und andere Bevollmächtigte sowie Gerichtsvollzieher [10]) können durch das Prozeßgericht auch von Amtswegen zur Tragung derjenigen Kosten verurtheilt werden, welche sie durch grobes Verschulden veranlaßt haben.

Die Entscheidung kann ohne mündliche Verhandlung erfolgen. Vor der Entscheidung ist der Betheiligte zu hören. [11])

Gegen die Entscheidung findet sofortige Beschwerde [12]) statt.

§ 177.

(§ 98 CPO.)

Der Anspruch auf Erstattung der Prozeßkosten kann nur auf Grund eines zur Zwangsvollstreckung geeigneten Titels [13]) geltend gemacht werden. Festsetzung der Kosten.

Das Gesuch um Festsetzung des zu erstattenden Betrages ist bei dem Gerichte erster Instanz anzubringen; es kann vor dem Gerichtsschreiber zu Protokoll erklärt werden. Die Kostenberechnung, die zur Mittheilung an den Gegner bestimmte Abschrift derselben und die zur Rechtfertigung der einzelnen Ansätze dienenden Belege sind beizufügen.

§ 178.

(§ 99 CPO.)

Die Entscheidung über das Festsetzungsgesuch kann ohne vorgängige mündliche Verhandlung erfolgen. [14])

Zur Berücksichtigung eines Ansatzes genügt, daß derselbe glaubhaft gemacht [15]) ist.

Gegen den Festsetzungsbeschluß findet sofortige Beschwerde statt. [16])

§ 179.

(§ 100 CPO.)

Sind die Prozeßkosten ganz oder theilweise nach Quoten vertheilt, so hat die Partei den Gegner vor Anbringung des Festsetzungsgesuchs aufzufordern, die Berechnung seiner Kosten binnen einer einwöchigen

---

[10]) Anwendung § 66 Abs. 4 GAGB. [Anl. C].

[11]) Für die Verhandlung und Entscheidung werden Gebühren nicht erhoben: § 47 Nr. 5 GKG. [§ 1011]; Rechtsanwaltsgebühren: § 23 Nr. 1, § 29 Abs. 2 Nr. 6, § 30 Nr. 3 GORA. [§§ 1102, 1108, 1109].

[12]) § 540 CPO. [§ 546].

[13]) §§ 644, 702, 706 CPO. und die ergänzenden Bestimmungen zu letzterem § [§§ 620, 677].

[14]) Gebühren hierfür: des Gerichts § 34 Nr. 1 GKG. [§ 998], — des Rechtsanwalts § 23 Nr. 1, § 30 Nr. 3 GORA. [§§ 1102, 1108].

[15]) § 266 CPO. [§ 345].

[16]) § 540 CPO. [§ 546].

Frist bei dem Gerichte einzureichen. Nach fruchtlosem Ablaufe der Frist erfolgt die Entscheidung ohne Rücksicht auf die Kosten des Gegners, unbeschadet des Rechts des letzteren, den Anspruch auf Erstattung nachträglich geltend zu machen. Der Gegner haftet für die Mehrkosten, welche durch das nachträgliche Verfahren entstehen.

Sechster Titel.

Sicherheitsleistung.

§ 180.

(§ 101 CPO.)

Allgemeines.

Die Bestellung einer prozessualischen Sicherheit [1]) ist, sofern nicht die Parteien ein Anderes vereinbart haben oder dieses Gesetz eine nach freiem Ermessen des Gerichts zu bestimmende Sicherheit zuläßt [2]), durch Hinterlegung [3]) in baarem Gelde oder in solchen Werthpapieren zu bewirken, welche nach richterlichem Ermessen eine genügende Deckung gewähren.

§ 181.

(§ 102 CPO.)

Sicherheitsleistung der Ausländer für die Prozeßkosten.

Ausländer, welche als Kläger auftreten, haben dem Beklagten auf dessen Verlangen wegen der Prozeßkosten Sicherheit zu leisten.

Diese Verpflichtung tritt nicht ein:

1) wenn nach den Gesetzen des Staates, welchem der Kläger angehört, ein Deutscher in gleichem Falle zur Sicherheitsleistung nicht verpflichtet ist;
2) im Urkunden- oder Wechselprozesse [4]);
3) bei Widerklagen [5]);

---

[1]) Dieselbe ist vorgeschrieben:

a. für den Vertreter ohne Vollmacht § 85 CPO. [§ 164];

b. als Sicherheitsleistung für die Prozeßkosten: §§ 102 bis 105 CPO. [§§ 181 bis 184];

c. als Sicherheitsleistung zur Erlangung der vorläufigen Vollstreckbarkeit oder der Nichtvollstreckbarkeit einer Entscheidung bezw. der Einstellung der Zwangsvollstreckung u. dgl.: §§ 647, 650, 652, 657, 668, 688, 690 CPO., [§§ 623, 626, 628, 643, 663, 665];

d. als Arrestkaution §§ 801, 807, 818 CPO. [§§ 879, 885, 896].

[2]) Dies ist geschehen in den Fällen der Arrestkaution §§ 801, 807, 818 CPO. [§§ 879, 885, 896].

[3]) Diejenigen Bestimmungen der Hinterlegungsordnung vom 14. März 1879 (GS. S. 249), welche für das amtsgerichtliche Verfahren in bürgerlichen Rechtsstreitigkeiten von Bedeutung sind, sind in Anlage F zusammengestellt.

[4]) §§ 555 ff. CPO. [§§ 561 ff.].

[5]) Vgl. Anm. 16 zu [§ 111].

4) bei Klagen, welche in Folge einer öffentlichen Aufforderung angestellt werden;

5) bei Klagen aus Ansprüchen, welche in das Grund- und Hypothekenbuch einer deutschen Behörde eingetragen sind.

§ 182.

(§ 103 CPO.)

Der Beklagte kann auch dann Sicherheitsleistung verlangen, wenn im Laufe des Rechtsstreits der Kläger die Eigenschaft eines Deutschen verliert oder die Voraussetzung, unter welcher der Ausländer von der Sicherheitsleistung befreit war, wegfällt und nicht ein zur Deckung ausreichender Theil des erhobenen Anspruchs unbestritten ist.

§ 183.

(§ 104 CPO.)

Die Höhe der zu leistenden Sicherheit wird von dem Gerichte nach freiem Ermessen festgesetzt.[6])

Bei der Festsetzung ist derjenige Betrag der Prozeßkosten zu Grunde zu legen, welchen der Beklagte wahrscheinlich aufzuwenden haben wird. Die dem Beklagten durch eine Widerklage erwachsenden Kosten sind hierbei nicht zu berücksichtigen.

Ergiebt sich im Laufe des Rechtsstreits, daß die geleistete Sicherheit nicht hinreicht, so kann der Beklagte die Leistung einer weiteren Sicherheit verlangen, sofern nicht ein zur Deckung ausreichender Theil des erhobenen Anspruchs unbestritten ist.

§ 184.

(§ 105 CPO.)

Das Gericht hat dem Kläger bei Anordnung der Sicherheitsleistung eine Frist zu bestimmen, binnen welcher die Sicherheit zu leisten sei. Nach Ablauf der Frist ist auf Antrag des Beklagten, wenn die Sicherheit bis zur Entscheidung nicht geleistet ist, die Klage für zurückgenommen zu erklären, oder wenn über ein Rechtsmittel des Klägers zu verhandeln ist, dasselbe zu verwerfen.

Siebenter Titel.

Armenrecht[1])

§ 185.

(§ 106 CPO.)

Wer außer Stande ist, ohne Beeinträchtigung des für ihn und seine

---

[6]) Für die Festsetzung der Sicherheit werden keine besonderen Gerichtsgebühren erhoben § 47 Nr. 1 GKG. [§ 1011 AGO.], Rechtsanwaltsgebühren § 23 Nr. 1, § 29 Nr. 6 GORA. [§§ 1104, 1108].

[1]) Ueber Stundung und Niederschlagung von Kosten wegen Armuth — unabhängig von Bewilligung des Armenrechts — vgl. § 30 AG.GKG. [§ 1034].

Familie nothwendigen Unterhalts die Kosten des Prozesses zu bestreiten, hat auf Bewilligung des Armenrechts Anspruch, wenn die beabsichtigte Rechtsverfolgung oder Rechtsvertheidigung nicht muthwillig oder aussichtslos erscheint.

Ausländer haben auf das Armenrecht nur insoweit Anspruch, als die Gegenseitigkeit verbürgt ist.[2])

§ 186.*

(§ 107 CPO., § 34 RAO.)

Durch die Bewilligung des Armenrechts erlangt die Partei:

1) die einstweilige Befreiung von der Berichtigung der rückständigen und künftig erwachsenden Gerichtskosten, einschließlich der Gebühren der Beamten, der den Zeugen und Sachverständigen zu gewährenden Vergütung und der sonstigen baaren Auslagen, sowie der Stempelsteuer;
2) die Befreiung von der Sicherheitsleistung für die Prozeßkosten;[3])
3) das Recht, daß ihr zur vorläufig unentgeltlichen[4]) Bewirkung von Zustellungen und von Vollstreckungshandlungen ein Gerichtsvollzieher beigeordnet werde.[5])

Einer Partei, welcher das Armenrecht bewilligt ist, kann zur vorläufig unentgeltlichen Wahrnehmung ihrer Rechte von dem Prozeßgericht ein Rechtsanwalt auf Antrag beigeordnet werden.[6]) [7])

---

[2]) Dies ist der Fall hinsichtlich Italiens (Bekanntmachung vom 1. Oktober 1879 RGBl. S. 312), Belgiens (Uebereinkunft vom 18. Oktober 1878, RGBl. 1879 S. 316), Luxemburgs (Uebereinkunft vom 12. Juni 1879, RGBl. S. 318).

[3]) §§ 101 ff. CPO. [§§ 180 ff.].

[4]) Erstattung baarer Auslagen aus der Staatskasse: § 21 GOGB. [§ 1058].

[5]) § 125 GAGB. [Anl. C].

[6]) Die Vorschriften über Beiordnung eines Rechtsanwalts (§§ 33 bis 38 RAO.) haben für den amtsgerichtlichen Civilprozeß nur Bedeutung, insoweit es sich um Beiordnung in Folge der Bewilligung des Armenrechts auf Grund des § 34 RAO. [§ 186 Abs. 2] handelt, da die anderen Fälle der CPO. (§ 107 Nr. 3, §§ 609, 620, 626) nur bei Gerichten höherer Ordnung vorkommen können. — Es sind daher nur folgende Bestimmungen der RAO. hervorgehoben:

§ 35. Gegen die Entscheidung, durch welche die Beiordnung eines Rechtsanwalts abgelehnt wird, steht der Partei die Beschwerde nach Maßgabe der Civilprozeßordnung zu.

§ 36. Die Auswahl eines beizuordnenden Rechtsanwalts erfolgt durch den Vorsitzenden des Gerichts aus der Zahl der bei diesem zugelassenen Rechtsanwälte.

Gegen die Verfügung steht der Partei und dem Rechtsanwalt die Beschwerde nach Maßgabe der Civilprozeßordnung zu.

§ 37. Die Mehrkosten, welche bei der Vertretung einer armen Partei durch den ihr beigeordneten Rechtsanwalt dadurch entstehen, daß der letztere seinen Wohnsitz nicht am Orte des Gerichts hat, ist die Gegenpartei zu erstatten nicht verpflichtet.

[7]) Eine weitere Folge der Bewilligung des Armenrechts ist Befreiung vom Ausländer-Kostenvorschuß, § 85 Abs. 2 Nr. 6 GKG. [§ 1022].

§ 187.
(§ 108 CPO.)

Die Bewilligung des Armenrechts hat auf die Verpflichtung zur Erstattung der dem Gegner erwachsenden Kosten keinen Einfluß.

§ 188.
(§ 109 CPO.)

Das Gesuch um Bewilligung des Armenrechts ist bei dem Prozeßgericht anzubringen; es kann vor dem Gerichtsschreiber zu Protokoll erklärt werden.

Dem Gesuch ist ein von der obrigkeitlichen Behörde der Partei ausgestelltes Zeugniß beizufügen, in welchem unter Angabe des Standes oder Gewerbes, der Vermögens- und Familienverhältnisse der Partei sowie des Betrags der von dieser zu entrichtenden direkten Staatssteuern das Unvermögen zur Bestreitung der Prozeßkosten ausdrücklich bezeugt wird. Für Personen, welche unter Vormundschaft oder Kuratel stehen, kann das Zeugniß auch von der vormundschaftlichen Behörde ausgestellt werden.

In dem Gesuche ist das Streitverhältniß unter Angabe der Beweismittel darzulegen.

§ 189.
(§ 110 CPO.)

Die Bewilligung des Armenrechts erfolgt für jede Instanz besonders, für die erste Instanz einschließlich der Zwangsvollstreckung.

In der höheren Instanz bedarf es des Nachweises des Unvermögens nicht, wenn das Armenrecht in der vorherigen Instanz bewilligt war. Hat der Gegner das Rechtsmittel eingelegt, so ist in der höheren Instanz nicht zu prüfen, ob die Rechtsverfolgung oder Rechtsvertheidigung der Partei muthwillig oder aussichtslos erscheint.

§ 190.*
(§ 111 CPO.)

Die Bewilligung des Armenrechts für den Kläger und den Berufungskläger hat zugleich für den Gegner die einstweilige Befreiung von den im § 107 Nr. 1 [§ 186] bezeichneten Kosten zur Folge.

§ 191.
(§ 112 CPO.)

Das Armenrecht kann zu jeder Zeit entzogen werden, wenn sich ergiebt, daß eine Voraussetzung der Bewilligung nicht vorhanden war oder nicht mehr vorhanden ist.

§ 192.
(§ 113 CPO.)

Das Armenrecht erlischt mit dem Tode der Person, welcher es bewilligt ist.

§ 193.

(§ 114 CPO.)

Die Gerichtskosten, von deren Berichtigung die arme Partei einstweilen befreit ist, können von dem in die Prozeßkosten verurtheilten Gegner nach Maßgabe der für die Beitreibung rückständiger Gerichtskosten geltenden Vorschriften eingezogen werden.

Die Gerichtskosten, von deren Berichtigung der Gegner der armen Partei einstweilen befreit ist, sind von demselben einzuziehen, soweit er in die Prozeßkosten verurtheilt oder der Rechtsstreit ohne Urtheil über die Kosten beendigt ist.

§ 194.

(§ 115 CPO.)

Die für die arme Partei bestellten Gerichtsvollzieher[8]) und Rechtsanwälte sind berechtigt, ihre Gebühren und Auslagen von dem in die Prozeßkosten verurtheilten Gegner beizutreiben.

Eine Einrede aus der Person der armen Partei ist nur insoweit zulässig, als die Aufrechnung von Kosten verlangt wird, welche nach der in demselben Rechtsstreit über die Kosten erlassenen Entscheidung von der armen Partei zu erstatten sind.

§ 195.

(§ 116 CPO.)

Die zum Armenrechte zugelassene Partei ist zur Nachzahlung der Beträge, von deren Berichtigung sie einstweilen befreit war, verpflichtet, sobald sie ohne Beeinträchtigung des für sie und ihre Familie nothwendigen Unterhalts dazu im Stande ist.

Dasselbe gilt in Betreff derjenigen Beträge, von deren Berichtigung der Gegner einstweilen befreit war, soweit die arme Partei in die Prozeßkosten verurtheilt ist.

§ 196.

(§ 117 CPO.)

Ueber das Gesuch um Bewilligung des Armenrechts, über die Entziehung desselben und über die Verpflichtung zur Nachzahlung der Beträge, von deren Berichtigung die zum Armenrechte zugelassene Partei oder der Gegner einstweilen befreit ist, kann ohne vorgängige mündliche Verhandlung entschieden werden. [9])

---

[8]) § 125 Abs. 5 GA.GV. [Anl. C].

[9]) Für die Verhandlung und Entscheidung werden Gerichtsgebühren nicht erhoben (§ 47 Nr. 2 GKG. [§ 1011]). Rechtsanwaltsgebühren: § 23 Nr. 1, § 29 Nr. 6 GORA [§§ 1107, 1108].

§ 197.
(§ 118 CPO.)

Gegen den Beschluß, durch welchen das Armenrecht bewilligt wird, findet kein Rechtsmittel; gegen den Beschluß, durch welchen das Armenrecht verweigert oder entzogen oder die Nachzahlung von Kosten angeordnet wird, findet die Beschwerde [10]) statt.

Dritter Abschnitt.

Verfahren.

Erster Titel.

Mündliche Verhandlung.

§ 198.
(§ 119 CPO.)

Die Verhandlung der Parteien über den Rechtsstreit vor dem erkennenden Gerichte ist eine mündliche.

§ 199.*
(§ 120 Abs. 1, 2 CPO.)

Es können vorbereitende Schriftsätze gewechselt werden. [1]) Vorbereitende Schriftsätze.

§ 200.*
(§ 121 CPO.)

Die vorbereitenden Schriftsätze sollen enthalten:

1) die Bezeichnung der Parteien und ihrer gesetzlichen Vertreter nach Namen, Stand oder Gewerbe, Wohnort und Parteistellung; die Bezeichnung des Gerichts und des Streitgegenstandes; die Zahl der Anlagen;
2) die Anträge, welche die Partei in der Gerichtssitzung zu stellen beabsichtigt;
3) die Angabe der zur Begründung der Anträge dienenden thatsächlichen Verhältnisse;

---

[10]) § 530 CPO. [§ 539].

[1]) Statt dessen sind aber auch Zustellung eines Protokolls des Gerichtsschreibers und unmittelbare formlose Mittheilungen zulässig § 463 CPO. [§ 323]. Es sind daher die Vorschriften über die Fristen, binnen welcher die vorbereitenden Schriftsätze im landgerichtlichen Verfahren zugestellt sein müssen (§§ 123, 244, 245 CPO.), für das amtsgerichtliche Verfahren ohne Interesse.

4) die Erklärung über die thatsächlichen Behauptungen des Gegners;
5) die Bezeichnung der Beweismittel, welcher sich die Partei zum Nachweise oder zur Widerlegung thatsächlicher Behauptungen bedienen will, sowie die Erklärung über die von dem Gegner bezeichneten Beweismittel;
6) die Unterschrift der Partei selbst oder desjenigen, welcher für dieselbe als Bevollmächtigter oder als Geschäftsführer ohne Auftrag handelt.

§ 201.

(§ 462 CPO.)

Die Vorschriften der §§ 457, 458 [§§ 309, 310] finden entsprechende Anwendung, wenn eine Partei im Laufe des Rechtsstreits zu laden ist, insbesondere zur Verhandlung über einen Zwischenstreit, über den Antrag auf Berichtigung oder Ergänzung eines Urtheils, über den Einspruch, über den Antrag auf Wiedereinsetzung in den vorigen Stand oder über die Aufnahme eines unterbrochenen oder ausgesetzten Verfahrens, oder wenn eine Intervention oder Streitverkündung erfolgen soll.[2])

§ 202.

(§ 122 CPO.)

Dem vorbereitenden Schriftsatze sind die in den Händen der Partei befindlichen Urkunden, auf welche in dem Schriftsatze Bezug genommen wird, in Urschrift oder in Abschrift beizufügen.

Kommen nur einzelne Theile einer Urkunde in Betracht, so genügt die Beifügung eines Auszugs, welcher den Eingang, die zur Sache gehörende Stelle, den Schluß, das Datum und die Unterschrift enthält.

Sind die Urkunden dem Gegner bereits bekannt oder von bedeutendem Umfange, so genügt die genaue Bezeichnung derselben mit dem Erbieten, Einsicht zu gewähren.

§ 203.

(§ 124 CPO.)

Die Parteien haben eine für das Prozeßgericht bestimmte Abschrift ihrer vorbereitenden Schriftsätze und der Anlagen auf der Gerichtsschreiberei niederzulegen.

Diese Niederlegung erfolgt zugleich mit der Ueberreichung der Ur-

---

[2]) Diese Vorschrift, welche die für die Klage gegebenen Spezialbestimmungen (schriftliche Einreichung bei Gericht oder Erklärung zum Protokoll des Gerichtsschreibers, Vermittelung der Zustellung durch letzteren) auf die im Text bezeichneten Ladungen für anwendbar erklärt, hat eine allgemeinere Bedeutung auch für alle die Fälle, wo sonst ein Schriftsatz zuzustellen sein würde. Dies rechtfertigt die ihm gegebene Stellung.

schrift, wenn eine Terminsbestimmung[3]) oder wenn die Zustellung unter Vermittelung des Gerichtsschreibers[4]) erwirkt werden soll, andernfalls sofort nach erfolgter Zustellung des Schriftsatzes.[5])

§ 204.
(§ 125 CPO.)

Mittheilung von Urkunden.

Die Partei ist, wenn sie rechtzeitig aufgefordert wird, verpflichtet, die in ihren Händen befindlichen Urkunden, auf welche sie in einem vorbereitenden Schriftsatze Bezug genommen hat, vor der mündlichen Verhandlung auf der Gerichtsschreiberei niederzulegen und den Gegner von der Niederlegung zu benachrichtigen.

Der Gegner hat zur Einsicht der Urkunden eine Frist von drei Tagen. Die Frist kann auf Antrag von dem Vorsitzenden verlängert oder abgekürzt werden.

§ 205.
(§ 126 CPO.)

Den Rechtsanwälten steht es frei, die Mittheilung von Urkunden von Hand zu Hand gegen Empfangsbescheinigung zu bewirken.

Giebt ein Rechtsanwalt die ihm eingehändigte Urkunde nicht binnen der bestimmten Frist zurück, so ist er auf Antrag nach vorgängiger mündlicher Verhandlung zur unverzüglichen Zurückgabe zu verurtheilen.[6])

Gegen das Zwischenurtheil findet sofortige Beschwerde[7]) statt.

§ 206.*
(§ 127 CPO.)

Mündliche Verhandlung.

Der Amtsrichter eröffnet und leitet[8]) die mündliche Verhandlung. Er ertheilt das Wort und kann es demjenigen, welcher seinen Anordnungen nicht Folge leistet, entziehen.

Er hat Sorge zu tragen, daß die Sache erschöpfende Erörterung finde und die Verhandlung ohne Unterbrechung zu Ende geführt werde; erforderlichenfalls hat er die Sitzung zur Fortsetzung der Verhandlung sofort zu bestimmen.

Er schließt die Verhandlung, wenn nach seiner Ansicht die Sache vollständig erörtert ist, und verkündet die Urtheile und Beschlüsse.

---

[3]) § 193 CPO. [§ 270].

[4]) § 152 Abs. 2 CPO. [§ 229].

[5]) Ueber die geschäftliche Behandlung dieser Abschriften vgl. § 13 Abs. 2 Gesch.-O. [Anl. A].

[6]) Gerichtsgebühren werden hierfür nicht erhoben, § 47 Nr. 6 GKG. [§ 1011]. Rechtsanwaltsgebühren: § 23 Nr. 1, § 29 Nr. 6 GO.RA. [§§ 1102, 1108].

[7]) § 540 CPO. [§ 546].

[8]) Sitzungspolizei: §§ 177 bis 185 GVG. [§§ 60 bis 68].

§. 207.

(§ 128 Abs. 1 bis 3 CPO.)

Die mündliche Verhandlung wird dadurch eingeleitet, daß die Parteien ihre Anträge stellen.

Die Vorträge der Parteien sind in freier Rede zu halten; sie haben das Streitverhältniß in thatsächlicher und rechtlicher Beziehung zu umfassen.

Eine Bezugnahme auf Schriftstücke statt mündlicher Verhandlung ist unzulässig. Die Vorlesung von Schriftstücken findet nur insoweit statt, als es auf den wörtlichen Inhalt derselben ankommt.

§ 208.

(§ 129 CPO.)

Jede Partei hat sich über die von dem Gegner behaupteten Thatsachen zu erklären.

Thatsachen, welche nicht ausdrücklich bestritten werden, sind als zugestanden anzusehen, wenn nicht die Absicht, sie bestreiten zu wollen, aus den übrigen Erklärungen der Partei hervorgeht.

Eine Erklärung mit Nichtwissen ist nur über Thatsachen zulässig, welche weder eigene Handlungen der Partei noch Gegenstand ihrer eigenen Wahrnehmung gewesen sind.

§ 209.*

(§ 130 Abs. 1, 2; § 464 CPO.)

Der Amtsrichter hat durch Fragen darauf hinzuwirken, daß unklare Anträge erläutert, ungenügende Angaben der geltend gemachten Thatsachen ergänzt und die Beweismittel bezeichnet, überhaupt alle für die Feststellung des Sachverhältnisses erheblichen Erklärungen abgegeben werden; er hat ferner dahin zu wirken, daß die Parteien über alle erheblichen Thatsachen sich vollständig erklären und die sachdienlichen Anträge stellen.

Er hat auf die Bedenken aufmerksam zu machen, welche in Ansehung der von Amtswegen zu berücksichtigenden Punkte[9]) obwalten[10]).

§ 210.

(§ 132 CPO.)

Prozeßleitung durch das Gericht.[11])

Das Gericht kann das persönliche Erscheinen einer Partei zur Aufklärung des Sachverhältnisses anordnen.

---

[9]) z. B. Unzuständigkeit, wenn eine Vereinbarung über die Zuständigkeit unzulässig ist (§ 40 Abs. 2 CPO. [§ 118]); Mangel der Prozeßfähigkeit, der Legitimation eines gesetzlichen Vertreters und der erforderlichen Ermächtigung zur Prozeßführung (§ 54 Abs. 1 CPO.) [§ 133]; Mangel der Vollmacht (§ 84 Abs. 2 CPO.) [§ 163].

[10]) Außerdem hat er den Beklagten auf die sachliche Unzuständigkeit aufmerksam zu machen (§ 465 Abs. 2 CPO.) [§ 325] und zur Erklärung über die Echtheit einer Urkunde aufzufordern (§ 468 CPO.) [§ 474 Abs. 3].

§ 211.

(§ 133 CPO.)

Das Gericht kann anordnen, daß eine Partei die in ihren Händen befindlichen Urkunden, auf welche sie sich bezogen hat, sowie Stammbäume, Pläne, Risse und sonstige Zeichnungen vorlege.

Das Gericht kann anordnen, daß die vorgelegten Schriftstücke während einer von ihm zu bestimmenden Zeit auf der Gerichtsschreiberei verbleiben.

Das Gericht kann anordnen, daß von den in fremder Sprache abgefaßten Urkunden eine durch einen beeidigten Dolmetscher angefertigte Uebersetzung beigebracht werde.

§ 212.

(§ 134 CPO.)

Das Gericht kann anordnen, daß die Parteien die in ihrem Besitze befindlichen Akten vorlegen, soweit dieselben aus Schriftstücken bestehen, welche die Verhandlung und Entscheidung der Sache betreffen.

§ 213.

(§ 135 CPO.)

Das Gericht kann die Einnahme des Augenscheins sowie die Begutachtung durch Sachverständige anordnen.

Das Verfahren richtet sich nach den Vorschriften, welche eine auf Antrag angeordnete Einnahme des Augenscheins [12]) oder Begutachtung durch Sachverständige [13]) zum Gegenstande haben.

§ 214.

(§ 136 CPO.)

Das Gericht kann anordnen, daß mehrere in einer Klage erhobene Ansprüche in getrennten Prozessen verhandelt werden.

Dasselbe gilt, wenn der Beklagte eine Gegenforderung vorgebracht hat, welche mit der in der Klage geltend gemachten Forderung nicht in rechtlichem Zusammenhange steht. [14])

§ 215.

(§ 137 CPO.)

Das Gericht kann anordnen, daß bei mehreren auf denselben Anspruch sich beziehenden selbständigen Angriffs- oder Vertheidigungsmitteln

---

[11]) Gerichtsgebühren werden für die Verhandlung und Entscheidung über die Prozeßleitung nicht erhoben, § 47 Nr. 1 GKG. [§ 1011]; Rechtsanwaltsgebühren § 23 Nr. 1, § 29 Nr. 6, GORA. [§§ 1102, 1108].

[12]) Vgl. §§ 336 f. CPO. [§§ 407 f.].

[13]) §§ 367 ff. CPO. [§§ 437 ff.].

[14]) Geschäftliche Behandlung § 23 Abs. 10, Gesch.-O. [Anl. A].

(Klagegründen, Einreden, Repliken ꝛc.) die Verhandlung zunächst auf eines oder einige dieser Angriffs- oder Vertheidigungsmittel zu beschränken sei.

§ 216.

(§ 138 CPO.)

Das Gericht kann die Verbindung mehrerer bei ihm anhängiger Prozesse derselben oder verschiedener Parteien zum Zwecke der gleichzeitigen Verhandlung und Entscheidung anordnen, wenn die Ansprüche, welche den Gegenstand dieser Prozesse bilden, in rechtlichem Zusammenhange stehen oder in einer Klage hätten geltend gemacht werden können.

§ 217.

(§ 139 CPO.)

Das Gericht kann, wenn die Entscheidung des Rechtsstreits ganz oder zum Theil von dem Bestehen oder Nichtbestehen eines Rechtsverhältnisses abhängt, welches den Gegenstand eines anderen anhängigen Rechtsstreits bildet oder von einer Verwaltungsbehörde festzustellen ist, anordnen, daß die Verhandlung bis zur Erledigung des anderen Rechtsstreits oder bis zur Entscheidung der Verwaltungsbehörde auszusetzen sei.

§ 218.

(§ 140 CPO.)

Das Gericht kann, wenn sich im Laufe des Rechtsstreits der Verdacht einer strafbaren Handlung ergiebt, deren Ermittelung auf die Entscheidung von Einfluß ist, die Aussetzung der Verhandlung [15]) bis zur Erledigung des Strafverfahrens anordnen.

§ 219.

(§ 141 CPO.)

Das Gericht kann die von ihm erlassenen, eine Trennung, Verbindung oder Aussetzung betreffenden Anordnungen wieder aufheben.

§ 220.

(§ 142 CPO.)

Das Gericht kann die Wiedereröffnung einer Verhandlung, welche geschlossen war, anordnen.

§ 221.*

(§ 143 CPO., § 25 Abs. 3 RAO.)

Das Gericht kann Parteien, Bevollmächtigten [16]) und Beiständen, [17]) denen die Fähigkeit zum geeigneten Vortrage mangelt, den weiteren Vortrag untersagen.

---

[15]) §§ 223 ff. CPO. [§§ 299 ff.].

[16]) § 75 CPO. [§ 153].

[17]) § 86 CPO. [§ 165].

Das Gericht kann Bevollmächtigte und Beistände, welche das mündliche Verhandeln vor Gericht geschäftsmäßig betreiben, zurückweisen.

Eine Anfechtung dieser Anordnungen findet nicht statt.

Auf Rechtsanwälte und auf die Stellvertreter von an der Ausübung ihres Berufes zeitweise verhinderten Rechtsanwälten, auch wenn dieselben nicht Rechtsanwälte sind, finden die Vorschriften dieses Paragraphen keine Anwendung. Das Gleiche gilt für die im Justizdienste befindlichen Rechtskundigen, welche mindestens zwei Jahre im Vorbereitungsdienste beschäftigt worden sind, wenn sie einen Rechtsanwalt, ohne als dessen Stellvertreter bestellt zu sein, in Fällen vertreten, in denen eine Vertretung durch einen Rechtsanwalt nicht geboten ist, oder wenn sie unter Beistand des Rechtsanwalts die Ausführung der Partei rechte übernehmen.

§ 222.

(§ 144 CPO.)

Ist eine bei der Verhandlung betheiligte Person zur Aufrechterhaltung der Ordnung von dem Orte der Verhandlung entfernt worden [18]), so kann auf Antrag gegen sie in gleicher Weise verfahren werden, als wenn sie freiwillig sich entfernt hätte. Dasselbe gilt in den Fällen des vorhergehenden Paragraphen, sofern die Untersagung oder Zurückweisung bereits bei einer früheren Verhandlung geschehen war.

§ 223.

(§ 145 CPO.)

Ueber die mündliche Verhandlung vor dem Gerichte ist ein Protokoll aufzunehmen. Protokoll.

Das Protokoll enthält:

1) den Ort und den Tag der Verhandlung;
2) die Namen der Richter, des Gerichtsschreibers und des etwa zugezogenen Dolmetschers;
3) die Bezeichnung des Rechtsstreits;
4) die Namen der erschienenen Parteien, gesetzlichen Vertreter, Bevollmächtigten und Beistände;
5) die Angabe, daß öffentlich verhandelt oder die Oeffentlichkeit ausgeschlossen ist.

§ 224.

(§ 146 CPO.)

Der Gang der Verhandlung ist nur im Allgemeinen anzugeben.

---

[18]) § 178 GVG. [§ 61].

Durch Aufnahme in das Protokoll sind festzustellen:

1) die Anerkenntnisse, Verzichtleistungen und Vergleiche, durch welche der geltend gemachte Anspruch ganz oder theilweise erledigt wird;
2) die Anträge und Erklärungen, deren Feststellung vorgeschrieben ist; [19])
3) die Aussagen der Zeugen und Sachverständigen, sofern dieselben früher nicht abgehört waren oder von ihrer früheren Aussage abweichen; [20])
4) das Ergebniß eines Augenscheins;
5) die Entscheidungen (Urtheile, Beschlüsse und Verfügungen) des Gerichts, sofern sie nicht dem Protokolle schriftlich beigefügt sind;
6) die Verkündung der Entscheidungen.

Der Aufnahme in das Protokoll steht die Aufnahme in eine Schrift gleich, welche dem Protokolle als Anlage beigefügt und als solche in demselben bezeichnet ist.

§ 225.

(§ 148 CPO.)

Das Protokoll ist insoweit, als es die Nr. 1 bis 4 des §. 146 [§ 224] betrifft, den Betheiligten vorzulesen oder zur Durchsicht vorzulegen. In dem Protokolle ist zu bemerken, daß dies geschehen und die Genehmigung erfolgt sei oder welche Einwendungen erhoben sind.

§ 226.*

(§ 149 CPO.)

Das Protokoll ist von dem Amtsrichter und dem Gerichtsschreiber zu unterschreiben.

Im Falle der Verhinderung des Amtsrichters genügt die Unterschrift des Gerichtsschreibers.

§ 227.

(§ 150 CPO.)

Die Beobachtung der für die mündliche Verhandlung vorgeschriebenen Förmlichkeiten kann nur durch das Protokoll bewiesen werden. Gegen den diese Förmlichkeiten betreffenden Inhalt desselben ist nur der Nachweis der Fälschung zulässig.

§ 228.*

(§ 151 CPO.)

Zu den Verhandlungen, welche außerhalb der Sitzung vor Amtsrichtern oder vor ersuchten Richtern stattfinden, ist der Gerichtsschreiber gleichfalls zuzuziehen.

---

[19]) Vgl. § 184 GVG., §§ 354, 470, 471 Abs. 2 CPO. [§§ 67, 348, 349, 424].

[20]) Die Ausnahmsbestimmung in § 147 CPO. ist für den amtsgerichtlichen Civilprozeß ohne Bedeutung.

Zweiter Titel.

Zustellungen.

§ 229.*

(§ 152 CPO.)

Die Zustellungen erfolgen durch Gerichtsvollzieher. [1]) Zustellungen im Inlande.

Der Gerichtsvollzieher ist nach der Wahl der Partei entweder unmittelbar oder unter Vermittelung des Gerichtsschreibers des Prozeßgerichts zu beauftragen. Auftrag.

§. 230.

(§ 153 CPO.)

Die mündliche Erklärung einer Partei genügt, um den Gerichtsvollzieher zur Vornahme der Zustellung, den Gerichtsschreiber zur Beauftragung eines Gerichtsvollziehers mit der Zustellung zu ermächtigen. [2])

Ist eine Zustellung durch einen Gerichtsvollzieher bewirkt, so wird bis zum Beweise des Gegentheils angenommen, daß dieselbe im Auftrage der Partei erfolgt sei.

§ 231.*

(§ 154 CPO.)

Der Gerichtsschreiber, unter dessen Vermittelung eine Zustellung erfolgen soll, hat einen Gerichtsvollzieher zu beauftragen, [3]) sofern nicht die Partei erklärt hat, daß sie selbst einen Gerichtsvollzieher beauftragen wolle. [4])

§ 232.

(§ 155 CPO.)

Die Partei hat dem Gerichtsvollzieher, und, wenn unter Vermittelung des Gerichtsschreibers zuzustellen ist, diesem neben der Urschrift des zuzustellenden Schriftstückes eine der Zahl der Personen, welchen zuzustellen ist, entsprechende Zahl von Abschriften zu übergeben.

Die Zeit der Uebergabe ist auf der Urschrift und den Abschriften zu vermerken und der Partei auf Verlangen zu bescheinigen. [5])

§ 233.*

(§ 156 CPO.)

Die Zustellung besteht, wenn eine Ausfertigung zugestellt werden soll, in deren Uebergabe, in den übrigen Fällen in der Uebergabe einer beglaubigten Abschrift des zuzustellenden Schriftstücks. [6]) Ausführung.

---

[1]) §§ 17 bis 38 GAGV. [Anl. C] -- Gebühren: § 2 GOGV. [§ 1039].

[2]) Vgl. §§ 5, 20 GAGV.

[3]) § 22 Abs. 1 GVO. [Anl. B]; § 19 Gesch.O. [Anl. A].

[4]) Vgl. § 17 GVO.; § 2 Abs. 2 GAGV.

[5]) § 11 Abs. 1, § 21 Abs. 1 GAGV.; § 5 Abs. 3 Gesch.O. [Anl. A].

[6]) Gebühren: § 2 Abs. 1 GOGV. [§ 1039], § 17 GAGV.

Die Beglaubigung geschieht durch den Gerichtsvollzieher,[7]) bei den auf Betreiben von Rechtsanwälten zuzustellenden Schriftstücken durch den Anwalt, bei den von Amtswegen zuzustellenden Schriftstücken durch den Gerichtsschreiber.

§ 234.

(§ 157 CPO.)

Personen, an welche zuzustellen ist.

Die Zustellungen, welche an eine Partei bewirkt werden sollen, erfolgen für die nicht prozeßfähigen Personen an die gesetzlichen Vertreter[8]) derselben.

Bei Behörden, Gemeinden und Korporationen, sowie bei Personenvereinen, welche als solche klagen und verklagt werden können, genügt die Zustellung an die Vorsteher.[9])

Bei mehreren gesetzlichen Vertretern, sowie bei mehreren Vorstehern genügt die Zustellung an einen derselben.

§ 235.

(§ 158 CPO.)

Die Zustellung für einen Unteroffizier oder einen Gemeinen des aktiven Heeres oder der aktiven Marine erfolgt an den Chef der zunächst vorgesetzten Kommandobehörde (Chef der Kompagnie, Eskadron, Batterie rc.)[10])

§ 236.

(§ 159 CPO.)

Die Zustellung erfolgt an den Generalbevollmächtigten sowie in den durch den Betrieb eines Handelsgewerbes hervorgerufenen Rechtsstreitigkeiten an den Prokuristen mit gleicher Wirkung, wie an die Partei selbst.

§ 237.

(§ 160 CPO.)

Wohnt eine Partei weder am Orte des Prozeßgerichts noch innerhalb des Amtsgerichtsbezirks, in welchem das Prozeßgericht seinen Sitz hat, so kann das Gericht, falls sie nicht einen in diesem Orte oder Bezirke wohnhaften Prozeßbevollmächtigten bestellt hat, auf Antrag anordnen,[11]) daß sie eine daselbst wohnhafte Person zum Empfange der für sie bestimmten Schriftstücke bevollmächtige. Diese Anordnung kann ohne vorgängige mündliche Verhandlung erfolgen. Eine Anfechtung des Beschlusses findet nicht statt.

---

[7]) § 21 Abs. 2 verb. m. § 12 Nr. 5 GAGB. — Gebühren: § 3 GOGV. [§ 1040].

[8]) Vgl. Anm. 1 zu [§ 128].

[9]) § 25 Abs. 3, § 35 Abs. 5 GAGB.

[10]) § 25 Abs. 2, § 35 Abs. 4 GAGB.

[11]) Die Anordnung ist als auf die Prozeß- und Sachleitung bezüglich gebührenfrei; § 47 Nr. 1 GKG. [§ 1011]; Rechtsanwaltsgebühren: § 23 Nr. 1, § 29 Nr. 6 GORA. [§§ 1102, 1108].

Wohnt die Partei nicht im Deutschen Reiche, so ist sie auch ohne vorgängige Anordnung des Gerichts zur Benennung eines Zustellungsbevollmächtigten verpflichtet, falls sie nicht einen in dem durch den ersten Absatz bezeichneten Orte oder Bezirke wohnhaften Prozeßbevollmächtigten bestellt hat.

§ 238.

(§ 161 CPO.)

Der Zustellungsbevollmächtigte ist bei der nächsten gerichtlichen Verhandlung oder, wenn die Partei vorher dem Gegner einen Schriftsatz zustellen läßt, in diesem zu benennen. Geschieht dies nicht, so können alle späteren Zustellungen bis zur nachträglichen Benennung in der Art bewirkt werden, daß der Gerichtsvollzieher das zu übergebende Schriftstück unter der Adresse der Partei nach ihrem Wohnorte zur Post giebt. Die Zustellung wird mit der Aufgabe zur Post als bewirkt angesehen, selbst wenn die Sendung als unbestellbar zurückkommt.

Die Postsendungen sind mit der Bezeichnung „Einschreiben" zu versehen, wenn die Partei es verlangt und zur Zahlung der Mehrkosten sich bereit erklärt. [12])

§ 239.*

(§ 19 Abs. 1, 3 RAO.)

Ist ein Rechtsanwalt an dem Orte des Gerichts, bei welchem er zugelassen ist, nicht wohnhaft, so muß er bei diesem Gericht einen an dem Orte desselben wohnhaften ständigen Zustellungsbevollmächtigten bestellen. [13])

Ist eine Zustellung an den Zustellungsbevollmächtigten am Orte des Gerichts nicht ausführbar, so kann sie an den Rechtsanwalt durch Aufgabe zur Post erfolgen.

§ 240.

(§ 162 CPO.)

Zustellungen, welche in einem anhängigen Rechtsstreite geschehen sollen, müssen an den für die Instanz bestellten Prozeßbevollmächtigten erfolgen. [14])

§ 241.

(§ 163 CPO.)

Als zu der Instanz gehörig sind im Sinne des vorstehenden Para-

---

[12]) Zustellung durch Aufgabe zur Post: § 7 Abs. 1, § 18 Abs. 3, § 36 GAGB. — Gebühren: § 2 Abs. 1 GOGB. [§ 1039].

[13]) Vgl. § 21 Abs. 3 RAO.: Die Zulassung (zur Rechtsanwaltschaft) bei einem Gericht, an dessen Orte der Rechtsanwalt nicht wohnhaft ist, muß zurückgenommen werden, wenn der Rechtsanwalt einen Monat lang versäumt hat, einen dort wohnhaften Zustellungsbevollmächtigten zu bestellen.

[14]) Ausnahmen §§ 217, 223 Abs. 2 CPO. [§§ 294, 299].

graphen auch diejenigen Prozeßhandlungen anzusehen, welche das Verfahren vor dem Instanzgerichte in Folge eines Einspruchs,[15]) einer Aufhebung des Urtheils des Instanzgerichts,[16]) einer Wiederaufnahme des Verfahrens[17]) oder eines neuen Vorbringens in der Zwangsvollstreckungsinstanz[18]) zum Gegenstande haben. Das Verfahren vor dem Vollstreckungsgerichte[19]) ist als zur ersten Instanz gehörig anzusehen.

§ 242.

(§ 164 CPO.)

Die Zustellung eines Schriftsatzes, durch welchen ein Rechtsmittel eingelegt wird, erfolgt an den für die höhere Instanz von dem Gegner bestellten Prozeßbevollmächtigten; wenn ein solcher noch nicht bestellt ist, an den Prozeßbevollmächtigten der zunächst nachgeordneten Instanz; in Ermangelung eines solchen an den Prozeßbevollmächtigten der ersten Instanz.

Ist auch kein Prozeßbevollmächtigter erster Instanz vorhanden, so erfolgt die Zustellung an den von dem Gegner, wenngleich nur für die erste Instanz bestellten Zustellungsbevollmächtigten; in Ermangelung eines solchen an den Gegner selbst, und zwar an diesen durch Aufgabe zur Post, wenn er einen Zustellungsbevollmächtigten zu bestellen hatte, die Bestellung aber unterlassen hat.

§ 243.

(§ 165 CPO.)

Ort der Zustellung.

Die Zustellungen können an jedem Orte erfolgen, wo die Person, welcher zugestellt werden soll, angetroffen wird.

Hat die Person an diesem Orte eine Wohnung oder ein Geschäftslokal, so ist die außerhalb der Wohnung oder des Geschäftslokals an sie erfolgte Zustellung nur gültig, wenn die Annahme nicht verweigert ist.[20])

§ 244.

(§ 166 CPO.)

Ersatzzustellung.

Wird die Person, welcher zugestellt werden soll, in ihre Wohnung nicht angetroffen, so kann die Zustellung in der Wohnung an einen zu der Familie gehörigen erwachsenen Hausgenossen oder an eine in der Familie dienende erwachsene Person erfolgen.[21])

Wird eine solche Person nicht angetroffen, so kann die Zustellnng

---

[15]) §§ 303, 640 CPO. [§§ 382, 616].
[16]) § 500 CPO.
[17]) § 553 CPO. [§ 559].
[18]) §§ 686, 687 CPO. [§§ 661, 662].
[19]) § 684 CPO. [§ 659 und die dort angeführten §§].
[20]) § 24 GAGB.
[21]) § 30 Abs. 1 GAGB.

an den in demselben Hause wohnenden Hauswirth oder Vermiether erfolgen, wenn diese zur Annahme des Schriftstücks bereit sind.[22])

§ 245.

(§ 167 CPO.)

Ist die Zustellung nach diesen Bestimmungen nicht ausführbar, so kann sie dadurch erfolgen, daß das zu übergebende Schriftstück auf der Gerichtsschreiberei des Amtsgerichts, in dessen Bezirke der Ort der Zustellung gelegen ist, oder an diesem Orte bei der Postanstalt oder dem Gemeindevorsteher oder dem Polizeivorsteher niedergelegt und die Niederlegung sowohl durch eine an der Thür der Wohnung zu befestigende schriftliche Anzeige, als auch, soweit thunlich, durch mündliche Mittheilung an zwei in der Nachbarschaft wohnende Personen bekannt gemacht wird.[23])

§ 246.

(§ 168 CPO.)

Für Gewerbetreibende, welche ein besonderes Geschäftslokal haben, kann, wenn sie in dem Geschäftslokale nicht angetroffen werden, die Zustellung an einen darin anwesenden Gewerbegehülfen erfolgen.[24])

Wird ein Rechtsanwalt, welchem zugestellt werden soll, in seinem Geschäftslokale nicht angetroffen, so kann die Zustellung an einen darin anwesenden Gehülfen oder Schreiber erfolgen.[25])

§ 247.

(§ 169 CPO.)

Wird der gesetzliche Vertreter oder der Vorsteher einer Behörde, einer Gemeinde, einer Korporation oder eines Personenvereins, welchem zugestellt werden soll, in dem Geschäftslokale während der gewöhnlichen Geschäftsstunden nicht angetroffen, oder ist er an der Annahme verhindert, so kann die Zustellung an einen anderen in dem Geschäftslokale anwesenden Beamten oder Bediensteten bewirkt werden.

Wird der gesetzliche Vertreter oder der Vorsteher in seiner Wohnung nicht angetroffen, so finden die Bestimmungen der §§ 166, 167 [§§ 244, 245] nur Anwendung, wenn ein besonderes Geschäftslokal nicht vorhanden ist.[26])

---

[22]) § 30 Abs. 2, § 33 Abs. 2 GAGB.

[23]) §§ 31, 32 GAGB. — Formular 12 zu derselben. Vgl. über die fernere Behandlung der niedergelegten Schriftstücke die allgemeinen Verfügungen vom 7. Januar und 29. April 1880 (JMBl. S. 6, 95). S. auch Anm. 4 zu [§ 18 der Anlage A].

[24]) § 27 GAGB.

[25]) § 28 GAGB.

[26]) § 29 GAGB.

§ 248.

(§ 170 CPO.)

Wird die Annahme der Zustellung ohne gesetzlichen Grund verweigert, so ist das zu übergebende Schriftstück am Orte der Zustellung zurückzulassen. [27])

§ 249.*

(§ 171 CPO.)

Zeit der Zustellung.

An Sonntagen und allgemeinen Feiertagen darf eine Zustellung, sofern sie nicht durch Aufgabe zur Post bewirkt wird, nur mit richterlicher Erlaubniß erfolgen.

Die Erlaubniß wird von dem Prozeßgerichte ertheilt; sie kann auch von dem Amtsrichter, in dessen Bezirke die Zustellung erfolgen soll, und in Angelegenheiten, welche durch einen ersuchten Richter zu erledigen sind, von diesem ertheilt werden. [28])

Die Verfügung, durch welche die Erlaubniß ertheilt wird, ist bei der Zustellung abschriftlich mitzutheilen. [29])

Eine Zustellung, bei welcher die Bestimmungen dieses Paragraphen nicht beobachtet sind, ist gültig, wenn die Annahme nicht verweigert ist.

§ 250.

(§ 172 CPO.)

Zustellung an Mehrere.

Ist bei einer Zustellung an den Vertreter mehrerer Betheiligter oder an einen von mehreren Vertretern die Uebergabe der Ausfertigung oder Abschrift eines Schriftstücks erforderlich, so genügt die Uebergabe nur einer Ausfertigung oder Abschrift.

Einem Zustellungsbevollmächtigtigten mehrerer Betheiligter sind so viele Ausfertigungen oder Abschriften zu übergeben, als Betheiligte vorhanden sind. [30])

§ 251.

(§ 173 CPO.)

Zustellungsurkunde.

Ueber die Zustellung ist eine Urkunde aufzunehmen.

Dieselbe ist auf die Urschrift des zuzustellenden Schriftstücks oder auf einen mit derselben zu verbindenden Bogen zu setzen.

Eine durch den Gerichtsvollzieher beglaubigte Abschrift der Zustellungsurkunde ist auf das bei der Zustellung zu übergebende Schriftstück oder auf einen mit demselben zu verbindenden Bogen zu setzen.

Die Zustellungsurkunde ist der Partei, für welche die Zustellung erfolgt, wenn die Zustellung von Amtswegen angeordnet ist, dem Gerichtsschreiber zu übermitteln. [31])

---

[27]) § 33 GAGB.

[28]) Gerichtsgebühren werden hierfür nicht erhoben, § 47 Nr. 12 GKG. [§ 1011]. Rechtsanwaltsgebühren: § 23 Nr. 1, § 29 Nr. 6 GORA. [§§ 1102, 1108].

[29]) § 7 GAGB. [30]) Gebühren: § 2 Abs. 2 GOGB. [§ 1039]. [31]) § 34 GAGB.

§ 252.

(§ 174 CPO.)

Die Zustellungsurkunde muß enthalten:[32])

1) Ort und Zeit der Zustellung;
2) die Bezeichnung der Person, für welche zugestellt werden soll; wenn die Zustellung von Amtswegen angeordnet ist, das Gericht, von welchem die Anordnung ausgeht;
3) die Bezeichnung der Person, an welche zugestellt werden soll;
4) die Bezeichnung der Person, welcher zugestellt ist; in den Fällen der §§ 166, 168, 169 [244, 246, 247] die Angabe des Grundes, durch welchen die Zustellung an die bezeichnete Person gerechtfertigt wird; wenn nach § 167 [245] verfahren ist, die Bemerkung, wie die darin enthaltenen Vorschriften befolgt sind;
5) im Falle der Verweigerung der Annahme die Erwähnung, daß die Annahme verweigert und das zu übergebende Schriftstück am Orte der Zustellung zurückgelassen ist;
6) die Bemerkung, daß eine Ausfertigung oder eine Abschrift des zuzustellenden Schriftstücks und daß eine Abschrift der Zustellungsurkunde übergeben ist;
7) die Unterschrift des die Zustellung vollziehenden Beamten.

§ 253.

(§ 175 CPO.)

Ist die Zustellung durch Aufgabe zur Post (§ 161 [§ 238]) erfolgt, so muß die Zustellungsurkunde den Bestimmungen des vorstehenden Paragraphen unter Nr. 2, 3, 7 entsprechen und außerdem angeben, zu welcher Zeit, unter welcher Adresse und bei welcher Postanstalt die Aufgabe geschehen ist.[33])

§ 254.

(§ 176 CPO.)

Zustellungen können auch durch die Post erfolgen.[34]) Zustellung durch die Post.

---

[32]) Formulare 1 bis 12 zu GAGV.

[33]) § 36 GAGV.; Formular 15 zu derselben; § 54 GVO.

[34]) Vgl. Verfügung des Generalpostmeisters, betreffend die postamtliche Behandlung der Sendungen mit Zustellungsurkunde, vom 24. August 1879 (JMBl. S. 373). Ferner Allg. Verf. des Justizministers vom 7. Januar 1880 vb. mit den Bestimmungen des Generalpostmeisters vom 27. Dezember 1879 (JMBl. 1880 S. 6). Denselben zufolge werden durch die Post zuzustellende Schriftstücke, wenn der Empfänger den Bestimmungsort verlassen hat und die Zustellung an denselben nicht erfolgen kann, nur innerhalb des Amtsgerichtsbezirks nachgesandt, wenn nicht der Vermerk „Nachzusenden innerhalb des Landgerichtsbezirks“ bzw. „innerhalb des Deutschen Reichs“ sich auf dem Briefe befindet. Ob diese Nachsendung zu verlangen sei, ist bei den von Amtswegen zu bewirkenden Zustellungen durch die Behörde oder den Beamten, welche die Zustellung angeordnet haben, bei anderen Zustellungen durch die betreibende Partei zu bestimmen.

§ 255.

(§ 177 CPO.)

Wird durch die Post zugestellt, so hat der Gerichtsvollzieher einen durch sein Dienstsiegel verschlossenen, mit der Adresse der Person, an welche zugestellt werden soll, versehenen, und mit einer Geschäftsnummer bezeichneten Briefumschlag, in welchem die zuzustellende Ausfertigung oder die beglaubigte Abschrift des zuzustellenden Schriftstücks enthalten ist, der Post mit dem Ersuchen zu übergeben, die Zustellung einem Postboten des Bestimmungsorts aufzutragen. Daß die Uebergabe in der bezeichneten Art geschehen, ist von dem Gerichtsvollzieher auf der Urschrift des zuzustellenden Schriftstücks oder auf einem mit derselben zu verbindenden Bogen zu bezeugen.[35])

§ 256.

(§ 178 CPO.)

Die Zustellung durch den Postboten erfolgt in Gemäßheit der Bestiumungen der §§ 165 bis 170 [§§ 243 bis 248].

Ueber die Zustellung ist von dem Postboten eine Urkunde aufzunehmen, welche den Bestimmungen des § 174 [252] Nr. 1, 3 bis 5, 7 entsprechen und außerdem die Uebergabe des seinem Verschlusse, seiner Adresse und seiner Geschäftsnummer nach bezeichneten Briefumschlags, sowie der Abschrift der Zustellungsurkunde bezeugen muß.

Die Urkunde ist von dem Postboten der Postanstalt und von dieser dem Gerichtsvollzieher zu überliefern, welcher mit derselben in Gemäßheit der Bestimmung des § 173 [251] Abs. 4 zu verfahren hat.[35])

§ 257.*

(§ 179 CPO.)

Der Gerichtsschreiber, unter dessen Vermittelung eine Zustellung erfolgen soll, kann unmittelbar die Post um Bewirkung der Zustellung ersuchen. In diesem Falle finden die Vorschriften der §§ 177, 178 [255, 256] auf den Gerichtsschreiber entsprechende Anwendung; die erforderliche Beglaubigung erfolgt durch den Gerichtsschreiber.[36])

§ 258.

(§ 180 CPO.)

Ist eine Zustellung durch einen Gerichtsvollzieher bewirkt, obgleich sie durch die Post hätte erfolgen können, so hat die zur Erstattung der Prozeßkosten verurtheilte Partei die Mehrkosten nicht zu tragen.[37])

---

[35]) § 35 GAGV., Formular 14 zu derselben. — Gebühren: § 2 GOGV. [§ 1039].

[36]) Gebühr: § 40 GKG. [§ 1004]. Vgl. indeß § 18 Abs. 1, 4, § 20 Gesch.-Anw. [Anl. A].

[37]) § 2 Abs. 3 GOGV. [§ 1039]; § 18 Abs. 3, 4 GAGV.

§ 259.*

(§ 181 CPO.; § 19 Abs. 2 RAO.)

Sind die Parteien durch Anwälte vertreten, so kann die Zustellung von Anwalt zu Anwalt erfolgen. Zustellung von Anwalt zu Anwalt.

Zum Nachweise der Zustellung genügt das mit Datum und Unterschrift versehene schriftliche Empfangsbekenntniß des Anwalts, welchem zugestellt worden ist.[38])

An den Zustellungsbevollmächtigten, welchen ein Rechtsanwalt im Falle des § 19 der Rechtsanwaltsordnung [§ 239] bestellt hat, kann auch die Zustellung von Anwalt zu Anwalt, wie an den Rechtsanwalt selbst erfolgen.

§ 261.

(§ 182 CPO.)

Eine im Auslande zu bewirkende Zustellung erfolgt mittels Ersuchens der zuständigen Behörde des fremden Staates[39]) oder des in diesem Staate residirenden Konsuls[40]) oder Gesandten des Reichs. Zustellung im Auslande.

§ 261.

(§ 183 CPO.)

Zustellungen an Deutsche, welche das Recht der Exterritorialität genießen,[41]) erfolgen, wenn dieselben zur Mission des Reichs gehören, mittels Ersuchens des Reichskanzlers, wenn dieselben zur Mission eines Bundesstaats gehören, mittels Ersuchens des Ministers der auswärtigen Angelegenheiten dieses Bundesstaates.

Zustellungen an die Vorsteher der Reichskonsulate erfolgen mittels Ersuchens des Reichskanzlers.

§ 262.

(§ 184 CPO.)

Zustellungen an Personen, welche zu einem im Auslande befind-

---

[38]) § 37 GAGV.

[39]) Vgl. allgem. Verf. vom 16. Sept. 1844 (JMBl. S. 207) und im einzelnen wegen Oesterreich: Allg. Verf. v. 9. Aug. 1856 (JMBl. S. 210), Belgien: Allg. Verf. v. 2. Mai 1848 (JMBl. S. 151), der Niederlande: Allg. Verf. v. 6. Juli 1861 (JMBl. S. 152), 25. Mai u. 24. Nov. 1868 (JMBl. S. 233, 281), Polen: Abkommen vom $\frac{\text{4. Februar}}{\text{23. Januar}}$ 1879 (GS. S. 138), Allg. Verf. v. 30. Mai u. 16. Dez. 1879 (JMBl. S. 128, 474); Schweiz: Allg. Verf. v. 22. Jan. u. 22. Juli 1879 (JMBl. S. 20, 232).

[40]) § 18 Ges. v. 8. Nov. 1867 (BGBl. S. 137): Die Bundeskonsuln können innerhalb ihres Amtsbezirks an die dort sich aufhaltenden Personen auf Ersuchen der Behörden eines Bundesstaates Zustellungen jeder Art bewirken. Durch das schriftliche Zeugniß des Konsuls über die erfolgte Zustellung wird diese nachgewiesen. Gebühr hierfür s. Nr. 7. 8 des Tarifs zum Ges. v. 1. Juli 1872 (RGBl. S. 245).

[41]) Vgl. auch § 18 GVG. [§ 18].

lichen oder zu einem mobilen Truppentheile oder zur Besatzung eines in Dienst gestellten Kriegsfahrzeugs gehören, können mittels Ersuchens der vorgesetzten Kommandobehörde erfolgen.

§ 263.*

(§ 185 CPO.)

Die erforderlichen Ersuchungsschreiben werden von dem Amtsrichter erlassen.

Die Zustellung wird durch das schriftliche Zeugniß der ersuchten Behörden oder Beamten, daß die Zustellung erfolgt sei, nachgewiesen.

§ 264.

(§ 186 CPO.)

Oeffentliche Zustellung.

Ist der Aufenthalt einer Partei unbekannt, so kann die Zustellung durch öffentliche Bekanntmachung erfolgen.

Die öffentliche Zustellung ist auch dann zulässig, wenn bei einer im Auslande zu beurkundenden Zustellung die Befolgung der für diese bestehenden Vorschriften unausführbar ist oder keinen Erfolg verspricht.

§ 265.

(§ 187 CPO.)

Die öffentliche Zustellung wird, nachdem sie auf ein Gesuch der Partei vom Prozeßgerichte bewilligt ist, durch den Gerichtsschreiber von Amtswegen besorgt.[42] Die Entscheidung über das Gesuch kann ohne vorgängige mündliche Verhandlung erlassen werden.[43]

Die öffentliche Zustellung erfolgt durch Anheftung einer beglaubigten Abschrift des zuzustellenden Schriftstücks an die Gerichtstafel. Enthält das Schriftstück eine Ladung, so ist außerdem die zweimalige Einrückung eines Auszugs des Schriftstücks in dasjenige Blatt, welches für den Sitz des Prozeßgerichts zur Veröffentlichung der amtlichen Bekanntmachungen bestimmt ist, sowie die einmalige Einrückung des Auszugs in den Deutschen Reichsanzeiger erforderlich.

Das Prozeßgericht kann anordnen, daß der Auszug noch in andere Blätter und zu mehreren Malen eingerückt werde.

§ 266.

(§ 188 CPO.)

In dem Auszuge des Schriftstücks müssen das Prozeßgericht, die Parteien, der Gegenstand des Prozesses, der Antrag, der Zweck der Ladung und die Zeit, zu welcher der Geladene erscheinen soll, bezeichnet werden.

---

[42]) § 18 Abs. 2 Gesch.-O. [Anl. A].

[43]) Für dieselbe werden, weil sie nur die Prozeß- und Sachleitung betrifft, Gebühren nicht erhoben. § 47 Nr. 1 GKG. [§ 1011]. Rechtsanwaltsgebühren: § 23 Nr. 1, § 29 Nr. 6 GORA. [§§ 1102, 1108].

§ 267.

(§ 189 CPO.)

Das eine Ladung enthaltende Schriftstück gilt als an dem Tage zugestellt, an welchem seit der letzten Einrückung des Auszugs in die öffentlichen Blätter ein Monat verstrichen ist. Das Prozeßgericht kann bei Bewilligung der öffentlichen Zustellung den Ablauf einer längeren Frist für erforderlich erklären.

Enthält das Schriftstück keine Ladung, so ist dasselbe als zugestellt anzusehen, wenn seit der Anheftung des Schriftstücks an die Gerichtstafel zwei Wochen verstrichen sind.

Auf die Gültigkeit der Zustellung hat es keinen Einfluß, wenn das anzuheftende Schriftstück von dem Orte der Anheftung zu früh entfernt wird.

§ 268.

(§ 190 CPO.)

Wird auf ein Gesuch, welches die Zustellung eines demselben beigefügten Schriftstücks mittels Ersuchens anderer Behörden oder Beamten oder mittels öffentlicher Bekanntmachung betrifft, die Zustellung demnächst bewirkt, so treten, insoweit durch die Zustellung eine Frist gewahrt und der Lauf der Verjährung oder einer Frist unterbrochen wird, die Wirkungen der Zustellung bereits mit der Ueberreichung des Gesuches ein. Ausnahmsweise Eintritt der Wirkungen der Zustellung.

Dritter Titel.

Ladungen, Termine, Fristen.

§ 269.

(§ 191 CPO.)

Die Ladung zu einem Termin erfolgt durch die Partei, welche über die Hauptsache oder über einen Zwischenstreit mündlich verhandeln will.[1] Ladungen.

Ist mit der Ladung zugleich eine Klageschrift oder ein anderer Schriftsatz zuzustellen, so ist die Ladung in den Schriftsatz aufzunehmen.

§ 270.*

(§ 193 CPO.)[1a]

Die Ladung ist zum Zwecke der Terminbestimmung bei dem Gerichtsschreiber einzureichen.

Die Bestimmung der Termine erfolgt binnen vierundzwanzig Stunden durch den Amtsrichter.[2]

---

[1] Ausnahmen: Ladung durch das Gericht: §§ 342, 354, 367 CPO. [§§ 413, 424, 437]; Ladung in Form einer Erklärung zu Protokoll des Gerichtsschreibers: § 462 CPO. [§ 201].

[1a] § 192 bezieht sich nicht auf amtsgerichtliche Sachen.

[2] § 13 Abs. 3 Gesch.-O. [Anl. A]. — Terminkalender: §§ 16, 25 a. a. O.

Auf Sonntage und allgemeine Feiertage sind Termine nur in Nothfällen anzuberaumen.

§ 271.*

(§ 194 CPO.)

Die Frist, welche in einer anhängigen Sache zwischen der Zustellung der Ladung und dem Terminstage liegen soll (Ladungsfrist) beträgt mindestens drei Tage[3]), in Meß- und Marktsachen[4]) mindestens vierundzwanzig Stunden.

§ 272.

(§ 195 CPO.)

Zu Terminen, welche in verkündeten Entscheidungen bestimmt sind, ist eine Ladung der Parteien nicht erforderlich.

§ 273.

(§ 196 CPO.)

Termine. Die Termine werden an der Gerichtsstelle abgehalten, sofern nicht die Einnahme eines Augenscheins an Ort und Stelle, die Verhandlung mit einer am Erscheinen vor Gericht behinderten Person oder eine sonstige Handlung erforderlich ist, welche an der Gerichtsstelle nicht vorgenommen werden kann.

Die Landesherren und die Mitglieder der landesherrlichen Familien sowie die Mitglieder der fürstlichen Familie Hohenzollern sind nicht verpflichtet, persönlich an der Gerichtsstelle zu erscheinen.

§ 274.

(§ 197 CPO.)

Der Termin beginnt mit dem Aufrufe der Sache.

Der Termin ist von einer Partei versäumt, wenn sie bis zum Schlusse desselben nicht verhandelt.

§ 275.

(§ 198 CPO.)

Fristen. Der Lauf einer richterlichen Frist beginnt, sofern nicht bei Festsetzung derselben ein anderes bestimmt wird, mit der Zustellung des Schriftstücks, in welchem die Frist festgesetzt wird, und, wenn es einer solchen Zustellung nicht bedarf, mit der Verkündung der Frist.

Der Lauf einer gesetzlichen oder richterlichen Frist, deren Beginn von einer Zustellung abhängig ist, beginnt mit dieser auch gegen diejenige Partei, welche die Zustellung hat bewirken lassen.

§ 276.

(§ 199 CPO.)

Bei der Berechnung einer Frist, welche nach Tagen bestimmt ist, wird

---

[3]) Ausnahmen: §§ 217, 636 CPO. [§§ 294, 612].

[4]) Vgl. Anm. 15 zu [§ 108].

der Tag nicht mitgerechnet, auf welchen der Zeitpunkt oder das Ereigniß fällt, nach welchem der Anfang der Frist sich richten soll.

§ 277.

(§ 200 CPO.)

Eine Frist, welche nach Wochen oder Monaten bestimmt ist, endigt mit Ablauf desjenigen Tages der letzten Woche oder des letzten Monats, welcher durch seine Benennung oder Zahl dem Tage entspricht, an welchem die Frist begonnen hat; fehlt dieser Tag in dem letzten Monate, so endigt die Frist mit Ablauf des letzten Tages dieses Monats.

Fällt das Ende einer Frist auf einen Sonntag oder allgemeinen Feiertag, so endigt die Frist mit Ablauf des nächstfolgenden Werktages.

§ 278.

(§ 201 CPO.)

Der Lauf einer Frist wird durch die Gerichtsferien[5]) gehemmt. Der noch übrige Theil der Frist beginnt mit dem Ende der Ferien zu laufen. Fällt der Anfang der Frist in die Ferien, so beginnt der Lauf der Frist mit dem Ende derselben.

Die vorstehenden Bestimmungen finden auf Nothfristen und Fristen in Feriensachen[6]) keine Anwendung.

Nothfristen sind nur diejenigen Fristen, welche in diesem Gesetze als solche bezeichnet werden.[7])

§ 279.

(§ 202 CPO.)

Durch Vereinbarung der Parteien können Fristen, mit Ausnahme der Nothfristen[8]), verlängert oder abgekürzt werden.

Auf Antrag können richterliche und gesetzliche Fristen abgekürzt oder verlängert werden, wenn erhebliche Gründe glaubhaft gemacht sind[9]), gesetzliche Fristen jedoch nur in den besonders bestimmten Fällen.[10])

Im Falle der Verlängerung wird die neue Frist vom Ablaufe der vorigen Frist an berechnet, wenn nicht im einzelnen Falle ein anderes bestimmt ist.

---

[5]) § 201 GVG. [§ 78].

[6]) § 202 GVG. [§ 79].

[7]) Für das amtsgerichtliche Verfahren kommen als Nothfristen in Betracht die Fristen für den Einspruch (§ 304 CPO. [§ 383]), die Berufung (§ 477 CPO. [§ 532]), die sofortige Beschwerde (§ 540 CPO. [§ 546]), die Restitutions- und Nullitätsklage (§ 549 CPO. [§ 555]) und die Anfechtungsklage gegen einen Schiedsspruch (§ 870 CPO. [§ 953]).

[8]) Eine weitere Ausnahme bildet die Frist zur Beantragung der Wiedereinsetzung in den vorigen Stand (§ 212 Abs. 2 CPO. [§ 289]).

[9]) § 266 CPO. [§ 345].

[10]) Vgl. § 304 CPO. [§ 383].

§ 280.

(§ 203 CPO.)

Ueber das Gesuch um Abkürzung oder Verlängerung einer Frist kann ohne vorgängige mündliche Verhandlung entschieden werden.[11])

Die Abkürzung oder wiederholte Verlängerung darf nur nach vorgängigem Gehör des Gegners bewilligt werden.

Eine Anfechtung des Beschlusses, durch welchen das Gesuch um Verlängerung einer Frist zurückgewiesen ist, findet nicht statt.

§ 281.*

(§ 204 Abs. 1, 3 CPO.)

Einlassungsfristen und Ladungsfristen[12]) können auf Antrag abgekürzt werden.

Der Amtsrichter kann bei Bestimmung des Termins die Abkürzung ohne vorgängiges Gehör des Gegners und des sonst Betheiligten verfügen; diese Verfügung ist dem Betheiligten abschriftlich mitzutheilen.

§ 282.

(§ 205 CPO.)

Aufhebung und Verlegung eines Termins.

Die Parteien können die Aufhebung eines Termins vereinbaren. Wird die Verlegung eines Termins beantragt, so finden die Bestimmungen über Verlängerung einer Frist entsprechende Anwendung.

§ 283.

(§ 206 CPO.)

Die Verlegung eines Termins, die Vertagung einer Verhandlung und die Anberaumung eines Termins zur Fortsetzung der Verhandlung kann auch von Amtswegen erfolgen.

§ 284.*

(§ 207 CPO.)

Schlußbestimmung.

Die in diesem Titel dem Gerichte beigelegten Befugnisse stehen dem ersuchten Richter in Bezug auf die von diesem zu bestimmenden Termine und Fristen zu.

---

[11]) Gerichtsgebühren werden hierfür nicht erhoben. § 47 Nr. 1 GKG. [§ 1011]; Rechtsanwaltsgebühren: § 23 Nr. 1, § 29 Nr. 6, GORA. [§§ 1102, 1108].

[12]) Vgl. §§ 234, 194 CPO. [§§ 311, 271]. — Die in § 204 Abs. 1 CPO. noch erwähnten „Fristen für die Zustellung vorbereitender Schriftsätze" haben für das amtsgerichtliche Verfahren kein Interesse; s. Anm. 1 zu [§ 199]. Gleiches gilt von § 204 Abs. 2 CPO. (Abkürzung, durch welche der Wechsel vorbereitender Schriftsätze unmöglich wird).

Vierter Titel.

Folgen der Versäumung; Wiedereinsetzung in den vorigen Stand.

§ 285.

(§ 208 CPO.)

Folgen der Versäumung.

Die Versäumung einer Prozeßhandlung hat zur allgemeinen Folge, daß die Partei mit der vorzunehmenden Prozeßhandlung ausgeschlossen wird.[1])

§ 286.

(§ 209 CPO.)

Einer Androhung der gesetzlichen Folgen der Versäumung bedarf es nicht;[2]) dieselben treten von selbst ein, sofern nicht dieses Gesetz einen auf Verwirklichung des Rechtsnachtheils gerichteten Antrag erfordert.[3])

Im letzteren Falle kann, so lange nicht der Antrag gestellt und die mündliche Verhandlung über denselben geschlossen ist, die versäumte Prozeßhandlung nachgeholt werden.

§ 287.

(§ 210 CPO.)

Auf Grund der den Minderjährigen und den ihnen gleichgestellten Personen als solchen zustehenden Rechte findet die Aufhebung der Folgen einer Versäumung nicht statt.

Insofern die Aufhebung der Folgen einer unverschuldeten Versäumung zulässig ist, wird eine Versäumung, welche in der Verschuldung eines Vertreters ihren Grund hat, als eine unverschuldete nicht angesehen.

§ 288.

(§ 211 CPO.)

Wiedereinsetzung in den vorigen Stand.

Einer Partei, welche durch Naturereignisse oder andere unabwendbare Zufälle verhindert worden ist, eine Nothfrist[4]) einzuhalten, ist auf Antrag die Wiedereinsetzung in den vorigen Stand zu ertheilen.

Hat eine Partei die Einspruchsfrist versäumt, so ist ihr die Wiedereinsetzung auch dann zu ertheilen, wenn sie von der Zustellung des Versäumnißurtheils ohne ihr Verschulden keine Kenntniß erlangt hat.

§ 289.

(§ 212 CPO.)

Die Wiedereinsetzung muß innerhalb einer zweiwöchigen Frist beantragt werden.

---

[1]) Einfluß auf die Kostentragungspflicht: § 90 CPO. [§ 169].

[2]) Ausnahmen: Zahlungsbefehl (§ 632 CPO. [§ 608]), Aufgebot (§§ 824 Nr. 3, 841 CPO. [§§ 903, 920]).

[3]) Ein Antrag ist erforderlich in den Fällen der §§ 144 (Verfahren gegen eine zur Aufrechterhaltung der Ordnung entfernte Person), 217 Abs. 4, 223 Abs. 2, 295, 296, 430 (Versäumnißurtheil). [§§ 222, 294, 299, 374, 375, 500].

[4]) § 201 Abs. 3 CPO. [§ 278].

Die Frist beginnt mit dem Tage, an welchem das Hinderniß gehoben ist; sie kann durch Vereinbarung der Parteien nicht verlängert werden.

Nach Ablauf eines Jahres, von dem Ende der versäumten Nothfrist an gerechnet, kann die Wiedereinsetzung nicht mehr beantragt werden.

§ 290.*

(§ 213 CPO.)

Die Wiedereinsetzung in den vorigen Stand gegen die Versäumung einer Nothfrist ist der Partei auf Antrag auch dann zu ertheilen, wenn spätestens am dritten Tage vor Ablauf der Nothfrist das zur Wahrung derselben zuzustellende Schriftstück dem Gerichtsvollzieher oder dem Gerichtsschreiber zum Zwecke der Zustellung übergeben ist.

Die Wiedereinsetzung muß innerhalb einer einmonatigen Frist nach Ablauf der versäumten Nothfrist beantragt werden.

§ 291.

(§ 214 CPO.)

Die Wiedereinsetzung wird durch Zustellung eines Schriftsatzes[5]) beantragt. Derselbe muß[6]) enthalten:

1) die Angabe der die Wiedereinsetzung begründenden Thatsachen;
2) die Angabe der Mittel für deren Glaubhaftmachung;[7])
3) die Nachholung der versäumten Prozeßhandlung oder, wenn diese bereits nachgeholt ist, die Bezugnahme hierauf.

Ist die Einlegung der sofortigen Beschwerde[8]) versäumt worden, so wird der Antrag auf Wiedereinsetzung durch Einreichung des Schriftsatzes bei Gericht gestellt. Die Einreichung kann sowohl bei dem Gerichte, von welchem die angefochtene Entscheidung erlassen ist, als auch bei dem Beschwerdegerichte erfolgen.

Im Falle des § 213 [§ 290] kann die Wiedereinsetzung auch in dem für die mündliche Verhandlung bestimmten Termine ohne vorgängige Zustellung eines Schriftsatzes beantragt werden, wenn die Zustellung der Ladung zu dem Termine innerhalb der einmonatigen Frist nach Ablauf der versäumten Nothfrist erfolgt ist.

§ 292.

(§ 215 CPO.)

Ueber den Antrag auf Wiedereinsetzung entscheidet das Gericht, welchem die Entscheidung über die nachgeholte Prozeßhandlung zusteht.

---

[5]) Vgl. über die Form auch § 462 CPO. [§ 201].

[6]) Was er enthalten soll, s. in § 121 CPO. [§ 200].

[7]) § 266 CPO. [§ 345].

[8]) § 540 CPO. [§ 546].

§ 293.

(§ 216 CPO.)

Das Verfahren über den Antrag auf Wiedereinsetzung[9]) ist mit dem Verfahren über die nachgeholte Prozeßhandlung zu verbinden. Das Gericht kann jedoch das Verfahren zunächst auf die Verhandlung und Entscheidung über den Antrag beschränken.

Auf die Entscheidung über die Zulässigkeit des Antrags und auf die Anfechtung der Entscheidung finden die Vorschriften Anwendung, welche in diesen Beziehungen für die nachgeholte Prozeßhandlung gelten. Der Partei, welche den Antrag gestellt hat, steht jedoch der Einspruch nicht zu.

Die Kosten der Wiedereinsetzung fallen dem Antragsteller zur Last, soweit sie nicht durch einen unbegründeten Widerspruch des Gegners entstanden sind.

Fünfter Titel.

Unterbrechung[1]) und Aussetzung des Verfahrens.

§ 294.

(§ 217 CPO.)

Im Falle des Todes einer Partei tritt eine Unterbrechung des Verfahrens bis zu dessen Aufnahme durch die Rechtsnachfolger ein. Unterbrechung des Verfahrens.

Wird die Aufnahme verzögert, so können die Rechtsnachfolger zur Aufnahme und zugleich zur Verhandlung der Hauptsache geladen werden.

Der die Ladung enthaltende Schriftsatz ist den Rechtsnachfolgern selbst zuzustellen. Die Ladungsfrist[1a]) wird von dem Vorsitzenden bestimmt.

Erscheinen die Rechtsnachfolger in dem Termine nicht, so ist auf Antrag die behauptete Rechtsnachfolge als zugestanden anzunehmen und von dem Gerichte durch Versäumnißurtheil auszusprechen, daß das Verfahren von den Rechtsnachfolgern aufgenommen sei.[2]) Eine Verhandlung zur Hauptsache ist erst nach Ablauf der Einspruchsfrist und, wenn innerhalb derselben Einspruch eingelegt ist, erst nach dessen Erledigung statthaft.[3])

---

[9]) Gerichtskosten: § 26 Nr. 5 GKG. [§ 990]; Rechtsanwaltsgebühren: § 20 GORA. [§ 1099].

[1]) Einen ferneren Fall der Unterbrechung des Verfahrens s. in § 7 der Verordnung v. 1. August 1879 (Anm. 5 zu [§ 16]).

[1a]) § 194 CPO. [§ 271].

[2]) Gerichtsgebühren für die Aufnahme des Verfahrens: § 26 Nr. 4 GKG. [§ 990]; Rechtsanwaltsgebühren: § 20 GORA. [§ 1099].

[3]) Ueber den Einspruch s. §§ 303 ff. CPO. [§§ 382 ff.].

§ 295.

(§ 218 CPO.)

Im Falle der Eröffnung des Konkurses über das Vermögen einer Partei wird das Verfahren, wenn es die Konkursmasse betrifft, unterbrochen, bis dasselbe nach den für den Konkurs geltenden Bestimmungen aufgenommen[4]) oder das Konkursverfahren aufgehoben wird.

§ 296.

(§ 219 CPO.)

Verliert eine Partei die Prozeßfähigkeit[5]) oder stirbt der gesetzliche Vertreter[6]) einer Partei oder hört die Vertretungsbefugniß desselben auf, ohne daß die Partei prozeßfähig geworden ist, so wird das Verfahren unterbrochen, bis der gesetzliche Vertreter oder der neue gesetzliche Vertreter von seiner Bestellung dem Gegner Anzeige macht, oder bis der Gegner seine Absicht, das Verfahren fortzusetzen, dem Vertreter anzeigt.

---

[4]) Aus der KO. kommen folgende Vorschriften in Betracht:

§ 8. Rechtsstreitigkeiten über das zur Konkursmasse gehörige Vermögen, welche zur Zeit der Eröffnung des Verfahrens für den Gemeinschuldner anhängig sind, können in der Lage, in welcher sie sich befinden, von dem Konkursverwalter aufgenommen werden. Wird die Aufnahme verzögert, so kommen die Bestimmungen des § 217 CPO. [§ 294] zur entsprechenden Anwendung.

Lehnt der Verwalter die Aufnahme des Rechtsstreits ab, so kann sowohl der Gemeinschuldner als der Gegner denselben aufnehmen.

§ 9. Rechtsstreitigkeiten, welche gegen den Gemeinschuldner anhängig und auf Aussonderung eines Gegenstandes aus der Konkursmasse oder auf abgesonderte Befriedigung gerichtet sind, oder einen Anspruch betreffen, welcher als Masseschuld zu erachten ist, können sowohl von dem Konkursverwalter als von dem Gegner aufgenommen werden.

Erkennt der Verwalter den Anspruch sofort an, so fallen ihm die Prozeßkosten nicht zur Last.

§ 132 Abs. 2.* Ist eine Forderung (gegen welche weder von dem Verwalter noch von einem Konkursgläubiger Widerspruch erhoben ist) vom Gemeinschuldner im Prüfungstermine bestritten, so kann ein Rechtsstreit, welcher über dieselbe zur Zeit der Eröffnung des Konkursverfahrens anhängig war, gegen den Gemeinschuldner aufgenommen werden.

§ 134 Abs. 1, 3. Den Gläubigern streitig gebliebener Forderungen bleibt überlassen, die Feststellung derselben gegen die Bestreitenden zu betreiben. Zu diesem Behufe hat das Gericht den Gläubigern einen Auszug aus der Tabelle in beglaubigter Form zu ertheilen.

War zur Zeit der Eröffnung des Konkursverfahrens ein Rechtsstreit über die Forderung anhängig, so ist die Feststellung derselben durch Aufnahme des Rechtsstreites zu verfolgen.

[5]) §§ 50, 51 CPO. [§§ 128, 129].

[6]) § 50 CPO. [§ 128].

§ 297.

(§ 220 CPO.)

Wird im Falle der Unterbrechung des Verfahrens durch den Tod einer Partei für den Nachlaß ein Kurator bestellt, so kommen die Vorschriften des § 219 [§ 296] und, wenn über den Nachlaß der Konkurs eröffnet wird[7]), die Vorschriften des § 218 [§ 295] in Betreff der Aufnahme des Verfahrens in Anwendung.

§ 298.

(§ 222 CPO.[7a])

Hört in Folge eines Krieges oder eines anderen Ereignisses die Thätigkeit des Gerichts auf, so wird für die Dauer dieses Zustandes das Verfahren unterbrochen.

§ 299.

(§ 223 CPO.)

Fand in den Fällen des Todes, des Verlustes der Prozeßfähigkeit oder des Wegfalls des gesetzlichen Vertreters (§§ 217, 219 [§§ 294, 296]) eine Vertretung durch einen Prozeßbevollmächtigten statt, so tritt eine Unterbrechung des Verfahrens nicht ein; das Prozeßgericht hat jedoch auf Antrag des Bevollmächtigten, im Fall des Todes auch auf Antrag des Gegners die Aussetzung des Verfahrens anzuordnen. Aussetzung des Verfahrens.[8])

Die Dauer der Aussetzung und die Aufnahme des Verfahrens richtet sich nach den Vorschriften der §§ 217, 219, 220 [§§ 294, 296, 297]); im Falle des Todes ist der die Ladung enthaltende Schriftsatz auch dem Bevollmächtigten zuzustellen.

§ 300.

(§ 224 CPO.)

Befindet sich eine Partei zu Kriegszeiten im Militärdienste oder hält sich eine Partei an einem Orte auf, welcher durch obrigkeitliche Anordnung oder durch Krieg oder durch andere Zufälle von dem Verkehre mit dem Prozeßgerichte abgeschnitten ist, so kann dasselbe auch von Amtswegen die Aussetzung des Verfahrens bis zur Beseitigung des Hindernisses anordnen.

§ 301.

(§ 225 CPO.)

Das Gesuch um Aussetzung des Verfahrens ist bei dem Prozeßgerichte anzubringen; es kann von dem Gerichtsschreiber zu Protokoll erklärt werden.

---

[7]) §§ 202 bis 206 der Konkursordnung.

[7a]) § 221 CPO. ist, weil nur auf Anwaltsprozesse bezüglich, ausgelassen.

[8]) Andere Fälle einer Aussetzung des Verfahrens s. in §§ 62, 139, 140 CPO. [§§ 141, 217, 218].

Die Entscheidung kann ohne vorgängige mündliche Verhandlung erfolgen.[9])

§ 302.
(§ 226 CPO.)

Gemeinsames über Unterbrechung und Aussetzung.

Die Unterbrechung und Aussetzung des Verfahrens hat die Wirkung, daß der Lauf einer jeden Frist aufhört und nach Beendigung der Unterbrechung oder Aussetzung die volle Frist von Neuem zu laufen beginnt.

Die während der Unterbrechung oder Aussetzung von einer Partei in Ansehung der Hauptsache vorgenommenen Prozeßhandlungen sind der anderen Partei gegenüber ohne rechtliche Wirkung.

Durch die nach dem Schlusse einer mündlichen Verhandlung eintretende Unterbrechung wird die Verkündung der auf Grund dieser Verhandlung zu erlassenden Entscheidung nicht gehindert.

§ 303.
(§ 227 CPO.)

Die Aufnahme eines unterbrochenen oder ausgesetzten Verfahrens und die in diesem Titel erwähnten Anzeigen erfolgen durch Zustellung eines Schriftsatzes.[10])

§ 304.
(§ 228 CPO.)

Ruhen des Verfahrens.

Die Parteien können vereinbaren, daß das Verfahren ruhen solle. Die Vereinbarung hat auf den Lauf der Nothfristen keinen Einfluß.

Erscheinen in einem Termin zur mündlichen Verhandlung beide Parteien nicht, so ruht das Verfahren, bis eine Partei eine neue Ladung zustellen läßt.

§ 305.
(§ 229 CPO.)

Beschwerde.

Gegen die Entscheidung, durch welche auf Grund dieses Titels oder auf Grund anderer gesetzlicher Bestimmungen die Aussetzung des Verfahrens angeordnet oder abgelehnt wird, findet Beschwerde,[11]) im Falle der Ablehnung sofortige Beschwerde[12]) statt.

---

[9]) Gerichtsgebühren werden für dieselbe als eine Entscheidung über die Prozeßleitung nicht erhoben. § 47 Nr. 1 GKG. [§ 1011]; Rechtsanwaltsgebühren: § 23 Nr. 1, § 29 Nr. 6 GORA. [§§ 1102, 1108].

[10]) S. auch § 462 CPO. [§ 201].

[11]) § 530 CPO. [§ 539].

[12]) § 540 CPO. [§ 546].

Zweites Buch
Verfahren in erster Instanz.

Erster Titel.
Verfahren bis zum Urtheil.

§ 306.*
(§§ 230, 460 CPO.)

Die Erhebung der Klage erfolgt durch Zustellung eines Schriftsatzes oder eines die Klage enthaltenden Protokolls des Gerichtsschreibers (§ 457 [§ 309]). Erhebung der Klage.

Der Schriftsatz muß enthalten:

1) die Bezeichnung der Parteien und des Gerichts;
2) die bestimmte Angabe des Gegenstandes und des Grundes des erhobenen Anspruchs, sowie einen bestimmten Antrag;
3) die Ladung des Beklagten vor das Prozeßgericht zur mündlichen Verhandlung des Rechtsstreits.

In der Klageschrift soll ferner der Werth des nicht in einer bestimmten Geldsumme bestehenden Streitgegenstandes angegeben werden, wenn die Zuständigkeit des Gerichts von diesem Werthe abhängt. [1])

Außerdem finden die allgemeinen Bestimmungen über die vorbereitenden Schriftsätze[2]) auch auf die Klageschrift Anwendung.

§ 307.
(§ 231 CPO.)

Auf Feststellung des Bestehens oder Nichtbestehens eines Rechtsverhältnisses, auf Anerkennung einer Urkunde oder auf Feststellung der Unechtheit derselben kann Klage erhoben werden, wenn der Kläger ein rechtliches Interesse daran hat, daß das Rechtsverhältniß oder die Echtheit oder Unechtheit der Urkunde durch richterliche Entscheidung alsbald festgestellt werde.

§ 308.
(§ 232 CPO.)

Mehrere Ansprüche des Klägers gegen denselben Beklagten können, auch wenn sie auf verschiedenen Gründen beruhen, in einer Klage verbunden werden, wenn für sämmtliche Ansprüche das Prozeßgericht zuständig und dieselbe Prozeßart zulässig ist.

Die Besitzklage und die Klage, durch welche das Recht selbst geltend gemacht wird, können nicht in einer Klage verbunden werden.

---

[1]) Weiter gefaßt ist § 14 GKG. [§ 979].

[2]) §§ 121 ff. CPO. [§§ 200 ff.].

§ 309.

(§ 457 CPO.)

Die Klage kann bei dem Gerichte schriftlich eingereicht oder zum Protokolle des Gerichtsschreibers angebracht werden.

§ 310.

(§ 458 CPO.)

Nach erfolgter Bestimmung des Termins zur mündlichen Verhandlung [3]) hat der Gerichtsschreiber für die Zustellung der Klage Sorge zu tragen, sofern nicht der Kläger erklärt hat, dieses selbst thun zu wollen.

§ 311.*

(§§ 234, 459 CPO.)

Zwischen der Zustellung der Klageschrift [4]) und dem Termine zur mündlichen Verhandlung muß ein Zeitraum von mindestens drei Tagen liegen (Einlassungsfrist), wenn die Zustellung im Bezirke des Prozeßgerichts erfolgt. Wenn die Zustellung außerhalb des Bezirkes des Prozeßgerichts, jedoch im Deutschen Reiche erfolgt, so beträgt die Einlassungsfrist mindestens eine Woche, in Meß- und Marktsachen [5]) mindestens vierundzwanzig Stunden. [6])

Ist die Zustellung im Auslande vorzunehmen, so hat das Gericht bei Festsetzung des Termins die Einlassungsfrist zu bestimmen.

§ 312.

(§ 461 CPO.)

An ordentlichen Gerichtstagen können die Parteien zur Verhandlung des Rechtsstreits ohne Ladung und Terminsbestimmung vor Gericht erscheinen.

Die Erhebung der Klage erfolgt in diesem Falle durch den mündlichen Vortrag derselben. [7])

§ 313.

(§ 235 CPO.)

Wirkungen der Klageerhebung.

Durch die Erhebung der Klage wird die Rechtshängigkeit der Streitsache begründet.

Die Rechtshängigkeit hat folgende Wirkungen:

1) wenn während der Dauer der Rechtshängigkeit von einer Partei

---

[3]) § 193 CPO. [§ 270]. — Mittheilungen von Klagen gegen Offiziere an die Militärvorgesetzten durch den Gerichtsschreiber: Allg. Verf. vom 28. Februar und 24. April 1880 (JMBl. S. 41, 92).

[4]) bzw. des die Klage enthaltenden Protokolls, § 460 CPO. [§ 306 Abs. 1].

[5]) Vgl. § 30 CPO, [§ 108] u. Anm. 15 dazu.

[6]) Einlassungsfrist im Wechselprozesse s. § 567 CPO. [§ 571]. Abkürzung der Einlassungsfrist ist nach Maßgabe des § 204 CPO. [§ 281] zulässig.

[7]) Geschäftliche Behandlung solcher Sachen: § 23 Abs. 2, § 25 Abs. 5 Gesch.-O. [Anl. A.]

die Streitsache anderweit anhängig gemacht wird, so kann der Gegner die Einrede der Rechtshängigkeit [8]) erheben;

2) die Zuständigkeit des Prozeßgerichts wird durch eine Veränderung der sie begründenden Umstände nicht berührt;

3) der Kläger ist nicht berechtigt, ohne Einwilligung des Beklagten die Klage zu ändern.

§ 314.

(§ 236 CPO.)

Die Rechtshängigkeit schließt das Recht der einen oder der anderen Partei nicht aus, die in Streit befangene Sache zu veräußern oder den geltend gemachten Anspruch zu cediren.

Die Veräußerung oder Cession hat auf den Prozeß keinen Einfluß. Der Rechtsnachfolger ist nicht berechtigt, ohne Zustimmung des Gegners den Prozeß als Hauptpartei an Stelle des Rechtsvorgängers zu übernehmen oder eine Hauptintervention zu erheben. Tritt der Rechtsnachfolger als Nebenintervenient auf, so findet der § 66 [§ 145] keine Anwendung.

Die Entscheidung ist in Ansehung der Sache selbst auch gegen den Rechtsnachfolger wirksam und vollstreckbar. [9])

§ 315.

(§ 237 CPO.)

Ist über das Bestehen oder Nichtbestehen eines Rechts, welches für ein Grundstück in Anspruch genommen wird, oder einer Verpflichtung, welche auf einem Grundstücke ruhen soll, zwischen dem Besitzer und einem Dritten ein Rechtsstreit anhängig, so ist im Falle der Veräußerung des Grundstücks der Rechtsnachfolger berechtigt und auf Antrag des Gegners verpflichtet, den Rechtsstreit in der Lage, in welcher er sich befindet, als Hauptpartei zu übernehmen. [9a])

§ 316.

(§ 238 CPO.)

Die Bestimmungen des § 236 Absatz 3 und des § 237 [§§ 314, 315] kommen insoweit nicht zur Anwendung, als ihnen Vorschriften des bürgerlichen Rechts über den Erwerb beweglicher Sachen [10]), über den Erwerb auf Grund des Grund- oder Hypothekenbuchs [11]) und über den Erwerb in gutem Glauben entgegenstehen. [12]) In einem solchen

---

[8]) Prozessuale Behandlung dieser Einrede: § 247 Nr. 3 CPO. [§ 326].

[9]) Vgl. §§ 665 bis 667 CPO. [§§ 640 bis 642].

[9a]) Gerichtskosten für die Entscheidung hierüber: § 26 Nr. 3 GKG. [§ 990], — Rechtsanwaltsgebühren: § 20 GORA. [§ 1099].

[10]) Vgl. z. B. Art. 306, 307 HGB.; §§ 42 ff. ALR. I. 15; Code civil art. 2279.

[11]) Vgl. z. B. § 9 Abs. 2, §§ 11, 15, 38 des Ges. vom 5. Mai 1872.

[12]) Vgl. z. B. §§ 25, 26 ALR. I. 15.

Falle kann dem Kläger welcher veräußert oder cedirt hat, der Einwand der nunmehr mangelnden Sachlegitimation entgegengesetzt werden.

§ 317.

(§ 239 CPO.)

Die Vorschriften des bürgerlichen Rechts über die sonstigen Wirkungen der Rechtshängigkeit bleiben unberührt. Diese Wirkungen sowie alle Wirkungen, welche durch die Vorschriften des bürgerlichen Rechts an die Anstellung, Mittheilung[13]) oder gerichtliche Anmeldung der Klage, an die Ladung oder Einlassung des Beklagten geknüpft werden, treten unbeschadet der Vorschrift des § 190 [§ 268] mit der Erhebung der Klage ein.

§ 318.

(§ 2 AGCPO.)

Die zulässige Berufung auf den Rechtsweg gegen nicht richterliche Entscheidungen erfolgt nur durch Erhebung der Klage.[14])

§ 319.

(§ 240 CPO.)

Klageänderung.

Als eine Aenderung der Klage ist es nicht anzusehen, wenn ohne Aenderung des Klagegrundes

1) die thatsächlichen oder rechtlichen Anführungen ergänzt oder berichtigt werden;
2) der Klagantrag in der Hauptsache oder in Bezug auf Nebenforderungen erweitert oder beschränkt wird;
3) statt des ursprünglich geforderten Gegenstandes wegen einer später eingetretenen Veränderung ein anderer Gegenstand oder das Interesse gefordert wird.

§ 320.

(§ 241 CPO.)

Die Einwilligung des Beklagten in die Aenderung der Klage ist anzunehmen, wenn derselbe, ohne der Aenderung zu widersprechen, sich in einer mündlichen Verhandlung auf die abgeänderte Klage eingelassen hat.

§ 321.

(§ 242 CPO.)

Eine Anfechtung der Entscheidung, daß eine Aenderung der Klage nicht vorliege, findet nicht statt.

---

[13]) Die Vorschrift im Art. 80 der Wechselordnung (Unterbrechung der Verjährung durch Behändigung der Klage) ist durch § 23 Abs. 3 EG. CPO. [§ 962] ausdrücklich abgeändert.

[14]) Vgl. z. B. §§ 2, 9, 12 des Ges. v. 24. Mai 1861 (GS. S. 241); § 30 Abs. 1 des Enteignungsgesetzes vom 11. Juli 1874 (GS. S. 221).

§ 322.
(§ 243 CPO.)

Zurücknahme der Klage.

Die Klage kann ohne Einwilligung des Beklagten nur bis zum Beginne der mündlichen Verhandlung des Beklagten zur Hauptsache zurückgenommen werden.

Die Zurücknahme der Klage erfolgt, wenn sie nicht bei der mündlichen Verhandlung erklärt wird, durch Zustellung eines Schriftsatzes. Abschrift desselben ist sofort nach erfolgter Zustellung auf der Gerichtsschreiberei niederzulegen.

Die Zurücknahme der Klage hat zur Folge, daß der Rechtsstreit als nicht anhängig geworden anzusehen ist; sie verpflichtet den Kläger, die Kosten des Rechtsstreits [15]) zu tragen, sofern nicht über dieselben bereits rechtskräftig erkannt ist. Auf Antrag des Beklagten ist diese Verpflichtung durch Urtheil auszusprechen.

Wird die Klage von neuem angestellt, so kann der Beklagte die Einlassung verweigern, bis die Kostenerstattung erfolgt ist. [16])

§ 323.
(§ 463 CPO.)

Mittheilungen von Partei zu Partei.

Auch wenn eine Partei nicht zu laden ist, [17]) können ihre Anträge und Erklärungen, auf welche sie ohne vorgängige Mittheilung voraussichtlich eine Erklärung in einer mündlichen Verhandlung nicht abzugeben vermag, durch Zustellung eines Protokolls des Gerichtsschreibers mitgetheilt werden.

Diese Mittheilung kann auch unmittelbar und ohne besondere Form geschehen.

§ 324.
(§ 246 CPO.)

Mündliche Verhandlung.

Die mündliche Verhandlung [18]) erfolgt nach den allgemeinen Vorschriften. [19])

§ 325.*
(§ 247 Abs. 1, 3, § 465 Abs. 1, 2 CPO.)

Prozeßhindernde Einreden.

Die Einrede der Unzuständigkeit des Gerichts ist vor der Verhandlung zur Hauptsache geltend zu machen.

Ist das Amtsgericht sachlich unzuständig, so hat es vor der Verhandlung des Beklagten zur Hauptsache denselben auf die Unzuständigkeit aufmerksam zu machen.

---

[15]) Gerichtsgebühren bei Zurücknahme der Klage: § 46 GKG. [§ 1010]; Rechtsanwaltsgebühren: § 14 Abs. 1, § 16 GORA. [§§ 1093, 1095].

[16]) Prozessuale Behandlung der Einrede: § 247 Nr. 5 CPO. [§ 327].

[17]) Für den Fall, daß die Partei zu laden ist, s. § 462 CPO. [§ 201].

[18]) Verhandlungsgebühr: § 18 Nr. 1, §§ 19, 21 GKG.; § 13 Nr. 2, §§ 15, 16 GORA. [§§ 983, 984, 985, 1092, 1094, 1095].

[19]) §§ 127 bis 144 CPO. [§§ 206 bis 222].

§ 326.

(§ 465 Abs. 3, § 247 Abs. 2 CPO.)

Auf Grund prozeßhindernder Einreden darf die Verhandlung zur Hauptsache nicht verweigert werden, das Gericht kann jedoch die abgesonderte Verhandlung über diese Einreden auch von Amtswegen anordnen.[20])

Als solche Einreden sind nur anzusehen:

1) die Einrede der Unzuständigkeit des Gerichts,[21])
2) die Einrede der Unzulässigkeit des Rechtswegs,[22])
3) die Einrede der Rechtshängigkeit,[23])
4) die Einrede der mangelnden Sicherheit für die Prozeßkosten,[24])
5) die Einrede, daß die zur Erneuerung des Rechtsstreits erforderliche Erstattung der Kosten des früheren Verfahrens noch nicht erfolgt sei,[25])
6) die Einrede der mangelnden Prozeßfähigkeit oder der mangelnden gesetzlichen Vertretung.[26])

§ 327.

(§ 248 Abs. 2 CPO.)

Das Urtheil, durch welches die prozeßhindernde Einrede verworfen wird, ist in Betreff der Rechtsmittel als Endurtheil anzusehen;[27]) das Gericht kann jedoch auf Antrag anordnen, daß zur Hauptsache zu verhandeln sei.

§ 328.

(§ 466 CPO.)

Wird der Unzuständigkeit des Gerichts auf Grund der Bestimmungen über die sachliche Zuständigkeit der Gerichte ausgesprochen, so ist zugleich auf Antrag des Klägers der Rechtsstreit an das Landgericht[28]) zu verweisen.

---

[20]) Gerichtsgebühr für Akte, welche ausschließlich prozeßhindernde Einreden betreffen: § 26 Nr. 1 GKG. [§ 990]; Rechtsanwaltsgebühr: § 20 GORA. [§ 1099].

[21]) Vgl. § 1 CPO. [§ 81] und Anm. dazu hinsichtlich der sachlichen, §§ 12 ff. [§§ 91 ff.] hinsichtlich der örtlichen Zuständigkeit.

[22]) § 17 GVG. [§ 16].

[23]) § 235 Nr. 1 CPO. [§ 313].

[24]) §§ 102 ff. CPO. [§§ 181 ff.].

[25]) § 243 Abs. 4 CPO. [§ 322].

[26]) §§ 50 bis 55 CPO. [§§ 128 bis 134].

[27]) Vgl. § 472 CPO. [§ 351]. Geschäftliche Behandlung: § 25 Abs. 3 Gesch.=O. [Anl. A].

[28]) Vgl. § 102 Abs. 2 GVG.: In den Fällen der §§ 466, 467 CPO. [§§ 328, 329] hat der Kläger den Antrag auf Verhandlung vor der Kammer für Handelssachen in der mündlichen Verhandlung vor dem Amtsgerichte zu stellen.

Ist das Urtheil rechtskräftig[29]), so gilt der Rechtsstreit als bei dem Landgerichte anhängig.[30])

§ 329.

(§ 467 CPO.)

Wird in einem bei dem Amtsgerichte anhängigen Prozesse durch Widerklage[31]) oder durch Erweiterung des Klagantrags (§ 240 Nr. 2, 3 [§ 319]) ein Anspruch erhoben, welcher zur Zuständigkeit der Landgerichte gehört, oder wird in Gemäßheit des § 253 [§ 332] die Feststellung eines Rechtsverhältnisses beantragt, für welches die Landgerichte zuständig sind, so hat das Amtsgericht, sofern eine Partei vor weiterer Verhandlung zur Hauptsache darauf anträgt, seine Unzuständigkeit auszusprechen und den Rechtsstreit an das Landgericht[28]) zu verweisen.

Ist das Urtheil rechtskräftig[29]), so gilt der Rechtsstreit als bei dem Landgerichte anhängig.[30]) Die im Verfahren vor dem Amtsgericht erwachsenen Kosten werden als Theil der bei dem Landgericht erwachsenen Kosten behandelt.[32])

§ 330.

(§ 251 CPO.)

Angriffs- und Vertheidigungsmittel (Einreden, Widerklagen, Repliken ꝛc.) können bis zum Schlusse derjenigen mündlichen Verhandlung, auf welche das Urtheil ergeht, geltend gemacht werden. Verhandlung zur Hauptsache.

Das Gericht kann, wenn durch das nachträgliche Vorbringen eines Angriffs- oder Vertheidigungsmittels die Erledigung des Rechtsstreits verzögert wird, der obsiegenden Partei, welche nach freier richterlicher Ueberzeugung im Stande war, das Angriffs- oder Vertheidigungsmittel zeitiger geltend zu machen, die Prozeßkosten[33]) ganz oder theilweise auferlegen.

§ 331.

(§ 252 CPO.)

Vertheidigungsmittel, welche von dem Beklagten nachträglich vorgebracht werden, können auf Antrag zurückgewiesen werden, wenn durch deren Zulassung die Erledigung des Rechtsstreits verzögert werden würde und das Gericht die Ueberzeugung gewinnt, daß der Beklagte in der Absicht, den Prozeß zu verschleppen, oder aus grober Nachlässigkeit die Vertheidigungsmittel nicht früher vorgebracht hat.

---

[29]) § 645 der CPO. [§ 621].

[30]) Das Urtheil bindet das Landgericht § 11 CPO. [§ 90.]

[31]) Vgl. Anm. 16 zu [§ 111].

[32]) Vgl. § 30 Abs. 1 GKG. [§ 994], anwendbar auf Rechtsanwaltsgebühren § 26 GORA. [§ 1105].

[33]) Besondere Verzögerungsgebühr: § 48 GKG. [§ 1012].

§ 332.

(§ 253 CPO.)

Bis zum Schlusse derjenigen mündlichen Verhandlung, auf welche das Urtheil ergeht, kann der Kläger durch Erweiterung des Klagantrags, der Beklagte durch Erhebung einer Widerklage beantragen, daß ein im Laufe des Prozesses streitig gewordenes Rechtsverhältniß, von dessen Bestehen oder Nichtbestehen die Entscheidung des Rechtsstreites ganz oder zum Theil abhängt, durch richterliche Entscheidung festgestellt werde.

§ 333.

(§ 254 CPO.)

Die Rechtshängigkeit[34]) eines erst im Laufe des Prozesses erhobenen Anspruchs tritt mit dem Zeitpunkte ein, in welchem der Anspruch in der mündlichen Verhandlung geltend gemacht wird.

§ 334.*

(§ 255 CPO.)

Beweisantretung.

Jede Partei hat unter Bezeichnung der Beweismittel, deren sie sich zum Nachweise oder zur Widerlegung thatsächlicher Behauptungen bedienen will, den Beweis anzutreten und über die von der Gegenpartei angegebenen Beweismittel sich zu erklären.

In Betreff der einzelnen Beweismittel wird die Beweisantretung und die Erklärung auf dieselbe durch die Vorschriften des fünften bis neunten Titels bestimmt.[35])

§ 335.

(§ 256 CPO.)

Beweismittel und Beweiseinreden können bis zum Schlusse derjenigen mündlichen Verhandlung, auf welche das Urtheil ergeht, geltend gemacht werden.

Auf das nachträgliche Vorbringen von Beweismitteln und Beweis-

---

[34]) § 235 CPO. [§ 313].

[35]) Es enthalten besondere Vorschriften:

1. hinsichtlich der Beweisantretung beim Beweise durch
   a) Augenschein: § 336 CPO. [§ 407];
   b) Zeugen: § 338 CPO. [§ 409];
   c) Sachverständige: § 368 CPO. [§ 438];
   d) Urkunden: §§ 385, 386, 393, 397 CPO. [§§ 452, 453, 463, 467].
   e) Eid: § 416 CPO. [§ 486];
2. hinsichtlich der Erklärung auf die Beweisantretung beim Beweise durch:
   a) Urkunden: §§ 404, 468 CPO. [§ 474];
   b) Eid: § 417 CPO. [§ 487].

einreden findet die Vorschrift des § 251 Abs. 2 [§ 330] [36]) entsprechende Anwendung.

§ 336.*
(§ 257 CPO.)

Die Beweisaufnahme und die Anordnung eines besonderen Beweisaufnahmeverfahrens durch Beweisbeschluß wird durch die Vorschriften des vierten bis zehnten Titels bestimmt. [37]) Beweisaufnahme.

§ 337.
(§ 258 CPO.)

Ueber das Ergebniß der Beweisaufnahme haben die Parteien unter Darlegung des Streitverhältnisses zu verhandeln.

Ist die Beweisaufnahme nicht vor dem Prozeßgerichte erfolgt, so haben die Parteien das Ergebniß derselben auf Grund der Beweisverhandlungen vorzutragen.

§ 338.
(§ 259 CPO.)

Das Gericht hat unter Berücksichtigung des gesammten Inhalts der Verhandlungen und des Ergebnisses einer etwaigen Beweisaufnahme nach freier Ueberzeugung zu entscheiden, ob eine thatsächliche Behauptung für wahr oder für nicht wahr zu erachten sei. In dem Urtheile sind die Gründe anzugeben, welche für die richterliche Ueberzeugung leitend gewesen sind.

An gesetzliche Beweisregeln ist das Gericht nur in den durch dieses Gesetz bezeichneten Fällen [38]) gebunden.

§ 339.
(§ 260 CPO.)

Ist unter den Parteien streitig, ob ein Schaden entstanden sei, und wie hoch sich der Schaden oder ein zu ersetzendes Interesse belaufe, so entscheidet hierüber das Gericht unter Würdigung aller Umstände nach freier Ueberzeugung. Ob und inwieweit eine beantragte Beweisaufnahme oder von Amtswegen die Begutachtung durch Sachverständige anzuordnen sei, bleibt dem Ermessen des Gerichts überlassen. Das Gericht kann anordnen, daß der Beweisführer den Schaden oder das Interesse eidlich schätze. In diesem Falle hat das Gericht zugleich den

---

[36]) und des § 18 GKG. [§ 1012]. Vgl. auch die besonderen Bestimmungen hinsichtlich des Beweises durch Zeugen § 339 CPO. [§ 410] — durch Urkunden § 398 CPO. [§ 468].

[37]) Beweisgebühr bei der Kostenberechnung: § 78 Nr. 2, § 22 GKG [§§ 983, 986]; Beweisgebühr der Rechtsanwälte: § 13 Nr. 4 GORA. [§ 1092].

[38]) Vgl. §§ 150, 153 Abs. 2, § 181 Abs. 2, § 185 Abs. 2, §§ 285, 380 bis 383, 402, 403 Abs. 2, § 405 Abs. 2, §§ 428, 429 CPO. [§§ 227, 230, 259, 263, 364, 450 bis 453, 472, 473, 475].

Betrag zu bestimmen, welchen die eidliche Schätzung nicht übersteigen darf.

Die Vorschriften über den Schätzungseid werden aufgehoben.

§ 340.*

(§ 261 CPO.)

Die von einer Partei behaupteten Thatsachen bedürfen insoweit keines Beweises, als sie im Laufe des Rechtsstreits von dem Gegner[39]) bei einer mündlichen Verhandlung oder zum Protokolle eines ersuchten Richters zugestanden sind.

Zur Wirksamkeit des gerichtlichen Geständnisses ist dessen Annahme nicht erforderlich.

§ 341.

(§ 262 CPO.)

Die Wirksamkeit des gerichtlichen Geständnisses wird dadurch nicht beeinträchtigt, daß demselben eine Behauptung hinzugefügt wird, welche ein selbständiges Angriffs- oder Vertheidigungsmittel enthält.

Inwiefern eine vor Gericht erfolgte einräumende Erklärung ungeachtet anderer zusätzlicher oder einschränkender Behauptungen als ein Geständniß anzusehen sei, bestimmt sich nach der Beschaffenheit des einzelnen Falls.

§ 342.

(§ 263 CPO.)

Der Widerruf hat auf die Wirksamkeit des gerichtlichen Geständnisses nur dann Einfluß, wenn die widerrufende Partei beweist, daß das Geständniß der Wahrheit nicht entspreche und durch einen Irrthum veranlaßt sei. In diesem Falle verliert das Geständniß seine Wirksamkeit.[40])

§ 343.

(§ 264 CPO.)

Thatsachen, welche bei dem Gericht offenkundig sind, bedürfen keines Beweises.

§ 344.

(§ 265 CPO.)

Das in einem anderen Staate geltende Recht, die Gewohnheitsrechte und Statuten bedürfen des Beweises nur insofern, als sie dem Gericht unbekannt sind. Bei Ermittelung dieser Rechtsnormen ist das Gericht auf die von den Parteien beigebrachten Nachweise nicht beschränkt; es ist befugt, auch andere Erkenntnißquellen zu benutzen und zum Zwecke einer solchen Benutzung das Erforderliche anzuordnen.

---

[39]) oder vom Prozeßbevollmächtigten oder Beistand §§ 81, 86 Abs. 2 CPO. [§§ 160, 165].

[40]) Ueber den Widerruf der von einem Bevollmächtigten oder Beistande abgegebenen Zugeständnisse s. die in Anm. 39 angeführten §§.

§ 345.

(§ 266 CPO.)

Wer eine thatsächliche Behauptung glaubhaft zu machen hat, kann sich aller Beweismittel, mit Ausnahme der Eideszuschiebung, bedienen, auch zur eidlichen Versicherung der Wahrheit der Behauptung zugelassen werden.

Eine Beweisaufnahme, welche nicht sofort erfolgen kann, ist unstatthaft.

§ 346.

(§ 267 CPO.)

Rüge der Verletzung einer Prozeßvorschrift.

Die Verletzung einer das Verfahren und insbesondere die Form einer Prozeßhandlung betreffende Vorschrift kann nicht mehr gerügt werden, wenn die Partei auf die Befolgung der Vorschrift verzichtet, oder wenn sie bei der nächsten mündlichen Verhandlung, welche auf Grund des betreffenden Verfahrens stattgefunden hat oder in welcher auf dasselbe Bezug genommen ist, den Mangel nicht gerügt hat, obgleich sie erschienen und ihr der Mangel bekannt war oder bekannt sein mußte.

Die vorstehende Bestimmung kommt nicht zur Anwendung, wenn Vorschriften verletzt sind, auf deren Befolgung eine Partei wirksam nicht verzichten kann.

§ 347.*

(§ 268 CPO.)

Sühneversuch.

Das Gericht kann in jeder Lage des Rechtsstreits die gütliche Beilegung desselben oder einzelner Streitpunkte versuchen oder die Parteien zum Zwecke des Sühneversuchs vor einen ersuchten Richter verweisen.

Zum Zwecke des Sühneversuchs kann das persönliche Erscheinen der Parteien angeordnet werden.

§ 348.

(§ 471 CPO.)

Wer eine Klage zu erheben beabsichtigt, kann unter Angabe des Gegenstandes seines Anspruchs zum Zwecke eines Sühneversuchs[41]) den Gegner vor das Amtsgericht laden, vor welchem dieser seinen allgemeinen Gerichtsstand hat.[42])

Erscheinen beide Parteien und wird ein Vergleich geschlossen, so ist derselbe zu Protokoll festzustellen.[43]) Kommt ein Vergleich nicht zu Stande, so wird auf Antrag beider Parteien der Rechtsstreit sofort

---

[41]) Ueber die geschäftliche Behandlung solcher Sühneversuche vgl. § 21 Gesch.O. [Anl. A].

[42]) §§ 13 ff. CPO. [§§ 92 ff.]. — Rechtsanwaltsgebühr: § 37 GORA. [§ 1116].

[43]) Ein solcher Vergleich ist vollstreckbar: § 702 Nr. 2 CPO. [§ 677].

verhandelt; die Erhebung der Klage erfolgt in diesem Falle durch den mündlichen Vortrag derselben.

Ist der Gegner nicht erschienen, oder der Sühneversuch erfolglos geblieben, so werden die erwachsenen Kosten als Theil der Kosten des Rechtsstreits behandelt.[44])

§ 349.

(§ 470 CPO.)

Sitzungsprotokoll. Anträge und Erklärungen einer Partei sind durch das Sitzungsprotokoll[45]) insoweit festzustellen, als das Gericht bei dem Schlusse derjenigen mündlichen Verhandlung, auf welche das Urtheil oder ein Beweisbeschluß ergeht, die Feststellung für angemessen erachtet.

Geständnisse sowie die Erklärungen über Annahme oder Zurückschiebung zugeschobener Eide sind auf Antrag durch das Protokoll festzustellen.

§ 350.

(§ 271 CPO.)

Akten. Die Parteien können von den Prozeßakten[46]) Einsicht nehmen und sich aus denselben durch den Gerichtsschreiber Ausfertigungen, Auszüge und Abschriften ertheilen lassen.[47])

Dritten Personen kann der Vorstand des Gerichts ohne Einwilligung der Parteien die Einsicht der Akten nur gestatten, wenn ein rechtliches Interesse glaubhaft gemacht[48]) wird.

Die Entwürfe zu Urtheilen, Beschlüssen und Verfügungen, die zur Vorbereitung derselben gelieferten Arbeiten, sowie die Schriftstücke, welche Abstimmungen oder Strafverfügungen betreffen, werden weder vorgelegt noch abschriftlich mitgetheilt.

Zweiter Titel.

Urtheil.[1])

§ 351.

(§ 272 CPO.)

Endurtheil. Ist der Rechtsstreit zur Endentscheidung reif, so hat das Gericht dieselbe durch Endurtheil zu erlassen.

---

[44]) Bezüglich dieser Kosten s. § 41 GKG., § 37 GORA. [§§ 1005, 1116, 116].

[45]) Vgl. §§ 145 ff. CPO. [§§ 223 ff.].

[46]) Ueber deren Anlegung s. § 7 Gesch.O. [Anl. A].

[47]) Vgl. § 12 Gesch.O. [Anl. A].

[48]) § 266 CPO. [§ 345].

[1]) Für das Urtheil wird die Entscheidungsgebühr erhoben; § 18 Nr. 3, § 23 GKG. [§§ 983, 987].

Dasselbe gilt, wenn von mehreren zum Zwecke gleichzeitiger Verhandlung und Entscheidung verbundenen Prozessen nur der eine zur Endentscheinung reif ist.

§ 352.

(§ 273 CPO.)

Ist von mehreren in einer Klage geltend gemachten Ansprüchen nur der eine, oder ist nur ein Theil eines Anspruchs, oder bei erhobener Widerklage nur die Klage oder die Widerklage zur Endentscheidung reif, so hat das Gericht dieselbe durch Endurtheil (Theilurtheil) zu erlassen. Theilurtheil.

Die Erlassung eines Theilurtheils kann unterbleiben, wenn das Gericht sie nach Lage der Sache nicht für angemessen erachtet.

§ 353.

(§ 274 CPO.)

Ist von dem Beklagten mittels Einrede eine Gegenforderung geltend gemacht, welche mit der in der Klage geltend gemachten Forderung nicht in rechtlichem Zusammenhange steht, so kann, wenn nur die Verhandlung über die Forderung zur Endentscheidung reif ist, diese unter Trennung der Verhandlungen durch Theilurtheil erfolgen.

§ 354.

(§ 275 CPO.)

Ist ein einzelnes selbständiges Angriffs- oder Vertheidigungsmittel oder ein Zwischenstreit zur Entscheidung reif, so kann die Entscheidung durch Zwischenurtheil[2]) erfolgen. Zwischenurtheil.

§ 355.

(§ 276 CPO.)

Ist ein Anspruch nach Grund und Betrag streitig, so kann das Gericht über den Grund vorab entscheiden. Allgemeine Grundsätze für die Urtheilsfällung.

Das Urtheil ist in Betreff der Rechtsmittel als Endurtheil anzusehen;[3]) das Gericht kann jedoch, wenn der Anspruch für begründet erklärt ist, auf Antrag anordnen, daß über den Betrag zu verhandeln sei.

---

[2]) Der wesentlichste Unterschied zwischen dem Endurtheile (einschließlich des Theilurtheils) und dem Zwischenurtheile besteht darin, daß Berufung nur gegen erstres stattfindet (§ 472 CPO. [§ 527]). Jedoch kennt die CPO.

1. Entscheidungen, die sie als „Zwischenurtheile" bezeichnet, die aber anfechtbar sind, jedoch nicht mittels der Berufung, sondern mittels sofortiger Beschwerde. Vgl. §§ 68, 126, 352 CPO. [§§ 147, 205, 423].
2. Entscheidungen, welche, obwohl sachlich Entscheidungen eines Zwischenstreits, „in Betreff der Rechtsmittel als Endurtheile anzusehen sind." Vgl. §§ 248, 276, 562 CPO. [§§ 327, 355, 567].

[3]) Vgl. § 472 CPO. [§ 527]; geschäftliche Behandlung: § 25 Abs. 3 Gesch.O. Anl. A].

§ 356.

(§ 277 CPO.)

Verzichtet der Kläger bei der mündlichen Verhandlung auf den geltend gemachten Anspruch, so ist er auf Grund des Verzichts mit dem Anspruche abzuweisen, wenn der Beklagte die Abweisung beantragt.[4])

§ 357.

(§ 278 CPO.)

Erkennt eine Partei den gegen sie geltend gemachten Anspruch bei der mündlichen Verhandlung ganz oder zum Theil an, so ist sie auf Antrag dem Anerkenntnisse gemäß zu verurtheilen.[5])

§ 358.

(§ 279 CPO.)

Das Gericht ist nicht befugt, einer Partei etwas zuzusprechen, was nicht beantragt ist. Dies gilt insbesondere von Früchten, Zinsen und anderen Nebenforderungen.

Ueber die Verpflichtung, die Prozeßkosten zu tragen, hat das Gericht auch ohne Antrag zu erkennen.

§ 359.

(§ 280 CPO.)

Das Urtheil kann nur von denjenigen Richtern gefällt werden, welche der dem Urtheile zu Grunde liegenden Verhandlung beigewohnt haben.

§ 360.

(§ 281 CPO.)

Die Verkündung des Urtheils erfolgt in dem Termine, in welchem die mündliche Verhandlung geschlossen wird, oder in einem sofort anzuberaumenden Termine, welcher nicht über eine Woche hinaus angesetzt werden soll.

§ 361.

(§ 282 CPO.)

Die Verkündung des Urtheils erfolgt durch Vorlesung der Urtheilsformel. Versäumnißurtheile können verkündet werden, auch wenn die Urtheilsformel noch nicht schriftlich abgefaßt ist.

Wird die Verkündung der Entscheidungsgründe für angemessen erachtet, so erfolgt sie durch Vorlesung der Gründe oder durch mündliche Mittheilung des wesentlichen Inhalts.

§ 362.

(§ 283 CPO.)

Die Wirksamkeit der Verkündung eines Urtheils ist von der An-

---

[4]) Gerichtskosten: § 21 GKG. [§ 985]; Rechtsanwaltsgebühren: § 16 GORA. [§ 1095].

[5]) und das Urtheil für vorläufig vollstreckbar zu erklären, § 648 Nr. 1 CPO. [§ 624].

wesenheit der Parteien nicht abhängig. Die Verkündung gilt auch derjenigen Partei gegenüber als bewirkt, welche den Termin versäumt hat.

Die Befugniß einer Partei, auf Grund eines verkündeten Urtheils das Verfahren fortzusetzen oder von dem Urtheil in anderer Weise Gebrauch zu machen, ist von der Zustellung an den Gegner nicht abhängig, soweit nicht dieses Gesetz ein anderes bestimmt.[6])

§ 363.*

(§ 284 CPO.)

Das Urtheil enthält:

1) die Bezeichnung der Parteien und ihrer gesetzlichen Vertreter nach Namen, Stand oder Gewerbe, Wohnort und Parteistellung;
2) die Bezeichnung des Gerichts und die Namen des Richters, welcher die Entscheidung erlassen hat;
3) eine gedrängte Darstellung des Sach- und Streitstandes auf Grundlage der mündlichen Vorträge der Parteien unter Hervorhebung der gestellten Anträge (Thatbestand);
4) die Entscheidungsgründe;
5) die von der Darstellung des Thatbestandes und der Entscheidungsgründe äußerlich zu sondernde Urtheilsformel.

Bei der Darstellung des Thatbestandes ist eine Bezugnahme auf den Inhalt der vorbereitenden Schriftsätze und auf die zum Sitzungsprotokolle erfolgten Feststellungen nicht ausgeschlossen.

§ 364.

(§ 285 CPO.)

Der Thatbestand des Urtheils liefert rücksichtlich des mündlichen Parteivorbringens Beweis. Dieser Beweis kann nur durch das Sitzungsprotokoll entkräftet werden.

§ 365.*

(§ 286 CPO.)

Das Urtheil ist von dem Richter, welcher die Entscheidung erlassen hat, zu unterschreiben.

Ein Urtheil, welches bei der Verkündung noch nicht in vollständiger Form abgefaßt war, ist vor Ablauf einer Woche, vom Tage der Verkündung an gerechnet, in vollständiger Abfassung dem Gerichtsschreiber zu übergeben.

Der Gerichtsschreiber hat auf dem Urtheile den Tag der Verkündung zu bemerken und diese Bemerkung zu unterschreiben.

---

[6]) Dies ist der Fall für den Antrag auf Ergänzung des Urtheils, die Einlegung des Einspruchs, der Berufung und der sofortigen Beschwerde, §§ 292, 304, 477, 540 CPO. [§§ 371, 383, 532, 546].

§ 366.
(§ 287 CPO.)

Der Gerichtsschreiber hat die verkündeten und unterschriebenen Urtheile in ein Verzeichniß zu bringen.[7]) Das Verzeichniß wird an bestimmten von dem Vorsitzenden im voraus festzusetzenden Wochentagen mindestens auf die Dauer einer Woche in der Gerichtsschreiberei ausgehängt.

§ 367.
(§ 288 CPO.)

Die Zustellung der Urtheile erfolgt auf Betreiben der Parteien.[8])

So lange das Urtheil nicht verkündet und nicht unterschrieben ist, dürfen Ausfertigungen, Auszüge und Abschriften desselben nicht ertheilt werden.

Die Ausfertigungen und Auszüge der Urtheile sind von dem Gerichtsschreiber zu unterschreiben und mit dem Gerichtssiegel zu versehen.[9])

§ 368.
(§ 289 CPO.)

Das Gericht ist an die Entscheidung, welche in den von ihm erlassenen End- und Zwischenurtheilen enthalten ist, gebunden.

§ 369.
(§ 290 CPO.)

Berichtigung und Ergänzung des Urtheils.

Schreibfehler, Rechnungsfehler und ähnliche offenbare Unrichtigkeiten, welche in dem Urtheile vorkommen, sind jederzeit von dem Gerichte auch von Amtswegen zu berichtigen.

Ueber die Berichtigung kann ohne vorgängige mündliche Verhandlung entschieden werden.[10]) Der Beschluß, welcher eine Berichtigung ausspricht, wird auf dem Urtheil und den Ausfertigungen bemerkt.

Gegen den Beschluß, durch welchen der Antrag auf Berichtigung zurückgewiesen wird, findet kein Rechtsmittel; gegen den Beschluß, welcher eine Berichtigung ausspricht, findet sofortige Beschwerde[11]) statt.

§ 370.*
(§ 291 CPO.)

Enthält der Thatbestand des Urtheils Unrichtigkeiten, welche nicht unter die Bestimmung des vorstehenden Paragraphen fallen, Auslassungen,

---

[7]) § 26 Gesch.O. [Anl. A].

[8]) die sich der Vermittlung des Gerichtsschreibers bedienen können, § 152 CPO. [§ 229].

[9]) § 12 Gesch.O. [Anl. A].

[10]) Gerichtsgebühr wird nicht berechnet, § 47 Nr. 10 GKG. [§ 1011]; Rechtsanwaltsgebühr: § 23 Nr. 1, § 29 Nr. 6 GORA. [§§ 1102, 1108].

[11]) § 540 CPO. [§ 546].

Dunkelheiten oder Widersprüche, so kann die Berichtigung binnen einer einwöchigen Frist durch Zustellung eines Schriftsatzes [12]) beantragt werden.

Die Frist beginnt mit dem Tage des Aushangs des Verzeichnisses, in welches das Urtheil eingetragen ist.[13])

Der Schriftsatz muß den Antrag auf Berichtigung und die Ladung des Gegners zur mündlichen Verhandlung enthalten.

Das Gericht entscheidet ohne vorgängige Beweisaufnahme. Die Entscheidung erfolgt nur durch denjenigen Richter, welcher das Urtheil erlassen hat. Eine Anfechtung des Beschlusses findet nicht statt. Der Beschluß, welcher eine Berichtigung ausspricht, wird auf dem Urtheil und den Ausfertigungen bemerkt.

Die Berichtigung des Thatbestandes hat eine Aenderung des übrigen Theils des Urtheils nicht zur Folge.

§ 371.

(§ 292 CPO.)

Wenn ein nach dem ursprünglich festgestellten oder nachträglich berichtigten Thatbestande von einer Partei geltend gemachter Haupt- oder Nebenanspruch, oder wenn der Kostenpunkt bei der Endentscheidung ganz oder theilweise übergangen ist, so ist auf Antrag das Urtheil durch nachträgliche Entscheidung zu ergänzen.[14])

Die nachträgliche Entscheidung muß binnen einer einwöchigen Frist, welche mit der Zustellung des Urtheils beginnt, durch Zustellung eines Schriftsatzes[14a]) beantragt werden.

Der Schriftsatz muß den Antrag auf Ergänzung und die Ladung des Gegners zur mündlichen Verhandlung enthalten.

Die mündliche Verhandlung hat nur den nicht erledigten Theil des Rechtsstreits zum Gegenstande.

§ 372.

(§ 293 CPO.) Rechtskraft.

Urtheile sind der Rechtskraft[14b]) nur insoweit fähig, als über den durch die Klage oder durch die Widerklage erhobenen Anspruch entschieden ist.

Die Entscheidung über das Bestehen oder Nichtbestehen einer mittels Einrede geltend gemachten Gegenforderung ist der Rechtskraft fähig, jedoch nur bis zur Höhe desjenigen Betrages, mit welchem aufgerechnet werden soll.

---

[12]) oder auf dem in § 462 CPO. [§ 201] bezeichneten Wege.

[13]) § 287 CPO. [§ 366].

[14]) Gerichtsgebühr § 29 GKG. [§ 993].

[14a]) s. Anm. 12, 15.

[14b]) s. § 645 CPO. [§ 621].

§ 373.*

(§ 294 CPO.)

Beschlüsse.

Die auf Grund einer mündlichen Verhandlung ergehenden Beschlüsse des Gerichts müssen verkündet werden.

Die Vorschriften der §§ 280, 281 [§§ 359, 360] finden auf Beschlüsse des Gerichts, die Vorschriften der §§ 283, 288 [§§ 362, 367] auf Beschlüsse des Gerichts und auf Verfügnngen desselben sowie eines ersuchten Richters entsprechende Anwendung.

Nicht verkündete Beschlüsse des Gerichts und nicht verkündete Verfügungen desselben und eines ersuchten Richters sind den Parteien von Amtswegen zuzustellen.[15])

Dritter Titel.

Versäumnißurtheil.

§ 374.

(§ 295 CPO.)

Versäumnißurtheil.

Erscheint der Kläger im Termine zur mündlichen Verhandlung nicht,[1]) so ist auf Antrag das Versäumnißurtheil dahin zu erlassen, daß der Kläger mit der Klage abzuweisen sei.

§ 375.

(§ 296 CPO.)

Beantragt der Kläger gegen den im Termine zur mündlichen Verhandlung nicht erschienenen Beklagten das Versäumnißurtheil, so ist das thatsächliche mündliche Vorbringen des Klägers als zugestanden anzunehmen.

Soweit dasselbe den Klageantrag rechtfertigt, ist nach dem Antrage zu erkennen; soweit dies nicht der Fall, ist die Klage abzuweisen.

§ 376.

(§ 297 CPO.)

Als Verhandlungstermine im Sinne der vorstehenden Paragraphen sind auch diejenigen Termine anzusehen, auf welche die mündliche Verhandlung vertagt ist oder welche zur Fortsetzung derselben vor oder nach dem Erlasse eines Beweisbeschlusses bestimmt sind.

---

[15]) Diese Vorschrift erleidet eine doppelte Ausnahme, indem

a) gewisse nicht verkündete Beschlüsse nicht von Amtswegen zugestellt werden, § 730 Abs. 2 CPO. [§ 704] (Pfändung einer Forderung); § 802 Abs. 2 CPO. [§ 880] (Arrestbeschlüsse);

b) gewisse verkündete Beschlüsse gleichwohl von Amtswegen zugestellt werden, §§ 602, 619 CPO. [§§ 588, 595] (Entmündigungsverfahren).

[1]) § 209 Abs. 2 CPO. [§ 286].

§ 377.

(§ 298 CPO.)

Als nicht erschienen ist auch diejenige Partei anzusehen, welche in dem Termine zwar erscheint, aber nicht verhandelt.

§ 378.

(§ 299 CPO.)

Wenn eine Partei in dem Termine verhandelt, sich jedoch über Thatsachen, Urkunden oder Eideszuschiebungen nicht erklärt, so finden die Vorschriften dieses Titels keine Anwendung.[2])

§ 379.

(§ 300 CPO.)

Der Antrag auf Erlassung eines Versäumnißurtheils ist zurückzuweisen, unbeschadet des Rechts der erschienenen Partei, die Vertagung der mündlichen Verhandlung zu beantragen:

1) wenn die erschienene Partei die vom Gerichte wegen eines von Amtswegen zu berücksichtigenden Umstandes[3]) erforderte Nachweisung nicht zu beschaffen vermag;
2) wenn die erschienene Partei nicht ordnungsmäßig, insbesondere nicht rechtzeitig[4]) geladen war;
3) wenn der nicht erschienenen Partei ein thatsächliches mündliches Vorbringen oder ein Antrag nicht rechtzeitig mittels Schriftsatzes mitgetheilt war.[5])

Wird die Verhandlung vertagt, so ist die nicht erschienene Partei zu dem neuen Termine zu laden.[6])

§ 380.

(§ 301 CPO.)

Gegen den Beschluß, durch welchen der Antrag auf Erlassung des Versäumnißurtheils zurückgewiesen wird, findet sofortige Beschwerde[7])

---

[2]) sondern betreffs der Thatsachen § 129 CPO. [§ 208], betreffs der Urkunden § 468 CPO. [§ 474], betreffs der Eideszuschiebungen §§ 417, 420 CPO. [§§ 487, 490].

[3]) Vgl. §§ 54, 84 Abs. 2 CPO. [§§ 133, 163].

[4]) Vergl. §§ 194, 459, 567 CPO. [§§ 271, 311, 571].

[5]) Da im amtsgerichtlichen Verfahren der Wechsel vorbereitender Schriftsätze nicht obligatorisch ist (§ 120 Abs. 2 CPO. [§ 199]) und auch folgeweise die Vorschriften über die Fristen, welche zwischen deren Zustellung und der mündlichen Verhandlung liegen müssen, keine Anwendung finden (Anm. 1 zu [§ 199]), so folgt, daß die Bestimmung in Nr. 3 des Textes hierdurch die Bedeutung hat, daß die Mittheilung des thatsächlichen mündlichen Vorbringens an den Gegner (in der Form des § 463 CPO. [§ 323]) so zeitig erfolgt sein muß, daß er sich überhaupt im Termine zur mündlichen Verhandlung darauf hätte erklären können.

[6]) Es findet also § 195 CPO. [§ 272] keine Anwendung.

[7]) § 540 CPO. [§ 546].

statt. Wird der Beschluß aufgehoben, so ist die nicht erschienene Partei zu dem neuen Termine nicht zu laden.

§ 381.

(§ 302 CPO.)

Das Gericht kann von Amtswegen die Verhandlung über den Antrag auf Erlassung des Versäumnißurtheils vertagen, wenn es dafür hält, daß die von dem Vorsitzenden bestimmte Einlassungs- oder Ladungsfrist [8]) zu kurz bemessen, oder daß die Partei durch Naturereignisse oder durch andere unabwendbare Zufälle am Erscheinen verhindert worden sei. Die nicht erschienene Partei ist zu dem neuen Termine zu laden.[9])

§ 382.

(§ 303 CPO.)

Einspruch. Der Partei, gegen welche ein Versäumnißurtheil erlassen ist, steht gegen dasselbe der Einspruch zu.[9])

§ 383.

(§ 304 CPO.)

Die Einspruchsfrist beträgt zwei Wochen;[10]) sie ist eine Nothfrist [11]) und beginnt mit der Zustellung des Versäumnißurtheils.

Muß die Zustellung im Ausland oder durch öffentliche Bekanntmachung erfolgen, so hat das Gericht die Einspruchsfrist im Versäumnißurtheile oder nachträglich durch besonderen Beschluß, welcher ohne vorgängige mündliche Verhandlung erlassen werden kann, zu bestimmen.

§ 384.

(§ 305 CPO.)

Die Einlegung des Einspruchs erfolgt durch Zustellung eines Schriftsatzes [12]). Derselbe muß enthalten: [13])

1) die Bezeichnung des Urtheils, gegen welches der Einspruch gerichtet ist;
2) die Erklärung, daß gegen dieses Urtheil Einspruch eingelegt werde;

---

[8]) S. die in Anm. 4 angeführten §§.

[9]) Der Einspruch gegen ein Versäumnißurtheil steht der Partei, gegen welche dasselbe erlassen ist, nicht zu

1) wenn es die Entscheidung über die Zulässigkeit eines Antrags auf Wiedereinsetzung in den vorigen Stand enthält und die Partei den Antrag gestellt hatte, § 216 Abs. 2 CPO. [§ 293];
2) im Falle des § 310 CPO. [§ 389].

Ueber die Anwendbarkeit der §§ 303 bis 311 CPO. [§§ 382 bis 390] auf den Einspruch gegen einen Vollstreckungsbeschluß s. § 640 CPO. [§ 616].

[10]) § 200 CPO. [§ 277].

[11]) § 201 CPO. [§ 278].

[12]) oder auf die in § 462 CPO. [§ 201] bezeichnete Weise.

[13]) Im übrigen finden §§ 121 ff. CPO. [§§ 200, 202 f.] auch auf ihn Anwendung.

3) die Ladung des Gegners zur mündlichen Verhandlung über die Hauptsache.

Der Schriftsatz soll zugleich dasjenige enthalten, was zur Vorbereitung der Verhandlung über die Hauptsache erforderlich ist.

§ 385.

(§ 306 CPO.)

Das Gericht hat von Amtswegen zu prüfen, ob der Einspruch an sich statthaft und ob er in der gesetzlichen Form und Frist eingelegt sei. Fehlt es an einem dieser Erfordernisse, so ist der Einspruch als unzulässig zu verwerfen.

§ 386.

(§ 307 CPO.)

Ist der Einspruch zulässig, so wird der Prozeß in die Lage zurückversetzt, in welcher er sich vor Eintritt der Versäumniß befand.

§ 387.

(§ 308 CPO.)

Insoweit die Entscheidung, welche auf Grund der neuen Verhandlung zu erlassen ist, mit der in dem Versäumnißurtheil enthaltenen Entscheidung übereinstimmt, ist auszusprechen, daß diese Entscheidung aufrecht zu erhalten sei. Insoweit diese Voraussetzung nicht zutrifft, wird das Versäumnißurtheil in dem neuen Urtheile aufgehoben.

§ 388.

(§ 309 CPO.)

Ist das Versäumnißurtheil in gesetzlicher Weise ergangen, so sind die durch die Versäumniß veranlaßten Kosten,[14]) soweit sie nicht durch einen unbegründeten Widerspruch des Gegners entstanden sind, der säumigen Partei auch dann aufzuerlegen, wenn in Folge des Einspruchs eine abändernde Entscheidung erlassen wird.

§ 389.

(§ 310 CPO.)

Einer Partei, die den Einspruch eingelegt hat, aber in der zur mündlichen Verhandlung bestimmten Sitzung oder in derjenigen Sitzung, auf welche die Verhandlung vertagt wird, nicht erscheint oder nicht zur Hauptsache verhandelt, steht gegen das Versäumnißurtheil, durch welches der Einspruch verworfen wird, ein weiterer Einspruch nicht zu.

§ 390.

(§ 311 CPO.)

In Betreff des Verzichts auf den Einspruch und der Zurücknahme

---

[14]) Ueber die Kosten der Verhandlung ꝛc. betreffend den Einspruch s. § 26 Nr. 6, §§ 32, 46 GKG. [§§ 990, 996, 1010]; Rechtsanwaltsgebühr: §§ 20, 27 GORA. [§§ 1099, 1106].

desselben finden die Vorschriften über den Verzicht auf die Berufung und über die Zurücknahme derselben [15]) entsprechende Anwendung.

§ 391.

(§ 312 CPO.)

Die Vorschriften dieses Titels finden auf das Verfahren, welches eine Widerklage [16]) oder die Bestimmung des Betrags eines dem Grunde nach bereits festgestellten Anspruchs [17]) zum Gegenstande hat, entsprechende Anwendung.

War ein Termin lediglich zur Verhandlung über einen Zwischenstreit bestimmt, so beschränkt sich das Versäumnißverfahren und das Versäumnißurtheil auf die Erledigung dieses Zwischenstreits. Die Vorschriften dieses Titels finden entsprechende Anwendung.

Vierter Titel.[1])

Allgemeine Bestimmungen über die Beweisaufnahme.

§ 392*

(§ 320 CPO.)

Die Beweisaufnahme erfolgt vor dem Prozeßgerichte. Sie ist nur in den durch dieses Gesetz bestimmten Fällen einem anderen Gerichte [2]) zu übertragen.

Eine Anfechtung des Beschlusses, durch welchen die eine oder die andere Art der Beweisaufnahme angeordnet wird, findet nicht statt.

§ 393.

(§ 321 CPO.)

Steht der Aufnahme des Beweises ein Hinderniß von ungewisser Dauer entgegen, so ist auf Antrag eine Frist zu bestimmen, nach deren fruchtlosem Ablaufe das Beweismittel nur benutzt werden kann, wenn dadurch das Verfahren nicht verzögert wird.

§ 394.

(§ 322 CPO.)

Den Parteien ist gestattet, der Beweisaufnahme beizuwohnen.

---

15) §§ 475, 476 CPO. [§§ 530, 531].

16) Anm. 16 zu [§ 111].

17) § 276 CPO. [§ 355].

1) Die Vorschriften des vierten Titels dieses Buchs in der CPO. (§§ 313 bis 319 („Vorbereitendes Verfahren in Rechnungssachen, Auseinandersetzungen und ähnlichen Prozessen") finden nach § 469 CPO. auf das Verfahren vor den Amtsgerichten keine Anwendung.

2) und zwar dem Amtsgerichte, in dessen Bezirk die Amtshandlung erfolgen soll (§. 158 GVG. [§ 44]).

§ 395.

(§ 323 CPO.)

Erfordert die Beweisaufnahme ein besonderes Verfahren, so ist dasselbe durch Beweisbeschluß anzuordnen.[3])

§ 396.

(§ 324 CPO.)

Der Beweisbeschluß enthält:

1) die Bezeichnung der streitigen Thatsachen, über welche der Beweis zu erheben ist;
2) die Bezeichnung der Beweismittel unter Benennung der zu vernehmenden Zeugen und Sachverständigen;
3) die Bezeichnung der Partei, welche sich zum Nachweise oder zur Widerlegung thatsächlicher Behauptungen auf das Beweismittel berufen hat;
4) die Eidesnorm, wenn die Abnahme eines zugeschobenen oder zurückgeschobenen Eides angeordnet wird.

§ 397.

(§ 325 CPO.)

Vor Erledigung des Beweisbeschlusses kann von keiner Partei eine Aenderung desselben auf Grund der früheren Verhandlungen beantragt werden.

§ 398.*

(§ 327 CPO.)

Soll die Beweisaufnahme durch ein anderes Gericht erfolgen,[4]) so ist das Ersuchungsschreiben von dem Amtsrichter zu erlassen.

Die auf die Beweisaufnahme sich beziehenden Verhandlungen werden in Urschrift von dem ersuchten Richter dem Gerichtsschreiber des Prozeßgerichts übersendet, welcher die Parteien von dem Eingange benachrichtigt.

§ 399.*

(§ 328 CPO.)

Soll die Beweisaufnahme im Ausland erfolgen, so hat der Amtsrichter die zuständige Behörde[5]) um Aufnahme des Beweises zu ersuchen.

---

[3]) Für diese Anordnung wird die Beweisgebühr erhoben, § 18 Nr. 2 GKG. [§ 983]. — Rechtsanwälten steht eine Beweisgebühr nur zu für die wirkliche Vertretung in einem Beweisaufnahmeverfahren (§ 13 Nr. 4 GORA. [§ 1092]).

[3a]) § 326 findet bei Amtsgerichten keine Anwendung.

[4]) s. die vorhergehende Anm. 2.

[5]) s. Anm. 39 zu [§ 261], u. vgl. außerdem wegen Italiens allg. Verf. v. 15. Okt. 1863 (JMBl. S. 254).

Kann die Beweisaufnahme durch einen Reichskonsul erfolgen,[6]) so ist das Ersuchen an diesen zu richten.

§ 400.

(§ 329 CPO.)

Wird eine ausländische Behörde ersucht, den Beweis aufzunehmen, so kann das Gericht anordnen, daß der Beweisführer das Ersuchungsschreiben zu besorgen und die Erledigung des Ersuchens zu betreiben habe.

Das Gericht kann sich auf die Anordnung beschränken, daß der Beweisführer eine den Gesetzen des fremden Staates entsprechende öffentliche Urkunde über die Beweisaufnahme beizubringen habe.

In beiden Fällen ist in dem Beweisbeschlusse eine Frist zu bestimmen, binnen welcher von dem Beweisführer die Urkunde auf der Gerichtsschreiberei niederzulegen ist. Nach fruchtlosem Ablaufe dieser Frist kann die Urkunde nur benutzt werden, wenn dadurch das Verfahren nicht verzögert wird.

Der Beweisführer hat den Gegner, wenn möglich, von dem Orte und der Zeit der Beweisaufnahme so zeitig in Kenntniß zu setzen, daß derselbe seine Rechte in geeigneter Weise wahrzunehmen vermag. Ist die Benachrichtigung unterblieben, so hat das Gericht zu ermessen, ob und inwieweit der Beweisführer zur Benutzung der Beweisverhandlung berechtigt sei.

§ 401.*

(§ 330 CPO.)

Der ersuchte Richter ist ermächtigt, falls sich später Gründe ergeben, welche die Beweisaufnahme durch ein anderes Gericht sachgemäß erscheinen lassen, dieses Gericht um die Aufnahme des Beweises zu ersuchen. Die Parteien sind von dieser Verfügung in Kenntniß zu setzen.

§ 402.*

(§ 331 CPO.)

Erhebt sich bei der Beweisaufnahme vor einem ersuchten Richter ein Streit, von dessen Erledigung die Fortsetzung der Beweisaufnahme abhängig und zu dessen Entscheidung der Richter nicht berechtigt ist, so erfolgt die Erledigung durch das Prozeßgericht.

Der Termin zur mündlichen Verhandlung über den Zwischenstreit ist von Amtswegen zu bestimmen und den Parteien bekannt zu machen.

---

[6]) § 20 Ges. v. 8. Nov. 1867 (BGBl. S. 137): Zur Abhörung von Zeugen und zur Abnahme von Eiden sind nur diejenigen Bundeskonsuln befugt, welche dazu vom Bundeskanzler besonders ermächtigt sind. Die von diesen Konsuln aufgenommenen Verhandlungen stehen den Verhandlungen der zuständigen inländischen Behörden gleich. — Gebühr für diese Akte Nr. 15, 34 des Tarifs zum Ges. v. 1. Juli 1872 (GS. S. 245).

§ 403.

(§ 332 CPO.)

Erscheint eine Partei oder erscheinen beide Parteien in dem Termine zur Beweisaufnahme nicht, so ist die Beweisaufnahme gleichwohl insoweit zu bewirken, als dies nach Lage der Sache geschehen kann.

Eine nachträgliche Beweisaufnahme oder eine Vervollständigung der Beweisaufnahme ist bis zum Schlusse derjenigen mündlichen Verhandlung, auf welche das Urtheil ergeht, auf Antrag anzuordnen, wenn das Verfahren dadurch nicht verzögert wird oder wenn die Partei glaubhaft macht,[7]) daß sie ohne ihr Verschulden außer Stande gewesen sei, in dem früheren Termine zu erscheinen, und im Falle des Antrags auf Vervollständigung, daß durch ihr Nichterscheinen eine wesentliche Unvollständigkeit der Beweisaufnahme veranlaßt sei.

§ 404.

(§ 333 CPO.)

Wird ein neuer Termin zur Beweisaufnahme oder zur Fortsetzung derselben erforderlich, so ist dieser Termin, auch wenn der Beweisführer oder beide Parteien in dem früheren Termine nicht erschienen waren, von Amtswegen zu bestimmen.[8])

§ 405.

(§ 334 CPO.)

Entspricht die von einer ausländischen Behörde vorgenommene Beweisaufnahme den für das Prozeßgericht geltenden Gesetzen, so kann daraus, daß sie nach den ausländischen Gesetzen mangelhaft ist, kein Einwand entnommen werden.

§ 406.*

(§ 335 CPO.)

Erfolgt die Beweisaufnahme vor dem Prozeßgerichte, so ist der Termin, in welchem die Beweisaufnahme stattfindet, zugleich zur Fortsetzung der mündlichen Verhandlung bestimmt.

In dem Beweisbeschlusse, welcher anordnet, daß die Beweisaufnahme vor einem ersuchten Richter erfolgen solle, kann zugleich der Termin zur Fortsetzung der mündlichen Verhandlung vor dem Prozeßgerichte bestimmt werden. Ist dies nicht geschehen, so wird nach Beendigung der Beweisaufnahme dieser Termin von Amtswegen bestimmt und den Parteien bekannt gemacht.

---

[7]) § 266 CPO. [§ 345].

[8]) Geschäftliche Behandlung: § 16 Gesch.O. [Anl. A].

Fünfter Titel.

Beweis durch Augenschein.

§ 407.

(§ 336 CPO.)

Die Antretung des Beweises durch Augenschein [1]) erfolgt durch die Bezeichnung des Gegenstandes des Augenscheins und durch die Angabe der zu beweisenden Thatsachen.

§ 408.*

(§ 337 CPO.)

Das Prozeßgericht kann anordnen, daß bei der Einnahme des Augenscheins [2]) ein oder mehrere Sachverständige zuzuziehen seien.

Es kann einem anderen Gerichte [3]) die Einnahme des Augenscheins übertragen, auch die Ernennung der zuzuziehenden Sachverständigen überlassen.

Sechster Titel.

Zeugenbeweis.

§ 409.

(§ 338 CPO.)

Die Antretung des Zeugenbeweises erfolgt durch die Benennung der Zeugen und die Bezeichnung der Thatsachen, über welche die Vernehmung der Zeugen stattfinden soll.

§ 410.

(§ 339 CPO.)

Die Vernehmung neuer Zeugen, welche nach Erlassung eines Beweisbeschlusses bezüglich der in demselben bezeichneten streitigen Thatsachen benannt werden, ist auf Antrag zurückzuweisen, wenn durch die Vernehmung die Erledigung des Rechtsstreits verzögert werden würde, und das Gericht die Ueberzeugung gewinnt, daß die Partei in der Absicht, den Prozeß zu verschleppen, oder aus grober Nachlässigkeit die Zeugen nicht früher benannt hat.[1])

---

[1]) Anordnung der Einnahme des Augenscheins von Amtswegen: § 135 CPO. [§ 213].

[2]) Vgl. auch § 196 Abs. 1 CPO. [§ 273]. — Das Ergebniß eines Augenscheins ist durch Aufnahme in das Protokoll festzustellen, § 146 Nr. 4 CPO. [§ 224].

[3]) Vgl. Anm. 2 zu [§ 392].

[1]) Oder das Gericht kann der betreffenden Partei eine Verzögerungsgebühr auferlegen, § 48 GKG. [§ 1012].

§ 411.*
(§ 340 CPO.)

Die Aufnahme des Zeugenbeweises kann einem anderen Gerichte[2]) übertragen werden

1) wenn zur Ausmittelung der Wahrheit die Vernehmung des Zeugen an Ort und Stelle dienlich erscheint;
2) wenn die Beweisaufnahme vor dem Prozeßgericht erheblichen Schwierigkeiten unterliegen würde;
3) wenn der Zeuge verhindert ist, vor dem Prozeßgerichte zu erscheinen;
4) wenn der Zeuge in großer Entfernung von dem Sitze des Prozeßgerichts sich aufhält.

Die Landesherren und die Mitglieder der landesherrlichen Familien sowie die Mitglieder der Fürstlichen Familie Hohenzollern sind durch das Prozeßgericht oder durch ein anderes Gericht in ihrer Wohnung zu vernehmen.

§ 412.
(§ 341 CPO.)

Oeffentliche Beamte, auch wenn sie nicht mehr im Dienste sind, dürfen über Umstände, auf welche sich ihre Pflicht zur Amtsverschwiegenheit bezieht, als Zeugen nur mit Genehmigung ihrer vorgesetzten Dienstbehörde oder der ihnen zuletzt vorgesetzt gewesenen Dienstbehörde vernommen werden. Für den Reichskanzler bedarf es der Genehmigung des Kaisers, für die Minister der Genehmigung des Landesherrn, für die Mitglieder der Senate der freien Hansestädte der Genehmigung des Senats.

Die Genehmigung darf nur versagt werden, wenn die Ablegung des Zeugnisses dem Wohle des Reichs oder eines Bundesstaates Nachtheil bereiten würde.

Die Genehmigung ist durch das Prozeßgericht einzuholen und dem Zeugen bekannt zu machen.

§ 413.
(§ 342 CPO.)

Die Ladung der Zeugen ist von dem Gerichtsschreiber unter Bezugnahme auf den Beweisbeschluß auszufertigen[3]) und von Amtswegen zuzustellen.

Die Ladung muß enthalten:

1) die Bezeichnung der Parteien;

---

[2]) dem Amtsgerichte, in dessen Bezirke die Zeugenvernehmung erfolgen soll, § 158 GVG. [§ 44].

[3]) Vgl. § 12 Abs. 3 Gesch.O. [Anl. A].

2) die Thatsachen, über welche die Vernehmung erfolgen soll;
3) die Anweisung, zur Ablegung des Zeugnisses bei Vermeidung der durch das Gesetz angedrohten Strafen in dem nach Zeit und Ort zu bezeichnenden Termine zu erscheinen.

§ 414.
(§ 343 CPO.)

Die Ladung einer dem aktiven Heere oder der aktiven Marine angehörenden Person des Soldatenstandes[4]) als Zeuge erfolgt durch Ersuchen der Militärbehörde.[4a])

§ 415.
(§ 344 CPO.)

Das Gericht kann die Ladung davon abhängig machen, daß der Beweisführer einen Vorschuß zur Deckung der Staatskasse wegen der durch die Vernehmung des Zeugen erwachsenden Auslagen hinterlegt.[5])

Erfolgt die Hinterlegung nicht binnen der bestimmten Frist, so unterbleibt die Ladung, wenn die Hinterlegung nicht so zeitig nachgeholt wird, daß die Vernehmung ohne Verzögerung des Verfahrens erfolgen kann.

§ 416.
(§ 345 CPO.)

Ein ordnungsmäßig geladener Zeuge, welcher nicht erscheint, ist, ohne daß es eines Antrags bedarf, in die durch das Ausbleiben verursachten Kosten sowie zu einer Geldstrafe bis zu dreihundert Mark und für den Fall, daß diese nicht beigetrieben werden kann, zur Strafe der Haft bis zu sechs Wochen zu verurtheilen.[6])

Im Falle wiederholten Ausbleibens kann die Strafe noch einmal erkannt, auch die zwangsweise Vorführung des Zeugen angeordnet werden.

Gegen diese Beschlüsse findet die Beschwerde statt.[6a])

Die Festsetzung und die Vollstreckung der Strafe gegen eine dem aktiven Heere oder der aktiven Marine angehörende Militärperson[6b]) er-

---

[4]) § 38 des Reichsmilitärgesetzes vom 2. Mai 1874 (RGBl. S. 45), § 4 und Anlage des Militärstrafgesetzbuchs vom 20. Juni 1872 (RGBl. S. 174).

[4a]) Nr. I der allg. Verf. v. 8. Juli 1880 (JMBl. S. 156).

[5]) Ueber die Erhebung und Verrechnung vgl. § 4 Nr. 1, §§ 7, 8 Nr. 1 der Anweisung v. 30. August 1879 [Anl. D].

[6]) Gebührenfrei: § 47 Nr. 7 GKG. [§ 1011] — Rechtsanwaltsgebühren: § 23 Nr. 1, § 29 Nr. 6 GORA. [§§ 1102, 1108] — Beitreibung der Geldstrafen: § 18 der angef. Anweisung, § 108 GAGB. [Anl. C] — Vollziehung der Haft: § 100 Abs. 2 GAGB.

[6a]) §§ 530 ff. CPO. [§§ 539 ff.].

[6b]) Vgl. Anm. 4 zu [§ 414], welche — enger gefaßt — nur von Personen des Soldatenstandes redet, und s. betreffs der Militärbeamten noch Verordnung vom 29. Juni 1880 (RGBl. S. 169).

folgt auf Ersuchen durch das Militärgericht, die Vorführung einer solchen Person durch Ersuchen der Militärbehörde.[6b])

§ 417.

(§ 346 CPO.)

Die Verurtheilung in Strafe und Kosten unterbleibt, wenn das Ausbleiben des Zeugen genügend entschuldigt ist.[7]) Erfolgt nachträglich genügende Entschuldigung, so werden die gegen den Zeugen getroffenen Anordnungen wieder aufgehoben.

Die Anzeigen und Gesuche des Zeugen können schriftlich oder zum Protokolle des Gerichtsschreibers oder mündlich in dem zur Vernehmung bestimmten neuen Termine angebracht werden.

§ 418.

(§ 347 CPO.)

Der Reichskanzler, die Minister eines Bundesstaates, die Mitglieder der Senate der freien Hansestädte, die Vorstände der obersten Reichsbehörden und die Vorstände der Ministerien sind an ihrem Amtssitze oder wenn sie sich außerhalb desselben aufhalten, an ihrem Aufenthaltsorte zu vernehmen.

Die Mitglieder des Bundesraths sind während ihres Aufenthaltes am Sitze des Bundesraths an diesem Sitze, die Mitglieder einer deutschen gesetzgebenden Versammlung während der Sitzungsperiode und ihres Aufenthalts am Orte der Versammlung an diesem Orte zu vernehmen.

Zu einer Abweichung von den vorstehenden Bestimmungen bedarf es:

in Betreff des Reichskanzlers der Genehmigung des Kaisers,

in Betreff der Minister und der Mitglieder des Bundesraths der Genehmigung des Landesherrn,

in Betreff der Mitglieder der Senate der freien Hansestädte der Genehmigung des Senats,

in Betreff der übrigen vorbezeichneten Beamten der Genehmigung ihres unmittelbaren Vorgesetzten,

in Betreff der Mitglieder einer gesetzgebenden Versammlung der Genehmigung der letzteren.

§ 419.

(§ 348 CPO.)

Zur Verweigerung des Zeugnisses sind berechtigt:

1) der Verlobte einer Partei;
2) der Ehegatte einer Partei, auch wenn die Ehe nicht mehr besteht;
3) diejenigen, welche mit einer Partei in gerader Linie verwandt,

---

[6b]) Nr. II der Allg. Verf. v. 8. Juli 1880 [JMBl. S. 158].

[7]) Unwahre Entschuldigung: § 138 StrGB.

verschwägert oder durch Adoption verbunden, oder in der Seitenlinie bis zum dritten Grade verwandt oder bis zum zweiten Grade verschwägert sind, auch wenn die Ehe, durch welche die Schwägerschaft begründet ist, nicht mehr besteht;

4) Geistliche in Ansehung desjenigen, was ihnen bei der Ausübung der Seelsorge anvertraut ist;

5) Personen, welchen kraft ihres Amtes, Standes oder Gewerbes Thatsachen anvertraut sind, deren Geheimhaltung durch die Natur derselben oder durch gesetzliche Vorschrift geboten ist, in Betreff der Thatsachen, auf welche die Verpflichtung zur Verschwiegenheit sich bezieht.

Die unter Nr. 1 bis 3 bezeichneten Personen sind vor der Vernehmung über ihr Recht zur Verweigerung des Zeugnisses zu belehren.

Die Vernehmung der zu Nr. 4, 5 bezeichneten Personen ist, auch wenn das Zeugniß nicht verweigert wird, auf Thatsachen nicht zu richten, in Ansehung welcher erhellt, daß ohne Verletzung der Verpflichtung zur Verschwiegenheit ein Zeugniß nicht abgelegt werden kann.

§ 420.

(§ 349 CPO.)

Das Zeugniß kann verweigert werden:

1) über Fragen, deren Beantwortung dem Zeugen oder einer Person, zu welcher derselbe in einem der in § 348 Nr. 1 bis 3 [§ 419] bezeichneten Verhältnisse steht, einen unmittelbaren vermögensrechtlichen Schaden verursachen würde;

2) über Fragen, deren Beantwortung dem Zeugen oder einem der in § 348 Nr. 1 bis 3 [§ 419] bezeichneten Angehörigen desselben zur Unehre gereichen oder die Gefahr strafgerichtlicher Verfolgung zuziehen würde;

3) über Fragen, welche der Zeuge nicht würde beantworten können, ohne ein Kunst- oder Gewerbegeheimniß zu offenbaren.

§ 421.

(§ 350 CPO.)

In den Fällen des § 348 Nr. 1 bis 3 [§ 419] und des § 349 Nr. 1 [§ 420] darf der Zeuge das Zeugniß nicht verweigern:

1) über die Errichtung und den Inhalt eines Rechtsgeschäfts, bei dessen Errichtung er als Zeuge zugezogen war;

2) über Geburten, Verheirathungen oder Sterbefälle von Familiengliedern;

3) über Thatsachen, welche die durch das Familienverhältniß bedingten Vermögensangelegenheiten betreffen;

4) über diejenigen auf das streitige Rechtsverhältniß sich beziehenden

Handlungen, welche von ihm selbst als Rechtsvorgänger oder Vertreter einer Partei vorgenommen sein sollen.

Die im § 348 Nr. 4, 5 [§ 419] bezeichneten Personen dürfen das Zeugniß nicht verweigern, wenn sie von der Verpflichtung zur Verschwiegenheit entbunden sind.

§ 422.

(§ 351 CPO.)

Der Zeuge, welcher das Zeugniß verweigert, hat vor dem zu seiner Vernehmung bestimmten Termine schriftlich oder zum Protokolle des Gerichtsschreibers oder in diesem Termine die Thatsachen, auf welche er die Weigerung gründet, anzugeben und glaubhaft zu machen.[8])

Zur Glaubhaftmachung genügt in den Fällen des § 348 Nr. 4, 5 [§ 419] die mit Berufung auf einen geleisteten Diensteid abgegebene Versicherung.

Hat der Zeuge seine Weigerung schriftlich oder zum Protokolle des Gerichtsschreibers erklärt, so ist er nicht verpflichtet, in dem zu seiner Vernehmung bestimmten Termine zu erscheinen.

Von dem Eingange einer Erklärung des Zeugen oder von der Aufnahme einer solchen zum Protokolle hat der Gerichtsschreiber die Parteien zu benachrichtigen.

§ 423.

(§ 352 CPO.)

Ueber die Rechtmäßigkeit der Weigerung wird von dem Prozeßgerichte nach Anhörung der Parteien entschieden.[9])

Der Zeuge ist nicht verpflichtet, sich durch einen Anwalt vertreten zu lassen.

Gegen das Zwischenurtheil findet sofortige Beschwerde [10]) statt.

§ 424.*

(§ 354 CPO.[10a])

Erfolgt die Weigerung vor einem ersuchten Richter, so sind die Erklärungen des Zeugen, wenn sie nicht schriftlich oder zum Protokolle des Gerichtsschreibers abgegeben sind, nebst den Erklärungen der Parteien in das Protokoll aufzunehmen.

Zur mündlichen Verhandlung vor dem Prozeßgerichte werden der Zeuge und die Parteien von Amtswegen geladen.

Der Zeuge und die Parteien können zur Begründung ihrer Anträge

---

[8]) § 266 CPO. [§ 345].

[9]) Gebührenfrei: § 47 Nr. 7 GKG. [§ 1011]. Rechtsanwaltsgebühren: § 23 Nr. 1, § 29 Nr. 6 GORA. [§§ 1102, 1108].

[10]) § 540 CPO. [§ 546].

[10a]) § 353 CPO. bezieht sich nur auf Kollegialgerichte.

das Wort nehmen; neue Thatsachen oder Beweismittel dürfen nicht geltend gemacht werden.

§ 425.

(§ 355 CPO.)

Wird das Zeugniß oder die Eidesleistung ohne Angabe eines Grundes oder, nachdem der vorgeschützte Grund rechtskräftig für unerheblich erklärt ist, verweigert, so ist der Zeuge, ohne daß es eines Antrags bedarf, in die durch die Weigerung verursachten Kosten sowie zu einer Geldstrafe bis zu dreihundert Mark, und für den Fall, daß diese nicht beigetrieben werden kann, zur Strafe der Haft bis zu sechs Wochen zu verurtheilen.[11])

Im Falle wiederholter Weigerung ist auf Antrag zur Erzwingung des Zeugnisses die Haft anzuordnen, jedoch nicht über den Zeitpunkt der Beendigung des Prozesses in der Instanz hinaus. Die Vorschriften über die Haft im Zwangsvollstreckungsverfahren[12]) finden entsprechende Anwendung.

Gegen die Beschlüsse findet die Beschwerde statt.[13])

Die Festsetzung und Vollstreckung der Strafe gegen eine dem aktiven Heere oder der aktiven Marine angehörende Militärperson erfolgt auf Ersuchen durch das Militärgericht.

§ 426.

(§ 356 CPO.)

Beeidigung.

Jeder Zeuge ist einzeln und vor seiner Vernehmung zu beeidigen; die Beeidigung kann jedoch aus besonderen Gründen, namentlich wenn Bedenken gegen ihre Zulässigkeit obwalten, bis nach Abschluß der Vernehmung ausgesetzt werden.

Die Parteien können auf die Beeidigung verzichten.

§ 427.

(§ 357 CPO.)

Der vor der Vernehmung zu leistende Eid[14]) lautet:

daß Zeuge nach bestem Wissen die reine Wahrheit sagen, nichts verschweigen und nichts hinzusetzen werde;

der nach der Vernehmung zu leistende Eid lautet:

daß Zeuge nach bestem Wissen die reine Wahrheit gesagt, nichts verschwiegen und nichts hinzugesetzt habe.

---

[11]) Gebührenfrei: § 47 Nr. 7 GKG. [§ 1011] — Rechtsanwaltsgebühren § 23 Nr. 1, § 29 Nr. 6 GORA. [§§ 1102, 1108]. — Wegen der Beitreibung der Geldstrafe vgl. § 18 der Anw. v. 30. August 1879 [Anl. D], § 108 GAGV. [Anl. G]; wegen der Vollziehung der Haftstrafe § 100 Abs. 1, 2 GAGV. [Anl. C].

[12]) §§ 785 bis 795 CPO. [§§ 863 bis 873]. Vgl. auch § 100 Abs. 1 GAGV.

[13]) § 530 ff. CPO. [§§ 539 ff.].

[14]) Das Verfahren bei Abnahme des Eides richtet sich nach §§ 440 bis 446 CPO. [§§ 511 bis 517].

§ 428.
(§ 358 CPO.)

Unbeeidigt sind zu vernehmen:

1) Personen, welche zur Zeit der Vernehmung das sechzehnte Lebensjahr noch nicht vollendet oder wegen mangelnder Verstandesreife oder wegen Verstandesschwäche von dem Wesen und der Bedeutung des Eides keine genügende Vorstellung haben;
2) Personen, welche nach den Bestimmungen der Strafgesetze [15]) unfähig sind, als Zeugen eidlich vernommen zu werden;
3) die nach § 348 [§ 419] Nr. 1 bis 3 und § 349 [§ 420] Nr. 1, 2 zur Verweigerung des Zeugnisses berechtigten Personen, sofern sie von diesem Rechte keinen Gebrauch machen, die im § 349 [§ 420] Nr. 1, 2 bezeichneten Personen jedoch nur dann, wenn sie lediglich über solche Thatsachen vorgeschlagen sind, auf welche sich das Recht zur Verweigerung des Zeugnisses bezieht;
4) Personen, welche bei dem Ausgange des Rechtsstreits unmittelbar betheiligt sind.

Das Prozeßgericht kann die nachträgliche Beeidigung der unter den beiden letzten Nummern bezeichneten Personen anordnen.

§ 429.
(§ 359 CPO.)

Vernehmung.

Jeder Zeuge ist einzeln und in Abwesenheit der später abzuhörenden Zeugen zu vernehmen. [16])

Zeugen, deren Aussagen sich widersprechen, können einander gegenüber gestellt werden.

§ 430.
(§ 360 CPO.)

Die Vernehmung beginnt damit, daß der Zeuge über Vornamen und Zunamen, Alter, Religionsbekenntniß, Stand oder Gewerbe und Wohnort befragt wird. Erforderlichenfalls sind ihm Fragen über solche Umstände, welche seine Glaubwürdigkeit in der vorliegenden Sache betreffen, insbesondere über seine Beziehungen zu den Parteien vorzulegen.

§ 431.
(§ 361 Abs. 1, 2 CPO.)

Der Zeuge ist zu veranlassen, dasjenige, was ihm von dem Gegenstande seiner Vernehmung bekannt ist, im Zusammenhange anzugeben.

---

[15]) § 161 StrGB.

[16]) Inwieweit Zeugenaussagen durch Aufnahme in das Protokoll festzustellen sind, s. § 146 Nr. 3 CPO. [§ 224].

Zur Aufklärung und zur Vervollständigung der Aussage, sowie zur Erforschung des Grundes, auf welchem die Wissenschaft des Zeugen beruht, sind nöthigenfalls weitere Fragen zu stellen.

§ 432.*

(§ 362 CPO.)

Die Parteien sind berechtigt, dem Zeugen diejenigen Fragen vorlegen zu lassen, welche sie zur Aufklärung der Sache oder der Verhältnisse des Zeugen für dienlich erachten.

Der Richter kann den Parteien gestatten, und hat ihren Anwälten auf Verlangen zu gestatten, an den Zeugen unmittelbar Fragen zu richten.

Zweifel über die Zulässigkeit einer Frage entscheidet das Gericht.

§ 433.*

(§ 363 CPO.)

Das Prozeßgericht kann nach seinem Ermessen die wiederholte Vernehmung eines Zeugen anordnen.

Hat ein ersuchter Richter bei der Vernehmung die Stellung der von einer Partei angeregten Frage verweigert, so kann das Prozeßgericht die nachträgliche Vernehmung des Zeugen über diese Frage anordnen.

Bei der wiederholten oder der nachträglichen Vernehmung kann der Richter statt der nochmaligen Beeidigung den Zeugen die Richtigkeit seiner Aussage unter Berufung auf den früher geleisteten Eid versichern lassen.

§ 434.

(§ 364 CPO.)

Die Partei kann auf einen Zeugen, welchen sie vorgeschlagen hat, verzichten, der Gegner kann aber verlangen, daß der erschienene Zeuge vernommen und, wenn die Vernehmung bereits begonnen hat, daß dieselbe fortgesetzt werde.

§ 435.

(§ 365 CPO.)

Allgemeines. Der mit der Beweisaufnahme betraute Richter ist ermächtigt, im Falle des Nichterscheinens oder der Zeugnißverweigerung die gesetzlichen Verfügungen zu treffen, auch dieselben, soweit dieses überhaupt zulässig ist, selbst nach Erledigung des Auftrags wieder aufzuheben, über die Zulässigkeit einer dem Zeugen vorgelgten Frage vorläufig zu entscheiden und die nochmalige Vernehmung eines Zeugen vorzunehmen.

§ 436.
(§ 366 CPO.)

Jeder Zeuge hat nach Maßgabe der Gebührenordnung[17]) auf Entschädigung für Zeitversäumniß und, wenn sein Erscheinen eine Reise erforderlich macht, auf Erstattung der Kosten Anspruch, welche durch die Reise und den Aufenthalt am Orte der Vernehmung verursacht werden.

Siebenter Titel.

Beweis durch Sachverständige.

§ 437.
(§ 367 CPO.)

Auf den Beweis durch Sachverständige finden die Vorschriften über den Beweis durch Zeugen entsprechende Anwendung, insoweit nicht in den nachfolgenden Paragraphen abweichende Bestimmungen enthalten sind. Allgemeines.

§ 438.
(§ 368 CPO.)

Die Antretung des Beweises[1]) erfolgt durch die Bezeichnung der zu begutachtenden Punkte. Beweisantretung.

§ 439.
(§ 369 CPO.)

Die Auswahl der zuzuziehenden Sachverständigen und die Bestimmung ihrer Anzahl erfolgt durch das Prozeßgericht. Dasselbe kann sich auf die Ernennung eines einzigen Sachverständigen beschränken. Es kann an Stelle der zuerst ernannten Sachverständigen andere ernennen.

Sind für gewisse Arten von Gutachten Sachverständige öffentlich bestellt, so sollen andere Personen nur gewählt werden, wenn besondere Umstände es erfordern.

Das Gericht kann die Parteien auffordern, Personen zu bezeichnen, welche geeignet sind, als Sachverständige vernommen zu werden.

Einigen sich die Parteien über bestimmte Personen als Sachverständige, so hat das Gericht dieser Einigung Folge zu geben; das Gericht kann jedoch die Wahl der Parteien auf eine bestimmte Anzahl beschränken.

§ 440.
(§ 370 CPO.)

Das Prozeßgericht kann den mit der Beweisaufnahme betrauten Beweisaufnahme.

---

[17]) Gebührenordnung für Zeugen und Sachverständige vom 30. Juni 1878 (RGBl. S. 173) [und §§ 1063 ff.].

[1]) In den Fällen der §§ 135, 260, 337, 407 CPO. [§§ 213, 339, 408, 477] kann die Zuziehung von Sachverständigen auch von Amtswegen angeordnet werden.

Richter zur Ernennung der Sachverständigen ermächtigen. Derselbe hat in diesem Falle die in dem vorstehenden Paragraphen dem Prozeßgerichte beigelegten Befugnisse auszuüben.

§ 441.

(§ 371 CPO.)

Ablehnung.

Ein Sachverständiger kann aus denselben Gründen, welche zur Ablehnung eines Richters berechtigen,[2]) abgelehnt werden. Ein Ablehnungsgrund kann jedoch nicht daraus entnommen werden, daß der Sachverständige als Zeuge vernommen worden ist.

Das Ablehnungsgesuch ist bei demjenigen Gerichte oder Richter, von welchem die Ernennung des Sachverständigen erfolgt ist, vor der Vernehmung desselben, bei schriftlicher Begutachtung vor erfolgter Einreichung des Gutachtens anzubringen. Nach diesem Zeitpunkt ist die Ablehnung nur zulässig, wenn glaubhaft gemacht wird,[3]) daß der Ablehnungsgrund vorher nicht geltend gemacht werden konnte. Das Ablehnungsgesuch kann vor dem Gerichtsschreiber zu Protokoll erklärt werden.

Der Ablehnungsgrund ist glaubhaft zu machen;[3]) der Eid ist als Mittel der Glaubhaftmachung ausgeschlossen.

Die Entscheidung erfolgt von dem im zweiten Absatze bezeichneten Gericht oder Richter;[4]) eine vorgängige mündliche Verhandlung der Betheiligten ist nicht erforderlich.

Gegen den Beschluß, durch welchen die Ablehnung für begründet erklärt wird, findet kein Rechtsmittel; gegen den Beschluß, durch welchen dieselbe für unbegründet erklärt wird, findet sofortige Beschwerde[4a]) statt.

§ 442.

(§ 372 CPO.)

Verpflichtung zur Erstattung des Gutachtens.

Der zum Sachverständigen Ernannte hat der Ernennung Folge zu leisten, wenn er zur Erstattung von Gutachten der erforderten Art öffentlich bestellt ist oder wenn er die Wissenschaft, die Kunst oder das Gewerbe, deren Kenntniß Voraussetzung der Begutachtung ist, öffentlich zum Erwerbe ausübt oder wenn er zur Ausübung derselben öffentlich bestellt oder ermächtigt ist.

Zur Erstattung des Gutachtens ist auch derjenige verpflichtet, welcher sich zu derselben vor Gericht bereit erklärt hat.

---

[2]) §§ 41, 42 CPO. [§§ 119, 120].

[3]) § 266 CPO. [§ 345].

[4]) Gebührenfrei, § 47 Nr. 4 GKG. [§ 1011]. Rechtsanwaltsgebühren: § 23 Nr. 1, § 29 Nr. 6 GORA. [§§ 1102, 1108].

[4a]) § 540 CPO. [§ 546].

§ 443.
(§ 373 CPO.)

Dieselben Gründe, welche einen Zeugen berechtigen, das Zeugniß zu verweigern [5]), berechtigen einen Sachverständigen zur Verweigerung des Gutachtens. Das Gericht kann auch aus andern Gründen einen Sachverständigen von der Verpflichtung zur Erstattung des Gutachtens entbinden.

Die Vernehmung eines öffentlichen Beamten als Sachverständigen findet nicht statt, wenn die vorgesetzte Behörde des Beamten erklärt, daß die Vernehmung den dienstlichen Interessen Nachtheile bereiten würde.

§ 444.
(§ 374 CPO.)

Im Falle des Nichterscheinens oder der Weigerung eines zur Erstattung des Gutachtens verpflichteten Sachverständigen wird dieser zum Ersatze der Kosten und zu einer Geldstrafe bis zu dreihundert Mark verurtheilt. [6]) Im Falle wiederholten Ungehorsams kann noch einmal eine Geldstrafe bis zu sechshundert Mark erkannt werden.

Gegen den Beschluß findet Beschwerde statt. [7])

Die Festsetzung und die Vollstreckung der Strafe gegen eine dem aktiven Heere oder der aktiven Marine angehörende Militärperson [8]) erfolgt auf Ersuchen durch das Militärgericht.

§ 445.
(§ 375 CPO.)

Der Sachverständige hat, wenn nicht beide Parteien auf seine Beeidigung verzichten, vor Erstattung des Gutachtens einen Eid dahin zu leisten: Vernehmung.

> daß er das von ihm geforderte Gutachten unparteiisch und nach bestem Wissen und Gewissen erstatten werde. [9])

Ist der Sachverständige für die Erstattung von Gutachten der betreffenden Art im Allgemeinen beeidigt, so genügt die Berufung auf den geleisteten Eid.

---

[5]) §§ 348 bis 350 CPO. [§§ 419 bis 421].

[6]) Gebührenfrei, § 47 Nr. 8 GKG. [§ 1011]. — Rechtsanwaltsgebühren § 23 Nr. 1, § 29 Nr. 6 GORA. [1102, 1108]. — Ueber die Einziehung der Strafen bestimmt § 18 der Anw. v. 30. Aug. 1879 [Anl. D], § 108 GAGB. [Anl. C].

[7]) §§ 530 ff. CPO. [§§ 539 ff.].

[8]) Vgl. Anm. 4 zu [§ 414]; Anm. 6 b zu [§ 416].

[9]) Die Abnahme des Eides richtet sich nach den Vorschriften der §§ 440 bis 446 CPO. [§§ 511 bis 517].

§ 446.
(§ 376 CPO.)

Wird schriftliche Begutachtung angeordnet, so hat der Sachverständige das von ihm unterschriebene Gutachten auf der Gerichtsschreiberei niederzulegen.

Das Gericht kann das Erscheinen des Sachverständigen anordnen, damit derselbe das schriftliche Gutachten erläutere.

§ 447.
(§ 377 CPO.)

Das Gericht kann eine neue Begutachtung durch dieselben oder durch andere Sachverständige anordnen, wenn es das Gutachten für ungenügend erachtet.

Das Gericht kann die Begutachtung durch einen anderen Sachverständigen anordnen, wenn ein Sachverständiger nach Erstattung des Gutachtens mit Erfolg abgelehnt ist.

§ 448.
(§ 378 CPO.)

Gebühren.

Der Sachverständige hat nach Maßgabe der Gebührenordnung [10]) auf Entschädigung für Zeitversäumniß, auf Erstattung der ihm verursachten Kosten und außerdem auf angemessene Vergütung seiner Mühewaltung Anspruch.

§. 449.
(§ 379 CPO.)

Sachverständige Zeugen.

Insoweit zum Beweise vergangener Thatsachen oder Zustände, zu deren Wahrnehmung eine besondere Sachkunde erforderlich war, sachkundige Personen zu vernehmen sind, kommen die Vorschriften über den Zeugenbeweis zur Anwendung.

Achter Titel.

Beweis durch Urkunden.

§ 450.
(§ 380 CPO.)

Formelle Beweiskraft.

Urkunden, welche von einer öffentlichen Behörde innerhalb der Grenzen ihrer Amtsbefugnisse oder von einer mit öffentlichem Glauben versehenen Person innerhalb des ihr zugewiesenen Geschäftskreises in der vorgeschriebenen Form aufgenommen sind (öffentliche Urkunden), begründen, wenn sie über eine vor der Behörde oder der Urkundsperson abgegebene

---

[10]) Vgl. Anm. 17 zu [§ 436].

Erklärung errichtet sind, vollen Beweis des durch die Behörde oder die Urkundsperson beurkundeten Vorganges.

Der Beweis, daß der Vorgang unrichtig beurkundet sei, ist zulässig.

§ 451.

(§ 381 CPO.)

Privaturkunden begründen, sofern sie von den Ausstellern unterschrieben oder mittels gerichtlich oder notariell beglaubigter Handzeichen unterzeichnet sind, vollen Beweis dafür, daß die in denselben enthaltenen Erklärungen von den Ausstellern abgegeben sind.

§ 452.

(§ 382 CPO.)

Die von einer Behörde ausgestellten, eine amtliche Anordnung, Verfügung oder Entscheidung enthaltenden öffentlichen Urkunden begründen vollen Beweis ihres Inhalts.

§ 453.

(§ 383 CPO.)

Oeffentliche Urkunden, welche einen anderen, als den in den §§ 380, 382 [§§ 450, 452] bezeichneten Inhalt haben, begründen vollen Beweis der darin bezeugten Thatsachen.

Der Beweis der Unrichtigkeit der bezeugten Thatsachen ist zulässig, sofern nicht die Landesgesetze diesen Beweis ausschließen oder beschränken.

Beruht das Zeugniß nicht auf eigener Wahrnehmung der Behörde oder der Urkundsperson, so findet die Vorschrift des ersten Absatzes nur dann Anwendung, wenn sich aus den Landesgesetzen ergiebt, daß die Beweiskraft des Zeugnisses von der eigenen Wahrnehmung unabhängig ist.

§ 454.

(§ 384 CPO.)

Inwiefern Durchstreichungen, Radirungen, Einschaltungen oder sonstige äußere Mängel die Beweiskraft einer Urkunde ganz oder theilweise aufheben oder mindern, entscheidet das Gericht nach freier Ueberzeugung.

§ 455.

(§ 385 CPO.)

Die Antretung des Beweises[1]) erfolgt durch die Vorlegung der Urkunde.[2]) Beweisantretung.

§ 456.

(§ 386 CPO.)

Befindet sich die Urkunde nach der Behauptung des Beweisführers in den Händen des Gegners, so erfolgt die Antretung des Beweises durch den Antrag, dem Gegner die Vorlegung der Urkunde aufzugeben.

---

[1]) Anordnung der Urkundenvorlegung von Amtswegen § 133 [§ 211].

[2]) Sonstige Parteiverpflichtungen in Beziehung auf den Urkundenbeweis §§ 122, 125, 126 [§§ 202, 204, 205].

§ 457.

(§ 387 CPO.)

Der Gegner ist zur Vorlegung der Urkunde verpflichtet:

1) wenn der Beweisführer nach den Vorschriften des bürgerlichen Rechts die Herausgabe der Urkunde oder deren Vorlegung auch außerhalb des Prozesses verlangen kann;
2) wenn die Urkunde ihrem Inhalte nach eine für den Beweisführer und den Gegner gemeinschaftliche ist.

Als gemeinschaftlich gilt eine Urkunde insbesondere für die Personen, in deren Interesse sie errichtet ist oder deren gegenseitige Rechtsverhältnisse darin beurkundet sind. Als gemeinschaftlich gelten auch die über ein Rechtsgeschäft zwischen den Betheiligten oder zwischen einem derselben und dem gemeinsamen Vermittler des Geschäfts gepflogenen schriftlichen Verhandlungen.

§ 458.

(§ 388 CPO.)

Der Gegner ist auch zur Vorlegung derjenigen in seinen Händen befindlichen Urkunden verpflichtet, auf welche er im Prozesse zur Beweisführung Bezug genommen hat, selbst wenn dieses nur in einem vorbereitenden Schriftsatze geschehen ist.

§ 459.

(§ 389 CPO.)

Der Antrag soll enthalten:

1) die Bezeichnung der Urkunde;
2) die Bezeichnung der Thatsachen, welche durch die Urkunde bewiesen werden sollen;
3) die möglichst vollständige Bezeichnung des Inhalts der Urkunde;
4) die Angabe der Umstände, auf welche die Behauptung sich stützt, daß die Urkunde sich in dem Besitze des Gegners befindet;
5) die Bezeichnung des Grundes, welcher die Verpflichtung zur Vorlegung der Urkunde ergiebt. Der Grund ist glaubhaft zu machen.[3])

§ 460.

(§ 390 CPO.)

Erachtet das Gericht die Thatsache, welche durch die Urkunde bewiesen werden soll, für erheblich und den Antrag für begründet, so ordnet es, wenn der Gegner zugesteht, daß die Urkunde sich in seinen Händen befinde, oder wenn der Gegner sich über den Antrag nicht erklärt, die Vorlegung der Urkunde an.[4])

---

[3]) § 266 CPO. [§ 345].

[4]) Gerichtsgebühren werden für diese Anordnung (als auf die Prozeß- und Sachleitung bezüglich) nicht erhoben, § 47 Nr. 1 GKG. [§ 1011]; — Rechtsanwaltsgebühren: § 23 Nr. 1, § 29 Nr. 6 GORA. [§§ 1102, 1108].

§ 461.

(§ 391 CPO.)

Bestreitet der Gegner, daß die Urkunde sich in seinem Besitze befinde, so hat er einen Eid dahin zu leisten:[5])

daß er nach sorgfältiger Nachforschung die Ueberzeugung erlangt habe, daß die Urkunde in seinem Besitze sich nicht befinde, daß er die Urkunde nicht in der Absicht abhanden gebracht habe, deren Benutzung dem Beweisführer zu entziehen, daß er auch nicht wisse, wo die Urkunde sich befinde.

Das Gericht kann eine der Lage der Sache entsprechende Aenderung der vorstehenden Eidesnorm beschließen.

Auf die Leistung des Eides durch Streitgenossen, gesetzliche Vertreter, Minderjährige und Verschwender finden die Vorschriften der §§ 434 bis 436 [§§ 505 bis 507] entsprechende Anwendung.

Hat eine öffentliche Behörde Urkunden vorzulegen, so wird der Eid von dem Beamten geleistet, welchem die Verwahrung der Urkunden übertragen ist.

§ 462.

(§ 392 CPO.)

Kommt der Gegner der Anordnung, die Urkunde vorzulegen oder den Eid zu leisten, nicht nach, so ist, wenn der Beweisführer eine Abschrift der Urkunde beigebracht hat, diese Abschrift als richtig anzusehen. Ist eine Abschrift der Urkunde nicht beigebracht, so können[6]) die Behauptungen des Beweisführers über die Beschaffenheit und den Inhalt der Urkunde als bewiesen angenommen werden.

§ 463.

(§ 393 CPO.)

Befindet sich die Urkunde nach der Behauptung des Beweisführers in den Händen eines Dritten, so erfolgt die Antretung des Beweises durch den Antrag, zur Herbeischaffung der Urkunde eine Frist zu bestimmen.

§ 464.

(§ 394 CPO.)

Der Dritte ist aus denselben Gründen wie der Gegner des Beweisführers zur Vorlegung einer Urkunde verpflichtet; er kann zur Vorlegung nur im Wege der Klage genöthigt werden.

---

[5]) Die Abnahme des Eides erfolgt nach den Vorschriften der §§ 440 ff. CPO. [§§ 511 ff.]

[6]) nach Ermessen des Gerichts — anders § 406 Abs. 3 [§ 476].

§ 465.

(§ 395 CPO.)

Zur Begründung des nach § 393 [§ 463] zu stellenden Antrags hat der Beweisführer den Erfordernissen des § 389 [§ 459] Nr. 1—3, 5 zu genügen und außerdem glaubhaft zu machen,[7]) daß die Urkunde sich in den Händen des Dritten befinde.

§ 466.

(§ 396 CPO.)

Ist die Thatsache, welche durch die Urkunde bewiesen werden soll, erheblich, und der Antrag den Bestimmungen des vorstehenden Paragraphen entsprechend, so hat das Gericht eine Frist zur Vorlegung der Urkunde in einem von dem Beweisführer zu erwirkenden[8]) Termine zu bestimmen.

Der Gegner kann die Fortsetzung des Verfahrens vor dem Ablaufe der Frist beantragen, wenn die Klage gegen den Dritten erledigt ist oder wenn der Beweisführer die Erhebung der Klage oder die Betreibung des Prozesses oder der Zwangsvollstreckung[9]) verzögert.[10])

§ 467.

(§ 397 CPO.)

Befindet sich die Urkunde nach der Behauptung des Beweisführers in den Händen einer öffentlichen Behörde oder eines öffentlichen Beamten, so erfolgt die Antretung des Beweises durch den Antrag, die Behörde oder den Beamten um die Mittheilung der Urkunde zu ersuchen.

Diese Vorschrift findet auf Urkunden, welche die Parteien nach den gesetzlichen Vorschriften ohne Mitwirkung des Gerichts zu beschaffen im Stande sind, keine Anwendung.

Verweigert die Behörde oder der Beamte die Mittheilung der Urkunde in den Fällen, in welchen eine Verpflichtung zur Vorlegung auf § 387 [§ 457] gestützt wird, so finden die Bestimmungen der §§ 393 bis 396 [§§ 463 bis 466] Anwendung.

§ 468.

(§ 398 CPO.)

Wird nach Erlassung eines Beweisbeschlusses über die in demselben bezeichneten streitigen Thatsachen Beweis in Gemäßheit der §§ 393, 397

---

[7]) § 266 CPO. [§ 345].

[8]) nach den Vorschriften der §§ 191 ff. CPO. [§§ 269 ff.].

[9]) Für diese ist § 769 CPO. [§ 847] maßgebend.

[10]) Steht der Klagerhebung ꝛc. ein Hinderniß von ungewisser Dauer entgegen, so greift § 321 CPO. [§ 393] Platz.

[§§ 463, 467] angetreten, so ist die Beweisantretung auf Antrag zurückzuweisen,[11]) wenn durch das zur Herbeischaffung der Urkunden erforderliche Verfahren die Erledigung des Rechtsstreits verzögert werden würde und das Gericht die Ueberzeugung gewinnt, daß die Partei in der Absicht, den Prozeß zu verschleppen, oder aus grober Nachlässigkeit, den Beweis nicht früher angetreten hat.

§ 469.*

(§ 399 CPO.)

Wenn die Vorlegung einer Urkunde bei der mündlichen Verhandlung wegen erheblicher Hindernisse nicht erfolgen kann oder wegen der Wichtigkeit der Urkunde und der Besorgniß des Verlustes oder der Beschädigung bedenklich erscheint, so kann das Prozeßgericht anordnen, daß die Vorlegung vor einem anderen Gerichte[12]) geschehe. Beweisaufnahme.

§ 470.

(§ 400 CPO.)

Eine öffentliche Urkunde[13]) kann in Urschrift oder in einer beglaubigten Abschrift, welche hinsichtlich der Beglaubigung die Erfordernisse einer öffentlichen Urkunde an sich trägt, vorgelegt werden; das Gericht kann jedoch anordnen, daß der Beweisführer die Urschrift vorlege oder die Thatsachen angebe und glaubhaft mache,[14]) welche ihn an der Vorlegung der Urschrift verhindern.

Bleibt die Anordnung erfolglos, so entscheidet das Gericht nach freier Ueberzeugung, welche Beweiskraft der beglaubigten Abschrift beizulegen sei.

§ 471.

(§ 401 CPO.)

Der Beweisführer kann nach erfolgter Vorlegung einer Urkunde nur mit Zustimmung des Gegners auf dieses Beweismittel verzichten.

§ 472.

(§ 402 CPO.)

Urkunden, welche nach Form[15]) und Inhalt als von einer öffentlichen Behörde oder von einer mit öffentlichem Glauben versehenen Person errichtet sich darstellen, haben die Vermuthung der Echtheit für sich. Echtheitsbeweis.

---

[11]) Wird der Antrag nicht gestellt, so kann das Gericht von Amtswegen § 48 GKG. [§ 1012] zur Anwendung bringen.

[12]) § 158 GVG. [§ 44].

[13]) §§ 380, 382, 383 CPO. [§§ 450, 452, 453].

[14]) § 266 CPO. [§ 345].

[15]) Urkunden, die von einer inländischen öffentlichen Behörde oder von einer mit öffentlichem Glauben versehenen Person des Inlandes aufgenommen oder ausgestellt sind, bedürfen zum Gebrauch im Inlande einer Beglaubigung (Legalisation) nicht. § 1 Ges. v. 1. Mai 1878 (RGBl. S. 89).

Das Gericht kann, wenn es die Echtheit für zweifelhaft hält, auch von Amtswegen die Behörde oder die Person, von welcher die Urkunde errichtet sein soll, zu einer Erklärung über die Echtheit veranlassen.

§ 473.

(§ 403 CPO.)

Ob eine Urkunde, welche als von einer ausländischen Behörde oder einer mit öffentlichem Glauben versehenen Person des Auslandes errichtet sich darstellt, ohne näheren Nachweis als echt anzusehen sei, hat das Gericht nach den Umständen des Falles zu ermessen.

Zum Beweise der Echtheit einer solchen Urkunde genügt die Legalisation durch einen Konsul oder Gesandten des Reichs. [16])

§ 474.*

(§§ 404, 468 CPO.)

Ueber die Echtheit einer Privaturkunde hat sich der Gegner des Beweisführers nach Vorschrift des § 129 [§ 208] zu erklären.

Befindet sich unter der Urkunde eine Namensunterschrift, so ist die Erklärung auf die Echtheit der Unterschrift zu richten.

Erfolgt die Erklärung nicht, obwohl die Partei durch das Gericht zu derselben aufgefordert ist, so ist die Urkunde als anerkannt anzusehen, wenn nicht die Absicht, die Echtheit bestreiten zu wollen, aus den übrigen Erklärungen der Partei hervorgeht.

§ 475.

(§ 405 CPO.)

Die Echtheit einer nicht anerkannten Privaturkunde ist zu beweisen.

Steht die Echtheit der Namensunterschrift fest oder ist das unter einer Urkunde befindliche Handzeichen gerichtlich oder notariell beglaubigt, so hat die über der Unterschrift oder dem Handzeichen stehende Schrift die Vermuthung der Echtheit für sich.

§ 476.

(§ 406 CPO.)

Der Beweis der Echtheit oder Unechtheit einer Urkunde kann auch durch Schriftvergleichung geführt werden.

In diesem Falle hat der Beweisführer zur Vergleichung geeignete Schriften vorzulegen oder deren Mittheilung in Gemäßheit der Bestimmung des § 397 [§ 467] zu beantragen und erforderlichen Falls den Beweis der Echtheit derselben anzutreten.

Befinden sich zur Vergleichung geeignete Schriften in den Händen des Gegners, so ist dieser auf Antrag des Beweisführers zur Vorlegung verpflichtet. Die Bestimmungen der §§ 386 bis 391 [§§ 456 bis 461] finden entsprechende Anwendung. Kommt der Gegner der Anordnung,

---

[16]) Vgl. § 2 des in Anm. 15 angef. Ges.

die zur Vergleichung geeigneten Schriften vorzulegen oder den im § 391 [§ 461] bestimmten Eid zu leisten, nicht nach, so gilt der Echtheitsbeweis als geführt.[17])

Macht der Beweisführer glaubhaft,[18]) daß in den Händen eines Dritten geeignete Vergleichungsschriften sich befinden, deren Vorlegung er im Wege der Klage zu erwirken im Stande sei, so finden die Vorschriften des § 396 [§ 466] entsprechende Anwendung.

§ 477.

(§ 407 CPO.)

Ueber das Ergebniß der Schriftvergleichung hat das Gericht nach freier Ueberzeugung, geeigneten Falls nach Anhörung von Sachverständigen zu entscheiden.

§ 478.

(§ 408 CPO.)

Urkunden, deren Echtheit bestritten ist oder deren Inhalt verändert sein soll, werden bis zur Erledigung des Rechtsstreits auf der Gerichtsschreiberei verwahrt, sofern nicht ihre Auslieferung an eine andere Behörde im Interesse der öffentlichen Ordnung erforderlich ist.

§ 479.

(§ 409 CPO.)

Beseitigung einer Urkunde.

Ist eine Urkunde von einer Partei in der Absicht, deren Benutzung dem Gegner zu entziehen, beseitigt oder zur Benutzung untauglich gemacht, so können[19]) die Behauptungen des Gegners über die Beschaffenheit und den Inhalt der Urkunde als bewiesen angesehen werden.

Neunter Titel.

Beweis durch Eid.

§ 480.

(§ 410 CPO.)

Zulässigkeit.

Die Eideszuschiebung ist nur über Thatsachen zulässig, welche in Handlungen des Gegners, seiner Rechtsvorgänger oder Vertreter bestehen oder welche Gegenstand der Wahrnehmung dieser Personen gewesen sind.

§ 481.

(§ 411 CPO.)

Die Eideszuschiebung über eine Thatsache, deren Gegentheil das Gericht für erwiesen erachtet, ist unzulässig.

---

[17]) Absolut, nicht bloß nach Ermessen des Gerichts. Anders in §§ 392, 409 CPO. [§§ 462, 479].

[18]) § 266 CPO. [§ 345].

[19]) nach dem Ermessen des Gerichts; anders § 406 Abs. 3 [§ 476].

§ 482.

(§ 412 CPO.)

Eine nicht beweispflichtige Partei übernimmt durch Eideszuschiebung nicht die Beweispflicht.

§ 483.

(§ 413 CPO.)

Die Zurückschiebung des Eides ist nur insofern zulässig, als nach den Bestimmungen des § 410 [§ 480] die Zuschiebung desselben zulässig sein würde.

Sie findet nicht statt, wenn die Partei, welcher der Eid zugeschoben ist, nicht aber die Gegenpartei über ihre eigene Handlung oder Wahrnehmung zu schwören haben würde.

§ 484.

(§ 414 CPO.)

Der Eid kann nur der Partei, nicht einem Dritten zugeschoben oder zurückgeschoben werden. Die Zuschiebung oder Zurückschiebung an einen Nebenintervenienten findet nur statt, wenn dieser als Streitgenosse der Hauptpartei anzusehen ist (§ 66) [§ 145].

§ 485.

(§ 415 CPO.)

Das Gericht kann anordnen, daß die in den §§ 410, 413, 414 [§§ 480, 483, 484] enthaltenen Beschränkungen für die Zuschiebung und Zurückschiebung des Eides nicht zur Anwendung kommen sollen, wenn die Parteien in Betreff des zu leistenden Eides einig sind, und der Eid sich auf Thatsachen bezieht.

§ 486.

(§ 416 CPO.)

Beweisantretung.

Die Antretung des Beweises erfolgt durch die Erklärung, daß dem Gegner über die bestimmt zu bezeichnende Sache der Eid zugeschoben werde.

§ 487.

(§ 417 CPO.)

Die Partei, welcher der Eid zugeschoben ist, hat sich zu erklären, [1]) ob sie den Eid annehme oder zurückschiebe; selbst wenn sie Einwendungen in Beziehung auf die Eideszuschiebung vorbringt.

Giebt die Partei keine Erklärung ab oder schiebt sie in einem Falle, in welchem die Zurückschiebung unzulässig ist, den Eid zurück, ohne denselben bedingt anzunehmen, so wird der Eid als verweigert angesehen.

---

[1]) Protokollirung der Erklärung § 470 Abs. 2 CPO. [§ 349].

§ 488.

(§ 418 CPO.)

Durch die Zuschiebung, Annahme oder Zurückschiebung des Eides wird die Geltendmachung anderer Beweismittel von Seiten der einen oder der anderen Partei nicht ausgeschlossen.

Werden andere Beweismittel geltend gemacht, so gilt der Eid nur für den Fall als zugeschoben, daß die Antretung des Beweises durch die anderen Beweismittel erfolglos bleibt.

§ 489.

(§ 419 CPO.)

Werden andere Beweismittel geltend gemacht, so ist die Partei, welcher der Eid zugeschoben wurde, nicht verpflichtet, sich über die Eideszuschiebung früher zu erklären, als bis die Eideszuschiebung nach Aufnahme oder sonstigen Erledigung der anderen Beweismittel wiederholt ist.

Sind andere Beweise aufgenommen, so kann die vorher abgegebene Erklärung widerrufen werden.

§ 490.

(§ 420 CPO.)

Wegen unterbliebener Erklärung auf eine Eideszuschiebung kann der Eid nur dann als verweigert angesehen werden, wenn die Partei durch das Gericht zur Erklärung über den Eid aufgefordert ist.

§ 491.

(§ 421 CPO.)

Der zurückgeschobene Eid gilt auch ohne ausdrückliche Erklärung über die Annahme als von dem Beweisführer angenommen.

§ 492.

(§ 422 CPO.)

Die Zurückschiebung des Eides kann außer dem Falle des § 419 Abs. 2 [§ 489] widerrufen werden, wenn der Schwurpflichtige wegen wissentlicher Verletzung der Eidespflicht[2]) rechtskräftig verurtheilt oder wenn glaubhaft gemacht[3]) wird, daß der Gegner erst nach erfolgter Zurückschiebung des Eides von einer solchen Verurtheilung Kenntniß erlangt habe.

§ 493.

(§ 423 CPO.)

Die Annahme oder Zurückschiebung des Eides kann außer den Fällen des § 419 Abs. 2 [§ 489] und des § 422 [§ 492] nicht widerrufen werden.

§ 494.

(§ 424 CPO.)

Ueber eine Thatsache, welche in einer Handlung des Schwurpflichtigen Beweisaufnahme.

[2]) §§ 153 bis 156 StrGB. [3]) § 266 CPO. [§ 345].

besteht oder Gegenstand seiner Wahrnehmung gewesen ist, wird der Eid dahin geleistet:

daß die Thatsache wahr oder nicht wahr sei.

Ist eine solche Thatsache vom Gegner des Schwurpflichtigen behauptet und kann dem Letzteren nach den Umständen des Falles nicht zugemuthet werden, daß er die Wahrheit oder Nichtwahrheit derselben beschwöre, so kann das Gericht auf Antrag die Leistung des Eides dahin anordnen:

daß der Schwurpflichtige nach sorgfältiger Prüfung und Erkundigung die Ueberzeugung erlangt habe, daß die Thatsache wahr oder nicht wahr sei.

Ueber andere Thatsachen[4]) wird der Eid dahin geleistet:

daß der Schwurpflichtige nach sorgfältiger Prüfung und Erkundigung die Ueberzeugung erlangt oder nicht erlangt habe, daß die Thatsache wahr sei.

§ 495.

(§ 425 CPO.)

Auf die Leistung eines Eides ist durch bedingtes Endurtheil[5]) zu erkennen.

Die Eidesleistnng erfolgt erst nach Eintritt der Rechtskraft[6]) des Urtheils.

§ 496.

(§ 426 CPO.)

Sind die Parteien über die Erheblichkeit und die Norm des Eides einverstanden oder dient der Eid zur Erledigung eines Zwischenstreits, so kann[7]) die Leistung des Eides durch Beweisbeschluß[8]) angeordnet werden.

Hängt die Entscheidung über einzelne selbständige Angriffs- und Vertheidigungsmittel von der Leistung eines Eides ab, so kann die Leistung des Eides durch Beweisbeschluß angeordnet oder auf dieselbe durch bedingtes Zwischenurtheil[9]) erkannt werden. In dem letzteren Falle erfolgt die Eidesleistung nur dann, wenn durch bedingtes Endurtheil rechtskräftig erkannt ist, daß es auf dieselbe für die Endentscheidung des Rechtsstreits noch ankomme.

---

[4]) d. h. soweit eine solche überhaupt nach §§ 410, 415, 435 CPO. [§§ 480, 495, 505] Gegenstand der Eidesnorm sein kann.

[5]) § 272 CPO. [§ 351]. — Ebenso in den Fällen der §§ 273, 274 CPO. [§§ 352, 353] durch bedingtes Theilurtheil. — Gebührenerhebung § 24 GKG. [§ 988].

[6]) § 645 CPO. [§ 621].

[7]) Im Urkundenprozesse ist die Eidesleistung stets durch Beweisbeschluß anzuordnen, § 558 Abs. 4 CPO. [§ 563].

[8]) §§ 323, 324 CPO. [§§ 395, 396].

[9]) § 275 CPO. [§ 354].

§ 497.

(§ 427 CPO.)

In dem bedingten Urtheil ist die Eidesnorm und die Folge sowohl der Leistung als der Nichtleistung des Eides so genau, als die Lage der Sache dies gestattet, festzustellen.

Der Eintritt dieser Folge wird durch [10]) Endurtheil ausgesprochen.

§ 498.

(§ 428 CPO.)

Durch Leistung des Eides wird voller Beweis der beschworenen Thatsache begründet.

Der Beweis des Gegentheils findet nur unter denselben Voraussetzungen statt, unter welchen ein rechtskräftiges Urtheil wegen Verletzung der Eidespflicht angefochten werden kann. [11])

§ 499.

(§ 429 CPO.)

Die Erlassung des Eides von Seiten des Gegners hat dieselbe Wirkung, wie die Leistung des Eides.

Die Verweigerung der Eidesleistung hat zur Folge, daß das Gegentheil der zu beschwörenden Thatsache als voll bewiesen gilt.

§ 500.

(§ 430 CPO.)

Erscheint der Schwurpflichtige in dem zur Eidesleistung bestimmten Termine nicht, so ist auf Antrag ein Versäumnißurtheil dahin zu erlassen, daß der Eid als verweigert anzusehen sei.

§ 501.

(§ 431 CPO.)

Der Schwurpflichtige, welcher frühere Behauptungen zurücknimmt, oder früher bestrittene Thatsachen zugesteht, kann sich zur Leistung eines beschränkteren Eides erbieten, selbst wenn der Eid bereits durch bedingtes Urtheil auferlegt ist. Auch können unerhebliche Umstände, welche in die Eidesform aufgenommen sind, berichtigt werden.

§ 502.

(§ 432 CPO.)

Ist der Eid durch bedingtes Urtheil auferlegt, so kann auch nach Eintritt der Rechtskraft die Zuschiebung oder Zurückschiebung widerrufen werden, wenn der Schwurpflichtige wegen wissentlicher Verletzung der Eidespflicht rechtskräftig verurtheilt oder wenn glaubhaft gemacht

---

[10]) ohne Antrag für vorläufig vollstreckbar zu erklärendes, § 648 Nr. 2 CPO. [§ 624]. — Gerichtskostenberechnung: § 24 GKG. [§ 988]; Rechtsanwaltsgebühren § 21 GORA. [§ 1100].

[11]) § 543 Nr. 1 CPO. [§ 549].

wird, daß der Gegner erst nach erfolgter Zuschiebung oder Zurückschiebung des Eides von einer solchen Verurtheilung Kenntniß erlangt habe.[12])

§ 503.

(§ 433 CPO.)

Wenn der Schwurpflichtige stirbt, wenn er zur Leistung des Eides unfähig wird oder wenn er aufhört gesetzlicher Vertreter zu sein, so können beide Parteien in Ansehung der betreffenden Beweisführung alle Rechte ausüben, welche ihnen vor der Zuschiebung des Eides zustanden.

Dasselbe gilt, wenn in Folge der Verurtheilung des Schwurpflichtigen wegen wissentlicher Verletzung der Eidespflicht die Zuschiebung oder Zurückschiebung des Eides widerrufen wird.[13])

Ist der Eid durch bedingtes Urtheil auferlegt, so wird unter Aufhebung des Urtheils in der Sache anderweit erkannt.

§ 504.

(§ 434 CPO.)

Der Eid über eine Thatsache, welche für ein allen Streitgenossen[14]) gegenüber nur einheitlich festzustellendes Rechtsverhältniß von Einfluß ist, muß allen Streitgenossen zugeschoben oder zurückgeschoben werden, sofern nicht rücksichtlich einzelner Streitgenossen die Zuschiebung oder Zurückschiebung unzulässig ist. In jedem Falle bedarf es zur Zuschiebung oder zur Zurückschiebung der übereinstimmenden Erklärung aller Streitgenossen. Ueber die Annahme des Eides haben sich nur diejenigen Streitgenossen zu erklären, welchen der Eid zugeschoben ist.

Ist der von allen oder von einigen Streitgenossen zu leistende Eid von einem oder mehreren derselben oder ist der von einem Theile der Streitgenossen zu leistende Eid von allen Schwurpflichtigen verweigert oder als von ihnen verweigert anzusehen, so entscheidet das Gericht nach freier Ueberzeugung, ob die Behauptung, deren Beweis durch Eideszuschiebung angetreten ist, für wahr zu erachten sei. Erklären einzelne Streitgenossen, daß sie den Eid nicht leisten werden, so ist in Ansehung der übrigen Streitgenossen die Leistung des Eides nicht anzuordnen oder der Eid nicht abzunehmen, sofern das Gericht denselben für unerheblich erachtet.

§ 505.

(§ 435 CPO.)

Ist eine Partei nicht prozeßfähig,[15]) so ist die Zuschiebung oder

---

[12]) vgl. Anm. 2, 3 zu [§ 492].

[13]) §§ 422, 432 CPO. [§§ 492, 502].

[14]) §§ 56 bis 60 CPO., insbesondere § 59 [§§ 135 bis 139].

[15]) §§ 50 bis 55 CPO. [§§ 128 bis 134].

Zurückschiebung des Eides nur an ihren gesetzlichen Vertreter und nur insoweit zulässig, als die vertretene Partei, wenn sie den Prozeß in Person führte, oder der Vertreter, wenn er selbst Partei wäre, dieselbe zulassen müßte.

Minderjährigen, welche das sechzehnte Lebensjahr zurückgelegt haben, oder Verschwendern kann über Thatsachen, welche in Handlungen derselben bestehen oder Gegenstand ihrer Wahrnehmung gewesen sind, der Eid zugeschoben oder zurückgeschoben werden, sofern dies von dem Gericht nach den Umständen des Falls für zulässig erklärt wird.

§ 506.

(§ 436 CPO.)

Sind mehrere gesetzliche Vertreter vorhanden, so finden die Vorschriften des § 434 [§ 504] entsprechende Anwendung. Betrifft der Eid die eigenen Handlungen oder Wahrnehmungen nur einiger oder eines der Vertreter, so ist er von den übrigen nicht zu leisten.

§ 507.*

(§ 3 Satz 2 AG. CPO.)

Im Falle des § 3 des Ausführungsgesetzes zur Deutschen Civilprozeßordnung [§ 130] ist die Partei zur Ableistung eines Eides, unbeschadet des Rechts der Ableistung durch einen Bevollmächtigten[16]) selbst verpflichtet, wenn der Eid eine Thatsache betrifft, welche in der eigenen Handlung der Partei besteht oder der Gegenstand ihrer eigenen Wahrnehmung gewesen ist.

§ 508.

(§ 437 CPO.)

Richterlicher Eid.

Ist das Ergebniß der Verhandlungen und einer etwaigen Beweisaufnahme nicht ausreichend, um die Ueberzeugung des Gerichts von der Wahrheit oder Unwahrheit der zu erweisenden Thatsache zu begründen, so kann das Gericht der einen oder der anderen Partei über eine streitige Thatsache einen Eid auferlegen.

§ 509.

(§ 438 CPO.)

Der richterliche Eid kann allen Streitgenossen oder gesetzlichen Vertretern, er kann einigen oder einem derselben auferlegt werden.

§ 510.

(§ 439 CPO.)

Die Bestimmungen der §§ 422 bis 433, 435 [492 bis 503, 505] finden auf den richterlichen Eid entsprechende Anwendung.

Ist der Schwurpflichtige wegen wissentlicher Verletzung der Eides-

---

16) Vgl. Anm. zu § 440 CPO. [§ 511].

pflicht rechtskräftig verurtheilt,[17]) so ist der Antrag des Gegners, den richterlichen Eid zurückzunehmen, gerechtfertigt, wenngleich der Gegner schon vor der Auferlegung des Eides von dieser Verurtheilung Kenntniß gehabt hat.

Der richterliche Eid wird durch bedingtes Urtheil[18]) auferlegt.

Zehnter Titel.

Verfahren bei der Abnahme von Eiden.[1])

§ 511.

(§ 440 CPO.)

Der Eid muß von dem Schwurpflichtigen in Person geleistet werden.[2])

§ 512.*

(§ 441 CPO.)

Das Prozeßgericht kann anordnen, daß die Eidesleistung vor einem anderen Gericht[3]) erfolge, wenn der Schwurpflichtige in großer Entfernung von dem Sitze desselben sich aufhält.

Die Eidesleistung der Landesherren und der Mitglieder der landesherrlichen Familien sowie der Mitglieder der Fürstlichen Familie Hohenzollern erfolgt in der Wohnung derselben, erforderlichenfalls vor einem anderen Gerichte.

§ 513.

(§ 442 CPO.)

Vor der Leistung des Eides hat der Richter den Schwurpflichtigen in angemessener Weise auf die Bedeutung des Eides hinzuweisen.

§ 514.

(§ 443 CPO.)

Der Eid beginnt mit den Worten

„Ich schwöre bei Gott dem Allmächtigen und Allwissenden"

und schließt mit den Worten

„So wahr mir Gott helfe".

---

[17]) Vgl. Anm. 2 zu [§ 492].

[18]) Endurtheil (§ 425 [§ 495]) oder Zwischenurtheil (§ 426 Abs. 2 [§ 496]), niemals durch Beweisbeschluß (§ 426 Abs. 1 [§ 496]).

[1]) d. h. sowohl von Parteieneiden als auch von anderen Eiden.

[2]) Nach § 5 EG.CPO. [§ 958] findet diese Vorschrift in Ansehung der Landesherren und der Mitglieder der landesherrlichen Familien sowie der Mitglieder der Fürstlichen Familie Hohenzollern nur insoweit Anwendung, als nicht besondere Vorschriften der Hausverfassungen oder der Landesgesetze abweichende Bestimmungen enthalten. Solche gelten in Preußen hinsichtlich der Eidesabnahme insofern, als souveräne Bundesfürsten (KO. v. 15. September 1836, Jahrb. Bd. 48 S. 218) und Mitglieder der Fürstlichen Familie Hohenzollern (Art. 12 des Vertrags v. 7. Dezember 1849 (GS. 1850 S. 293) das Recht haben, Eide durch Bevollmächtigte zu leisten.

[3]) einem Amtsgerichte, § 158 GVG [§ 44].

§ 515.

(§ 444 CPO.)

Der Eid wird mittels Nachsprechens oder Ablesens der die Eidesnorm enthaltenden Eidesformel geleistet. Der Schwörende soll bei der Eidesleistung die rechte Hand erheben.

Ist die Eidesnorm von großem Umfange, so genügt die Vorlesung der Eidesnorm und die Verweisung auf die letztere in der Eidesformel.

Die Landesherren und die Mitglieder der landesherrlichen Familien sowie die Mitglieder der Fürstlichen Familie Hohenzollern leisten den Eid mittels Unterschreibens der die Eidesnorm enthaltenden Eidesformel.[4])

§ 516.

(§ 445 CPO.)

Stumme, welche schreiben können, leisten den Eid mittels Abschreibens und Unterschreibens der die Eidesnorm enthaltenden Eidesformel.

Stumme, welche nicht schreiben können, leisten den Eid mit Hülfe eines Dolmetschers durch Zeichen.

§ 517.

(§ 446 CPO.)

Der Eidesleistung wird gleichgeachtet, wenn ein Mitglied einer Religionsgesellschaft, welche das Gesetz den Gebrauch gewisser Betheuerungsformeln an Stelle des Eides gestattet, eine Erklärung unter der Betheuerungsformel dieser Religionsgesellschaft abgiebt.

Elfter Titel.

Sicherung des Beweises.[1])

§ 518.

(§ 447 CPO.)

Die Einnahme des Augenscheins und die Vernehmung von Zeugen und Sachverständigen kann zur Sicherung des Beweises erfolgen, wenn zu besorgen ist, daß das Beweismittel verloren oder die Benutzung desselben erschwert werde. Zulässigkeit.

§ 519.

(§ 448 CPO.)

Das Gesuch ist bei dem Gericht anzubringen, vor welchem der Rechtsstreit anhängig ist; es kann vor dem Gerichtsschreiber zu Protokoll erklärt werden. Gesuch.

---

[4]) unabhängig von ihrer Befugniß, den Eid durch Bevollmächtigte zu leisten (s. Anm. 2).

[1]) Gerichtsgebühren: § 36 GKG. [§ 1000]; Rechtsanwaltsgebühren: §§ 22, 29 Nr. 3; 30 Nr. 1 GORA. [§§ 1101, 1108, 1109]. Geschäftliche Behandlung: § 23 Abs. 6 Gesch.O. [Anl. A].

In Fällen dringender Gefahr kann das Gesuch auch bei dem Amtsgericht angebracht werden, in dessen Bezirke die zu vernehmenden Personen sich aufhalten oder der in Augenschein zu nehmende Gegenstand sich befindet.

Bei dem bezeichneten Amtsgerichte muß das Gesuch angebracht werden, wenn der Rechtsstreit noch nicht anhängig ist.

§ 520.

(§ 449 CPO.)

Das Gesuch muß enthalten:

1) die Bezeichnung des Gegners;
2) die Bezeichnung der Thatsachen, über welche die Beweisaufnahme erfolgen soll;
3) die Bezeichnung der Beweismittel unter Benennung der zu vernehmenden Zeugen und Sachverständigen;
4) die Darlegung des Grundes, welcher die Besorgniß rechtfertigt, daß das Beweismittel verloren oder die Benutzung desselben erschwert werde. Dieser Grund ist glaubhaft zu machen.[2])

§ 521.

(§ 450 CPO.)

Mit Zustimmung des Gegners kann die beantragte Beweisaufnahme angeordnet werden, auch wenn die Voraussetzungen des § 447 [§ 518] nicht vorliegen.

§ 522.

(§ 451 CPO.)

Die Entscheidung über das Gesuch kann ohne vorgängige mündliche Verhandlung erfolgen.

In dem Beschlusse, durch welchen dem Gesuche stattgegeben wird, sind die Thatsachen, über welche der Beweis zu erheben ist, und die Beweismittel unter Benennung der zu vernehmenden Zeugen und Sachverständigen zu bezeichnen. Eine Anfechtung dieses Beschlusses findet nicht statt.

§ 523.

(§ 452 CPO.)

Beweisaufnahme.

Der Beweisführer ist verpflichtet, sofern es nach den Umständen des Falles geschehen kann, unter Zustellung des Beschlusses und einer Abschrift des Gesuchs zu dem für die Beweisaufnahme bestimmten Termine den Gegner so zeitig zu laden, daß derselbe in diesem Termine seine Rechte wahrzunehmen vermag.

Die Nichtbefolgung dieser Vorschrift steht der Beweisaufnahme nicht entgegen.

---

[2]) § 266 CPO. [§ 345].

§ 524.
(§ 453 CPO.)

Die Beweisaufnahme erfolgt nach den für die Aufnahme des betreffenden Beweismittels überhaupt geltenden Vorschriften.

Das Protokoll über die Beweisaufnahme ist bei dem Gerichte, welches dieselbe angeordnet hat, aufzubewahren.

§ 525.
(§ 454 CPO.)

Jede Partei hat das Recht, die Beweisverhandlungen in dem Prozesse zu benutzen. Wirkung.

War der Gegner in dem Termine nicht erschienen, in welchem die Beweisaufnahme erfolgte, so ist der Beweisführer zur Benutzung der Beweisverhandlungen nur dann berechtigt, wenn der Gegner zu dem Termine rechtzeitig geladen war[3]) oder wenn der Beweisführer glaubhaft macht[4]), daß ohne sein Verschulden die Ladung unterblieben oder nicht rechtzeitig erfolgt sei.

§ 526.
(§ 455 CPO.)

Wird von dem Beweisführer ein Gegner nicht bezeichnet, so ist das Gesuch nur dann zulässig, wenn der Beweisführer glaubhaft macht,[4]) daß er ohne sein Verschulden außer Stande sei, den Gegner zu bezeichnen. Ausnahmsfall.

Wird dem Gesuche stattgegeben, so kann das Gericht dem unbekannten Gegner zur Wahrnehmung seiner Rechte bei der Beweisaufnahme einen Vertreter bestellen.[5])

---

[3]) § 452 CPO. [§ 523].

[4]) § 366 CPO. [§ 345].

[5]) Gerichtskosten: § 47 Nr. 9 GKG. [§ 1011]. — Rechtsanwaltsgebühren: § 23 Nr. 1, § 26 Nr. 9 GORA. [§§ 1102, 1108].

Drittes Buch.

Rechtsmittel.[1]

Erster Abschnitt.

Berufung.

§ 527.

(§ 472 CPO.)

Zulässigkeit. Die Berufung findet gegen die in erster Instanz erlassenen Endurtheile[2]) statt.

§ 528.

(§ 473 CPO.)

Der Beurtheilung des Berufungsgerichts[3]) unterliegen auch diejenigen Entscheidungen, welche dem Endurtheile vorausgegangen sind,[4]) sofern nicht dieselben nach den Vorschriften dieses Gesetzes unanfechtbar[5]) oder mit der Beschwerde anfechtbar sind.[6])

---

[1]) Von den Vorschriften über die Rechtsmittel sind für die Amtsgerichtsordnung zunächst ohne Interesse diejenigen, welche sich auf die Revision beziehen, da diese nur gegen die in der Berufungsinstanz von den Oberlandesgerichten erlassenen Urtheile stattfindet (§ 507 CPO.) und diese Gerichte nur zuständig sind für die Berufung gegen Endurtheile der Landgerichte (§ 123 Nr. 1 GVG.), nicht auch der Amtsgerichte. Ferner sind im Nachfolgenden nicht berücksichtigt die Vorschriften über das Verfahren in der Rechtsmittelinstanz (§§ 481, 484 bis 505, §§ 536, 537 CPO.). — Die Kosten für die Rechtsmittelinstanz werden von dem Gerichtsschreiber des höheren Gerichts berechnet (§ 28 AG.GKG. [§ 1032]), wenn auch ihre Registrirung durch den Gerichtsschreiber erster Instanz erfolgt (§ 6 Nr. 2 der Anw. v. 30. Aug. 1879 [Anl. D]). Die bezüglichen Vorschriften des GKG. haben daher für das Amtsgericht keine Bedeutung. Anders ist es mit den Rechtsanwaltsgebühren, da der Kostenfestsetzungsbeschluß immer vom Gerichte erster Instanz erlassen wird, § 98 Abs. 2 CPO. [§ 177]. Vgl. bezüglich dieser §§ 25, 47 GORA. [§§ 1104, 1126].

[2]) Vgl. §§ 272 bis 274 CPO. [§§ 351 bis 353].

[3]) d. i. des Landgerichts § 71 GVG. Daher gilt Anwaltszwang, § 74 CPO. Anm. 1 zu [§ 153].

[4]) auch Zwischenurtheile, § 275 CPO. [§ 354].

[5]) §§ 37 Abs. 2, 46 Abs. 2, 118, 143 Abs. 3, 160 Abs. 1, 203 Abs. 3, 242, 290 Abs. 3, 291 Abs. 4, 320 Abs. 2, 371 Abs. 5, 451 Abs. 2, 625 Abs. 2, 631 Abs. 3, 647 Abs. 4, 656 Abs. 3, 834 Abs. 1 CPO. [§§ 115, 124, 197, 221, 237, 280, 321, 369, 370, 392, 441, 522, 601, 607, 623, 631, 914].

[6]) s. Anm. 1 zu [§ 539].

§ 529.

(§ 474 CPO.)

Ein Versäumnißurtheil kann von der Partei, gegen welche es erlassen ist, mit der Berufung nicht angefochten werden.

Ein Versäumnißurtheil, gegen welches der Einspruch an sich nicht statthaft ist,[7]) unterliegt der Berufung insoweit, als dieselbe darauf gestützt wird, daß der Fall der Versäumung nicht vorgelegen habe.[7a])

§ 530.

(§ 475 CPO.)

Die Wirksamkeit eines nach Erlassung des Urtheils erklärten Verzichts auf das Recht der Berufung ist nicht davon abhängig, daß der Gegner die Verzichtleistung angenommen hat.

§ 531.

(§ 476 CPO.)

Die Zurücknahme der Berufung ist ohne Einwilligung des Berufungsbeklagten nur bis zum Beginne der mündlichen Verhandlung des Berufungsbeklagten zulässig. Zurücknahme.

Die Zurücknahme erfolgt, wenn sie nicht bei der mündlichen Verhandlung erklärt wird, durch Zustellung eines Schriftsatzes. Abschrift desselben ist sofort nach erfolgter Zustellung auf der Gerichtsschreiberei niederzulegen.

Die Zurücknahme hat den Verlust des Rechtsmittels und die Verpflichtung zur Folge, die durch das Rechtsmittel entstandenen Kosten zu tragen. Auf Antrag des Gegners sind diese Wirkungen durch Urtheil auszusprechen.[7b])

§ 532.

(§ 477 CPO.)

Die Berufungsfrist beträgt einen Monat; sie ist eine Nothfrist[8]) Verfahren. und beginnt mit der Zustellung des Urtheils.[9])

Die Berufung kann gleichzeitig mit der Zustellung des Urtheils eingelegt werden. Die Einlegung vor Zustellung des Urtheils ist wirkungslos.

§ 533.

(§ 478 CPO.)

Wird innerhalb der Berufungsfrist ein Urtheil in Gemäßheit des § 292 [§ 371] durch eine nachträgliche Entscheidung ergänzt, so be-

---

[7]) § 216 Abs. 2, § 310 CPO. [§§ 293, 389].

[7a]) Gerichtskosten § 26 Nr. 6 [§ 990]. — Rechtsanwaltsgebühren § 20 GORA. [§ 1099].

[7b]) Gerichtskosten: § 26 Nr. 5 GKG. [§ 990].

[8]) § 201 CPO. [§ 278].

[9]) auch gegen diejenige Partei, welche die Zustellung hat bewirken lassen, § 198 CPO. [§ 275].

ginnt mit der Zustellung der nachträglichen Entscheidung der Lauf der Berufungsfrist auch für die Berufung gegen das zuerst ergangene Urtheil von Neuem. Wird gegen beide Urtheile von derselben Partei Berufung eingelegt, so sind beide Berufungen mit einander zu verbinden.

§ 534.

(§ 479 CPO.)

Die Einlegung der Berufung erfolgt durch Zustellung eines Schriftsatzes.

Derselbe muß enthalten:

1) die Bezeichnung des Urtheils, gegen welches die Berufung gerichtet wird;
2) die Erklärung, daß gegen dieses Urtheil Berufung eingelegt werde;
3) die Ladung des Berufungsbeklagten vor das Berufungsgericht zur mündlichen Verhandlung über die Berufung.

§ 535.

(§ 480 CPO.)

Die allgemeinen Bestimmungen über die vorbereitenden Schriftsätze [10]) finden auch auf die Berufungsschrift Anwendung.

Als vorbereitender Schriftsatz soll die Berufungsschrift insbesondere enthalten: die Erklärung, inwieweit das Urtheil angefochten werde und welche Abänderungen desselben beantragt werden (Berufungsanträge), sowie die Angabe derjenigen neuen Thatsachen und Beweismittel, welche die Partei geltend zu machen beabsichtigt.

§ 536.

(§ 482 CPO.)

Der Berufungsbeklagte kann sich der Berufung anschließen, selbst wenn er auf die Berufung verzichtet hat oder wenn die Berufungsfrist verstrichen ist.

Die Vorschriften über die Anfechtung des Versäumnißurtheils durch Berufung [11]) finden auch auf die Anfechtung desselben durch Anschließung Anwendung.

§ 537.

(§ 483 CPO.)

Die Anschließung verliert ihre Wirkung, wenn die Berufung zurückgenommen oder als unzulässig verworfen wird.

Hat der Berufungsbeklagte innerhalb der Berufungsfrist sich der erhobenen Berufung angeschlossen, so wird es so angesehen, als habe er die Berufung selbständig eingelegt.

---

[10]) §§ 121 ff. CPO. [§§ 200 ff.].

[11]) § 474 CPO. [§ 529].

§ 538.

(§ 506 CPO.)

Der Gerichtsschreiber des Berufungsgerichts hat innerhalb vierundzwanzig Stunden, nachdem die Berufungsschrift zum Zwecke der Terminsbestimmung eingereicht ist, von dem Gerichtsschreiber des Gerichts erster Instanz die Prozeßakten einzufordern.

Nach Erledigung der Berufung sind die Akten dem Gerichtsschreiber des Gerichts erster Instanz nebst einer beglaubigten Abschrift des in der Berufungsinstanz erlassenen Urtheils zurückzusenden.

Zweiter Abschnitt.

Beschwerde.

§ 539.

(§ 530 CPO.)

Das Rechtsmittel der Beschwerde findet in den in diesem Gesetze besonders hervorgehobenen Fällen [1]) und gegen solche eine vorgängige mündliche Verhandlung nicht erfordernde Entscheidungen statt, durch welche ein das Verfahren betreffendes Gesuch zurückgewiesen ist. [2]) Zulässigkeit.

§ 540.

(§ 531 CPO.)

Ueber die Beschwerde entscheidet das im Instanzenzuge zunächst höhere Gericht. [3]) Zuständigkeit.

Gegen die Entscheidung des Beschwerdegerichts findet, soweit nicht in derselben ein neuer selbständiger Beschwerdegrund enthalten ist [4]), eine weitere Beschwerde nicht statt.

---

[1]) §§ 118, 229, 345, 355, 374 CPO. [§§ 197, 305, 416, 425, 444] und die Fälle der sofortigen Beschwerde, Anm. 6 zu [§ 546]. Außerdem findet die Beschwerde nach Maßgabe der CPO. statt:

1) hinsichtlich der Beiordnung eines Rechtsanwalts im Falle des Armenrechts §§ 35, 36 RAO. Anm. 6 zu [§ 186];
2) hinsichtlich des Ansatzes der Gerichtskosten, §§ 4, 16, 47, 48 GKG. [§§ 969, 981, 1011, 1012], vgl. auch § 12 GORA. [§ 1091];
3) hinsichtlich der Festsetzung der Zeugen- und Sachverständigengebühren § 17 GOZ. [§ 1079];
4) hinsichtlich der Beschlüsse, durch welche die Annahme zur vorläufigen Verwahrung oder die Herausgabe aus derselben abgelehnt wird, § 86 HO. [Anl. F].

[2]) Auch in diesen Fällen greift die Beschwerde nicht Platz, wenn eine Anfechtung der Entscheidung überhaupt ausgeschlossen ist. Vgl. Anm. 5 zu [§ 528].

[3]) also das Landgericht, § 71 GVG.

[4]) Ist dies der Fall, so kann eine Beschwerde in einer zur Zuständigkeit der Amtsgerichte gehörigen Angelegenheit an das Reichsgericht erwachsen. Beschluß des I. Civilsenats des Reichsgerichts v. 5. Juni 1880 (Entsch. in Civilsachen Bd. I Nr. 84 S. 230).

§ 541.*
(§ 532 CPO.)

Verfahren. Die Beschwerde wird bei dem Gerichte eingelegt, von welchem oder von dessen Vorsitzenden die angefochtene Entscheidung erlassen ist; sie kann in dringenden Fällen auch bei dem Beschwerdegericht eingelegt werden.

Die Einlegung erfolgt durch Einreichung einer Beschwerdeschrift; die Einlegung kann auch durch Erklärung zum Protokolle des Gerichtsschreibers erfolgen.

§ 542.
(§ 533 CPO.)

Die Beschwerde kann auf neue Thatsachen und Beweise gestützt werden.

§ 543.
(§ 534 CPO.)

Erachtet das Gericht oder der Vorsitzende, dessen Entscheidung angefochten wird, die Beschwerde für begründet, so haben sie derselben abzuhelfen, anderenfalls ist die Beschwerde vor Ablauf einer Woche dem Beschwerdegericht vorzulegen.

§ 544.*
(§ 535 CPO.)

Die Beschwerde hat nur dann aufschiebende Wirkung, wenn sie gegen eine der in den §§ 345, 355, 374, 619 [§§ 416, 425, 444, 595] erwähnten Entscheidungen gerichtet ist.

Das Gericht oder der Vorsitzende, dessen Entscheidung angefochten wird, kann anordnen, daß die Vollziehung derselben auszusetzen sei.

Das Beschwerdegericht kann vor der Entscheidung eine einstweilige Anordnung erlassen; es kann insbesondere anordnen, daß die Vollziehung der angefochtenen Entscheidung auszusetzen sei.

§ 545.*
(§ 539 Abs. 1, 2 CPO.)

Wird die Aenderung einer Entscheidung des ersuchten Richters oder des Gerichtsschreibers verlangt, so ist die Entscheidung des Prozeßgerichts nachzusuchen.[5])

Die Beschwerde findet gegen die Entscheidung des Prozeßgerichts statt.

§ 546.
(§ 540 CPO.)

Sofortige Beschwerde. Für die Fälle der sofortigen Beschwerde[6]) gelten die nachfolgenden besonderen Bestimmungen.

---

[5]) Gerichtskosten § 45 Abs. 2 GKG. [§ 1009]. — Rechtsanwaltsgebühren § 29 Nr. 5, § 41 Nr. 2 GORA. [§§ 1108, 1120.]

[6]) s. dieselben in §§ 46, 49, 68, 97, 99, 126, 229, 290, 301, 352, 371, 374, 604, 619, 621, 639, 701, 813, 815, 829 CPO. [§§ 124, 127, 147, 176, 178, 205, 305, 369, 380, 423, 441, 444, 590, 595, 597, 615, 676, 891, 893, 909].

Die Beschwerde ist binnen einer Nothfrist[7]) von zwei Wochen, welche mit der Zustellung, in den Fällen der §§ 301 und 829 Abs. 3 [§§ 380, 909] mit der Verkündung der Entscheidung beginnt, einzulegen. Die Einlegung bei dem Beschwerdegericht genügt zur Wahrung der Nothfrist, auch wenn der Fall für dringlich nicht erachtet wird.[8]) Liegen die Erfordernisse der Nichtigkeits- oder der Restitutionsklage vor,[9]) so kann die Beschwerde auch nach Ablauf der Nothfrist innerhalb der für diese Klagen geltenden Nothfristen[10]) erhoben werden.

Das Gericht ist zu einer Abänderung seiner durch Beschwerde angegriffenen Verfügung nicht befugt.

In den Fällen des § 539 [§ 545] muß auf dem für die Einlegung der Beschwerde vorgeschriebenen Wege die Entscheidung des Prozeßgerichts binnen der Nothfrist nachgesucht werden. Das Prozeßgericht hat das Gesuch, wenn es demselben nicht entsprechen will, dem Beschwerdegericht vorzulegen.

Viertes Buch

Wiederaufnahme des Verfahrens.

§ 547.
(§ 541 CPO.)

Die Wiederaufnahme eines durch rechtskräftiges Endurtheil[1]) geschlossenen Verfahrens kann durch Nichtigkeitsklage und durch Restitutionsklage erfolgen. Begriff.

Werden beide Klagen von derselben Partei oder von verschiedenen Parteien erhoben, so ist die Verhandlung und Entscheidung über die Restitutionsklage bis zur rechtskräftigen Entscheidung über die Nichtigkeitsklage auszusetzen.

---

[7]) § 201 CPO. [§ 278].

[8]) Ueber die Wiedereinsetzung bei Versäumung dieser Nothfrist vgl. § 214 Abs. 2 CPO. [§ 291].

[9]) vgl. §§ 542 bis 545 CPO. [§§ 548 bis 551].

[10]) § 549 CPO. [§ 555].

[1]) § 645 CPO. [§ 621].

§ 548.
(§ 542 CPO.)

Zulässigkeit.

Die Nichtigkeitsklage findet statt:
1) wenn das erkennende Gericht nicht vorschriftsmäßig besetzt war;[2])
2) wenn ein Richter bei der Entscheidung mitgewirkt hat, welcher von der Ausübung des Richteramts kraft des Gesetzes ausgeschlossen war, sofern nicht dieses Hinderniß mittels eines Ablehnungsgesuchs oder eines Rechtsmittels ohne Erfolg geltend gemacht ist;[3])
3) wenn bei der Entscheidung ein Richter mitgewirkt hat, obgleich derselbe wegen Besorgniß der Befangenheit abgelehnt und das Ablehnungsgesuch für begründet erklärt war;[4])
4) wenn eine Partei in dem Verfahren nicht nach Vorschrift der Gesetze[5]) vertreten war, sofern sie nicht die Prozeßführung ausdrücklich oder stillschweigend genehmigt hat.

In den Fällen Nr. 1, 3 findet die Klage nicht statt, wenn die Nichtigkeit mittels eines Rechtsmittels geltend gemacht werden konnte.

§ 549.
(§ 543 CPO.)

Die Restitutionsklage findet statt:
1) wenn der Gegner durch Leistung eines Parteieides, auf welche das Urtheil gegründet ist, sich einer vorsätzlichen oder fahrlässigen Verletzung der Eidespflicht[6]) schuldig gemacht hat;
2) wenn eine Urkunde, auf welche das Urtheil gegründet ist, fälschlich angefertigt oder verfälscht[7]) war;
3) wenn durch Beeidigung eines Zeugnisses oder eines Gutachtens, auf welche das Urtheil gegründet ist, der Zeuge oder der Sachverständige sich einer vorsätzlichen oder fahrlässigen Verletzung der Eidespflicht[8]) schuldig gemacht hat;
4) wenn das Urtheil von dem Vertreter der Partei oder von dem Gegner oder dessen Vertreter durch eine in Beziehung auf den Rechtsstreit verübte Handlung erwirkt ist, welche mit einer im

---

[2]) Diese Vorschrift kann bei amtsgerichtlichen Erkenntnissen nur insoweit von Bedeutung sein, als es dem Amtsrichter an der Fähigkeit zum Richteramte (§§ 2 ff. GVG. [§ 2 Anm. 2]) gebrach.

[3]) § 41 CPO. [§ 119].

[4]) §§ 42 ff. CPO. [§§ 120 ff.].

[5]) §§ 50 ff., 75 CPO. [§§ 128 ff., 153].

[6]) §§ 153, 155, 163 StGB.

[7]) §§ 267, 269 StGB.

[8]) §§ 154, 155, 163 StGB.

Wege des gerichtlichen Strafverfahrens zu verhängenden öffentlichen Strafe bedroht ist;

5) wenn ein Richter bei dem Urtheile mitgewirkt hat, welcher in Beziehung auf den Rechtsstreit sich einer Verletzung seiner Amtspflichten gegen die Partei schuldig gemacht hat, sofern diese Verletzung mit einer im Wege des gerichtlichen Strafverfahrens zu verhängenden öffentlichen Strafe bedroht ist;[9])

6) wenn ein strafgerichtliches Urtheil, auf welches das Urtheil gegründet ist, durch ein anderes rechtskräftig gewordenes Urtheil aufgehoben ist;

7) wenn die Partei
   a. ein in derselben Sache erlassenes, früher rechtskräftig gewordenes Urtheil, oder
   b. eine andere Urkunde auffindet oder zu benutzen in den Stand gesetzt wird, welche eine ihr günstigere Entscheidung herbeigeführt haben würde.

   Diese Bestimmung kommt in dem unter b. bezeichneten Falle nicht zur Anwendung, wenn das angefochtene Urtheil darauf beruht, daß auf Grund einer Eidesleistung des Gegners die betreffende Thatsache oder deren Gegentheil für bewiesen erachtet ist.

§ 550.

(§ 544 CPO.)

In den Fällen des vorhergehenden Paragraphen Nr. 1—5 findet die Restitutionsklage nur statt, wenn wegen der strafbaren Handlung eine rechtskräftige Verurtheilung ergangen ist, oder wenn die Einleitung oder Durchführung eines Strafverfahrens aus anderen Gründen als wegen Mangels an Beweis nicht erfolgen kann.[10])

Der Beweis der Thatsachen, welche die Restitutionsklage begründen, kann durch Eideszuschiebung nicht geführt werden.

§ 551.

(§ 545 CPO.)

Die Restitutionsklage ist nur zulässig, wenn die Partei ohne ihr Verschulden außer Stande war, den Restitutionsgrund in dem frühern Verfahren, insbesondere durch Einspruch oder Berufung oder mittels Anschließung an eine Berufung geltend zu machen.

§ 552.

(§ 546 CPO.)

Mit den Klagen können Anfechtungsgründe, durch welche eine dem angefochtenen Urtheile vorausgegangene Entscheidung derselben oder einer

---

[9]) §§ 331 ff. StGB., insbesondere §§ 334, 336.

[10]) z. B. wegen Abwesenheit oder Geisteskrankheit des Thäters.

unteren Instanz betroffen wird, geltend gemacht werden, sofern das angefochtene Urtheil auf dieser Entscheidung beruht.

§ 553.*

(§ 547 CPO.)

Zuständigkeit. Für die Klagen ist ausschließlich zuständig: das Gericht, welches in erster Instanz erkannt hat; wenn das angefochtene Urtheil oder auch nur eines von mehreren angefochtenen Urtheilen von dem Berufungsgericht erlassen wurde, das Berufungsgericht.

Sind die Klagen gegen einen Vollstreckungsbefehl [11]) gerichtet, so gehören sie ausschließlich vor das Amtsgericht, welches den Befehl erlassen hat; wenn der Anspruch nicht zur Zuständigkeit der Amtsgerichte gehört, vor das für den Rechtsstreit über den Anspruch zuständige Gericht.

§ 554.

(§ 548 CPO.)

Verfahren. Auf die Erhebung der Klagen und das weitere Verfahren finden die allgemeinen Vorschriften [12]) entsprechende Anwendung, sofern nicht aus den Bestimmungen dieses Gesetzes sich eine Abweichung ergiebt.

§ 555.

(§ 549 CPO.)

Die Klagen sind vor Ablauf der Nothfrist [13]) eines Monats zu erheben.

Die Frist beginnt mit dem Tage, an welchem die Partei von dem Anfechtungsgrunde Kenntniß erhalten hat, jedoch nicht vor eingetretener Rechtskraft des Urtheils. Nach Ablauf von fünf Jahren von dem Tage der Rechtskraft des Urtheils an gerechnet, sind die Klagen unstatthaft.

Die Vorschriften des vorstehenden Absatzes finden auf die Nichtigkeitsklage wegen mangelnder Vertretung keine Anwendung; die Frist für Erhebung der Klage läuft von dem Tage, an welchem der Partei und bei mangelnder Prozeßfähigkeit dem gesetzlichen Vertreter derselben das Urtheil zugestellt ist.

§ 556.

(§ 550 CPO.)

In der Klage muß die Bezeichnung des Urtheils, gegen welches die Nichtigkeits- oder die Restitutionsklage gerichtet wird, und die Erklärung, welche dieser Klagen erhoben werde, enthalten sein. [14])

---

[11]) §§ 639, 640 CPO. [§§ 615, 616].

[12]) §§ 230 ff. CPO. [§§ 306 ff.].

[13]) Vgl. § 201 CPO. [§ 278].

[14]) Außerdem findet nach § 548 CPO. [§ 554] auch § 230 CPO. [§ 306] Anwendung.

§ 557.

(§ 551 CPO.)

Als vorbereitenden Schriftsatz [15]) soll die Klage enthalten:

1) die Bezeichnung des Anfechtungsgrundes;
2) die Angabe der Beweismittel für die Thatsachen, welche den Grund und die Einhaltung der Nothfrist ergeben;
3) die Erklärung, inwieweit die Beseitigung des angefochtenen Urtheils und welche andere Entscheidung in der Hauptsache beantragt werde.

Dem Schriftsatz, durch welchen eine Restitutionsklage erhoben wird, sind die Urkunden, auf welche dieselbe gestützt wird, in Urschrift oder in Abschrift beizufügen. Befinden sich die Urkunden nicht in den Händen des Klägers, so hat er zu erklären, welchen Antrag er wegen Herbeischaffung derselben zu stellen beabsichtigt.

§ 558.

(§ 552 CPO.)

Das Gericht hat von Amtswegen zu prüfen, ob die Klage an sich statthaft und ob sie in der gesetzlichen Form und Frist erhoben sei. Mangelt es an einem dieser Erfordernisse, so ist die Klage als unzulässig zu verwerfen. [16])

Die Thatsachen, welche ergeben, daß die Klage vor Ablauf der Nothfrist erhoben ist, sind glaubhaft zu machen. [17])

§ 559.

(§ 553 Abs. 1, 2 CPO.)

Die Hauptsache wird, insoweit sie von dem Anfechtungsgrunde betroffen ist, von Neuem verhandelt.

Das Gericht kann anordnen, daß die Verhandlung und Entscheidung über Grund und Zulässigkeit der Wiederaufnahme des Verfahrens vor der Verhandlung über die Hauptsache erfolge. In diesem Falle ist die Verhandlung über die Hauptsache als Fortsetzung der Verhandlung über Grund und Zulässigkeit der Wiederaufnahme des Verfahrens anzusehen.

§ 560.

(§ 554 CPO.)

Rechtsmittel sind insoweit zulässig, als sie gegen die Entscheidungen der mit den Klagen befaßten Gerichte überhaupt stattfinden. [18])

---

[15]) Als solche untersteht die Klage auch den Vorschriften der §§ 121 ff. CPO. [§§ 200 ff.].

[16]) Kosten: § 26 Nr. 5 GKG. [§ 990]. Rechtsanwaltsgebühren: § 20 GORA. [§ 1099].

[17]) § 266 CPO. [§ 345].

[18]) also im amtsgerichtlichen Verfahren, wenn das Amtsgericht mit der Klage befaßt war: Berufung, wenn das Landgericht als Berufungsgericht mit derselben befaßt war: kein Rechtsmittel.

Fünftes Buch.

Urkunden- und Wechselprozeß.[1]

§ 561.

(§ 555 CPO.)

Zulässigkeit. Ein Anspruch, welcher die Zahlung einer bestimmten Geldsumme oder die Leistung einer bestimmten Quantität anderer vertretbarer Sachen oder Werthpapiere zum Gegenstande hat, kann im Urkundenprozesse geltend gemacht werden, wenn die sämmtlichen zur Begründung des Anspruchs erforderlichen Thatsachen durch Urkunden bewiesen werden können.

§ 562.

(§ 556 CPO.)

Verfahren. Die Klage[2]) muß die Erklärung enthalten, daß im Urkundenprozesse geklagt werde. Die Urkunden müssen in Urschrift oder Abschrift der Klage beigefügt werden.

§ 563.

(§ 558 CPO.)

Widerklagen sind nicht statthaft.

Als Beweismittel sind bezüglich der Echtheit oder Unechtheit einer Urkunde sowie bezüglich anderer als der in § 555 [§ 561] erwähnten Thatsachen nur Urkunden und Eideszuschiebung zulässig.

Die Antretung des Urkundenbeweises[3]) kann nur durch Vorlegung der Urkunden erfolgen.

Die Leistung eines Eides ist durch Beweisbeschluß[4]) anzuordnen.

§ 564.

(§ 559 CPO.)

Der Kläger kann, ohne daß es der Einwilligung des Beklagten bedarf, bis zum Schlusse der mündlichen Verhandlung von dem Urkundenprozesse in der Weise abstehen, daß der Rechtsstreit im ordentlichen Verfahren anhängig bleibt.[4a])

---

[1]) Kosten: § 25 GKG. [§ 989]; Rechtsanwaltsgebühren § 19 GORA. [§ 1098]. — Im Urkundenprozesse fällt die Verpflichtung zur Sicherheitsleistung für die Kosten und zur Zahlung des Ausländerkostenvorschusses fort (§ 102 Nr. 3 CPO.; § 83 Nr. 2 GKG. [§§ 181, 1022]. — § 557 enthält nur eine ohnehin schon im ordentlichen Prozesse vor den Amtsgerichten geltende Vorschrift.

[2]) auf welche im Uebrigen § 230 CPO. [§ 306] Anwendung findet.

[3]) §§ 385 ff. CPO. [§§ 455 ff.].

[4]) Vgl. §§ 425, 426 CPO. [§§ 495, 496].

[4a]) Für die Gebührenerhebung gilt er als besonderer Rechtsstreit, § 33 GKG. [§ 997], § 28 GORG. [§ 1107].

§ 565.
(§ 560 CPO.)

Insoweit der in der Klage geltend gemachte Anspruch an sich oder in Folge einer Einrede des Beklagten als unbegründet sich darstellt, ist der Kläger mit dem Anspruche abzuweisen.

Ist der Urkundenprozeß unstatthaft, ist insbesondere ein dem Kläger obliegender Beweis nicht mit den im Urkundenprozesse zulässigen Beweismitteln angetreten oder mit solchen Beweismitteln nicht vollständig geführt, so wird die Klage als in der gewählten Prozeßart unstatthaft abgewiesen, selbst wenn in dem Termine zur mündlichen Verhandlung der Beklagte nicht erschienen ist oder der Klage nur auf Grund von Einwendungen widersprochen hat, welche rechtlich unbegründet oder im Urkundenprozesse unstatthaft sind.

§ 566.
(§ 561 CPO.)

Einwendungen des Beklagten sind, wenn der dem Beklagten obliegende Beweis derselben nicht mit den im Urkundenprozesse zulässigen Beweismitteln angetreten oder mit solchen Beweismitteln nicht vollständig geführt ist, als im Urkundenprozesse unstatthaft zurückzuweisen.

§ 567.
(§ 562 CPO.)

Dem Beklagten, welcher dem geltend gemachten Anspruche widersprochen hat, ist in allen Fällen, in denen er verurtheilt wird, die Ausführung seiner Rechte vorzubehalten.

Enthält das Urtheil keinen Vorbehalt, so kann die Ergänzung des Urtheils nach Vorschrift des § 292 [§ 371] beantragt werden.

Das Urtheil, welches unter Vorbehalt der Rechte ergeht, ist in Betreff der Rechtsmittel und der Zwangsvollstreckung als Endurtheil anzusehen.

§ 568.
(§ 563 CPO.)

Wird dem Beklagten die Ausübung seiner Rechte vorbehalten, so bleibt der Rechtsstreit im ordentlichen Verfahren anhängig.[5])

Insoweit sich in diesem Verfahren ergiebt, daß der klagend geltend gemachte Anspruch unbegründet war, ist das frühere Urtheil aufzuheben, der Kläger mit dem Anspruche abzuweisen und zur vollen oder theilweisen Erstattung der verursachten Kosten, sowie auf Antrag zur Erstattung des von dem Beklagten auf Grund des Urtheils Gezahlten oder Geleisteten zu verurtheilen.

---

[5]) Das Verfahren gilt indeß für die Gebührenerhebung als besonderer Rechtsstreit (§ 33 GKG. [§ 997], § 28 GORA. [§ 1107]). — Geschäftliche Behandlung § 23 Abs. 10 Nr. 1 Gesch.O. [Anl. A].

Erscheint in diesem Verfahren eine Partei nicht, so finden die Vorschriften über das Versäumnißurtheil entsprechende Anwendung.

§ 569.

(§ 565 CPO.)

Wechselprozeß. Werden im Urkundenprozesse Ansprüche aus Wechseln im Sinne der Wechselordnung geltend gemacht (Wechselprozeß), so kommen die nachfolgenden besonderen Vorschriften zur Anwendung.

§ 570.

(§ 566 CPO.)

Wechselklagen können sowohl bei dem Gerichte des Zahlungsorts als bei dem Gerichte angestellt werden, bei welchem der Beklagte seinen allgemeinen Gerichtsstand[6]) hat.

Wenn mehrere Wechselverpflichtete gemeinschaftlich verklagt werden, so ist außer dem Gerichte des Zahlungsorts jedes Gericht zuständig, bei welchem einer der Beklagten seinen allgemeinen Gerichtsstand hat.

§ 571.

(§ 567 CPO.)

Die Klage[7]) muß die Erklärung enthalten, daß im Wechselprozesse geklagt werde.

Die Einlassungsfrist[8]) beträgt, wenn die Klage am Sitze des Gerichts zugestellt wird, mindestens vierundzwanzig Stunden; wenn sie an einem andern Orte im Bezirke des Gerichts zugestellt wird, mindestens drei Tage; wenn sie an einem andern deutschen Orte zugestellt wird, mindestens eine Woche.

Sechstes Buch.

Ehesachen und Entmündigungssachen.

Erster Abschnitt.

Verfahren in Ehesachen.[1])

§ 572.

(§ 5 Abs. 2 bis 5 AG. CPO.)

Vorverfahren. In den Landestheilen, in welchen vor der Ehescheidung wegen böslicher Verlassung auf Antrag eines Ehegatten ein richterlicher Befehl

---

[6]) §§ 13 ff. CPO. [§§ 92 ff.].

[7]) vgl. Anm. 2 zu [§ 562].

[8]) § 234 CPO. [§ 311].

[1]) Da für Ehesachen das Landgericht ausschließlich zuständig ist (s. Anm. 4), so kommt hier nur eine Thätigkeit des Amtsgerichts vor Anhängigwerden der Sache in Betracht.

zur Herstellung des ehelichen Zusammenlebens zu erlassen ist,[2]) wird derselbe von dem Amtsgericht und, wenn die Klage auf Herstellung des ehelichen Lebens, die Ehescheidungsklage oder die Ungültigkeitsklage anhängig ist, von dem Prozeßgericht erlassen.[3]) Die Zuständigkeit des Amtsgerichts bestimmt sich nach Maßgabe der Vorschriften des § 568 der Deutschen Civilprozeßordnung.[4])

Ist der Befehl nicht in Gegenwart des Gegners verkündet, so hat der Antragsteller den Beschluß zustellen zu lassen.

Gegen den Beschluß, durch welchen der Antrag auf Erlaß des Befehls zurückgewiesen wird, findet Beschwerde nach den Vorschriften der §§ 530 bis 538 der Deutschen Civilprozeßordnung [§§ 539 bis 544] statt.

Die bösliche Verlassung darf nicht schon deshalb als festgestellt angenommen werden, weil der erlassene Befehl nicht befolgt ist.[5])

§ 573.

(§ 6 AG. CPO.)

Auf die nach den Vorschriften des Allgemeinen Landrechts Theil II Titel I § 709 zu erlassenden gerichtlichen Besserungsbefehle finden die Vorschriften des § 5 [§ 572] entsprechende Anwendung.

§ 574.

(§ 570 CPO.)

Sühneversuch.

Der Vorsitzende darf den Termin zur mündlichen Verhandlung über eine Ehescheidungsklage oder über eine Klage auf Herstellung des ehelichen Lebens erst festsetzen,[6]) wenn den nachfolgenden Vorschriften über den Sühneversuch genügt ist.[7])

---

[2]) Geschäftliche Behandlung: § 23 Abs. 6 Gesch.O. [Anl. A].

[3]) Es sind dies der Geltungsbereich des ALR. (§§ 680, 684, 685 Th. II Tit. 1), die Provinz Hannover (§§ 32, 34 des Ges. v. 1. März 1869, GS. S. 357) und die Provinz Schleswig-Holstein (§ 4 der Verordnung vom 29. Juli 1785). — Die Konservirung dieser Vorschriften beruht auf § 16 Nr. 6 EG. CPO. [§ 964].

[4]) Für die Rechtsstreitigkeiten, welche die Trennung, Ungültigkeit oder Nichtigkeit einer Ehe, oder die Herstellung des ehelichen Lebens zum Gegenstande haben (Ehesachen), ist das Landgericht, bei welchem der Ehemann seinen allgemeinen Gerichtsstand hat, ausschließlich zuständig.

Gegen den Ehemann, welcher seine Frau verlassen und seinen Wohnsitz nur im Auslande hat, kann von der Ehefrau die Klage bei dem Landgerichte seines letzten Wohnsitzes im Deutschen Reiche erhoben werden, sofern der Beklagte zur Zeit, als er die Klägerin verließ, ein Deutscher war.

[5]) Es ist diese Vorschrift ausdrücklich konservirt im § 16 Nr. 8 EG. CPO. [§ 964].

[6]) nach § 193 CPO. [§ 270].

[7]) Geschäftliche Behandlung: § 21 Gesch.O. [Anl. A]. — Rechtsanwaltsgebühren: § 37 GORA. [§ 1116].

§ 575.
(§ 571 CPO.)

Der Kläger hat bei dem Amtsgerichte, vor welchem der Ehemann seinen allgemeinen Gerichtsstand hat, die Anberaumung eines Sühnetermins zu beantragen und zu diesem Termine den Beklagten zu laden.

Durch die Zustellung der Ladung wird die Verjährung unterbrochen.

§ 576.
(§ 572 CPO.)

Die Parteien müssen in dem Sühnetermine persönlich erscheinen; Beistände[8]) können zurückgewiesen werden.

Erscheint der Kläger oder erscheinen beide Pateien in dem Sühnetermine nicht, so verliert die Ladung ihre Wirkung. Erscheint der Kläger, aber nicht der Beklagte, so ist der Sühneversuch als mißlungen anzusehen.

§ 577.
(§ 573 CPO.)

Der Sühneversuch ist nicht erforderlich, wenn der Aufenthalt des Beklagten unbekannt oder im Auslande ist, wenn dem Sühneversuche ein anderes schwer zu beseitigendes Hinderniß entgegensteht, welches von dem Kläger nicht verschuldet ist, oder wenn die Erfolglosigkeit des Sühneversuchs mit Bestimmtheit vorauszusehen ist.

Ueber das Vorhandensein dieser Voraussetzungen entscheidet der Vorsitzende des Landgerichts ohne vorgängiges Gehör des Beklagten.

§ 578.*
(§ 584 CPO, § 7 Abs. 1, 2 AG. CPO.[9])

Einstweilige Verfügungen.

In Betreff einstweiliger Verfügungen, insbesondere in den Fällen, wenn ein Ehegatte die Gestattung der vorläufigen Trennung und die Entrichtung von Alimenten beantragt, kommen die Bestimmungen der §§ 815 bis 822 [§§ 893 bis 900] zur Anwendung.[10])

Derartige einstweilige Verfügungen dürfen erst erlassen werden, nachdem die Anberaumung des Sühnetermins beantragt, oder der Termin zur mündlichen Verhandlung auf die Klage festgesetzt, oder der in § 5 [§ 572] erwähnte Befehl zur Herstellung des ehelichen Zusammenlebens erlassen ist.

Ist der Kläger in dem Sühnetermin oder in dem Termin zur mündlichen Verhandlung auf die Klage nicht erschienen, so ist die beantragte einstweilige Verfügung nicht zu erlassen und auf Antrag die Aufhebung der erlassenen Verfügung durch Endurtheil auszusprechen.

---

[8]) § 86 CPO. [§ 165].

[9]) Abs. 3, 4 des § 7 AG.CPO. enthalten Spezialbestimmungen zur Ausführung der Art. 270, 271 des Rheinischen Civilgesetzbuches.

[10]) Nach § 820 [§ 898] ist nur in dringenden Fällen das Amtsgericht, sonst blos das Gericht der Hauptsache zum Erlaß der einstweiligen Verfügung zuständig.

[11]) Geschäftliche Behandlung: § 23 Abs. 6 Gesch.O. [Anl. A].

Zweiter Abschnitt.

Verfahren in Entmündigungssachen.[1])

§ 579.

(§ 593 CPO.)

Eine Person kann für geisteskrank (wahnsinnig, blödsinnig u. s. w.) nur durch Beschluß des Amtsgerichts erklärt werden. I. Geisteskranke. 1. Entmündigung.

Der Beschluß wird nur auf Antrag erlassen.

§ 580.

(§ 594 CPO.)

Das Amtsgericht, bei welchem der zu Entmündigende seinen allgemeinen Gerichtsstand hat,[2]) ist ausschließlich zuständig.

Gegen einen Deutschen, welcher seinen Wohnsitz nur im Auslande hat, kann der Antrag bei dem Amtsgerichte seines letzten Wohnsitzes im Deutschen Reiche gestellt werden.

§ 581.

(§ 595 CPO.)

Der Antrag kann von dem Ehegatten, einem Verwandten oder dem Vormund des zu Entmündigenden gestellt werden. Gegen eine Ehefrau kann nur von dem Ehemanne, gegen eine Person, welche unter väterlicher Gewalt oder unter Vormundschaft steht, nur von dem Vater oder dem Vormunde der Antrag gestellt werden. Die Bestimmungen des bürgerlichen Rechts, nach welchem noch andere Personen den Antrag stellen können, bleiben unberührt.

In allen Fällen ist auch der Staatsanwalt bei dem vorgesetzten Landgerichte zur Stellung des Antrags befugt.

§ 582.

(§ 596 CPO.)

Der Antrag kann bei dem Gerichte schriftlich eingereicht oder zum Protokolle des Gerichtsschreibers gebracht werden. Er soll eine Angabe der ihn begründenden Thatsachen und die Bezeichnung der Beweismittel enthalten.

§ 583.*

(§ 597 CPO.)

Das Gericht hat unter Benutzung der in dem Antrag angegebenen Thatsachen und Beweismittel von Amtswegen die zur Feststellung des Geisteszustandes erforderlichen Ermittelungen zu veranstalten und die geeignet erscheinenden Beweismittel aufzunehmen.

---

[1]) Kosten in Entmündigungssachen, soweit die Amtsgerichte zuständig sind: § 34 Nr. 2 GKG. [§ 998]. — Geschäftliche Behandlung § 23 Abs. 3, 4, 11 Gesch.O. [Anl. A].

[2]) §§ 13 ff. CPO. [§§ 92 ff.]

Das Gericht kann vor Einleitung des Verfahrens die Beibringung eines ärztlichen Zeugnisses anordnen.

Der Staatsanwalt kann in allen Fällen das Verfahren durch Stellung von Anträgen betreiben.

Für die Vernehmung und Beeidigung der Zeugen und Sachverständigen kommen die Bestimmungen im sechsten und siebenten Titel des zweiten Buchs zur Anwendung. Die Anordnung der Haft im Falle des § 355 [§ 425] kann von Amtswegen erfolgen.

§ 584.

(§ 598 CPO.)

Der zu Entmündigende ist persönlich unter Zuziehung eines oder mehrerer Sachverständigen zu vernehmen.

Die Vernehmung kann auch durch einen ersuchten Richter[3]) erfolgen.

Die Vernehmung kann unterbleiben, wenn sie nach Ansicht des Gerichts schwer ausführbar oder für die Entscheidung unerheblich oder für den Gesundheitszustand des zu Entmündigenden nachtheilig ist.

§ 585.

(§ 599 CPO.)

Die Entmündigung darf nicht ausgesprochen werden, bevor das Gericht einen oder mehrere Sachverständige über den Geisteszustand des zu Entmündigenden gehört hat.

§ 586.

(§ 600 CPO.)

Sobald das Gericht die Anordnung einer Fürsorge für die Person oder das Vermögen des zu Entmündigenden für erforderlich hält, ist der Vormundschaftsbehörde zum Zwecke dieser Anordnung Mittheilung zu machen.

§ 587.

(§ 601 CPO.)

Die Kosten des Verfahrens sind, wenn die Entmündigung erfolgt, von dem Entmündigten, anderenfalls von der Staatskasse zu tragen.

Insoweit einen der im § 595 Abs. 1 [§ 581] bezeichneten Antragsteller bei Stellung des Antrags nach dem Ermessen des Gerichts ein Verschulden trifft, können demselben die Kosten ganz oder theilweise zur Last gelegt werden.

§ 588.

(§ 602 CPO.)

Der über die Entmündigung zu erlassende Beschluß ist dem Antragsteller und dem Staatsanwalte von Amtswegen zuzustellen.

---

[3]) § 158 GVG. [§ 44].

§ 589.

(§ 603 CPO.)

Der die Entmündigung aussprechende Beschluß ist von Amtswegen der Vormundschaftsbehörde und, wenn eine gesetzliche Vormundschaft[4]) stattfindet, auch dem gesetzlichen Vormunde mitzutheilen.

Mit der Mittheilung des Beschlusses an die Vormundschaftsbehörde tritt die Entmündigung in Wirksamkeit.

§ 590.

(§ 604 Abs. 1 CPO.)

Gegen den Beschluß, durch welchen die Entmündigung abgelehnt wird, steht dem Antragsteller und dem Staatsanwalte die sofortige Beschwerde[5]) zu.

§ 591.

(§ 605 Abs. 1, § 606 CPO.)

Der die Entmündigung aussprechende Beschluß kann im Wege der Klage binnen der Frist eines Monats angefochten werden.

Für die Klage ist das Landgericht, in dessen Bezirke das Amtsgericht seinen Sitz hat, ausschließlich zuständig.[6])

§ 592.

(§ 616 CPO.)

Die Wiederaufhebung der Entmündigung erfolgt auf Antrag des Entmündigten oder seines Vormundes oder des Staatsanwalts durch Beschluß des Amtsgerichts. 2. Wiederaufhebung.

§ 593.

(§ 617 CPO.)

Für die Wiederaufhebung der Entmündigung ist das Amtsgericht ausschließlich zuständig, bei welchem der Entmündigte seinen allgemeinen Gerichtsstand[7]) hat.

Ist der Entmündigte ein Deutscher und hat er seinen Wohnsitz nur im Auslande, so kann der Antrag bei dem Amtsgerichte seines letzten Wohnsitzes im Deutschen Reiche gestellt werden, sofern die Entmündigung von einem deutschen Gericht ausgesprochen ist.

Die Bestimmungen der §§ 596 bis 599 [§§ 582 bis 585] finden entsprechende Anwendung.

---

[4]) § 12 Abs. 1, § 13 der Vormundschaftsordnung vom 5. Juli 1875.

[5]) § 540 CPO. [§ 546].

[6]) Daher sind die näheren Bestimmungen über diese Klage (§ 605 Abs. 2, 3, §§ 606 bis 613 CPO.) hier ohne Interesse.

[7]) s. Anm. 2.

§ 594.
(§ 618 CPO.)

Die Kosten des Verfahrens sind von dem Entmündigten, wenn das Verfahren von dem Staatsanwalt ohne Erfolg beantragt ist, von der Staatskasse zu tragen.

§ 595.
(§ 619 CPO.)

Der über die Wiederaufhebung der Entmündigung zu erlassende Beschluß ist dem Antragsteller und im Falle der Wiederaufhebung dem Entmündigten sowie dem Staatsanwalte von Amtswegen zuzustellen.

Gegen den Beschluß, durch welchen die Entmündigung aufgehoben wird, steht dem Staatsanwalte die sofortige Beschwerde[8]) zu.

Die rechtskräftig erfolgte Wiederaufhebung ist der Vormundschaftsbehörde mitzutheilen.

§ 596.*
(§ 620 CPO.)

Wird der Antrag auf Wiederaufhebung von dem Amtsgerichte abgelehnt, so kann dieselbe im Wege der Klage beantragt werden.

Hinsichtlich der Zuständigkeit für diese Klage findet § 606 [§ 595 Abs. 2] entsprechende Anwendung.[9])

§ 597.
(§ 621 CPO.)

II. Verschwender. 1. Entmündigung.

Eine Person kann für einen Verschwender nur durch Beschluß des Amtsgerichts erklärt werden.

Der Beschluß wird nur auf Antrag erlassen.

Auf das Verfahren finden die Vorschriften der §§ 594, 595 Abs. 1, der §§ 596, 597 Abs. 1, 4 und des § 604 [§§ 580, 581, 582, 583, 590] entsprechende Anwendung.

Eine Mitwirkung der Staatsanwaltschaft findet nicht statt.

§ 598.
(§ 622 CPO.)

Die Kosten des amtsgerichtlichen Verfahrens sind, wenn die Entmündigung erfolgt, von dem Entmündigten, anderenfalls von dem Antragsteller zu tragen.

§ 599.
(§ 623 CPO.)

Der über die Entmündigung zu erlassende Beschluß ist dem Antragsteller und dem zu Entmündigenden von Amtswegen zuzustellen.

Der die Entmündigung aussprechende Beschluß tritt mit der Zu-

---

[8]) s. Anm. 5 — in diesem Falle mit aufschiebender Wirkung, § 535 CPO. [§ 544].

[9]) Wegen Auslassung der übrigen bezüglichen Bestimmungen s. Anm. 6.

stellung an den Entmündigten in Wirksamkeit. Der Vormundschaftsbehörde ist ein solcher Beschluß von Amtswegen mitzutheilen.

§ 600.*

(§ 624 CPO.)

Der die Entmündigung aussprechende Beschluß kann binnen der Frist eines Monats von dem Entmündigten im Wege der Klage angefochten werden.

Hinsichtlich der Zuständigkeit findet § 606 [§ 591 Abs. 2] entsprechende Anwendung.[10])

§ 601.

(§ 625 CPO.)

Die Wiederaufhebung der Entmündigung erfolgt auf Antrag des Entmündigten oder seines Vormunds unter entsprechender Anwendung der Vorschriften der §§ 616—619 [§§ 592—595]. 2. Wiederaufhebung der Entmündigung.

Eine Anfechtung des Beschlusses, durch welchen die Entmündigung aufgehoben wird, findet nicht statt.

§ 602.*

(§ 626 Abs. 1, 4 CPO.)

Wird der Antrag auf Wiederaufhebung von dem Amtsgericht abgelehnt, so kann dieselbe im Wege der Klage beantragt werden.

Hinsichtlich der Zuständigkeit findet § 606 [§ 591 Abs. 2] entsprechende Anwendung.[10])

§ 603.

(§ 627 CPO.)

Die Entmündigung einer Person wegen Verschwendung sowie die Wiederaufhebung einer solchen Entmündigung ist von dem Amtsgericht öffentlich bekannt zu machen.

Siebentes Buch.

Mahnverfahren.[1])

§ 604.

(§ 628 CPO.)

Wegen eines Anspruchs, welcher die Zahlung einer bestimmten Geldsumme oder die Leistung einer bestimmten Quantität anderer ver- Zahlungsbefehl.

---

[10]) Wegen Auslassung der übrigen bezüglichen Bestimmungen s. Anm. 6.

[1]) Gerichtskosten: § 37 GKG. [§ 1001] — Rechtsanwaltsgebühren: § 38 GORA [§ 1117] — Geschäftliche Behandlung: § 22 Gesch. O. [Anl. A].

tretbarer Sachen oder Werthpapiere zum Gegenstande hat, ist auf Gesuch des Gläubigers ein bedingter Zahlungsbefehl zu erlassen.

Das Mahnverfahren findet nicht statt, wenn nach Inhalt des Gesuchs die Geltendmachung des Anspruchs von einer noch nicht erfolgten Gegenleistung abhängig ist, oder wenn die Zustellung des Zahlungsbefehles im Auslande[2]) oder durch öffentliche Bekanntmachung[3]) erfolgen müßte.

§ 605.
(§ 629 CPO.)

Die Zahlungsbefehle werden von den Amtsgerichten erlassen.

Ausschließlich zuständig ist das Amtsgericht, bei welchem der allgemeine persönliche Gerichtsstand[4]) oder der dingliche Gerichtsstand[5]) für die im ordentlichen Verfahren erhobene Klage begründet sein würde, wenn die Amtsgerichte in erster Instanz sachlich unbeschränkt zuständig wären.

§ 606.
(§ 630 CPO.)

Das Gesuch[6]) muß enthalten:

1) die Bezeichnung der Parteien nach Namen, Stand oder Gewerbe und Wohnort;
2) die Bezeichnung des Gerichts;
3) die bestimmte Angabe des Betrags oder Gegenstandes und des Grundes des Anspruchs;
4) das Gesuch um Erlassung des Zahlungsbefehls.

§ 607.
(§ 631 CPO.)

Entspricht das Gesuch nicht den Bestimmungen der vorstehenden Paragraphen oder ergiebt sich aus dem Inhalte des Gesuchs, daß der Anspruch überhaupt oder zur Zeit nicht begründet ist, so wird derselbe zurückgewiesen.[7])

Das Gesuch ist auch dann zurückzuweisen, wenn der Zahlungsbefehl nur in Ansehung eines Theils des Anspruchs nicht erlassen werden kann.[8])

Eine Anfechtung der zurückweisenden Verfügung findet nicht statt.

---

[2]) § 182 CPO. [§ 260].
[3]) §§ 186 f. CPO. [§§ 264 f.].
[4]) §§ 13 ff. CPO. [§§ 92 ff.].
[5]) §§ 26, 27 CPO. [§§ 104, 105].
[6]) Ueber die Form des Gesuchs vgl. § 642 CPO. [§ 618].
[7]) Gerichtskosten für die Entscheidung über das Gesuch um Erlassung des Zahlungsbefehls: § 37 Nr. 1 GKG [§ 1001]. — Rechtsanwaltsgebühr: § 38 Nr. 1 GORA. [§ 1117].
[8]) Gerichtskostenberechnung: § 37 Abs. 2 GKG. (§ 1001].

§ 608.

(§ 632 CPO.)

Der Zahlungsbefehl enthält die im § 630 Nr. 1—3 [§ 606] bezeichneten Erfordernisse des Gesuchs und außerdem den Befehl an den Schuldner, binnen einer vom Tage der Zustellung laufenden Frist von zwei Wochen bei Vermeidung sofortiger Zwangsvollstreckung den Gläubiger wegen des Anspruchs nebst den dem Betrage nach zu bezeichnenden Kosten des Verfahrens und den geforderten Zinsen zu befriedigen oder bei dem Gerichte Widerspruch zu erheben.

§ 609.

(§ 633 CPO.)

Mit der Zustellung des Zahlungsbefehls an den Schuldner treten die Wirkungen der Rechtshängigkeit [9]) ein.

§ 610.

(§ 634 CPO.)

Der Schuldner kann gegen den Anspruch oder einen Theil desselben Widerspruch. Widerspruch erheben, [10]) so lange der Vollstreckungsbefehl nicht verfügt ist.

Das Gericht hat den Gläubiger von dem rechtzeitig erhobenen Widerspruche in Kenntniß zu setzen und dem Schuldner auf Verlangen eine Bescheinigung darüber zu ertheilen, daß er rechtzeitig Widerspruch erhoben habe.

Einer Zurückweisung des nicht rechtzeitig erhobenen Widerspruchs bedarf es nicht.

§ 611.

(§ 635 CPO.)

Durch die rechtzeitige Erhebung des Widerspruchs gegen den Anspruch oder einen Theil desselben verliert der Zahlungsbefehl seine Kraft. Die Wirkungen der Rechtshängigkeit bleiben bestehen.

§ 612.

(§ 636 CPO.)

Gehört eine wegen des Anspruchs zu erhebende Klage vor die Amtsgerichte, so wird, wenn rechtzeitig Widerspruch erhoben ist, die Klage als mit der Zustellung des Zahlungsbefehls bei dem Amtsgericht erhoben angesehen, welches den Befehl erlassen hat.

Jede Partei kann den Gegner zur mündlichen Verhandlung laden [11]); die Ladungsfrist [12]) beträgt mindestens drei Tage.

---

[9]) § 235 CPO. [§ 313].

[10]) Betreffs der Form des Widerspruchs vgl. § 642 CPO. [§ 618]. — Rechtsanwaltsgebühr: § 38 Nr. 2 GORA. [§ 1117].

[11]) Geschäftliche Behandlung: § 22 Abs. 9 GO. [Anl. A].

[12]) § 194 CPO. [§ 271].

§ 613.

(§ 637 CPO.)

Gehört eine wegen des Anspruchs zu erhebende Klage vor die Landgerichte, so erlöschen die Wirkungen der Rechtshängigkeit, wenn nicht binnen einer sechsmonatigen Frist, welche von dem Tage der Benachrichtigung von der Erhebung des Widerspruchs läuft, die Klage bei dem zuständigen Gericht erhoben wird.

§ 614.

(§ 638 CPO.)

Die Kosten des Mahnverfahrens sind im Falle der rechtzeitigen Erhebung des Widerspruchs als ein Theil der Kosten des entstehenden Rechtsstreits anzusehen. [13])

Wird im Falle des § 637 [§ 613] die Klage nicht binnen der bestimmten Frist erhoben, so hat der Gläubiger die Kosten des Mahnverfahrens zu tragen.

§ 615.

(§ 639 CPO.)

Vollstreckungsbefehl.

Der Zahlungsbefehl ist nach Ablauf der darin bestimmten Frist auf Gesuch des Gläubigers [14]) für vorläufig vollstreckbar zu erklären, sofern nicht vor der Vollstreckbarkeitserklärung von dem Schuldner Widerspruch erhoben ist. Die Vollstreckbarkeitserklärung erfolgt durch einen auf den Zahlungsbefehl zu setzenden Vollstreckungsbefehl. In den Vollstreckungsbefehl sind die von dem Gläubiger zu berechnenden Kosten des bisherigen Verfahrens aufzunehmen. [15])

Gegen den Beschluß, durch welchen das Gesuch des Gläubigers zurückgewiesen wird, findet sofortige Beschwerde [16]) statt.

§ 616.

(§ 640 CPO.)

Der Vollstreckungsbefehl steht einem für vorläufig vollstreckbar erklärten auf Versäumniß erlassenen Endurtheile gleich. Gegen denselben findet der Einspruch nach den Vorschriften der §§ 303 bis 311 [§§ 382 bis 390] statt. Gehört der Anspruch nicht vor die Amtsgerichte, so wird bei dem Amtsgerichte nur darüber verhandelt und entschieden, ob der Einspruch in der gesetzlichen Form und Frist eingelegt sei. [16a])

---

[13]) Vgl. auch § 38 Abs. 2 GORA. [§ 1117].

[14]) Hinsichtlich der Form desselben vgl. § 642 CPO. [§ 618].

[15]) Kosten für die Entscheidung über das Gesuch um Erlassung des Vollstreckungsbefehls: § 37 Nr. 2 GKG. [§ 1001]. — Rechtsanwaltsgebühr: § 38 Nr. 3 GORA. [§ 1117].

[16]) § 540 CPO. [§ 546].

[16a]) Kostenberechnung: § 30 GKG. [§ 994].

Die im § 637 [§ 613] bestimmte Frist beginnt in diesem Falle mit der Rechtskraft des Urtheils, durch welches der Einspruch für zulässig erklärt ist.

§ 617.

(§ 641 CPO.)

Wird in dem Falle, wenn Widerspruch nicht erhoben ist, die Erlassung des Vollstreckungsbefehles nicht binnen einer sechsmonatigen Frist, welche mit Ablauf der im Zahlungsbefehle bestimmten Frist beginnt, nachgesucht, so verliert der Zahlungsbefehl dergestalt seine Kraft, daß auch die Wirkungen der Rechtshängigkeit erlöschen. Dasselbe gilt, wenn die Erlassung des Vollstreckungsbefehls rechtzeitig nachgesucht ist, das Gesuch aber zurückgewiesen wird.

§ 618.

(§ 642 CPO.)

Allgemeines.

Das Gesuch um Erlassung eines Zahlungsbefehls oder eines Vollstreckungsbefehls, sowie die Erhebung eines Widerspruchs werden der anderen Partei abschriftlich nicht mitgetheilt; im Falle ihrer mündlichen Anbringung ist die Aufnahme eines Protokolls nicht erforderlich.[17])

§ 619.

(§ 643 CPO.)

Des Nachweises einer Vollmacht bedarf es nicht, wenn für den Gläubiger die Erlassung eines Zahlungsbefehles nachgesucht oder für den Schuldner Widerspruch gegen einen Zahlungsbefehl erhoben wird.

Achtes Buch.

Zwangsvollstreckung.[1])

Erster Abschnitt.

Allgemeine Bestimmungen.

§ 620.

(§ 644 Abs. 1 CPO.)

Vollstreckbare Urtheile.

Die Zwangsvollstreckung findet statt aus Endurtheilen,[2]) welche rechtskräftig oder für vorläufig vollstreckbar erklärt sind.[3])

---

[17]) Vgl. über die Behandlung der Gesuche und über die Einrichtung des Mahnregisters § 22 Gesch.O. u. Formular 5 zu derselben [Anl. A].

[1]) Für den Zweck dieses Werks interessirt nur die gerichtliche Zwangsvollstreckung, nicht das Verwaltungszwangsverfahren. Ueber diese vgl. § 14 Abs. 2 AG. CPO.[*]): „Die anderweite Regelung des Verfahrens der Zwangsvollstreckung wegen

§ 621.

(§ 645 CPO.)

Rechtskräftige Urtheile.

Die Rechtskraft der Urtheile tritt vor Ablauf der für die Einlegung des zulässigen Rechtsmittels[4]) oder des zulässigen Einspruchs[5]) bestimmten Frist nicht ein. Der Eintritt der Rechtskraft wird durch rechtzeitige Einlegung des Rechtsmittels oder des Einspruchs gehemmt.[6])

§ 622.

(§ 646 CPO.)

Zeugnisse über die Rechtskraft der Urtheile sind auf Grund der Prozeßakten vom Gerichtsschreiber erster Instanz und, so lange der Rechtsstreit in einer höheren Instanz anhängig ist, von dem Gerichtsschreiber dieser Instanz zu ertheilen.[7])

Insoweit die Ertheilung des Zeugnisses davon abhängt, daß gegen das Urtheil ein Rechtsmittel nicht eingelegt ist, genügt ein Zeugniß des Gerichtsschreibers des für das Rechtsmittel zuständigen Gerichts, daß innerhalb der Nothfrist ein Schriftsatz zum Zwecke der Terminsbestimmung nicht eingereicht sei.

§ 623.

(§ 647 CPO.)

Wird die Wiedereinsetzung in den vorigen Stand[8]) oder eine Wiederaufnahme des Verfahrens[9]) beantragt, so kann das Gericht auf Antrag anordnen, daß die Zwangsvollstreckung gegen oder ohne Sicherheits-

Geldforderungen aus Entscheidungen oder Anordnungen der zuständigen Verwaltungsbehörde, eines Verwaltungsgerichts, einer Auseinandersetzungsbehörde oder eines solchen Instituts, dem die Befugniß zur Zwangsvollstreckung zusteht, erfolgt im Anschlusse an die Vorschriften der Deutschen Civilprozeßordnung durch Königliche Verordnung." — Dieser Vorbehalt ist ausgeführt durch die Verordnung vom 7. September 1879, betreffend das Verwaltungszwangsverfahren wegen Beitreibung von Geldbeträgen (GS. S. 591). Das Verwaltungszwangsverfahren findet ohne Mitwirkung der Gerichte statt (§§ 3 bis 6 der Verordnung) mit Ausnahme der Zwangsvollstreckung in das unbewegliche Vermögen (§ 54), welche aber durchaus den Vorschriften über die gerichtliche Zwangsvollstreckung folgt. — Rechtsanwaltsgebühr in der Zwangsvollstreckungsinstanz: § 23 Nr. 2 GORA. [§ 1102].

[2]) §§ 272 bis 274 CPO. [§§ 351 bis 353].

[3]) vgl. § 59 Nr. 1 Abs. 2 GAGB. [Anl. C].

[4]) d. i. in amtsgerichtlichen Sachen nur der Berufung § 472 CPO. [§ 527]; die Berufungsfrist beträgt einen Monat, § 477 Abs. 1 CPO. [§ 532].

[5]) Einspruchsfrist: zwei Wochen, § 304 CPO. [§ 383].

[6]) Anders bei für vorläufig vollstreckbar erklärten Urtheilen, § 647 CPO. [§ 623] und folgeweise bei (diesen gleichstehenden) Vollstreckungsbefehlen, § 640 CPO. [§ 616].

[7]) Geschäftliche Behandlung: § 23 Abs. 9 Gesch.O. [Anl. A]. — Gerichtskosten: § 38 GKG. [§ 1002]. — Rechtsanwaltsgebühr: §§ 24, 35 GORA. [§§ 1093, 1114].

[8]) §§ 211 ff. CPO. [§§ 288 ff.].

[9]) §§ 541 ff. CPO. [§§ 547 ff.].

leistung einstweilen eingestellt werde oder nur gegen Sicherheitsleistung[9a]) stattfinde, und daß die erfolgten Vollstreckungsmaßregeln gegen Sicherheitsleistung aufzuheben seien. Die Einstellung der Zwangsvollstreckung ohne Sicherheitsleistung ist nur zulässig, wenn glaubhaft gemacht wird,[10]) daß die Vollstreckung einen nicht zu ersetzenden Nachtheil bringen würde.

Die Entscheidung kann ohne vorgängige mündliche Verhandlung erfolgen. Eine Anfechtung des Beschlusses findet nicht statt.[10a])

§ 624.

(§ 648 CPO.)

Vorläufige Vollstreckbarkeit.[11])

Auch ohne Antrag sind für vorläufig vollstreckbar zu erklären:

1) Urtheile, welche auf Grund eines Anerkenntnisses eine Verurtheilung aussprechen (§ 278 [§ 357]);
2) Urtheile, welche den Eintritt der in einem bedingten Endurtheile ausgedrückten Folgen aussprechen;[11a])
3) ein zweites oder ferneres in derselben Instanz gegen dieselbe Partei zur Hauptsache erlassenes Versäumnißurtheil;
4) Urtheile, welche im Urkunden- oder Wechselprozesse[12]) erlassen werden;
5) Urtheile, durch welche Arreste oder einstweilige Verfügungen aufgehoben werden[13]);
6) Urtheile, welche die Verpflichtung zur Entrichtung von Alimenten aussprechen, soweit die Alimente für die Zeit nach der Erhebung der Klage und für das diesem Zeitpunkte vorausgehende letzte Vierteljahr zu entrichten sind.

§ 625.

(§ 649 CPO.)

Urtheile sind auf Antrag für vorläufig vollstreckbar zu erklären, wenn sie betreffen:

1) Streitigkeiten zwischen Vermiethern und Miethern von Wohnungs-

---

[9a]) Vgl. § 101 CPO. [§ 180]. — Fall der vorläufigen Verwahrung: § 73 HO. [Anl. F].

[10]) § 266 CPO. [§ 345].

[10a]) Gerichtskosten: § 35 Nr. 2 GKG. [§ 999]. — Rechtsanwaltsgebühr: § 23 Nr. 2, § 29 Nr. 4 GORA. [§§ 1102, 1108].

[11]) Die besondere Gebühr für die Erklärung der vorläufigen Vollstreckbarkeit (§ 26 Nr. 7 GKG. [§ 990]) hat für die amtsgerichtliche Thätigkeit keine Bedeutung, da nach § 28 GKG. [§ 992] sie nicht erhoben werden darf, wenn in derselben Instanz über die Forderung selbst entschieden wird. — Rechtsanwaltsgebühr: § 20 GORA. [§ 1099].

[11a]) § 427 CPO. [§ 497].

[12]) §§ 555 ff. CPO. [§§ 561 ff.].

[13]) §§ 805 bis 807, 815 CPO. [§§ 883 bis 885, 893].

und andern Räumen wegen Ueberlassung, Benutzung und Räumung derselben sowie wegen Zurückhaltung der vom Miether in die Miethsräume eingebrachten Sachen;

2) Streitigkeiten zwischen Dienstherrschaft und Gesinde, zwischen Arbeitgebern und Arbeitern hinsichtlich des Dienst- und Arbeitsverhältnisses sowie die in § 108 [14]) der Gewerbeordnung bezeichneten Streitigkeiten, insofern dieselben während der Dauer des Dienst-, Arbeits- oder Lehrverhältnisses entstehen;

3) Streitigkeiten zwischen Reisenden und Wirthen, Fuhrleuten, Schiffern, Flößern oder Auswanderungsexpedienten in den Einschiffungshäfen, welche über Wirthszechen, Fuhrlohn, Ueberfahrtsgelder, Beförderung der Reisenden und ihrer Habe und über Verlust und Beschädigung der letzteren, sowie Streitigkeiten zwischen Reisenden und Handwerkern, welche aus Anlaß der Reise entstanden sind;

4) andere vermögensrechtliche Ansprüche, sofern der Gegenstand der Verurtheilung an Geld oder Geldeswerth die Summe von dreihundert Mark nicht übersteigt; in Betreff des Werthes des Gegenstandes kommen die Vorschriften der §§ 3 bis 9 [§§ 83 bis 89] zur Anwendung.

§ 626.

(§ 650 CPO.)

Urtheile sind auf Antrag für vorläufig vollstreckbar zu erklären, wenn glaubhaft gemacht wird [14a]), daß die Aussetzung der Vollstreckung dem Gläubiger einen schwer zu ersetzenden und schwer zu ermittelnden Nachtheil bringen würde, oder wenn sich der Gläubiger erbietet, vor der Vollstreckung Sicherheit zu leisten. [15])

§ 627.

(§ 651 CPO.)

Wird glaubhaft gemacht, [14b]) daß die Vollstreckung des Urtheils dem Schuldner einen nicht zu ersetzenden Nachtheil bringen würde, so ist in den Fällen des § 648 [§ 624] auf Antrag des Schuldners auszusprechen, daß derselbe nicht vorläufig vollstreckbar sei; in den Fällen der §§ 649, 650 [§§ 625, 626] ist der Antrag des Gläubigers zurückzuweisen.

---

[14]) Vgl. Anm. 9 zu [§ 29].

[14a]) § 266 CPO. [§ 345].

[15]) Vgl. § 101 CPO. [§ 180]. — Fall der vorläufigen Verwahrung, § 73 HO. [Anl. F.]

§ 628.

(§ 652 CPO.)

Das Gericht kann auf Antrag die vorläufige Vollstreckbarkeit von einer vorgängigen Sicherheitsleistung abhängig machen.

Das Gericht hat auf Antrag dem Schuldner nachzulassen, durch Sicherheitsleistung oder durch Hinterlegung die Vollstreckung abzuwenden [15a]), wenn nicht der Gläubiger sich erbietet, vor der Vollstreckung Sicherheit zu leisten.

§ 629.

(§ 653 CPO.)

Die in den §§ 649 bis 652 [§§ 625 bis 628] erwähnten Anträge sind vor dem Schlusse der mündlichen Verhandlung zu stellen, auf welche das Urtheil ergeht.

§ 630.

(§ 654 CPO.)

Ist der Antrag, das Urtheil für vorläufig vollstreckbar zu erklären, übergangen oder ist in Fällen, in welchen ein Urtheil ohne Antrag für vorläufig vollstreckbar zu erklären ist, eine Entscheidung über die vorläufige Vollstreckbarkeit nicht erfolgt, so kommen wegen Ergänzung des Urtheils die Vorschriften des § 292 [§ 371] zur Anwendung.

§ 631.

(§ 655 CPO.)

Die vorläufige Vollstreckbarkeit tritt mit der Verkündung eines Urtheils, welches die Entscheidung in der Hauptsache oder die Vollstreckbarkeitserklärung aufhebt oder abändert, insoweit außer Kraft, als die Aufhebung oder Abänderung erfolgt. [16])

Soweit ein für vorläufig vollstreckbar erklärtes Urtheil aufgehoben oder abgeändert wird, ist der Kläger auf Antrag des Beklagten zur Erstattung des von diesem auf Grund des Urtheils Gezahlten oder Geleisteten zu verurtheilen.

§ 632.

(§ 657 CPO. [17])

Wird gegen ein für vorläufig vollstreckbar erklärtes Urtheil der Einspruch oder ein Rechtsmittel eingelegt, so finden die Vorschriften des § 647 [§ 623] entsprechende Anwendung.

[15a]) Folgen für die Zwangsvollstreckung in körperliche Sachen: § 659 CPO. [§ 634]; — für die Zwangsvollstreckung in Forderungen: § 738 CPO. [§ 712]. — Art der Sicherheitsleistung: § 101 CPO. [§ 180]. — Fall der vorläufigen Verwahrung, § 73 HO. [Anl. F].

[16]) Vgl. § 59 Nr. 1 Abs. 3 GAGB. [Anl. C].

[17]) § 656 CPO. enthält eine Vorschrift für die Berufungsinstanz.

§ 633.

(§ 658 CPO.)

Ist auf Bewirkung einer Eintragung im Grund- oder Hypothekenbuche erkannt, so darf das für vorläufig vollstreckbar erklärte Urtheil nur in der Weise vollzogen werden, daß die Eintragung in der zur Sicherstellung eines Anspruchs auf Eintragung vorgeschriebenen Form (Vormerkung, Protestation, arrestatorische Verfügung, Dispositionsbeschränkung u. s. w.) erfolgt.

§ 634.

(§ 659 CPO.)

Ist in Gemäßheit des § 652 Abs. 2 [§ 628] dem Schuldner nachgelassen, durch Sicherheitsleistung oder durch Hinterlegung die Vollstreckung abzuwenden, so ist gepfändetes Geld oder der Erlös gepfändeter Gegenstände zu hinterlegen.[18]

§ 635.

(§ 660 CPO.)

Ausländische Urtheile.

Aus dem Urtheil eines ausländischen Gerichts findet die Zwangsvollstreckung nur statt, wenn ihre Zulässigkeit durch ein Vollstreckungsurtheil ausgesprochen ist.[19]

Für die Klage auf Erlassung desselben ist das Amtsgericht oder Landgericht, bei welchem der Schuldner seinen allgemeinen Gerichtsstand hat[20] und in Ermangelung eines solchen das Amtsgericht oder Landgericht zuständig, bei welchem in Gemäßheit des § 24 [§ 103] gegen den Schuldner Klage erhoben werden kann.

§ 636.

(§ 661 CPO.)

Das Vollstreckungsurtheil ist ohne Prüfung der Gesetzmäßigkeit der Entscheidung zu erlassen.

Dasselbe ist nicht zu erlassen:

1) wenn das Urtheil des ausländischen Gerichts nach dem für dieses Gericht geltenden Rechte die Rechtskraft noch nicht erlangt hat;
2) wenn durch die Vollstreckung eine Handlung erzwungen werden würde, welche nach dem Rechte des über die Zulässigkeit der Zwangsvollstreckung urtheilenden deutschen Richters nicht erzwungen werden darf;
3) wenn nach dem Rechte des über die Zulässigkeit der Zwangsvollstreckung urtheilenden deutschen Richters die Gerichte desjenigen

---

[18]) § 103 Abs. 2 Nr. 1 GAGB. [Anl. C].

[19]) § 53 GAGB. [Anl. C]. — Gerichtskosten: § 26 Nr. 8 GKG. [§ 990]; — Rechtsanwaltsgebühr: § 20 GORA. [§ 1099].

[20]) §§ 13 ff. CPO. [§§ 92 ff.].

Staates nicht zuständig waren, welchen das ausländische Gericht angehört;

4) wenn der verurtheilte Schuldner ein Deutscher ist und sich auf den Prozeß nicht eingelassen hat, sofern die den Prozeß einleitende Ladung oder Verfügung ihm weder in dem Staate des Prozeßgerichts in Person noch durch Gewährung der Rechtshülfe im Deutschen Reiche zugestellt ist;

5) wenn die Gegenseitigkeit nicht verbürgt ist.

§ 637.

(§ 662 CPO.)

Die Zwangsvollstreckung erfolgt auf Grund einer mit der Vollstreckungsklausel versehenen Ausfertigung des Urtheils (vollstreckbare Ausfertigung).[21] Vollstreckbare Ausfertigung, Vollstreckungsklausel.

Die vollstreckbare Ausfertigung wird von dem Gerichtsschreiber des Gerichts erster Instanz und, wenn der Rechtsstreit bei einem höheren Gerichte anhängig ist, von dem Gerichtsschreiber dieses Gerichts ertheilt.[22]

§ 638.

(§ 663 CPO.)

Die Vollstreckungsklausel:

„Vorstehende Ausfertigung wird dem u. s. w. (Bezeichnung der Partei) zum Zwecke der Zwangsvollstreckung ertheilt.“[23]

ist der Ausfertigung des Urtheils am Schusse beizufügen, von dem Gerichtsschreiber zu unterschreiben und mit dem Gerichtssiegel zu versehen.[24]

§ 639.

(§ 664 CPO.)

Von Urtheilen, deren Vollstreckung nach ihrem Inhalte von dem durch den Gläubiger zu beweisenden Eintritt einer anderen Thatsache, als einer dem Gläubiger obliegenden Sicherheitsleistung abhängt, darf

---

[21]) Einer Vollstreckungsklausel bedürfen Vollstreckungsbefehle (§ 704 Abs. 1 CPO. [§ 679]) und Arrestbefehle (§ 809 Abs. 1 CPO. [§ 887]) nur, wenn eine Rechtsnachfolge auf Seiten des Gläubigers oder Schuldners eingetreten ist. — § 52 GAVG. [Anl. C].

[22]) Vgl. § 50 GAGV. — Geschäftliche Behandlung: § 23 Abs. 9 Gesch.O. [Anl. A]. — Gerichtskosten: § 35 Nr. 1 GKG. [§ 999]. — Rechtsanwaltsgebühr: §§ 24, 35 GORA. [§§ 1103, 1114].

[23]) Außerdem sind in der Vollstreckungsklausel zu erwähnen: die Offenkundigkeit einer Rechtsnachfolge, die Anordnung der Ertheilung seitens des Vorsitzenden, die Entscheidung über Ertheilung einer weiteren vollstreckbaren Ausfertigung [§§ 665 Abs. 2, 666 Abs. 3, 669 Abs. 4 CPO. [§§ 640, 641, 644].

[24]) Vgl. § 12 Gesch.O. [Anl. A].

eine vollstreckbare Ausfertigung nur ertheilt werden, wenn der Beweis durch öffentliche Urkunden[25]) geführt wird.

§ 640.

(§ 665 CPO.)

Eine vollstreckbare Ausfertigung kann für den Rechtsnachfolger des in dem Urtheile bezeichneten Gläubigers sowie gegen die allgemeinen Rechtsnachfolger des in dem Urtheile bezeichneten Schuldners und unter Berücksichtigung der §§ 236, 238 [§§ 314, 316] gegen denjenigen Rechtsnachfolger dieses Schuldners ertheilt werden, an welchen die in Streit befangene Sache während der Rechtshängigkeit oder nach Beendigung des Rechtsstreits veräußert ist, sofern die Rechtsnachfolge bei dem Gericht offenkundig ist[26]) oder durch öffentliche Urkunden[25]) nachgewiesen wird.

Ist die Rechtsnachfolge bei dem Gericht offenkundig, so ist dies in der Vollstreckungsklausel zu erwähnen.

§ 641.

(§ 666 CPO.)

In den Fällen der §§ 664, 665 [§§ 639, 640] darf die vollstreckbare Ausfertigung nur auf Anordnung des Vorsitzenden ertheilt werden.

Vor der Entscheidung kann der Schuldner gehört werden.

Die Anordnung ist in der Vollstreckungsklausel zu erwähnen.

§ 642.

(§ 667 CPO.)

Kann der nach den §§ 664, 665 [§§ 639, 640] erforderliche Nachweis durch öffentliche Urkunden nicht geführt werden, so hat der Kläger bei dem Prozeßgericht erster Instanz aus dem Urtheil auf Ertheilung der Vollstreckungsklausel Klage zu erheben.[27])

§ 643.

(§ 668 CPO.)

Ueber Einwendungen des Schuldners, welche die Zulässigkeit der Vollstreckungsklausel betreffen, entscheidet das Gericht, von dessen Gerichtsschreiber die Vollstreckungsklausel ertheilt ist. Die Entscheidung kann ohne vorgängige mündliche Verhandlung erfolgen.[27a])

---

[25]) §§ 380, 382, 383 CPO. [§§ 450, 452, 453].

[26]) § 266 CPO. [§ 345].

[27]) Gerichtskosten: § 26 Nr. 8 GKG. [§ 990]. — Rechtsanwaltsgebühr: § 20 GORA. [§ 1099].

[27a]) Gerichtskosten: § 35 Nr. 1 GKG. [§ 999]. — Rechtsanwaltsgebühr: § 23 Nr. 1 GORA. [§ 1102].

Das Gericht kann vor der Entscheidung eine einstweilige Anordnung erlassen; es kann insbesondere anordnen, daß die Zwangsvollstreckung gegen oder ohne Sicherheitsleistung[27b]) einstweilen einzustellen oder nur gegen Sicherheitsleistung fortzusetzen sei.

§ 644.

(§ 669 CPO.)

Eine weitere vollstreckbare Ausfertigung darf derselben Partei, sofern nicht die zuerst ertheilte Ausfertigung zurückgegeben wird, nur auf Anordnung des Vorsitzenden ertheilt werden.

Vor der Entscheidung kann der Schuldner gehört werden.

Der Gerichtsschreiber hat von der Ertheilung der weiteren Ausfertigung, wenn die Entscheidung, durch welche dieselbe angeordnet wird, nicht verkündet ist, den Gegner in Kenntniß zu setzen.

Die weitere Ausfertigung ist als solche unter Erwähnung der Entscheidung ausdrücklich zu bezeichnen.[28])

§ 645.

(§ 670 CPO.)

Vor der Aushändigung einer vollstreckbaren Ausfertigung ist auf der Urschrift des Urtheils zu bemerken, für welche Partei und zu welcher Zeit die Ausfertigung ertheilt ist.

§ 646.

(§ 671 CPO.)

Die Zwangsvollstreckung darf nur beginnen, wenn die Personen, für und gegen welche sie stattfinden soll, in dem Urtheil oder in der demselben beigefügten Vollstreckungsklausel namentlich bezeichnet sind und das Urtheil bereits zugestellt ist oder gleichzeitig zugestellt wird.[28a]) Beginn der Zwangsvollstreckung.

Hängt die Vollstreckung eines Urtheils seinem Inhalte nach von dem durch den Gläubiger zu beweisenden Eintritt einer Thatsache ab oder handelt es sich um die Vollstreckung eines Urtheils für die Rechtsnachfolger des in demselben bezeichneten Gläubigers oder gegen die Rechtsnachfolger des in demselben bezeichneten Schuldners, so muß außer dem zu vollstreckenden Urtheile auch die demselben beigefügte Vollstreckungsklausel und, sofern die Vollstreckungsklausel auf Grund öffentlicher Urkunden ertheilt ist, auch eine Abschrift dieser Urkunden vor Beginn der Zwangsvollstreckung zugestellt sein oder gleichzeitig mit Beginn derselben zugestellt werden.[29])

[27b]) § 101 CPO. [§ 180]. — Fall der vorläufigen Verwahrung, § 73 HO. [Anl. F].

[28]) Gerichtskosten und Rechtsanwaltsgebühr wie in Anm. 27a. — Vgl. auch § 32 GORA. [§ 1111].

[28a]) §§ 51, 55 Nr. 4a. GAGB. [Anl. C].

[29]) § 55 Nr. 4b. a. a. O.

§ 647.

(§ 672 CPO.)

Ist die Geltendmachung des Anspruchs von dem Eintritt eines Kalendertages abhängig, so darf die Zwangsvollstreckung nur beginnen, wenn der Kalendertag abgelaufen ist.[30])

Hängt die Vollstreckung von einer dem Gläubiger obliegenden Sicherheitsleistung ab, so darf der Beginn der Zwangsvollstreckung nur erfolgen, wenn die Sicherheitsleistung durch eine öffentliche Urkunde[31]) nachgewiesen und eine Abschrift dieser Urkunde bereits zugestellt ist oder gleichzeitig zugestellt wird.[32])

§ 648.

(§ 673 CPO.)

Gegen eine dem aktiven Heere oder der aktiven Marine angehörende Militärperson[33]) darf die Zwangsvollstreckung erst beginnen, nachdem von derselben die vorgesetzte Militärbehörde Anzeige erhalten hat.[34])

Dem Gläubiger ist auf Verlangen der Empfang der Anzeige von der Militärbehörde zu bescheinigen.

§ 649.

(§ 674 CPO.)

Thätigkeit des Gerichtsvollziehers

Die Zwangsvollstreckung erfolgt, soweit sie nicht den Gerichten zugewiesen ist[35]), durch Gerichtsvollzieher[36]), welche dieselbe im Auftrage des Gläubigers zu bewirken haben.

---

[30]) § 55 Nr. 1 GAGB. [Anl. C].

[31]) Vgl. Anm. 25.

[32]) § 55 Nr. 2 GAGB.

[33]) d. h. Person des Soldatenstandes oder Militärbeamten, § 4 und Anlage des Militärstrafgesetzbuchs vom 20. Juni 1872 (RGBl. S. 174); § 38 des Reichsmilitärgesetzes v. 2. Mai 1874 (RGBl. S. 45); Verordnung v. 29. Juni 1880 (RGBl. S. 169).

[34]) Vgl. § 55 Nr. 3 GAGB. — und über den Begriff „Militärbehörde" in diesem § Nr. IV. der Allg. Verf. vom 8. Juli 1880 (JMBl. S. 156).

[35]) Dies ist der Fall — abgesehen von der allgemeinen Thätigkeit des Vollstreckungsgerichts bei jeder Art der Zwangsvollstreckung —:

1) hinsichtlich der Zwangsvollstreckung in Forderungen und andere Vermögensrechte: §§ 729 ff. CPO. [§§ 703 ff.];
2) hinsichtlich der Zwangsvollstreckung in das unbewegliche Vermögen: §§ 755 ff. CPO. [§§ 729 ff.];
3) hinsichtlich der Zwangsvollstreckung zur Erwirkung von Handlungen und Unterlassungen: §§ 773 ff. CPO. [§§ 851 ff.];
4) hinsichtlich der Abnahme des Offenbarungseides und der Anordnung der Haft: §§ 780 ff. CPO. [§§ 858 ff.];
5) in gewissen einzelnen Fällen anderer Arten der Zwangsvollstreckung, z. B. §§ 723, 724, 726, 728 [§§ 697, 698, 700, 702].

Vgl. § 48 GAGB. [Anl. B].

[36]) §§ 155, 156 GVG. [§§ 41, 42]. — Vgl. im Allgemeinen GAGB. §§ 46, 47, 56.

Der Gläubiger kann wegen Ertheilung des Auftrags zur Zwangsvollstreckung die Mitwirkung des Gerichtsschreibers in Anspruch nehmen. Der von dem Gerichtsschreiber beauftragte Gerichtsvollzieher gilt als von dem Gläubiger beauftragt.[36a])

§ 650.

(§ 675 CPO.)

In dem schriftlichen oder mündlichen Auftrage zur Zwangsvollstreckung in Verbindung mit der Uebergabe der vollstreckbaren Ausfertigung liegt die Beauftragung des Gerichtsvollziehers, die Zahlungen oder sonstigen Leistungen in Empfang zu nehmen, über das Empfangene wirksam zu quittiren und dem Schuldner, wenn dieser seiner Verbindlichkeit genügt hat, die vollstreckbare Ausfertigung auszuliefern.[37])

§ 651.

(§ 676 CPO.)

Dem Schuldner und Dritten gegenüber wird der Gerichtsvollzieher zur Vornahme der Zwangsvollstreckung und der im § 675 [§ 650] bezeichneten Handlungen durch den Besitz der vollstreckbaren Ausfertigung ermächtigt. Der Mangel oder die Beschränkung des Auftrags kann diesen Personen gegenüber von dem Gläubiger nicht geltend gemacht werden.

§ 652.

(§ 677 CPO.)

Der Gerichtsvollzieher hat nach Empfang der Leistungen dem Schuldner die vollstreckbare Ausfertigung nebst einer Quittung auszuliefern, bei theilweiser Leistung diese auf der vollstreckbaren Ausfertigung zu bemerken und dem Schuldner Quittung zu ertheilen.[37a])

Das Recht des Schuldners, nachträglich eine Quittung des Gläubigers selbst zu fordern, wird durch diese Bestimmungen nicht berührt.

§ 653.

(§ 678 CPO.)

Der Gerichtsvollzieher ist befugt, die Wohnung und die Behältnisse des Schuldners zu durchsuchen, soweit der Zweck der Vollstreckung dies erfordert.[37b])

Er ist befugt, die verschlossenen Hausthüren, Zimmerthüren und Behältnisse öffnen zu lassen.

36a) Vgl. § 19 Abs. 2, 4 Gesch.O. [Anl. A], § 49 GAGV. [Anl. C].

37) § 49 GAGV. — Gebühr im Falle der Erledigung der Zwangsvollstreckung durch Leistung § 11 GOGV. [§ 1048].

37a) § 11 Abs. 2; § 87 Abs. 5; § 137 GAGV. — Gerichtsvollziehergebühr: § 11 GOGV. [§ 1048].

37b) § 63 Abs. 1 GAVV.

Er ist, wenn er Widerstand findet, zur Anwendung von Gewalt befugt, und kaun zu diesem Zwecke die Unterstützung der polizeilichen Vollzugsorgane nachsuchen. Ist militärische Hülfe erforderlich, so hat er sich an das Vollstreckungsgericht[38]) zu wenden.[39])

§ 654.

(§ 679 CPO.)

Wird bei einer Vollstreckungshandlung Widerstand geleistet oder ist bei einer in der Wohnung des Schuldners erfolgenden Vollstreckungshandlung weder der Schuldner noch eine zur Familie desselben gehörige oder in dieser Familie dienende erwachsene Person gegenwärtig, so hat der Gerichtsvollzieher zwei großjährige Männer oder einen Gemeinde- oder Polizeibeamten als Zeugen zuzuziehen.[40])

§ 655.

(§ 680 CPO.)

Jeder Person, welche bei dem Vollstreckungsverfahren betheiligt ist, muß auf Begehren Einsicht der Akten des Gerichtsvollziehers gestattet und Abschrift einzelner Aktenstücke ertheilt werde.[41])

§ 656.

(§ 681 CPO.)

Zur Nachtzeit, sowie an Sonntagen und allgemeinen Feiertagen darf eine Vollstreckungshandlung nur mit Erlaubniß des Amtsrichters erfolgen, in dessen Bezirke die Handlung vorgenommen werden soll.[42])

Die Verfügung, durch welche die Erlaubniß ertheilt wird, ist bei der Zwangsvollstreckung vorzuzeigen.

Die Nachtzeit umfaßt in dem Zeitraume vom 1. April bis 30. September die Stunden von neun Uhr Abends bis vier Uhr Morgens und in dem Zeitraume vom 1. Oktober bis 31. März die Stunden von neun Uhr Abends bis sechs Uhr Morgens.[43])

---

[38]) § 684 CPO. [§ 659].

[39]) § 56 Abs. 5, 6 GAGV. — Dessen Mitwirkung erfolgt gebührenfrei: § 47 Nr. 13 GKG. [§ 1011 Nr. 12]. — Auch der Gerichtsvollzieher hat keine besondere Gebühr zu beanspruchen, § 12 Nr. 1 GOGV. [§ 1049].

[40]) § 56 Abs. 7 GAGV. — Gebühren der Zeugen: § 15 GOGV. [§ 1052]; — des Gerichtsvollziehers: § 12 Nr. 1 GOGV [§ 1049].

[41]) § 136 Abs. 2 GAGV. — Schreibgebühr: § 13 Nr. 1, § 14 Nr. 1 GOGV. [§§ 1050, 1051].

[42]) Dieselbe wird gebührenfrei ertheilt, § 47 Nr. 12 GKG. [§ 1011]; — Rechtsanwaltsgebühr: § 23 Nr. 1, § 29 Nr. 6 GORA. [§§ 1102, 1108].

[43]) §§ 7, 8 GAGV.

§ 657.

(§ 682 CPO.)

Der Gerichtsvollzieher hat über jede Vollstreckungshandlung ein Protokoll aufzunehmen.[44])

Das Protokoll muß enthalten:

1) Ort und Zeit der Aufnahme;
2) den Gegenstand der Vollstreckungshandlung unter kurzer Erwähnung der wesentlichen Vorgänge;
3) die Namen der Personen, mit welchen verhandelt ist;
4) die Unterschrift dieser Personen und die Bemerkung, daß die Unterzeichnung nach vorgängiger Vorlesung oder Vorlegung zur Durchsicht und nach vorgängiger Genehmigung erfolgt sei;
5) die Unterschrift des Gerichtsvollziehers.

Hat einem der unter Nr. 4 bezeichneten Erfordernisse nicht genügt werden können, so ist der Grund anzugeben.

§ 658.

(§ 683 CPO.)

Die Aufforderungen und sonstigen Mittheilungen, welche zu den Vollstreckungshandlungen gehören,[45]) sind von dem Gerichtsvollzieher mündlich zu erlassen und vollständig in das Protokoll aufzunehmen.

Kann die mündliche Ausführung nicht erfolgen, so ist eine Abschrift des Protokolls unter entsprechender Anwendung der §§ 158, 166 bis 170 [§§ 235, 244 bis 248] zuzustellen, oder, wenn demjenigen, an welchen die Aufforderung oder Mittheilung zu richten ist, am Orte der Zwangsvollstreckung nicht zugestellt werden kann, durch die Post zu übersenden. Die Befolgung dieser Vorschriften muß zum Protokoll bemerkt werden. Eine öffentliche Zustellung[46]) findet nicht statt.[47])

§ 659.

(§ 684 CPO.)

Die den Gerichten zugewiesene Anordnung von Vollstreckungshandlungen und Mitwirkung bei solchen[47a]) gehört zur Zuständigkeit der Amtsgerichte als Vollstreckungsgerichte. Vollstreckungsgericht.

---

[44]) §§ 58, 74, 79, 94 Abs. 4, 95 Abs. 8, 97 Abs. 3, 98 Abs. 10 GAGB.

[45]) §§ 712 Abs. 3, 713, 727 Abs. 3 CPO. [§§ 686, 687, 701]. Die in §§ 739, 744 CPO. [§§ 713, 718] gedachten Aufforderungen gehören nicht in ein Vollstreckungsprotokoll, sondern in eine Zustellungsurkunde. — Vgl. auch § 12 Nr. 2 GOGB. [§ 1049].

[46]) § 186 CPO. [§ 264].

[47]) § 58 Abs. 1, 4 GAGB.

[47a]) Es gehören hierher:

1. diejenigen Fälle, in welchen dem Gerichte Vollstreckungshandlungen zugewiesen sind (s. Anm. 35), mit Ausnahme jedoch der dem P r o z e ß gerichte vorbehaltenen

Als Vollstreckungsgericht ist, sofern nicht das Gesetz ein anderes Amtsgericht bezeichnet,[47b]) dasjenige Amtsgericht anzusehen, in dessen Bezirke das Vollstreckungsverfahren stattfinden soll oder stattgefunden hat.

Die Entscheidungen des Vollstreckungsgerichts können ohne vorgängige mündliche Verhandlung erfolgen.[48])

§ 660.

(§ 685 CPO.)

Einwendungen in der Vollstreckungsinstanz.

Ueber Anträge, Einwendungen und Erinnerungen, welche die Art und Weise der Zwangsvollstreckung oder das bei derselben vom Gerichtsvollzieher zu beobachtende Verfahren betreffen, entscheidet das Vollstreckungsgericht. Dasselbe ist befugt, die im § 668 Abs. 2 [§ 643] bezeichneten Anordnungen zu erlassen.[49])

Dem Vollstreckungsgerichte steht auch die Entscheidung zu, wenn ein Gerichtsvollzieher sich weigert, einen Vollstreckungsauftrag zu übernehmen oder eine Vollstreckungshandlung dem Auftrage gemäß auszuführen, oder wenn in Ansehung der von dem Gerichtsvollzieher in Ansatz gebrachten Kosten Erinnerungen erhoben werden.[50])

§ 661.

(§ 686 CPO.)

Einwendungen, welche den durch das Urtheil festgestellten Anspruch selbst betreffen, sind von dem Schuldner im Wege der Klage bei dem Prozeßgericht erster Instanz geltend zu machen.[50a])

Dieselben sind nur insoweit zulässig, als die Gründe auf denen

---

Anordnungen in Bezug auf die Zwangsvollstreckung zur Erwirkung von Handlungen und Unterlassungen;

2. diejenigen Fälle, in welchen ohne Rücksicht auf den Gegenstand der Zwangsvollstreckung dem Vollstreckungsgerichte gewisse allgemeine Befugnisse übertragen sind. Vgl. §§ 685, 688 Abs. 2, 690 Abs. 3, 698, 699 CPO. [§§ 660, 663, 665, 673, 674].

Ueber die geschäftliche Behandlung vgl. § 24 Gesch.O. [Anl. A]. — Gerichtskosten: § 35 Nr. 3 GKG. [§ 999]. — Rechtsanwaltsgebühr: § 23 Nr. 2 GORA. [§ 1102].

[47b]) wie hinsichtlich der Zwangsvollstreckung in Forderungen und andere Vermögensrechte (§ 729 Abs. 2, 750 bis 752 [§ 703, 724 bis 726]), in das unbewegliche Vermögen (§ 755 CPO. [§ 732]) und hinsichtlich der Abnahme des Offenbarungseides, § 780 CPO. [§ 858].

[48]) § 54 GAGB. — Geschäftliche Behandlung der fraglichen Angelegenheiten: § 24 Gesch.O. [Anl. A].

[49]) Kosten: §§ 35 Nr. 5, 47 Nr. 14 GKG. [§§ 999, 1011]. — Rechtsanwaltsgebühr: § 20 GORA. [§ 1099].

[50]) § 54 GAGB.

[50a]) Gerichtskosten: § 26 Nr. 8 GKG. [§ 990]. — Rechtsanwaltsgebühren: § 20 GORA. [§ 1099].

sie beruhen, erst nach dem Schlusse derjenigen mündlichen Verhandlung, in welcher Einwendungen in Gemäßheit der Bestimmungen dieses Gesetzes spätestens hätten geltend gemacht werden müssen,[51]) entstanden sind und durch Einspruch nicht mehr geltend gemacht werden können.

Der Schuldner muß in der von ihm zu erhebenden Klage alle Einwendungen geltend machen, welche er zur Zeit der Erhebung der Klage geltend zu machen im Stande war.

§ 662.

(§ 687 CPO.)

Die Bestimmungen des § 686 Abs. 1, 3 [§ 661] finden entsprechende Anwendung, wenn in den Fällen der §§ 664, 665 [639, 640] der Schuldner den bei Ertheilung der Vollstreckungsklausel als bewiesen angenommene Eintritt der Thatsache, von welcher das Urtheil die Vollstreckung abhängig macht, oder die als eingetreten angenommene Rechtsnachfolge bestreitet, unbeschadet der Befugniß des Schuldners, in diesen Fällen Einwendungen gegen die Zulässigkeit der Vollstreckungsklausel in Gemäßheit des § 668 [§ 643] zu erheben.

§ 663.

(§ 688 CPO.)

Das Prozeßgericht kann auf Antrag anordnen, daß bis zur Erlassung des Urtheils über die in den §§ 686, 687 [§§ 661, 662] bezeichneten Einwendungen die Zwangsvollstreckung gegen oder ohne Sicherheitsleistung eingestellt oder nur gegen Sicherheitsleistung fortgesetzt werde und daß die erfolgten Vollstreckungsmaßregeln gegen Sicherheitsleistung aufzuheben seien.[52]) Die thatsächlichen Behauptungen, welche den Antrag begründen, sind glaubhaft zu machen.[53])

In dringenden Fällen kann das Vollstreckungsgericht eine solche Anordnung erlassen, unter Bestimmung einer Frist, innerhalb welcher die Entscheidung des Prozeßgerichts beizubringen sei. Nach fruchtlosem Ablaufe der Frist wird die Zwangsvollstreckung fortgesetzt.

Die Entscheidung über diese Anträge kann ohne vorgängige mündliche Verhandlung erfolgen.

§ 664.

(§ 689 Satz 1 CPO.)

Das Prozeßgericht kann in dem Urtheile, durch welches über die Einwendungen entschieden wird, die in dem vorstehenden Paragraphen

---

[51]) § 251 CPO. [§ 330].

[52]) Gerichtskosten: § 35 Nr. 2 GKG. [§ 999]. — Rechtsanwaltsgebühren: § 23 Nr. 1, § 29 Nr. 4, § 30 Nr. 2 GORA. [§§ 1102, 1108, 1109]. — Sicherheitsleistung: § 101 CPO. [§ 180]. — Fall der vorläufigen Verwahrung: § 73 HO. [Anl. F].

[53]) § 266 CPO. [§ 345].

bezeichneten Anordnungen erlassen oder die bereits erlassenen Anordnungen aufheben, abändern oder bestätigen.

§ 665.
(§ 690 CPO.)

Behauptet ein Dritter, daß ihm an dem Gegenstande der Zwangsvollstreckung ein die Veräußerung hinderndes Recht zustehe, so ist der Widerspruch gegen die Zwangsvollstreckung im Wege der Klage bei dem Gerichte geltend zu machen, in dessen Bezirke die Zwangsvollstreckung erfolgt.

Wird die Klage gegen den Gläubiger und den Schuldner gerichtet, so sind diese als Streitgenossen[55]) anzusehen.

Auf die Einstellung der Zwangsvollstreckung und die Aufhebung der bereits erfolgten Vollstreckungsmaßregeln finden die Vorschriften der §§ 688, 689 [§§ 663, 664] entsprechende Anwendung. Die Aufhebung einer Vollstreckungsmaßregel ist auch ohne Sicherheitsleistung zulässig.[56])

§ 666.
(§ 691 CPO.)

Einstellung oder Beschränkung der Zwangsvollstreckung.

Die Zwangsvollstreckung ist einzustellen oder zu beschränken:[57])

1) wenn die Ausfertigung einer vollstreckbaren Entscheidung[58]) vorgelegt wird, aus welcher sich ergiebt, daß das zu vollstreckende Urtheil oder dessen vorläufige Vollstreckbarkeit aufgehoben, oder daß die Zwangsvollstreckung für unzulässig erklärt oder deren Einstellung angeordnet ist;
2) wenn die Ausfertigung einer gerichtlichen Entscheidung vorgelegt wird, aus welcher sich ergiebt, daß die einstweilige Einstellung der Vollstreckung oder einer Vollstreckungsmaßregel angeordnet ist;
3) wenn eine öffentliche Urkunde[59]) vorgelegt wird, aus welcher sich ergiebt, daß die zur Abwendung der Vollstreckung nachgelassene Sicherheitsleistung oder Hinterlegung erfolgt ist;
4) wenn eine öffentliche Urkunde[59]) oder eine von dem Gläubiger ausgestellte Privaturkunde[60]) vorgelegt wird, aus welcher sich ergiebt, daß der Gläubiger nach Erlassung des zu vollstreckenden Urtheils befriedigt ist oder Stundung bewilligt hat;

---

[55]) §§ 56 ff. CPO. [§§ 135 ff.].

[56]) § 65 GKG.

[57]) § 59 GKG. — Gerichtsvollziehergebühr: § 10 GOGV. [§ 1047].

[58]) Die Ausfertigung ihrerseits braucht keine vollstreckbare Ausfertigung im Sinne von § 662 CPO. [§ 637] zu sein.

[59]) §§ 380, 382, 383 CPO. [§§ 450, 452, 453].

[60]) § 381 CPO. [§ 451].

5) wenn ein Postschein vorgelegt wird, aus welchem sich ergiebt, daß nach Erlassung des Urtheils die zur Befriedigung des Gläubigers erforderliche Summe zur Auszahlung an den letzteren bei der Post eingezahlt ist.

§ 667.

(§ 692 CPO.)

In den Fällen des § 691 Nr. 1, 3 [§ 666] sind zugleich die bereits erfolgten Vollstreckungsmaßregeln aufzuheben. In den Fällen der Nr. 4, 5 bleiben diese Maßregeln einstweilen bestehen; dasselbe gilt in den Fällen der Nr. 2, sofern nicht durch die betreffende Entscheidung auch die Aufhebung der bisherigen Vollstreckungshandlungen angeordnet ist.[61])

§ 668.

(§ 693 CPO.)

Zwangsvollstreckung gegen Erben.

Eine Zwangsvollstreckung, welche zur Zeit des Todes des Schuldners gegen diesen bereits begonnen hatte, wird in den Nachlaß desselben fortgesetzt.

Ist bei einer Vollstreckungshandlung die Zuziehung des Schuldners nöthig, so hat bei ruhender Erbschaft oder wenn der Erbe oder dessen Aufenthalt unbekannt ist, das Vollstreckungsgericht auf Antrag des Gläubigers dem Nachlasse oder dem Erben einen einstweiligen besonderen Vertreter zu bestellen.[61a])

§ 669.

(§ 694 CPO.)

Ist der Schuldner vor Beginn der Zwangsvollstreckung gestorben, so hat bei ruhender Erbschaft oder wenn der Erbe oder dessen Aufenthalt unbekannt ist, das nach den Landesgesetzen zuständige Nachlaßgericht[62]) auf Antrag des Gläubigers dem Nachlasse oder dem Erben einen Kurator zu bestellen.[63])

§ 670.

(§ 695 CPO.)

Der als Erbe des Schuldners verurtheilte Beklagte kann die Rechtswohlthat des Inventars nur geltend machen, wenn ihm dieselbe im Urtheile vorbehalten ist.

§ 671.

(§ 696 CPO.)

Bei der Zwangsvollstreckung gegen einen Schuldner, welcher als Benefizialerbe oder als Erbe unter Vorbehalt der Rechtswohlthat des

---

[61]) § 51 Abs. 2 GAGB.

[61a]) Gebührenfrei: § 47 Nr. 9 GKG. [§ 1011]; — Rechtsanwaltsgebühr: § 23 Nr. 1, § 29 Nr. 6 GORA. [§§ 1102, 1108].

[62]) d. i. das örtlich zuständige Amtsgericht, § 26 Abs. 2 Nr. 1 AG.GVG.

[63]) Gebührenfrei: § 47 Nr. 9 GKG. [§ 1011]. — Rechtsanwaltsgebühr: § 23 Nr. 1, § 29 Nr. 6 GORA. [§§ 1102, 1108].

Inventars verurtheilt ist, oder gegen welchen als Erben des verurtheilten Schuldners die Zwangsvollstreckung begonnen hat, bleibt die Rechtswohlthat unberücksichtigt, bis auf Grund derselben gegen die Zwangsvollstreckung von dem Erben Einwendungen erhoben werden.

Inwieweit der Benefizialerbe berechtigt ist, auf Grund der Rechtswohlthat die Aussetzung, Aufhebung oder Beschränkung der Zwangsvollstreckung zu verlangen, bestimmt sich nach den Vorschriften des bürgerlichen Rechts.[64])

Die Erledigung der Einwendungen erfolgt nach den Bestimmungen der §§ 686, 688, 689 [§§ 661, 663, 664].

§ 672.

(§ 697 CPO.)

Allgemeine Bestimmungen.

Die Kosten der Zwangsvollstreckung fallen, soweit sie nothwendig waren (§ 87 [§ 166]) dem Schuldner zur Last; sie sind zugleich mit dem zur Zwangsvollstreckung stehenden Anspruche beizutreiben.

Die Kosten der Zwangsvollstreckung sind dem Schuldner zu erstatten, wenn das Urtheil, aus welchem dieselbe erfolgt ist, aufgehoben wird.[65])

§ 673.

(§ 698 CPO.)

Wird zum Zwecke der Vollstreckung das Einschreiten einer Behörde erforderlich, so hat das Gericht die Behörde um ihr Einschreiten zu ersuchen.[65a])

§ 674.

(§ 699 CPO.)

Soll die Zwangsvollstreckung gegen eine dem aktiven Heere oder

---

[64]) Vgl. Gesetz, betreffend die Zwangsvollstreckung gegen Benefizialerben und das Aufgebot der Nachlaßgläubiger im Geltungsbereiche des Allgemeinen Landrechts. Vom 28. März 1879 (GS. S. 293):

§ 1.* Im Geltungsbereiche des Allgemeinen Landrechts sind der Benefizialerbe und der Nachlaßpfleger berechtigt, ... das Aufgebot der Nachlaßgläubiger und Vermächtnißnehmer zu beantragen.

Sie können, wenn der Antrag zugelassen ist, für die Dauer des Verfahrens die einstweilige Einstellung der Zwangsvollstreckung wegen der durch das Aufgebotsverfahren betroffenen Ansprüche, sowie die Aufhebung der nach dem Aufgebotsantrage erfolgten Vollstreckungsmaßregeln verlangen.

Die Vollziehung eines Arrestbefehles steht im Sinne dieser Vorschrift der Zwangsvollstreckung gleich.

§ 2. Von mehreren Erben ist jeder, sofern er Benefizialerbe ist, berechtigt, das Aufgebot zu beantragen oder einem bereits gestellten Antrage sich anzuschließen. Das Verfahren wirkt zu Gunsten aller Benefizialerben.

Die von dem Aufgebot handelnden §§ 2 bis 17 s. unten Anm. 25 zu [§ 933].

[65]) § 57 GKG. [Anl. C]., § 36 Abs. 2 GVO. [Anl. B].

[65a]) Keine Gerichtsgebühr: § 47 Nr. 14 [§ 1011 Nr. 13].

der aktiven Marine angehörige Person des Soldatenstandes[66]) in Kasernen und anderen militärischen Dienstgebäuden oder auf Kriegsfahrzeugen erfolgen, so hat auf Antrag des Gläubigers das Vollstreckungsgericht die zuständige Militärbehörde um die Zwangsvollstreckung zu ersuchen.

Die gepfändeten Gegenstände sind einen von dem Gläubiger zu beauftragenden Gerichtsvollzieher zu übergeben.[67])

§ 675.

(§ 700 CPO.)

Soll die Zwangsvollstreckung in einem ausländischen Staate erfolgen, dessen Behörden im Wege der Rechtshülfe die Urtheile deutscher Gerichte vollstrecken, so hat auf Antrag des Gläubigers das Prozeßgericht erster Instanz die zuständige Behörde des Auslandes um die Zwangsvollstreckung zu ersuchen.[68])

Kann die Vollstreckung durch einen Reichskonsul[68a]) erfolgen, so ist das Ersuchen an diesen zu richten.

§ 676.

(§ 701 CPO.)

Gegen Entscheidungen, welche im Zwangsvollstreckungsverfahren ohne vorgängige mündliche Verhandlung erfolgen können, findet sofortige Beschwerde[69]) statt.

§ 677.

(§ 702 CPO. § 12 Abs. 1 AG. CPO.; § 32 der Schiedsmannsordnung vom 29. März 1879 (GS. S. 321).

Die Zwangsvollstreckung findet ferner statt: Andere vollstreckbare Titel.

1) aus Vergleiche, welche nach Erhebung der Klage zur Beilegung des Rechtsstreits seinem ganzen Umfange nach oder in Betreff eines Theils des Streitgegenstandes vor einem deutschen Gericht abgeschlossen sind;
2) aus Vergleichen, welche im Falle des § 471 [§ 348] vor dem Amtsgericht abgeschlossen sind;

---

[66]) Vgl. Anm. 33. — § 673 CPO. [§ 648] ist auch insofern weiter gefaßt als § 699 CPO. [§ 674], als letzterer nur von Personen des Soldatenstandes, ersterer von Militärpersonen überhaupt (also einschließlich der Militärbeamten) redet.

[67]) § 86 GAGB. — Militärbehörde: Nr. IV. der Allg. Verf. v. 8. Juli 1880 (JMBl. S. 156). — Gerichtsgebühr wird nicht erhoben: § 47 Nr. 13 GKG. [§ 1011 Nr. 12]. Gerichtsvollziehergebühr: § 5 GOGB. [§ 1042].

[68]) Gerichtskosten: § 35 Nr. 3, § 39 GKG. [§ 999]. — Rechtsanwaltsgebühr: § 23 Nr. 2, § 31 GORA. [§§ 1102, 1110].

[68a]) §§ 1, 10, 12 des Ges. v. 10. Juli 1879 (RGBl. S. 197).

[69]) § 540 CPO. [§ 546].

3) aus Entscheidungen, gegen welche das Rechtsmittel der Beschwerde stattfindet; [70])
4) aus Vollstreckungsbefehlen; [71])
5) aus Urkunden, welche von einem deutschen Gericht oder von einem deutschen Notar innerhalb der Grenzen seiner Amtsbefugnisse in der vorgeschriebenen Form aufgenommen sind, sofern die Urkunde über einen Anspruch errichtet ist, welcher die Zahlung einer bestimmten Geldsumme oder die Leistung einer bestimmten anderen Quantität anderer vertretbarer Sachen oder Werthpapiere zum Gegenstande hat, und der Schuldner sich in der Urkunde der sofortigen Zwangsvollstreckung unterworfen hat;
6) aus den gemäß § 59 der Feldpolizeiordnung vom 1. November 1847 [72]) vor der Polizeibehörde geschlossenen Vergleichen;
7) aus den vor einem Schiedsmanne geschlossenen Vergleichen. [73])

§ 678.

(§ 703 CPO.)

Auf die Zwangsvollstreckung aus den in dem vorstehenden Paragraphen erwähnten Schuldtiteln finden die Bestimmungen der §§ 662 bis 701 [§§ 637 bis 676] entsprechende Anwendung, soweit nicht in den §§ 704, 705 [§§ 679, 680] abweichende Vorschriften enthalten sind.

§ 679.

(§ 704 CPO.)

Vollstreckungsbefehle [74]) bedürfen der Vollstreckungsklausel [75]) nur in dem Falle, wenn nach Erlassung der Befehle eine Rechtsnachfolge auf

---

[70]) Vgl. Anm. 2 zu [§ 546] und Anm. 7 zu [§ 553].

[71]) § 639 CPO. [§ 615].

[72]) GS. S. 588. „Sowohl in den ihrer Entscheidung unterliegenden" (d. i. wenn nur Pfandgeld und Kosten gefordert werden, § 57), „als in den nach § 58 Nr. 2 der gerichtlichen Entscheidung zu überweisenden Streitfällen" (d. i. wenn der Beschädigte zugleich oder allein den Ersatz des ihm verursachten Schadens fordert), „hat die Polizeibehörde sich zu bemühen, zwischen beiden Parteien einen Vergleich zu Stande zu bringen. Gelingt dies, so ist über den Vergleich ein Protokoll aufzunehmen, auf Grund dessen, wie aus einem gerichtlichen Vergleiche die Exekution nachgesucht und vollstreckt werden kann."

[73]) Die in Nr. 6, 7 aufgeführten Titel haben ihre Vollstreckbarkeit nur kraft der Landesgesetzgebung und also auch nur innerhalb Preußens. Die landesgesetzlichen Bestimmungen, welche ihnen Vollstreckbarkeit verleihen, beruhen auf § 706 Abs. 1 CPO.: „Die Landesgesetzgebung ist nicht gehindert, auf Grund anderer, als der in den §§ 644, 702 [§§ 620, 677] bezeichneten Schuldtitel die gerichtliche Zwangsvollstreckung zuzulassen und insoweit abweichende Vorschriften von den Bestimmungen dieses Gesetzes über die Zwangsvollstreckung zu treffen".

[74]) § 639 CPO. [§ 615], § 702 Nr. 3 [§ 677]. — § 52 GAGB.

[75]) § 662 CPO. [§ 637].

Seiten des Gläubigers oder des Schuldners eingetreten ist. Einwendungen, welche den Anspruch selbst betreffen,[76]) sind nur insoweit zulässig, als die Gründe auf denen sie beruhen, nach Zustellung des Vollstreckungsbefehls entstanden sind.

Für Klagen auf Ertheilung der Vollstreckungsklausel, sowie für Klagen, durch welche die den Anspruch selbst betreffenden Einwendungen geltend gemacht werden oder die bei der Ertheilung der Vollstreckungsklausel als eingetreten angenommene Rechtsnachfolge bestritten wird,[77]) ist das Amtsgericht zuständig, welches den Vollstreckungsbefehl erlassen hat. Gehört der Anspruch nicht vor die Amtsgerichte, so sind die Klagen bei dem zuständigen Landgerichte zu erheben.[77a])

§ 680.*

(§ 705 CPO, § 12 Abs. 2, 3 AG. CPO., § 32 Abs. 2, 3 der Schiedsmannsordnung.)

Die vollstreckbare Ausfertigung gerichtlicher Urkunden[78]) wird von dem Gerichtsschreiber des Gerichts ertheilt, welches die Urkunde aufgenommen hat.

Die vollstreckbare Ausfertigung notarieller Urkunden[79]) wird von dem Notar ertheilt, welcher die Urkunde verwahrt. Befindet sich die Urkunde in der Verwahrung einer Behörde, so hat diese die vollstreckbare Ausfertigung zu ertheilen.[80])

Die Entscheidung über Einwendungen, welche die Zulässigkeit der Vollstreckungsklausel[81]) betreffen, sowie die Entscheidung über Ertheilung einer weiteren vollstreckbaren Ausfertigung[82]) erfolgt bei gerichtlichen Urkunden von den im ersten Absatze bezeichneten Gerichte, bei notariellen Urkunden von dem Amtsgerichte, in dessen Bezirke der im zweiten Absatze bezeichnete Notar oder die daselbst bezeichnete Behörde den Amtssitz hat.

Auf die Geltendmachung von Einwendungen, welche den Anspruch selbst betreffen,[83]) findet die beschränkende Vorschrift des § 686 Abs. 2 [§ 661] keine Anwendung.

Für Klagen auf Ertheilung der Vollstreckungsklausel sowie für

---

[76]) § 686 CPO. [§ 661].

[77]) §§ 667, 686, 687 CPO. [§§ 642, 661, 662].

[77a]) Gerichtskosten: § 26 Nr. 8 GKG. [§ 990]. — Rechtsanwaltsgebühr: § 20 GORA. [§ 1099].

[78]) § 702 Nr. 1 bis 3 CPO. [§ 681].

[79]) § 702 Nr. 5 CPO. [§ 681].

[80]) § 50 GAGB.

[81]) § 668 CPO. [§ 643], vgl. auch Anm. 77a.

[82]) § 666 CPO. [§ 641].

[83]) s. Anm. 76.

Klagen, durch welche die den Anspruch selbst betreffende Einwendungen geltend gemacht werden oder der bei der Ertheilung der Vollstreckungsklausel als bewiesen angenommene Eintritt der Thatsache, von welcher die Vollstreckung aus der Urkunde abhängt, oder die als eingetreten angenommene Rechtsnachfolge bestritten wird,[84]) ist das Gericht, bei welchem der Schuldner im Deutschen Reiche seinen allgemeinen Gerichtsstand hat,[85]) und in Ermangelung eines solchen das Gericht zuständig, bei welchem in Gemäßheit des § 24 [§ 102] gegen den Schuldner Klage erhoben werden kann.

Auf feldpolizeiliche[86]) und schiedsmännische Vergleiche[87]) finden die Vorschriften über die Zwangsvollstreckung aus notariellen Urkunden entsprechende Anwendung. In den Fällen der §§ 664, 665 CPO. [§§ 639, 640] ist die vollstreckbare Ausfertigung nur auf Anordnung des Amtsgerichts zu ertheilen, in dessen Bezirk die Polizeibehörde oder der Schiedsmann den Amtssitz oder den Wohnsitz haben.

§ 681.

(§ 707 CPO.)

Die in diesem Buche angeordneten Gerichtsstände sind ausschließliche.

Zweiter Abschnitt.

Zwangsvollstreckung wegen Geldforderungen.

Erster Titel.

Zwangsvollstreckung in das bewegliche Vermögen.

I. Allgemeine Bestimmungen.

§ 682.

(§ 708 CPO.)

Pfändung. Die Zwangsvollstreckung in das bewegliche Vermögen erfolgt durch Pfändung. Sie darf nicht weiter ausgedehnt werden, als zur Befriedigung des Gläubigers und zur Deckung der Kosten der Zwangsvollstreckung erforderlich ist.[1])

Die Pfändung hat zu unterbleiben, wenn sich von der Verwerthung der zu pfändenden Gegenstände ein Ueberschuß über die Kosten der Zwangsvollstreckung nicht erwerben läßt.[2])

---

[84]) s. Anm. 77.

[85]) §§ 13 ff. CPO. [§ 92 ff.].

[86]) [§ 677 Nr. 6].

[87]) [§ 677 Nr. 7].

[1]) § 63 Abs. 1, 3 GAGB.

[2]) § 64 Abs. 3 GAGB.

§ 683.

(§ 709 CPO.)

Durch die Pfändung erwirbt der Gläubiger ein Pfandrecht an dem gepfändeten Gegenstande.[2a] Wirkung.

Das Pfandrecht gewährt dem Gläubiger im Verhältniß zu anderen Gläubigern dieselben Rechte, wie ein durch Vertrag erworbenes Faustpfandrecht; es geht Pfand- und Vorzugsrechten vor, welche für den Fall eines Konkurses den Faustpfandrechten nicht gleichgestellt sind.[3]

[2a]) Vgl. § 62 GAGB.

[3]) I. Hierüber bestimmt § 41 KO.:

Den Faustpfandgläubigern stehen gleich:

1) die Reichskasse, die Staatskassen und die Gemeinden, sowie die Amts-, Kreis- und Provinzialverbände wegen öffentlicher Abgaben, in Ansehung der zurückgehaltenen oder in Beschlag genommenen zoll- und steuerpflichtigen Sachen.

(Hierzu § 6 AG.KO.:

Das in § 41 Nr. 1 der Deutschen Konkursordnung bestimmte Absonderungsrecht wegen öffentlicher Abgaben geht den übrigen im § 41 der Deutschen Konkursordnung bestimmten Absonderungsrechten vor.)

2) Verpächter wegen des laufenden und des rückständigen Zinses, sowie wegen anderer Forderungen aus dem Pachtverhältnisse, in Ansehung der Früchte des Grundstücks und der eingebrachten Sachen, sofern die Früchte oder Sachen sich noch auf dem Grundstücke befinden;

3) Pächter in Ansehung des in ihrem Gewahrsam befindlichen Inventars wegen der Forderungen für dieses;

4) Vermiether wegen des laufenden und des für das letzte Jahr vor der Eröffnung des Verfahrens rückständigen Zinses, sowie wegen anderer Forderungen aus dem Miethsverhältnisse, in Ansehung der eingebrachten Sachen, sofern die Sachen sich noch auf dem Grundstücke befinden;

5) Gastwirthe wegen ihrer Forderungen für Wohnung und Bewirthung des Gastes, in Ansehung der von demselben eingebrachten, von ihnen zurückbehaltenen Sachen;

6) Künstler, Werkmeister, Handwerker und Arbeiter wegen ihrer Forderungen für Arbeit und Auslagen, in Ansehung der von ihnen gefertigten oder ausgebesserten, noch in ihrem Gewahrsam befindlichen Sachen;

7) diejenigen, welche etwas zum Nutzen einer Sache verwendet haben, wegen des, den noch vorhandenen Vortheil nicht übersteigenden Betrages ihrer Forderung aus der Verwendung, in Ansehung der zurückbehaltenen Sache;

8) diejenigen, denen nach dem Handelsgesetzbuch an gewissen Gegenständen ein Pfandrecht oder Zurückbehaltungsrecht zusteht, in Ansehung dieser Gegenstände;

9) diejenigen, welche durch Pfändung ein Pfandrecht erlangt haben, in Ansehung der gepfändeten Gegenstände;

II. Der § 709 CPO. [§ 683] bestimmt nur, daß das Pfändungspfandrecht anderen, als den bezeichneten Pfandrechten vorgeht, nicht aber, wie es sich zu den bezeichneten Pfandrechten verhält. Hierüber entscheiden lediglich die Bestimmungen des bürgerlichen Rechts über den Rang der Pfandrechte.

Das durch eine frühere[4]) Pfändung begründete Pfandrecht geht demjenigen vor, welches durch eine spätere Pfändung begründet wird.[5])

§ 684.

(§ 710 CPO.)

Der Pfändung einer Sache kann ein Dritter, welcher sich nicht im Besitze der Sache befindet,[6]) auf Grund eines Pfand- oder Vorzugsrechts[7]) nicht widersprechen;[8]) er kann jedoch seinen Anspruch auf vorzugsweise Befriedigung aus dem Erlöse im Wege der Klage geltend machen, ohne Rücksicht darauf, ob seine Forderung fällig ist oder nicht.

Die Klage ist bei dem Vollstreckungsgerichte und, wenn der Streitgegenstand zur Zuständigkeit der Amtsgerichte nicht gehört, bei dem Landgerichte zu erheben, in dessen Bezirke das Vollstreckungsgericht seinen Sitz hat.

Wird die Klage gegen den Gläubiger und den Schuldner gerichtet, so sind diese als Streitgenossen[9]) anzusehen.

Wird der Anspruch glaubhaft gemacht,[10]) so hat das Gericht die Hinterlegung des Erlöses anzuordnen.[11]) Die Vorschriften der §§ 688, 689 [§§ 663, 664] finden hierbei entsprechende Anwendung.

§ 685.

(§ 711 CPO.)

Hat die Pfändung zu einer vollständigen Befriedigung des Gläubigers nicht geführt oder macht dieser glaubhaft,[10]) daß er durch Pfändung

---

[4]) Bezüglich einer gleichzeitigen Pfändung vgl. auch § 728 Abs. 3 CPO. [§ 702], § 85 GAGB.

[5]) § 62 Abs. 2, § 84 Abs. 6 GAGB.

[6]) Befindet sich der Dritte im Besitze der Sache, so ist, mit Ausnahme des Falls des § 713 CPO. [§ 677], Pfändung nicht der Sache, sondern des Anspruchs auf Herausgabe die zulässige Vollstreckungsart. §§ 712, 745 f. CPO. [§ 686, 719 f.]

[7]) Erfolgt der Widerspruch auf Grund eines die Veräußerung hindernden Rechts, so findet § 690 CPO. [§ 665] Anwendung. Hinsichtlich der Pfand- und Vorzugsrechte ist die Vorschrift des § 7 AGKO. zu beachten:

„Die Vorschriften des § 41 der Deutschen Konkursordnung und des § 6 „dieses Gesetzes" (s. oben Anm. 3) „finden außerhalb des Konkursverfahrens auf „das Verhältniß der durch diese Vorschriften den Faustpfandgläubigern gleichgestell„ten Gläubiger zu anderen Gläubigern des Schuldners entsprechende Anwendung."

„Für Forderungen, für welche durch die Vorschriften der Deutschen Konkurs„ordnung ein Anspruch auf abgesonderte Befriedigung aus einzelnen Gegenständen „des beweglichen Vermögens nicht zugelassen ist, besteht auch außerhalb des Kon„kursverfahrens kein Absonderungsrecht oder Vorzugsrecht an solchen Gegenständen."

[8]) vgl. § 65 GAGB.

[9]) §§ 56 ff. CPO. [§§ 135 ff.].

[10]) § 266 CPO. [§ 345].

[11]) vgl. § 103 GAGB.

seine Befriedigung nicht vollständig erlangen könne, so ist der Schuldner auf Antrag verpflichtet, ein Verzeichniß seines Vermögens vorzulegen, in Betreff seiner Forderungen den Grund und die Beweismittel zu bezeichnen, sowie den Offenbarungseid dahin zu leisten:

daß er sein Vermögen vollständig angegeben und wissentlich nichts verschwiegen habe.[12])

II. Zwangsvollstreckung in körperliche Sachen.

§. 686.
(§ 712 CPO.)

Die Pfändung der im Gewahrsam des Schuldners befindlichen körperlichen Sachen wird dadurch bewirkt, daß der Gerichtsvollzieher dieselben in Besitz nimmt.[1]) Pfändung.

Im Gewahrsam des Schuldners sind die Sachen nur, wenn der Gläubiger einwilligt oder wenn ein anderes Verfahren mit erheblichen Schwierigkeiten verbunden ist, zu belassen. In demselben Falle ist die Wirksamkeit der Pfändung dadurch bedingt, daß durch Anlegung von Siegeln oder auf sonstige Weise die Pfändung ersichtlich gemacht ist.[2])

Der Gerichtsvollzieher hat den Schuldner von der geschehenen Pfändung in Kenntniß zu setzen.[3])

§. 687.
(§ 713 CPO.)

Die vorstehenden Bestimmungen finden entsprechende Anwendung auf die Pfändung von Sachen, welche sich im Gewahrsam des Gläubigers oder eines zur Herausgabe bereiten Dritten befinden.[4])

§ 688.
(§ 714 CPO.)

Früchte können, auch bevor sie von dem Boden getrennt sind, gepfändet werden. Die Pfändung darf nicht früher als einen Monat vor der gewöhnlichen Zeit der Reife erfolgen.[5])

---

[12]) Die näheren Vorschriften über die Abnahme des Offenbarungseides s. in §§ 780 ff. CPO. [§§ 858 ff.]. Einen ferneren Anwendungsfall des im Texte gedachten Offenbarungseides s. in [§ 1034].

[1]) §§ 56, 62 bis 64, 66 bis 70, 74 GAGV. [Anl. C]; § 33 GVO. [Anl. B]. — Gebühr: § 4, § 13 Nr. 7 GOGV. [§§ 1041, 1050].

[2]) § 71 GAGV. [Anl. C].

[3]) §§ 61, 73 GAGV.

[4]) §§ 72, 73 GAGV.

[5]) § 83 Abs. 1 bis 5 GAGV.

§ 689.

(§ 715 CPO.)

Folgende Sachen sind der Pfändung nicht unterworfen[6]):

1) die Kleidungsstücke, die Betten, das Haus- und Küchengeräth, insbesondere die Heiz- und Kochöfen, soweit diese Gegenstände für den Schuldner, seine Familie und sein Gesinde unentbehrlich sind;
2) die für den Schuldner, seine Familie und sein Gesinde auf zwei Wochen erforderlichen Nahrungs- und Feuerungsmittel;
3) eine Milchkuh oder nach der Wahl des Schuldners statt einer solchen zwei Ziegen oder zwei Schafe nebst dem zum Unterhalt und zur Streu für dieselben auf zwei Wochen erforderlichen Futter und Stroh, sofern die bezeichneten Thiere für die Ernährung des Schuldners, seiner Familie und seines Gesindes unentbehrlich sind;
4) bei Künstlern, Handwerkern, Hand- und Fabrikarbeitern sowie bei Hebammen die zur persönlichen Ausübung des Berufs unentbehrlichen Gegenstände;
5) bei Personen, welche Landwirthschaft betreiben, das zum Wirthschaftsbetriebe unentbehrliche Geräth, Vieh- und Feldinventarium nebst dem nöthigen Dünger, sowie die landwirthschaftlichen Erzeugnisse, welche zur Fortsetzung der Wirthschaft bis zur nächsten Ernte unentbehrlich sind;
6) bei Offizieren, Deckoffizieren, Beamten, Geistlichen, Lehrern an öffentlichen Unterrichtsanstalten, Rechtsanwälten, Notaren und Aerzten die zur Verwaltung des Dienstes oder Ausübung des Berufs erforderlichen Gegenstände, sowie anständige Kleidung;
7) bei Offizieren, Militärärzten, Deckoffizieren, Beamten, Geistlichen und Lehrern an öffentlichen Unterrichtsanstalten ein Geldbetrag, welcher dem der Pfändung nicht unterworfenen Theile des Diensteinkommens oder der Pension[7]) für die Zeit von der Pfändung bis zum nächsten Termin der Gehalts- oder Pensionszahlung gleichkommt;
8) die zum Betriebe einer Apotheke unentbehrlichen Geräthe, Gefäße und Waaren;
9) Orden und Ehrenzeichen;
10) die Bücher, welche zum Gebrauche des Schuldners und seiner Familie in Kirche oder Schule bestimmt sind;
11) das Inventarium der Posthaltereien (§ 20 des Gesetzes über das Postwesen des Deutschen Reichs vom 28. Oktober 1871.[8])

---

[6]) § 64 GAGB. [7]) § 749 Abs. 2 CPO. [§ 723].

[8]) RGBl. S. 347. — Die Vorschrift ist aufrecht erhalten durch § 13 Abs. 1 EG.CPO. [§ 962].

§ 690.

(§ 716 CPO.)

Die gepfändeten Sachen sind von dem Gerichtsvollzieher öffentlich zu versteigern,[9]) Kostbarkeiten sind vor der Versteigerung durch einen Sachverständigen abzuschätzen.[10]) Versteigerung.

Gepfändetes Geld ist dem Gläubiger abzuliefern.[11]) Die Wegnahme des Geldes durch den Gerichtsvollzieher gilt als Zahlung von Seiten des Schuldners, sofern nicht dem Schuldner nachgelassen ist, durch Sicherheitsleistung oder durch Hinterlegung die Vollstreckung abzuwenden.[12])

§ 691.

(§ 717 CPO.)

Die Versteigerung der gepfändeten Sachen darf nicht vor Ablauf einer Woche seit dem Tage der Pfändung geschehen, sofern nicht der Gläubiger und der Schuldner über eine frühere Versteigerung sich einigen oder dieselbe erforderlich ist, um die Gefahr einer beträchtlichen Werthsverringerung der zu versteigernden Sache abzuwenden oder um unverhältnißmäßige Kosten einer längeren Aufbewahrung zu vermeiden.[13])

Die Versteigerung erfolgt in der Gemeinde, in welcher die Pfändung geschehen ist, sofern nicht der Gläubiger und der Schuldner über einen anderen Ort sich einigen.[14])

Zeit und Ort der Versteigerung sind unter allgemeiner Bezeichnung der zu versteigernden Sachen öffentlich bekannt zu machen.[14a])

§ 692.

(§ 718 CPO.)

Der Zuschlag an den Meistbietenden erfolgt nach dreimaligem Aufrufe.

Die Ablieferung einer zugeschlagenen Sache darf nur gegen baare Zahlung geschehen.

Hat der Meistbietende nicht zu der in den Versteigerungsbedingungen bestimmten Zeit oder in Ermangelung einer solchen Bestimmung nicht vor dem Schlusse des Versteigerungstermins die Ablieferung gegen Zahlung des Kaufgeldes verlangt, so wird die Sache anderweit versteigert. Der Meistbietende wird zu einem weiteren Gebote nicht zugelassen; er haftet für den Ausfall, auf den Mehrerlös hat er keinen Anspruch.

---

[9]) § 75 GKG. — Versteigerungsgebühr: § 7 GOGV. [§ 1046].

[10]) §§ 70, 75 Abs. 2, 78 Abs. 5 GKG. — Sachverständigengebühr: § 13 Nr. 4, § 16 GOGV. [§§ 1050, 1053].

[11]) sofern nicht § 659 CPO. [§ 634] Platz greift. — Vgl. im Uebrigen § 67 GKG.

[12]) § 652 CPO. [§ 628].

[13]) §§ 76, 77 GKG.

[14]) §§ 68 Abs. 4, 78, 79 GKG.

[14a]) § 12 Nr. 5, § 13 Nr. 3 GOGV. [§§ 1049, 1050].

§ 693.
(§ 719 CPO.)

Die Versteigerung wird eingestellt, sobald der Erlös zur Befriedigung des Gläubigers und zur Deckung der Kosten der Zwangsvollstreckung hinreicht.[15])

§ 694.
(§ 720 CPO.)

Die Empfangnahme des Erlöses durch den Gerichtsvollzieher gilt als Zahlung von Seiten des Schuldners, sofern nicht dem Schuldner nachgelassen ist, durch Sicherheitsleistung oder durch Hinterlegung die Vollstreckung abzuwenden.[16])

§ 695.
(§ 721 CPO.)

Gold- und Silbersachen dürfen nicht unter ihrem Gold- oder Silberwerthe zugeschlagen werden. Wird ein den Zuschlag gestattendes Gebot nicht abgegeben, so kann der Gerichtsvollzieher den Verkauf aus freier Hand zu dem Preise bewirken, welcher den Gold- oder Silberwerth erreicht.[17])

§ 696.
(§ 722 CPO.)

Gepfändete Werthpapiere sind, wenn sie einen Börsen- oder Marktpreis haben, von dem Gerichtsvollzieher aus freier Hand zum Tageskurse zu verkaufen und, wenn sie einen solchen Preis nicht haben, nach den allgemeinen Bestimmungen zu versteigern.[18])

§ 697.
(§ 723 CPO.)

Lautet ein Werthpapier auf Namen, so kann der Gerichtsvollzieher durch das Vollstreckungsgericht ermächtigt werden,[19]) die Umschreibung auf den Namen des Käufers zu erwirken und die hierzu erforderlichen Erklärungen an Stelle des Schuldners abzugeben.[20])

§ 698.
(§ 724 CPO.)

Ist ein Inhaberpapier durch Einschreibung auf den Namen oder in anderer Weise außer Kurs gesetzt, so kann der Gerichtsvollzieher

---

[15]) § 78 Abs. 7 GAGV.

[16]) vgl. Anm. 11.

[17]) § 78 Abs. 5, 8, § 80 GAGV.

[18]) § 81 GAGV.

[19]) Gerichtskosten: § 35 Nr. 2, § 39 GKG. [§§ 999, 1003]; — Rechtsanwaltsgebühr: § 23 Nr. 2, § 31 GORA. [§§ 1002, 1110]. — Gerichtsvollziehergebühr: § 12 Nr. 3 GOGV. [§ 1049].

[20]) § 81 Abs. 8 GAGV.

durch das Vollstreckungsgericht ermächtigt werden,[21]) die Wiederinkurssetzung zu erwirken und die hierzu erforderlichen Erklärungen an Stelle des Schuldners abzugeben.[22])

§ 699.

(§ 725 CPO.)

Die Versteigerung gepfändeter, von dem Boden noch nicht getrennter Früchte ist erst nach der Reife zulässig. Sie kann vor oder nach der Trennung der Früchte erfolgen; im letzteren Falle hat der Gerichtsvollzieher die Aberntung bewirken zu lassen.[23])

§ 700.

(§ 726 CPO.)

Auf Antrag des Gläubigers oder des Schuldners kann das Vollstreckungsgericht anordnen,[24]) daß die Verwerthung einer gepfändeten Sache in anderer Weise oder an einem anderen Orte, als in den vorstehenden Paragraphen bestimmt ist, stattzufinden habe oder daß die Versteigerung durch eine andere Person als den Gerichtsvollzieher vorzunehmen sei.[25])

§ 701.

(§ 727 CPO.)

Anschlußpfändung.

Die Pfändung bereits gepfändeter Sachen wird durch die in das Protokoll aufzunehmende Erklärung des Gerichtsvollziehers, daß er die Sache für seinen Auftraggeber pfände, bewirkt.

Ist die erste Pfändung durch einen anderen Gerichtsvollzieher bewirkt, so ist diesem eine Abschrift des Protokolles zuzustellen.

Der Schuldner ist von den weiteren Pfändungen in Kenntniß zu setzen.[26])

§ 702.

(§ 728 CPO.)

Auf den Gerichtsvollzieher, von welchem die erste Pfändung bewirkt ist, geht der Auftrag des zweiten Gläubigers kraft Gesetzes über, sofern nicht das Vollstreckungsgericht auf Antrag eines betheiligten Gläubigers oder des Schuldners anordnet,[27]) daß die Verrichtungen jenes Gerichtsvollziehers von einem anderen zu übernehmen seien. Die Versteigerung erfolgt für alle betheiligten Gläubiger.

---

[21]) vgl. Anm. 19.

[22]) § 81 Abs. 8, 9 GAGB.

[23]) § 83 Abs. 6 bis 10 GAGB.

[24]) vgl. Anm. 19.

[25]) § 78 Abs. 3, § 80 Nr. 1 GAGB.

[26]) § 84 GAGB. — Gebühr: § 5 GOGB. [§ 1042].

[27]) Keine Gerichtskosten: § 47 Nr. 3 GKG. [§ 1011]. — Rechtsanwaltsgebühr: § 23 Nr. 1, § 29 Nr. 6 GORA. [§§ 1102, 1108].

Ist der Erlös zur Deckung der Forderungen nicht ausreichend und verlangt der Gläubiger, für welchen die zweite oder eine spätere Pfändung erfolgt ist, ohne Zustimmung der übrigen betheiligten Gläubiger eine andere Vertheilung als nach der Reihenfolge der Pfändungen, so hat der Gerichtsvollzieher die Sachlage unter Hinterlegung des Erlöses[27a]) dem Vollstreckungsgericht anzuzeigen. Dieser Anzeige sind die auf das Verfahren sich beziehenden Schriftstücke beizufügen.[28])

In gleicher Weise ist zu verfahren, wenn die Pfändung für mehrere Gläubiger gleichzeitig erfolgt ist.[29])

III. Zwangsvollstreckung in Forderungen und andere Vermögensrechte.

§ 703.

(§ 729 CPO.)

Vollstreckungsgericht.

Die gerichtlichen Handlungen, welche die Zwangsvollstreckung in Forderungen und andere Vermögensrechte zum Gegenstande haben, erfolgen durch das Vollstreckungsgericht.[1])

Als Vollstreckungsgericht ist das Amtsgericht, bei welchem der Schuldner im Deutschen Reiche seinen allgemeinen Gerichtsstand hat,[2]) und in Ermangelung eines solchen das Amtsgericht zuständig, bei welchem in Gemäßheit des § 24 [§ 102] gegen den Schuldner Klage erhoben werden kann.[3])

§ 704.

(§ 730 CPO.)

Geldforderungen.

Soll eine Geldforderung gepfändet werden, so hat das Gericht dem Drittschuldner zu verbieten, an den Schuldner zu zahlen. Zugleich hat das Gericht an den Schuldner das Gebot zu erlassen, sich jeder Verfügung über die Forderung, insbesondere der Einziehung derselben zu enthalten.

Der Gläubiger hat den Beschluß dem Drittschuldner zustellen zu lassen. Der Gerichtsvollzieher hat den Beschluß mit einer Abschrift der Zustellungsurkunde dem Schuldner sofort zuzustellen, sofern nicht

---

27a) Nach Maßgabe der Hinterlegungsordnung [Anl. F].

28) Es folgt dann ein Vertheilungsverfahren, §§ 758 ff. CPO. [§§ 836 ff.]. — Vgl. § 82 Abs. 2, 3, § 103 Nr. 2 u. Abs. 4, § 130 Abs. 11 GAGB. — Schreibgebühr: § 14 Nr. 2 GOGB. [§ 1051].

29) § 85 GAGB.

1) Gerichtskosten für die einschlägigen Handlungen der Zwangsvollstreckung: § 35 Nr. 3, § 39 GKG. [§§ 999, 1003]; Rechtsanwaltsgebühr: §§ 23 Nr. 2, 31 GORA. [§§ 1102, 1110].

2) §§ 13 ff. CPO. [§§ 92 ff.].

3) §§ 89, 90 GAGB.

eine öffentliche Zustellung [4]) erforderlich wird. Ist die Zustellung an den Drittschuldner auf unmittelbares Ersuchen des Gerichtsschreibers durch die Post erfolgt, [5]) so hat der Gerichtsschreiber für die Zustellung an den Schuldner in gleicher Weise Sorge zu tragen. An Stelle einer an den Schuldner im Auslande zu bewirkenden Zustellung erfolgt die Zustellung durch Aufgabe zur Post. [6])

Mit der Zustellung des Beschlusses an den Drittschuldner ist die Pfändung als bewirkt anzusehen. [7])

§ 705.

(§ 16 AG.CPO.) [8])

Die Pfändung einer in einem Grund- oder Hypothekenbuche eingetragenen Forderung oder Berechtigung ersetzt die Bewilligung des Schuldners zur Eintragung des entstandenen Pfandrechts. Zum Nachweise der Pfändung ist der Nachweis der Zustellung des Pfändungsbeschlusses an den Eigenthümer des Grundstücks erforderlich und ausreichend.

Die Ueberweisung einer in einem Grund- oder Hypothekenbuche eingetragenen Geldforderung an Zahlungsstatt ersetzt die Bewilligung des Schuldners zur Eintragung der Abtretung. [9])

Zu dem Antrage des Gläubigers auf Eintragung ist weder die Vermittelung des Prozeßgerichts oder des Vollstreckungsgerichts, noch die Beglaubigung erforderlich.

Die Vorschriften des bürgerlichen Rechts über die Voraussetzungen, unter welchen die Rechte an einer in einem Grund- oder Hypothekenbuche eingetragenen Forderung Rechtswirkung gegen Dritte erlangen, bleiben unberührt. [10])

§ 706.

(§ 732 CPO.)

Die Pfändung von Forderungen aus Wechseln und anderen Papieren, welche durch Indossament übertragen werden können, [11]) wird dadurch bewirkt, daß der Gerichtsvollzieher diese Papiere in Besitz nimmt. [12])

---

[4]) § 186 CPO. [§ 264].

[5]) § 179 CPO. [§ 257].

[6]) §§ 161, 175 CPO. [§§ 238, 253].

[7]) § 90 GAGV.

[8]) Der § beruht auf § 731 CPO. Inwieweit die Pfändung einer Forderung in das Hypothekenbuch einzutragen und wie eine solche Eintragung zu erwirken ist, bestimmt sich nach den Landesgesetzen.

[9]) Dieser Absatz, welcher systematisch hinter [§ 712] gehören würde, ist des Zusammenhanges halber hier schon mit aufgenommen.

[10]) Dieselben sind in den einzelnen Landestheilen verschieden; ihre Darstellung liegt außerhalb des Rahmens dieses Werks. Vgl. z. B. § 38 des Ges. v. 5. Mai 1872.

[11]) Art. 301 bis 303 des Handelsgesetzbuchs.

[12]) § 82 GAGV. — Gebühr: § 4 GOGV. [§ 1041].

§ 707.
(§ 733 CPO.)

Das Pfandrecht, welches durch die Pfändung einer Gehaltsforderung oder einer ähnlichen in fortlaufenden Bezügen bestehenden Forderungen erworben wird, erstreckt sich auch auf die nach der Pfändung fällig werdenden Beträge.

§ 708.
(§ 734 CPO.)

Durch die Pfändung eines Diensteinkommens wird auch dasjenige Einkommen betroffen, welches der Schuldner in Folge der Versetzung in ein anderes Amt, der Uebertragung eines neuen Amts oder einer Gehaltserhöhung zu beziehen hat.

Diese Bestimmung findet auf den Fall der Aenderung des Dienstherrn keine Anwendung.

§ 709.
(§ 735 CPO.)

Vor der Pfändung ist der Schuldner über das Pfändungsgesuch nicht zu hören.

§ 710.
(§ 736 CPO.)

Die gepfändete Geldforderung ist dem Gläubiger nach seiner Wahl zur Einziehung oder an Zahlungsstatt zum Nennwerthe zu überweisen.

Im letzteren Falle geht die Forderung auf den Gläubiger mit der Wirkung über, daß derselbe, soweit die Forderung besteht, wegen seiner Forderung an den Schuldner als befriedigt anzusehen ist.

Die Bestimmungen des § 730 Abs. 2 [§ 704] finden entsprechende Anwendung.[13])

§ 711.
(§ 737 CPO.)

Die Ueberweisung ersetzt die förmlichen Erklärungen des Schuldners, von welchen nach den Vorschriften des bürgerlichen Rechts die Berechtigung zur Einziehung der Forderung abhängig ist.[14])

Der Schuldner ist verpflichtet, dem Gläubiger die über die Forderung vorhandenen Urkunden herauszugeben. Die Herausgabe kann von dem Gläubiger im Wege der Zwangsvollstreckung[15]) erwirkt werden.[16])

---

13) § 89 Abs. 2, § 90 Abs. 5 GAGB.

14) Vgl. hinsichtlich der in einem Grund- oder Hypothekenbuche eingetragenen Forderungen § 16 Abs. 2 bis 4 AG.CPO. [§ 705].

15) d. h. der Zwangsvollstreckung zur Erwirkung der Herausgabe von Gegenständen, §§ 769, 772 CPO. [§§ 847, 850].

16) § 91 GAGB.

§ 712.

(§ 738 CPO.)

Ist in Gemäßheit des § 652 Abs. 2 [§ 628] dem Schuldner nachgelassen, durch Sicherheitsleistung oder durch Hinterlegung die Vollstreckung abzuwenden, so findet die Ueberweisung gepfändeter Geldforderungen nur zur Einziehung und nur mit der Wirkung statt, daß der Drittschuldner den Schuldbetrag hinterlege.

§ 713.

(§ 739 CPO.)

Auf Verlangen des Gläubigers hat der Drittschuldner binnen zwei Wochen, von der Zustellung des Pfändungsbeschlusses an [17]) gerechnet, dem Gläubiger zu erklären:

1) ob und inwieweit er die Forderung als begründet anerkenne und Zahlung zu leisten bereit sei;
2) ob und welche Ansprüche andere Personen an die Forderung machen;
3) ob und wegen welcher Ansprüche die Forderung bereits für andere Gläubiger gepfändet sei.

Die Aufforderung zur Abgabe dieser Erklärungen muß in die Zustellungsurkunde aufgenommen werden. Der Drittschuldner haftet dem Gläubiger für den aus der Nichterfüllung seiner Verpflichtung entstehenden Schaden.

Die Erklärungen des Drittschuldners können bei Zustellung des Pfändungsbeschlusses oder innerhalb der im ersten Absatze bestimmten Frist an den Gerichtsvollzieher erfolgen. Im ersteren Falle sind dieselben in die Zustellungsurkunde aufzunehmen und von dem Drittschuldner zu unterschreiben. [18])

§ 714.

(§ 740 CPO.)

Der Gläubiger, welcher die Forderung einklagt, ist verpflichtet, dem Schuldner gerichtlich den Streit zu verkünden, [19]) sofern nicht eine Zustellung im Ausland oder eine öffentliche Zustellung [20]) erforderlich wird.

§ 715.

(§ 741 CPO.)

Der Gläubiger, welcher die Beitreibung einer ihm zur Einziehung überwiesenen Forderung verzögert, haftet dem Schuldner für den daraus entstehenden Schaden.

---

[17]) § 730 CPO. [§ 704].

[18]) § 90 Abs. 1 bis 3 GVG. — Schreibgebühr: § 14 Nr. 3 GOGV. [§ 1051].

[19]) § 70 [§ 149] CPO.

[20]) §§ 182, 186 CPO. [§§ 260, 264].

§ 716.

(§ 742 CPO.)

Der Gläubiger kann auf die durch Pfändung und Ueberweisung zur Einziehung erworbenen Rechte unbeschadet seines Anspruchs verzichten. Die Verzichtleistung erfolgt durch eine dem Schuldner zuzustellende Erklärung. Die Erklärung ist auch dem Drittschuldner zuzustellen.

§ 717.

(§ 743 CPO.)

Ist die gepfändete Forderung eine bedingte oder eine betagte oder ist ihre Einziehung wegen der Abhängigkeit von einer Gegenleistung oder aus anderen Gründen mit Schwierigkeiten verbunden, so kann das Gericht auf Antrag an Stelle der Ueberweisung eine andere Art der Verwerthung anordnen.

Vor dem Beschlusse, durch welchen dem Antrage stattgegeben wird, ist der Gegner zu hören, sofern nicht eine Zustellung im Auslande oder eine öffentliche Zustellung[21]) erforderlich wird.

§ 718.

(§ 744 CPO.)

Schon vor der Pfändung kann der Gläubiger auf Grund eines vollstreckbaren Schuldtitels durch den Gerichtsvollzieher dem Drittschuldner und dem Schuldner die Benachrichtigung, daß die Pfändung bevorstehe, zustellen lassen mit der Aufforderung an den Drittschuldner, nicht an den Schuldner zu zahlen, und mit der Aufforderung an den Schuldner, sich jeder Verfügung über die Forderung, insbesondere der Einziehung derselben zu enthalten.[22])

Die Benachrichtigung an den Drittschuldner hat die Wirkung eines Arrestes (§ 810 [§ 888]), sofern die Pfändung der Forderung innerhalb drei Wochen bewirkt wird. Die Frist beginnt mit dem Tage, an welchem die Benachrichtigung zugestellt ist.

§ 719.

(§ 745 CPO.)

Ansprüche auf Herausgabe oder Leistung körperlicher Sachen.

Die Zwangsvollstreckung in Ansprüche, welche die Herausgabe oder Leistung körperlicher Sachen zum Gegenstande haben, erfolgt nach den Vorschriften der §§ 730 bis 744 [§§ 704 bis 718] unter Berücksichtigung der nachfolgenden Bestimmungen.

§ 720.

(§ 746 CPO.)

Bei der Pfändung eines Anspruchs, welcher eine bewegliche körper-

---

[21]) s. Anm. 20.

[22]) § 93 GVG.

liche Sache betrifft, ist anzuordnen, daß die Sache an einen vom Gläubiger zu beauftragenden Gerichtsvollzieher herauszugeben sei.[23])

Auf die Verwerthung der Sache finden die Vorschriften über die Verwerthung gepfändeter Sachen[24]) Anwendung.

§ 721.*

(§ 747 CPO., § 17 Abs. 1 AG. CPO.)

Bei Pfändung eines Anspruchs, welcher eine unbewegliche Sache[25]) betrifft, ist anzuordnen, daß die Sache an einen auf Antrag des Gläubigers vom Amtsgerichte der belegenen Sache[26]) zu bestellenden Sequester herauszugeben sei.

Die Zwangsvollstreckung in die herausgegebene Sache wird nach den für die Zwangsvollstreckung in unbewegliche Sachen geltenden Vorschriften bewirkt.

Hat der Anspruch die Uebertragung des Eigenthums einer unbeweglichen Sache zum Gegenstande, so ist anzuordnen, daß die Uebertragung nur an den Sequester als Vertreter des Schuldners vorgenommen werde. Der Sequester ist zu ermächtigen und anzuweisen, daß er an Stelle des Schuldners die zu dem Erwerb erforderlichen Erklärungen abgebe und die Eintragung der Forderung des Gläubigers in das Grund- oder Hypothekenbuch in der zur Sicherstellung eines Anspruchs auf Eintragung vorgeschriebenen Form bewillige und beantrage.

§ 722.

(§ 748 CPO.)

Eine Ueberweisung der im § 745 [§ 719] bezeichneten Ansprüche an Zahlungsstatt ist unzulässig.[28])

§ 723.

(§ 749 CPO.)

Der Pfändung sind nicht unterworfen: Unpfändbare Ansprüche.

1) der Arbeits- oder Dienstlohn nach den Bestimmungen des Reichsgesetzes vom 21. Juni 1869 (B.-G.-Bl. 1869 S. 242 und 1871 S. 63);[29])

---

[23]) § 92 GAGB. — Gebühr: § 5 GOGB. [§ 1042].

[24]) §§ 716 bis 726 CPO. [§§ 690 bis 700].

[25]) § 1 G. v. 4. März 1879 [§ 729].

[26]) § 755 CPO. [§ 731].

[27]) Keine Gerichtskosten: § 47 Nr. 3 GKG [§ 1011]. — Rechtsanwaltsgebühr § 23 Nr. 1, § 29 Nr. 6 GORA. [§§ 1102, 1108].

[28]) § 92 Abs. 1 GAGB.

[29]) § 1. Die Vergütung (Lohn, Gehalt, Honorar u. s. w.) für Arbeiten oder Dienste, welche auf Grund eines Arbeits- oder Dienstverhältnisses geleistet werden, darf, sofern dieses Verhältniß die Erwerbsthätigkeit des Vergütungsberechtigten vollständig oder hauptsächlich in Anspruch nimmt, zum Zwecke der Sicherstellung oder

2) die auf gesetzlicher Vorschrift beruhenden Alimentenforderungen;
3) die fortlaufenden Einkünfte, welche ein Schuldner aus Stiftungen oder sonst auf Grund der Fürsorge und Freigebigkeit eines Dritten bezieht, insoweit der Schuldner zur Bestreitung des nothdürftigen Unterhalts für sich, seine Ehefrau und seine noch unversorgten Kinder dieser Einkünfte bedarf;
4) die aus Kranken-, Hülfs- oder Sterbekassen, insbesondere aus Knappschaftskassen und Kassen der Knappschaftsvereine zu beziehenden Hebungen;
5) der Sold und die Invalidenpension der Unteroffiziere und der Soldaten;
6) das Diensteinkommen der Militärpersonen, welche zu einem mobilen Truppentheil oder zur Besatzung eines in Dienst gestellten Kriegsfahrzeuges gehören;
7) die Pensionen der Wittwen und Waisen und die denselben aus Wittwen- und Waisenkassen zukommenden Bezüge, die Erziehungsgelder und die Studienstipendien sowie die Pensionen invalider Arbeiter;
8) das Diensteinkommen der Offiziere, Militärärzte und Deckoffiziere, der Beamten, der Geistlichen und der Lehrer an öffentlichen Unter-

---

Befriedigung eines Gläubigers erst dann mit Beschlag belegt werden, nachdem die Leistung der Arbeiten oder Dienste erfolgt und nachdem der Tag, an welchem die Vergütung gesetzlich, vertrags- oder gewohnheitsmäßig zu entrichten war, abgelaufen ist, ohne daß der Vergütungsberechtigte dieselbe eingefordert hat.

§ 2. Die Bestimmungen des § 1 können nicht mit rechtliche Wirkung durch Vertrag ausgeschlossen oder beschränkt werden.

Soweit nach diesen Bestimmungen die Beschlagnahme unzulässig ist, ist auch jede Verfügung durch Cession, Anweisung, Verpfändung oder durch ein anderes Rechtsgeschäft ohne rechtliche Wirkung.

§ 3. Als Vergütung ist jeder dem Berechtigten gebührende Vermögensantheil anzusehen. Auch macht es keinen Unterschied, ob dieselbe nach Zeit oder Stück berechnet wird.

Ist die Vergütung mit dem Preise oder Werth für Material oder mit dem Ersatz anderer Auslagen in ungetrennter Summe bedungen, so gilt als Vergütung im Sinne dieses Gesetzes der Betrag, welcher nach Abzug des Preises oder des Werthes der Materialien und nach Abzug der Auslagen übrig bleibt.

§ 4. Das gegenwärtige Gesetz findet keine Anwendung:
1) auf den Gehalt und die Dienstbezüge der öffentlichen Beamten;
2) auf die Beitreibung der direkten persönlichen Staatssteuern und Kommunalabgaben (die derartigen Abgaben an Kreis-, Kirchen-, Schul- und sonstige Kommunalverbände mit eingeschlossen), sofern diese Steuern und Abgaben nicht seit länger als drei Monaten fällig geworden sind;
3) auf die Beitreibung der auf gesetzlicher Vorschrift beruhenden Alimentationsansprüche der Familienglieder.

(Nr. 4 s. unten Anm. 30.)

richtsanstalten; die Pension dieser Personen nach deren Versetzung in einstweiligen oder dauernden Ruhestand, sowie der nach ihrem Tode den Hinterbliebenen zu gewährende Sterbe- oder Gnadengehalt.

Uebersteigen in den Fällen Nr. 7 und 8 das Diensteinkommen, die Pension oder die sonstigen Bezüge die Summe von fünfzehnhundert Mark für das Jahr, so ist der dritte Theil des Mehrbetrags der Pfändung unterworfen.

Der Gehalt und die Dienstbezüge der im Privatdienste dauernd angestellten Personen (§ 4 Nr. 4 des Reichsgesetzes vom 21. Juni 1869)[30]) sind nur soweit der Pfändung unterworfen, als der Gesammtbetrag die Summe von fünfzehnhundert Mark für das Jahr übersteigt.

In den Fällen der beiden vorhergehenden Absätze ist die Pfändung ohne Rücksicht auf den Betrag zulässig, wenn sie zur Befriedigung der Ehefrau und der ehelichen Kinder des Schuldners wegen solcher Alimente beantragt wird, welche für die Zeit nach Erhebung der Klage und für das diesem Zeitpunkte vorausgehende letzte Vierteljahr zu entrichten sind.

Die Einkünfte, welche zur Bestreitung eines Dienstaufwandes bestimmt sind, und der Servis der Offiziere, Militärärzte und Militärbeamten sind weder der Pfändung unterworfen noch bei der Ermittelung, ob und zu welchem Betrage ein Diensteinkommen der Pfändung unterliege, zu berechnen.

§ 724.

(§ 750 CPO.)

Ist eine Geldforderung für mehrere Gläubiger gepfändet, so ist der Drittschuldner berechtigt und auf Verlangen eines Gläubigers, welchem die Forderung überwiesen wurde, verpflichtet, unter Anzeige der Sachlage und unter Aushändigung der ihm zugestellten Beschlüsse an das Amtsgericht, dessen Beschluß ihm zuerst zugestellt ist, den Schuldbetrag zu hinterlegen.[31])

Pfändung für mehrere Gläubiger.

---

[30]) „Das gegenwärtige Gesetz findet keine Anwendung:

4) auf den Gehalt und die Dienstbezüge der im Privatdienste dauernd angestellten Personen, soweit der Gesammtbetrag die Summe von vierhundert Thalern jährlich (s. jetzt Text) übersteigt.

Als dauernd in diesem Sinne gilt das Dienstverhältniß, wenn dasselbe gesetzlich, vertrags- oder gewohnheitsmäßig mindestens auf Ein Jahr bestimmt, oder bei unbestimmter Dauer für die Auflösung eine Kündigungsfrist von mindestens drei Monaten einzuhalten ist."

[31]) nach Maßgabe der Hinterlegungsordnung [Anl. F]. Es folgt dann ein Vertheilungsverfahren, §§ 758 ff. CPO. [§§ 836 ff.].

§ 725.

(§ 751 CPO.)

Ist ein Anspruch, welcher eine bewegliche körperliche Sache betrifft, für mehrere Gläubiger gepfändet, so ist der Drittschuldner berechtigt und auf Verlangen eines Gläubigers, welchem der Anspruch überwiesen wurde, verpflichtet, die Sache unter Anzeige der Sachlage und unter Aushändigung der ihm zugestellten Beschlüsse dem Gerichtsvollzieher herauszugeben, welcher nach dem ihm zuerst zugestellten Beschlusse zur Empfangnahme der Sache ermächtigt ist. Hat der Gläubiger einen solchen Gerichtsvollzieher nicht bezeichnet, so erfolgt dessen Ernennung[32]) auf Antrag des Drittschuldners von dem Amtsgerichte des Orts, wo die Sache herauszugeben ist.[33])

Ist der Erlös zur Deckung der Forderungen nicht ausreichend und verlangt der Gläubiger, für welchen die zweite oder eine spätere Pfändung erfolgt ist, ohne Zustimmung der übrigen betheiligten Gläubiger eine andere Vertheilung als nach der Reihenfolge der Pfändungen, so hat der Gerichtsvollzieher die Sachlage unter Hinterlegung des Erlöses[33a]) dem Amtsgericht anzuzeigen, dessen Beschluß dem Drittschuldner zuerst zugestellt ist. Dieser Anzeige sind die auf das Verfahren sich beziehenden Schriftstücke beizufügen.[34])

In gleicher Weise ist zu verfahren, wenn die Pfändung für mehrere Gläubiger gleichzeitig bewirkt ist.[35])

§ 726.*

(§ 752 CPO.; § 17 Abs. 2 AG. CPO.)

Betrifft der Anspruch eine unbewegliche Sache[36]), so ist der Drittschuldner berechtigt und auf Verlangen eines Gläubigers, welchem der Anspruch überwiesen wurde, verpflichtet, die Sache unter Anzeige der Sachlage und unter Aushändigung der ihm zugestellten Beschlüsse an den von dem Amtsgerichte der belegenen Sache[37]) ernannten oder auf seinen Antrag zu ernennenden[38]) Sequester herauszugeben.

Im Falle des § 17 des Ausführungsgesetzes zur Deutschen Civilprozeßordnung [§ 721 Abs. 3] hat der Sequester die Eintragung der Forderungen in der durch die Zeit der Pfändungen bestimmten Reihen-

---

32) vgl. Anm. 27.

33) Im weiteren wird nach § 746 Abs. 2 CPO [§ 720] verfahren.

33a) Vgl. Anm. 31.

34) § 92 Abs. 5, § 109 Nr. 2 GKGV. — Schreibgebühr: § 14 Nr. 2 GOGV. [§ 1051].

35) vgl. Anm. 31.

36) Vgl. Anm. 25.

37) Vgl. Anm. 26.

38) Vgl. Anm. 27.

folge zu beantragen; wenn ein Gläubiger eine andere Reihenfolge verlangt oder die Zeit der Pfändungen nicht erhellt, zu gleichen Rechten unter dem miteinzutragenden Vorbehalt einer anderweitigen Feststellung des Ranges derselben unter einander.

§ 727.

(§ 753 CPO.)

Jeder Gläubiger, welchem der Anspruch überwiesen wurde, ist berechtigt, gegen den Drittschuldner Klagen auf Erfüllung der nach den Bestimmungen der §§ 750 bis 752 [§§ 724 bis 726] diesem obliegenden Verpflichtungen zu erheben.

Jeder Gläubiger, für welchen der Anspruch gepfändet ist, kann sich dem Kläger in jeder Lage des Rechtsstreits als Streitgenosse [39]) anschließen.

Der Drittschuldner hat die Gläubiger, welche die Klage nicht erhoben und dem Kläger sich nicht angeschlossen haben, zum Termine zur mündlichen Verhandlung zu laden.

Die Entscheidung, welche in dem Rechtsstreite über den in der Klage erhobenen Anspruch erlassen wird, ist für und gegen sämmtliche Gläubiger wirksam.

Gegen einen Gläubiger, welcher nicht zum Termine zur mündlichen Verhandlung geladen ist, obgleich er von dem Drittschuldner hätte geladen werden sollen, kann der Drittschuldner sich auf die ihm günstige Entscheidung nicht berufen.

§ 728.

(§ 754 CPO.)

Auf die Zwangsvollstreckung in andere Vermögensrechte, welche nicht Gegenstand der Zwangsvollstreckung in das unbewegliche Vermögen sind, finden die vorstehenden Bestimmungen entsprechende Anwendung. *Zwangsvollstreckung in andere Vermögensrechte.*

Ist ein Drittschuldner nicht vorhanden, so ist die Pfändung mit dem Zeitpunkt als bewirkt anzusehen, in welchem dem Schuldner das Gebot, sich jeder Verfügung über das Recht zu enthalten, zugestellt ist.

Das Gericht kann bei der Zwangsvollstreckung in Rechte, welche nur in Ansehung der Ausübung veräußerlich sind, besondere Anordnungen erlassen. Es kann insbesondere bei der Zwangsvollstreckung in Nutzungsrechte eine Verwaltung anordnen. [40]) In diesem Falle wird die Pfändung durch Uebergabe der zu benutzenden Sache an den Verwalter bewirkt, sofern nicht die Zustellung des Beschlusses bereits vorher bewirkt ist.

Ist die Veräußerung des Rechts selbst zulässig, so kann auch diese Veräußerung von dem Gericht angeordnet werden.

---

[39]) §§ 56 ff. CPO. [§§ 135 ff.].

[40]) Rechtsanwaltsgebühr: § 32 GORA. [§ 1111].

Zweiter Titel.

Zwangsvollstreckung in das unbewegliche Vermögen.[1])

I. Allgemeine Bestimmungen.

§ 729.

(§ 1 G. v. 4. März 1879.)

Gegenstand. In Ansehung der Zwangsvollstreckung gehören zum unbeweglichen Vermögen außer Grundstücken (diejenigen Sachen und Rechte, deren

---

[1]) § 757 Abs. 1, 2 CPO. bestimmt:

„Die Zwangsvollstreckung in das unbewegliche Vermögen einschließlich des mit „derselben verbundenen Aufgebots- und Vertheilungsverfahrens bestimmt sich nach „den Landesgesetzen.

„Nach den Landesgesetzen bestimmt sich insbesondere auch, welche Sachen und „Rechte in Ansehung der Zwangsvollstreckung zum unbeweglichen Vermögen „gehören, inwiefern der Gläubiger berechtigt ist, seine Forderung in das Hypotheken- „buch eintragen zu lassen und wie diese Eintragung zu bewirken ist."

Das zur Ausführung dieser Vorbehalte ergangene Preußische Gesetz, betreffend die Zwangsvollstreckung in das unbewegliche Vermögen, vom 4. März 1879 (GS. S. 102), beläßt es in einer Reihe wesentlicher Beziehungen bei den in den einzelnen Landestheilen bestehenden Vorschriften, so:

a) hinsichtlich der Zugehörigkeit zum unbeweglichen Vermögen (§ 1 Abs. 1);
b) hinsichtlich der Zulässigkeit der Zwangsvollstreckung aus anderen als den in den §§ 644, 702 CPO. [§§ 620, 677] bezeichneten Titeln (§ 5);
c) hinsichtlich der Zulässigkeit der verschiedenen Arten der Zwangsvollstreckung in das unbewegliche Vermögen (§ 6 Abs. 1);
d) hinsichtlich der Ausführung einer angeordneten Maßregel der Zwangsvollstreckung (§ 7);
e) hinsichtlich der Nothwendigkeit der Zustellung einer verkündeten Entscheidung (§ 12);
f) hinsichtlich der Zulässigkeit der Zwangsvollstreckung wegen des Kaufgeldes eines versteigerten Gegenstandes (§ 21);
g) hinsichtlich der Zulässigkeit der Eintragung einer vollstreckbaren Forderung in einem Grund- oder Hypothekenbuche (§ 22);
h) hinsichtlich der Zugehörigkeit beweglicher Gegenstände zur Immobiliarmasse und der Zwangsvollstreckung in diese (§ 23).

Außerdem enthält das Gesetz vom 4. März 1879 noch eine Reihe nur für einzelne Landestheile bestimmter Vorschriften: so für Schleswig-Holstein § 11; für die Rheinlande §§ 17, 25; für Kurhessen § 22 Abs. 2.

Eine erschöpfende Darstellung des Rechtszustandes in allen einzelnen Rechtsgebieten würde unverhältnißmäßigen Raum beanspruchen, um so mehr, als eine einheitliche Neuregelung der Zwangsvollstreckung in das unbewegliche Vermögen in Aussicht genommen ist. Es sind daher hier nur aufgenommen:

I. die für die ganze Monarchie bestimmten Vorschriften der CPO. und des Ges. v. 4. März 1879;
II. die in dem größten einheitlichen Rechtsgebiete der Monarchie, dem der Allge-

Zwangsverkauf nach den bestehenden Vorschriften in dem für den Zwangsverkauf von Grundstücken bestimmten Verfahren erfolgt).[2])

Zu der Immobiliarmasse gehören auch diejenigen beweglichen Gegenstände, auf welche das bezüglich eines unbeweglichen Gegenstandes bestehende Pfand- und Vorzugsrecht kraft Gesetzes sich mit erstreckt.

§ 730.

(§ 2 Ges. v. 4. März 1874.)

Neben den allgemeinen Bestimmungen der deutschen Civilprozeßordnung über die Zwangsvollstreckung[3]) finden auf die Zwangsvollstreckung in das unbewegliche Vermögen die nachstehenden Vorschriften Anwendung. Allgemeines

§ 731.*

(§ 755 CPO.; § 2 Abs. 1 SO., § 3 Ges. v. 4. März 1879.)

Für die Zwangsvollstreckung in ein Grundstück ist als Vollstreckungsgericht das Amtsgericht zuständig, in dessen Bezirk das Grundstück belegen ist, † die Gerechtigkeit ausgeübt wird, oder das Schiff zu der Zeit sich befindet, zu welchem die Subhastation eingeleitet werden soll.[3a])

---

meinen Gerichtsordnung mit Ausschluß der Provinz Hannover geltenden, Vorschriften (namentlich also die Subhastationsordnung vom 15. März 1869, GS. S. 421, im Folgenden mit SO. bezeichnet).

Die nur für dieses Rechtsgebiet geltenden Vorschriften sind mit † bezeichnet. Hierbei ist indeß die Zwangsverwaltung nicht berücksichtigt, obwohl dieselbe in dem bezeichneten Rechtsgebiete eine Form der Zwangsvollstreckung in das unbewegliche Vermögen bildet (§ 43 des Ges. v. 5. Mai 1872). Die über sie noch in Geltung befindlichen, das Verfahren betreffenden Vorschriften (§§ 116 ff. AGO. I. 24, §§ 416 bis 420 der Konkursordnung vom 8. Mai 1855) sind so dürftig und lückenhaft, daß ihre Mittheilung wesentlichen Nutzen nicht bieten würde; die Praxis der einzelneu Gerichte hat zudem das Verfahren meist nach den lokalen Bedürfnissen gestaltet. Außerdem sind die Fälle der Zwangsverwaltung verhältnißmäßig selten. Zu beachten ist, daß auch für die Zwangsverwaltung hinsichtlich der in besonderem Prozesse zu erledigenden Rechtsstreitigkeiten und der Vertheilungsstreitigkeiten § 757 Abs. 3 CPO. [§ 800] maßgebend ist. — Ueber die geschäftliche Behandlung der Anträge auf Zwangsvollstreckung in das unbewegliche Vermögen s. § 24 Gesch.O. [Anl. A].

[2]) für den Geltungsbereich der SO. [§ 1]:

1) solche Schiffsmühlen und selbständige Gerechtigkeiten, welche die Eigenschaften unbeweglicher Sachen haben;
2) verliehene Bergwerke und unbewegliche Bergwerksantheile;
3) Seeschiffe und andere zur Frachtschiffahrt bestimmte Schiffsgefäße.

[3]) §§ 644 bis 707 CPO. [§§ 620 bis 681].

[3a]) Die Vorschriften von dem Zeichen † ab beziehen sich zunächst nur auf Zwangsversteigerungen im Geltungsbereiche der SO.

Die Zwangsvollstreckung wird von diesem Gericht auf Antrag angeordnet.[4])

§ 732.*

(§ 756 CPO., § 3 Ges. v. 4. März 1879.)

Ist es mit Rücksicht auf die Grenzen verschiedener Amtsgerichtsbezirke ungewiß, welches Amtsgericht zuständig sei, oder ist das Grundstück in den Bezirken verschiedener Amtsgerichte belegen, so ist auf Antrag eines Betheiligten von dem zunächst höheren Gericht unter Berücksichtigung der im § 36 [§ 114] enthaltenen Vorschriften eines dieser Gerichte zum Vollstreckungsgerichte zu bestellen.

Dieselbe Anordnung kann getroffen werden, wenn die Zwangsvollstreckung in mehrere Grundstücke desselben Schuldners, welche in verschiedenen Amtsgerichtsbezirken belegen sind, beantragt wird.

Die Vorschriften dieses Paragraphen finden bei der Zwangsvollstreckung in Gegenstände des unbeweglichen Vermögens außer Grundstücken entsprechende Anwendung.

§ 733.

(§ 4 Ges. v. 4. März 1879.)

Die Entscheidung über den Antrag, nach Maßgabe des § 756 der Deutschen Civilprozeßordnung [§ 732] ein Gericht zum Vollstreckungsgericht zu bestellen, kann ohne vorgängige mündliche Verhandlung erfolgen.[5])

Der Beschluß ist von Amtswegen zuzustellen.

Eine Anfechtung des Beschlusses, durch welchen das Vollstreckungsgericht bestellt wird, findet nicht statt.

§ 734.

(§ 5 Ges. v. 5. März 1879.)

Die in einzelnen Landestheilen bestehenden Vorschriften über die Zulässigkeit der Zwangsvollstreckung in das unbewegliche Vermögen aus anderen als den in den §§ 644, 702 der Deutschen Civilprozeßordnung [§§ 620, 677] bezeichneten Titeln bleiben, unbeschadet der Vorschriften des § 660 der Deutschen Civilprozeßordnung [§ 635][6]) in Kraft.[7])

---

[4]) Die Vorschrift des Abs. 2 ist nach der Fassung der CPO. auf Grundstücke beschränkt, indeß durch § 3 des G. v. 4. März 1879 auf Gegenstände des unbeweglichen Vermögens außer Grundstücke ausgedehnt. Gerichtskosten: § 35 Nr. 3 GKG. [§ 999]. — Rechtsanwaltsgebühr: § 23 Nr. 2 GORA. [§ 1102].

[5]) Gerichtskostenfrei: § 47 Nr. 3 GKG. [§ 1011]. — Rechtsanwaltsgebühr: § 23 Nr. 1, § 29 Nr. 6 GORA. [§§ 1102, 1108].

[6]) Vollstreckung ausländischer Urtheile.

[7]) Es kommen für den Geltungsbereich der SO. nur in Betracht:

1) die in [§ 677 Nr. 6, 7] aufgeführten allgemeinen landesgesetzlich für vollstreckbar erklärten Titel;

§ 735.

(§ 6 G. 4. März 1879.)

Die Zulässigkeit der verschiedenen Arten der Zwangsvollstreckung in das unbewegliche Vermögen bestimmt sich nach den in den einzelnen Landestheilen bestehenden Vorschriften.

Die Zulässigkeit ist jedoch nicht davon abhängig, daß die Zwangsvollstreckung in das bewegliche Vermögen ohne Erfolg stattgefunden hat.

§ 736.*

(§ 7 G. 4. März 1879.)

Die Ausführung einer angeordneten Maßregel der Zwangsvollstreckung erfolgt nach den in den einzelnen Landestheilen bestehenden Vorschriften, soweit nicht aus den §§ 8 bis 21 des Gesetzes vom 4. März 1879 sich Abweichungen ergeben.[8])

§ 737.

(§ 8 G. v. 4. März 1879.)

Zustellungen erfolgen nach den Vorschriften der Deutschen Civilprozeßordnung, sofern dieselben nach den bisherigen Vorschriften durch Aufgabe zur Post bewirkt werden können, nach den Vorschriften der §§ 161, 175 derselben [§§ 238, 253].

Bei der Zustellung durch Aufgabe zur Post sind die Postsendungen mit der Bezeichnung „Einschreiben" zu versehen.

Unberührt bleibt die bestehende Verpflichtung der Gerichte, Zustellungen und Behändigungen von Amtswegen zu betreiben.

II. Eintragung der vollstreckbaren Forderung.

§ 738.

(§ 22 Abs. 1, 3[1]) Ges. v. 4. März 1879.)

Die nach den bestehenden Vorschriften[2]) im Wege der Zwangsvoll-

---

2) das Verwaltungszwangsverfahren (s. oben Anm. 1 vor § 644 [§ 620]*).

3) die Zulässigkeit der Subhastation bepfandbriefter Güter ohne vorhergegangenes prozessualisches Verfahren (Kab.-Ordre v. 14. Febr. 1829, GS. S. 22, v. 8. Juni 1835 § 38, GS. S. 110, vom 19. März 1836, GS. S. 167.)

[8]) Diese §§ sind, soweit sie nicht nur einzelne Landestheile betreffen, unten verstreut zum Abdruck gebracht.

[1]) Abs. 2, welcher nur für Kurhessen Bedeutung hat (§ 15 Ges. v. 29. Mai 1873, GS. S. 276) lautet:

„Die auf Grund erkannter Immission zulässige Eintragung erfolgt auf das von Amtswegen zu erlassende Ersuchen des Vollstreckungsgerichts."

[2]) vgl. † §§ 22 Abs. 1, 23* der Verordnung über die Exekution in Civilsachen vom 4. März 1834 (GS. S. 31):

„Der Gläubiger erwirbt durch solche Erkenntnisse, Vergleiche und Zahlungsverfügungen, aus welchen eine Exekution stattfindet, für Kapital, Zinsen und

streckung zu beanspruchende Eintragung einer vollstreckbaren Forderung in einem Grund- oder Hypothekenbuche[3]) erfolgt auf den unmittelbar an den Grund- oder Hypothekenbuchrichter zu richtenden Antrag des Gläubigers. Die Beglaubigung des Antrags ist nicht erforderlich.

Aus einem nur vorläufig vollstreckbaren Urtheil ist nur eine Vormerkung einzutragen.[4])

III. Zwangsversteigerung.[1])

1. Grundstücke.

a. Verfahren bis zur Vertheilung der Kaufgelder.

§ 739.*

(vgl. (§ 5 SO.) vb. m. § 755 Abs. 2 CPO. [§ 735.])

Einleitung des Verfahrens.

Der Antrag auf Subhastation ist bei dem Vollstreckungsgerichte[2]) einzureichen.

§ 740.*

(§ 6 SO.)

Dem Antrage auf Subhastation sind beizufügen:

1) die Ausfertigung des vollstreckbaren Schuldtitels;[3])

†2) ein das Grundstück betreffender neuester Auszug aus der Grundsteuermutterrolle und Gebäudesteuerrolle;

3) wenn das Grundstück und das Eigenthum des Schuldners im Grundbuche[4]) eingetragen sind, die Bescheinigung der Grundbuchbehörde hierüber;

4) wenn das Grundstück, aber nicht das Eigenthum des Schuldners eingetragen ist, die Bescheinigung der Grundbuchbehörde über die Eintragung des Grundstücks und öffentliche Urkunden, welche glaubhaft machen, daß der Schuldner das Grundstück als Eigenthümer besitze;

Kosten und für die Kosten der Eintragung einen Titel zum Pfandrecht auf die dem Schuldner gehörigen Immobilien (Allgemeines Landrecht Theil I Tit. 20 § 5).

Besitzt der Schuldner mehrere Immobilien, und der Gläubiger will sich nicht mit der Eintragung auf eines derselben begnügen, so darf Letzterer nur einen von ihm zu bestimmenden Theil der Forderung auf jedes Immobile eintragen lassen."

[3]) Die Kosten richten sich nach dem Tarif zu den Grundbuchgesetzen.

[4]) ebenso, wenn es noch auf Feststellung des Betrages ankommt (§ 22 Abs. 4 V. v. 4. März 1834).

[1]) Hinsichtlich der Gerichtskosten im Zwangsversteigerungsverfahren vgl. unten [§§ 1013 ff.]; — hinsichtlich der Rechtsanwaltsgebühren: Anm. 1 zu [§ 1110].

[2]) § 755 Abs. 1 CPO. [§ 731].

[3]) § 662 CPO. [§ 637].

[4]) Die Fassung der SO. ist entsprechend der Ausdrucksweise der Grundbuchgesetzgebung vom 5. Mai 1872 durchweg geändert; §§, in welchen lediglich diesbezügliche Aenderungen vorgenommen sind, sind nicht mit * bezeichnet.

5) wenn das Grundstück im Grundbuche nicht eingetragen ist, die diesfällige Bescheinigung der Grundbuchbehörde und die unter 4) bezeichneten Urkunden über den Eigenthumsbesitz des Schuldners.

Ist das Grundstück für die Forderung, behufs deren Beitreibung die Subhastation beantragt wird, verhaftet, so genügt es, wenn in der unter 3, 4, 5 vorgeschriebenen Weise bescheinigt wird, daß die hier gedachten Voraussetzungen vorhanden waren als die Forderung rechtshängig wurde.[5])

Befindet sich das Vollstreckungsgericht[6]) mit dem Grundbuchrichter an demselben Orte, so vertritt eine Bezugnahme auf die Grundbücher und Grundakten die zu 3, 4 und 5 gedachten Bescheinigungen.

† § 741.*

(§ 7 SO.)

Dieselben Vorschriften gelten, wenn ein Gläubiger einer bereits eingeleiteten Subhastation beitreten will; die Beilagen des Antrags können jedoch durch eine Bezugnahme auf die Subhastationsakten ersetzt werden.

† § 742.

(§ 8 SO.)

Wenn das Vollstreckungsgericht den Antrag für begründet erachtet, so spricht es die Einleitung der Subhastation oder den Beitritt des Gläubigers zu derselben in besonderer Verfügung aus und setzt den Schuldner davon in Kenntniß.

Der beigetretene Gläubiger hat dieselben Rechte, welche dem Gläubiger zustehen, auf dessen Antrag die Subhastation eingeleitet ist, unbeschadet der Vorschrift der §§ 60, 61 SO. [§§ 787, 788].

† § 743.

(§ 9 SO.)

Die Einleitung der Subhastation bewirkt zu Gunsten der Gläubiger, welche dieselbe beantragt haben, oder ihr beigetreten sind, sowie der zur Zeit der Einleitung vorhandenen Realgläubiger eine Beschlagnahme des Grundstücks und macht dasselbe in Bezug auf diese Personen zu einer streitigen (litigiosen) Sache.

† § 744.

(§ 10 SO.)

Bei Erlaß der Einleitungsverfügung ersucht das Vollstreckungsgericht den zuständigen Grundbuchrichter, den Vermerk, daß die nothwendige Subhastation eingeleitet sei, in das Grundbuch einzutragen und eine

---

[5]) vgl. § 44 des Ges. v. 5. Mai 1872.

[6]) Statt „Subhastationsrichter" (wie es in der SO. lautet) ist durchweg gesetzt „Vollstreckungsgericht". Es gilt auch hier das Anm. 4 Bemerkte.

beglaubigte Abschrift des Grundbuchblattes oder -artikels zu den Subhastationsakten mitzutheilen.

Der Grundbuchrichter hat den Vermerk einzutragen, sofern nicht aus dem Grundbuche sich Anstände ergeben.

Ist das Grundbuch noch nicht regulirt, so ersucht das Vollstreckungsgericht den Grundbuchrichter um Mittheilung eines Verzeichnisses der zu den Grundakten angemeldeten Realrechte.

Bei Uebersendung der verlangten Urkunden hat der Grundbuchrichter dem Vollstreckungsgerichte von den seitens eingetragener oder angemeldeter Interessenten zu den Grundakten angezeigten Wohnortsveränderungen und zur Empfangnahme von Zustellungen bestellten Vertretern Nachricht zu geben.

† § 745.
(§ 11 SO.)

Wenn sich aus den Mittheilungen des Grundbuchrichters ein Umstand ergiebt, welcher, wenn er früher bekannt gewesen wäre, die Einleitung der Subhastation verhindert haben würde, so hat das Vollstreckungsgericht entweder das Verfahren sofort aufzuheben oder dem Gläubiger aufzugeben, innerhalb einer nach Ermessen zu bestimmenden Frist darzuthun, daß das Hinderniß beseitigt sei, widrigenfalls die eingeleitete Subhastation aufgehoben würde. Erfolgt der Nachweis nicht innerhalb der Frist, so verfügt das Gericht die Aufhebung des Verfahrens.

† § 746.
(§ 12 SO.)

Vorbereitung des Versteigerungstermins.

Liegt ein solcher Anstand (§ 11 [§ 745]) nicht vor, so bestimmt der Richter den Versteigerungstermin mittels Subhastationspatents.

† § 747.
(§ 13 SO.)

Das Subhastationspatent muß enthalten:

1) die Angabe, daß die Versteigerung im Wege der nothwendigen Subhastation geschehe;
2) eine Bezeichnung des zum Verkauf bestimmten Grundstücks, welche genügt, dasselbe von anderen zu unterscheiden;
3) das Gesammtmaß der den Grundsteuern unterliegenden Flächen;
4) den Reinertrag und Nutzungswerth, nach welchem das Grundstück zur Grund- und Gebäudesteuer veranlagt worden ist;
5) die Anzeige, wo Auszug aus der Steuerrolle, beglaubigte Abschrift des Grundbuchblattes oder -artikels, etwaige Abschätzungen und andere das Grundstück betreffende Nachweisungen, deren Einreichung jedem Subhastationsinteressenten gestattet ist, ingleichen be-

sondere Kaufbedingungen (§ 20 [§ 754]) eingesehen werden können;
6) Zeit und Ort der Versteigerung, sowie des Termins, in welchem das Urtheil über die Ertheilung des Zuschlags verkündet werden soll;
7) die Aufforderung an alle diejenigen, welche Eigenthum oder anderweite, zur Wirksamkeit gegen Dritte der Eintragung in das Grundbuch bedürfende, aber nicht eingetragene Realrechte geltend zu machen haben, dieselben zur Vermeidung der Präklusion spätestens im Versteigerungstermin anzumelden.[1])

† § 748.
(§ 14 SO.)

Als Subhastationsinteressenten gelten: der Gläubiger, welcher die Einleitung der Subhastation beantragt hat oder derselben beigetreten ist, der Schuldner und, falls dessen Eigenthum nicht eingetragen ist, auch der eingetragene Eigenthümer, die aus der beglaubigten Abschrift des Grundbuchblattes oder -artikels oder bei nicht regulirtem Grundbuche aus dem Verzeichnisse (§ 10 [§ 744]) ersichtlichen Realberechtigten, sowie diejenigen, welche zu den Subhastationsakten ein dingliches Recht mit dem Antrage, sie bei der Subhastation zuzuziehen, angemeldet und glaubhaft gemacht haben.

† § 749.
(§ 15 SO.)

Der Versteigerungstermin ist nach dem Ermessen des Gerichts auf sechs Wochen bis drei Monate, unter Umständen ausnahmsweise auf längstens sechs Monate hinauszurücken (§ 39 Nr. 9 [§ 773]).

† § 750.
(§ 16 SO.)

Das Subhastationspatent ist bekannt zu machen:
1) durch Aushang an der Gerichtsstelle;
2) durch Einrückung in den Anzeiger des Regierungsamtsblatts oder — bei Gegenständen geringeren Werthes — nach dem Ermessen des Richters durch Aushang an der zur öffentlichen Bekanntmachung bestimmten Stelle in derjenigen Ortsgemeinde, in welcher das Grundstück belegen ist.

Wie oft und in welchen Zwischenräumen die Einrückung in den Anzeiger des Regierungsamtsblattes zu erfolgen habe, hängt von der Bestimmung des Gerichts ab.

---

[1]) Zwar ist nach § 16 Abs. 1 G. v. 4. März 1879 [§ 778] eine vor Erlaß des Ausschlußurtheils erfolgte Anmeldung noch als eine rechtzeitige anzusehen; allein dieser dem § 828 CPO. [§ 908] entnommene Grundsatz hindert hier so wenig als in der CPO. (§ 824 Abs. 2 Nr. 2 [§ 903]), daß die Aufforderung auf Anmeldung im Versteigerungstermin gerichtet wird.

Ebenso hat dasselbe von Amtswegen oder auf Antrag eines Interessenten nach seinem Ermessen über andere Arten der Bekanntmachung und ihre Ausführung zu bestimmen.

Jeder Interessent ist befugt, eine solche anderweite Bekanntmachung auf seine Kosten zu bewirken.

§ 751*

(§ 13 G. v. 4. März 1879; vgl. § 17 SO.)

Der Versteigerungstermin kann nach dem Ermessen des Gerichts an der Gerichtsstelle oder an einem anderen Orte des Gerichtsbezirks anberaumt werden.

† § 752.

(§ 18 Abs. 1 SO.[8])

Zu dem Versteigerungstermine sind mittels Zustellung einer Abschrift des Subhastationspatents die Interessenten (§ 14 [§ 748]) zu laden.

† § 753.*

(§ 19 Nr. 1—5 SO.)

In Bezug auf alle Zustellungen an die Subhastationsinteressenten (§ 14 [§ 748]), Ersteher und Bieter gelten für das ganze Verfahren folgende besondere Vorschriften:[9])

1) die Zustellung ist nicht erforderlich, wenn weder aus der beglaubigten Abschrift des Grundbuchblattes oder -artikels und den sonstigen Mittheilungen des Grundbuchrichters, noch aus einer zu den Subhastationsakten gemachten Anzeige der Wohnort des Betheiligten oder seines Vertreters zu ersehen ist.
2) Erhellt aus der Mittheilung des Grundbuchrichters, daß der Betheiligte bei den Grundakten einen Vertreter (§ 10 [§ 744]) bestellt hat, so kann die Zustellung an diesen auch dann erfolgen, wenn der Wohnort des Betheiligten bekannt ist.
3) Fehlt dem Betheiligten die Fähigkeit, selbständig vor Gericht aufzutreten, so genügt, falls sein Vertreter oder dessen Wohnort zu den Subhastationsakten nicht bekannt geworden ist, die Zustellung an die vormundschaftliche Behörde. Ist diese bei den Subhastationsakten nicht bekannt, so bedarf es keiner Zustellung. Stellt sich der Mangel der Fähigkeit erst im Laufe des Verfahrens heraus, so bleiben vorher erfolgte Zustellungen gültig.
4) Geschieht die Zustellung an die Betheiligten durch die Post, so

---

[8]) Abs. 2 ist weggefallen.

[9]) neben den allgemeinen für jede Art der Zwangsvollstreckung in das unbewegliche Vermögen geltenden Vorschriften des § 8 Ges. v. 4. März 1879 [§ 737], durch welchen auch § 19 Nr. 6 SO. erübrigt wird.

genügt die Aufgabe zur Post nach Maßgabe des § 8 Abs. 1, 2 des Ges. v. 4. März 1879 [§ 737].

5) Stellt sich bei der Zustellung heraus, daß der Betheiligte an dem Orte, welcher sich aus den Subhastationsakten als sein letzter Wohnort ergiebt, nicht wohnt, oder daß er gestorben ist, so bedarf es keiner ferneren Zustellung.

† § 754.

(§ 20 SO.)

Eine Abänderung der aus dem Gesetze hervorgehenden Verkaufsbedingungen ist nur zulässig im Fall der Zustimmung aller Interessenten (§ 14 [§ 748]), deren Rechte durch die Abänderung berührt werden.

Die Betheiligten sind berechtigt, schon vor dem Versteigerungstermine besondere Verkaufsbedingungen zu beschließen. Die Erörterung solcher darf auch von Amtswegen herbeigeführt werden.

† § 755.

(§ 21 SO.)

Im Versteigerungstermine wird der Beginn des Versteigerungsgeschäfts mittels Aufrufs bekannt gemacht. Alsdann werden der Auszug aus der Steuerrolle und die beglaubigte Abschrift des Grundbuchblatts oder -artikels zur Einsicht aufgelegt, angemeldete Ansprüche und besondere Realverhältnisse bekannt gemacht, endlich über andere, als gesetzliche Verkaufsbedingungen verhandelt und die festgestellten verlesen. Hierauf wird zur Abgabe von Geboten aufgefordert. Versteigerungsgeschäft.

† § 756.

(§ 22 SO.)

Kein Bieter darf zugelassen und kein Gebot berücksichtigt werden, wenn ein Interessent, dessen Recht durch den Zuschlag berührt wird, dagegen Widerspruch erhebt, es sei denn, daß der Bieter durch Niederlegung des vierfachen Grundsteuerreinertrags und zweieinhalbfachen Gebäudesteuernutzungswerths (§ 13 Nr. 4 [§ 747]) für das Gebot Sicherheit leistet.

Der Zulassung des Fiskus und der gegenwärtig bestehenden landschaftlichen Kreditinstitute darf nicht widersprochen werden.

† § 757.

(§ 23 SO.)

Die Sicherheit muß geleistet werden in baarem Gelde oder inländischen öffentlichen, nicht außer Kurs gesetzten Papieren, welche mit den laufenden Zinsscheinen und Talons einzureichen und nach dem Börsenkurs zu berechnen sind.

Ein Gläubiger, dessen Kapitalsforderung innerhalb des Zwanzigfachen des Grundsteuerreinertrages und des Zwölfeinhalbfachen des

Gebäudesteuernutzungswerthes (§ 13 Nr. 4 [§ 747]) des zur Subhastation stehenden Grundstücks auf demselben eingetragen ist, kann jedoch für sein Gebot auch Sicherheit mit dieser Forderung unter gleichzeitiger Niederlegung der über dieselben sprechenden, sein uneingeschränktes Gläubigerrecht ergebenden Urkunde bestellen.

§ 758.

(§ 46 Satz 1, 2, 3 Ges. v. 5. Mai 1872.)

Der Eigenthümer ist berechtigt, bei der Zwangsversteigerung mitzubieten. Es muß jedoch, sobald ein Betheiligter seiner Zulassung widerspricht, für sein jedesmaliges Gebot im Termin eine Sicherheit baar oder in inländischen öffentlichen nicht außer Umlauf gesetzten Papieren einschließlich der Schuldverschreibungen des Deutschen Reichs erlegt werden. Diese Papiere müssen mit den laufenden Zinsscheinen und Talons eingereicht werden und sind nach dem Börsenpreise zu berechnen.

† § 759.

(§ 24 SO.)

Der Widerspruch (§ 22 [§ 756, s. auch 758]) muß spätestens sofort nach Abgabe des Gebots erfolgen.

Der Umstand, daß frühere Gebote eines Bieters ohne Widerspruch zugelassen worden, schließt den Widerspruch nach Abgabe eines weiteren Gebots desselben Bieters nicht aus.

† § 760.

(§ 25 SO.)

Die Versteigerung darf nicht vor Ablauf einer Stunde seit der Aufforderung zur Abgabe von Geboten (§ 21 [§ 755]) und, falls mehrere Bieter aufgetreten sind, nicht eher geschlossen werden, als bis sich ein Meistbietender ergeben hat. Vor dem Schluß der Versteigerung hat der Richter das letzte Gebot vernehmlich bekannt zu machen.

† § 761.

(§ 26 SO.)

Nach Ermittelung des Meistbietenden sind die Interessenten, soweit sie im Termin anwesend sind, zur Erklärung über die Ertheilung des Zuschlags aufzufordern.

Ein Widerspruch gegen dieselbe, welcher berücksichtigt werden soll, muß im Termine selbst erhoben werden. Auf Erklärungen, welche erst nach Abschluß des Versteigerungsprotokolls eingehen, ingleichen auf Vorbehalte und unbestimmte Erklärungen wird keine Rücksicht genommen.

† § 762.
(§ 27 SO.)

Beantragt ein Interessent (§ 14 [§ 748]), dessen Rechte durch den Zuschlag berührt werden, die Ansetzung eines neuen Versteigerungstermins, sie ist dem Antrage stattzugeben, wenn der Interessent sich verpflichtet, für das Meistgebot, sowie für allen aus der Verzögerung des Zuschlags entstehenden Nachtheil und die Kosten zu haften, auch für den zehnten Theil des Meistgebots nach den Bestimmungen des § 23 Abs. 1 [§ 757] Sicherheit leistet.

Diese Vorschriften gelten auch in Bezug auf die als eingetragenen Gläubiger bei der Subhastation betheiligten Kreditsysteme. Die Befugniß derselben, unter anderen Voraussetzungen der Ertheilung des Zuschlags zu widersprechen, tritt außer Kraft.

Von der Sicherheitsleistung sind der Fiskus und die gegenwärtig bestehenden landschaftlichen Kreditinstitute befreit.

† § 763.
(§ 28 SO.)

Wenn sämmtliche Interessenten, deren Rechte durch den Zuschlag berührt werden, im Versteigerungstermine anwesend sind, der Ertheilung des Zuschlags widersprechen und die Ansetzung eines neuen Termins beantragen, so ist diesem Antrage stattzugeben.

† § 764.
(§ 29 SO.)

In beiden Fällen hat das Vollstreckungsgericht sofort einen neuen Versteigerungstermin anzuberaumen. Sobald dieses geschehen, wird der Meistbietende von seiner Verpflichtung frei.

† § 765.
(§ 30 SO.)

Der neue Versteigerungstermin ist nach richterlichem Ermessen auf drei bis sechs Wochen hinauszusetzen. Im übrigen kommen die §§ 16 bis 26 [750 bis 761] zur Anwendung. Auch der bisherige Meistbietende wird nach Maßgabe des § 18 [§ 752] geladen.

Ein nicht auf gesetzliche Hindernisse (§ 39 [§ 773]) gegen Ertheilung des Zuschlags gestützter Widerspruch gegen denselben darf im späteren Versteigerungstermine nicht berücksichtigt werden.

† § 766.
(§ 31 SO.)

Der erste Absatz des § 30 [§ 765] findet auch Anwendung, wenn das Versteigerungsverfahren fortgesetzt werden muß, weil in dem früheren Versteigerungstermine ein Meistgebot nicht erzielt worden ist.

Lag der Grund hiervon in einem Mangel an Bietern, so muß der

Gläubiger, welcher die Subhastation beantragt hat oder derselben beigetreten ist, den Antrag auf Anberaumung eines neuen Versteigerungstermins binnen drei Monaten stellen, widrigenfalls der Subhastationsantrag beziehungsweise die Beitrittserklärung für zurückgenommen erachtet werden.

† § 767.
(§ 32 SO.)

Die Gläubiger, auf deren Antrag die Subhastation betrieben wird, können bis zum Schlusse des Versteigerungsprotokolls (§ 38 [§ 772]) den Antrag zurücknehmen.

† § 768.
(§ 33 SO.)

Wenn der Schuldner bis zu diesem Zeitpunkte die Summe der Schuld, welche durch die Subhastation beigetrieben werden soll, nebst Zinsen und Kosten auf seine Gefahr und Kosten gerichtlich niedergelegt und für die Kosten des Subhastationsverfahrens durch baare Deposition einer vom Richter zu bestimmenden Summe Sicherheit leistet, so muß das Verfahren eingestellt werden. [10])

† § 769.
(§ 34 SO.)

Bis zum Schlusse des Versteigerungsprotokolls ist der Widerspruch des Schuldners und eines Dritten in Gemäßheit der nachfolgenden Vorschriften zu berücksichtigen.

§ 770.*
(§ 9 Abs. 2, § 10 Ges. v. 4. März 1879.)

Die in den §§ 668, 686 bis 690, 696 der Deutschen Civilprozeßordnung [§§ 643, 661 bis 665, 671] bezeichneten Einwendungen und Widersprüche sind nach den Vorschriften dieser Paragraphen zu erledigen.

Die Einstellung des Verfahrens wegen der bezeichneten Einwendungen und Widersprüche erfolgt nur nach den Vorschriften dieser Paragraphen und der §§ 691, 692 [§§ 666, 667] daselbst.

In den Fällen der Nr. 4, 5 des § 691 [§ 666]) erfolgt die Einstellung des Verfahrens nur auf Grund einer nach den Vorschriften des § 688 [§ 663] zu erlassenden Anordnung.

Ob die Einstellung der Zwangsversteigerung von einem bestimmten Abschnitte des Verfahrens an überhaupt nicht mehr stattfindet, bestimmt sich nach den bisherigen Vorschriften. [11])

---

[10]) Auf die Einstellung finden dann § 691 Nr. 3, § 692 CPO. [§§ 666, 667] nach § 2 Ges. v. 4. März 1879 [§ 730] entsprechende Anwendung.

[11]) s. für den Geltungsbereich der SO. den § 34 [§ 769]. — Durch die Vorschriften des Textes kommen §§ 35, 36 SO. in Wegfall.

† § 771.
(§ 37 SO.)

Wird in den Fällen des [§ 770] das Verfahren fortgesetzt, später aber der Widerspruch für begründet erklärt, so hat dies auf die Wirksamkeit des Zuschlagsurtheils (§ 40 [§ 774]) keinen Einfluß, unbeschadet des Anspruchs des Widersprechenden auf die Kaufgelder und unbeschadet seines Rechts, geeigneten Falls auf Schadenersatz oder wegen unrechtmäßiger Bereicherung zu klagen.

Wird das Verfahren eingestellt und ein neuer Versteigerungstermin innerhalb drei Monate nach der Einstellung anberaumt, so sind die kürzeren Fristen des § 30 [§ 765] einzuhalten.

† § 772.
(§ 38 SO.)

Das Protokoll muß über den ganzen Hergang im Termine Auskunft geben. Insbesondere sind darin die Zeit, zu welcher zum Bieten aufgefordert, und die, zu welcher die Versteigerung geschlossen wurde, zu verzeichnen. Wenn gegen die Ertheilung des Zuschlags Widerspruch erhoben oder wenn es streitig geblieben ist, für welches Gebot oder welchem Bieter oder unter welchen Bedingungen der Zuschlag zu ertheilen sei, hat der Richter das in Betracht kommende Sach- und Rechtsverhältniß nebst den Anträgen und Beweisantretungen der Betheiligten in das Protokoll aufzunehmen.

Dasselbe muß nach Schluß der Verhandlung den Betheiligten vorgelesen werden. Einer Vollziehung desselben durch diese bedarf es jedoch nicht.

† § 773.*
(§ 39 SO.)

Außer den Fällen der §§ 27 und 28 [§§ 762, 763]) ist der Zuschlag zu versagen: Zuschlag.

1) wenn das zur Subhastation gestellte Grundstück dem freien Verkehr entzogen ist, oder wenn sich das Meistgebot auf ein anderes Grundstück bezieht;
2) wenn dem Meistbietenden die Fähigkeit zum Abschlusse eines Kaufvertrags oder zum Erwerbe des Grundstücks mangelt oder das Meistgebot durch einen auch nachträglich nicht legitimirten Vertreter im Namen des Meistbietenden abgegeben ist;
3) wenn das Meistgebot unter anderen, als den gesetzlichen oder den von allen Interessenten zugelassenen (§ 20 [§ 754]) Bedingungen erfolgt ist;

4) [12]) wenn der Subhastationsantrag unter den Voraussetzungen des § 32 [§ 767] zurückgenommen oder der Schuldner der Vorschrift des § 33 [§ 768] nachgekommen ist, und das Vollstreckungsgericht nicht bereits das Verfahren eingestellt hat;

5) wenn der Schuldner die im § 691 Nr. 1 bis 3 CPO. [§ 666] erwähnten Urkunden dem Vollstreckungsgerichte vorgelegt oder das letztere auf Grund der §§ 691, 692 CPO. [§§ 666, 667] die Einstellung des Verfahrens angeordnet hat, und die Voraussetzungen für die Wiederaufnahme noch nicht eingetreten sind, vorausgesetzt, daß nicht bereits eine Entscheidung des Vollstreckungsgerichts vorliegt, gegen welche die sofortige Beschwerde innerhalb der Nothfrist nicht eingelegt ist.[13]);

6) wenn das im § 13 Nr. 7 [§ 747] vorgeschriebene Aufgebot nicht stattgehabt hat;

7) wenn eine der im Gesetze vorgeschriebenen Arten der Bekanntmachung des Versteigerungstermins nicht stattgehabt hat, wobei es jedoch bei einem Aushange nicht darauf ankommt, wie lange derselbe angeheftet gewesen ist;

8) wenn die Frist zwischen dem Tage, an welchem die Einrückung oder die erste Einrückung des Patents im Regierungsamtsblatte erfolgte, und dem Versteigerungstermine um mehr als eine Woche kürzer ist, als die geringste gesetzliche Subhastationsfrist;

9) wenn ein Interessent (§ 14 [§ 748]), dessen Rechte durch Ertheilung des Zuschlags beeinträchtigt werden würden, zum Versteigerungstermine nicht gehörig geladen worden ist (§§ 18, 19 [§§ 752, 753].

10) wenn der Schuldner von dem Beitritte eines Gläubigers zur Subhastation nicht gemäß § 19 [§ 753] benachrichtigt worden ist und die Subhastation nur wegen der Forderung dieses Gläubigers fortgesetzt wird.

11) wenn den Bestimmungen im ersten Satze des § 25 [§ 760] nicht genügt ist.

† § 774. *

(§ 40 Abs. 1, § 41 SO.)

Die Ertheilung sowie die Versagung des Zuschlags erfolgt durch ein Urtheil.

Dasselbe wird in dem Verkündigungstermin gefällt, nachdem die erschienenen Betheiligten mit ihren Ausführungen gehört sind.

---

[12]) § 39 Nr. 4 nach der Fassung der SO. ist weggefallen: vgl. Kurlbaum, die Preußische Subhastationsordnung, Stuttgart 1880 S. 45 f.

[13]) vgl. a. a. O. S. 46 f.

Aus dem Versteigerungsprotokolle nicht erhellende Anträge, Thatsachen und Beweismittel sind nicht zu berücksichtigen.

§ 775.

(§ 9 Abs. 1 Satz 1, 2 Ges. v. 4. März 1879).

Die bei Ausführung einer Vollstreckungsmaßregel den Gerichten zustehenden Entscheidungen,[14]) insbesondere über den bei der Zwangsversteigerung zu ertheilenden Zuschlag, erfolgen durch das Vollstreckungsgericht. Die Entscheidungen können ohne vorgängige mündliche Verhandlung erfolgen.

† § 776.

(§ 42 SO., § 46 Satz 4 Ges. v. 5. Mai 1872.)

In der Formel des Urtheils sind das unter Subhastation gestellte Grundstück, der Ersteher und das Gebot, für welches der Zuschlag ertheilt wird, sowie die etwaigen besonderen Bedingungen, unter welchen derselbe erfolgt, genau und vollständig zu bezeichnen.

Auf eine Abtretung der Rechte aus dem Meistgebote, welche seitens des Meistbietenden stattgehabt hat, ist dabei keine Rücksicht zu nehmen.

Wenn der Eigenthümer der Meistbietende geblieben und ein begründeter Widerspruch nicht erfolgt ist, so wird durch Erkenntniß ausgesprochen, daß ihm das Grundstück zu belassen sei.

† § 777. *

(§ 43 Abs. 1, 3 SO.)

In der Urtheilsformel (§ 42 [§ 776]) sind zugleich denjenigen Personen, welche in Folge der öffentlichen Aufforderung (§ 13 Nr. 7 [§ 747]) Rechte angemeldet haben, dieselben vorzubehalten, diejenigen dagegen, welche ihre Rechte nicht rechtzeitig angemeldet haben, mit denselben zu präkludiren.

Der Vorbehalt der angemeldeten Rechte berührt die Wirksamkeit des Zuschlagsurtheils nicht. Insoweit die vorbehaltenen Rechte mit demselben in Widerspruch treten, können sie nur gegen die Kaufgelder geltend gemacht werden.

§ 778.

(§ 16 Ges. v. 4. März 1879.)

Ist mit der Zwangsvollstreckung ein Aufgebotsverfahren verbunden, so ist eine Anmeldung, welche vor Erlaß des Ausschlußurtheils erfolgt, als eine rechtzeitige anzusehen.

Die Anfechtung des Ausschlußurtheils erfolgt nur nach den Vorschriften der §§ 834, 835 der Deutschen Civilprozeßordnung [§§ 914][14a]).

---

[14]) Die Vorschrift gilt für alle gerichtlichen Entscheidungen in dem Zwangsvollstreckungsverfahren hinsichtlich des unbeweglichen Vermögens im ganzen Umfange der Monarchie. Durch sie ist § 41 SO. beseitigt.

[14a]) vgl. § 835 CPO., s. Anm. 13 zu [§ 914].

† § 779.

(§ 44 SO.)

Kann die Verkündung des Urtheils (§§ 40, 43 [§§ 774, 777]) in dem im Subhastationstermine anberaumten Termine nicht erfolgen, so wird ein anderweitiger Termin dazu bestimmt.

Die Bekanntmachung des Termins erfolgt durch Aushang an der Gerichtsstelle und durch einmalige Einrückung in den Anzeiger des Regierungsamtsblattes. Einer Ladung der Interessenten, einschließlich des Meistbietenden, bedarf es nicht.

† § 780.

(§ 45 SO.)

Interessenten, welche weder im Versteigerungstermin erschienen, noch zu demselben geladen sind, obschon ihre Ladung erforderlich war, erhalten eine Ausfertigung des ergangenen Urtheils.

Im übrigen genügt die Verkündung desselben im Termine.[14b]) Wenn der Zuschlag ertheilt worden, so erfolgt die Verkündung desselben den präkludirten Realberechtigten gegenüber nach den für die Verkündung der Präklusionserkenntnisse bestehenden allgemeinen Vorschriften.[15])

§ 781.

(§ 9 Abs. 1 Satz 3, 4, § 12 Abs. 2 Ges. v. 4. März 1879.)

Gegen die in [§ 775] bezeichneten Entscheidungen[16]) findet nur sofortige Beschwerde[17]) statt. Wird gegen die Ertheilung des Zuschlags rechtzeitig Beschwerde eingelegt, so dürfen vor Erledigung der Beschwerde Eintragungen im Grund- oder Hypothekenbuche auf Grund des Zuschlags nur nach Maßgabe des § 658 der Deutschen Civilprozeßordnung [§ 633] erfolgen.

Insoweit die Zustellung der Entscheidungen nicht erforderlich ist, beginnt die Nothfrist der sofortigen Beschwerde mit der Verkündung der Entscheidung.[18])

[14b]) Vgl. § 12 Abs. 1 Ges. v. 4. März 1879: Die bisherigen Vorschriften, nach welchen die Zustellung einer verkündeten Entscheidung nicht erforderlich ist, bleiben in Kraft.

[15]) d. h. den vor dem 1. Oktober 1879 geltenden: § 3 Buchstabe b, c der Verordnung vom 5. Mai 1838 (GS. S. 273).

[16]) Auch diese Vorschrift hat eine allgemeine Bedeutung (vgl. Anm. 14). Ueber ihre Tragweite s. Kurlbaum, a. a. O. (vgl. Anm. 12) S. 25, 45 ff., 52 ff.

[17]) § 540 CPO. [§ 546].

[18]) Die Vorschriften über das Verfahren in der Beschwerdeinstanz (§§ 47 bis 55 SO., § 15 G. v. 4. März 1879) sind für das Amtsgericht ohne Interesse.

§ 782.

(§ 14 Ges. v. 4. März 1879.)

Ist im Verfahren der Zwangsversteigerung der gerichtliche Zuschlag versagt und gegen die Entscheidung Beschwerde innerhalb der Nothfrist nicht eingelegt worden, so ist der Bieter an sein Gebot nicht mehr gebunden.

† § 783.*

(§ 56 SO.)

Ist der Zuschlag aus den Gründen der Nr. 2, 3 und 6 bis 11 des § 39 [§ 773] versagt worden und beantragt der Interessent, welcher die Subhastation ausgebracht hat, innerhalb drei Monate die Fortsetzung derselben, so setzt der Subhastationsrichter den neuen Versteigerungstermin mit den kürzeren Fristen des § 30 [§ 765] an.

Auf einen späteren Antrag wird das Verfahren wie ein neues behandelt.

† § 784.

(§ 57 SO.)

Soweit das Zuschlagsurtheil nicht ein Anderes bestimmt, erfolgt die Uebergabe des Grundstücks an den Ersteher erst nach Berichtigung des Kaufgeldes. Steht das Grundstück unter Sequestration, so wird diese auf Rechnung des Erstehers bis dahin weiter fortgesetzt. Besteht keine Sequestration, so ist jeder Gläubiger, der aus dem Kaufgelde Befriedigung erlangt, befugt, die Einleitung der Sequestration auf Kosten des Erstehers zu verlangen.

Der Ersteher kann gleichfalls die Einleitung der Sequestration beantragen, oder die anderweitig beantragte Sequestration durch Niederlegung des Kaufpreises oder der innerhalb des Meistgebots stehenden Kapitalsforderung des beantragenden Gläubigers abwenden.

Auf seinen Antrag wird die Uebergabe durch den Amtsrichter an Ort und Stelle bewirkt.

† § 785.

(§ 58 SO.)

Die Kosten des Zuschlagsurtheils fallen dem Ersteher zur Last; die übrigen Kosten der Subhastation werden aus den Kaufgeldern entnommen, unbeschadet der Vorschrift im § 3 des diesem Gesetze beigegebenen Tarifs [§ 1016].

† § 786.

(§ 59 SO., § 21 Abs. 1 G. v. 4. März 1879)

Wenn der Ersteher das Kaufgeld nicht zur bestimmten Zeit zahlt, so ist jeder Betheiligte, welchem ein Theil des Kaufgeldes gebührt (§§ 66, 67 [§§ 793, 794]) wegen dieses Theiles nach seiner Wahl entweder die Resubhastation des Grundstücks — unmittelbar bei dem Resubhastation.

Vollstreckungsgerichte [19]) — zu beantragen oder die Zwangsvollstreckung in das übrige Vermögen des Erstehers nachzusuchen befugt.

Kein Betheiligter ist bei Ausübung des Wahlrechts an die Zustimmung der übrigen Betheiligten gebunden.

Die Resubhastation erfolgt als neue Subhastation nach den Vorschriften dieses Gesetzes, jedoch mit Einhaltung der kürzeren Fristen des § 30 [§ 765], wenn der Antrag innerhalb drei Monate nach dem Kaufgelderbelegungstermine gestellt wird.

Der Ersteher bleibt für den Ausfall, welchen die neue Subhastation ergiebt, dergestalt verhaftet, daß deshalb die Zwangsvollstreckung in sein übriges Vermögen sofort nachgesucht werden kann; dagegen gebührt ihm auch der etwaige Mehrerlös.

Die nach den bestehenden Vorschriften zulässige Zwangsvollstreckung wegen des Kaufgeldes eines versteigerten Gegenstandes erfolgt auf Grund einer vollstreckbaren Ausfertigung des Zuschlagsurtheils. [20])

b. Vertheilung der Kaufgelder.

† § 787.

(§ 60 SO.)

Reihenfolge der Befriedigung.

Aus den Kaufgeldern des subhastirten Grundstücks werden die Realgläubiger in der Reihenfolge und dem Umfange befriedigt, welche für die Vertheilung der Kaufgelder im Falle des Konkurses festgesetzt sind. [1])

Wenn hiernach die zur Zeit der Einleitung der Subhastation bereits vorhandenen Realgläubiger befriedigt sind, so dient der Ueberrest der Kaufgelder in nachstehender Reihenfolge zur Befriedigung:

1) der Gläubiger, welche die Subhastation beantragt haben und der Realgläubiger, deren Forderungen erst nach Einleitung der Subhastation entstanden sind;
2) sämmtlicher Realgläubiger wegen älterer als zweijähriger Rückstände an Hypothekenzinsen und anderen Leistungen und Abgaben, sowie derjenigen Gläubiger, für welche das Kaufgeld mit Beschlag belegt worden ist. [1a])

---

[19]) Vgl. § 20 G. v. 4. März 1879: Die Anordnung des anderweiten Verkaufs eines versteigerten Gegenstandes wegen unterlassener Erfüllung der Kaufbedingungen erfolgt nach den bisherigen Vorschriften.

[20]) Der letzte Absatz ist aus § 21 G. v. 4. März 1879 entnommen, gilt also auch außerhalb des Bereichs der SO.

[1]) Diese Vorschriften gehören dem materiellen Konkursrechte an. Sie sind hier nicht berücksichtigt, weil ihre Darstellung ein Eingehen auf dieses erfordern würde, welches dem Zwecke dieses Werks fern liegt.

[1a]) Einfluß der veränderten Bedeutung der Beschlagnahme auf diese Vorschrift: Kurlbaum, a. a. O. (s. Anm. 12 zu [§ 773]) S. 68 f.

Reicht das Kaufgeld zur Befriedigung dieser Gläubiger nicht hin, so bestimmt sich diese Reihenfolge im ersten Falle (Nr. 1) nach den Tagen, an denen die Subhastation eingeleitet, der Beitritt zugelassen oder die Forderung in das Grundbuch eingetragen worden ist, im zweiten Falle (Nr. 2) nach den Vorschriften über die Rangordnung der Konkursgläubiger.

Insofern nach diesen Vorschriften bei Bestimmung der Vorrechte der Zeitpunkt der Konkurseröffnung in Betracht kommt, ist an dessen Stelle der Tag maßgebend, an welchem die Subhastation eingeleitet, der Beitritt zugelassen oder die Beschlagnahme erfolgt ist.

† § 788.

(§ 61 SO.)

Diejenigen Forderungen, welche im Konkurse nicht geltend gemacht werden können, sind erst nach vollständiger Berichtigung aller übrigen Forderungen aus der Masse zu berichtigen.

Der Lauf der Zinsen wird durch das Vertheilungsverfahren nicht gehemmt.

Die Vertheilung erfolgt durch das Vollstreckungsgericht in dem in Gemäßheit des § 62 [§ 789] anberaumten Termine.

† § 789.

(§ 62 SO.)

Nach der Verkündigung des Zuschlagsurtheils wird von dem Subhastationsrichter ein Termin zur Belegung und Vertheilung der Kaufgelder bestimmt. Kaufgelderbelegungstermin.

Zu diesem Termine sind die Subhastationsinteressenten sowie der Ersteher zu laden. Ein Gläubiger, für den das Kaufgeld mit Beschlag belegt ist, wird, sobald die Beschlagnahme zu den Subhastationsakten angezeigt ist, zu dem Kaufgelderbelegungsverfahren ebenfalls zugezogen.

Der Termin ist zugleich durch Aushang an der Gerichtsstelle bekannt zu machen.

† § 790.*

(§ 63 SO.)

Ist gegen das Zuschlagsurtheil die Beschwerde eingelegt, so muß die Ausführung der Vertheilung auf Antrag des Erstehers bis zur Rechtskraft des Urtheils ausgesetzt bleiben.

† § 791.*

(§ 64 SO.)

Wenn der Ersteher im Termine nicht erscheint, so wird angenommen, daß er die Kaufgelder nicht erlegen könne, und mit der Vertheilung der letzteren ohne seine Zuziehung verfahren.

Die Ansprüche eines im Grundbuche nicht eingetragenen Realgläubigers, welcher sich im Termine nicht einfindet, bleiben bei der Vertheilung der Kaufgelder unberücksichtigt, ohne Unterschied, ob er dieselben bereits angemeldet hatte oder nicht. Ausgenommen hiervon sind jedoch die Kassen und Anstalten, welchen das Grundstück zu den in den §§ 47 bis 49 und 51 der Konkursordnung vom 8. Mai 1855 bezeichneten Abgaben und Leistungen verpflichtet ist, falls sie ihre Liquidation bis zur Vertheilung schriftlich einreichen.

Findet sich ein in das Grundbuch eingetragener Realgläubiger im Termine nicht ein, so erfolgt die Belegung und Vertheilung der Kaufgelder ohne seine Zuziehung in der Art, daß der auf ihn fallende Theil der Kaufgelder auf seine Gefahr und Kosten hinterlegt, nach erfolgter Belegung der Kaufgelder das Realrecht seiner Forderung für aufgehoben erachtet und die Löschung derselben im Grundbuche veranlaßt wird, ohne daß dazu die Beibringung der Urkunde erforderlich ist, während er für jeden Mißbrauch der letzteren verantwortlich bleibt. Die Löschung einer in gänzlich unbestimmter Höhe eingetragenen Forderung erfolgt in gleicher Weise, ohne daß jedoch dem ausbleibenden Gläubiger von Amtswegen ein Betrag auf dieselbe angesetzt wird.

Ist die Forderung des Gläubigers, welcher die Subhastation beantragt hat, in das Grundbuch nicht eingetragen, so wird im Falle seines Ausbleibens mit Belegung und Vertheilung der Kaufgelder ohne seine Zuziehung verfahren und der ihm gebührende Theil derselben auf seine Gefahr und Kosten in gerichtliche Verwahrung genommen. [1b])

Derselbe Rechtsnachtheil trifft den ausbleibenden Schuldner.

† § 792.

(§ 65 SO.)

Im Termine wird zuvörderst festgestellt, was der Ersteher an Kaufgeldern und Zinsen zu gewähren hat und wie viel die zu vertheilende Masse nach Abzug der ihr zur Last fallenden Subhastationskosten (§ 58 [§ 785]) beträgt.

Demnächst haben sich die Interessenten über die Ansprüche, welche an die Kaufgelder gemacht werden, aus dem Grundbuche hervorgehen oder sonst von Amtswegen berücksichtigt werden müssen (§ 64 Absatz 2 und 4 [§ 791]), und über das dafür verlangte oder aus dem Grundbuche hervorgehende beziehungsweise sonst gesetzliche Vorrecht zu erklären.

† § 793. *

(§ 66 SO.; § 21 Abs. 2 Ges. v. 4. März 1879.)

Sind die Interessenten einig oder werden die entstandenen Streitigkeiten beigelegt, so ist demgemäß sofort die Vertheilung der Masse zu bewirken.

1b) vgl. § 74 Nr. 1 HO. [Anl. F].

Soweit der Ersteher eine zur Hebung kommende Forderung nicht mit Einwilligung des Gläubigers übernimmt, wird dieselbe aus den Kaufgeldern bezahlt oder ein entsprechender Theil des Kaufgelderrückstandes dem Gläubiger überwiesen. Eine solche Ueberweisung wirkt nur die Tilgung des Realanspruchs.

Im Falle des [§ 786 Abs. 5] ist die Ueberweisung des Kaufgeldes an den Gläubiger in der Vollstreckungsklausel zu erwähnen. Die Zustellung einer Urkunde über die Ueberweisung ist nicht erforderlich.[2])

Der auf eine in das Grundbuch eingetragene Forderung, deren Eigenthümer unbekannt ist, oder zu welcher sich kein legitimirter Empfänger meldet, zu zahlende Betrag wird auf Gefahr und Kosten des betreffenden Gläubigers als Spezialmasse in gerichtlicher Verwahrung zurückbehalten.[2a])

† § 794.

(§ 67 SO.)

Wenn eine Einigung der Interessenten nicht stattfindet, so entwirft der Richter, nöthigenfalls mit Hülfe eines Rechnungsverständigen im Termine einen Theilungsplan, vermerkt bei jeder Forderung, wer die Richtigkeit, das Hypotheken- oder Grundschuldrecht oder das Vorrecht derselben bestreitet, berechnet die Beträge, welche auf die Forderungen, soweit sie unstreitig sind, gezahlt werden können und vernimmt bei jeder Forderung die Interessenten, ob sie in die Auszahlung willigen.

Die Forderungen, bei denen Niemand etwas erinnert, werden berichtigt; die zur Hebung gelangenden streitigen Beträge als Spezialmasse in gerichtlicher Verwahrung zurückbehalten,[2a]) wenn nicht zwischen allen bei einer solchen Forderung Betheiligten ein anderweites Abkommen getroffen wird.

† § 795.*

(§ 68 SO.)

Einem in das Grundbuch eingetragenen Realgläubiger, welcher im Termine nicht erschienen ist, werden außer dem Kapitalbetrage nur die laufenden Zinsen oder anderen Leistungen, nicht auch Rückstände und Kosten berechnet.

Erscheint der Gläubiger, welcher wegen einer nicht eingetragenen Forderung die Subhastation beantragt hat, im Termine nicht, so wird der ihm gebührende Betrag nach Lage der Akten berechnet.

Ein erschienener Gläubiger ist nicht befugt, seine im Termin aufgestellte Liquidation nachträglich zu ergänzen.

---

[2]) Dieser aus dem Ges. v. 9. März 1879 entnommene Absatz gilt auch außerhalb des Geltungsbereichs der SO.

[2a]) s. Anm 1. b.

† § 796.

(§ 69 SO.)

In verwickelten Sachen kann der Richter schon vor dem Termine unter Zuziehung eines Rechnungsverständigen einen vorläufigen Theilungsplan anfertigen, welcher alsdann bei der Verhandlung im Termine zum Grunde zu legen ist.

† § 797.

(§ 70 SO.)

Der Schuldner ist befugt, die Richtigkeit, das Realrecht und das Vorrecht der einzelnen Forderungen zu bestreiten.

In gleicher Art ist hierzu auch jeder Realgläubiger, sowie jeder Gläubiger, auf dessen Antrag die Subhastation betrieben worden ist, insofern befugt, als durch die Theilnahme der einzelnen Forderungen an der Masse oder durch die Ausübung des verlangten Vorrechts seiner Befriedigung Eintrag geschieht.

Inwiefern eine Forderung aus dem Grunde angefochten werden kann, weil ein vorhandener persönlicher Anspruch bereits erloschen sei, bestimmt sich nach den Vorschriften des bürgerlichen Rechts.

† § 798.*

(§ 71 SO.)

Jeder im Termin anwesende Gläubiger, sowie jeder Gläubiger, auf dessen Antrag die Subhastation betrieben worden ist, kann unter der Voraussetzung des § 70 Abs. 2 [§ 797] im Wege der Einwendung die Forderungen anderer Gläubiger nach Maßgabe des Gesetzes, betreffend die Anfechtung von Rechtshandlungen außerhalb des Konkurses, vom 21. Juli 1879 (RGBl. S. 277) anfechten.

† § 799.*

(§ 72 Abs. 1 SO.[3])

Der Widerspruch eines Gläubigers oder des Schuldners (§§ 70 und 71 [§§ 797, 798], hält nur dann die Auszahlung auf, wenn der Subhastationsrichter ihn rechtlich begründet findet, und der Widersprechende ihn in seinen thatsächlichen Voraussetzungen glaubhaft macht.[4])

§ 800.*

(§ 18 Ges. v. 4. März 1879, § 757 Abs. 3 CPO.)

Vertheilungsstreitigkeiten (Streitigkeiten über die Richtigkeit und das

---

[3]) Abs. 2, 3 sind durch § 764 CPO. [§ 842] ersetzt, welcher nach § 18 Abs. 2 Ges. v. 4. März 1879 [§ 800 Abs. 2] hier Anwendung findet.

[4]) In der SO. steht: „durch solche Beweismittel unterstützt, welche nach den Vorschriften der Prozeßgesetze zur Anlegung eines Arrestes ausreichen." Das trifft nach § 800 Abs. 2 CPO. [§ 878] bei der Glaubhaftmachung zu. — Vgl. auch § 18 Abs. 3 Ges. v. 4. März 1879: Die bestehenden Vorschriften, nach welchen die Vertheilung durch den Widerspruch eines Betheiligten nicht gehemmt wird, bleiben in Kraft.

Vorrecht einer Forderung) sind in besonderen Prozessen zu erledigen. Die Erledigung erfolgt nach den Vorschriften der Civilprozeßordnung.

Die Vorschriften der §§ 764 bis 768 [§§ 842 bis 846] der Civilprozeßordnung finden hierbei entsprechende Anwendung. Erforderlichenfalls bestimmt das Vollstreckungsgericht, welcher der streitenden Theile Klage zu erheben habe.

† § 801.
(§ 74 SO.)

Wenn eine Forderung ungetheilt auf mehreren Grundstücken haftet, so kommen die für diesen Fall im Konkurse eintretenden Vorschriften [5]) zur Anwendung.

† § 802.
(§ 75 SO.)

Die noch nicht fälligen Forderungen werden wie fällige behandelt; der Gläubiger kann die Annahme einer noch nicht fälligen Forderung nicht verweigern.

Ist eine solche Forderung unverzinslich, so tritt Vergütung der Zwischenzinsen nach den Bestimmungen ein, welche im Falle des Konkurses bei noch nicht fälligen unverzinslichen Forderungen der Konkursgläubiger gelten. [6])

† § 803. *
(§ 76 SO.)

Hinsichtlich der bedingten Forderungen gelten für die Vertheilung folgende Grundsätze:

1) Ist die Bedingung eine aufschiebende, so erhalten diejenigen Betheiligten, deren Befriedigung durch die bedingte Forderung verhindert wird, den auf dieselbe fallenden Betrag mit der Verpflichtung zur Rückgewähr an den bedingten Gläubiger für den Fall des Eintritts der Bedingung und gegen Sicherheitsbestellung.
2) Ist die Bedingung eine auflösende, so wird dem Gläubiger der auf seine bedingte Forderung fallende Betrag gegen Sicherheitsbestellung für den Fall des Eintritts der Bedingung gezahlt oder überwiesen und zugleich bestimmt, an wen für diesen Fall die Rückgewähr zu leisten ist.
3) So lange die empfangsberechtigten Betheiligten eine den gesetzlichen Vorschriften entsprechende oder von den übrigen Betheiligten für genügend erachtete Sicherheit nicht bestellen, bleibt die Summe in Hinterlegung. [6a]) Die aufkommenden Zinsen gebühren demjenigen, welcher das Kapital gegen Sicherheitsbestellung verlangen kann.

---

[5]) Vgl. Anm. 1.
[6]) Vgl. § 58 Abs. 2 KO. [6a]) Vgl. Hinterlegungsordnung in [Anl. F].

† § 804.*

(§ 77 SO.)

Besteht eine Forderung in dem Anspruche auf fortlaufende Hebungen, so bleibt der Betrag, welcher bei der Vertheilung auf das zur Deckung der künftigen Hebung angesetzte Kapital fällt, hinterlegt.[7])

Zugleich wird bestimmt, wem das Kapital bei Aufhören der Hebungen zufallen soll.

So oft die Zinsen zur Berichtigung der Hebungsbeträge nicht hinreichen, wird der fehlende Betrag aus dem Kapital entnommen.

† § 805.

(§ 78 SO.)

Die Urkunden über die Forderungen, welche durch Zahlungen getilgt sind, werden kassirt und zu den Subhastationsakten genommen.

Die Urkunden über alle übrigen Forderungen sind an die Gläubiger zurückzugeben, nachdem der Subhastationsrichter auf denselben im Termine beurkundet hat, ob und bis zu welchem Betrage die Forderung zur Hebung gekommen ist, und wenn der Ersteher die Forderung in Anrechnung auf die Kaufgelder übernommen hat, daß und bis zu welchem Betrage dies geschehen ist.

Der wörtliche Inhalt dieser Beurkundungen ist in das Protokoll aufzunehmen.

† § 806.

(§ 79 SO.)

Eintragungen im Grundbuche.

Nach dem Termine ist das über die Verhandlung aufgenommene Protokoll für den Ersteher auszufertigen.

Auf Grund dieser Ausfertigung ist in dem Grundbuche bei Eintragung des Eigenthums des Erstehers die Löschung des Subhastationsvermerks und aller Realforderungen zu bewirken, welche nicht nach gesetzlicher Vorschrift auf den Ersteher übergehen, oder von demselben namentlich übernommen worden sind.

Gleichzeitig ist der aus dem Protokoll sich ergebende etwaige Kaufgelderrückstand in das Grundbuch einzutragen.

Der Eintragungsvermerk hat zugleich die den einzelnen Gläubigern überwiesenen Antheile zu bezeichnen, sowie die Rangordnung derselben anzugeben. Als Urkunde zum Zwecke der Eintragung dient eine Ausfertigung des Zuschlagurtheils und des Protokolls über die Belegung und Vertheilung der Kaufgelder.

Jeder Gläubiger, welchem ein Antheil an dem Rückstande überwiesen ist, hat die Befugniß, zu verlangen, daß ihm über seinen Antheil ein Hypothekenbrief ausgefertigt wird.

---

[7]) s. Hinterlegungsordnung in [Anl. F].

Das Vollstreckungsgericht hat um die im Vorstehenden erwähnten Eintragungen und Löschungen den Grundbuchrichter von Amtswegen zu ersuchen.

Jedem Gläubiger, dessen Forderung von dem Ersteher in Anrechnung auf die Kaufgelder übernommen wird, ist auf Verlangen eine Ausfertigung des Kaufgelderbelegungsprotokolls zu ertheilen.

c. Aufgebot der bei der Kaufgeldervertheilung gebildeten Spezialmassen.

† § 807.

(§ 80 SO.)

Unterbliebene Meldung

Wenn bei der Vertheilung der Kaufgelder sich Niemand mit Ansprüchen auf eine in das Grundbuch eingetragene, zur Hebung gelangende Realforderung gemeldet hat oder wenn der Gläubiger sich nicht durch Vorlegung der Urkunde legitimiren kann, so ist den unbekannten Betheiligten von dem Subhastationsrichter ein Kurator zu bestellen.

† § 808.

(§ 81 SO.)

Der Kurator muß zu ermitteln suchen, ob die Forderung schon getilgt ist; er muß sich bemühen, die fehlende Urkunde und den Inhaber derselben sowie Diejenigen zu erforschen, denen Eigenthumsrecht, Pfandrechte und andere Rechte an der Forderung zustehen.

§ 809.

(§ 82 Abs. 1 SO.; § 19 Ges. v. 4. März 1879.)

† Haben die Nachforschungen des Kurators keinen Erfolg, so liegt ihm ob, das Aufgebot der für die Forderung angelegten Spezialmasse oder des dem betreffenden Gläubiger überwiesenen Theiles des Kaufgelderrückstandes bei dem Vollstreckungsgerichte nachzusuchen.

Das Aufgebot erfolgt nach den Vorschriften über das Aufgebotsverfahren zum Zwecke der Kraftloserklärung von Urkunden über Ansprüche, welche in einem Grund- oder Hypothekenbuche eingetragen sind.[1])

† § 810.*

(§ 87 SO.)

Nachdem das Ausschlußurtheil rechtskräftig geworden, hat das Vollstreckungsgericht zur Auszahlung der Spezialmasse oder Ueberweisung des Kaufgelderrückstandes einen Termin zu bestimmen. Zu demselben

---

[1]) Vgl. dieselben in § 20, insbes. Abs. 4, AG.CPO. [§ 930]. — Die Vorschrift dieses Absatzes, aus § 19 Ges. v. 4. März 1879 entnommen, ist eine allgemeine, bezüglich des Aufgebots oder bei einer zur Vertheilung gebildeten Spezialmasse für alle Landestheile geltende. — Durch dieselbe kommen §§ 84 bis 86, 90 Abs. 3 SO. in Wegfall.

sind zu laden: der Kurator, der Schuldner, gegen welchen die Subhastation stattgefunden hat, der im Grundbuche zuletzt eingetragene Gläubiger und die etwa mit einem Pfandrechte oder anderen Rechte an der Forderung eingetragenen Personen, sowie die übrigen Subhastationsinteressenten, welche überhaupt nicht oder nicht vollständig zur Hebung gekommen sind, und alle diejenigen, welche sich in Folge des Aufgebots gemeldet haben.

† § 811.

(§ 88 SO.)

Denjenigen, welcher im Termin nicht erscheint, trifft der Rechtsnachtheil, daß ohne seine Zuziehung über die Auszahlung oder Ueberweisung verhandelt und mit derselben verfahren wird, ohne daß seine Ansprüche berücksichtigt werden.

† § 812.*

(§ 89 Abs. 1 SO.)

Wenn im Termine hinsichtlich der Auszahlung oder Ueberweisung Streit entsteht, so finden die Vorschriften des [§ 800] entsprechende Anwendung.[2])

† § 813.

(§ 90 Abs. 1. 2[3]) SO.)

Rechte unbekannter Dritter auf eine angemeldete Forderung.

Wenn bei der Kaufgeldervertheilung eine Spezialmasse aus dem Grunde gebildet werden muß, weil auf der Forderung nach dem Grundbuche Rechte haften, deren gegenwärtige Inhaber unbekannt sind, so wird diesen unbekannten Interessenten ein Kurator bestellt und mit dessen Zuziehung die Vertheilung der Kaufgelder beendigt.

Zur Ermittelung:

ob der Hauptgläubiger ohne Zuziehung dieser Interessenten oder mit wessen Zuziehung die Spezialmasse oder den betreffenden Theil des Kaufgelderrückstandes zu erheben befugt sei,

ist nach den vorstehenden Bestimmungen (§§ 81 ff [§§ 808 ff]) zu verfahren, jedoch mit den Maßgaben, welche die Natur des Falles mit sich bringt.

† § 814.

(§ 91 SO.)

Die Kosten des Aufgebotsverfahrens, einschließlich der Gebühren und Auslagen des Kurators werden in allen Fällen aus der Spezialmasse oder dem betreffenden Theile des Kaufgelderrückstandes entnommen.

---

[2]) Es folgt dies aus den Vorschriften des § 18 Ges. v. 4. März 1879 und des § 757 Abs. 3 CPO. [§ 800].

[3]) Abs. 3 ist aufgehoben durch § 19 Ges. v. 4. März 1879.

Die besonderen Kosten, welche durch die Verhandlung und Entscheidung über einen unbegründeten Widerspruch erwachsen, fallen demjenigen zur Last, welcher denselben erhoben hat.

2. Andere Gegenstände des unbeweglichen Vermögens.

† § 815.

(§ 92 SO.)

Die vorstehenden Vorschriften (§§ 5 bis 91 [§§ 739 bis 814]) kommen, soweit dieselben nicht durch Natur und Verhältnisse der Grundstücke bedingt sind und in den nachstehenden Paragraphen nicht ein Anderes bestimmt ist, auch dann zur Anwendung, wenn die Zwangsvollstreckung in andere der Subhastation unterliegende Gegenstände als Grundstücke erfolgen soll. Grundsatz.

† § 816.

(§ 93 SO.)

Bei der Subhastation solcher Gerechtigkeiten, bei welchen sich die Höhe der vom Bieter zu leistenden Sicherheit und deren Bestellung mit eingetragenen Forderungen nicht nach der Vorschrift der §§ 22 und 23 [§§ 756 und 757] bestimmen läßt, setzt der Richter, erforderlichen Falls nach Anhörung eines Sachverständigen, die Höhe dieser Sicherheit fest. Die Bestellung derselben mit eingetragenen Forderungen (§ 23 [§ 757]) ist in diesem Falle statthaft, wenn letztere innerhalb des Fünffachen des festgesetzten Betrages eingetragen stehen. Dieser ist im Subhastationspatente anzugeben. Gerechtigkeiten.

Hinsichtlich der Kohlen-Abbaugerechtigkeiten in den vormals Königlich Sächsischen Landestheilen [1]) gilt die Vorschrift des § 109 [§ 832].

† § 817.

(§ 94 SO.)

Dem Antrage auf Einleitung der Subhastation eines Schiffes sind anstatt der im § 6 [§ 740] bezeichneten folgende Urkunden beizufügen: Schiffe.

1) wenn das Schiff in ein Schiffsregister eingetragen ist, ein neuester Auszug aus demselben, welcher alle noch gültigen, das Schiff betreffenden Eintragungsvermerke enthält, und wenn daraus hervorgeht, daß der Schuldner nicht eingetragener Eigenthümer des Schiffs ist, eine seinen Eigenthumsbesitz glaubhaft machende öffentliche Urkunde;
2) wenn das Schiff nicht in das Schiffsregister eingetragen ist, eine den Eigenthumsbesitz des Schuldners glaubhaft machende öffentliche Urkunde, und sofern thunlich, diejenigen Urkunden in

---

[1]) Vgl. Ges. vom 22. Februar 1869 (GS. S. 401).

Urschrift oder beglaubigter Abschrift, aus welchen nach den Bestimmungen des bürgerlichen Rechts eine etwaige Verpfändung des Schiffs ohne körperliche Uebergabe zu ersehen ist.

Wird das Schiffsregister am Ort des Vollstreckungsgerichts geführt, so vertritt eine Bezugnahme auf jenes die Stelle der zu 1) gedachten Bescheinigung.

† § 818.
(§ 95 SO.)

Die auf die Führung des Grundbuchs Bezug habenden Vorschriften bleiben bei der Subhastation eines Schiffes außer Anwendung.

† § 819.
(§ 96 SO.)

In Betreff der Nothwendigkeit der Zuziehung zu den einzelnen Verhandlungen stehen die Schiffsgläubiger und alle übrigen mit einem Pfandrechte versehenen Gläubiger den Realgläubigern eines unter Subhastation gestellten Grundstücks, und diejenigen Gläubiger, welche in das Schiffsregister eingetragen sind, oder deren Rechte aus den im § 94 [§ 817] unter Nr. 2 bezeichneten Urkunden hervorgehen, den in das Grundbuch eingetragenen Gläubigern gleich.

† § 820.
(§ 97 SO.)

Im Subhastationspatente sind alle Schiffsgläubiger und alle sonstigen Gläubiger, welche ein Pfandrecht an dem Schiffe in Anspruch nehmen, zur Anmeldung ihrer Rechte bei dem Subhastationsrichter aufzufordern.

Die Bestimmung im § 13 Nr. 7 [§ 747] findet keine Anwendung.

† § 821.
(§ 98 SO.)

Im Subhastationspatente ist der Betrag der von dem Bieter zu erlegenden Kaution anzugeben. Derselbe wird von dem Vollstreckungsgericht nach Anhörung eines Sachverständigen über den Werth des Schiffes bestimmt.

† § 822.
(§ 99 SO.)

Die Subhastationsfrist beträgt nach dem Ermessen des Vollstreckungsgerichts vier Wochen bis drei Monate, bei registrirten Seeschiffen jedoch stets drei Monate. Sie wird von dem Tage an berechnet, an welchem die Bekanntmachung des Subhastationspatents zum erstenmale in dem Anzeiger eines Regierungsamtsblattes (§ 100 [§ 823]) erscheint.

† § 823.

(§ 100 SO.)

Das Subhastationspatent ist bekannt zu machen:

1) durch Aushang an der Gerichtsstelle;

2) durch Einrückung in den Anzeiger des Amtsblatts der Regierung, in deren Bezirke der Subhastationsrichter seinen Sitz hat, sowie, wenn der Schuldner im Inlande einen Wohnort hat, derjenigen Regierung, in deren Bezirke dieser Wohnort sich befindet. Handelt es sich um ein in ein inländisches Schiffsregister eingetragenes Seeschiff, so erfolgt die Einrückung anstatt in den zuletzt bezeichneten Anzeiger in den der Regierung, in deren Bezirke das Schiff seinen Heimathshafen hat.

Im übrigen gelten hinsichtlich der Bekanntmachung die Vorschriften des § 16 [§ 750].

† § 824.

(§ 101 SO.)

Während der Subhastation muß das Schiff an dem Orte bleiben, wo es sich bei deren Einleitung befindet.

Wenn es jedoch die Handelskonjunktur und das Beste der Interessenten rathsam erscheinen läßt, daß das Schiff während der Subhastation eine neue Fahrt antritt, so kann dies auf den Antrag der Interessenten von dem Vollstreckungsgerichte unter der Bedingung gestattet werden, daß eine gehörige Versicherung des Schiffs erfolgt.

† § 825.

(§ 102 SO.)

Wird ein neuer Versteigerungstermin angesetzt (§§ 27, 28, 31 [§§ 762, 763, 766]), so beträgt die Subhastationsfrist, nach dem Ermessen des Richters, vierzehn Tage bis sechs Wochen.

Für die öffentliche Bekanntmachung des Subhastationspatents sind die Bestimmungen des § 100 [§ 823] maßgebend.

† § 826.

(§ 103 SO.)

Wenn die Vorschrift des § 97 Absatz 1 [§ 820] nicht beobachtet ist, darf die Ertheilung des Zuschlages nicht erfolgen.

† § 827.

(§ 104 SO.)

Was zur Schiffsmasse gehört, die Rangordnung der Schiffsgläubiger und übrigen Pfandgläubiger und das Vorrecht dieser Gläubiger bestimmt sich nach den für den Fall des Konkurses eintretenden Vorschriften[2]) und nach den Bestimmungen der §§ 60 und 61 [§§ 787 und 788],

---

[2]) Vgl. Anm. 1 zu [§ 787].

insofern diese letzteren nicht lediglich mit speziellen, die Realrechte an Grundstücken betreffenden Bestimmungen in Verbindung stehen.

† § 828.

(§ 105 SO.)

Ist das subhastirte Schiff ein in das Schiffsregister eingetragenes Seeschiff, so sind in Betreff der Eintragung des Erstehers als Eigenthümers des Schiffes in das Schiffsregister, in Betreff der in das letztere eingetragenen und nicht übernommenen Pfandrechte, sowie der Eintragung des Pfandrechts für den etwaigen Kaufgelderrückstand die Bestimmungen des § 79 [§ 806] maßgebend.

† § 829.

(§ 106 SO.)

In Ansehung der aus dem Schiffsregister oder aus den zu den Akten gelangten anderweiten Urkunden (§ 94 [§ 817]) ersichtlichen Pfandrechte, treten in den betreffenden Fällen die Vorschriften über das Aufgebot der Spezialmassen ein (§§ 80 ff [§§ 807]).

† § 830.

(§ 107 SO.)

Bergwerke. Dem Antrage auf Subhastation eines verliehenen Bergwerks oder unbeweglichen Bergwerksantheils ist eine oberbergamtlich, gerichtlich oder notariell beglaubigte Abschrift der Verleihungsurkunde des Bergwerks beizufügen.

Mit dem Antrage auf Subhastation einer Kohlenabbaugerechtigkeit in den vormals Königlich Sächsischen Landestheilen[3]) ist eine in gleicher Art beglaubigte Abschrift des Aktes einzureichen, durch welchen die Gerechtigkeit vom Eigenthum an der Grundoberfläche getrennt worden ist.

† § 831.

(§ 108 SO.)

Das Subhastationspatent muß den Namen des Bergwerks, die Feldesgröße, das Mineral oder die Mineralien, auf welche das Bergwerkseigenthum verliehen ist, den Kreis, in welchem das Feld liegt, die demselben zunächst belegene Stadt benennen.

Bei der Subhastation von unbeweglichen Bergwerksantheilen ist die Zahl der Kuxe, in welche das Bergwerk getheilt ist, im Patente anzugeben.

Bei Kohlenabbaugerechtigkeiten (§ 107 [§ 830]) genügt eine nähere Bezeichnung derselben nach Lage und Umfang.

---

[3]) vgl. Anm. 1.

† § 832.

(§ 109 SO.)

Der Betrag der von dem Bieter zu leistenden Sicherheit ist bei der Subhastation der im § 108 [§ 831] genannten Gegenstände von dem Subhastationsrichter, erforderlichen Falls nach Anhörung des zuständigen Revierbeamten über ihren Werth, festzusetzen und in das Subhastationspatent aufzunehmen.

† § 833.

(§ 110 SO.)

Die Subhastationsfrist beträgt längstens drei Monate.

† § 834.

(§ 111 SO.)

Bei der Subhastation von Bergwerken und Bergwerksantheilen gehört der Repräsentant oder Grubenvorstand zu den Subhastationsinteressenten.

§ 835.*

(§ 23 Ges. v. 4. März 1879.)

Insoweit nach den bisherigen Vorschriften die Zwangsvollstreckung in bewegliche Gegenstände, welche zur Immobiliarmasse gehören,[4]) nach den Vorschriften über die Zwangsvollstreckung in das bewegliche Vermögen zu erledigen ist, finden lediglich die Vorschriften der Deutschen Civilprozeßordnung und des Ausführungsgesetzes zu derselben über die Zwangsvollstreckung in das bewegliche Vermögen Anwendung. Zubehör.

Dritter Titel.

Vertheilungsverfahren.[1])

§ 836.

(§ 758 CPO.)

Das Vertheilungsverfahren tritt ein, wenn bei der Zwangsvollstreckung in das bewegliche Vermögen ein Geldbetrag hinterlegt ist, welcher zur Befriedigung der betheiligten Gläubiger nicht hinreicht.[2]) Fälle.

§ 837.

(§ 759 CPO.)

Das zuständige Amtsgericht (§§ 728, 750 bis 752 [§§ 702, 724 bis 726]) hat nach Eingang der Anzeige über die Sachlage an jeden Vertheilungsplan.

---

[4]) Vgl. [§ 729 Abs. 2].

[1]) Geschäftliche Behandlung: § 24 Gesch.-O. [Anl. A] — Gerichtskosten: § 42 GKG. [§ 1006] — Rechtsanwaltsgebühr: § 39 GORA. [§ 1118.]

[2]) §§ 728, 750, 751 CPO. [§§ 702, 724, 725].

der betheiligten Gläubiger die Aufforderung zu erlassen, binnen zwei Wochen eine Berechnung der Forderung an Kapital, Zinsen, Kosten und sonstigen Nebenforderungen einzureichen.

§ 838.

(§ 760 CPO.)

Nach Ablauf der zweiwöchigen Frist wird von dem Gericht ein Theilungsplan angefertigt.

Der Betrag der Kosten des Verfahrens ist von dem Bestande der Masse vorweg in Abzug zu bringen.

Die Forderung eines Gläubigers, welcher bis zur Anfertigung des Theilungsplanes der an ihn gerichteten Aufforderung nicht nachgekommen ist, wird nach der Anzeige und deren Unterlagen berechnet. Eine nachträgliche Ergänzung der Forderung findet nicht statt.

§ 839.

(§ 761 CPO.)

Das Gericht hat zur Erklärung über den Theilungsplan sowie zur Ausführung der Vertheilung einen Termin zu bestimmen. Der Theilungsplan muß spätestens drei Tage vor dem Termine auf der Gerichtsschreiberei zur Einsicht der Betheiligten niedergelegt werden.

Die Ladung des Schuldners zu dem Termin ist nicht erforderlich, wenn sie durch Zustellung im Ausland oder durch öffentliche Zustellung[3]) erfolgen müßte.

§ 840.

(§ 762 CPO.)

Wird in dem Termin ein Widerspruch gegen den Plan nicht erhoben, so ist dieser zur Ausführung zu bringen. Erfolgt ein Widerspruch, so hat sich jeder bei demselben betheiligte Gläubiger sofort zu erklären. Wird der Widerspruch von den Betheiligten als begründet anerkannt oder kommt anderweit eine Einigung zu Stande, so ist der Plan demgemäß zu berichtigen. Wenn ein Widerspruch sich nicht erledigt, so erfolgt die Ausführung des Planes insoweit, als der Plan durch den Widerspruch nicht betroffen wird.

§ 841.

(§ 763 CPO.)

Gegen einen Gläubiger, welcher in dem Termine weder erschienen ist noch vor dem Termine bei dem Gerichte Widerspruch erhoben hat, wird angenommen, daß er mit der Ausführung des Plans einverstanden sei.

Ist ein in dem Termine nicht erschienener Gläubiger bei dem Widerspruche betheiligt, welchen ein anderer Gläubiger erhoben hat, so wird angenommen, daß er diesen Widerspruch nicht als begründet anerkenne.

---

[3]) §§ 182, 186 CPO. [§§ 260, 264].

§ 842.
(§ 764 CPO.)

Der widersprechende Gläubiger muß ohne vorherige Aufforderung binnen einer Frist von einem Monate, welche mit dem Terminstage beginnt, dem Gerichte nachweisen, daß er gegen die betheiligten Gläubiger Klage erhoben habe. Nach fruchtlosem Ablaufe dieser Frist wird die Ausführung des Plans ohne Rücksicht auf den Widerspruch angeordnet. Vertheilungsstreitigkeiten.

Die Befugniß des Gläubigers, welcher dem Plane widersprochen hat, ein besseres Recht gegen den Gläubiger, welcher einen Geldbetrag nach dem Plane erhalten hat, im Wege der Klage geltend zu machen, wird durch die Versäumung der Frist und durch die Ausführung des Plans nicht ausgeschlossen.

§ 843.
(§ 765 CPO.)

Die Klage ist bei dem Vertheilungsgericht und, wenn der Streitgegenstand zur Zuständigkeit der Amtsgerichte nicht gehört, bei dem Landgerichte zu erheben, in dessen Bezirke das Vertheilungsgericht seinen Sitz hat.

Das Landgericht ist für sämmtliche Klagen zuständig, wenn seine Zuständigkeit nach dem Inhalte der erhobenen und in dem Termine nicht zur Erledigung gelangten Widersprüche auch nur in Betreff einer Klage begründet ist, sofern nicht die sämmtlichen betheiligten Gläubiger vereinbaren, daß das Vertheilungsgericht über alle Widersprüche entscheiden solle.

§ 844.
(§ 766 CPO.)

In dem Urtheile, durch welches über einen erhobenen Widerspruch entschieden wird, ist zugleich zu bestimmen, an welche Gläubiger und in welchen Beträgen der streitige Theil der Masse auszuzahlen sei. Wird dies nicht für angemessen erachtet, so ist die Anfertigung eines neuen Plans und ein anderweites Vertheilungsverfahren in dem Urtheile anzuordnen.

§ 845.
(§ 767 CPO.)

Das Versäumnißurtheil gegen einen widersprechenden Gläubiger ist dahin zu erlassen, daß der Widerspruch als zurückgenommen anzusehen sei.[4])

§ 846.
(§ 768 CPO.)

Auf Grund des erlassenen Urtheils wird die Auszahlung oder das anderweite Vertheilungsverfahren von dem Vertheilungsgericht angeordnet.

---

[4]) statt § 295 CPO. [§ 374].

Dritter Abschnitt.

Zwangsvollstreckung zur Erwirkung der Herausgabe von Sachen und zur Erwirkung von Handlungen oder Unterlassungen.

§ 847.

(§ 769 CPO.)

Herausgabe oder Leistung von Sachen.

Hat der Schuldner eine bewegliche Sache oder von bestimmten beweglichen Sachen eine Quantität herauszugeben, so sind dieselben von dem Gerichtsvollzieher ihm wegzunehmen und dem Gläubiger zu übergeben.[1])

Wird die herauszugebende Sache nicht vorgefunden, so ist der Schuldner verpflichtet, auf Antrag des Gläubigers den Offenbarungseid[2]) dahin zu leisten:

daß er die Sache nicht besitze, auch nicht wisse, wo die Sache sich befinde.

Das Gericht kann eine der Lage der Sache entsprechende Aenderung der Eidesnorm beschließen.

§ 848.

(§ 770 CPO.)

Hat der Schuldner eine bestimmte Quantität vertretbarer Sachen oder Werthpapiere zu leisten, so findet die Vorschrift des § 769 Abs. 1 [§ 847] entsprechende Anwendung.

§ 849.

(§ 771 CPO.)

Hat der Schuldner eine unbewegliche Sache oder ein bewohntes Schiff herauszugeben, zu überlassen oder zu räumen, so hat der Gerichtsvollzieher den Schuldner aus dem Besitze zu setzen und den Gläubiger in den Besitz einzuweisen.

Bewegliche Sachen, welche nicht Gegenstand der Zwangsvollstreckung sind, werden von dem Gerichtsvollzieher weggeschafft und dem Schuldner oder, wenn dieser abwesend ist, einem Bevollmächtigten desselben oder einer zur Familie des Schuldners gehörigen oder in dieser Familie dienenden erwachsenen Person übergeben oder zur Verfügung gestellt.

---

[1]) § 94 GAGB. — Gebühr: § 6 GOGB. [§ 1043]. — Auch auf die Herausgabe von Personen angewendet im § 96 GAGB.

[2]) Vgl. §§ 780 ff. CPO. [§§ 858 ff.].

Ist weder der Schuldner noch eine der bezeichneten Personen anwesend, so hat der Gerichtsvollzieher die Sachen auf Kosten des Schuldners in das Pfandlokal zu schaffen oder anderweit in Verwahrung zu bringen. [3])

Verzögert der Schuldner die Abforderung, so kann das Vollstreckungsgericht den Verkauf der Sachen und die Hinterlegung des Erlöses anordnen. [4])

§ 850.

(§ 772 CPO.)

Befindet sich eine herauszugebende Sache in Gewahrsam eines Dritten, so ist dem Gläubiger auf dessen Antrag der Anspruch des Schuldners auf Herausgabe der Sache nach den Vorschriften zu überweisen, welche die Pfändung einer Geldforderung betreffen. [5])

§ 851.

(§ 773 CPO.) [6])

Erfüllt der Schuldner die Verpflichtung nicht, eine Handlung vorzunehmen, deren Vornahme durch einen Dritten erfolgen kann, so ist der Gläubiger von dem Prozeßgericht erster Instanz auf Antrag zu ermächtigen, auf Kosten des Schuldners die Handlung vornehmen zu lassen. Handlungen

Der Gläubiger kann zugleich beantragen, den Schuldner zur Vorauszahlung der Kosten zu verurtheilen, welche durch die Vornahme der Handlung entstehen werden, unbeschadet des Rechts auf eine Nachforderung, wenn die Vornahme der Handlung einen größeren Kostenaufwand verursacht.

Auf die Zwangsvollstreckung zur Erwirkung der Herausgabe oder Leistung von Sachen finden die vorstehenden Bestimmungen keine Anwendung.

§ 852.

(§ 774 Abs. 1 CPO.)

Kann eine Handlung durch einen Dritten nicht vorgenommen werden, so ist, wenn sie ausschließlich von dem Willen des Schuldners abhängt, auf Antrag von dem Prozeßgericht erster Instanz zu erkennen, daß der Schuldner zur Vornahme der Handlung durch Geldstrafe bis zum

---

[3]) § 95 GAGV. — Gebühr: § 8 Nr. 1 GOGV. [§ 1045].

[4]) Gerichtskosten: § 35 Nr. 3 GKG. [§ 999]. — Rechtsanwaltsgebühr: § 23 Nr. 2 GORA. [§ 1002].

[5]) §§ 730 ff. CPO. [§§ 704 ff.]. — Gerichtskosten und Rechtsanwaltsgebühr wie Anm. 4.

[6]) Gerichtskosten in den Fällen der §§ 773 bis 776 CPO. [§§ 851 bis 854]: § 27 Nr. 2 GKG. [§ 991], § 23 Nr. 2, §§ 33, 34 GORA. [§§ 1092, 1112, 1113].

Gesammtbetrage von fünfzehnhundert Mark oder durch Haft[7]) anzuhalten sei.

§ 853.
(§ 775 CPO.)

Duldungen und Unterlassungen.

Handelt der Schuldner der Verpflichtung zuwider, eine Handlung zu unterlassen oder die Vornahme einer Handlung zu dulden, so ist er wegen einer jeden Zuwiderhandlung auf Antrag des Gläubigers von dem Prozeßgericht erster Instanz zu einer Geldstrafe bis zu fünfzehnhundert Mark oder zur Strafe der Haft[7]) bis zu sechs Monaten zu verurtheilen. Das Maß der Gesammtstrafe darf zwei Jahre Haft nicht überschreiten.

Der Verurtheilung muß eine Strafandrohung vorausgehen, welche, wenn sie in dem die Verpflichtung aussprechenden Urtheile nicht enthalten ist, auf Antrag von dem Prozeßgericht erster Instanz erlassen wird.

Auch kann der Schuldner auf Antrag des Gläubigers zur Bestellung einer Sicherheit[7a]) für den durch fernere Zuwiderhandlung entstehenden Schaden auf bestimmte Zeit verurtheilt werden.

§ 854.
(§ 776 CPO.)

Die in Gemäßheit der §§ 773 bis 775 [§§ 851 bis 853] zu erlassenden Entscheidungen können ohne vorgängige mündliche Verhandlung erfolgen. Vor der Entscheidung ist der Schuldner zu hören.

§ 855.
(§ 777 CPO.)

Leistet der Schuldner Widerstand gegen die Vornahme einer Handlung, welche er nach den Bestimmungen der §§ 773, 775 [§§ 851, 853] zu dulden hat, so kann der Gläubiger zur Beseitigung des Widerstands einen Gerichtsvollzieher zuziehen, welcher nach den Bestimmungen des § 678 Abs. 3 [§ 653] zu verfahren hat.[8])

§ 856.
(§ 778 CPO.)

Interesse.

Durch die Bestimmungen dieses Abschnitts wird das Recht des Gläubigers nicht berührt, die Leistung des Interesse zu verlangen.

Den Anspruch auf Leistung des Interesse hat der Gläubiger im Wege der Klage bei dem Prozeßgerichte erster Instanz geltend zu machen.

---

[7]) Ueber die Vollziehung der Geldstrafe vgl. § 18 der Anw. v. 30. Aug. 1867 [Anl. D]; § 108 GAGB.; — der Haft: vgl. §§ 785 ff. CPO. [§§ 863 ff.].

[7a]) Vgl. § 101 CPO. [§ 180].

[8]) § 97 GAGB. — Gebühr: § 8 Nr. 2 GOGB. [§ 1045].

§ 857.
(§ 779 CPO.)

Ist der Schuldner zur Abgabe einer Willenserklärung verurtheilt, so gilt die Erklärung als abgegeben, sobald das Urtheil die Rechtskraft erlangt hat.[9]) Ist die Willenserklärung von einer Gegenleistung abhängig gemacht, so tritt diese Wirkung ein, sobald nach den Bestimmungen der §§ 664, 666 [§§ 639, 641] eine vollstreckbare Ausfertigung des rechtskräftigen Urtheils ertheilt ist. Abgabe einer Willenserklärung.

Die Vorschrift des ersten Absatzes kommt im Falle der Verurtheilung zur Eingehung einer Ehe nicht zur Anwendung.

Vierter Abschnitt.

Offenbarungseid und Haft.

§ 858.
(§ 780 CPO.)

Für die Abnahme des Offenbarungseides[1]) ist das Amtsgericht, in dessen Bezirk der Schuldner im Deutschen Reiche seinen Wohnsitz oder in Ermangelung eines solchen seinen Aufenthaltort hat, als Vollstreckungsgericht zuständig. Offenbarungseid.

§ 859.
(§ 781 CPO.)

Das Verfahren beginnt mit der Ladung[1a]) des Schuldners zur Leistung des Offenbarungseides.

Bestreitet der Schuldner die Verpflichtung zur Leistung des Eides, so ist von dem Gerichte durch Urtheil über den Widerspruch zu entscheiden[2]). Die Eidesleistung erfolgt erst nach Eintritt der Rechtskraft des Urtheils.[3])

---

[9]) vgl. § 645 CPO. [§ 621].

[1]) Fälle des Offenbarungseides: §§ 711, 769 CPO. [§§ 685, 847]; § 30 AG.GKG. [§ 1034]. — Die Leistung des Eides erfolgt nach Maßgabe der §§ 440 ff. CPO. [§§ 511 ff.].

[1a]) Mittheilung von der Ladung eines Offiziers an den Militärvorgesetzten durch den Gerichtsschreiber: allgemeine Verfügungen vom 28. Februar und 24. April 1880 (JMBl. S. 41, 92).

[2]) Gerichtskosten: § 35 Nr. 3 GKG. [§ 999]; — Rechtsanwaltsgebühr: § 23 Nr. 2 GORA. [§ 1102].

[3]) Vgl. § 645 CPO. [§ 621].

§ 860.

(§ 782 CPO.)

Gegen den Schuldner, welcher in dem zur Leistung des Offenbarungseides bestimmten Termine nicht erscheint oder die Leistung des Eides ohne Grund verweigert, hat das Gericht zur Erzwingung der Eidesleistung auf Antrag die Haft anzuordnen.[4])

§ 861.

(§ 783 CPO.)

Der verhaftete Schuldner kann zu jeder Zeit bei dem Amtsgerichte des Haftorts beantragen, ihm den Eid abzunehmen. Dem Antrag ist ohne Verzug stattzugeben.

Nach Leistung des Eides wird der Schuldner aus der Haft entlassen und der Gläubiger hiervon in Kenntniß gesetzt.

§ 862.

(§ 784 CPO.)

Ein Schuldner, welcher den in § 711 [§ 685] erwähnten Offenbarungseid geleistet hat, ist zur nochmaligen Leistung des Eides auch einem andern Gläubiger gegenüber nur verpflichtet, wenn glaubhaft gemacht wird,[4a]) daß er später Vermögen erworben habe.

§ 863.

(§ 785 CPO.)

Haft. Die Haft[5]) ist unstatthaft

1) gegen Mitglieder einer deutschen gesetzgebenden Versammlung während der Sitzungsperiode, sofern nicht die Versammlung die Vollstreckung genehmigt;
2) gegen Militärpersonen,[6]) welche zu einem mobilen Truppentheil oder zur Besatzung eines in Dienst gestellten Kriegsfahrzeuges gehören;
3) gegen den Schiffer, die Schiffsmannschaft und alle übrigen auf einem Seeschiff angestellten Personen, wenn das Schiff zum Abgehen fertig (segelfertig) ist.

---

[4]) Gerichtskosten für die Verhandlung im Termine: § 43 GKG. [§ 1007]; — für die Entscheidung auf Zwangsanträge: wie in Anm. 2. — Rechtsanwaltsgebühr: § 23 Nr. 2, § 32 GORA. [§ 1092, 1111].

[4a]) § 266 CPO. [§ 345].

[5]) Die nachstehenden Vorschriften finden Anwendung:

a) auf die Haft gegen ungehorsame Zeugen § 355 Abs. 2 CPO. [§ 425],
b) auf die Haft zur Erzwingung einer Handlung § 774 CPO. [§ 852],
c) auf die Haft zur Erzwingung des Offenbarungseides, s. Text.

[6]) vgl. Anm. 33 zu [§ 648].

§ 864.
(§ 786 CPO.)

Die Haft wird unterbrochen:
1) gegen Mitglieder einer deutschen gesetzgebenden Versammlung für die Dauer der Sitzungsperiode, wenn die Versammlung die Freilassung verlangt;
2) gegen Militärpersonen[7]), welche zu einem mobilen Truppentheil oder auf ein in Dienst gestelltes Kriegsfahrzeug einberufen werden, für die Dauer dieser Verhältnisse.

§ 865.
(§ 787 CPO.)

Gegen einen Schuldner, dessen Gesundheit durch die Vollstreckung der Haft einer nahen und erheblichen Gefahr ausgesetzt wird, darf, so lange dieser Zustand dauert, die Haft nicht vollstreckt werden.

§ 866.
(§ 788 CPO.)

Die Haft wird in einem Raum vollstreckt, in welchem nicht zugleich Untersuchungs- oder Strafgefangene sich befinden.

§ 867
(§ 789 CPO.)

Das Gericht hat bei Anordnung der Haft einen Haftbefehl zu erlassen, in welchem der Gläubiger, der Schuldner und der Grund der Verhaftung zu bezeichnen sind.

§ 868.
(§ 790 CPO.)

Die Verhaftung des Schuldners erfolgt durch einen Gerichtsvollzieher.[8]) Der Haftbefehl muß bei der Verhaftung dem Schuldner vorgezeigt und auf Begehren abschriftlich mitgetheilt werden.

§ 869.
(§ 791 CPO.)

Vor der Verhaftung eines Beamten, eines Geistlichen oder eines Lehrers an öffentlichen Unterrichtsanstalten ist der vorgesetzten Dienstbehörde von dem Gerichtsvollzieher Anzeige zu machen.[8a]) Die Verhaftung darf erst erfolgen, nachdem die vorgesetzte Behörde für die dienstliche Vertretung des Schuldners gesorgt hat. Die Behörde ist verpflichtet, ohne Verzug die erforderlichen Anordnungen zu treffen und den Gerichtsvollzieher hiervon in Kenntniß zu setzen.

---

[7]) s. Anm. 6.

[8]) Vgl. §§ 98, 99 GVG. [Anl. C]. — Gebühr: § 9 GOGV. [§ 1046].

[8a]) Schreibgebühr: § 14 Nr. 4 GOGV. [§ 1037].

§ 870.

(§ 792 CPO.)

Der Gläubiger hat die Kosten, welche durch die Haft entstehen, einschließlich der Verpflegungskosten von Monat zu Monat vorauszuzahlen. Die Aufnahme des Schuldners in das Gefängniß ist unstatthaft, wenn nicht mindestens für einen Monat die Zahlung geleistet ist. Wird die Zahlung nicht spätestens bis zum Mittage des letzten Tages erneuert, für welchen sie geleistet ist, so wird der Schuldner von Amtswegen aus der Haft entlassen. Gegen den Schuldner, welcher aus diesem Grunde oder ohne sein Zuthun auf Antrag des Gläubigers entlassen ist, findet auf Antrag desselben Gläubigers eine Erneuerung der Haft nicht statt.

§ 871.

(§ 793 CPO.)

Soll die Haft gegen eine dem aktiven Heere oder der aktiven Marine angehörende Militärperson[9]) vollstreckt werden, so hat das Gericht die vorgesetzte Militärbehörde[10]) um die Vollstreckung zu ersuchen.[11])

§ 872.

(§ 794 CPO.)

Die Haft darf die Dauer von sechs Monaten nicht übersteigen. Nach Ablauf der sechs Monate wird der Schuldner von Amtswegen aus der Haft entlassen.

§ 873.

(§ 795 CPO.)

Ein Schuldner, gegen welchen wegen Verweigerung des in § 711 [§ 685] erwähnten Offenbarungseides eine Haft von sechs Monaten vollstreckt ist, kann auch auf Antrag eines anderen Gläubigers von neuem zur Leistung des Eides durch Haft nur angehalten werden, wenn glaubhaft gemacht wird,[12]) daß der Schuldner später Vermögen erworben habe.

Fünfter Abschnitt.

Arrest und einstweilige Verfügungen.[1])

§ 874.

(§ 796 CPO.)

Arrest. Begriff.

Der Arrest findet zur Sicherung der Zwangsvollstreckung in das

[9]) vgl. Anm. 6.

[10]) Nr. V. der Allg. Verf. v. 8. Juli 1880 (JMBl. S. 156).

[11]) Gebührenfrei: § 47 Nr. 13 GKG. [§ 1011 Nr. 12].

[12]) § 266 CPO. (§ 345].

[1]) Geschäftliche Behandlung: § 23 Abs. 10 Nr. 3 Gesch.O. [Anl. A]. — Die Vollmacht für den Hauptprozeß legitimirt auch für das Verfahren dieses Abschnitts. § 78 CPO. [§ 157].

bewegliche oder unbewegliche Vermögen wegen einer Geldforderung oder wegen eines Anspruchs statt, welcher in eine Geldforderung übergehen kann.

Die Zulässigkeit des Arrestes wird dadurch nicht ausgeschlossen, daß der Anspruch ein betagter ist.

§ 875.
(§ 797 CPO.)

Der dingliche Arrest findet statt, wenn zu besorgen ist, daß ohne dessen Verhängung die Vollstreckung des Urtheils vereitelt oder wesentlich erschwert werden würde.

Als ein zureichender Arrestgrund ist es anzusehen, wenn das Urtheil im Ausland vollstreckt werden müßte.

§ 876.
(§ 798 CPO.)

Der persönliche Sicherheitsarrest findet nur statt, wenn er erforderlich ist, um die gefährdete Zwangsvollstreckung in das Vermögen des Schuldners zu sichern.

§ 877.
(§ 799 CPO.)

Für die Anordnung des Arrestes ist sowohl das Gericht der Hauptsache[2]) als das Amtsgericht zuständig, in dessen Bezirk der mit Arrest zu belegende Gegenstand oder die in ihrer persönlichen Freiheit zu beschränkende Person sich befindet. Anordnung.

§ 878.
(§ 800 CPO.)

Das Gesuch soll die Bezeichnung des Anspruchs unter Angabe des Geldbetrages oder des Geldwerths, sowie die Bezeichnung des Arrestgrundes enthalten.

Der Anspruch und der Arrestgrund sind glaubhaft zu machen.[3])

Das Gesuch kann vor dem Gerichtsschreiber zu Protokoll erklärt werden.

§ 879.
(§ 801 CPO.)

Die Entscheidung[4]) kann ohne vorgängige mündliche Verhandlung erfolgen.

---

[2]) Vgl. § 821 CPO. [§ 899].

[3]) § 266 CPO. [§ 345].

[4]) I. Gerichtskosten für Anordnung (Aufhebung, Abänderung) eines Arrestes oder einer einstweiligen Verfügung:
  a) durch Endurtheil: § 26 Nr. 9 GKG. [§ 990];
  b) durch Beschluß: § 35 Nr. 4 GKG. [§ 999].
II. Rechtsanwaltsgebühr:
  a) zu I. a § 20 GORA. [§ 1099];
  b) zu I. b § 23 Nr. 1 GORA. [§ 1102].
Bestimmung des Begriffs der Instanz in Beziehung auf Arreste: § 29 Nr. 4, § 30 Nr. 2 GORA. [§§ 1108, 1109].

Das Gericht kann, auch wenn der Anspruch oder der Arrestgrund nicht glaubhaft gemacht ist, den Arrest anordnen, sofern wegen der dem Gegner drohenden Nachtheile eine nach freiem Ermessen zu bestimmende Sicherheit geleistet wird.[5]) Es kann die Anordnung des Arrestes von einer solchen Sicherheitsleistung abhängig machen, selbst wenn der Anspruch und der Arrestgrund glaubhaft gemacht sind.

§ 880.

(§ 802 CPO.)

Die Entscheidung über das Gesuch erfolgt im Falle einer vorgängigen mündlichen Verhandlung durch Endurtheil,[6]) andernfalls durch Beschluß.

Den Beschluß, durch welchen ein Arrest angeordnet wird, hat die Partei, welche den Arrest erwirkt hat, zustellen zu lassen.

Der Beschluß, durch welchen das Arrestgesuch zurückgewiesen oder vorgängige Sicherheitsleistung für erforderlich erklärt wird, ist dem Gegner nicht mitzutheilen.

§ 881.

(§ 803 CPO.)

In dem Arrestbefehl ist ein Geldbetrag festzustellen, durch dessen Hinterlegung[6a]) die Vollziehung des Arrestes gehemmt und der Schuldner zu dem Antrag auf Aufhebung des vollzogenen Arrests berechtigt wird.

§ 882.

(§ 804 CPO.)

Gegen den Beschluß, durch welchen ein Arrest angeordnet wird, findet Widerspruch statt.

Die widersprechende Partei hat den Gegner unter Mittheilung der Gründe, welche sie für die Aufhebung des Arrestes geltend machen will, zur mündlichen Verhandlung zu laden.

Durch Erhebung des Widerspruchs wird die Vollziehung des Arrestes nicht gehemmt.

§ 883.

(§ 805 CPO.)

Wird Widerspruch erhoben, so ist über die Rechtmäßigkeit des Arrestes durch Endurtheil[7]) zu entscheiden.

Das Gericht kann den Arrest ganz oder theilweise bestätigen, abändern oder aufheben, auch die Bestätigung, Abänderung oder Auf-

---

[5]) Fall der vorläufigen Verwahrung: § 74 HO. [Anl. F].

[6]) §§ 272, 273 CPO. [§§ 351, 352].

[6a]) Vgl. Anm. 5.

[7]) Vgl. Anm. 6. — Hinsichtlich der Gerichtskosten und Rechtsanwaltsgebühren gilt auch in diesem Falle das in Anm. 5 zu I. b II. b Bemerkte.

hebung von einer nach freiem Ermessen zu bestimmenden Sicherheitsleistung [7a]) abhängig machen.

§ 884.

(§ 806 CPO.)

Ist die Hauptsache nicht anhängig, so hat das Arrestgericht auf Antrag ohne vorgängige mündliche Verhandlung anzuordnen, daß die Partei, welche den Arrestbefehl erwirkt hat, binnen einer zu bestimmenden Frist Klage zu erheben habe.

Wird dieser Anordnung nicht Folge geleistet, so ist auf Antrag die Aufhebung des Arrestes durch Endurtheil [8]) auszusprechen.

§ 885.

(§ 807 CPO.)

Auch nach der Bestätigung des Arrestes kann wegen veränderter Umstände, insbesondere wegen Erledigung des Arrestgrundes oder auf Grund des Erbietens zu einer nach freiem Ermessen zu bestimmenden Sicherheitsleistung [7a]) die Aufhebung des Arrestes beantragt werden.

Die Entscheidung ist durch Endurtheil [8]) zu erlassen, sie erfolgt durch das Gericht, welches den Arrest angeordnet hat, und, wenn die Hauptsache anhängig ist, durch das Gericht der Hauptsache.

§ 886.

(§ 808 CPO.)

Auf die Vollziehung des Arrestes finden die Vorschriften über die Vollziehung
Zwangsvollstreckung entsprechende Anwendung, soweit nicht die nachfolgende Paragraphen abweichende Bestimmungen enthalten. [9])

§ 887.

(§ 809 CPO.)

Arrestbefehle bedürfen der Vollstreckungsklausel [10]) nur in dem Falle, wenn nach Erlassung der Befehle eine Rechtsnachfolge auf Seiten des Gläubigers oder des Schuldners eingetreten ist. [11])

Die Vollziehung des Arrestbefehles ist nur statthaft, wenn seit dem Tage, an welchem der Befehl verkündet oder der Partei, auf deren Gesuch derselbe erging, zugestellt ist, zwei Wochen verstrichen sind.

[7a]) Vgl. Anm. 5.

[8]) Vgl. Anm. 7.

[7a]) Vgl. Anm. 5.

[8]) Vgl. Anm. 7.

[9]) Die Gerichtskosten für die Vollziehung des Arrestes sind dieselben, wie für die Zwangsvollstreckung. Ueber die Rechtsanwaltsgebühr vgl. § 36 GORA. [§ 1115].

[10]) § 662 CPO. [§§ 637].

[11]) §§ 665, 671 Abs. 2 CPO. [§§ 640, 646].

§ 888.

(§ 810 CPO.)

Die Vollziehung des Arrestes in bewegliches Vermögen [12]) wird durch Pfändung bewirkt. Die Pfändung erfolgt nach denselben Grundsätzen wie jede andere Pfändung und begründet ein Pfandrecht mit den im § 709 [§ 683] bestimmten Wirkungen. Für die Pfändung einer Forderung ist das Arrestgericht als Vollstreckungsgericht zuständig.

Gepfändetes Geld und ein im Vertheilungsverfahren auf den Gläubiger fallender Betrag des Erlöses werden hinterlegt. [13])

Das Vollstreckungsgericht kann auf Antrag anordnen, daß eine bewegliche körperliche Sache, wenn sie der Gefahr einer beträchtlichen Werthsverringerung ausgesetzt ist oder wenn ihre Aufbewahrung unverhältnißmäßige Kosten verursachen würde, versteigert und der Erlös hinterlegt werde. [13a])

§ 889.

(§ 24 Ges. v. 4. März 1879.)

Die Vollziehung von Arresten in unbewegliches Vermögen bestimmt sich nach den in den einzelnen Landestheilen geltenden Vorschriften. [14])

§ 890.

(§ 812 CPO.)

Die Vollziehung des persönlichen Sicherheitsarrestes richtet sich, wenn sie durch Haft erfolgt, nach den Vorschriften der §§ 785 bis 794 [§§ 863 bis 872] und, wenn sie durch sonstige Beschränkung der persönlichen Freiheit erfolgt, nach den vom Arrestgerichte zu treffenden besonderen Anordnungen, für welche die Beschränkungen der Haft maßgebend sind.

§ 891.

(§ 813 CPO.)

Aufhebung. Die Aufhebung eines vollzogenen Arrestes gegen Hinterlegung des in dem Arrestbefehle festgestellten Geldbetrags [14]) erfolgt von dem Vollstreckungsgerichte.

Das Vollstreckungsgericht kann die Aufhebung des Arrestes auch anordnen, wenn die Fortdauer besondere Aufwendungen erfordert und

---

[12]) Vgl. §§ 101, 130 Abs. 12 GAGB. [Anl. C].

[13]) Vgl. § 103 Abs. 2 Nr. 4 GAGB.

[13a]) Gerichtskosten: § 35 Nr. 4 GKG. [§ 999]. — Rechtsanwaltsgebühr: § 23 Nr. 1 GORA. [§ 1102].

[14]) Der § beruht auf § 811 CPO.: „Die Vollziehung des Arrestes in unbewegliches Vermögen bestimmt sich nach den Landesgesetzen." — Hinsichtlich des § gilt das in Anm. 1 vor [§ 729] Bemerkte. Ueber den unklaren Rechtszustand im Geltungsbereich der Grundbuchgesetzgebung vom 5. Mai 1872 vgl. Achilles, Kommentar zu den angef. Ges., Anm. 10 zu § 22 des Ges. v. 5. Mai 1872.

[14]) § 803 CPO. [§ 881 CPO] und Anm. 5. zu [§ 879].

die Partei, auf deren Gesuch der Arrest verhängt wurde, den nöthigen Geldbetrag nicht vorschießt.

Die in diesem Paragraphen erwähnten Entscheidungen können ohne vorgängige mündliche Verhandlung erfolgen.

Gegen den Beschluß, durch welchen der Arrest aufgehoben wird, findet sofortige Beschwerde[15]) statt.

§ 892.

(§ 814 CPO.)

Einstweilige Verfügungen[16]) in Beziehung auf den Streitgegenstand sind zulässig, wenn zu besorgen ist, daß durch eine Veränderung des bestehenden Zustandes die Verwirklichung des Rechts einer Partei vereitelt oder wesentlich erschwert werden könnte. Einstweilige Verfügungen.

§ 893.

(§ 815 CPO.)

Auf die Anordnung einstweiliger Verfügungen und das weitere Verfahren finden die Vorschriften über die Anordnung von Arresten und über das Arrestverfahren entsprechende Anwendung, soweit nicht die nachfolgenden Paragraphen abweichende Vorschriften enthalten.[16a])

§ 894.

(§ 816 CPO.)

Für die Erlassung einstweiliger Verfügungen ist das Gericht der Hauptsache[17]) zuständig.

Die Entscheidung kann in dringenden Fällen ohne vorgängige mündliche Verhandlung erfolgen.

§ 895.

(§ 817 CPO.)

Das Gericht bestimmt nach freiem Ermessen, welche Anordnungen zur Einreichung des Zweckes erforderlich sind.

Die einstweilige Verfügung kann auch in einer Sequestration sowie darin bestehen, daß dem Gegner eine Handlung geboten oder verboten, insbesondere die Veräußerung, Belastung oder Verpfändung eines Grundstücks untersagt wird.

§ 896.

(§ 818 CPO.)

Nur unter besonderen Umständen kann die Aufhebung einer einstweiligen Verfügung gegen Sicherheitsleistung gestattet werden.

---

[15]) § 540 CPO. [§ 546].

[16]) Hinsichtlich der Gerichtskosten und Rechtsanwaltsgebühren stehen einstweilige Verfügungen den Arrestbefehlen gleich. — Ueber die Vollziehung einstweiliger Verfügungen s. § 102 GAGB. [Anl. C].

[16a]) Vgl. § 102 GAGB [Anl. C].

[17]) § 821 CPO. [§ 899].

§ 897.

(§ 819 CPO.)

Einstweilige Verfügungen sind auch zum Zwecke der Regelung eines einstweiligen Zustandes in Bezug auf ein streitiges Rechtsverhältniß zulässig, sofern diese Regelung, insbesondere bei dauernden Rechtsverhältnissen zur Abwendung wesentlicher Nachtheile oder zur Verhinderung drohender Gewalt oder aus anderen Gründen nöthig erscheint.

§ 898.

(§ 820 CPO.)

In dringenden Fällen kann das Amtsgericht, in dessen Bezirke sich der Streitgegenstand befindet, eine einstweilige Verfügung erlassen, unter Bestimmung einer Frist, innerhalb welcher der Gegner zur mündlichen Verhandlung über die Rechtmäßigkeit der einstweiligen Verfügung vor das Gericht der Hauptsache zu laden ist.

Nach fruchtlosem Ablaufe der Frist hat das Amtsgericht auf Antrag die erlassene Verfügung aufzuheben.

Die in diesem Paragraphen erwähnten Entscheidungen des Amtsgerichts können ohne vorgängige mündliche Verhandlung erfolgen.

§ 899.

(§ 821 CPO.)

Allgemeine Bestimmungen.

Als Gericht der Hauptsache im Sinne der Bestimmungem dieses Abschnitts ist das Gericht erster Instanz und, wenn die Hauptsache in der Berufungsinstanz anhängig ist, das Berufungsgericht anzusehen.

§ 900.

(§ 822 CPO.)

In dringenden Fällen kann der Vorsitzende über die in diesem Abschnitte erwähnten Gesuche, sofern deren Erledigung eine vorgängige mündliche Verhandlung nicht erfordert, anstatt des Gerichts entscheiden.

Neuntes Buch.

Aufgebotsverfahren.[1])

§ 901.*

(§ 823 Abs. 1 CPO.; § 27 AG.CPO.)

Allgemeine Bestimmungen. Zulässigkeit.

Eine öffentliche gerichtliche Aufforderung zur Anmeldung von Ansprüchen oder Rechten findet mit der Wirkung, daß die Unterlassung

[1]) „Die Vorschriften der CPO. über das Aufgebotsverfahren sind absichtlich „nicht erschöpfend. Bindende Vorschriften sind nur bezüglich des Aufgebots zum „Zwecke der Kraftloserklärung der Wechsel und der in Art. 301, 302 des Handels-

der Anmeldung einen Rechtsnachtheil zur Folge hat, nur in den durch das Gesetz bestimmten Fällen [2]) statt.

Die Vorschriften der Deutschen Civilprozeßordnung über das Auf-

---

„gesetzbuchs bezeichneten Urkunden (§ 837 [§ 916]), außerdem einzelne bindende Vor-„schriften zum Zweck der Kraftloserklärung von gewissen anderen Urkunden (§§ 843 „bis 849 [§§ 922 bis 928]) gegeben. Im Uebrigen sind nicht nur die bestehenden „Vorschriften, welche eine Anwendung in dem neu geordneten Verfahren zulassen, „aufrecht erhalten (§§ 823, 825, 827, 837, 849 [§§ 901, 902, 904, 906, 916, 928]), „sondern auch die Landesgesetzgebungen ermächtigt, das Aufgebotsverfahren überhaupt „abweichend von den Vorschriften der CPO. zu gestalten. (§ 11 EG. CPO. [§ 960]).

„Außerdem sind die Vorschriften von materiellem Inhalt über die Zulässigkeit, „die Voraussetzungen und die Wirkungen des Aufgebotsverfahrens, abgesehen von „dem bereits erwähnten Aufgebot der in § 837 [§ 916] bezeichneten Urkunden über-„haupt unberührt gelassen (§ 823, § 824 Nr. 3, § 837 [§§ 901 bis 903, 916]). Die „im § 848 Abs. 1 [§ 927] bezeichnete Wirkung des Aufgebots, welches zum Zwecke „der Kraftloserklärung von Urkunden erfolgt, daß nämlich die Urkunde für kraftlos „zu erklären, ist zwar auch für das Aufgebot der in § 849 [§ 928] bezeichneten „Urkunden obligatorisch, aber auch nach dem angegebenen Zwecke des Aufgebots „selbstverständlich." (Begründung zu dem Entwurf des AG. CPO., Drucksachen des Hauses der Abgeordneten, 13. Legislaturperiode, III. Session 1878/79 Nr. 4, S. 23.)

Das AG.CPO. hat in der Tendenz einer möglichsten Ausdehnung der Vorschriften der CPO. eine Reihe von Vorschriften über das Aufgebotsverfahren aufgenommen. Aber auch diese mit den Bestimmungen der CPO. zusammen erschöpfen das Aufgebotsverfahren nicht. Es bleiben immer noch die oben erwähnten materiellen Vorschriften bestehen. Dieselben sind aber in den einzelnen Landestheilen so mannigfach und hängen so eng mit dem materiellen Civilrecht zusammen, daß ihre erschöpfende Darstellung für sämmtliche Rechtsgebiete der Monarchie den Rahmen dieses Werkes weit überschreiten würde. Unter diesen Umständen sind nur die Bestimmungen der CPO. und des AG.CPO. in den Text aufgenommen. Sie geben so ein erschöpfendes Bild des Aufgebotsverfahrens, während hinsichtlich der Zulässigkeit, der Voraussetzungen und der Wirkung des Aufgebots die mitgetheilten Vorschriften der Ergänzung bedürfen. — Einen weiteren Fall des Aufgebotsverfahrens bieten §§ 58 ff. der Hinterlegungsordnung [Anlage F].

Die allgemeinen, auf alle Aufgebotsarten bezüglichen Vorschriften des AG.CPO. (§§ 24 bis 27) sind, obwohl sie in ihrer ursprünglichen Verbindung den besonderen Vorschriften nachstehen, hier unter die allgemeinen Bestimmungen mit aufgenommen worden. Die redaktionell aus diesem Verfahren in Verbindung mit möglichst geringer Aenderung der Wortfassung des Gesetzestextes entstehenden Härten sind durch Anmerkungen möglichst gemildert. — Gerichtskosten im Aufgebotsverfahren: § 44 GKG. [§ 1008]; Rechtsanwaltsgebühr: § 40 GORA. [§ 1119]. — Geschäftliche Behandlung: § 23 Abs. 10 Nr. 2 Gesch.O. [Anl. A].

[2]) Es sind dies:

a) das in der CPO. (§§ 837, 849 [§§ 916, 928]) geregelte Aufgebot gewisser Urkunden;
b) die Fälle der §§ 20 bis 23 AG.CPO. [§§ 930 bis 933];
c) die Fälle des § 27 AG.CPO. [Abs. 2 des Textes];
d) der Fall der §§ 58 ff. der Hinterlegungsordnung [Anl. F].

gebotsverfahren und die §§ 24 bis 26 des Ausführungsgesetzes zu derselben[3]) finden auf andere als die in §§ 20 bis 23 des letzteren [§§ 930 bis 932] bezeichneten Aufgebote[4]) nur Anwendung, wenn nach den bestehenden Vorschriften der Eintritt von Rechtsnachtheilen durch besonderen Beschluß des Gerichts festgestellt werden muß.

§ 902.*

(§ 823 Abs. 2 CPO., § 26 AG.CPO.)

Zuständigkeit.

Für das Aufgebotsverfahren ist das durch das Gesetz bestimmte Gericht[5]) zuständig.

Die Erledigung der durch das Ausführungsgesetz zur Civilprozeßordnung betroffenen Aufgebotssachen[6]) oder einzelner Gattungen derselben kann durch den Justizminister für den Bezirk mehrerer Amtsgerichte desselben Landgerichtsbezirks einem derselben übertragen werden. Auf Verlangen des Antragstellers erfolgt die Erledigung durch das gesetzlich zuständige Gericht.

Wird das Aufgebot durch ein anderes als das gesetzlich zuständige Gericht erlassen, so erfolgt die Anheftung desselben auch an der Gerichtstafel des gesetzlich zuständigen Gerichts.

Auf das Aufgebot an Rechten an unbeweglichen Sachen und an Urkunden über solche Rechte finden die Vorschriften der [Abs. 2 bis 4] keine Anwendung.

§ 903.

(§ 824 CPO.)

Erlaß des Aufgebots.

Der Antrag kann schriftlich oder zum Protokolle des Gerichtsschreibers gestellt werden. Die Entscheidung kann ohne vorgängige mündliche Verhandlung erfolgen.

Ist der Antrag zulässig, so hat das Gericht das Aufgebot zu erlassen. In dasselbe ist insbesondere aufzunehmen:

1) die Bezeichnung des Antragstellers;
2) die Aufforderung, die Ansprüche und Rechte spätestens im Aufgebotstermine anzumelden;
3) die Bezeichnung der Rechtsnachtheile, welche eintreten, wenn die Anmeldung unterbleibt;
4) die Bestimmung eines Aufgebotstermins.

---

3) Diese sind unten verstreut in den einzelnen §§ zum Abdruck gebracht.

4) Es sind dies: § 20 [§ 930] Urkundenaufgebot, — § 21 [§ 931] Aufgebot zum Zwecke der Löschung angeblich getilgter Hypotheken- oder Grundschuldforderungen; — § 22 [§ 932]: Aufgebot eines Verschollenen; — § 23 [§ 933]: Aufgebot eines Fundes oder Schatzes.

5) das Amtsgericht, § 23 GVG. [§ 29].

6) also nicht der lediglich durch die CPO. betroffenen Fälle des Aufgebots der in § 837 CPO. [§ 916] (wohl aber der in § 849 CPO. [928]) bezeichneten Fälle.

§ 904.

(§ 825 CPO.)

Die öffentliche Bekanntmachung des Aufgebots erfolgt durch Anheftung an die Gerichtstafel und durch Einrückung in den Deutschen Reichsanzeiger, außerdem auch, sofern nicht das Gesetz für den betreffenden Fall eine abweichende Anordnung getroffen hat, nach den im § 187 [§ 265] für Ladungen gegebenen Vorschriften.[7])

§ 905.

(§ 826 CPO.)

Auf die Gültigkeit der öffentlichen Bekanntmachung hat es keinen Einfluß, wenn das anzuheftende Schriftstück von dem Orte der Anheftung zu früh entfernt ist oder wenn im Falle wiederholter Bekanntmachung die vorgeschriebenen Zwischenfristen nicht eingehalten sind.

§ 906.

(§ 827 CPO.)

Zwischen dem Tage, an welchem die Einrückung oder die erste Einrückung des Aufgebots in den Deutschen Reichsanzeiger erfolgt ist und dem Aufgebotstermine muß, sofern das Gesetz nicht eine abweichende Anordnung enthält, ein Zeitraum von mindestens sechs Wochen liegen.[8])

§ 907.

(§ 24 AG.CPO.)

Die Vorschriften über die bei dem Aufgebot eines Verschollenen oder eines erblosen Nachlasses einzuhaltenden Aufgebotsfristen[9]) bleiben in Kraft.

Im übrigen werden die bestehenden Vorschriften über die Aufgebotsfristen, sowie die Vorschriften über die öffentliche Bekanntmachung der Aufgebote aufgehoben.

Bei der nach den bestehenden Vorschriften[10]) erforderlichen Mittheilung des Aufgebots an bestimmte Personen kann die Zustellung durch Aufgabe zur Post (§ 161 CPO. [§ 238]) erfolgen.

Bei der Zustellung durch Aufgabe zur Post sind die Postsendungen mit der Bezeichnung „Einschreiben" zu versehen.

§ 908.

(§ 828 CPO.)

Eine Anmeldung, welche nach dem Schlusse des Aufgebotstermins, jedoch vor Erlassung des Ausschlußurtheils erfolgt, ist als eine rechtzeitige anzusehen. Ausschlußurtheil.

---

[7]) Besondere Vorschriften: § 842 CPO.; § 20 Abs. 3, 4 AG. CPO. [§§ 921, 930].

[8]) Ausnahme § 847 CPO, § 20 Abs. 4 AG. CPO. [§§ 926, 930].

[9]) z. B. § 6 Nr. 2 AGO. I 37 (neun Monate).

[10]) z. B. § 500 Hannov. Bürg. Proz.O.

§ 909.*

(§ 829 CPO.; § 25 AG.CPO.)

Das Ausschlußurtheil ist in öffentlicher Sitzung auf Antrag zu erlassen.

Vor Erlassung des Urtheils kann eine nähere Ermittelung, insbesondere die eidliche Versicherung der Wahrheit einer Behauptung des Antragstellers angeordnet werden.[11])

Die Ableistung eines Eides im Aufgebotsverfahren findet nur nach der Vorschrift des vorhergehenden Absatzes statt.

Gegen den Beschluß, durch welchen der Antrag auf Erlassung des Ausschlußurtheils zurückgewiesen wird, sowie gegen Beschränkungen und Vorbehalte, welche dem Ausschlußurtheile beigefügt sind, findet sofortige Beschwerde [12]) statt.

§ 910.

(§ 830 CPO.)

Erfolgt eine Anmeldung, durch welche das von dem Antragsteller zur Begründung des Antrags behauptete Recht bestritten wird, so ist nach Beschaffenheit des Falles entweder das Aufgebotsverfahren bis zur endgültigen Entscheidung über das angemeldete Recht auszusetzen, oder in dem Ausschlußurtheile das angemeldete Recht vorzubehalten.

§ 911.

(§ 831 CPO.)

Ist der Antragsteller in dem Aufgebotstermine nicht erschienen, so ist auf seinen Antrag ein neuer Termin zu bestimmen. Der Antrag ist nur binnen einer vom Tage des Aufgebotstermins laufenden Frist von sechs Monaten zulässig.

§ 912.

(§ 832 CPO.)

Wird zur Erledigung des Aufgebotsverfahrens ein neuer Termin bestimmt, so ist eine öffentliche Bekanntmachung des Termins nicht erforderlich.

§ 913.

(§ 833 CPO.)

Das Gericht kann die öffentliche Bekanntmachung des wesentlichen Inhalts des Ausschlußurtheils durch einmalige Einrückung in den Deutschen Reichsanzeiger anordnen.

§ 914.*

(§ 834 CPO.)

Gegen das Ausschlußurtheil findet ein Rechtsmittel nicht statt.

---

[11]) Die Abnahme des Eides erfolgt auch hier in Gemäßheit der §§ 440 ff. CPO. [§§ 511 ff.]

[12]) § 540 CPO. [§ 546].

Das Ausschlußurtheil kann bei dem Landgerichte, in dessen Bezirke das Aufgebotsgericht seinen Sitz hat, mittels einer gegen den Antragsteller zu erhebenden Klage angefochten werden. [13])

§ 915.

(§ 836 CPO.)

Das Gericht kann die Verbindung mehrerer Aufgebote anordnen, auch wenn die Voraussetzungen des § 138 [§ 216] nicht vorliegen.

§ 916.

(§ 837 CPO.)

Besondere Fälle des Aufgebots. Wechsel und verwandte Urkunden.

Für das Aufgebotsverfahren zum Zwecke der Kraftloserklärung (Amortisation) abhanden gekommener oder vernichteter Wechsel und der in den Artikeln 301, 302 des Handelsgesetzbuchs bezeichneten Urkunden [14]) gelten die nachfolgenden besonderen Bestimmungen.

Die Bestimmungen finden in Betreff anderer Urkunden, bezüglich welcher das Gesetz das Aufgebotsverfahren zuläßt, insoweit Anwendung, als in dem Gesetze nicht besondere Vorschriften enthalten sind. [15])

§ 917.

(§ 838 CPO.)

Bei Papieren, welche auf den Inhaber lauten oder welche durch Indossament übertragen werden können, und mit einem Blankoindossamente versehen sind, ist der letzte Inhaber berechtigt, das Aufgebotsverfahren zu beantragen.

Bei anderen Urkunden ist derjenige zu dem Antrage berechtigt, welcher das Recht aus der Urkunde geltend machen kann.

§ 918.

(§ 839 CPO.)

Für das Aufgebotsverfahren ist das Gericht des Orts zuständig, welchen die Urkunde als den Erfüllungsort bezeichnet. Enthält die Urkunde eine solche Bezeichnung nicht, so ist das Gericht zuständig, bei welchem der Aussteller seinen allgemeinen Gerichtsstand [16]) hat, und in

---

[13]) Die Vorschriften über die Fälle der Anfechtungsklage, sowie der das Verfahren betreffende § 835 CPO., haben für den amtsgerichtlichen Prozeß wegen der ausschließlichen Zuständigkeit des Landgerichts kein Interesse.

[14]) Es sind dies: Anweisungen und Verpflichtungsscheine, welche von Kaufleuten über Leistungen von Geld oder einer Quantität vertretbarer Sachen oder Werthpapiere ausgestellt sind, ohne daß darin die Verpflichtung zur Leistung von einer Gegenleistung abhängig gemacht ist; Konnossemente der Seeschiffer und Ladescheine der Frachtführer, Auslieferungsscheine (Lagerscheine, Warrants) über Waaren oder andere bewegliche Sachen, welche von einer zur Aufbewahrung solcher Sachen staatlich ermächtigten Anstalt ausgestellt sind, ferner Bodmereibriefe und Seeassekuranzpolizen.

[15]) Vgl. die Ausdehnung in § 20 AG. CPO. [§ 930].

[16]) §§ 13 ff. CPO. [§§ 92 ff.].

Ermangelung eines solchen Gerichts dasjenige, bei welchem der Aussteller zur Zeit der Ausstellung seinen allgemeinen Gerichtsstand gehabt hat.

Ist der Anspruch, über welchen die Urkunde ausgestellt ist, in einem Grund- oder Hypothekenbuche eingetragen, so ist das Gericht der belegenen Sache ausschließlich zuständig.

§ 919.

(§ 840 CPO.)

Der Antragsteller hat zur Begründung des Antrags:

1) entweder eine Abschrift der Urkunde beizubringen oder den wesentlichen Inhalt der Urkunde und alles anzugeben, was zur vollständigen Erkennbarkeit derselben erforderlich ist;
2) den Verlust der Urkunde sowie diejenigen Thatsachen glaubhaft zu machen,[17]) von welchen seine Berechtigung abhängt, das Aufgebotsverfahren zu beantragen;
3) sich zur eidlichen Versicherung der Wahrheit seiner Angaben zu erbieten.

§ 920.

(§ 841 CPO.)

In dem Aufgebot ist der Inhaber der Urkunde aufzufordern, spätestens im Aufgebotstermine seine Rechte bei dem Gerichte anzumelden und die Urkunde vorzulegen. Als Rechtsnachtheil ist anzudrohen, daß die Kraftloserklärung der Urkunde erfolgen werde.

§ 921.

(§ 842 CPO.)

Die öffentliche Bekanntmachung des Aufgebots erfolgt durch Anheftung an die Gerichtstafel und in dem Lokale der Börse, wenn eine solche am Sitze des Aufgebotsgerichts besteht, sowie durch dreimalige Einrückung in die im § 187 Abs. 2 [§ 265] bezeichneten Blätter.

Das Gericht kann anordnen, daß die Einrückung noch in andere Blätter und zu mehreren Malen erfolge.

§ 922.

(§ 843 CPO.)

Bei Werthpapieren, für welche von Zeit zu Zeit Zinsscheine oder Gewinnantheilscheine ausgegeben werden, ist der Aufgebotstermin so zu bestimmen, daß bis zu demselben der erste einer seit der Zeit des glaubhaft gemachten Verlustes ausgegebenen Reihe von Zinsscheinen oder Gewinnantheilscheinen fällig geworden ist und seit der Fälligkeit desselben sechs Monate abgelaufen sind.

Vor Erlassung des Ausschlußurtheils hat der Antragsteller ein nach Ablauf dieser sechsmonatigen Frist ausgestelltes Zeugniß der betreffenden Behörde, Kasse oder Anstalt beizubringen, daß die Urkunde seit der

---

[17]) § 266 CPO. [§ 345].

Zeit des glaubhaft gemachten Verlustes ihr zur Ausgabe neuer Scheine nicht vorgelegt sei und daß die neuen Scheine an einen Anderen als den Antragsteller nicht ausgegeben seien.

§ 923.

(§ 844 CPO.)

Bei Werthpapieren, für welche Zinsscheine oder Gewinnantheilscheine zuletzt für einen längeren Zeitraum als vier Jahre ausgegeben sind, genügt es, wenn der Aufgebotstermin so bestimmt wird, daß bis zu demselben seit der Zeit des glaubhaft gemachten Verlustes von den zuletzt ausgegebenen Scheinen solche für vier Jahre fällig geworden und seit der Fälligkeit des letzten derselben sechs Monate abgelaufen sind. Scheine für Zeitabschnitte, für welche keine Zinsen oder Gewinnantheile bezahlt werden, kommen nicht in Betracht.

Vor Erlassung des Ausschlußurtheils hat der Antragsteller ein nach Ablauf dieser sechsmonatigen Frist ausgestelltes Zeugniß der betreffenden Behörde, Kasse oder Anstalt beizubringen, daß die für die bezeichneten vier Jahre und später etwa fällig gewordenen Scheine ihm von einem Andern als dem Antragsteller nicht vorgelegt seien. Hat in der Zeit seit dem Erlasse des Aufgebots eine Ausgabe neuer Scheine stattgefunden, so muß das Zeugniß auch die im § 843 Abs. 2 [§ 922] bezeichneten Angaben enthalten.

§ 924.

(§ 845 CPO.)

Bei Werthpapieren, für welche Zinsscheine oder Gewinnantheilscheine ausgegeben sind, aber nicht mehr ausgegeben werden, ist, wenn nicht die Voraussetzungen der §§ 843, 844 [§§ 922, 923] vorliegen, der Aufgebotstermin so zu bestimmen, daß bis zu demselben seit der Fälligkeit des letzten ausgegebenen Scheines sechs Monate abgelaufen sind.

§ 925.

(§ 846 CPO.)

Ist in einer Schuldurkunde eine Verfallzeit angegeben, welche zur Zeit der ersten Einrückung des Aufgebots in den Deutschen Reichsanzeiger noch nicht eingetreten ist, und sind die Voraussetzungen der §§ 843 bis 845 [§§ 922 bis 924] nicht vorhanden, so ist der Aufgebotstermin so zu bestimmen, daß seit dem Verfalltage sechs Monate abgelaufen sind.

§ 926.

(§ 847 CPO.)

Zwischen dem Tage, an welchem die erste Einrückung des Aufgebots in den Deutschen Reichsanzeiger erfolgt ist, und dem Aufgebotstermine muß ein Zeitraum von mindestens sechs Monaten liegen.

§ 927.

(§ 848 CPO.)

In dem Ausschlußurtheil ist die Urkunde für kraftlos zu erklären.

Das Ausschlußurtheil ist seinem wesentlichen Inhalte nach durch den Deutschen Reichsanzeiger bekannt zu machen.

In gleicher Weise hat nach eingetretener Rechtskraft die Bekanntmachung des auf die Anfechtungsklage ergangenen Urtheils, soweit dadurch die Kraftloserklärung aufgehoben wird, zu erfolgen.

§ 928.

(§ 849 CPO.)

Inhaberpapiere.

Die Vorschriften der §§ 843 bis 848 [§§ 922 bis 927] finden auch auf das Aufgebot anderer als der im § 837 Absatz 1 [§ 916] bezeichneten Urkunden, welche auf den Inhaber lauten oder durch Indossament übertragbar und mit einem Blankoindossament versehen sind, Anwendung, insoweit nicht der Anspruch, über welchen die Urkunde ausgestellt ist, in einem Grund- oder Hypothekenbuche eingetragen ist.

Durch diese Bestimmung werden Vorschriften, welche für das Aufgebotsverfahren noch andere oder schwerere Voraussetzungen aufstellen, nicht berührt.

§ 929.

(§ 850 CPO.)

Derjenige, welcher das Ausschlußurtheil erwirkt hat, ist dem durch die Urkunde Verpflichteten gegenüber berechtigt, die Rechte aus der Urkunde geltend zu machen.

§ 930.

(§ 20 AG.CPO.)

Andere Urkunden.

Für das Aufgebotsverfahren zum Zwecke der Kraftloserklärung (Amortisation) von Urkunden sind die Gerichte ausschließlich zuständig.

Die Vorschriften der §§ 839 bis 842, 846 bis 848 CPO. [§§ 918 bis 921, 925 bis 927] finden auch bei dem Aufgebot anderer als der im § 837 CPO. [§ 916] bezeichneten Urkunden mit Ausschluß aller besonderen Vorschriften Anwendung.

Betrifft das Aufgebot Urkunden, für deren Aufgebot die Bekanntmachung durch namentlich bezeichnete Blätter in Privilegien oder Statuten besonders vorgeschrieben ist, so erfolgt die öffentliche Bekanntmachung des Aufgebots (§ 842 Abs. 1 CPO. [§ 921]) auch durch einmalige Einrückung in diese Blätter.

Betrifft das Aufgebot Urkunden über Ansprüche, welche in einem Grund- oder Hypothekenbuche eingetragen sind, [18]) so erfolgt die öffentliche Bekanntmachung des Aufgebots (§ 842 Abs. 1 CPO. [§ 903])

---

[18]) §§ 110, 111 der Grundbuchordnung vom 5. Mai 1862.

durch Anheftung an die Gerichtstafel, sowie durch einmalige Einrückung in den öffentlichen Anzeiger des Amtsblattes. Die Einrückung tritt bei Anwendung der §§ 846, 847 CPO. [§§ 925, 926] an Stelle der Einrückung in den Deutschen Reichsanzeiger. Die in diesem Paragraphen bestimmten Fristen werden auf drei Monate herabgesetzt.

Die Vorschriften über die Voraussetzungen, unter welchen das Aufgebot einer Urkunde beantragt werden kann,[19]) und über das Erforderniß eines gewissen Zeitablaufs von dem Verluste der Urkunde bis zu deren Amortisation,[20]) sowie die Vorschriften, nach welchen bestimmte Personen von dem Aufgebote zu benachrichtigen sind,[21]) bleiben unberührt.

§ 931.

(§ 21 AG. CPO.)

Hypotheken- und Grundschuldforderungen.

Auf das Aufgebotsverfahren zum Zwecke der Löschung angeblich getilgter Hypotheken- oder Grundschuldforderungen[22]) finden die Vorschriften über das Aufgebot von Urkunden über solche Forderungen entsprechende Anwendung.

§ 932.

(§ 22 AG. CPO.)

Verschollene.

Soweit das Aufgebot eines Verschollenen zum Zwecke der Todeserklärung nach den bestehenden Vorschriften zulässig ist, erfolgt dasselbe nach den Vorschriften der CPO.[23]) Der Antragsteller hat die zur Begründung des Antrags erforderlichen Thatsachen glaubhaft zu machen

---

[19]) „Zu den Voraussetzungen des Aufgebots gehört vor allem dessen Zulässigkeit „an sich. Soweit nach den bestehenden Vorschriften eine Urkunde überhaupt nicht im „Wege des Aufgebots für kraftlos erklärt werden kann, soll das Aufgebot auch durch „dieses Gesetz nicht gestattet werden . . . ."

. . . . „Zu den Voraussetzungen des Aufgebots gehört ferner sowohl die Legitimation des Antragstellers als auch der . . . . in vielen Fällen erforderliche vorgängige Versuch zur Ermittelung des Inhabers von Inhaberpapieren ohne förmliches Aufgebot. Es gehört hierher also der gleichfalls vielfach erforderliche Nachweis, daß das Papier oder die zu demselben ausgegebenen Zins- oder Dividendenscheine während einer gewissen Zeitdauer nicht zum Vorschein gekommen sind. — Dies „letztere verdient um so mehr hervorgehoben zu werden, als die Vorschriften der „CPO. §§ 843 bis 855 [§§ 922 bis 924] einen ähnlichen Nachweis nicht als Voraussetzung des Aufgebots, sondern als Voraussetzung der Amortisation aufstellen, „jene bestehenden Vorschriften also durch diese nicht gedeckt werden." (S. die in Anm. 1 angef. Begründung S. 28.) Vgl. auch den Abriß einer Darstellung des bestehenden Rechtszustandes auf S. 24 bis 26 a. a. O.

[20]) „Derartige Vorschriften kommen theils als direkte, theils durch besondere Bestimmung der Aufgebotsfrist als indirekte vor. Auch diese Vorschriften bleiben unberührt" (a. a. O.).

[21]) z. B. § 500 Hannov. Bürg. Proz.O.

[22]) §§ 103 bis 105 der Grundbuchordnung.

[23]) Aufgebotsfrist: § 24 Abs. 1 AG. CPO. [§ 907].

und sich zur eidlichen Versicherung der Wahrheit seiner Angaben zu erbieten.

Soweit nach den bisherigen Vorschriften das Aufgebot von Amtswegen erfolgen konnte, sind die erbberechtigten nächsten Verwandten, der Ehegatte und der Vormund des Verschollenen zu dem Antrage auf Erlaß des Aufgebots berechtigt.

Das zuständige Gericht wird durch den letzten Wohnsitz des Verschollenen oder, wenn derselbe einen solchen nicht gehabt hat, durch den letzten Aufenthaltsort desselben in Preußen bestimmt.

Stirbt der Antragsteller im Laufe des Verfahrens oder setzt derselbe das Verfahren nicht fort, so kann jeder, auf dessen Antrag das Verfahren einzuleiten ist, dasselbe fortsetzen.

Von der Einleitung des Verfahrens ist die obere Verwaltungsbehörde des Bezirks (Regierung, Landdrostei) in Kenntniß zu setzen.

§ 933.*

(§ 23 AG. CPO.)[24])

Fund und Schatz.

Im Geltungsbereiche des Allgemeinen Landrechts erfolgt das Aufgebot einer gefundenen Sache oder eines Schatzes nur auf den Antrag eines Betheiligten.

Das Ausschlußurtheil ist dahin zu erlassen, daß dem unbekannten Verlierer oder Eigenthümer, welcher sich nicht gemeldet hat, nur der Anspruch auf Herausgabe des durch den Fund erlangten und zur Zeit der Erhebung des Anspruchs noch vorhandenen Vortheils vorbehalten, jedes weitere Recht desselben aber ausgeschlossen wird.[25])

---

[24]) Der § ändert die §§ 23 bis 48, 57 bis 60, 76 bis 80 ALR. I. 9 auch vielfach in Hinsicht der materiellen Rechtsverhältnisse am Funde und Schatze ab. In den Text sind nur die auf das Aufgebotsverfahren bezüglichen Vorschriften (Abs. 2 Satz 1, Abs. 5) aufgenommen.

[25]) Ein ferneres, eigenthümlich gestaltetes, auf den Geltungsbereich des ALR. beschränktes Aufgebotsverfahren ist dasjenige der Nachlaßgläubiger und Vermächtnißnehmer nach Maßgabe des Gesetzes vom 28. März 1879 (GS. S. 293 — vgl. Anm. 64 zu [§ 671]), welches jeder Benefizialerbe und der Nachlaßpfleger zu beantragen berechtigt ist. Da die fraglichen Vorschriften Bestimmungen des materiellen Rechts und solche über das Verfahren in ungetrennter Gemeinschaft enthalten, so sind sie in den Text nicht mit aufgenommen. Sie lauten:

§ 3. Das Aufgebot erfolgt nach den Vorschriften der CPO. §§ 824 bis 836 [§§ 903 bis 915].

Das Amtsgericht, bei welchem der Erblasser zur Zeit des Todes seinen allgemeinen Gerichtsstand gehabt hat, ist ausschließlich zuständig.

§ 4. Der Aufgebotsantrag kann von dem Benefizialerben nur innerhalb eines Jahres, von der erlangten Wissenschaft von dem Anfall der Erbschaft an gerechnet, gestellt werden.

Nur innerhalb der gleichen Frist kann der Anschluß an einen bereits gestellten Antrag erfolgen.

§ 5. Mit dem Aufgebotsantrag ist nachzuweisen, daß behufs Erhaltung der Rechtswohlthat das Nachlaßverzeichniß niedergelegt oder die gerichtliche Aufnahme desselben beantragt ist.

§ 6. Dem Aufgebotsantrag ist ein Verzeichniß der bekannten Nachlaßgläubiger und Vermächtnißnehmer unter Angabe des Wohnorts derselben beizufügen.

§ 7. Die Aufgebotsfrist (CPO. § 827 [§ 906]) soll nicht mehr als sechs Monate betragen.

§ 8. Das Aufgebot ist den von dem Antragsteller angezeigten Gläubigern und Vermächtnißnehmern von Amtswegen zuzustellen. Die Zustellung kann durch Aufgabe zur Post bewirkt werden.

Die Wirksamkeit des Aufgebots ist von dieser Zustellung nicht abhängig. Eine öffentliche Zustellung findet nicht statt.

§ 9. Die Einsicht des behufs Erhaltung der Rechtswohlthat niedergelegten Nachlaßverzeichnisses ist nach Erlaß des Aufgebots Jedermann gestattet.

§ 10. Gegen die Nachlaßgläubiger und Vermächtnißnehmer, welche ihre Ansprüche nicht anmelden, tritt der Rechtsnachtheil ein, daß sie gegen den Benefizialerben ihre Ansprüche nur noch insoweit geltend machen können, als der Nachlaß mit Ausschluß aller seit dem Tode des Erblassers aufgekommenen Nutzungen durch Befriedigung der angemeldeten Ansprüche nicht erschöpft wird.

§ 11. Pfandgläubiger, sowie Gläubiger, welche im Konkurse den Faustpfandgläubigern gleichstehen, werden, soweit sie ihre Befriedigung aus dem Pfande suchen, durch das Aufgebotsverfahren nicht betroffen.

Diejenigen, welche ein Pfandrecht im Wege der Zwangsvollstreckung oder des Arrestes nach dem Tode des Erblassers erlangt haben, sind jedoch nicht berechtigt, dem nach § 1 Abs. 2 gestellten Antrage auf Einstellung der Zwangsvollstreckung und auf Aufhebung von Vollstreckungsmaßregeln zu widersprechen.

§ 12. In der Anmeldung eines Anspruchs muß der Gegenstand und der Grund desselben angegeben werden. Die urkundlichen Beweisstücke oder eine Abschrift derselben sollen beigefügt werden.

Die Anmeldungen sind in der Gerichtsschreiberei zur Einsicht der Betheiligten niederzulegen.

§ 13. Ist der Antragsteller in dem Aufgebotstermine nicht erschienen und der Antrag auf Anberaumung eines neuen Termins (CPO. § 831 [§ 911]) binnen einer von dem Tage des Aufgebotstermins laufenden Frist von zwei Wochen nicht gestellt, oder der Antragsteller auch in dem anberaumten neuen Termine nicht erschienen, so kann der Fortsetzung der Zwangsvollstreckung nicht mehr widersprochen werden.

Nach Ablauf der erwähnten Frist von zwei Wochen ist der Antrag auf Anberaumung eines neuen Termins, unbeschadet der Vorschrift des § 831 CPO. [§ 911]) nur innerhalb der im § 4 für den Aufgebotsantrag bestimmten Frist zulässig.

§ 14. Die Beendigung des Verfahrens sowie der Eintritt der in § 13 Abs 1 bezeichneten Umstände ist durch Anheftung an die Gerichtstafel und durch Einrückung in die zur Bekanntmachung des Aufgebots gewählten Blätter bekannt zu machen.

Die den Anmeldungen beigefügten urkundlichen Beweisstücke sind nach der Beendigung zurückzugeben.

§ 15. Wird ein Ausschlußurtheil erlassen, oder der Antrag auf Erlassung desselben zurückgewiesen, so ist das Verfahren vor Ablauf einer von Verkündigung der Entscheidung laufenden Frist von zwei Wochen und vor Erledigung der rechtzeitig eingelegten Beschwerde (CPO. § 829 [§ 909]) nicht als beendigt anzusehen.

§ 16. Die Kosten des Verfahrens gehören zu den Ausgaben für die Verwaltung des Nachlasses.

Zehntes Buch.

Schiedsrichterliches Verfahren.[1])

§ 934.

(§ 851 CPO.)

Schiedsvertrag.

Die Vereinbarung, daß die Entscheidung einer Rechtsstreitigkeit durch einen oder mehrere Schiedsrichter erfolgen solle, hat insoweit rechtliche Wirkung, als die Parteien berechtigt sind, über den Gegenstand des Streits einen Vergleich zu schließen.

§ 935.

(§ 852 CPO.)

Ein Schiedsvertrag über künftige Rechtsstreitigkeiten hat keine rechtliche Wirkung, wenn er nicht auf ein bestimmtes Rechtsverhältniß und die aus demselben entspringenden Rechtsstreitigkeiten sich bezieht.

§ 936.

(§ 853 CPO.)

Ist nach den Bestimmungen des bürgerlichen Rechts ein mündlich geschlossener Schiedsvertrag gültig, so kann jede Partei die Errichtung einer schriftlichen Urkunde über den Vertrag verlangen.

§ 937.

(§ 854 CPO.)

Ist in dem Schiedsvertrag über die Ernennung der Schiedsrichter nichts enthalten, so wird von jeder Partei ein Schiedsrichter ernannt.

§ 938.

(§ 855 CPO.)

Steht beiden Parteien die Ernennung von Schiedsrichtern zu, so hat die betreibende Partei dem Gegner den Schiedsrichter schriftlich mit der Aufforderung zu bezeichnen, binnen einer einwöchigen Frist seinerseits ein Gleiches zu thun.

Nach fruchtlosem Ablaufe der Frist wird auf Antrag der betreibenden Partei der Schiedsrichter von dem zuständigen Gericht ernannt.[2])

---

§ 17. Wird über den Nachlaß der Konkurs eröffnet, so ist der Benefizialerbe nur noch zur Herausgabe des Nachlasses und zur Rechnungslegung über dessen Verwaltung an den Konkursverwalter verpflichtet.

[1]) Anwendbarkeit der GORA. im schiedsrichterlichen Verfahren: § 91 a. a. O. [§ 1146].

[2]) und zwar wird der Antrag im Wege der Klage gestellt, § 871 CPO. [§ 954].

§ 939.

(§ 856 CPO.)

Eine Partei ist an die durch sie erfolgte Ernennung eines Schiedsrichters dem Gegner gegenüber gebunden, sobald derselbe die Anzeige von der Ernennung erhalten hat.

§ 940.

(§ 857 CPO.)

Wenn ein nicht in dem Schiedsvertrag ernannter Schiedsrichter stirbt oder aus einem anderen Grunde wegfällt oder die Uebernahme oder die Ausführung des Schiedsrichteramts verweigert, so hat die Partei, welche ihn ernannt hat, auf Aufforderung des Gegners binnen einer einwöchigen Frist einen anderen Schiedsrichter zu bestellen. Nach fruchtlosem Ablaufe der Frist wird auf Antrag der betreibenden Partei der Schiedsrichter von dem zuständigen Gericht ernannt.[3])

§ 941.

(§ 858 CPO.)

Ein Schiedsrichter kann aus denselben Gründen und unter denselben Voraussetzungen abgelehnt werden, welche zur Ablehnung eines Richters berechtigen.[4])

Die Ablehnung kann außerdem erfolgen, wenn ein nicht in dem Schiedsvertrag ernannter Schiedsrichter die Erfüllung seiner Pflichten ungebührlich verzögert.

Frauen, Minderjährige, Taube, Stumme und Personen, welchen die bürgerlichen Ehrenrechte aberkannt sind, können abgelehnt werden.

§ 942.

(§ 859 CPO.)

Der Schiedsvertrag tritt außer Kraft, sofern nicht für den betreffenden Fall durch eine Vereinbarung der Parteien Vorsorge getroffen ist:

1) wenn bestimmte Personen in dem Vertrage zu Schiedsrichtern ernannt sind und ein Schiedsrichter stirbt oder aus einem anderen Grunde wegfällt oder die Uebernahme des Schiedsrichteramts verweigert oder von dem mit ihm geschlossenen Vertrag zurücktritt oder die Erfüllung seiner Pflichten ungebührlich verzögert;
2) wenn die Schiedsrichter den Parteien anzeigen, daß unter ihnen Stimmengleichheit sich ergeben habe.

§ 943.

(§ 860 CPO.)

Die Schiedsrichter haben vor Erlassung des Schiedsspruchs die Verfahren vor dem Schiedsgericht.

---

[3]) wie Anm. 2.

[4]) §§ 41 bis 43 CPO. [§§ 119 bis 121].

Parteien zu hören und das dem Streite zu Grunde liegende Sachverhältniß zu ermitteln, soweit sie die Ermittelung für erforderlich erachten.

In Ermangelung einer Vereinbarung der Parteien über das Verfahren wird dasselbe nach freiem Ermessen bestimmt.

§ 944.

(§ 861 CPO.)

Die Schiedsrichter können Zeugen und Sachverständige vernehmen, welche freiwillig vor ihnen erscheinen.

Zur Beeidigung eines Zeugen oder eines Sachverständigen und zur Abnahme eines Parteieides sind die Schiedsrichter nicht befugt.

§ 945.

(§ 862 CPO.)

Eine von den Schiedsrichtern für erforderlich erachtete richterliche Handlung, zu deren Vornahme dieselben nicht befugt sind, ist auf Antrag einer Partei, sofern der Antrag für zulässig erachtet wird, von dem zuständigen Gerichte vorzunehmen.[5])

Dem Gerichte, welches die Vernehmung oder Beeidigung eines Zeugen oder eines Sachverständigen angeordnet hat, stehen auch die Entscheidungen zu, welche im Falle der Verweigerung des Zeugnisses oder des Gutachtens erforderlich werden.

§ 946.

(§ 863 CPO.)

Die Schiedsrichter können das Verfahren fortsetzen und den Schiedsspruch erlassen, auch wenn die Unzulässigkeit des schiedsrichterlichen Verfahrens behauptet, insbesondere, wenn geltend gemacht wird, daß ein rechtsgiltiger Schiedsvertrag nicht bestehe, daß der Schiedsvertrag sich auf den zu entscheidenden Streit nicht beziehe oder daß ein Schiedsrichter zu den schiedsrichterlichen Verrichtungen nicht befugt sei.

§ 947.

(§ 864 CPO.)

Schiedsspruch.

Ist der Schiedsspruch von mehreren Schiedsrichtern zu erlassen, so ist die absolute Mehrheit der Stimmen entscheidend, sofern nicht der Schiedsvertrag ein Anderes bestimmt.

§ 948.

(§ 865 CPO.)

Der Schiedsspruch ist unter Angabe des Tages der Abfassung von den Schiedsrichtern zu unterschreiben, den Parteien in einer von den

---

[5]) Gerichtskosten für die Anordnung: § 34 Nr. 3 GKG. [§ 998]. — Rechtsanwaltsgebühr: §§ 22, 91 GORA. [§§ 1101, 1146].

Schiedsrichtern unterschriebenen Ausfertigung zuzustellen und unter Beifügung der Beurkundung der Zustellung auf der Gerichtsschreiberei des zuständigen Gerichts niederzulegen.

§ 949.

(§ 866 CPO.)

Der Schiedsspruch hat unter den Parteien die Wirkungen eines rechtskräftigen gerichtlichen Urtheils. Wirkung des Schiedsspruchs.

§ 950.

(§ 867 CPO.)

Die Aufhebung des Schiedsspruchs kann beantragt werden:

1) wenn das Verfahren unzulässig war;
2) wenn der Schiedsspruch eine Partei zu einer Handlung verurtheilt, deren Vornahme verboten ist;
3) wenn die Partei in dem Verfahren nicht nach Vorschrift der Gesetze vertreten war,[6]) sofern sie nicht die Prozeßführung ausdrücklich oder stillschweigend genehmigt hat;
4) wenn der Partei in dem Verfahren das rechtliche Gehör nicht gewährt war;
5) wenn der Schiedsspruch nicht mit Gründen versehen ist;
6) wenn die Voraussetzungen vorliegen, unter welchen in den Fällen der Nr. 1 bis 6 des § 543 [§ 549] die Restitutionsklage stattfindet.

Die Aufhebung des Schiedsspruchs findet aus den unter Nr. 4, 5 erwähnten Gründen nicht statt, wenn die Parteien ein Anderes vereinbart haben.

§ 951.

(§ 868 CPO.)

Aus dem Schiedsspruche findet die Zwangsvollstreckung nur statt, wenn ihre Zulässigkeit durch ein Vollstreckungsurtheil[7]) ausgesprochen ist.

Das Vollstreckungsurtheil ist nicht zu erlassen, wenn ein Grund vorliegt, aus welchem die Aufhebung des Schiedsspruchs beantragt werden kann.

§ 952.

(§ 869 CPO.)

Nach Erlassung des Vollstreckungsurtheils kann die Aufhebung des Schiedsspruchs nur aus den im § 867 Nr. 6 [§ 950] bezeichneten Gründen und nur dann beantragt werden, wenn glaubhaft gemacht wird,[8]) daß die Partei ohne ihr Verschulden außer Stande gewesen sei, den Aufhebungsgrund in dem früheren Verfahren geltend zu machen.

---

[6]) §§ 50 ff., 75 CPO. [§§ 128 ff., 153].

[7]) § 660 CPO. [§ 635] — Gerichtskosten: § 26 Nr. 8 GKG. [§ 990] — Rechtsanwaltsgebühr: § 20 GORA. [§ 1099].

[8]) § 266 CPO. [§ 345].

§ 953.
(§ 870 CPO.)

Die Klage auf Aufhebung des Schiedsspruchs ist im Falle des vorstehenden Paragraphen binnen der Nothfrist [9]) eines Monats zu erheben.

Die Frist beginnt mit dem Tage, an welchem die Partei von dem Aufhebungsgrunde Kenntniß erhalten hat, jedoch nicht vor eingetretener Rechtskraft des Vollstreckungsurtheils. Nach Ablauf von zehn Jahren, von dem Tage der Rechtskraft des Urtheils an gerechnet, ist die Klage unstatthaft.

Wird der Schiedsspruch aufgehoben, so ist zugleich die Aufhebung des Vollstreckungsurtheils auszusprechen.

§ 954.
(§ 871 CPO.)

Allgemeines. Für die Klagen, welche die Erinnerung oder Ablehnung eines Schiedsrichters, [10]) das Erlöschen eines Schiedsvertrags, [11]) die Unzulässigkeit des schiedsrichterlichen Verfahrens, die Aufhebung eines Schiedsspruchs [12]) oder die Erlassung des Vollstreckungsurtheils [13]) zum Gegenstande haben, ist das Amtsgericht oder das Landgericht zuständig, welches in einem schriftlichen Schiedsvertrag als solches bezeichnet ist, und, in Ermangelung einer derartigen Bezeichnung, das Amtsgericht oder das Landgericht, welches für die gerichtliche Geltendmachung des Anspruchs zuständig sein würde. [14])

Unter mehreren hiernach zuständigen Gerichten ist und bleibt dasjenige zuständig, an welches sich zuerst eine Partei oder das Schiedsgericht (§ 865 [§ 948]) gewendet hat.

§ 955.
(§ 872 CPO.)

Auf Schiedsgerichte, welche in gesetzlich statthafter Weise durch letztwillige oder andere nicht auf Vereinbarung beruhende Verfügungen angeordnet werden, finden die Bestimmungen dieses Buchs entsprechende Anwendung.

---

[9]) § 201 CPO. [§ 278].

[10]) § 855 Abs. 2, § 857 CPO. [§§ 938, 940].

[11]) § 859 CPO. [§ 942].

[12]) § 867 CPO. [§ 950].

[13]) § 868 CPO. [§ 951].

[14]) Gerichtskosten: § 26 Nr. 10 GKG. [§ 990]. — Rechtsanwaltsgebühr: § 20 GORA. [§ 1099].

Anhang.

I. Auszug

aus dem

Einführungsgesetze zur Deutschen Civilprozeßordnung vom 31. Januar 1877.

(RGBl. S. 244.)

§ 956.

(§ 3 Abs. 1 EG.CPO.)

Die Civilprozeßordnung findet auf alle bürgerlichen Rechtsstreitigkeiten Anwendung, welche vor die ordentlichen Gerichte gehören.[1])

§ 957.

(§ 4 EG.CPO.)

Für bürgerliche Rechtsstreitigkeiten, für welche nach dem Gegenstand oder der Art des Anspruchs der Rechtsweg zulässig ist,[2]) darf aus dem Grunde, weil als Partei der Fiskus, eine Gemeinde oder eine andere öffentliche Korporation betheiligt ist, der Rechtsweg durch die Landesgesetzgebung nicht ausgeschlossen werden.

§ 958.

(§ 5 EG.CPO.)

In Ansehung der Landesherren und der Mitglieder der landesherrlichen Familien sowie der Mitglieder der Fürstlichen Familie Hohenzollern finden die Bestimmungen der Civilprozeßordnung nur insoweit Anwendung, als nicht besondere Vorschriften der Hausverfassungen oder der Landesgesetze abweichende Bestimmungen enthalten.[2a]) Für vermögensrechtliche Ansprüche Dritter darf jedoch die Zulässigkeit des Rechtswegs nicht von der Einwilligung des Landesherrn abhängig gemacht werden.

---

[1]) § 13 GVG. [§ 13].

[2]) Anm. 1 zu [§ 13].

[2a]) Einen Anwendungsfall dieses § s. in Anm. 2 zu [§ 511].

§ 959.

(§ 10 EG.CPO.)

Die Bestimmungen der CPO. über das Verfahren in Entmündigungssachen[3]) finden auf die Bestellung eines Beistandes für einen Geistesschwachen oder für einen Verschwender, insofern diese Bestellung nach den Vorschriften des bürgerlichen Rechts erforderlich ist, entsprechende Anwendung.

§ 960.

(§ 11 EG.CPO.)

Die Landesgesetze können in anderen als in den durch ein Reichsgesetz bestimmten Fällen die Anwendung der Bestimmungen der CPO. über das Aufgebotsverfahren ausschließen oder diese Bestimmungen durch andere Vorschriften ersetzen, insoweit nicht § 849 CPO. [§ 928] entgegensteht.[4])

§ 961.*

(§ 12 EG.CPO.)

Gesetz im Sinne der CPO. und des EG.CPO. ist jede Rechtsnorm.

§ 962.*

(§ 13 EG.CPO.)

Die prozeßrechtlichen Vorschriften der Reichsgesetze werden durch die CPO. nicht berührt.

Aufgehoben werden:

1) § 2 des Gesetzes, betreffend die Aufhebung der Schuldhaft, vom 19. Mai 1868;[5])
2) Artikel 34 bis 36, 37 Satz 2, 39, 77, 78, 79 Abs. 2, 488, 494, 889 des Handelsgesetzbuchs;[6])
3) § 6 des Gesetzes, betreffend die Verbindlichkeit zum Schadensersatze für die bei dem Betriebe von Eisenbahnen, Bergwerken u. s. w. herbeigeführten Tödtungen und Körperverletzungen, vom 7. Juni 1871;[7])
4) § 14 des Gesetzes über das Postwesen des Deutschen Reichs vom 28. Oktober 1871, insoweit diese Vorschrift die Unterbrechung der Verjährung an die Anmeldung der Klage knüpft;
5) § 144 Abs. 4 des Gesetzes, betreffend die Rechtsverhältnisse der Reichsbeamten, vom 31. März 1873[8])

Der Artikel 80 der Wechselordnung[9]) wird dahin abgeändert, daß

---

[3]) §§ 593 bis 627 CPO. [§§ 579 bis 603].

[4]) Vgl. Anm. 1 zu [§ 901].

[5]) betrifft die Sicherheitshaft.

[6]) enthalten Beweisvorschriften.

[7]) desgleichen.

[8]) desgleichen. — Nr. 6 des § 13 EG.CPO. bezieht sich nur auf Bayern, ist also für dies Werk ohne Interesse.

[9]) Unterbrechung der Verjährung der Wechselklagen.

die Verjährung auch nach Maßgabe der §§ 190, 254, 461 Abs. 2, 471 Abs. 2 CPO. [§§ 268, 333, 312, 348] unterbrochen wird.

In den Fällen der Artikel 348, 365, 407 des Handelsgesetzbuchs [10]) ist das im § 448 CPO. [§ 519] bezeichnete Amtsgericht zuständig; auf die Ernennung, Beeidigung und Vernehmung der Sachverständigen finden die Vorschriften der CPO. in dem achten Titel des ersten Abschnitts des zweiten Buches [in dem siebenten Titel des zweiten Buchs] entsprechende Anwendung.

§ 963.

(§ 14 EG. CPO.)

Die prozeßrechtlichen Vorschriften der Landesgesetze treten für alle bürgerlichen Rechtsstreitigkeiten, deren Entscheidung in Gemäßheit des § 3 [§ 956] nach den Vorschriften der CPO. zu erfolgen hat, außer Kraft, soweit nicht in der CPO. auf sie verwiesen oder soweit nicht bestimmt ist, daß sie nicht berührt werden.

Außer Kraft treten insbesondere:

1) die Vorschriften über die bindende Kraft des strafgerichtlichen Urtheils für den Civilrichter;
2) die Vorschriften, welche in Ansehung gewisser Rechtsverhältnisse einzelne Arten von Beweismitteln ausschließen oder nur unter Beschränkungen zulassen;
3) die Vorschriften, nach welchen unter bestimmten Voraussetzungen eine Thatsache als mehr oder minder wahrscheinlich anzunehmen ist;
4) die Vorschriften über die Bewilligung von Moratorien, über die Urtheilsfristen und über die Befugnisse des Gerichts, dem Schuldner bei der Verurtheilung Zahlungsfristen zu gewähren;
5) die Vorschriften, nach welchen eine Nebenforderung als aberkannt gilt, wenn über dieselbe nicht entschieden ist.

§ 963. a. *

(§ 15 EG. CPO.)

Unberührt bleiben:

1) die landesgesetzlichen Vorschriften über die Einstellung des Verfahrens für den Fall, daß ein Kompetenzkonflikt zwischen den Gerichten und den Verwaltungsbehörden oder Verwaltungsgerichten entsteht; [11])
2) die landesgesetzlichen Vorschriften über die Fortdauer des Gerichtsstandes einer Gesellschaft, einer Genossenschaft oder eines Vereins

---

[10]) Untersuchung beanstandeter Waaren auf Antrag des Käufers; — Untersuchung des Zustandes des zugesandten Gutes auf Antrag des Kommissionärs; — Untersuchung beanstandeten Frachtgutes.

[11]) Vgl. § 7 der Verordn. v. 1. Aug. 1879 (GS. S. 573) in Anm. 5 zu [§ 16].

nach Auflösung derselben; über das Verfahren in Betreff der Sperre der Zahlung abhanden gekommener Inhaberpapiere; über das Verfahren bei Streitigkeiten, welche die Zwangsenteignung und die Entschädigung wegen derselben betreffen;

3) die landesgesetzlichen Vorschriften über das erbschaftliche Liquidationsverfahren;

4) die landesgesetzlichen Vorschriften über die Zwangsvollstreckung wegen Geldforderungen gegen den Fiskus, Gemeinden und andere Kommunalverbände (Provinzial-, Kreis-, Amtsverbände) sowie gegen solche Korporationen, deren Vermögen von Staatsbehörden verwaltet wird, insoweit nicht dingliche Rechte verfolgt werden;

5) die Vorschriften des französischen und des badischen Rechts über den erwählten Wohnsitz, soweit es sich um Zustellungen handelt, und über das Verfahren bei Vermögensabsonderungen unter Eheleuten.

Entstehen in einem unter Nr. 3 bezeichneten Verfahren Rechtsstreitigkeiten, welche in einem besonderen Prozesse zu erledigen sind, so erfolgt die Erledigung nach den Bestimmungen der CPO. und des EG. CPO.

§ 964.

(§ 16 EG.CPO.)

Unberührt bleiben:

1) die Vorschriften des bürgerlichen Rechts, nach welchen unter bestimmten Voraussetzungen eine Thatsache unter Ausschließung des Gegenbeweises oder bis zum Beweise des Gegentheils als gewiß anzusehen ist.

Insoweit der Beweis des Gegentheils zulässig ist, kann dieser Beweis auch durch Eideszuschiebung nach Maßgabe der §§ 410 ff. CPO. [§§ 480 ff.] geführt werden.

Unberührt bleiben ferner:

2) die Vorschriften des bürgerlichen Rechts über die Beweiskraft der Beurkundung des bürgerlichen Standes in Ansehung der Erklärungen, welche über Geburten und Sterbefälle von den zur Anzeige gesetzlich verpflichteten Personen abgegeben werden;

3) die Vorschriften des bürgerlichen Rechts über die Verpflichtung zur Leistung des Offenbarungseides;

4) die Vorschriften des bürgerlichen Rechts, nach welchen in bestimmten Fällen einstweilige Verfügungen erlassen werden können;

5) die Vorschriften des bürgerlichen Rechts über das Verfahren bei Ehescheidungen auf Grund gegenseitiger Einwilligung;

6) die Vorschriften des bürgerlichen Rechts über die auf einseitigen Antrag eines Ehegatten zu erlassenden gerichtlichen Rückkehr-,

Aufnahme- und Besserungsbefehle [12]) sowie über die als Vorbedingung einer Ehescheidung anzuordnenden Zwangsmaßregeln;

7) die Vorschriften des bürgerlichen Rechts über die Voraussetzungen der böslichen Verlassung, namentlich in Ansehung der Frist, welche seit der Entfernung des Beklagten verstrichen sein muß, sowie in Ansehung der Fälle, welche der böslichen Verlassung gleichgestellt sind;

8) die Vorschriften des bürgerlichen Rechts, nach welchen eine bösliche Verlassung nicht schon deshalb als festgestellt angenommen werden darf, weil der Beklagte die in dem bürgerlichen Rechte vorgeschriebenen Rückkehrbefehle nicht befolgt hat. [13])

§ 965.

(§ 17 EG.CPO.)

Die Beweiskraft eines Schuldscheins oder einer Quittung ist an den Ablauf einer Zeitfrist nicht gebunden.

Abweichende Vorschriften des bürgerlichen Rechts über die zur Eintragung in das Grund- oder Hypothekenbuch bestimmten Schuldurkunden bleiben unberührt, soweit sie die Verfolgung des dinglichen Rechtes betreffen.

II. Kosten und Gebühren.

A.

Auszug aus dem Gerichtskostengesetze vom 18. Juni 1878.

(RGBl S. 141.) [1])

Erster Abschnitt.

Allgemeine Bestimmungen.

§ 966.*

(§ 1 GKG.)

In den vor die ordentlichen Gerichte gehörigen Rechtssachen, auf welche die Civilprozeßordnung Anwendung findet, werden Gebühren und Auslagen der Gerichte nur nach Maßgabe dieses Gesetzes erhoben.

---

[12]) §§ 5, 6 AG.CPO. [§§ 572, 573].

[13]) § 5 Abs. 5 AG.CPO. [§ 572 Abs. 4].

[1]) Ergänzt durch die Bestimmungen des Preußischen Ausführungsgesetzes vom 20. März 1879 (GS. S. 145).

§ 967.

(§ 2 GKG.)

Eine Erhebung von Stempeln und anderen Abgaben neben den Gebühren findet nicht statt.

Urkunden, von denen im Verfahren Gebrauch gemacht wird, sind nur insoweit einem Stempel oder einer anderen Abgabe unterworfen, als sie es ohne diesen Gebrauch sein würden.

Urkunden, welche im Verfahren errichtet werden, bleiben, soweit ihr Inhalt über den Gegenstand des Verfahrens hinausgeht, den allgemeinen Vorschriften über Erhebung von Stempeln und anderen Abgaben unterworfen.

§ 968.*

(§ 3 GKG.)

In einem weiteren Umfange, als die Civilprozeßordnung[2]) und dieses Gesetz[3]) es gestatten, darf die Thätigkeit der Gerichte von der Sicherstellung oder Zahlung der Gebühren oder Auslagen nicht abhängig gemacht werden.

§ 969.*

(§ 4 GKG.)

Ueber Erinnerungen des Zahlungspflichtigen oder der Staatskasse gegen den Ansatz von Gebühren oder Auslagen entscheidet das Gericht der Instanz gebührenfrei. Die Entscheidung kann von dem Gerichte, welches dieselbe getroffen hat, sowie von dem Gerichte der höheren Instanz von Amtswegen geändert werden.

Gegen die Entscheidung findet Beschwerde nach Maßgabe der §§ 531 bis 538 CPO. [§§ 540 bis 544] statt.

Die Einlegung von Erinnerungen oder Beschwerden kann durch Erklärung zum Protokolle des Gerichtsschreibers oder schriftlich ohne Mitwirkung eines Anwalts erfolgen.

§ 970.

(§ 5 GKG.)

Eine Nachforderung von Gerichtskosten wegen irrigen Ansatzes ist nur zulässig, wenn der berichtigte Ansatz vor Ablauf des nächsten Kalenderjahres nach rechtskräftiger oder endgültiger Erledigung des Verfahrens dem Zahlungspflichtigen eröffnet ist.

§ 971.

(§ 6 GKG.)

Die Gerichte sind befugt, Gebühren, welche durch eine unrichtige Behandlung der Sache ohne Schuld der Betheiligten entstanden sind,

---

[2]) Vgl. §§ 344, 792 CPO. [§§ 415, 870.]

[3]) Vgl. § 85 Abs. 5, § 97 Abs. 2 GKG. [§§ 1022, 1031].

niederzuschlagen, und für abweisende Bescheide, wenn der Antrag auf nicht anzurechnender Unkenntniß der Verhältnisse oder auf Unwissenheit beruht, Gebührenfreiheit zu gewähren.

§ 972.

(§ 7 GKG.)

Der Mindestbetrag einer Gebühr ist zwanzig Pfennig.

Pfennigbeträge, welche ohne Bruch nicht durch zehn theilbar sind, werden auf den nächst höheren durch zehn theilbaren Betrag abgerundet.

Zweiter Abschnitt.

Gebühren in bürgerlichen Rechtsstreitigkeiten. [1])

§ 973.

(§ 8 GKG.)

In bürgerlichen Rechtsstreitigkeiten werden die Gebühren nach dem Werthe des Streitgegenstandes erhoben. Volle Gebühr.

Die volle Gebühr beträgt bei Gegenständen im Werthe:

1)	bis 20 Mark einschließlich			1 Mark,	
2)	von mehr als 20	bis 60	Mark einschließlich	2 =	40 Pf.,
3)	= = = 60	= 120	= =	4 =	60 =
4)	= = = 120	= 200	= =	7 =	50 =
5)	= = = 200	= 300	= =	11 =	
6)	= = = 300	= 450	= =	15 =	
7)	= = = 450	= 650	= =	20 =	
8)	= = = 650	= 900	= =	26 =	
9)	= = = 900	= 1 200	= =	32 =	
10)	= = = 1 200	= 1 600	= =	38 =	
11)	= = = 1 600	= 2 100	= =	44 =	
12)	= = = 2 100	= 2 700	= =	50 =	
13)	= = = 2 700	= 3 400	= =	56 =	
14)	= = = 3 400	= 4 300	= =	62 =	
15)	= = = 4 300	= 5 400	= =	68 =	
16)	= = = 5 400	= 6 700	= =	74 =	
17)	= = = 6 700	= 8 200	= =	81 =	
18)	= = = 8 200	= 10 000	= =	90 =	

Die ferneren Werthsklassen steigen um je 2 000 Mark und die Gebühren um je 10 Mark.

§ 974. *

(§ 9 GKG.)

Für die Werthsberechnung sind die Vorschriften der CPO. §§ 3 bis 9 [§§ 83 bis 89] mit den nachstehenden Bestimmungen maßgebend. Werthsberechnung.

[1]) Aus dem in Anm. 1 vor [§ 527] angegebenen Grunde sind die Gebührenvorschriften, welche sich auf die höheren Instanzen beziehen, hier nicht mit aufgenommen. — Eine Tabelle der Gebühren erster Instanz s. in [Anlage G].

§ 975.

(§ 10 GKG.)

Werth des Streitgegenstandes.

Bei nicht vermögensrechtlichen Ansprüchen wird der Werth des Streitgegenstandes zu 2 000 Mark, ausnahmsweise niedriger oder höher, jedoch nicht unter 200 Mark und nicht über 50 000 Mark angenommen.

Ist mit einem nicht vermögensrechtlichen Anspruch ein aus ihm hergeleiteter vermögensrechtlicher verbunden, so ist nur Ein Anspruch, und zwar der höhere maßgebend.

§ 976.

(§ 11 GKG.)

Soweit Klage und Widerklage, welche nicht in getrennten Prozessen verhandelt werden, denselben Streitgegenstand betreffen, sind die Gebühren nach dem einfachen Werthe dieses Gegenstandes zu berechnen. Soweit beide Klagen nicht denselben Streitgegenstand betreffen, sind die Gegenstände zusammenzurechnen.[1a]

Das Gleiche gilt für wechselseitig eingelegte Rechtsmittel, welche nicht in getrennten Prozessen verhandelt werden.

§ 977.

(§ 12 GKG.)

Für Akte, welche einen Theil des Streitgegenstandes betreffen, sind die Gebühren nur nach dem Werthe dieses Theils zu berechnen.

Sind von einzelnen Werthstheilen in derselben Instanz für gleiche Akte Gebühren zu berechnen, so darf nicht mehr erhoben werden, als wenn die Gebühr von dem Gesammtbetrage der Werthstheile zu berechnen wäre; treten für die Akte verschiedene Gebührensätze ein, so ist der höchste Satz maßgebend.

§ 978.

(§ 13 GKG.)

Für Akte, welche Früchte, Nutzungen, Zinsen, Schäden oder Kosten als Nebenforderungen ohne den Hauptanspruch betreffen, ist der Werth der Nebenforderungen insoweit maßgebend, als er den Werth des Hauptanspruchs nicht übersteigt.

Für Akte der Zwangsvollstreckung wegen einer Geldforderung werden die einzuziehenden Zinsen mitberechnet.

Für Akte, welche die Kosten des Rechtsstreits ohne den Hauptanspruch betreffen, ist der Betrag der Kosten maßgebend.

§ 979.

(§ 14 GKG.)

Bei jedem Antrag ist der Werth des Streitgegenstandes, sofern derselbe nicht in einer bestimmten Geldsumme besteht oder aus früheren

---

[1a]) Abweichend von § 6 CPO. [§ 86].

Anträgen erhellt, und auf Erfordern auch der Werth eines Theils desselben schriftlich oder zum Protokolle des Gerichtsschreibers anzugeben.

Die Angabe kann jederzeit berichtigt werden.[2])

§ 980.*

(§ 15 GKG.)

Die zum Zwecke der Entscheidung über die Zuständigkeit des Prozeßgerichts erfolgte Festsetzung des Werthes ist für die Berechnung der Gebühren maßgebend.

§ 981.

(§ 16 GKG.)

Soweit eine Entscheidung in Gemäßheit des § 15 [§ 980] nicht stattfindet, und nach der Natur des Streitgegenstandes oder durch den Antrag einer Partei die Festsetzung des Werthes erforderlich wird, erfolgt dieselbe gebührenfrei durch Beschluß des Prozeßgerichts, bei der Zwangsvollstreckung, falls der Werth noch nicht festgesetzt ist, durch Beschluß des Vollstreckungsgerichts. Die Festsetzung kann von dem Gerichte, welches dieselbe getroffen hat, sowie von dem Gerichte der höheren Instanz im Laufe des Verfahrens von Amtswegen geändert werden.

Gegen den Beschluß findet Beschwerde nach Maßgabe der §§ 531 bis 538 CPO. [§§ 540 bis 544] und des § 4 Abs. 3 dieses Gesetzes [§ 969] statt.

§ 982.

(§ 17 GKG.)

Wird eine Abschätzung durch Sachverständige erforderlich, so ist in dem Beschlusse, durch welchen der Werth festgesetzt wird (§ 16 [§ 981]), über die Kosten der Abschätzung zu entscheiden. Dieselben können ganz oder theilweise der Partei zur Last gelegt werden, welche durch Unterlassung der ihr obliegenden Werthsangabe, oder durch unrichtige Werthsangabe, unbegründetes Bestreiten der Werthsangabe oder unbegründete Beschwerde die Abschätzung veranlaßt hat.

§ 983.

(§ 18 GKG.)

Die volle Gebühr (§ 8 [§ 973]) wird erhoben:

1) für die kontradiktorische mündliche Verhandlung (Verhandlungsgebühr); Allgemeine Gebühren. Fälle der vollen Gebühr.
2) für die Anordnung einer Beweisaufnahme (Beweisgebühr);
3) für eine andere Entscheidung (Entscheidungsgebühr).

§ 984.

(§ 19 GKG.)

Die Verhandlung gilt als kontradiktorisch im Sinne des § 18 Nr. 1

---

[2]) Vgl. (enger gefaßt) § 230 Abs. 3 CPO. [§ 306].

[§ 983], soweit in derselben von beiden Parteien einander widersprechende Anträge gestellt worden.

§ 985.

(§ 21 GKG.) [3])

Die Verhandlungsgebühr wird nicht erhoben, soweit ein zur Beilegung des Rechtsstreits abgeschlossener Vergleich aufgenommen oder auf Grund eines Anerkenntnisses [4]) oder Verzichts [5]) eine Entscheidung erlassen wird, ohne daß die Anordnung einer Beweisaufnahme oder eine andere gebührenpflichtige Entscheidung vorhergegangen ist.

§ 986.

(§ 22 GKG.)

Die Beweisgebühr (§ 18 Nr. 2 [§ 983]) wird nur zur Hälfte erhoben, wenn die angeordnete Beweisaufnahme weder ganz noch theilweise stattgefunden hat.

§ 987.

(§ 23 GKG.)

Die Entscheidungsgebühr wird auch für die Aufnahme eines zur Beilegung des Rechtsstreits abgeschlossenen Vergleichs erhoben. [5a])

§ 988.

(§ 24 GKG.)

Ein bedingtes Urtheil (Civilprozeßordnung § 425 [§ 495]) gilt für die Gebührenerhebung als Beweisanordnung; das Urtheil, durch welches das bedingte Urtheil erledigt wird (Civilprozeßordnung § 427 Abs. 2 [§ 497]), als Entscheidung im Sinne des § 18 Nr. 3 [§ 983].

Ist jedoch das bedingte Urtheil in der Instanz, in welcher es ergangen ist, bis zum Eintritt der Fälligkeit der Gebühren nicht erledigt, so wird für dasselbe die Entscheidungsgebühr erhoben, vorbehaltlich der Berichtigung des Gebührenansatzes nach Maßgabe der Vorschriften des ersten Absatzes für den Fall einer nachträglichen Erledigung des Urtheils in derselben Instanz.

§ 989.

(§ 25 GKG.)

Bruchtheile der vollen Gebühr.

Sechs Zehntheile der Gebühr (§§ 18 bis 24 [§§ 983 bis 988]) werden erhoben, wenn der Akt im Urkunden- oder Wechselprozesse (Civilprozeßordnung §§ 555 bis 567 [§§ 561 bis 571]) erfolgt.

---

[3]) § 20 GKG. bezieht sich auf im Amtsgerichtsprozesse nicht vorkommende Akte.

[4]) § 277 CPO. [§ 356]

[5]) § 278 CPO. [§ 357)

[5a]) Vgl. auch § 101 GKG. [§ 1037].

§ 990.*

(§ 26 GKG.)

Fünf Zehntheile der Gebühr (§§ 18 bis 24 [§§ 983 bis 988]) werden erhoben, wenn der Akt ausschließlich betrifft:

1) prozeßhindernde Einreden (Civilprozeßordnung § 247 [§ 325]);
2) die Unzuständigkeit des Gerichts, die Unzulässigkeit des Rechtsweges, den Mangel der Prozeßfähigkeit, der Legitimation eines gesetzlichen Vertreters oder der erforderlichen Ermächtigung zur Prozeßführung, sofern dieselben von Amtswegen berücksichtigt sind (Gerichtsverfassungsgesetz § 17 Abs. 1 [§ 16], Civilprozeßordnung §§ 40, 54 [§§ 118, 133]);
3) die Entlassung des Beklagten aus dem Rechtsstreite (Civilprozeßordnung §§ 72, 73 [§§ 151, 152]), oder die Uebernahme des Rechtsstreits durch den Rechtsnachfolger (Civilprozeßordnung § 237 [§ 315]);
4) die Aufnahme eines unterbrochenen oder ausgesetzten Verfahrens (Civilprozeßordnung §§ 217 bis 227 [§§ 294 bis 303]);
5) die Zulässigkeit der Wiedereinsetzung in den vorigen Stand, der Berufung oder der Wiederaufnahme des Verfahrens oder die Zurücknahme eines Rechtsmittels (Civilprozeßordnung §§ 216, 476 Abs. 3, § 552 [§§ 293, 531, 558]);
6) den Einspruch (Civilprozeßordnung §§ 306, 310, 311, 640 [§§ 385, 389, 390, 616]), sowie die gegen ein Versäumnißurtheil eingelegten Rechtsmittel (Civilprozeßordnung § 474 Abs. 2 [§ 529]);
7) die vorläufige Vollstreckbarkeit eines Urtheils;[6])
8) die Ertheilung der Vollstreckungsklausel, sofern sie im Wege der Klage beantragt oder angefochten wird (Civilprozeßordnung §§ 667, 687 [§§ 661, 662]), oder Einwendungen gegen die Zwangsvollstreckung, welche den Anspruch selbst betreffen, sofern der § 686 Abs. 2 oder § 704 Abs. 2 der Civilprozeßordnung [§§ 661, 679] Anwendung findet, oder die Zulassung der Zwangsvollstreckung aus dem Urtheil eines ausländischen Gerichts oder aus einem Schiedsspruche (Civilprozeßordnung §§ 660, 868 [§§ 635, 951]);
9) die Anordnung, Abänderung oder Aufhebung eines Arrestes oder einer einstweiligen Verfügung, sofern die Entscheidung durch Endurtheil zu treffen ist (Civilprozeßordnung § 802 Abs. 1, §§ 805, 806 Abs. 2, §§ 807, 815 [§§ 880, 883, 884, 885, 893]);
10) die Ernennung oder Ablehnung eines Schiedsrichters, das Erlöschen eines Schiedsvertrags, die Unzulässigkeit des schiedsrichter-

---

[6]) Vgl. Anm. 11 vor [§ 624].

lichen Verfahrens oder die Aufhebung eines Schiedsspruchs (Civilprozeßordnung § 871 [§ 954]).

Ist in den Fällen der Nr. 1, 2 der Kläger abgewiesen, oder in den Fällen der Nr. 5, 6 die Wiedereinsetzung, Berufung, Wiederaufnahme, oder der Einspruch als unzulässig verworfen, so werden auch für eine Verhandlung zur Hauptsache nur fünf Zehntheile der Gebühr erhoben, sofern die Entscheidung auf diese Verhandlung ergangen ist.

§ 991.

(§ 27 GKG.)

Drei Zehntheile der Gebühr (§§ 18 bis 24 [§§ 983 bis 988]) werden erhoben, wenn der Akt betrifft:

1) die Zulässigkeit einer Nebenintervention (Civilprozeßordnung § 68 [§ 147)];
2) die Zwangsvollstreckung zur Erwirkung von Handlungen oder Unterlassungen (Civilprozeßordnung §§ 773 bis 776 [§§ 851 bis 854]).

§ 992.

(§ 28 GKG.)

Begriff der Instanz.

Jede der im § 18 [§ 983] bezeichneten Gebühren wird in jeder Instanz rücksichtlich eines jeden Theils des Streitgegenstandes nur einmal erhoben. Treffen für gleiche Akte die volle Gebühr und die Gebühr des § 26 [§ 990] rücksichtlich desselben Streitgegenstandes zusammen, so kommt nur die volle Gebühr zur Erhebung.

§ 993.

(§ 29 GKG.)

Wird die Ergänzung eines Urtheils beantragt (Civilprozeßordnung § 292 [§ 371]), so findet, so weit der Antrag nicht zurückgewiesen wird, die Bestimmung des § 12 [§ 977] Anwendung; soweit der Antrag zurückgewiesen wird, kommen fünf Zehntheile der Gebühr (§§ 18 bis 24 [§§ 983 bis 988]) zur Erhebung.

§ 994.

(§ 30 GKG.)

Verweist das Amtsgericht einen Rechtsstreit vor das Landgericht, weil durch Widerklage oder durch Erweiterung des Klagantrags ein Anspruch erhoben ist, welcher zur Zuständigkeit der Landgerichte gehört, oder die Feststellung eines Rechtsverhältnisses beantragt worden ist, für welches die Landgerichte zuständig sind (Civilprozeßordnung § 467 [§ 329]), so bildet das weitere Verfahren vor dem Landgerichte mit dem Verfahren vor dem Amtsgericht im Sinne des § 28 [§ 992] Eine Instanz.

Das Gleiche gilt, wenn der Einspruch gegen einen Vollstreckungsbefehl von dem Amtsgerichte für zulässig befunden und die Klage während der Rechtshängigkeit des Anspruchs bei dem Landgericht erhoben ist (Civilprozeßordnung § 640 [§ 616]), für das amtsgerichtliche Verfahren über die Zulässigkeit des Einspruchs und das Verfahren vor dem Landgerichte.

§ 995.

(§ 31 GKG.)

Wird eine Sache zur anderweiten Verhandlung an das Gericht unterer Instanz zurückverwiesen (Civilprozeßordnung §§ 500, 501 [1]) so bildet das weitere Verfahren mit dem früheren Verfahren vor diesem Gericht im Sinne des § 28 [§ 992] Eine Instanz.

§ 996.

(§ 32 GKG.)

Das Verfahren in Folge des Einspruchs gegen ein Versäumnißurtheil gilt im Sinne des § 28 [§ 992] als neue Instanz, insoweit der Einspruch verworfen, zurückgenommen oder nicht verhandelt wird (Civilprozeßordnung §§ 306, 310, 311 [§§ 385, 389, 390]).

Gilt das Verfahren als Fortsetzung der Instanz, so wird durch die die Gebühr für das Versäumnißurtheil eine andere Entscheidungsgebühr derselben Instanz nicht ausgeschlossen.

§ 997.

(§ 33 GKG.)

Das ordentliche Verfahren, welches nach der Abstandnahme vom Urkunden- oder Wechselprozesse, sowie nach dem mit Vorbehalt in demselben erlassenen Urtheil anhängig bleibt (Civilprozeßordnung §§ 559, 563 [§§ 564, 568]), gilt für die Gebührenerhebung als besonderer Rechtsstreit.

§ 998.

(§ 34 GKG.)

Drei Zehntheile der Gebühr (§ 8 [§ 973]) werden erhoben für die Entscheidung, einschließlich des Verfahrens, über Anträge: Besondere Gebühren.

1) auf Festsetzung der vom Gegner zu erstattenden Prozeßkosten (Civilprozeßordnung § 99 [§ 178]);
2) auf Entmündigung oder Wiederaufhebung einer Entmündigung, soweit die Amtsgerichte zuständig sind (Civilprozeßordnung §§ 593 bis 603, 616 bis 619, 621 bis 623, 625 [§§ 579 bis 589, 592 bis 595, 597 bis 599, 601]);
3) auf Anordnung der von Schiedsrichtern für erforderlich erachteten richterlichen Handlungen (Civilprozeßordnung § 862 [§ 945]).

---

[1]) Diese §§ sind, weil im übrigen für das Amtsgericht ohne Interesse, oben nicht mit abgedruckt.

§ 999.

(§ 35 GKG.)

Zwei Zehntheile der Gebühr (§ 8 [§ 973]) werden erhoben für die Entscheidung, einschließlich des vorangegangenen Verfahrens, über Anträge:

1) auf Ertheilung oder Zurücknahme der Vollstreckungsklausel, sofern der Antrag nicht im Wege der Klage gestellt wird (Civilprozeßordnung §§ 662 bis 666, 668, 703, 704 Abs. 1, § 705 Abs. 1, 3, § 809 [§§ 637 bis 641, 643, 678, 679, 680, 887]), oder auf Ertheilung einer weiteren vollstreckbaren Ausfertigung (Civilprozeßordnung § 669 [§ 644]);

2) auf vorläufige Einstellung, Beschränkung oder Aufhebung einer Zwangsvollstreckung (Civilprozeßordnung §§ 647, 657, 688, 690 Abs. 3, §§ 696, 710 Abs. 4 [§§ 623, 632, 663, 665, 671, 684]);

3) auf gerichtliche Handlungen der Zwangsvollstreckung (Civilprozeßordnung §§ 684, 700, 723, 724, 726, 729, 730 Abs. 1, §§ 736, 738, 743, 745 bis 747, 754, 755, 771 Abs. 4, §§ 772, 781 Abs. 2, §§ 782, 810 Abs. 3 [§§ 659, 675, 697, 698, 700, 703, 704, 710, 712, 717, 719 bis 721, 728, 731, 849, 850, 859, 860, 888];

4) auf Anordnung oder Aufhebung eines Arrestes oder einer einstweiligen Verfügung (Civilprozeßordnung §§ 801, 802, 813, 815 bis 822 [§§ 879, 880, 891, 893 bis 900]), soweit nicht nachträglich eine Gebühr des § 26 Nr. 9 [§ 990] zur Erhebung kommt;

sowie

5) über Anträge, Einwendungen oder Erinnerungen, welche die Art und Weise der Zwangsvollstreckung oder das bei derselben vom Gerichtsvollzieher zu beobachtende Verfahren oder die von ihm in Ansatz gebrachten Kosten oder die Weigerung desselben betreffen, einen Vollstreckungsauftrag zu übernehmen oder eine Vollstreckungshandlung dem Auftrage gemäß auszuführen (Civilprozeßordnung § 685 [§ 660]).

§ 1000.

(§ 36 GKG.)

Für die Entscheidung, einschließlich des Verfahrens, über Anträge auf Sicherung des Beweises (Civilprozeßordnung §§ 447 bis 455 [§ 518 bis 526]) werden fünf Zehntheile der Gebühr (§ 8 [§ 973]) und, wenn eine Beweisaufnahme stattfindet, die volle Gebühr erhoben.

§ 1001.

(§ 37 GKG.)

Im Mahnverfahren werden erhoben:

1) drei Zehntheile der Gebühr (§ 8 [§ 973]) für die Entscheidung

über das Gesuch um Erlassung des Zahlungsbefehls (Civilprozeßordnung §§ 631, 632 [§§ 607, 608]);

2) zwei Zehntheile der Gebühr (§ 8 [§ 973]) für die Entscheidung über das Gesuch um Erlassung des Vollstreckungsbefehls (Civilprozeßordnung (§ 639 [§ 615]).

Wird ein Gesuch um Erlassung eines Zahlungsbefehls zurückgewiesen, weil der Zahlungsbefehl in Ansehung eines Theils des Anspruchs nicht erlassen werden kann (Civilprozeßordnung § 631 Abs. 2 [§ 607]), so ist die Gebühr nur nach dem Werthe dieses Theils zu berechnen.

§ 1002.

(§ 38 GKG.)

Für die Entscheidung über ein Gesuch um Ertheilung des Zeugnisses der Rechtskraft oder um Ertheilung des Zeugnisses, daß innerhalb der Nothfrist ein Schriftsatz zum Zwecke der Terminsbestimmung nicht eingereicht sei (Civilprozeßordnung § 646 [§ 622]), werden zwei Zehntheile der Gebühr (§ 8 [§ 973]) erhoben.

Die Gebühr, welche für das letztere Zeugniß erhoben ist, wird auf die Gebühr für das Zeugniß der Rechtskraft oder die Gebühr für die Ertheilung einer vollstreckbaren Ausfertigung angerechnet.

§ 1003.

(§ 39 GKG.)

Jede der im § 27 [§ 991] bezeichneten Streitigkeiten, sowie jedes Verfahren über die in den §§ 34 bis 38 [§§ 998 bis 1002] bezeichneten Anträge, Einwendungen oder Erinnerungen gilt für die Gebührenerhebung als besonderer Rechtsstreit.

Betreffen mehrere gerichtliche Handlungen der Zwangsvollstreckung (§ 35 Nr. 3 [§ 999]) wegen desselben Anspruchs denselben Gegenstand, so kommt die Gebühr nur einmal zur Erhebung.

§ 1004.

(§ 40 GKG.)

Für das durch den Gerichtsschreiber an die Post gerichtete Ersuchen um Bewirkung einer Zustellung (Civilprozeßordnung § 179 [§ 257]) ist die einem Gerichtsvollzieher für den gleichen Akt zustehende Gebühr als Gerichtsgebühr zu erheben.

§ 1005.

(§ 41 GKG.)

Für einen in Gemäßheit des § 471 der Civilprozeßordnung [§ 348] stattgehabten Sühnetermin, in welchem ein Vergleich nicht aufgenommen ist, werden drei Zehntheile der Gebühr (§ 8 [§ 973]) erhoben. Die Gebühr wird, wenn der Gegner desjenigen, welcher zum Sühnetermine geladen hat, nicht erschienen oder der Sühneversuch erfolglos geblieben ist, auf die Gebühren eines entstehenden Rechtsstreits angerechnet. Für den aufgenommenen Vergleich wird die volle Gebühr erhoben.[7a])

§ 1006.

(§ 42 GKG.)

Für das Vertheilungsverfahren (Civilprozeßordnung §§ 758 bis 763, 768 [§§ 836 bis 841, 846]) werden fünf Zehntheile und, wenn das Verfahren vor dem Termine zur Ausführung der Vertheilung erledigt wird, drei Zehntheile der Gebühr (§ 8 [§ 973]) erhoben.

§ 1007.

(§ 43 GKG.)

Für die Verhandlung in dem zur Abnahme des Offenbarungseides bestimmten Termine (Civilprozeßordnung §§ 780, 782 [§§ 858, 860]) werden zwei Zehntheile der Gebühr (§ 8 [§ 973]) erhoben, sofern nicht über einen spätestens im Termine gestellten Antrag auf Erzwingung der Eidesleistung oder Verurtheilung des Schuldners zur Eidesleistung zu entscheiden ist.

§ 1008.

(§ 44 GKG.)

Im Aufgebotsverfahren (Civilprozeßordnung §§ 823 bis 833, 836 bis 850 [§§ 901 bis 913, 915 bis 929]) werden drei Zehntheile der Gebühr (§ 8) erhoben:

1) für die Entscheidung über die Zulässigkeit des Antrags;
2) für die Verhandlung im Aufgebotstermine;
3) für die Endentscheidung.

§ 1009.*

(§ 45 Abs. 2 GKG.)

Drei Zehntheile der Gebühr (§ 8 [§ 973]) werden erhoben für die Entscheidung bei Anträgen auf Aenderung einer Entscheidung des ersuchten Richters oder des Gerichtsschreibers (Civilprozeßordnung § 539 [§ 545.])

§ 1010.*

(§ 46 GKG.)

Wird eine Klage, ein Antrag oder ein Einspruch zurückgenommen, bevor ein gebührenpflichtiger Akt stattgefunden hat, so werden zwei Zehntheile der Gebühr erhoben, welche für die beantragte Entscheidung oder im Falle des § 43 [§ 1007] für die beantragte Verhandlung zu erheben sein würde.

Diese Gebühr wird nicht erhoben, wenn ein zur Terminsbestimmung eingereichter Schriftsatz vor Bestimmung des Termins zurückgezogen ist.

Betrifft die Zurücknahme nur einen Theil des Streitgegenstandes,

---

[7a]) Vgl. auch § 101 GKG. [§ 1017].

während über einen anderen Theil verhandelt, entschieden oder ein Vergleich aufgenommen wird, so ist die Gebühr für die Zurücknahme nur insoweit zu erheben, als die Verhandlungsgebühr oder die Entscheidungsgebühr sich erhöht haben würde, wenn die Verhandlung, die Entscheidung oder der Vergleich auf den zurückgenommenen Theil erstreckt worden wäre.

§ 1011.*

(§ 47 GKG.)

Gebühren werden nicht erhoben für die Verhandlung und Entscheidung:

1) über die Prozeß- oder Sachleitung, einschließlich der Bestimmung oder Aenderung von Terminen und Fristen;
2) über die Bewilligung oder Entziehung des Armenrechts, sowie die Verpflichtung zur Nachzahlung von Kosten (Civilprozeßordnung § 117 [§ 196]);
3) über die Bestimmung des zuständigen Gerichts (Civilprozeßordnung §§ 36, 756 [§§ 114, 732]), eines Gerichtsvollziehers (Civilprozeßordnung § 728 Abs. 1, § 751 Abs. 1 [§§ 702, 725] oder eines Sequesters (Civilprozeßordnung §§ 747, 752 [§§ 721, 726]);
4) über die Ablehnung eines Richters, eines Gerichtsschreibers oder eines Sachverständigen (Civilprozeßordnung §§ 42 bis 49, 371 [§§ 120 bis 127, 441]);
5) über die Verpflichtung eines Gerichtsschreibers, gesetzlichen Vertreters, Rechtsanwalts oder anderen Bevollmächtigten, sowie eines Gerichtsvollziehers zur Tragung der durch Verschulden derselben veranlaßten Kosten (Civilprozeßordnung § 97 [§ 176]);
6) über die Verpflichtung eines Rechtsanwalts zur Zurückgabe einer vom Gegner ihm mitgetheilten Urkunde (Civilprozeßordnung § 126 [§ 205]);
7) über die Verpflichtuug zur Abgabe eines Zeugnisses oder Gutachtens (Civilprozeßordnung §§ 351 bis 354, 373 [§§ 422 bis 425, 443]);
8) über die Zwangsmaßregeln gegen einen Zeugen oder Sachverständigen, sowie die Verurtheilung derselben zu Kosten und Strafe (Civilprozeßordnung §§ 345, 346, 355, 374 [§§ 416, 417, 425, 444]);
9) über die Bestellung eines Vertreters einer nicht prozeßfähigen oder unbekannten Partei, eines Nachlasses oder eines dem Aufenthalte nach unbekannten Erben (Civilprozeßordnung §§ 55, 455, 693 [§§ 134, 526, 668]);

10) über die Berichtigung eines Urtheils oder des Thatbestandes desselben (Civilprozeßornung §§ 290, 291 [§§ 369, 370]);

11) [8]) über die Zulassung einer Zustellung an einem Sonntag oder allgemeinen Feiertag oder eines Aktes der Zwangsvollstreckung an einem solchen Tage oder zur Nachtzeit (Civilprozeßordnung §§ 171, 681 [§§ 249, 656]);

12) über die Mitwirkung des Gerichts bei Handlungen der Zwangsvollstreckung in den Fällen des § 678 Abs. 3, der §§ 698, 699 Abs. 1, § 793 der Civilprozeßordnung [§§ 653, 673, 674, 871];

13) über die im § 35 Nr. 5 [§ 999] bezeichneten Anträge, Einwendungen oder Erinnerungen, soweit dieselben für begründet befunden werden und die Kosten des Verfahrens nicht dem Gegner, sondern dem Gerichtsvollzieher zur Last fallen.

Ist in den Fällen der Nr. 2, 4, 5, 6, 7, 10 das Verfahren nach freier richterlicher Ueberzeugung muthwillig veranlaßt, so hat das Gericht von Amtswegen die besondere Erhebung von drei Zehntheilen der Gebühr (§ 8 [§ 973]) zu beschließen. Gegen den Beschluß findet Beschwerde nach Maßgabe der §§ 531 bis 538 der Civilprozeßordnung und des § 4 Abs. 3 dieses Gesetzes [§§ 540 bis 544, 969] statt.

In der Beschwerdeinstanz findet die Bestimmung des ersten Absatzes keine Anwendung, wenn die Beschwerde als unzulässig verworfen oder zurückgewiesen wird.

§ 1012.

(§ 48 GKG.)

Ist außer dem Falle des § 300 [§ 379] der Civilprozeßordnung durch Verschulden einer Partei oder eines Vertreters derselben die Vertagung einer mündlichen Verhandlung oder die Anberaumung eines Termins zur Fortsetzung der mündlichen Verhandlung veranlaßt, oder ist durch nachträgliches Vorbringen von Angriffs- oder Vertheidigungsmitteln, Beweismitteln oder Beweiseinreden, welches zeitiger erfolgen konnte, die Erledigung des Rechtsstreites verzögert worden, so kann das Gericht von Amtswegen die besondere Erhebung einer Gebühr für die verursachte weitere Verhandlung, sowie einer Gebühr für die durch das neue Vorbringen veranlaßte nochmalige Beweisanordnung beschließen. Die Gebühr besteht in der vollen Gebühr (§ 8 [§ 973]); sie kann jedoch bis zu zwei Zehntheilen herabgesetzt werden.

Gegen den Beschluß findet Beschwerde nach Maßgabe der §§ 531 bis 538 der Civilprozeßordnung und des § 4 Abs. 3 dieses Gesetzes [§§ 540 bis 544, 969] statt.

---

[8]) Nr. 11 des Gesetzestextes ist als für den amtsgerichtlichen Civilprozeß ohne Interesse ausgelassen.

§ 1013.*

(§ 17 AG.GKG.)

Bei dem Antrage auf Anordnung der Zwangsvollstreckung in Gegenstände des unbeweglichen Vermögens außer Grundstücken[10]) und bei dem Antrage auf Vollziehung eines Arrestes in unbewegliches Vermögen finden die Vorschriften des § 35 Nr. 3 und des § 46 GKG. [§§ 999, 1010] entsprechende Anwendung. Zwangsvollstreckung in das unbewegliche Vermögen.[9])

† Die Gebühr für Anordnung der Zwangsversteigerung eines Grundstücks oder anderen Gegenstandes des unbeweglichen Vermögens wird auf die für das angeordnete Verfahren zu erhebende Gebühr [§ 1014] angerechnet.

† § 1014.*

(§ 1 des Kostentarifs zur SO.)

An Gerichtskosten werden erhoben:

1) für das ganze Subhastationsverfahren, ausschließlich des Urtheils, durch welches der Zuschlag ertheilt wird, und des Kaufgelderbelegungsverfahrens,
   a. von dem Betrage bis 1500 Mark einschließlich, von je 150 Mark . . . . 3 Mark
   b. von dem Mehrbetrage bis 6000 Mark einschließlich, von je 300 Mark . . . . 2,50 Mark
   c. von dem Mehrbetrage bis 60 000 Mark einschließlich, von je 1 500 Mark . . . . 4,50 Mark
   d. von dem Mehrbetrage von je 3000 Mark . . . 4,50 Mark

   Die vorstehenden Sätze enthalten zugleich die Abgeltung: für das durch § 13 Nr. 7 SO. [§ 747] angeordnete Aufgebotsverfahren und das Urtheil, durch welches die Unzulässigkeit des Zuschlags ausgesprochen wird, und für die von dem Vollstreckungsgerichte veranlaßte Thätigkeit des Grundbuchrichters.
2) Wenn die Subhastation aufgehoben wird:
   a. bevor das Subhastationspatent zur öffentlichen Bekanntmachung oder an die Interessenten abgesendet worden ist . 1/5
   b. nach diesem Zeitpunkte, jedoch vor Abhaltung des Versteigerungstermins 3/5

   der vorstehend bestimmten Sätze.
3) Für eine fortgesetzte Subhastation nach schon abgehaltenem Versteigerungstermine 2/5 des ganzen Satzes zu 1.

---

[9]) Vgl. auch Anm. 1 zu [§ 729].

[10]) Für Grundstücke enthält schon § 35 Nr. 3 GKG. [§ 999] durch die Allegirung des § 755 CPO. die entsprechende Vorschrift.

4) Für das Urtheil, durch welches der Zuschlag ertheilt wird:
   a. von dem Betrage bis 300 Mark einschließlich, von je 30 Mark . . . . 0,70 Mark
   b. von dem Mehrbetrage bis 1 500 Mark einschließlich, von je 150 Mark . . . . 0,50 Mark
   c. von dem Mehrbetrage bis 60 000 Mark einschließlich, von je 300 Mark . . . . 0,50 Mark

   Neben den unter Nr. 4 bestimmten Sätzen wird noch der Betrag des nach den Bestimmungen der Stempelgesetze zu berechnenden Werthstempels erhoben.

5) Für das Kaufgelderbelegungsverfahren einschließlich der auf Grund desselben zu ertheilenden Ausfertigungen und Löschungen beim Grundbuche, jedoch ausschließlich der Eintragung etwaiger Kaufgelderrückstände und des Aufgebots der bei der Kaufgeldervertheilung gebildeten Spezialmassen:
   a. von dem Betrage bis 600 Mark von je 30 Mark 1 Mark
   b. von dem Mehrbetrage bis 3000 Mark von je 30 Mark . . . . 0,30 Mark
   c. von dem Mehrbetrage bis 6000 Mark von je 300 Mark . . . . 1,50 Mark
   d. von dem Mehrbetrage von je 300 Mark . . . 0,50 Mark

† § 1015.

(§ 2 des Kostentarifs zur SO.)

Wenn in einem und demselben Verfahren mehrere Grundstücke, Gerechtigkeiten, Schiffe ꝛc. zur Subhastation gezogen werden, so sind die Sätze zu 1, 2, 3 und 5 im § 1 [§ 1014] nach der Summe des Werthes derselben, die Sätze zu 4 aber nach der Summe des Werthes der jedem einzelnen Meistbietenden zugeschlagenen Gegenstände zu berechnen.

† § 1016.

(§ 3 des Kostentarifs zur SO.)

Die Beträge sind nach dem Meistgebote, wenn es aber nicht zur Versteigerung kommt,

a. in denjenigen Fällen, in welchen die vom Bieter zu bestellende Sicherheit nach dem Grundsteuerreinertrage oder Gebäudesteuernutzungswerthe berechnet wird, nach dem zehnfachen Betrage dieser Sicherheit;
b. in allen anderen Fällen [11]) nach der Summe zu berechnen, welche das Vollstreckungsgericht auf Grund der bei den Akten befindlichen Nachrichten zum Zwecke der Kostenberechnung als Werth des Gegenstandes der Subhastation festsetzt.

Erreicht das Meistgebot nicht $^2/_3$ der Werthe zu a. und b., so ist

---

[11]) §§ 93, 98, 109 SO. [§§ 816, 821, 832].

der letztere Betrag — $^2/_3$ dieser Werthe — bei Berechnung der Sätze zu 1, 3 und 4 im § 1 [§ 1014] zum Grunde zu legen.

Soweit in dem letzteren Falle das Kaufgeld zur Berichtigung der aus der Masse vorweg zu entnehmenden, durch Kostenvorschuß nicht gedeckten Kosten zu 1 und 3 in § 1 [§ 1014] unzureichend ist, bleibt der Ersteher für den überschießenden Betrag derselben verhaftet.

Dritter Abschnitt.

Auslagen.[1]

§ 1017.*

(§ 79 GKG.)

An baaren Auslagen werden erhoben:

1) die Schreibgebühren;
2) die Post- und Telegraphengebühren;
3) die durch Einrückung einer Bekanntmachung in öffentliche Blätter entstehenden Kosten;
4) die an Zeugen und Sachverständige zu zahlenden Gebühren[2];
5) die bei Geschäften außerhalb der Gerichtsstelle den Gerichtsbeamten zustehenden Tagegelder und Reisekosten;[3]
6) die an andere Behörden oder Beamte oder an Rechtsanwälte für deren Thätigkeit zu zahlenden Beträge;
7) [4] die Haftkosten nach Maßgabe der für die Strafthat geltenden landesgesetzlichen Vorschriften.

§ 1018.

(§ 80 GKG.)

Die Schreibgebühren werden für Ausfertigungen und Abschriften erhoben. Die Schreibgebühr beträgt für die Seite, welche mindestens zwanzig Zeilen von durchschnittlich zwölf Silben enthält, zehn Pfennig, auch wenn die Herstellung auf mechanischem Wege stattgefunden hat.

Jede angefangene Seite wird voll berechnet.

§ 1019.*

(§ 24 AG. GKG.)

Ist an Justizbeamten, Zeugen oder Sachverständigen mehr als

---

[1]) Nach § 21 Abs. 1 AG. GKG. auch auf die Zwangsvollstreckung in das unbewegliche Vermögen anzuwenden.

[2]) s. unter C. [§ 1063 ff.]

[3]) vgl. Verordnungen vom 24. Dezember 1873 und vom 8. Mai 1876 (GS. 1874 S. 2, 1876 S. 119) und 1. Febr. 1880 (GS. S. 53; für den Oberlandesgerichtsbezirk Cöln).

[4]) Nr. 7 des Gesetzes bezieht sich ausschließlich auf den Strafprozeß.

der endgültig festgestellte Betrag, welcher als baare Auslage nach § 79 GKG. [§ 1017] zu erheben ist, aus der Staatskasse gezahlt worden, so kann die Wiedereinziehung des zuviel Gezahlten im Wege der administrativen Zwangsvollstreckung[5]) erfolgen.

Vierter Abschnitt.

Kostenvorschuß und Kostenzahlung.

§ 1020.*

(§ 81 GKG.)

Kostenvorschuß.

In bürgerlichen Rechtsstreitigkeiten ist ein Gebührenvorschuß für jede Instanz von dem Antragsteller zu zahlen. Der Vorschuß beträgt soviel wie die höchste Gebühr, welche für einen Akt der Instanz zum Ansatze kommen kann.

Diese Verpflichtung besteht auch für den Widerkläger.

Bei Erweiterung der Anträge ist der Vorschuß nach Maßgabe der Erweiterung zu erhöhen.

§ 1021.*

(§ 84 Abs. 1 GKG.)

Außer dem Gebührenvorschuß (§ 81 [1020]) ist bei jedem Antrag auf Vornahme einer Handlung, mit welcher baare Auslagen verbunden sind, ein zur Deckung derselben hinreichender Vorschuß von dem Antragsteller zu zahlen.

§ 1022.

(§ 85 Abs. 1, 2, 3, 4 GKG.)

Ausländer, welche als Kläger auftreten, haben das Dreifache des im § 81 [§ 1020] bestimmten Betrags als Vorschuß zu zahlen.

Diese Verpflichtung tritt nicht ein:

1) wenn nach den Gesetzen des Staates, welchem der Kläger angehört, ein Deutscher in gleichem Falle zu einer besonderen Vorauszahlung oder zu einer Sicherstellung der Gerichtskosten nicht verpflichtet ist;
2) im Urkunden- oder Wechselprozesse[1]);
3) bei Widerklagen[2]);
4) bei Klagen, welche in Folge einer öffentlichen Aufforderung angestellt werden;
5) bei Klagen aus Ansprüchen, welche in das Grund- oder Hypothekenbuch einer deutschen Behörde eingetragen sind;

---

[5]) Vgl. Anm. 1 vor [§ 620].

[1]) §§ 555 ff. CPO. [§§ 561 ff.]

[2]) Vgl. Anm. 16 zu [§ 111.]

6) wenn dem Kläger das Armenrecht bewilligt ist[3]).

Die Verpflichtung besteht auch dann, wenn im Laufe des Rechtsstreits der Kläger die Eigenschaft eines Deutschen verliert, oder die Voraussetzung, unter welcher der Ausländer von der Verpflichtung befreit war, wegfällt.

Vor Zahlung des von einem Ausländer nach den vorstehenden Bestimmungen oder den Bestimmungen des § 84 [§ 1021] zu zahlenden Vorschusses ist die Vornahme jeder gerichtlichen Handlung abzulehnen, sofern nicht glaubhaft gemacht wird, daß die Verzögerung dem Ausländer einen nicht zu ersetzenden Nachtheil bringen würde.

§ 1023.

(§ 86 GKG.)

Schuldner der entstandenen Gebühren und Auslagen ist derjenige, welchem durch gerichtliche Entscheidung die Kosten des Verfahrens auferlegt sind, oder welcher dieselben durch eine vor dem Gericht abgegebene oder demselben mitgetheilte Erklärung übernommen hat. Kostenzahlung.

Schuldner der Schreibgebühr für Ausfertigungen und Abschriften, welche nicht von Amtswegen zu ertheilen sind, ist der Antragsteller.

§ 1024.

(§ 87 GKG.)

Die durch gerichtliche Entscheidung begründete Verpflichtung zur Zahlung der Gebühren und Auslagen (§ 86 [§ 1023]) erlischt, insoweit eine Aufhebung oder Abänderung der Entscheidung erfolgt.

Die Zurückzahlung bereits bezahlter Beträge findet, soweit der Gebührenansatz bestehen bleibt, nicht statt.

§ 1025.

(§ 88 GKG.)

Sind die entstandenen Gebühren und Auslagen von der einen oder der anderen Partei durch Uebereinkunft beider Parteien übernommen (§ 86 [§ 1023]), so haftet jede Partei wenigstens für die Hälfte derselben.

Diese Haftbarkeit kann erst geltend gemacht werden, wenn eine Zwangsvollstreckung in das bewegliche Vermögen der nach § 86 [§ 1023] zahlungspflichtigen Partei erfolglos geblieben ist.

§ 1026.

(§ 89 GKG.)

In Ermangelung eines anderen Schuldners (§ 86 [§ 1023]) ist derjenige, welcher das Verfahren der Instanz beantragt hat, Schuldner der entstandenen Gebühren und Auslagen. Soweit es sich jedoch um

[3]) §§ 106 ff. CPO [§§ 185 ff.]

Auslagen handelt, für welche der Gegner in Gemäßheit des § 84 [§ 1021] Vorschuß zu leisten verpflichtet war, sind diese Auslagen vom Gegner zu erheben.

§ 1027.

(§ 90 GKG.)

Diese Verpflichtung zur Zahlung der vorzuschießenden Beträge (§§ 81 bis 85 [§§ 1020 bis 1022]) bleibt bestehen, wenn auch die Kosten des Verfahrens einem Anderen auferlegt oder von einem Anderen übernommen sind.

§ 1028.

(§ 91 GKG.)

Besteht die Partei aus mehreren Personen, so haften dieselben in Ermangelung einer gerichtlichen Entscheidung über die Kostenvertheilung nach Kopftheilen.

§ 1029.*

(§ 92 GKG.)

Durch die Bestimmung der §§ 81 bis 91 [§§ 1020 bis 1028] wird eine nach den Vorschriften des bürgerlichen Rechts oder den Vorschriften der Civilprozeßordnung § 697 [§ 672] begründete Verpflichtung zur Zahlung der entstandenen Gebühren und Auslagen nicht berührt.

§ 1030.

(§ 93 GKG.)

Die Gebühren und Auslagen werden fällig, sobald das Verfahren oder die Instanz durch unbedingte Entscheidung über die Kosten, durch Vergleich oder Zurücknahme oder anderweite Erledigung beendigt ist.

§ 1031.*

(§ 94 GKG.)

In bürgerlichen Rechtsstreitigkeiten kommen folgende besondere Vorschriften zur Anwendung:

1) Schon vor der Beendigung der Instanz werden mit dem Ablaufe je eines Jahres seit Bestimmung des ersten Termins oder Stellung des ersten Antrags die bis dahin entstandenen Gebühren und Auslagen fällig. Die einjährigen Fristen können auf Antrag von dem Gerichte verlängert werden. Der Ablauf der Fristen begründet nicht die Zurückforderung eines nicht verbrauchten Vorschusses.
2) In dem Falle einer Widerklage kann jede Partei, wenn sie das von ihr beantragte Verfahren zurücknimmt, die getrennte Berechnung der Gebühren und Auslagen für dasselbe und die Zurückzahlung des von ihr gezahlten nicht verbrauchten Vorschusses fordern.

3) Eine nach § 47 Abs. 2, § 48 [§§ 1011, 1012] beschlossene Gebühr kann sofort nach dem Beschlusse von der in diesem bezeichneten Partei ohne Anrechnung eines derselben obliegenden Vorschusses erhoben werden.

§ 1031 a.

(§ 97 GKG.)

Die Schreibgebühr für Abschriften und Ausfertigungen, welche nicht von Amtswegen zu ertheilen sind, wird sofort nach Anfertigung der Schriftstücke fällig.

Die Anfertigung kann von vorgängiger Zahlung eines die Gebühr deckenden Betrags abhängig gemacht werden.

§ 1032.

(§ 28 AG.GKG.)

Der Ansatz der Gebühren und Auslagen erfolgt bei dem Gericht, bei welchem die Rechtsangelegenheit anhängig geworden ist, wenn auch dieselben bei einem ersuchten Gericht entstanden sind, oder die Angelegenheit früher bei einem anderen Gericht anhängig war. Der Ansatz erfolgt bei dem Gerichte der Instanz, in welcher die Gebühren und Auslagen entstanden sind.[4])

§ 1033.

(§ 29 AG.GKG.)

Die zwangsweise Einziehung der Gerichtskosten erfolgt im Wege der administrativen Zwangsvollstreckung.[5])

Jede Kostenforderung giebt einen Titel zum Pfandrecht auf die Gegenstände des unbeweglichen Vermögens des Schuldners; auf Grund desselben erfolgt die Eintragung eines Pfandrechts im Grund- oder Hypothekenbuche.

Die Zwangsversteigerung von Gegenständen des unbeweglichen Vermögens ist wegen einer Kostenforderung nur gegen denjenigen zulässig, welcher das mit einem Pfandrechte für die Kostenforderung belastete Grundstück durch Vertrag unter Lebenden erworben hat und weder Descendent noch Ehegatte eines Descendenten des ersten Schuldners ist.

§ 1034.

(§ 30 AG. GKG.)

Hinsichtlich der Stundung und Niederschlagung der Kosten wegen Armuth[6]) kommen folgende Vorschriften zur Anwendung.

---

[4]) Vergl. §§ 1 bis 21 der Anweisung, betreffend die Behandlung der bei den Justizbehörden entstehenden Einnahmen und Ausgaben, vom 30. August 1879 [Anl. D].

[5]) Vgl. Anm. 1 vor [§ 620] und §§ 22 bis 35 der in Anm. 4 angeführten Anweisung.

[6]) soweit nicht die Stundung schon in Folge von Bewilligung des Armenrechts eintritt (§ 107 Nr. 1 CPO. [§ 186]).

Ein nach den Vorschriften der CPO. § 109 Abs. 2 [§ 188] für den Schuldner eines Kostenbetrages ausgestelltes Zeugniß soll in der Regel ausreichen, um die völlige oder theilweise Niederschlagung oder die Stundung des Kostenbetrages zu begründen. Der Schuldner ist jedoch verpflichtet, auf Verlangen der Kassenverwaltung nach den Vorschriften des § 711 CPO. [§ 685] sein Vermögen anzugeben und den Offenbarungseid zu leisten.

Durch die Niederschlagung der Kosten wird deren spätere Einziehung nicht ausgeschlossen.

Ueber Beschwerden wegen verweigerter Niederschlagung oder Stundung wird, unbeschadet der Wirkungen des erlangten Armenrechts, von den der Kasse vorgesetzten Behörden entschieden.

Fünfter Abschnitt.

Schlußbestimmungen.

§ 1035.

(§ 98 GKG.)

Von Zahlung der Gebühren sind befreit:

das Reich in dem Verfahren vor den Landesgerichten,

die Bundesstaaten in dem Verfahren vor dem Reichsgerichte.

Die landesgesetzlichen Vorschriften, welche für gewisse Rechtssachen oder gewisse Personen in dem Verfahren vor den Landesgerichten Gebührenfreiheit gewähren, werden durch dieses Gesetz nicht berührt.[1])

---

[1]) Nach dem in dem größten Theile der Monarchie (Ausnahmen: Hannover, Frankfurt a. M., Cöln) geltenden § 4 des Ges. v. 10. Mai 1851 (G.S. S. 622) sind von der Zahlung der Gerichtskosten außer den im Text Genannten noch befreit:

alle öffentlichen Armen-, Kranken-, Arbeits- und Besserungsanstalten, ferner Waisenhäuser und andere milde Stiftungen, insofern solche nicht einzelne Familien oder bestimmte Personen betreffen, oder in bloßen Studienstipendien bestehen, sowie endlich die Gemeinden in den die Verwaltung und Mittel der Armenpflege betreffenden Angelegenheiten;

alle öffentlichen Volksschulen;

alle öffentlichen gelehrten Anstalten und Schulen, Kirchen, Pfarreien, Kaplaneien, Vikarien und Küstereien, jedoch nur insoweit, als die Einnahmen derselben die etatsmäßigen Ausgaben, einschließlich der Besoldung oder des statt dieser überlassenen Nießbrauchs, nicht übersteigen, und dieses durch ein Attest der denselben vorgesetzten Behörden oder Oberen bescheinigt wird. Insoweit aber in Prozessen oder anderen Rechtsangelegenheiten derselben solche Ansprüche, welche lediglich das zeitige Interesse derjenigen, welchen die Nutzung des betreffenden Vermögens für ihre Person zusteht, zugleich mit verhandelt werden, haben Letztere, wenn sie sich nicht etwa zum Armenrecht qualifiziren, die auf ihren Theil verhältnißmäßig fallenden Kosten zu tragen;

Für das Verfahren vor dem Reichsgerichte kann die Befreiung von Gebühren durch Kaiserliche Verordnung mit Zustimmung des Bundesraths gewährt werden.

Soweit demjenigen, welchem die Gebührenfreiheit zusteht, Kosten des Verfahrens auferlegt werden (§ 86 [§ 1023]), sind Gebühren überhaupt nicht zu erheben und erhobene zurückzuzahlen.

§ 1036.

(§ 99 GKG.)

Die Behörden haben einander zum Zwecke der Einziehung von Gebühren und Auslagen nach näherer Bestimmung der vom Bundesrath zu erlassenden Anweisung Beistand zu leisten.[2])

§ 1037.

(§ 101 GKG.)

Beträgt die Gebühr für die Aufnahme eines Vergleichs (§§ 23, 41 [§§ 987, 1005]) weniger als die Gebühr oder Abgabe, welche nach den Landesgesetzen für den außerhalb des Rechtsstreits abgeschlossenen Vergleich zur Staatskasse zu erheben sein würde, so ist der Mehrbetrag der letzteren neben der Entscheidungsgebühr zu erheben.

B.

Gebührenordnung für Gerichtsvollzieher vom 24. Juni 1878.

(RGBl. S. 166.)

§ 1038.*

(§ 1 GOGV.)

In den vor die ordentlichen Gerichte gehörigen Rechtssachen, auf welche die Civilprozeßordnung Anwendung findet, werden Gebühren und Auslagen des Gerichtsvollziehers nur nach Maßgabe der folgenden Bestimmungen erhoben. Grundsatz.

§ 1039.

(§ 2 GOGV.)

Die Gebühr für jede Zustellung beträgt . . . . 80 Pfennig, Zustellungen.
für die Zustellung durch Aufgabe zur Post (Civilprozeßordnung § 161 [§ 238]), für das an die Post gerichtete Ersuchen um Bewirkung einer

---

endlich hat der Finanzminister die Befugniß, in Uebereinstimmung mit dem betreffenden Ressortminister auch solchen Privatunternehmungen, welche nicht auf einen besonderen Geldgewinn der Unternehmer gerichtet sind, sondern einen gemeinnützigen, nicht auf einzelne Familien oder Korporationen beschränkten Zweck haben, eine Gebührenfreiheit vorbehaltlich Königlicher, in Uebereinstimmung mit dem bei seinem nächsten Zusammentritt darüber zu hörenden Landtage zu ertheilenden Genehmigung zu bewilligen.

[2]) Vgl. Allg. Verf. v. 27. Mai und 19. Juni 1880 (JMBl. S. 128, 144).

Zustellung (Civilprozeßordnung § 177 [§ 255]), sowie für die im Auftrag eines Anwalts an den Gegenanwalt bewirkte Zustellung . . . 40 Pfennig.

Die Zustellung an den Zustellungsbevollmächtigten mehrerer Betheiligter (Civilprozeßordnung § 172 Abs. 2 [§ 250]) gilt als Eine Zustellung.

Ist eine Zustellung durch den Gerichtsvollzieher bewirkt, obgleich sie mit geringeren Kosten durch die Post hätte erfolgen können, so erhält derselbe die Mehrkosten nur, wenn er zur Vornahme der Zustellung ohne Benutzung der Post ausdrücklich ermächtigt worden ist.

§ 1040.

(§ 3 GOGV.)

Für die Beglaubigung der Abschrift eines zuzustellenden Schriftstücks [1]) erhält der Gerichtsvollzieher für das Blatt 5 Pfennig.

§ 1041.

(§ 4 GOGV.)

Zwangsvollstreckung.

Die Gebühr für die Pfändung von beweglichen körperlichen Sachen (Civilprozeßordnung §§ 712, 713 [§§ 686, 687]), von Früchten, welche von dem Boden noch nicht getrennt sind (Civilprozeßordnung § 714 [§ 688]), sowie den Forderungen aus Wechseln oder anderen Papieren, welche durch Indossament übertragen werden können (Civilprozeßordnung § 732 [§ 706]), beträgt nach der Höhe der beizutreibenden Forderung:

bei einem Betrage bis	100 Mark	einschließlich	2 Mark,
= = = =	300 =	=	3 =
= = = =	1 000 =	=	4 =
= = = =	5 000 =	=	5 =
= = =	über 5 000 =	. . . .	6 =

Nimmt die Pfändung einen Zeitaufwand von mehr als zwei Stunden in Anspruch, so erhöht sich die Gebühr für jede angefangene weitere Stunde um ein Viertheil.

Ist eine versuchte Pfändung ohne Erfolg geblieben, weil nach Inhalt des Protokolls pfändbare Gegenstände nicht vorhanden waren, oder sich von der Verwerthung der pfändbaren Gegenstände ein Ueberschuß über die Kosten der Zwangsvollstreckung nicht erwarten ließ, so erhält der Gerichtsvollzieher die Hälfte der Gebühr.

§ 1042.

(§ 5 GOGV.)

Für die Uebernahme beweglicher Sachen zum Zwecke der Verwerthung in den Fällen der §§ 699, 746, 751 der Civilprozeßordnung

[1]) Vgl. § 156 CPO. [§ 233].

[§§ 674, 720, 725], sowie im Falle des Ausscheidens des Gerichtsvollziehers, welcher die Pfändung vorgenommen hat, und für die Pfändung bereits gepfändeter Sachen (Civilprozeßordnung § 727 [§ 701]) erhält der Gerichtsvollzieher die Hälfte der in § 4 [§ 1041] bestimmten Gebühr.

§ 1043.
(§ 6 GOGV.)

Der Gerichtsvollzieher erhält für die Wegnahme beweglicher Sachen einschließlich der Uebergabe derselben (Civilprozeßordnung § 769 [§ 847]) eine Gebühr von 3 Mark.

Nimmt das Geschäft einen Zeitaufwand von mehr als zwei Stunden in Anspruch, so erhöht sich die Gebühr für jede angefangene weitere Stunde um 1 Mark.

Ist eine versuchte Wegnahme ohne Erfolg geblieben, weil nach Inhalt des Protokolls die herauszugebenden Sachen nicht aufzufinden waren, so erhält der Gerichtsvollzieher die Hälfte der Gebühr, jedoch nicht unter 2 Mark.

§ 1044.
(§ 7 GOGV.)

Für die Versteigerung oder den Verkauf aus freier Hand[2]) von beweglichen Sachen, Früchten, welche von dem Boden noch nicht getrennt sind, Forderungen oder anderen Vermögensrechten erhält der Gerichtsvollzieher

von dem Betrag des erzielten Erlöses bis zu			100 Mark	5	vom	Hundert,
= = = über . . .	100 Mark	bis	300 =	3	=	=
= = = = . . .	300 =	=	1 000 =	2	=	=
= = = = . . .	1 000 =	=	5 000 =	1	=	=
= = = = . . .	5 000 =	=	. . . . . .	½	=	=

jedoch nicht unter 2 Mark.

§ 1045.
(§ 8 GOGV.)

Der Gerichtsvollzieher erhält

1) für die Entsetzung aus dem Besitz unbeweglicher Sachen oder bewohnter Schiffe und die Einweisung in denselben (Civilprozeßordnung § 771 [§ 849]),
2) im Falle der Zuziehung zur Beseitigung des Widerstandes des Schuldners gegen die Vornahme einer Handlung (Civilprozeßordnung § 777 [§ 855])

---

2) Vgl. §§ 716, 721 ff., 725, 754 CPO [§ 690, 695 ff., 699, 728].

eine Gebühr von 3 Mark für jede angefangene Stunde von dem Erscheinen an Ort und Stelle bis zur Beendigung seiner Thätigkeit.

In die Dauer der unter Nr. 1 erwähnten Vollstreckungshandlungen ist auch die Zeit einzurechnen, welche der Gerichtsvollzieher zu verwenden hat, um bewegliche Sachen, welche nicht Gegenstand der Zwangsvollstreckung sind, wegzuschaffen, zu übergeben oder in Verwahrung zu bringen.

§ 1046.

(§ 9 GOGV.)

Der Gerichtsvollzieher erhält für die Verhaftung einer Person, einschließlich der Ablieferung derselben zur Haft, und für die zwangsweise Vorführung einer Person eine Gebühr von 15 Mark, für die Nachverhaftung einer bereits verhafteten Person 2 Mark.[3])

Konnte eine unternommene Verhaftung nicht ausgeführt werden, weil nach Inhalt des Protokolls sich bei derselben das Vorhandensein eines der in den §§ 785, 787 der Civilprozeßordnung [§§ 863, 865] aufgeführten Gründe herausgestellt hat, so erhält der Gerichtsvollzieher eine Gebühr von 5 Mark.

§ 1047.

(§ 10 GOGV.)

Hat eine Vollstreckungshandlung, nachdem der Gerichtsvollzieher sich an Ort und Stelle begeben hatte, zufolge der Vorschrift des § 691 der Civilprozeßordnung [§ 666] oder in Folge der Zurücknahme des Auftrags nicht stattgefunden, so erhält derselbe

in den Fällen der §§ 4, 5 [§§ 1041, 1042] die Hälfte der im § 4 Abs. 1 [§ 1041] bestimmten Gebühr,

im Falle des § 6 [§ 1043] die daselbst Abs. 3 bestimmte Gebühr,

im Falle des § 7 [§ 1044] eine Gebühr von 2 Mark,

im Falle des § 8 [§ 1045] eine Gebühr von 3 Mark,

im Falle des § 9 [§ 1046] eine Gebühr von 5 Mark.

§ 1048.

(§ 11 GOGV.)

Wird der Auftrag zur Zwangsvollstreckung durch Leistung an den Gerichtsvollzieher, bevor er sich an Ort und Stelle begeben hat, erledigt, so erhält derselbe

bei Zahlungen ein Viertheil der nach Maßgabe des § 7 [§ 1044] zu berechnenden Sätze, jedoch nicht unter 1 Mark,

bei Herausgabe von Sachen eine Gebühr von 1 Mark.

Erfolgt die Leistung an den Gerichtsvollzieher, nachdem derselbe sich an Ort und Stelle begeben hatte, so erhält derselbe

---

[3]) Vgl. § 790 CPO [§ 868].

bei Zahlungen die Hälfte der nach Maßgabe des § 7 [§ 1044] zu berechnenden Sätze, jedoch nicht unter 2 Mark,

bei Herausgabe von Sachen die in § 6 [§ 1043] bestimmte Gebühr.

§ 1049.

(§ 12 GOGV.)

Die in den §§ 4 bis 11 [§§ 1041 bis 1048] bestimmten Gebühren umfassen die gesammte Thätigkeit des Gerichtsvollziehers bei der Zwangsvollstreckung, insbesondere:

1) die Nachsuchung der Unterstützung der polizeilichen Vollzugsorgane und die Zuziehung der Zeugen und Sachverständigen (Civilprozeßordnung §§ 678, 679, 716 [§§ 653, 654, 690]);
2) die zu den Vollstreckungshandlungen gehörenden Mittheilungen, Aufforderungen, Zustellungen und Postsendungen[4]);
3) die Umschreibung eines auf den Namen lautenden Werthpapiers auf den Namen des Käufers und die Wiederinkurssetzung eines gepfändeten Inhaberpapiers (Civilprozeßordnung §§ 723, 724 [§§ 697, 698]);
4) die Annahme und Quittirung, Ablieferung oder Hinterlegung der schuldigen Leistungen, sowie des gepfändeten oder erlösten Geldes und die Zurückgabe gepfändeter Gegenstände;
5) die Bekanntmachung der Versteigerung.[5])

§ 1050.

(§ 13 GOGV.)

An baaren Auslagen werden dem Gerichtsvollzieher vergütet: Auslagen.

1) die Schreibgebühren;
2) die Post- und Telegraphengebühren;
3) die durch öffentliche Bekanntmachungen, insbesondere durch Einrückung in öffentliche Blätter entstandenen Kosten;
4) die an Zeugen und Sachverständige zu zahlenden Beträge;
5) die Entschädigung der zum Oeffnen von Thüren und Behältnissen zugezogenen Personen;
6) die für Umschreibung eines auf Namen lautenden Werthpapiers oder für Wiederinkurssetzung eines Inhaberpapiers zu zahlenden Beträge;
7) die Kosten eines Transports von Personen oder Sachen, die Kosten der Verwahrung und Beaufsichtigung von Gegenständen, die Kosten der Aberntung von Früchten, sowie der Erhaltung von Thieren;
8) die Reisekosten.

---

[4]) § 683 CPO [§ 658] u. Anm. 45 daselbst.

[5]) § 717 Abs. 3 CPO. [§ 691].

§ 1051.

(§ 14 GOGV.)

Schreibgebühren werden dem Gerichtsvollzieher nach Maßgabe des § 80 des Gerichtskostengesetzes [§ 1018] vergütet:

1) für alle nach gesetzlicher Vorschrift oder auf Antrag ertheilten Abschriften der von demselben aufgenommenen Urkunden und Protokolle, mit Ausnahme der nach gesetzlicher Vorschrift zu ertheilenden Abschrift der Zustellungsurkunde; im Falle des § 2 Abs. 2, [§ 1039] wird ihm jedoch für jede Abschrift der Zustellungsurkunde die Schreibgebühr vergütet;
2) für die bei einer Hinterlegung zu erstattende Anzeige an das Vollstreckungsgericht (Civilprozeßordnung §§ 728, 751 [§§ 702, 725]).
3) für die Aufnahme der von dem Drittschuldner nach Zustellung eines Pfändungsbeschlusses abgegebenen Erklärungen (Civilprozeßordnung § 739 [§ 713]);
4) für die vor der Verhaftung erforderliche Anzeige an die vorgesetzte Dienstbehörde des zu Verhaftenden (Civilprozeßordnung § 791 [§ 869]).

§ 1052.

(§ 15 GOGV.)

Den zu einer Vollstreckungshandlung in Gemäßheit der Vorschrift des § 679 der Civilprozeßordnung [§ 654] zugezogenen Zeugen kann eine Entschädigung von je 1 Mark gewährt werden.

§ 1053.

(§ 16 GOGV.)

Dem zur Abschätzung von Kostbarkeiten verwendeten Sachverständigen (Civilprozeßordnung § 716 [§ 690]) kann eine Vergütung nach dem ortsüblichen Preise einer solcher Leistung gewährt werden.

§ 1054.

(§ 17 GOGV.)

Muß der Gerichtsvollzieher behufs Vornahme einer Amtshandlung außerhalb seines dienstlichen Wohnsitzes einen Weg bis zur Entfernung von mehr als 2 Kilometer zurücklegen, so erhält er an Reisekosten für jedes angefangene Kilometer des Hinweges und des Rückweges eine Entschädigung von 10 Pfennig.

Nimmt der Gerichtsvollzieher mehrere Geschäfte auf derselben Reise vor, so erhält er für jedes derselben die volle nach der Entfernung des Ortes von seinem Amtsitze zu berechnende Entschädigung.

§ 1055.

(§ 18 GOGV.)

Erhebung der Gebühren.

Der Gerichtsvollzieher kann die Uebernahme eines Geschäfts von der Zahlung eines zur Deckung der baaren Auslagen und des vermuthlichen

Betrags der Gebühren hinreichenden Vorschusses abhängig machen, sofern nicht das Geschäft von Amtswegen angeordnet oder für eine zum Armenrecht zugelassene Person auszuführen ist.

§ 1056.

(§ 19 GOGV.)

Schuldner der Gebühren und Auslagen des Gerichtsvollziehers ist bei Geschäften, welche von Amtswegen angeordnet werden, die Staatskasse, bei sonstigen Geschäften der Auftraggeber.

§ 1057.

(§ 20 GOGV.)

Die Gebühren und Auslagen sind, unbeschadet der Bestimmung des § 697 der Civilprozeßordnung [§ 672], fällig, sobald der Auftrag erledigt ist. Der Gerichtsvollzieher ist berechtigt, dieselben von dem Auftraggeber durch Postvorschuß zu erheben.

§ 1058.

(§ 21 GOGV.)

Im Falle der Bewilligung des Armenrechts werden dem für die arme Partei bestellten Gerichtsvollzieher [6]) die baaren Auslagen von der Staatskasse ersetzt, falls nicht dieselben von dem Ersatzpflichtigen beigetrieben werden können (Civilprozeßordnung §§ 115, 697 [§§ 194, 672]).

§ 1059.

(§ 22 GOGV.)

Bei Erinnerungen gegen den Ansatz von Gebühren oder Auslagen des Gerichtsvollziehers findet, soweit nicht § 685 Abs. 2 der Civilprozeßordnung [§ 660] Platz greift, § 4 des Gerichtskostengesetzes [§ 969] entsprechende Anwendung.

§ 1060.

(§ 23 GOGV.)

Die Gerichtsvollzieher sind verpflichtet, unter den Urschriften und Abschriften ihrer Akte eine Berechnung der Gebühren und Auslagen aufzustellen, und bei Geschäften, welche nach Verhältniß der verwendeten Zeit vergütet werden, in dem Protokolle die Dauer der letzteren anzugeben. Ist die Zeitangabe unterblieben, so darf nur die für die geringste Zeitdauer bestimmte Gebühr berechnet werden [7]).

§ 1061.*

(§ 24 Nr. 2 GOGV.; § 39 Abs. 1 AG. GKG.)

Den einzelnen Bundesstaaten bleibt vorbehalten, an Stelle von Gebühren und Auslagen, welche die Gerichtsvollzieher auf Grund dieses Gesetzes zu beanspruchen haben, denselben eine anderweite Vergütung zu gewähren. Schlußbestimmungen.

[6]) Vgl. § 125 GAGV. [Anl. C].

[7]) § 121 GAGV.

Für die von den ersatzpflichtigen Personen zu erhebenden Beträge bleiben im Falle der Nr. 2 die Bestimmungen dieses Gesetzes maßgebend.

Die im ersten Absatz vorbehaltenen Bestimmungen erfolgen durch den Justizminister.[8])

§ 1062.*

(§ 25 GOGB.; § 39 Abs. 2 AG. GKG.)

Den einzelnen Bundesstaaten bleibt die Feststellung der Vergütung überlassen, wenn den Gerichtsvollziehern in Sachen, auf welche die Civilprozeßordnung Anwendung findet, Geschäfte übertragen werden, welche denselben in jenen Gesetzen nicht ausdrücklich zugewiesen sind.

Die Bestimmung der Gebühren für solche Geschäfte erfolgt durch den Justizminister.

C.

Gebührenordnung für Zeugen und Sachverständige

vom 30. Juni 1878.

(R.G.Bl. S. 173.)

§ 1063.*

(§ 1 GOZ.)

In den vor die ordentlichen Gerichte gehörigen Rechtssachen, auf welche die Civilprozeßordnung Anwendung findet, erhalten die Zeugen und Sachverständigen Gebühren[1]) nach Maßgabe der folgenden Bestimmungen.

§ 1064.

(§ 2 GOZ.)

Zeitversäumniß.

Der Zeuge erhält eine Entschädigung für die erforderliche Zeitversäumniß im Betrage von zehn Pfennig bis zu einer Mark auf jede angefangene Stunde.

Die Entschädigung ist unter Berücksichtigung des von dem Zeugen versäumten Erwerbes zu bemessen und für jeden Tag auf nicht mehr als zehn Stunden zu gewähren.

Personen, welche durch gemeine Handarbeit, Handwerksarbeit oder geringeren Gewerbebetrieb ihren Unterhalt suchen, oder sich in gleichen Verhältnissen mit solchen Personen befinden, erhalten die nach dem geringsten Satze zu bemessende Entschädigung auch dann, wenn die Versäumniß eines Erwerbes nicht stattgefunden hat.

§ 1065.

(§ 3 GOZ.)

Der Sachverständige erhält für seine Leistungen eine Vergütung

---

[8]) Vgl. § 24 GBO. [Anl. B].

[1]) Vgl. §§ 366, 378 CPO. [§§ 436, 448].

nach Maßgabe der erforderlichen Zeitversäumniß im Betrage bis zu zwei Mark auf jede angefangene Stunde.

Die Vergütung ist unter Berücksichtigung der Erwerbsverhältnisse des Sachverständigen zu bemessen und für jeden Tag auf nicht mehr als zehn Stunden zu gewähren.

Außerdem sind dem Sachverständigen die auf die Vorbereitung des Gutachtens verwendeten Kosten, sowie die für eine Untersuchung verbrauchten Stoffe und Werkzeuge zu vergüten.

§ 1066.

(§ 4 GOZ.)

Bei schwierigen Untersuchungen und Sachprüfungen ist dem Sachverständigen auf Verlangen für die aufgetragene Leistung eine Vergütung nach dem üblichen Preise derselben und für die außerdem stattfindende Theilnahme an Terminen die im § 3 [§ 1065] bestimmte Vergütung zu gewähren.

§ 1067.

(§ 5 GOZ.)

Als versäumt gilt für den Zeugen oder Sachverständigen auch die Zeit, während welcher er seine gewöhnliche Beschäftigung nicht wieder aufnehmen kann.

§ 1068.

(§ 6 GOZ.)

Mußte der Zeuge oder Sachverständige außerhalb seines Aufenthaltsorts einen Weg bis zur Entfernung von mehr als zwei Kilometer zurücklegen, so ist ihm außer den nach §§ 2 bis 5 [§§ 1064 bis 1067] zu bestimmenden Beträgen eine Entschädigung für die Reise und für den durch die Abwesenheit von dem Aufenthaltsorte verursachten Aufwand nach Maßgabe der folgenden Bestimmungen zu gewähren. Reiseaufwand.

§ 1069.

(§ 7 GOZ.)

Soweit nach den persönlichen Verhältnissen des Zeugen oder Sachverständigen oder nach äußeren Umständen die Benutzung von Transportmitteln für angemessen zu erachten ist, sind als Reiseentschädigung die nach billigem Ermessen in dem einzelnen Falle erforderlichen Kosten zu gewähren. In anderen Fällen beträgt die Reiseentschädigung für jedes angefangene Kilometer des Hinweges und des Rückweges fünf Pfennig.

§ 1070.

(§ 8 GOZ.)

Die Entschädigung für den durch Abwesenheit von dem Aufenthaltsorte verursachten Aufwand ist nach den persönlichen Verhältnissen des Zeugen oder Sachverständigen zu bemessen, soll jedoch den Betrag von fünf Mark für jeden Tag, an welchem der Zeuge oder Sachverständige abwesend gewesen ist, und von drei Mark für jedes außerhalb genommene Nachtquartier nicht überschreiten.

§ 1071.

(§ 9 GOZ.)

Mußte der Zeuge oder Sachverständige innerhalb seines Aufenthaltsortes einen Weg bis zu einer Entfernung von mehr als zwei Kilometer zurücklegen, so ist ihm für den ganzen zurückgelegten Weg eine Reiseentschädigung nach den Vorschriften des § 7 [§ 1069] zu gewähren.

§ 1072.

(§ 10 GOZ.)

Konnte der Zeuge oder Sachverständige den erforderlichen Weg ohne Benutzung von Transportmitteln nicht zurücklegen, so sind die nach billigem Ermessen erforderlichen Kosten auch außer den in den §§ 6, 9 [§§ 1068, 1071] bestimmten Fällen zu gewähren.

§ 1073.

(§ 11 GOZ.)

Abgaben für die erforderliche Benutzung eines Weges sind in jedem Falle zu gestatten.

§ 1074.

(§ 12 GOZ.)

Bedarf der Zeuge wegen jugendlichen Alters oder wegen Gebrechen eines Begleiters, so sind die bestimmten Entschädigungen für Beide zu gewähren.

§ 1075.

(§ 13 Abs. 1 GOZ. [3])

Besondere Taxvorschriften.

Soweit für gewisse Arten von Sachverständigen besondere Taxvorschriften [4]) bestehen, welche an dem Orte des Gerichts, vor welches die Ladung erfolgt, und an dem Aufenthaltsorte des Sachverständigen gelten, kommen lediglich diese Vorschriften in Anwendung. Gelten solche Taxvorschriften nur an einem dieser Orte, oder gelten an demselben verschiedene Taxvorschriften, so kann der Sachverständige die Anwendung der ihm günstigeren Bestimmungen verlangen.

§ 1076.

(§ 14 GOZ.)

Oeffentliche Beamte erhalten Tagegelder und Erstattung von Reise-

---

[3]) Abs. 2 s. als [§ 77].

Oeffentliche Beamte.

[4]) Vgl. Gesetz, betreffend die den Medizinalbeamten für die Besorgung gerichtsärztlicher Medizinal- oder sanitätspolizeilicher Geschäfte zu gewährenden Vergütungen, vom 9. März 1872 (GS. S. 265); vgl. dazu Verordnung, betreffend die Tagegelder und die Reisekosten der Medizinalbeamten, vom 17. September 1876 (GS. S. 411).

kosten nach Maßgabe der für Dienstreisen geltenden Vorschriften, falls sie zugezogen werden:

1) als Zeugen über Umstände, von denen sie in Ausübung ihres Amtes Kenntniß erhalten haben;
2) als Sachverständige, wenn sie aus Veranlassung ihres Amtes zugezogen werden und die Ausübung der Wissenschaft, der Kunst oder des Gewerbes, deren Kenntniß Voraussetzung der Begutachtung ist, zu den Pflichten des von ihnen versehenen Amtes gehört.

Werden nach den Vorschriften dieses Paragraphen Tagegelder und Reisekosten gewährt, so findet eine weitere Vergütung an den Zeugen oder Sachverständigen nicht statt.

§ 1077.

(§ 15 GOZ.)

Ist ein Sachverständiger für die Erstattung von Gutachten im allgemeinen beeidigt, so können die Gebühren für die bei bestimmten Gerichten vorkommenden Geschäfte durch Uebereinkommen bestimmt werden. Uebereinkommen mit Sachverständigen.

§ 1078.

(§ 16 GOZ.)

Die Gebühren der Zeugen und Sachverständigen werden nur auf Verlangen derselben gewährt. Der Anspruch erlischt, wenn das Verlangen binnen drei Monaten nach Beendigung der Zuziehung oder Abgabe des Gutachtens bei dem zuständigen Gerichte nicht angebracht wird. Allgemeines.

§ 1079. *

(§ 17 GOZ.)

Die einem Zeugen oder Sachverständigen zu gewährenden Beträge werden durch das Gericht oder den Richter, vor welchem die Verhandlung stattfindet, festgesetzt.[4])

Sofern die Beträge aus der Staatskasse gezahlt und dieser nicht erstattet sind, kann die Festsetzung von dem Gericht oder dem Richter, durch welche sie erfolgt ist, sowie von dem Gerichte der höheren Instanz von Amtswegen berichtigt werden.

Gegen die Festsetzung findet Beschwerde nach Maßgabe der §§ 531 bis 538 der Civilprozeßordnung und des § 4 Abs. 3 des Gerichtskostengesetzes [§§ 540 bis 544, 969] statt.

---

[4]) Vgl. §§ 13 ff. der Vorschriften vom 28. September 1879 [Anl. E] — Wiederbeitreibung zuviel gezahlter Gebühren: § 24 AG.GKG. [§ 1019].

D.

Auszug aus der Gebührenordnung für Rechtsanwälte vom 7. Juli 1879.[1]

(RGBl. 1879. S. 176.)

Erster Abschnitt.

Allgemeine Bestimmungen.

§ 1080.*

(§ 1 GORA.)

Die Vergütung für die Berufsthätigkeit des Rechtsanwalts in einem Verfahreu vor den ordentlichen Gerichten, auf welches die Civilprozeßordnung Anwendung findet, sowie für die berathende Berufsthätigkeit des Rechtsanwalts, welche den Beginn oder die Fortsetzung eincs solchen Verfahrens betrifft, bestimmt sich nach Vorschriften dieses Gesetzes.

§ 1081.

(§ 2 GORA.)

Für die Ausführung eines Auftrages, dessen gemeinschaftliche Erledigung mehreren Rechtsanwälten übertragen ist, steht jedem derselben die volle Vergütung zu.[2]

§ 1082.

(§ 3 GORA.)

Bei Ausführung von Aufträgen mehrerer Auftraggeber durch dieselbe Thätigkeit haftet jeder Auftraggeber dem Rechtsanwalte für denjenigen Betrag an Gebühren und Auslagen, welcher bei abgesonderter Ausführung seines Auftrags erwachsen sein würde. Die Mitverhaftung der anderen Auftraggeber kann dem Rechtsanwalte gegenüber nicht geltend gemacht werden.

§ 1083.

(§ 4 GORA.)

Für die Thätigkeit als Beistand[3]) stehen dem Rechtsanwalte die gleichen Gebühren zu wie für die Vertretung.

§ 1084.

(§ 5 GORA.)

Für Unterzeichnung eines Schriftsatzes erhält der Rechtsanwalt die gleichen Gebühren wie für Ausfertigung desselben.

---

[1]) Das Ausführungsgesetz zur GORA. vom 2. Februar 1880 (GS. S. 43) bietet für den Amtsgerichts-Civilprozeß kein Interesse; s. jedoch Anm. 7.

[2]) Erstattungspflicht: § 87 Abs. 2 Satz 2 CPO. [§ 166].

[3]) § 86 CPO. [§ 165.]

§ 1085.
(§ 6 GORA.)

Für Anfertigung und Uebersendung von Rechnungen über Gebühren und Auslagen und für Zahlungsaufforderungen wegen derselben kann der Rechtsanwalt eine Gebühr nicht beanspruchen.

§ 1086.
(§ 7 GORA.)

Bei dem Betrieb eigener Angelegenheiten kann der Rechtsanwalt von dem zur Erstattung der Kosten des Verfahrens verpflichteten Gegner Gebühren und Auslagen bis zu dem Betrage fordern, in welchem er Gebühren und Auslagen eines bevollmächtigten Rechtsanwalts erstattet verlangen könnte.

§ 1087.*
(§ 8 GORA.)

Der niedrigste Betrag einer jeden nach den Vorschriften des zweiten Abschnitts zu berechnenden Gebühr wird auf eine Mark bestimmt.

Zweiter Abschnitt.

Gebühren in bürgerlichen Rechtsstreitigkeiten.[3a])

§ 1088.
(§ 9 GORA.)

In bürgerlichen Rechtsstreitigkeiten werden die Gebühren nach dem Werthe des Streitgegenstandes erhoben.

Der Gebührensatz beträgt bei Gegenständen im Werthe:

1)	bis 20 Mark einschließlich					2	Mark,
2)	von mehr als	20	bis	60	Mark einschließlich	3	=
3)	= = =	60	=	120	= =	4	=
4)	= = =	120	=	200	= =	7	=
5)	= = =	200	=	300	= =	10	=
6)	= = =	300	=	450	= =	14	=
7)	= = =	450	=	650	= =	19	=
8)	= = =	650	=	900	= =	24	=
9)	= = =	900	=	1 200	= =	28	=
10)	= = =	1 200	=	1 600	= =	32	=
11)	= = =	1 600	=	2 100	= =	36	=
12)	= = =	2 100	=	2 700	= =	40	=
13)	= = =	2 700	=	3 400	= =	44	=
14)	= = =	3 400	=	4 300	= =	48	=
15)	= = =	4 300	=	5 400	= =	52	=
16)	= = =	5 400	=	6 700	= =	56	=
17)	= = =	6 700	=	8 200	= =	60	=
18)	= = =	8 200	=	10 000	= =	64	=

[3a]) Aus dem in Anm. 1 vor [§ 527] angegebenen Grunde sind hier auch die Gebühren in der Rechtsmittelinstanz berücksichtigt. — Eine Tabelle der Rechtsanwaltsgebühren in bürgerlichen Rechtsstreitigkeiten s. in [Anl. H].

Die ferneren Werthsklassen steigen um je 2 000 Mark und die Gebührensätze in den Klassen bis 50 000 Mark einschließlich um je 4 Mark, bis 100 000 Mark einschließlich um je 3 Mark und darüber hinaus um je 2 Mark.

§ 1089.

(§ 10 GORA.)

Werthsberechnung.

Auf die Werthsberechnung finden die Vorschriften der §§ 9 bis 13 des Gerichtskostengesetzes [§§ 974 bis 978] Anwendung.

§ 1090.

(§ 11 GORA.)

Die für die Berechnung der Gerichtsgebühren maßgebende Festsetzung des Werthes ist für die Berechnung der Gebühren der Rechtsanwälte maßgebend.

§ 1091.

(§ 12 GORA.)

Gegen den im § 16 des Gerichtskostengesetzes [§ 981] bezeichneten Beschluß steht dem Rechtsanwalte die Beschwerde nach Maßgabe der §§ 531 bis 538 der Civilprozeßordnung [§§ 540 bis 544] zu.

§ 1092.

(§ 13 GORA.)

Fälle der vollen Gebühr.

Die Sätze des § 9 [§ 1088] stehen dem als Prozeßbevollmächtigten bestellten Rechtsanwalte zu:

1) für den Geschäftsbetrieb, einschließlich der Information (Prozeßgebühr);
2) für die mündliche Verhandlung (Verhandlungsgebühr);
3) für die Mitwirkung bei einem zur Beilegung des Rechtsstreits abgeschlossenen Vergleiche (Vergleichsgebühr).

Die Sätze des § 9 [§ 1088] stehen demselben zu fünf Zehntheilen zu:

4) für die Vertretung in dem Termine zur Leistung des durch ein Urtheil auferlegten Eides sowie in einem Beweisaufnahmeverfahren, wenn die Beweisaufnahme nicht blos in Vorlegung der in den Händen des Beweisführers oder des Gegners befindlichen Urkunden besteht (Beweisgebühr).

§ 1093.

(§ 14 GORA.)

Bruchtheile der Gebühr.

Soweit der Auftrag vor der mündlichen Verhandlung erledigt ist, ohne daß der Rechtsanwalt die Klage eingereicht hat oder einen Schriftsatz hat zustellen lassen, steht ihm die Prozeßgebühr nur zu fünf Zehntheilen zu.

In einem Verfahren, für welches eine mündliche Verhandlung durch das Gesetz nicht vorgeschrieben ist, findet die gleiche Ermäßigung statt, soweit der Auftrag erledigt ist, bevor der Antrag an das Gericht ein=

gereicht, der mündliche Antrag gestellt oder der Auftrag an den Gerichtsvollzieher oder den diesen Auftrag vermittelnden Gerichtsschreiber ertheilt ist.

§ 1094.

(§ 15 GORA.)

Die Verhandlungsgebühr steht dem Rechtsanwalte nicht zu, welcher zur mündlichen Verhandlung geladen hat, ohne daß dieselbe durch das Gesetz vorgeschrieben oder durch das Gericht oder den Vorsitzenden angeordnet war.

§ 1095.*

(§ 16 Satz 1 GORA.)

Für eine nicht kontradiktorische Verhandlung (Gerichtskostengesetz § 19 [§ 984]) steht dem Rechtsanwalte die Verhandlungsgebühr nur zu fünf Zehntheilen zu.

§ 1096.

(§ 17 GORA.)

Insoweit sich in den Fällen des § 13 Nr. 4 [§ 1092] die Vertretung auf die weitere mündliche Verhandlung erstreckt, erhöht sich die dem Rechtsanwalte zustehende Verhandlungsgebühr um fünf Zehntheile und, wenn die weitere mündliche Verhandlung eine nicht kontradiktorische ist, um die Hälfte dieses Betrags.

§ 1097.

(§ 18 GORA.)

Die Vergleichsgebühr steht dem Rechtsanwalte nur zu fünf Zehntheilen zu, wenn ihm für denselben Streitgegenstand die volle Verhandlungsgebühr zusteht und der Vergleich vor dem Prozeßgericht oder einem ersuchten oder beauftragten Richter abgeschlossen ist.

§ 1098.

(§ 19 GORA.)

Sechs Zehntheile der in den §§ 13 bis 18 [§§ 1092 bis 1097] bestimmten Gebühren erhält der zum Prozeßbevollmächtigten bestellte Rechtsanwalt für die Vertretung im Urkunden- oder Wechselprozesse (Civilprozeßordnung §§ 555 bis 567 [§§ 561 bis 571]).

§ 1099.

(§ 20 GORA.)

Fünf Zehntheile der in den §§ 13 bis 18 [§§ 1092 bis 1097]) bestimmten Gebühren erhält der Rechtsanwalt, soweit die durch die Gebühr zu vergütende Thätigkeit ausschließlich die im Gerichtskostengesetze § 26 Nr. 1 bis 10 [§ 990] bezeichneten Gegenstände betrifft.

§ 1100.

(§ 21 GORA.)

Der Rechtsanwalt erhält neben den ihm sonst zustehenden Gebühren die Prozeßgebühr nur zu fünf Zehntheilen, wenn seine Thätigkeit ausschließlich die Erledigung eines bedingten Urtheils[4]) betrifft.

§ 1101.

(§ 22 GDRA.)

Der Rechtsanwalt erhält die Prozeßgebühr und die Verhandlungsgebühr nur zu fünf Zehntheilen, wenn seine Thätigkeit Anträge auf Sicherung des Beweises (Civilprozeßordnung §§ 447 bis 455 [§§ 518 bis 526]), oder die Anordnung der von Schiedsrichtern für erforderlich erachteten richterlichen Handlungen (Civilprozeßordnung § 862 [§ 945]) betrifft. Für die Vertretung bei der Beweisaufnahme erhält der Rechtsanwalt die Beweisgebühr (§ 13 Nr. 4 [§ 1092]).

§ 1102.

(§ 23 GDRA.)

Drei Zehntheile der in den §§ 13 bis 18 [§§ 1092 bis 1097] bestimmten Gebühren erhält der Rechtsanwalt, wenn seine Thätigkeit betrifft:

1) die im Gerichtskostengesetze § 27 Nr. 1, § 34 Nr. 1, § 35 Nr. 2, 4, § 47 Nr. 1 bis 12 [§§ 991, 998, 999, 1011 Nr. 1 bis 11] bezeichneten Angelegenheiten;
2) die Zwangsvollstreckung.

§ 1103.

(§ 24 GDRA.)

Zwei Zehntheile der in den §§ 13 bis 18 [§§ 1092 bis 1097] bestimmten Gebühren erhält der Rechtsanwalt, wenn seine Thätigkeit die im Gerichtskostengesetze § 35 Nr. 1, § 38 [§§ 999, 1002] bezeichneten Anträge oder Gesuche betrifft.

§ 1104.

(§ 25 GDRA.)

Instanz. Jede der im § 13 [§ 1092] benannten Gebühren kann der Rechtsanwalt in jeder Instanz rücksichtlich eines jeden Theils des Streitgegenstandes nur einmal beanspruchen.

§ 1105.

(§ 26 GDRA.)

Für die Bestimmung des Umfanges einer Instanz im Sinne des § 25 [§ 1104] finden die Vorschriften der §§ 30, 31 des Gerichtskostengesetzes [§§ 994, 995] entsprechende Anwendung.

§ 1106.

(§ 27 GDRA.)

Im Falle der Zurücknahme oder Verwerfung des gegen ein Versäumnißurtheil eingelegten Einspruchs gilt das Verfahren über den-

---

[4]) § 427 CPO. [§ 497].

selben für die Gebühren der Rechtsanwälte, mit Ausnahme der Prozeßgebühr, als neue Instanz.

Im Falle der Zulassung des Einspruchs steht dem Rechtsanwalte des Gegners der den Einspruch einlegenden Partei die Gebühr für die mündliche Verhandlung, auf welche das Versäumnißurtheil erlassen ist, besonders zu.[5])

Ist das Versäumnißurtheil wegen Nichterscheinens des Schwurpflichtigen in einem zur Eidesleistung bestimmten Termine ergangen (Civilprozeßordnung § 430 [§ 500]), so finden die Bestimmungen des Absatz 2 auch auf den Rechtsanwalt der Partei Anwendung, welche den Einspruch eingelegt hat.

§ 1107.

(§ 28 GORA.)

Das ordentliche Verfahren, welches nach der Abstandnahme vom Urkunden- oder Wechselprozesse sowie nach dem mit Vorbehalt in demselben erlassenen Urtheil anhängig bleibt (Civilprozeßordnung §§ 559, 563 [§§ 564, 568]), gilt für die Berechnung der Gebühren des Rechtsanwalts als besonderer Rechtsstreit; der Rechtsanwalt muß sich jedoch die Prozeßgebühr des Urkunden- oder Wechselprozesses auf die gleiche Gebühr des ordentlichen Verfahrens anrechnen.

§ 1108.

(§ 29 GORA.)

Die im § 13 [§ 1092] benannten Gebühren umfassen die gesammte Thätigkeit des Rechtsanwalts von dem Auftrage bis zur Beendigung der Instanz.

Zu der Instanz gehören insbesondere:

1) das Verfahren behufs Festsetzung des Werthes des Streitgegenstandes:[5a]);
2) Zwischenstreite mit Nebenintervenienten sowie mit Zeugen oder Sachverständigen[6a]);
3) das Verfahren zur Sicherung des Beweises (Civilprozeßordnung §§ 447 bis 455 [§§ 518 bis 526]), wenn die Hauptsache anhängig ist;
4) das Verfahren über einen Antrag auf Anordnung oder Aufhebung eines Arrestes oder einer einstweiligen Verfügung, sowie über einen Antrag auf vorläufige Einstellung, Beschränkung oder Aufhebung einer Zwangsvollstreckung (Civilprozeßordnung §§ 647,

---

[5]) Vgl. §§ 303 ff. CPO. [§§ 382 ff.]

[5a]) § 3 CPO., § 16 GKG. [§§ 83, 981].

[6]) §§ 68, 352, 374 CPO. [§§ 147, 423, 444].

[6a]) § 802, 815 CPO. [§§ 880, 893].

657, 688, 690 Absatz 3, §§ 696, 710 Absatz 4 [§§ 623, 632, 663, 665, 671, 684]), soweit das Verfahren mit dem Verfahren über die Hauptsache verbunden ist;

5) das Verfahren über einen Antrag auf Aenderung einer Entscheidung des beauftragten oder ersuchten Richters oder des Gerichtsschreibers (Civilprozeßordnung § 539 [§ 545]);
6) das Verfahren über die im Gerichtskostengesetze § 47 Nr. 1 bis 12 [§ 1011 Nr. 1 bis 11] bezeichneten Streitpunkte und Anträge;
7) die Zustellung und Empfangnahme der Entscheidungen und die Mittheilung derselben an den Auftraggeber;
8) die Uebersendung der Handakten an den Bevollmächtigten einer anderen Instanz.

§ 1109.

(§ 30 GORA.)

Die Gebühren werden besonders erhoben für die Thätigkeit bei Streitigkeiten und Anträgen, welche betreffen:

1) die Sicherung des Beweises (Civilprozeßordnung §§ 447 bis 455 [§§ 518 bis 526]), wenn die Hauptsache noch nicht anhängig ist;
2) das Verfahren über einen Antrag auf Anordnung oder Aufhebung eines Arrestes oder einer einstweiligen Verfügung [6a]), sowie über einen Antrag auf vorläufige Einstellung, Beschränkung oder Aufhebung einer Zwangsvollstreckung (Civilprozeßordnung §§ 688, 690 Absatz 3, §§ 696, 710 Absatz 4 [§§ 663, 665, 671, 684]), sofern das Verfahren von dem Verfahren über die Hauptsache getrennt ist;
3) den Betrag der zu erstattenden Prozeßkosten (Civilprozeßordnung §§ 98, 99 [§§ 177, 178]).

Wird die vorläufige Einstellung, Beschränkung oder Aufhebung der Zwangsvollstreckung bei dem Vollstreckungsgericht und bei dem Prozeßgericht beantragt, so wird die Prozeßgebühr nur einmal erhoben.

§ 1110.

(§ 31 GORA.)

In der Zwangsvollstreckung bildet eine jede Vollstreckungsmaßregel zusammen mit den durch dieselbe vorbereiteten weiteren Vollstreckungshandlungen bis zu der durch die Maßregel zu erlangenden Befriedigung des Gläubigers Eine Instanz.

Die landesgesetzlichen Bestimmungen in Betreff der Gebühren für eine den Landesgesetzen unterliegende Zwangsvollstreckung bleiben unberührt [7]).

[6a]) §§ 802, 815 CPO. [§§ 880, 893].

[7]) Hierhin gehören auch die Vorschriften über die Gebühren der Rechtsanwälte

§ 1111.
(§ 32 GORA.)

Das Verfahren über einen Antrag auf Ertheilung einer weiteren vollstreckbaren Ausfertigung (Civilprozeßordnung § 669 [§ 644]), das Verfahren zur Abnahme des Offenbarungseides (Civilprozeßordnung §§ 781, 782 [§§ 859, 860]) und die Ausführung der Zwangsvollstreckung in ein gepfändetes Vermögensrecht durch Verwaltung (Civilprozeßordnung § 754 Absatz 3 [§ 728]) bilden besondere Instanzen der Zwangsvollstreckung.

§ 1112.
(§ 33 GORA.)

Die Vollstreckung der Entscheidung, durch welche der Schuldner nach Maßgabe des § 773 Absatz 2 der Civilprozeßordnung [§ 851] zur Vorauszahlung der Kosten verurtheilt wird, scheidet aus der Zwangsvollstreckung zur Erwirkung der Handlung als besonderes Verfahren aus.

Soll die Zwangsvollstreckung auf Unterlassung oder Duldung einer Handlung durch Strafen ausgeführt werden (Civilprozeßordnung § 775 Absatz 1 [§ 853]), so bildet eine jede Verurtheilung zu einer Strafe nach Maßgabe der Vorschriften des § 29 [§ 1108] den Schluß der Instanz.

Die Erwirkung der einer Verurtheilung vorausgehenden Strafandrohung (Civilprozeßordnung § 775 Absatz 2 [§ 853]) gehört zur Instanz der Hauptsache; dem Rechtsanwalte, welcher diese Instanz nicht geführt hat, steht die im § 23 [§ 1002] bestimmte Gebühr zu.

---

bei der Zwangsvollstreckung in das unbewegliche Vermögen. — Für das Zwangsversteigerungsverfahren ist (mit Ausnahme der Rheinlande, Frankfurts und Hannovers) § 7 des Ges. v. 12. Mai 1851 (GS. S. 656) maßgebend. Nach diesem beträgt die Gebühr (unter Berücksichtigung der Erhöhung durch das Ges. v. 1. Mai 1875, GS. S. 209):

a) für den Antrag: von dem Betrag bis zu 300 Mark von je 30 Mark 0,40 Mark,
von dem Mehrbetrag bis zu 600 Mark von je 30 Mark 0,20 Mark,
von dem Mehrbetrag von je 50 Mark 0,70 Mark,
bis zu einem Maximum von 30 Mark;

b) für die Wahrnehmung der Termine einschließlich des Versteigerungstermins: ebensoviel;

c) für die Wahrnehmung des Kaufgelderbelegungsverfahrens: ebensoviel.

Neben diesen Gebühren können nur Schreibgebühren und Gebühren für Gelderhebung und Ablieferung erhoben werden.

Die Höhe der Sätze bestimmt sich nach der Höhe des von dem Rechtsanwalt vertretenen Anspruchs ohne Unterschied, ob derselbe ganz oder zum Theil zur Hebung kommt, bei Vertretung des Subhastaten nach dem Werthe des Objekts oder des Antheils des Mandanten daran. In besonderen Prozessen zu erledigende Streitigkeiten gelten als gewöhnliche Rechtsstreitigkeiten. — Außerdem finden nach § 2 AG. GORA. v. 2. Febr 1880 (GS. G. 43), auch §§ 7, 10 bis 12, 41, 47, 76 bis 90, 93, 94, [§§ 1086, 1089 bis 1091, 1120, 1126, 1131 bis 1145, 1148, 1149] entsprechende Anwendung.

§ 1113.

(§ 34 GORA.)

Bei Ausführung der Zwangsvollstreckung auf Vornahme einer Handlung durch Geldstrafen oder Haft (Civilprozeßordnung § 774 [§ 852], bildet das gesammte Verfahren eine Instanz.

§ 1114.

(§ 35 GORA.)

Für die einmalige Erwirkung des Zeugnisses der Rechtskraft (Civilprozeßordnung § 646 [§ 622]) oder der Vollstreckungsklausel (Civilprozeßordnung §§ 662 bis 666, 703, 704 Absatz 1, § 705 Absatz 1, 2, § 809 [§§ 637 bis 641, 678, 679, 680, 887]) steht weder dem Rechtsanwalte der Instanz, in welcher dieselben zu ertheilen, noch dem Rechtsanwalte, welcher mit dem Betriebe der Zwangsvollstreckung beauftragt ist, und für die Aufhebung einer Vollstreckungsmaßregel weder dem Rechtsanwalte, welcher deren Vornahme veranlaßt hat, noch dem Rechtsanwalte, welcher mit dem Betriebe der weiteren Zwangsvollstreckung beauftragt ist, eine Gebühr zu.

§ 1115.

(§ 36 GORA.)

Die Vorschriften der §§ 31 bis 35 [§§ 1110 bis 1114] finden bei Vollziehung eines Arrestbefehls oder einer einstweiligen Verfügung (Civilprozeßordnung §§ 808 bis 813, 815 [§§ 886 bis 891, 893]) entsprechende Anwendung.

Die Instanz dauert bis zur Aufhebung des Arrestes oder der einstweiligen Verfügung oder bis zum Anfange der Zwangsvollstreckung aus dem in der Hauptsache erlassenen Urtheile.

§ 1116.

(§ 37 GORA.)

Besondere Gebühren.

Für die Mitwirkung bei einem der Klage vorausgehenden Sühneverfahren (Civilprozeßordnung §§ 471, 571 [§§ 348, 575]) erhält der Rechtsanwalt drei Zehntheile der Sätze des § 9 [§ 1088].

Diese Gebühr wird im Falle der Verhandlung des Rechtsstreits vor dem Amtsgericht auf die Prozeßgebühr angerechnet.

Ist in dem Falle des § 471 der Civilprozeßordnung [§ 348] unter der Mitwirkung des Rechtsanwalts ein Vergleich geschlossen, so erhält er die vollen Sätze des § 9 [§ 1088].

§ 1117.

(§ 38 GORA.)

Im Mahnverfahren[8]) erhält der Rechtsanwalt von den Sätzen des § 9 [§ 1088]:

---

[8]) §§ 628 ff. CPO. [§§ 604 ff.].

1) drei Zehntheile für die Erwirkung des Zahlungsbefehls, einschließlich der Mittheilung des Widerspruchs an den Auftraggeber;
2) zwei Zehntheile für die Erhebung des Widerspruchs;
3) zwei Zehntheile für die Erwirkung des Vollstreckungsbefehls.

Die Gebühr in Nr. 2 wird auf die in dem nachfolgenden Rechtsstreite zustehende Prozeßgebühr und die Gebühr in Nr. 3 auf die Gebühr für die nachfolgende Zwangsvollstreckung angerechnet.

§ 1118.
(§ 39 GORA.)

Für die Vertretung im Vertheilungsverfahren (Civilprozeßordnung §§ 758 bis 763, 768 [§§ 836 bis 841, 846]) stehen dem Rechtsanwalte fünf und, falls der Auftrag vor dem Termine zur Ausführung der Vertheilung erledigt wird, drei Zehntheile der Sätze des § 9 [§ 1088] zu.

Der Werth des Streitgegenstandes wird durch den Betrag der Forderung und, wenn der zu vertheilende Geldbetrag geringer ist, durch diesen Betrag bestimmt.

§ 1119.
(§ 40 GORA.)

Im Aufgebotsverfahren, (Civilprozeßordnung §§ 823 bis 833, 836 bis 850 [§§ 901 bis 913, 915 bis 929]) stehen dem Rechtsanwalte, als Vertreter des Antragstellers (Civilprozeßordnung § 824 [§ 903]), drei Zehntheile der Sätze des § 9 [§ 1088] zu:

1) für den Betrieb des Verfahrens, einschließlich der Information;
2) für den Antrag auf Erlaß des Aufgebots;
3) für die Wahrnehmung des Aufgebotstermins.

Als Vertreter einer anderen Person erhält der Rechtsanwalt diese Gebühr nur einmal.

§ 1120.
(§ 41 GORA.)

Drei Zehntheile der in den §§ 13 bis 18 [§§ 1092 bis 1097] bestimmten Gebühren erhält der Rechtsanwalt:

1) in der Beschwerdeinstanz,
2) wenn seine Thätigkeit sich auf ein Verfahren beschränkt, welches die Aenderung einer Entscheidung des beauftragten oder ersuchten Richters oder des Gerichtsschreibers (Civilprozeßordnung § 539 [§ 545]) betrifft.

In der Instanz der an eine Nothfrist nicht gebundenen Beschwerde steht dem Rechtsanwalte die Prozeßgebühr nicht zu, wenn ihm dieselbe oder eine der in den §§ 37 bis 40 [§§ 1116 bis 1119] bezeichneten Gebühren in der Instanz zustand, in welcher die angefochtene Entscheidung ergangen ist.

§ 1121.

(§ 42 GORA.)

Der zum Prozeßbevollmächtigten bestellte Rechtsanwalt, welcher auf Verlangen der Partei die Vertretung in der mündlichen Verhandlung einem anderen Rechtsanwalt übertragen hat, erhält neben den ihm zustehenden Gebühren fünf Zehntheile der Verhandlungsgebühr. Diese Gebühr wird auf eine ihm zustehende Verhandlungsgebühr angerechnet.

§ 1122.

(§ 43 GORA.)

Dem Rechtsanwalte, welchem von der Partei oder auf deren Verlangen von dem Prozeßbevollmächtigten nur die Vertretung in der mündlichen Verhandlung oder die Ausführung der Parteirechte in derselben übertragen ist, steht neben der Verhandlungsgebühr die Prozeßgebühr zu fünf Zehntheilen zu. Letztere Gebühr steht ihm auch dann zu, wenn der Auftrag vor der mündlichen Verhandlung erledigt wird. Erstreckt sich die Vertretung auf eine mit der mündlichen Verhandlung verbundene Beweisaufnahme (§ 13 Nr. 4 [§ 1092]), so erhält der Rechtsanwalt außerdem die Beweisgebühr.

§ 1123.

(§ 44 GORA.)

Dem Rechtsanwalte, welcher lediglich den Verkehr der Partei mit dem Prozeßbevollmächtigten führt, steht eine Gebühr in Höhe der Prozeßgebühr zu. Er erhält nur fünf Zehntheile, wenn ihm in unterer Instanz die vorbezeichnete Gebühr oder die Prozeßgebühr zustand.

Die mit der Uebersendung der Akten an den Rechtsanwalt der höheren Instanz verbundenen gutachtlichen Aeußerungen dienen nicht zur Begründung dieser Gebühr, wenn nicht zu denselben Auftrag ertheilt war.

§ 1124.

(§ 45 GORA.)

Der Rechtsanwalt, dessen Thätigkeit sich auf die Vertretung in einem nur zur Leistung des durch ein Urtheil auferlegten Eides oder nur zur Beweisaufnahme bestimmten Termine beschränkt, erhält neben der dem Prozeßbevollmächtigten im gleichen Falle zustehenden Beweisgebühr eine Gebühr in Höhe von fünf Zehntheilen der Prozeßgebühr. Letztere Gebühr steht ihm auch dann zu, wenn der Auftrag vor dem Termin erledigt wird.

Die Wahrnehmung eines weiteren Termins zur Fortsetzung der Verhandlung begründet nicht eine Erhöhung der Gebühr.

§ 1125.

(§ 46 GORA.)

Beschränkt sich die Thätigkeit des Rechtsanwalts auf die Anfertigung eines Schriftsatzes, so erhält er eine Gebühr in Höhe von fünf Zehntheilen der Prozeßgebühr.

§ 1126.*

(§ 47 GORA.)

Für einen ertheilten Rath erhält der nicht zum Prozeßbevollmächtigten bestellte Rechtsanwalt eine Gebühr in Höhe von drei Zehntheilen der Prozeßgebühr.

Eine Gebühr in Höhe von fünf Zehntheilen der Prozeßgebühr steht dem mit Einlegung der Berufung beauftragten Rechtsanwalte zu, wenn derselbe von der Einlegung abräth und der Auftraggeber seinen Auftrag zurücknimmt.

§ 1127.

(§ 48 GORA.)

Der nicht zum Prozeßbevollmächtigten bestellte Rechtsanwalt erhält höchstens die für den Prozeßbevollmächtigten bestimmte Gebühr, falls die ihm aufgetragenen Handlungen in den Kreis derjenigen Thätigkeit fallen, für welche die dem Prozeßbevollmächtigten zustehende Gebühr bestimmt ist.

§ 1128.

(§ 49 GORA.)

Wird ein Rechtsanwalt, nachdem er in einer Rechtssache thätig gewesen, zum Prozeßbevollmächtigten bestellt, so erhält er für die ihm vorher aufgetragenen Handlungen, soweit für dieselben die dem Prozeßbevollmächtigten zustehende Gebühr bestimmt ist, und als Prozeßbevollmächtigter zusammen nicht mehr an Gebühren, als ihm zustehen würde, wenn er vorher zum Prozeßbevollmächtigten bestellt worden wäre.

§ 1129.

(§ 50 GORA.)

Wird der einem Rechtsanwalt ertheilte Auftrag vor Beendigung der Instanz aufgehoben, so stehen dem Rechtsanwalte die Gebühren in gleicher Weise zu, als wenn die Instanz zur Zeit der Aufhebung des Auftrags durch Zurücknahme der gestellten Anträge erledigt wäre, unbeschadet der aus einem Verschulden sich ergebenden civilrechtlichen Folgen.

§ 1130.

(§ 51 GORA.)

Bei Vertretung mehrerer Streitgenossen [9]), einschließlich der Nebenintervenienten [10]), stehen dem Rechtsanwalte die Gebühren nur einmal zu. Bei nachträglichem Beitritte von Streitgenossen erhöht sich durch jeden Beitritt die Prozeßgebühr um zwei Zehntheile. Die Erhöhung

[9]) §§ 56 ff. CPO. [§§ 135 ff.].
[10]) § 66 CPO. [§ 145].

wird nach dem Betrage berechnet, bei welchem die Vollmachtgeber gemeinschaftlich betheiligt sind; mehrere Erhöhungen dürfen den einfachen Betrag der Prozeßgebühr nicht übersteigen.

Dritter Abschnitt.
Auslagen.

§ 1131.
(§ 76 GORA.)

Für die Höhe der dem Rechtsanwalte zustehenden Schreibgebühren sind die Vorschriften des § 80 des Gerichtskostengesetzes [§ 1018] maßgebend.

§ 1132.
(§ 77 GORA.)

Für Verpackung von Briefen und Akten dürfen Auslagen nicht berechnet werden.

§ 1133.*
(§ 78 GORA.)

Bei Geschäftsreisen erhält der Rechtsanwalt, vorbehaltlich der Bestimmungen in den §§ 18, 37,[11]) 39 der Rechtsanwaltsordnung:

I. an Tagegeldern	12 Mark — Pf.;
II. für ein Nachtquartier	5 Mark — Pf.;
III. an Fuhrkosten einschließlich der Kosten der Gepäckbeförderung:	
1) wenn die Reise auf Eisenbahnen oder Dampfschiffen gemacht werden kann, für das Kilometer	— Mark 13 Pf.
und für jeden Zu- und Abgang	3 Mark — Pf.;
2) anderenfalls	— Mark 60 Pf.
für das Kilometer der nächsten fahrbaren Straßenverbindung	

Haben höhere Fuhrkosten aufgewendet werden müssen, so werden diese erstattet.

§ 1134.
(§ 79 GORA.)

Die Fuhrkosten werden für die Hin- und Rückreise besonders berechnet.

Hat ein Rechtsanwalt Geschäfte an verschiedenen Orten unmittelbar nach einander ausgerichtet, so ist der von Ort zu Ort zurückgelegte Weg ungetheilt der Berechnung der Fuhrkosten zu Grunde zu legen.

---

[11]) § 37 ist abgedruckt in Anm. 6 zu [§ 186].

Bei einer Reise zur Ausführung der Aufträge mehrerer Auftraggeber findet die Vorschrift des § 3 [§ 1082] entsprechende Anwendung.

§ 1135.

(§ 80 GORA.)

Für Geschäfte am Wohnorte stehen dem Rechtsanwalte weder Tagegelder noch Fuhrkosten zu; dasselbe gilt von Geschäften außerhalb des Wohnortes in geringerer Entfernung als zwei Kilometer von demselben.

War der Rechtsanwalt durch außergewöhnliche Umstände genöthigt, sich eines Fuhrwerks zu bedienen, oder waren sonstige nothwendige Unkosten, wie Brücken- oder Fährgeld, aufzuwenden, so sind die Auslagen zu erstatten.

Für einzelne Ortschaften kann durch die Landesjustizverwaltung bestimmt werden, daß den Rechtsanwälten bei den nicht an der Gerichtsstelle vorzunehmenden Geschäften die verauslagten Fuhrkosten zu erstatten sind.

§ 1136.

(§ 81 GORA.)

Bei Berechnung der Entfernungen wird jedes angefangene Kilometer für ein volles Kilometer gerechnet.

§ 1137.

(§ 82 GORA.)

Der Rechtsanwalt, welcher seinen Wohnsitz verlegt, kann bei Fortführung eines ihm vorher ertheilten Auftrags Tagegelder und Reisekosten nur insoweit verlangen, als sie ihm auch bei Beibehaltung seines Wohnsitzes zugestanden haben würden.

§ 1138.

(§ 83 GORA.)

Hat ein Rechtsanwalt seinen Wohnsitz an einem Orte, an welchem sich kein Gericht befindet, so kann die Landesjustizverwaltung bestimmen, daß ihm Tagegelder und Reisekosten nur insoweit zustehen, als er solche auch verlangen könnte, wenn er seinen Wohnsitz an dem Orte des Amtsgerichts, in dessen Bezirk er wohnt, genommen hätte.

Vierter Abschnitt.

Einforderung von Gebühren und Auslagen.

§ 1139.

(§ 84 GORA.)

Der Rechtsanwalt kann von seinem Auftraggeber angemessenen Vorschuß fordern.

§ 1140.

(§ 85. GORA.)

Dem Auftraggeber gegenüber werden die Gebühren des Rechtsanwalts fällig, sobald über die Verpflichtung, dieselben zu tragen, eine Entscheidung ergangen ist, sowie bei Beendigung der Instanz oder bei Erledigung des Auftrags.

§ 1141.

(§ 86 GORA.)

Die Einforderung der Gebühren und Auslagen ist nur zulässig, wenn vorher oder gleichzeitig eine von dem Rechtsanwalt unterschriebene Berechnung derselben mit Angabe des Werthes des Streitgegenstandes, sofern der Werth maßgebend, und unter Bezeichnung der zur Anwendung kommenden Bestimmungen dieses Gesetzes mitgetheilt wird.

Die Mittheilung dieser Berechnung kann auch nach erfolgter Zahlung verlangt werden, so lange nicht die Handakten zurückgenommen sind oder die Verpflichtung des Rechtsanwalts zur Aufbewahrung derselben erloschen ist (Rechtsanwaltsordnung § 32).

Fünfter Abschnitt.

Schlußbestimmungen.

§ 1142.

(§ 87 GORA.)

Für Erhebung und Ablieferung von Geldern erhält der Rechtsanwalt eine Gebühr:

von 1 Mark für jedes angefangene Hundert des Betrags bis 1000 Mark;

von 50 Pfennig für jedes angefangene Hundert des weiteren Betrags bis 10000 Mark;

von 25 Pfennig für jedes angefangene Hundert des Mehrbetrags.

Für Erhebung und Ablieferung von Werthpapieren erhält der Rechtsanwalt nach Maßgabe des Werthes die Hälfte der vorstehenden Gebühren.

Die Gebühr für Erhebung und Ablieferung von Geldern kann von diesen bei der Ablieferung entnommen werden.

§ 1143.

(§ 88 GORA.)

Für die Ausarbeitung eines Gutachtens mit juristischer Begründung hat der Rechtsanwalt angemessene Vergütung zu beanspruchen. Ueber die Höhe der Vergütung wird im Prozeßwege, nach eingeholtem Gutachten des Vorstandes der Anwaltskammer, entschieden.

§ 1144.

(§ 89 GORA.)

Ist für das dem Rechtsanwalt übertragene Geschäft der Betrag der Gebühr in diesem Gesetze nicht bestimmt, so erhält er eine unter entsprechender Anwendung der Bestimmungen dieses Gesetzes zu bemessende Gebühr.

§ 1145.

(§ 90 GORA.)

Insofern in diesem Gesetze für die begonnene oder vorbereitete Ausführung eines vor der vollständigen Ausführung erledigten Auftrags eine Gebühr nicht vorgesehen ist, erhält der Rechtsanwalt eine nach Maßgabe des § 89 [§ 1114] zu bemessende Gebühr.

§ 1146.*

(§ 91 GORA.)

Die Vorschriften dieses Gesetzes finden entsprechende Anwendung im schiedsrichterlichen Verfahren.

Für die Berechnung der Gebühren des im schiedsrichterlichen Verfahren als Prozeßbevollmächtigten bestellten Rechtsanwalts gilt das gerichtliche Verfahren im Falle des § 862 der Civilprozeßordnung [§ 945] als zum schiedsrichterlichen Verfahren gehörig.

§ 1147.

(§ 92 GORA.)

Fällt eine dem Rechtsanwalt aufgetragene Thätigkeit, für welche ihm nach Vorschrift dieses Gesetzes eine Vergütung zusteht, zugleich in den Kreis derjenigen Angelegenheiten, in welchen die den Rechtsanwälten zustehende Vergütung durch landesgesetzliche Vorschrift geregelt ist, so kommt, soweit die Anwendung beider Vorschriften zu einer zweifachen Vergütung derselben Thätigkeit führen würde, nur eine derselben und zwar die dem Rechtsanwalte günstigere zur Anwendung.

§ 1148.*

(§ 93 GORA.)

Sofern der Rechtsanwalt nicht einer Partei zur Wahrnehmung ihrer Rechte beigeordnet ist [12]), kann der Betrag der Vergütung durch Vertrag abweichend von den Vorschriften dieses Gesetzes festgesetzt werden. Die Festsetzung durch Bezugnahme auf das Ermessen eines Dritten ist ausgeschlossen.

Der Auftraggeber ist an den Vertrag nur gebunden, soweit er denselben schriftlich abgeschlossen hat.

---

[12]) § 34 RAO. [§ 186 Abs. 2.]

Der Auftraggeber kann eine Berechnung der gesetzlichen Vergütung nach Maßgabe des § 86 [§ 1141] verlangen.

Hat der Rechtsanwalt durch den Vertragsschluß die Grenze der Mäßigung überschritten, so kann die durch Vertrag festgesetzte Vergütung im Prozeßwege, nach eingeholtem Gutachten des Vorstandes der Anwaltskammer, bis auf den in diesem Gesetze bestimmten Betrag herabgesetzt werden.

§ 1149.

(§ 94 GORA.)

Für das Verhältniß des Auftraggebers oder des Rechtsanwalts zu dem Erstattungspflichtigen kommt die vertragsmäßige Festsetzung der Vergütung (§ 93 [§ 1148]) nicht in Betracht.

Anlagen.

A.

Auszug aus der Geschäftsordnung

für die

Gerichtsschreibereien der Amtsgerichte vom 1. August 1879.

(Anlage I zu Nr. 32 des JMBl. 1879.)

Erster Abschnitt.

Allgemeine Bestimmungen.

§ 1.

Einrichtung der Gerichtsschreibereien.

Bei jedem Amtsgerichte wird eine Gerichtsschreiberei eingerichtet. Dieselbe zerfällt, wo es das Bedürfniß erfordert, in Abtheilungen.

Sind bei einem Amtsgerichte mehrere Gerichtsschreiber angestellt, so kann der Präsident des Oberlandesgerichts einen derselben zum ersten Gerichtsschreiber bestellen; bei großen Amtsgerichten können mehrere erste Gerichtsschreiber bestellt werden. Die Bestellung ist jederzeit widerruflich.

Den in Betreff des Geschäftsbetriebes von dem ersten Gerichtsschreiber getroffenen Anordnungen haben die übrigen Beamten der Gerichtsschreiberei bis auf etwaige anderweite Entscheidung des aufsichtführenden Richters Folge zu leisten.

Die Obliegenheiten des ersten Gerichtsschreibers werden, falls ein solcher nicht bestellt ist, im Wege der Geschäftsvertheilung einem der mehreren Gerichtsschreiber übertragen.

Die Gerichtsschreiber sind verpflichtet, sich gegenseitig zu vertreten und bei Häufung der Geschäfte sich Hülfe zu leisten.

§ 2.

Aeußere Ordnung.

Alle Geschäftsräume des Gerichts sind mit Nummern und mit der Aufschrift ihrer Bestimmung zu versehen. Bei größeren Gerichten ist ein Verzeichniß der Geschäftsräume im Hausflur anzubringen.

Außerhalb der Fächer und Behältnisse dürfen sich nur Akten und Schriftstücke befinden, welche zu den vorliegenden Arbeiten gehören. Die Aktenfächer sind mit deutlichen Ueberschriften zn versehen.

Für die Abtragung der Akten und sonstigen Schriften an eine andere Abtheilung oder an den Richter und für den mündlichen Geschäftsverkehr der Beamten untereinander können bestimmte Stunden festgesetzt werden.

Ein Auszug aus dem Inventarium für Utensilien ist in jedem Gerichtszimmer auszuhängen.

§ 3.

Geschäftszeit, Anmeldestube, Briefkasten.

Die gewöhnlichen Dienststunden währen Vormittags von 8 bis 1,

Nachmittags von 3 bis 6 Uhr. Der Präsident des Landgerichts kann die Dienststunden abweichend von dieser Vorschrift bestimmen.

Für die Erledigung der Eilfälle ist der Geschäftsbetrieb an keine Zeit gebunden.

Für die Rechtsuchenden soll die Gerichtsschreiberei mindestens zwei Stunden werktäglich geöffnet sein. Der Präsident des Landgerichts hat die hierzu ein- für allemal bestimmten Tagesstunden (Sprechstunden) festzusetzen. Eine Bekanntmachung der Sprechstunden ist an die Gerichtstafel anzuheften.

Bei Amtsgerichten von beträchtlichem Geschäftsumfange kann behufs Entgegennahme von Gesuchen, welche von Gerichtsschreibern aufzunehmen sind, eine Anmeldestube eingerichtet werden.

Um den Rechtsuchenden Gelegenheit zu geben, außerhalb der Sprechstunden schriftliche Eingaben niederzulegen, ist, sofern es das Bedürfniß erfordert, in dem Flure des Gerichtsgebäudes ein Briefkasten anzubringen. Derselbe ist zweimal oder dreimal werktäglich durch den Gerichtsdiener zu leeren. Die Leerungszeiten sind auf dem Briefkasten zu vermerken.

§ 4.

Dienstobliegenheiten im Allgemeinen.

Der Gerichtsschreiber hat auf Erfordern des Richters das Protokoll zu führen; die von dem Richter getroffenen Anordnungen durch Anfertigung der Expeditionen, Ausfertigungen und Abschriften, sowie durch Anfertigung von Rechnungsarbeiten auszuführen; nach Maßgabe der bestehenden Vorschriften bei Berechnung und Erhebung der Gerichtskosten mitzuwirken; für die Ordnung und Aufbewahrung der Akten und sonstigen Schriften zu sorgen; kleinere Schreibarbeiten selbst zu fertigen; Register und Listen zu führen; auf Grund derselben die Aufstellung der vorgeschriebenen Auszüge und Geschäftsübersichten zu bewirken; sich überhaupt denjenigen Verrichtungen zu unterziehen, welche im Interesse des Geschäftsbetriebes für erforderlich erachtet werden.

Zu den Dienstobliegenheiten des ersten Gerichtsschreibers gehört es:

1. Utensilien, Drucksachen, Schreibmaterialien, Beleuchtungs- und Heizungsmaterial, sowie sonstige Geschäftsbedürfnisse nach den ihm ertheilten Weisungen anzuschaffen und zu verwalten;
2. die Inventarien des Amtsgerichts zu führen und darüber zu wachen, daß die für die äußere Ordnung und Sicherheit der Geschäftsräume erlassenen Anweisungen befolgt werden;
3. die Geschäftsübersichten aus den Nachrichten zusammenzustellen, welche die einzelnen Gerichtsschreiber zu liefern haben.

§ 5.* Abs. 1 bis 3.

Eingänge.

Die an das Gericht verschlossen eingehenden Sendungen werden von dem Richter der Gerichtsabtheilung, welche in der Adresse bezeichnet ist, und wenn diese Bezeichnung fehlt, von dem aufsichtführenden Richter eröffnet.

Die an die Gerichtsschreiberei gerichteten, verschlossen eingehenden Sendungen eröffnet der Gerichtsschreiber, — bei den mit mehr als einem Gerichtsschreiber besetzten Amtsgerichten, wenn in der Aufschrift die Abtheilung bezeichnet ist, der Gerichtsschreiber der Abtheilung, andernfalls der erste Gerichtsschreiber. Der letztere hat auch die unverschlossenen für das Gericht oder die Gerichtsschreiberei bestimmten Schriftstücke, wenn Zweifel ist, zu welcher Abtheilung sie gehören, sowie die in der gemeinschaftlichen Anmeldestube aufgenommenen Gesuche in Empfang zu nehmen, zu sondern und an die zuständigen Abtheilungen der Gerichtsschreiberei zu befördern. — Abweichende Vorschriften können nach dem örtlichen Bedürfnisse von dem Präsidenten des Landgerichts getroffen werden.

Bei der Entgegennahme einer Schrift sind auf derselben der Zeitpunkt des Eingangs, die Zahl der Anlagen und diejenigen Postgebühren anzugeben, welche als baare Auslagen in die Kostenrechnung aufzunehmen sind. Auf die Anlagen wird der Eingangsvermerk nur in den gesetzlich bestimmten Fällen gesetzt (s. z. B. § 155 CPO. [§ 232]). Gelangt die Schrift nicht an dem vermerkten Tage an die Gerichtsschreiberei, so hat diese einen besonderen Eingangsvermerk zu machen.

§ 6.

Werthsendungen.

Die Empfangnahme der an das Gericht oder eine Abtheilung des Gerichts adressirten Postanweisungsbeträge und Sendungen mit Werthangabe, sowie die Eröffnung der betreffenden Briefe bleibt dem aufsichtführenden Richter ausschließlich vorbehalten. Derselbe vollzieht die zu ertheilenden Empfangsscheine, nachdem der erste Gerichtsschreiber die Eingänge in das Posteingangsnotizbuch eingetragen hat.

Das Posteingangsnotizbuch hat 9 Spalten mit folgenden Ueberschriften: 1. Tag des Eingangs, 2. Nummer des Ablieferungsscheins oder der Postanweisung, 3. Aufschrift (Adresse), 4. Abgangsort, 5. Werthangabe in Mark, 6. Name des Ausgabebeamten der Post, 7. Tag und Stunde der Ausgabe, durch den Tagesstempel beglaubigt, 8. Bezeichnung der Sache, 9. Nachweis über den Verbleib des Geldes.

Die Postanstalt wird ein für allemal ersucht, die baaren Einzahlungen und die Sendungen mit Werthangabe bei Rückgabe der vollzogenen Ablieferungsscheine nur unter Vorlegung des Notizbuches zu verabfolgen. Zum Anerkenntniß der richtigen Eintragung dieser Scheine in das Notizbuch trägt der Postausgabebeamte bei der letzten Position mehrerer hintereinander eingetragenen Sendungen desselben Ankunftstages mit Bezeichnung ihrer Anzahl seinen Namen unter Abdruck des Tagesstempels in Spalte 7 ein.

Beim Eingange von Werthsendungen sind die Begleitschreiben und, falls solche Schreiben fehlen, die sofort unter Beilegung des Abschnitts der Postanweisungen aufzunehmenden, den Eingang bekundenden Vermerke mit einer Angabe über den Verbleib oder die vorläufige Verwahrung zu versehen.

Der aufsichtführende Richter hat auch die an das Gericht oder eine Abtheilung des Gerichts gerichteten eingeschriebenen Postsendungen zu öffnen und die darüber der Post zu ertheilenden Empfangsscheine zu vollziehen. Ist die Postbehörde damit einverstanden, so werden die eingeschriebenen Sendungen ebenfalls in das Posteingangsnotizbuch eingetragen, anderenfalls wird darüber von einem dazu bestimmten Beamten eine besondere Liste gehalten.

Bei größeren Amtsgerichten können von dem Präsidenten des Landgerichts die durch vorstehende Vorschriften dem aufsichtführenden Amtsrichter vorbehaltenen Befugnisse in Betreff solcher Sendungen, welche an eine bestimmte Abtheilung des Gerichts adressirt sind, einem anderen Amtsrichter übertragen werden.

Die an die Gerichtsschreiberei adressirten Sendungen mit Werthangabe,

Postanweisungsbeträge und eingeschriebenen Sendungen hat der erste Gerichtsschreiber in Empfang zu nehmen und zu öffnen. Er unterzeichnet die Empfangsscheine und trägt die Sendungen, falls nicht angeordnet ist, daß über dieselben ein besonderes Posteingangsnotizbuch geführt wird, in das oben erwähnte Buch ein.

§ 7.*

Anlegung der Akten.

Aus den eine und dieselbe Rechtsangelegenheit betreffenden Schriften werden Akten gebildet; es können auch Schriftstücke, welche verschiedene, aber gleichartige Angelegenheiten betreffen, in Sammelakten — Generalakten — vereinigt werden.

Jedes Aktenstück erhält ein Aktenzeichen. Dasselbe wird durch den Buchstaben und die Nummer des Aktenregisters unter Beifügung der Jahreszahl gebildet. Das Aktenzeichen lautet demgemäß beispielsweise C. Nr. 11/80.

Die Akten werden geheftet und mit einer fortlaufenden Blattzahl versehen; sie erhalten aus starkem Papier Aktendeckel und Aktenrücken. Der Präsident des Oberlandesgerichts kann für gewisse Gattungen von Sachen bestimmen, daß die Verwendung förmlicher Aktendeckel und Aktenrücken unterbleibt und daß die Akten entweder mit einem gewöhnlichen Papierumschlage oder nur mit einem aus einem halben Bogen Papier bestehenden Aktenrücken versehen werden. Eine solche Bestimmung kann auch für die Angelegenheiten getroffen werden, für welche nach dieser Geschäftsordnung Blattsammlungen anzulegen sind.

Auf dem Aktendeckel oder auf dem Aktenrücken ist das Amtsgericht zu bezeichnen, die Angelegenheit, auf welche sich der Akteninhalt bezieht (Namen der Parteien), anzugeben und das Aktenzeichen zu vermerken. Sachen, welche einer besonderen Beschleunigung bedürfen, sind durch einen auf den Aktendeckel, bezüglich auf die vorzulegende Schrift zu setzenden, in die Augen fallenden Vermerk als „Eilsache" zu bezeichnen.

Die Weglegung der Akten erfolgt auf Anordnung des Richters, wenn die Angelegenheit beendet ist oder für beendet gilt (siehe unten § 23). Auf dem Aktendeckel ist das Jahr der Weglegung und das Jahr, bis zu welchem die Akten aufzubewahren sind, nachzutragen. Besondere Register über weggelegte Akten werden nicht geführt.

In den Fällen, welche diese Geschäftsordnung ausdrücklich bestimmt, werden Blattsammlungen angelegt. Es unterbleibt dann das Heften und die Anlegung förmlicher Akten. Die betreffenden Schriftstücke werden in einer Hülle geordnet aufbewahrt. Die Hülle erhält das Aktenzeichen sowie die Bezeichnung des Gerichts und der Rechtsangelegenheit. Nach Weglegung sämmtlicher einen Jahrgang umfassenden, zu Blattsammlungen gehörigen Schriften werden dieselben zwischen zwei Deckel von Pappe oder Papier gelegt und zusammengebunden. Auf dem oberen Deckel wird der Inhalt und das Jahr, bis zu welchem die Sammlung aufzubewahren ist, bemerkt, z. B. Mahnsachen 1880 aufzubewahren bis 1886.

Die Bezeichnung „Akten" begreift auch Blattsammlungen in sich.[1])

[1]) Ueber die Aufbewahrung und Vernichtung der Akten trifft die allgemeine Verfügung vom 22. September 1879 (JMBl. S. 376) Vorschriften; aus ihnen interessirt hier folgendes: Zur Veräußerung nach dreißig Jahren sind geeignet: Die Aktenregister, die bei den Gerichten niedergelegten Schiedssprüche, die Ver-

§ 8.

Die zu denselben Akten gehörigen Schriftstücke erhalten in dem denselben vorzuheftenden Nummernverzeichnisse in ununterbrochener Folge eine Nummer (Ordnungsnummer), welche auch dann fortläuft, wenn ein neuer Band angelegt wird. Die Nummern werden reihenweise in dem Verzeichnisse untereinander geschrieben, neben der Nummer wird das Datum des Schriftstücks angegeben. Den Ordnungsnummern, welche einem und demselben Geschäftsjahre angehören, wird die Jahreszahl als Ueberschrift vorangestellt.

Ordnungsnummern und Eingangsregister.

Die Ordnungsnummer bestimmt die Folge der Schriften in den Akten; das Schriftstück, mit dem eine neue Rechtsangelegenheit anhängig wird, erhält die Ziffer 1. Anlagen eines Schriftstücks erhalten keine Nummer und werden als zur betreffenden Nummer gehörig (z. B. zu Nr. 5) nur dann bezeichnet, wenn die besondere Wichtigkeit der Schriftstücke dies erfordert oder wenn es zur Vermeidung von Irrthümern nothwendig ist.

Nach der Eintragung in dem Verzeichniß wird das Aktenzeichen und darunter die Nummer auf das Schriftstück gesetzt.

Aktenzeichen und Ordnungsnummer zusammen bilden die Geschäftsnummer. Dieselbe wird bei allen Schriften (Protokollen, Konzepten, Reinschriften u. s. w.) links auf die erste Seite gesetzt.

Im Nummernverzeichnisse ist bei Einheftung des Schriftstücks oder bei der Abgabe desselben die betreffende Nummer zu durchstreichen, im letzteren Falle auch neben die Nummer ein Vermerk über den Verbleib zu setzen.

Bilden die zu einer Rechtsangelegenheit gehörigen Schriften eine Blattsammlung, so wird das Nummernverzeichniß auf dem Umschlage niedergeschrieben.

Den vorstehenden Bestimmungen unterliegen alle einzelnen Schriftstücke — also namentlich auch Protokolle, Wiedervorlegungen, von Amtswegen erlassene Verfügungen, Schriften, die zu General- oder Sammelakten

---

gleiche in Sühnesachen, die Prozeßakten, in denen über Eigenthum an unbeweglichen Gegenständen, über Grundgerechtigkeiten, über Privilegien der Gemeinden und Korporationen, über Familienrechte, über Familienstiftungen und Familienfideikommisse verhandelt worden ist, Akten über Ehe- und Entmündigungssachen und über Zwangsversteigerungen von unbeweglichen Gegenständen. — Zur Veräußerung nach zehn Jahren sind geeignet: die Akten über Sicherung des Beweises; alle Akten über Aufgebotsverfahren (es sind aus ihnen die Endurtheile herauszunehmen und noch 20 Jahre aufzubewahren); Akten über Zwangsverwaltungen von unbeweglichen Gegenständen. — Zur Veräußerung nach fünf Jahren sind geeignet: andere lediglich zur Kontrole des Geschäftsgangs dienende Listen und sonstige Schriften, namentlich auch die Kalender und Eingangsregister; die Akten, in denen die vollstreckbare Ausfertigung von Urkunden verfügt ist, welche sich nicht in gerichtlicher Verwahrung befinden; die Sühne- und Mahnregister, die Register für Rechtshülfesachen und die darin verzeichneten Akten; alle übrigen bei den Amtsgerichten geführten Prozeßakten. — Die Fristen beginnen für Akten mit dem Tage der Weglegung; für Aktenregister und Listen, sobald alle darin verzeichneten Angelegenheiten erledigt sind. Die Vorstände der Gerichte haben Akten und sonstige Schriften, für welche besondere Gründe eine längere Aufbewahrung angemessen erscheinen lassen, von der Veräußerung oder der Vernichtung auszuschließen.

gehören, u. s. w. —, Zustellungs- und Behändigungsurkunden jedoch nur dann, wenn eine richterliche Verfügung auf einem solchen Schriftstücke niedergeschrieben wird.

Die zu Sühnesachen oder Mahnsachen gehörigen Schriften werden nicht mit Ordnungsnummern, sondern nur mit dem Aktenzeichen versehen.

Ein Geschäftsjournal (Produktenbuch, Tagebuch) wird nicht geführt.

Schriften, bezüglich deren es zweifelhaft erscheint, ob sie zu angelegten Akten zu nehmen, ob mit ihnen neue Akten anzulegen, oder in welches Register sie einzustellen sind, hat der Gerichtsschreiber in das Eingangsregister einzutragen und vorläufig mit der Nummer dieses Registers (z. B. E. R. Nr. 12) zu versehen. Das Eingangsregister erhält folgende Spalten: 1. Jährlich fortlaufende Nummer, 2. Tag des Eingangs, 3. Kurze Angabe des Gegenstandes, 4. Angabe, wo sich die Schrift befindet, 5. Verbleib der Schrift, 6. Akten, zu denen die Schrift genommen ist.

§ 9 Abs. 1, 2.

Aktenregister.

Die Akten werden in Register eingetragen und in der Ordnung aufbewahrt, in welcher sie verzeichnet sind. Umfaßt ein Register verschiedene Angelegenheiten, so können für diejenigen Abtheilungen der Gerichtsschreiberei, denen einzelne dieser Angelegenheiten nicht zugewiesen sind, Register geführt werden, in denen die betreffenden Spalten fehlen.

In den jahrgangsweise zu führenden Registern sind die in die Geschäftsübersichten aufzunehmenden Ergebnisse am Schlusse des Jahres zusammenzustellen. Eine Uebertragung in das neuanzulegende Register, bei welcher stets das Aktenzeichen beizubehalten ist, findet nur statt, wenn die Akten bei dem Beginne des dritten, Civilprozeßakten bei dem Beginne des vierten Jahres noch nicht weggelegt sind. Wird in das Register eines früheren Jahrgangs ein Datum eingeschrieben, so ist das Jahr der Einschreibung beizufügen.

§ 11.*

Register für Rechtshülfesachen.

Nr. 2.

Die Schriften, welche ein an das Amtsgericht gerichtetes Ersuchen anderer Gerichte oder Behörden betreffen, werden in das nach Formular Nr. 2 zu führende Register für Rechtshülfesachen eingetragen.

Das Aktenzeichen wird gebildet, indem der Registernummer „R. H." vorgestellt wird, z. B. R. H. Nr. 10/80. Aus den bei dem ersuchten Gericht entstehenden Schriften werden, soweit sie nicht zu den mitübersandten Akten gelangen, Blattsammlungen gebildet. Nach demselben Formular wird das Register über die an die Gerichtsschreiberei gerichteten Aufträge und Ersuchen (§ 162 GVG. [§ 48]) geführt. Beide Register können bei Amtsgerichten von geringem Geschäftsumfange vereinigt werden. In diesem Falle wird hinter Spalte 2 noch eine Spalte hinzugefügt, welche in zwei Unterspalten getheilt wird und angiebt, ob das Ersuchen an das Amtsgericht oder die Gerichtsschreiberei gerichtet ist.

Nach Erledigung des Ersuchens werden regelmäßig alle darauf sich beziehenden Schriftstücke der ersuchenden Behörde übersandt.

§ 12.

Selbständige Amtshandlungen des Gerichtsschreibers.

Die Anträge, deren selbständige Erledigung dem Gerichtsschreiber zusteht, werden von demselben, sofern sie begründet sind, erledigt, auch wenn sie statt an die Gerichtsschreiberei an das Gericht adressirt sind. Sind die

Anträge unzulässig, so werden sie abgelehnt und, wenn sie schriftlich gestellt waren, mit einem Ablehnungsvermerk versehen, zurückgegeben.

Mittheilungen, Benachrichtigungen und Ersuchen des Gerichtsschreibers an Behörden oder andere Gerichtsschreibereien sind regelmäßig in Urschrift abzusenden.

Der Gerichtsschreiber hat in allen Rechtsangelegenheiten Ladungen und Benachrichtigungen, sowie die von ihm selbständig erlassenen Schreiben mit der Unterschrift seines Namens und seiner Amtseigenschaft zu vollziehen. [1a])

Die Vollziehung der von ihm nach gesetzlichen Vorschriften zu ertheilenden Ausfertigungen, Auszüge, Beglaubigungen und Bescheinigungen geschieht in gleicher Weise unter Beidrückung des Gerichtssiegels.

§ 13.

Vorlegung der Schriftstücke.

Eingänge, welche der Gerichtsschreiber nicht selbständig zu erledigen hat, sind unter Beifügung der Akten dem Richter vorzulegen, falls dieser nicht bereits vorher, wie bei Terminsprotokollen regelmäßig geschehen soll, eine Verfügung auf das Schriftstück gesetzt hat. Zustellungsurkunden werden nur dann vorgelegt, wenn es angeordnet ist oder wenn der Gerichtsschreiber bei der ihm obliegenden Prüfung findet, daß nicht vorschriftmäßig zugestellt ist.

Die Abschriften der vorbereitenden Schriftsätze, welche nach erfolgter Zustellung an den Gegner auf der Gerichtsschreiberei niedergelegt werden [2]), sind ohne Weiteres zu den Akten zu nehmen und dem Richter nur dann vorzulegen, wenn dies, sei es für eine bestimmte Gattung von Sachen, sei es für einen bestimmten Prozeß, angeordnet ist.

Die von einer Partei betriebenen Ladungen, mögen sie in einen Schriftsatz aufgenommen oder besonders angefertigt sein, werden sogleich nach ihrem Eingange vorgelegt. Der auf die Urschrift des Schriftsatzes vom Richter gesetzte Vermerk der Terminsbestimmung ist von dem Gerichtsschreiber auf die für das Gericht bestimmte Abschrift zu übertragen. [3])

§ 14.

Ordnung der in der Bearbeitung befindlichen Schriftstücke.

Die in der geschäftlichen Behandlung befindlichen Schriften werden in der Gerichtsschreiberei den verschiedenen Stadien des Geschäftsbetriebes entsprechend gesondert, z. B.:

1. Schriften, welche mit einer Geschäftsnummer zu versehen sind (neue Sachen);
2. zur Beschlußfassung oder Verfügung vorzulegende Schriften;
3. Schriften, welche zu erledigen sind durch den Gerichtsschreiber, die Schreibstube, den Gerichtsvollzieher u. s. w.;
4. erledigte Schriften.

Der Aufsichtsbehörde und dem eigenen Ermessen des Gerichtsschreibers bleibt überlassen, im Falle des Bedürfnisses eine noch mehr ins Einzelne gehende Sonderung der Schriften in der Geschäftsregistratur eintreten zu lassen, namentlich besondere Fächer zu bestimmen für die Schriften, welche an jeden einzelnen der Richter, an andere Abtheilungen des Amtsgerichts,

---

[1a]) und nicht mit seinem bloßen Amtstitel, Allg. Verf. v. 12. Dezember 1879 (JMBl. S. 471).

[2]) Vgl. § 124 CPO. [§ 203].

[3]) §§ 193, 458 CPO. [§§ 270, 310].

die Gefängnißverwaltung u. s. w. von dem Gerichtsdiener abgetragen werden sollen.

Den in der geschäftlichen Behandlung befindkichen Schriften bleiben die dazu gehörigen Akten oder Vorstücke beigefügt. Wird durch besondere Gründe, namentlich durch den Umfang der Akten und deren Beistücke, die Trennung geboten, so werden solche Akten so lange, bis die Schrift damit wieder verbunden werden kann, besonders aufbewahrt.

Der Gerichtsschreiber hat den Verbleib der bei ihm eingegangenen Schriften nachzuweisen, und muß sich bei Abgabe derselben, soweit es zu diesem Zwecke erforderlich ist, durch Notizen sichern.

Die definitive Abgabe von Akten weist das betreffende Aktenregister, die definitive Abgabe einzelner Schriftstücke das Nummernverzeichniß nach.

§ 15* Abs. 1 bis 5.

Ausführung der Verfügungen und Beschlüsse.

Die Schreiben (Expeditionen), welche angeordnet sind, müssen in bündiger verständlicher Geschäftssprache abgefaßt werden. Jedes Schreiben enthält die Bezeichnung der Rechtsangelegenheit und die Geschäftsnummer. Unter der Adresse ist die Art der Erledigung (z. B. Zustellung durch Aufgabe zur Post, Zustellung durch die Post, gewöhnliche Zustellung, Einschreiben u. s. w.) anzugeben, damit demgemäß die Reinschriften und Abschriften gefertigt werden. Dabei ist zu beachten, daß der Gerichtsvollzieher aus den ihm übergebenen Schriftstücken ersehen muß, in wessen Auftrage und an wen zuzustellen ist, ob der Nachweis der Zustellung förmlich erbracht werden soll [3a]), ob eine Behändigung mit oder ohne Beurkundung zu geschehen hat, ob ein Eilfall vorliegt oder nicht. Der Gerichtsschreiber hat darauf zu halten, daß die hiernach nothwendigen Vermerke (nach Inhalt der vom Richter getroffenen Verfügung und der Expedition) in der Schreibstube auf die Schriften gesetzt werden, und hat, soweit dies nicht geschehen ist, das Versäumte nachzuholen. Handelt es sich um Behändigung von Hypothekenurkunden und anderen Werthpapieren, so ist der Vermerk auf einen Umschlag zu setzen, falls nicht ein Begleitschreiben genügende Angaben enthält. Die Art der Zustellung oder Behändigung kann in verständlicher Abkürzung bemerkt werden. Es bedeutet z. B. „Beh. mit Beurk.“ „Beh. ohne Beurk.“, daß über die Behändigung ein schriftliches Empfangsbekenntniß beschafft oder nicht beschafft werden soll.

Berichte sind in der Reinschrift auf halbgebrochenem Bogen zu schreiben. Bei Antwortschreiben an eine Behörde ist deren Geschäftsnummer zu erwähnen. Werden Formulare verwendet, so bedarf es der Bezeichnung derselben (z. B. nach Formular 12b), wenn dieselbe in der Verfügung nicht bereits angegeben ist. Die von dem Gerichtsschreiber auf Anordnung des Richters entworfenen Schreiben werden dem Richter zur Prüfung vorgelegt.

Ist die Verfügung, wie es die Regel sein soll, vom Richter so vollständig angegeben, daß sie ohne Weiteres abgeschrieben werden kann, so hat gleichwohl der Gerichtsschreiber die vorbezeichneten Förmlichkeiten zu prüfen und etwaige Ergänzungen herbeizuführen.

Bei Abgabe von Akten werden Abschriften nur dann zurückbehalten, wenn dies vom Richter ausdrücklich angeordnet ist.

Der Gerichtsschreiber hat die von dem Richter oder der Gerichts-

---

[3a]) Die Zustellung nach einfacheren Formen kommt nur im Strafprozesse vor.

schreiberei zu vollziehenden oder zu beglaubigenden Reinschriften mit den Urschriften zu vergleichen und die dem Richter vorzulegenden gegenzuzeichnen.

§ 16.*

Die Termine — mit Ausschluß derjenigen zu mündlichen Verhandlungen in Civilprozessen — sowie die von Amtswegen zu beobachtenden Fristen verzeichnet der Gerichtsschreiber in einem darüber nach Formular Nr. 3 zu haltenden Geschäftskalender. Die laufende Nummer beginnt für jeden Tag, zu welchem Eintragungen erfolgen, mit der Ziffer 1. Geschäftskalender. Nr. 3.

Die Akten werden, sofern der Richter nicht andere Anordnungen trifft, 24 Stunden vor dem Terminstage vorgelegt. Die erfolgte Vorlegung ist im Kalender erkennbar zu machen.

Die Terminsprotokolle dürfen erst nach gehöriger Vollziehung auf der Gerichtsschreiberei niedergelegt werden, bis dahin verbleiben sie in den Händen des Richters; der Eingang des Protokolls wird, sobald dasselbe mit der Geschäftsnummer versehen ist, im Kalender notirt.

Für die ordentlichen, außerhalb des Gerichtssitzes abzuhaltenden Gerichstage sind in dem Kalender zur Verzeichnung der dort zu verhandelnden Rechtsangelegenheiten besondere Seiten zu bestimmen.

§ 17.

Ueber die Aushänge ist ein Kalender zu führen, welcher folgende Spalten hat: Aushangskalender.

1. jährlich fortlaufende Nummer;
2. Bezeichnung des Schriftstücks;
3. Geschäftsnummer;
4. Tag
   a) der Anheftung,
   b) des Ablaufs der Frist,
   c) der Abnahme;
5. Bemerkungen.

Die Bescheinigungen, welche bei der Anheftung und Abnahme auf das Schriftstück zu setzen sind, sollen lauten: „An die Gerichtstafel angeheftet" und: „Von der Gerichtstafel abgenommen", und mit Ort, Datum, Namensunterschrift und Amtseigenschaft des Beamten versehen sein. Das Anheften und die Abnahme der Schriftstücke erfolgt, soweit es nicht zu den Dienstobliegenheiten des Gerichtsschreibers gehört (§ 18 dieser Geschäftsordnung), durch den Gerichtsdiener. Dieser führt den Aushangskalender unter Aufsicht des Gerichtsschreibers.

§ 18.

Der Gerichtsschreiber soll nur dann, wenn der Verzug Gefahr bringt, unmittelbar die Post um Bewirkung der Zustellung ersuchen (§ 179 CPO. [§ 257]). Zustellungen [4])

Insoweit die öffentliche Zustellung durch Anheftung einer beglaubigten

[4]) Vgl. hinsichtlich der Zustellungen auch allgemeine Verfügung vom 29. April 1880, betreffend die Behandlung der nach § 167 CPO. [§ 245] zum Zwecke der Zustellung niedergelegten Schriftstücke (JMBl. S. 95). Der auf die Gerichtsschreibereien bezügliche Theil derselben lautet:

1. Die Gerichtsschreibereien der Amtsgerichte haben die bei ihnen niedergelegten Schriftstücke nach Ablauf von sechs Monaten nach der Niederlegung an den Gerichts=

Abschrift an die Gerichtstafel erfolgt, hat der Gerichtsschreiber, welcher dabei die Hülfe eines Gerichtsdieners in Anspruch nehmen kann, die Anheftung und die Abnahme zu besorgen und die auf den Aushang zu setzenden Vermerke den Bestimmungen des vorigen Paragraphen gemäß zu bescheinigen. Die Beglaubigung der Abschrift geschieht bei den auf Betreiben von Rechtsanwälten zuzustellenden Schriftstücken durch den Anwalt, bei anderen Schriftstücken durch den Gerichtsschreiber. Ist die öffentliche Zustellung auf ein Gesuch der Partei vom Prozeßgericht bewilligt, so ist Abschrift der Entscheidung auf das anzuheftende Schriftstück zu übertragen und von dem Gerichtsschreiber zu beglaubigen. Die Schriften, welche die Stelle der Zustellungsurkunde vertreten (Aushänge und Beweisblätter), werden, wenn die öffentliche Zustellung auf Parteigesuch bewilligt ist, der Partei übermittelt, wenn sie von Amtswegen erfolgt, mit den Akten dem Richter vorgelegt.

Zustellungen, die nicht beurkundet werden sollen, sowie Behändigungen jeder Art, sind durch die Post zu bewirken. Am Orte sind damit regelmäßig Gerichtsdiener zu beauftragen. Gerichtsvollziehern sind Aufträge dieser Art nur auf Grund einer allgemeinen Anordnung oder auf besondere Weisung zu ertheilen.

Die Gerichtsschreiberei, von welcher eine Sendung zur Post geht, ist in allen Fällen auf dem Briefumschlage als Absenderin zu bezeichnen.

Vermittelung von Aufträgen an den Gerichtsvollzieher.

§ 19.

Der Gerichtsschreiber ist verpflichtet, in allen bei dem Amtsgerichte anhängigen oder durch das übergebene Schriftstück anhängig zu machenden

---

vollzieher, welcher niedergelegt hat, oder an die Postanstalt, deren Briefträger niedergelegt hat, zurückzugeben.

2. Die Gerichtsvollzieher haben auf Verlangen der Gemeindevorsteher, der Polizeivorsteher und der Postanstalten die bei denselben durch einen Gerichtsvollzieher niedergelegten Schriftstücke, welche nicht mehr aufbewahrt werden sollen, in Empfang zu nehmen und, soweit die Schriftstücke nicht von ihnen selbst niedergelegt sind, dieselben an den Gerichtsvollzieher, welcher sie niedergelegt hat, oder an die Gerichtsschreiberei des Amtsgerichts abzuliefern.

Die Gerichtsschreiberei übergiebt die ihr abgelieferten Schriftstücke dem Gerichtsvollzieher, welcher niedergelegt hat.

3. Die Gerichtsvollzieher haben die an sie zurückgelangenden Schriftstücke zu öffnen und diejenigen Theile derselben, welche nicht blos ihrem Inhalte nach dem Empfänger mitgetheilt werden sollten, sondern als Urkunden einen selbständigen Werth haben (z. B. Schuldverschreibungen, Wechsel), ihren Auftraggebern zurückzugeben.

4. Die Verrichtungen eines Gerichtsvollziehers, welcher nicht mehr bei demselben Amtsgerichte im Amte ist, sind von der Gerichtsschreiberei des Amtsgerichts wahrzunehmen.

5. Die nach Nr. 4 nicht zurückzugebenden Theile der Schriftstücke unterliegen der sofortigen Kassation. Gerichtsvollzieher dürfen dieselben zwar an ihre Auftraggeber gleichfalls zurückgeben oder vernichten, aber weder verkaufen noch anderweit verwenden.

6. Die Gerichtsvollzieher haben die zum Zwecke der Zustellung nach § 167 CPO. [§ 245] niederzulegenden Schriftstücke in Briefform zusammenzulegen und außen mit der Adresse des bestimmten Empfängers sowie mit ihrem eigenen Namen zu bezeichnen.

Angelegenheiten, auf welche die Vorschriften der Civilprozeßordnung Anwendung finden, den Auftrag der Partei an den Gerichtsvollzieher zur Vornahme von Zustellungen zu vermitteln. Der Auftrag gilt als stillschweigend ertheilt, sofern die Partei nicht ausdrücklich erklärt, daß sie selbst einen Gerichtsvollzieher beauftragen wolle. Hat die Partei eine ausdrückliche Erklärung darüber abgegeben, ob die Zustellung durch die Post oder durch den Gerichtsvollzieher selbst erfolgen soll, so ist ein dieser Erklärung entsprechender Vermerk zur Notiz für den Gerichtsvollzieher auf das Schriftstück zu setzen.[5])

Der Gerichtsschreiber ist ferner verpflichtet, Aufträge der Parteien behufs Vornahme von Zwangsvollstreckungen durch einen Gerichtsvollzieher des Amtsgerichts zu vermitteln.[6])

Vermittelt der Gerichtsschreiber einen Auftrag an den Gerichtsvollzieher auf Grund des § 162 des Gerichtsverfassungsgesetzes [§ 48], so ist das Ersuchen, wenn dasselbe nicht etwa, wie namentlich bei Einforderung von Geldstrafen, Werthsersatzgeldern und Kosten auch Amtshandlungen des Gerichtsschreibers erfordert, regelmäßig in Urschrift an den Gerichtsvollzieher abzugeben und diesem der Nachweis der Erledigung zu überlassen.

Das an den Gerichtsschreiber gerichtete Ersuchen, die Zustellung eines Schriftstücks oder die Vornahme einer Zwangsvollstreckung zu vermitteln, schließt, wenn die erforderlichen Ausfertigungen und Abschriften nicht gleichzeitig übergeben werden, den Antrag auf Ertheilung derselben in sich.

§ 20.

Geschäftsverkehr mit dem Gerichtsvollzieher.

Der Geschäftsverkehr des Gerichtsschreibers mit dem Gerichtsvollzieher soll, soweit es irgend thunlich ist, ein mündlicher sein.

Aufträge, die sofort befolgt werden müssen, sendet der Gerichtsschreiber dem Gerichtsvollzieher durch den Gerichtsdiener zu. Die Uebermittelung der anderen Aufträge geschieht durch Niederlegung der Schriftstücke in ein verschließbares Fach, zu welchem der Gerichtsschreiber und der Gerichtsvollzieher je einen Schlüssel führen.

Der Gerichtsschreiber sondert die Aufträge und legt sie in Hüllen, welche aus einem halben oder ganzen Bogen Papier bestehen. Die Hüllen werden nach dem Inhalt bezeichnet, als:

Zustellungen, Parteiaufträge;
Zustellungen, amtliche Aufträge;
Behändigungen;
Zwangsvollstreckungen;
Vollstreckungen;
Kostensachen;
besondere amtliche Aufträge.

Eine noch mehr ins Einzelne gehende Sonderung kann von dem Gerichtsvorstande angeordnet werden.

Obwohl die gleichzeitige Anwesenheit beider Betheiligten bei der Empfangnahme der Aufträge und zu dem Nachweise der Erledigung nicht unbedingt nothwendig ist, so soll sie gleichwohl die Regel bilden. Der Gerichtsvollzieher wird sich demgemäß zu bestimmten Stunden auf der Ge-

---

[5]) §§ 152 bis 155 CPO. [§§ 229 bis 232].
[6]) § 674 Abs. 2 CPO. [§ 649].

richtsschreiberei einfinden, soweit es verlangt wird, über die Befolgung der Aufträge nähere Mittheilung machen und nach Durchsicht der neuen Aufträge um Auskunft ersuchen, falls bei den Adressen oder der Bezeichnung der Schriftstücke und der Art des Auftrags Mängel oder Unvollständigkeiten vorgekommen sind. Je sorgfältiger der Gerichtsschreiber darauf hält, daß auf den Schriftstücken oder deren Umschlage — siehe § 15 dieser Geschäftsordnung — der dem Gerichtsvollzieher ertheilte Auftrag genau und vollständig angegeben wird, um so seltener werden die für beide Theile lästigen Rückfragen sein.

Einer Kontrole über den Verkehr zwischen dem Gerichtsschreiber und dem Gerichtsvollzieher bedarf es in der Regel nicht. Wird sie für erforderlich erachtet, so geschieht sie in folgender Weise:

Die Geschäftsnummern der Schriftstücke werden auf jeder Hülle reihenweise untereinander geschrieben und diejenigen, welche amtliche Aufträge betreffen, deren Erledigung durch urkundliche Beweisstücke (Zustellungsnrkunden, Behändigungsscheine 2c.) darzuthun ist, unterstrichen. Sobald der Erledigungsnachweis geführt ist, wird die betreffende Geschäftsnummer durchstrichen, jedoch so, daß sie noch leserlich bleibt.

Der Zutheilungstag, ausgedrückt durch eine Bruchzahl, und der Name des Gerichtsvollziehers werden von dem Gerichtsschreiber über das Nummernverzeichniß gesetzt. Unter dieses Verzeichniß schreibt der Gerichtsvollzieher zum Zeichen des Empfangs seinen Namen, dem er das Datum beifügt.

Die Hüllen werden nach der Zeitfolge für jeden Gerichtsvollzieher besonders aufbewahrt. Zu diesen Sammlungen gelangen die Hüllen über Parteiaufträge sofort nach der Ausreichung, die Hüllen über amtliche Aufträge erst dann, wenn der obenerwähnte urkundliche Erledigungsnachweis hinsichtlich aller Nummern geführt ist.

Bei Amtsgerichten von beträchtlichem Geschäftsumfange kann eine Gerichtsvollzieherstube eingerichtet und ein besonderer Beamter bestellt werden, welcher die Aufträge für die Gerichtsvollzieher von allen Abtheilungen der Gerichtsschreiberei empfängt, dieselben übermittelt, die Schriftstücke über die Erledigung der Aufträge entgegennimmt und an die Abtheilungen der Gerichtsschreiberei abgiebt. Die näheren Anweisungen hierüber hat der Präsident des Landgerichts zu erlassen.

Den bei dem Amtsgericht angestellten, nicht am Sitze des Gerichts wohnenden Gerichtsvollziehern werden die Aufträge und zwar, soweit nicht der aufsichtführende Richter andere allgemeine oder ein Amtsrichter für Einzelfälle besondere Weisungen erläßt, wöchentlich zweimal übersandt. In gleicher Weise erfolgt die Rücksendung der nach Befolgung der Aufträge an die Gerichtsschreiberei gelangenden Schriftstücke. Die Postgebühr für Hin- und Rücksendung trägt die Staatskasse.

Zweiter Abschnitt.

Civilsachen.

§ 21.

Sühneregister. Für Sühnesachen (§§ 471, 571 CPO. [§§ 348, 575]) wird nach

Formular Nr. 4 ein Register geführt. Die Termine werden außerdem in dem Geschäftskalender vermerkt. Der Aufnahme eines Protokolls bedarf es nur, wenn ein Vergleich geschlossen wird. Nr. 4.

Die Vergleiche werden zu einem besonderen Aktenstücke genommen, die übrigen Schriften zu Blattsammlungen vereinigt. Von der zur Terminsbestimmung eingereichten Ladung wird Abschrift nicht zurückbehalten.

In der Spalte 4 c ist Band und Blatt der Akten anzugeben, in welchen sich der aufgenommene Vergleich befindet. Die Berechnung der Kosten erfolgt in der Spalte 6; der Ansatz der Einzelbeträge ist in verständlicher Abkürzung darzustellen.

Die Ertheilung einer vollstreckbaren Ausfertigung und die dafür zu berechnenden Kosten werden nur auf dem Protokoll, in welchem der Vergleich niedergeschrieben ist, nicht auch in dem Register vermerkt.

Wenn über einen Sühneversuch in Ehesachen eine Bescheinigung ertheilt wird, so ist dies unter Beifügung des Tages in der letzten Spalte zu notiren.

§ 22.

Das Mahnregister²) ist nach Formular Nr. 5 zu führen. Mahnregister.

Ueber das Gesuch um Erlassung eines Zahlungsbefehls oder eines Vollstreckungsbefehls, sowie über die Erhebung eines Widerspruchs wird ein Protokoll nur aufgenommen, wenn der Gerichtsschreiber das Gesuch für unstatthaft hält und die Partei gleichwohl bei dem Antrage beharrt. Andernfalls genügt die Entwerfung des Zahlungs- oder Vollstreckungsbefehls. Die Benachrichtigung des Gläubigers über den Widerspruch und die über Erhebung des Widerspruchs von dem Schuldner verlangte Bescheinigung erfolgt durch den Gerichtsschreiber. Nr. 5.

Zu den schriftlich eingehenden Gesuchen, welche der Gerichtsschreiber für unbedenklich erachtet, hat derselbe die entsprechenden Entwürfe dem Richter mitvorzulegen. Zu Zahlungsbefehlen können die Entwürfe unter Benutzung der von dem Amtsgerichte festgestellten Formulare auch von dem Antragsteller mit der Bitte um Vollziehung überreicht werden.

Von dem Zahlungsbefehle und dem Vollstreckungsbefehle werden Abschriften nicht zurückbehalten. Zurückweisende Verfügungen werden von dem Richter regelmäßig auf dem Protokolle oder Gesuche niedergeschrieben und in Urschrift ausgereicht.

Die zu Mahnsachen gehörigen Schriften werden zu Blattsammlungen vereinigt.

Werden zurückgewiesene Mahngesuche vervollständigt angebracht, so werden sie unter einer neuen Nummer eingetragen.

Die Spalte 3 des Registers giebt den Werth des Gegenstandes an, nach welchem die Kosten berechnet werden. Wird ein Gesuch um Erlassung eines Zahlungsbefehls zurückgewiesen, weil der Befehl in Ansehung eines Theils des Anspruchs nicht erlassen werden kann, so ist nur der Werth dieses Theils zu bemerken (§ 631 Abs. 2 CPO., § 37 GKG. [§§ 607, 1001]).

Die Eintragungen in den Spalten 6 und 7 des Registers hat der Gerichtsschreiber zu unterschreiben. Sobald eine Eintragung in eine von

²) Vgl. §§ 628 ff. CPO. [§§ 604 ff.].

diesen Spalten erfolgt, ist die andere Spalte mit einem Strich auszufüllen. Sind mehrere Schuldner vorhanden, so ist bei der Ausfüllung dieser Spalten anzugeben, wer Widerspruch erhoben hat und gegen wen der Vollstreckungsbefehl ertheilt ist. Bietet die betreffende Spalte nicht genügenden Raum, so ist die Spalte Bemerkungen mitzubenutzen.

Erfolgt nach dem Widerspruch eine Ladung oder wird Einspruch erhoben, so ist der Rechtsstreit in das Prozeßregister einzutragen. Das Aktenzeichen, welches die Prozeßakten führen, ist im Falle des Einspruchs in die Spalte 8 einzustellen, damit auf Grund der Akten geprüft werden kann, ob dem Gesuche stattgegeben werden darf, gemäß §§ 665 Abs. 1, 669 und 704 Abs. 1 CPO. [§§ 640, 644, 679] die Vollstreckungsklausel oder eine zweite Ausfertigung des Vollstreckungsbefehls zu ertheilen.

Die Bemerkung über die Ertheilung der Vollstreckungsklausel oder einer zweiten Ausfertigung des Vollstreckungsbefehls ist Spalte 10 einzutragen und zu unterschreiben.

Die Berechnung der Kosten erfolgt in der Spalte 9; der Ansatz der Einzelbeträge ist in verständlicher Abkürzung darzustellen.

§ 23.

Civilprozeßregister. Nr. 6.

In das Civilprozeßregister, welches nach Formular Nr. 6 zu führen ist, gehören — mit Ausnahme der Sühne- und Mahnsachen — alle Civilprozeßangelegenheiten, für welche nicht das Vollstreckungsgericht als solches zuständig ist.

In Spalte 1 wird der Tag des Eingangs derjenigen Schrift vermerkt, mit welcher die Akten beginnen. Ging ein Sühneverfahren oder Mahnverfahren vorher, so ist im ersteren Falle der Tag der Verhandlung des Rechtsstreites, im letzteren Falle der Tag einzustellen, an dem die zur Terminsbestimmung vorzulegende Schrift eingegangen ist. Wird der Rechtsstreit ohne zuvorige Terminsbestimmung verhandelt (§ 461 CPO. [§ 312]), so wird der Tag des Protokolls eingetragen.

Die in die Spalte 5 einzutragenden Nummern beginnen für jede Unterspalte mit der Ziffer 1. Dieselben werden zur Bildung der Aktenzeichen verwendet; es führen also z. B., wenn im Jahre 1880 schon 11 gleichartige Angelegenheiten anhängig geworden sind, eine eingehende Wechselklage das Aktenzeichen D Nr. 12/80, eine eingehende Entmündigungssache das Aktenzeichen E Nr. 12/80. Es ergiebt sich hieraus, daß nur eine von den Unterspalten der Spalte 5 für jede neu eingehende Schrift ausgefüllt wird.

Ist die Entmündigung beschlossen, so ist die in Spalte 5c eingestellte Nummer zu unterstreichen.

Meß- und Marktsachen sind als solche in Spalte Bemerkungen zu verzeichnen.

Betrifft das Verfahren Anträge außerhalb eines bei dem Gerichte anhängigen Rechtsstreites oder Arreste und einstweilige Verfügungen, welche nicht mit der Hauptsache verhandelt werden, so werden Blattsammlungen angelegt.

Die Akten sind, falls die Beendigung des Rechtsstreites aus den Akten nicht ersichtlich ist, wegzulegen, wenn seit Jahresfrist keine auf die Fortsetzung des Rechtsstreites gerichteten Parteianträge eingegangen sind; ist die im § 94 Nr. 1 des Deutschen Gerichtskostengesetzes [§ 1031] bestimmte

Frist verlängert, erst nach Ablauf dieser Frist. Eine Berichtigung des Vermerks über die Weglegung findet nicht statt. Wird später das Verfahren aufgenommen oder fortgesetzt, so ist die Rechtsangelegenheit wie eine neue Sache einzutragen und bei der früheren und der neuen Registernummer auf die andere Eintragung hinzuweisen.

Für die gewöhnlichen Prozesse und für die Urkunden- und Wechselprozesse wird ein fünf Jahrgänge des Prozeßregisters umfassendes alphabetisches Namensregister, und zwar nach dem Namen des Beklagten geführt; in zwei besonderen Spalten ist der Name des Klägers und das Aktenzeichen zu bemerken.

Zu den Prozeßakten gehören die Anträge auf Ertheilung des Zeugnisses der Rechtskraft oder einer vollstreckbaren Ausfertigung, sowie alle das Zwangsvollstreckungsverfahren betreffenden Anträge, für welche das Amtsgericht als Prozeßgericht zuständig ist.

Ordnet das Gericht die Verhandlungen mehrerer durch eine Klage erhobener Ansprüche oder einer von dem Beklagten geltend gemachten Gegenforderung in getrennten Prozessen an (§ 136 CPO. [§ 214]), so behält einer der Prozesse die bisherige Registernummer, die übrigen werden unter neuen Nummern eingetragen. Unter besonderer Nummer sind ferner einzutragen:

1. das Verfahren über die dem Beklagten im Urkundenprozesse vorbehaltenen Rechte (§ 563 CPO. [§ 568]);
2. jeder Aufgebotsantrag auch im Falle der Verbindung (§ 836 CPO. [§ 915]);
3. Anträge auf Erlaß von Arrestbefehlen und einstweiligen Verfügungen.[3])

Die über Entmündigungen in die Geschäftsübersichten einzustellenden Nachrichten sind in der letzten Spalte zu bemerken.

§ 24.

In das Vollstreckungsregister, das nach Formular Nr. 7 zu führen ist, sind die Akten über die den Gerichten zugewiesenen Anordnungen von Vollstreckungshandlungen und die Mitwirkung bei solchen (§ 684 CPO. [§ 659]) zu verzeichnen und außerdem alle Zwangsversteigerungen von unbeweglichen Gegenständen, welche nicht im Wege der Zwangsvollstreckung wegen Geldforderungen beantragt sind. Vollstreckungsregister. Nr. 7.

Auf Grund des Beitritts eines Gläubigers zu einer anhängigen Zwangsvollstreckung oder Zwangsverwaltung erfolgt keine Eintragung in dem Register. Zu den Zwangsverwaltungen gehören auch Beschlagnahmen der Einkünfte, Sequestrationen, Administrationen und Verpachtungen von Immobilien, soweit solche nach dem bürgerlichen Rechte zulässig sind.

Bei der Vollziehung der Arreste und einstweiligen Verfügungen sind in das Vollstreckungsregister diejenigen Anträge nicht aufzunehmen, für deren Erledigung das Arrestgericht als solches zuständig ist.

Ueber die Zwangsversteigerungen und Zwangsverwaltungen von unbeweglichen Gegenständen und über ein Vertheilungsverfahren sind Akten, über andere Anträge Blattsammlungen anzulegen.

---

[3]) §§ 800, 815 CPO. [§§ 878, 893].

§ 25.

Kalender für mündliche Verhandlungen. Nr. 8.

Ueber die Termine zur mündlichen Verhandlung wird ein Kalender nach Formular Nr. 8 geführt. Fungiren bei einem Amtsgericht mehrere Prozeßrichter, so wird für jeden derselben ein Kalender gehalten.

Dem Verzeichnisse der Termine ist der Terminstag als Ueberschrift voranzustellen. Die laufende Nummer beginnt in Spalte 1 für jeden Tag mit der Ziffer 1, während in der Spalte 7 die kontradiktorischen Verhandlungen durch das ganze Jahr hindurch gezählt werden.

Sogleich nach der Terminsbestimmung sind die Spalten 1 bis 6 auszufüllen, die Namen der Bevollmächtigten sind nachzutragen, sobald sie bekannt werden. Als Endurtheile gelten bei der weiteren Ausfüllung auch die Zwischenurtheile, welche in Betreff der Rechtsmittel als Endurtheile angesehen werden (§§ 248, 276, 562 CPO. [§§ 327, 355, 567]). Von den Spalten 8a bis f werden alle diejenigen ausgefüllt, unter welche bezüglich eines Anspruchs, eines Theils eines Anspruchs, eines Angriffs- oder eines Vertheidigungsmittels das Ergebniß der mündlichen Verhandlung gehört, so daß in einer und derselben Sache nicht selten mehrere Spalten zur Ausfüllung gelangen. Diese Ausfüllung geschieht hier und in Spalte 9 dadurch, daß der zu dem Aktenzeichen gehörige Buchstabe eingetragen wird. Sie wird, soweit sie nicht von dem Richter bewirkt ist, von dem Gerichtsschreiber nach dem Eingange der Protokolle vorgenommen.

Ein Verzeichniß der Termine ist vor dem Beginne der mündlichen Verhandlung in dem für die Parteien bestimmten Zimmer auszuhängen.

Wird ohne zuvorige Terminsbestimmung der Rechtsstreit mündlich verhandelt (§ 461 CPO. [§ 312]), so ist die Sache bei dem Beginne der Verhandlung in den Kalender aufzunehmen.

§ 26.

Aushang des Urtheilsverzeichnisses. Nr. 9.

Zu dem nach § 287 CPO. [§ 366] vorgeschriebenen Aushange des Urtheilsverzeichnisses ist das Formular Nr. 9 zu benutzen. Die Aushänge werden nach der Abnahme jahrgangsweise gesammelt.

Formulare[1].

Inhaltsverzeichniß.

Nr. des Formulars.	§ der Geschäftsordnung.	Bezeichnung des Formulars.	Buchstabe.
2	11	Register für Rechtshülfesachen	R. H.
3	16	Geschäftskalender	—
4	21	Sühneregister	A.
5	22	Mahnregister	B.
6	23	Civilprozeßregister	C. D. E. F. G. H.
7	24	Vollstreckungsregister	J. K. L. M.
8	25	Kalender für mündliche Verhandlungen	—
9	26	Aushang des Urtheilsverzeichnisses	—

---

[1]) Die beispielsweise Ausfüllung steht nicht im amtlichen Text.

Register für Rechts

Jährlich fortlaufende Nummer.	Tag des Ersuchens.	Tag des Eingangs.	Ersuchende Behörde. Bezeichnung.	Ersuchende Behörde. Geschäftsnummer.	Bezeichnung der Angelegenheit.
1.	2. a.	2. b.	3. a.	3. b.	4.
1.	31. 12. 80	2. 1. 81	Landgericht Cassel	O. 19/80 Nr. 4532	Civilprozeß Müller ·/. Berg
2.	2. 1. 81	5. 1. 81	Amtsgericht Göttingen	D. 326/80 Nr. 10	Wechselprozeß Schulz ·/. Behrend

Geschäfts

Termine.

Laufende Nummer.	Aktenzeichen.	Ordnungsnummer.	Bezeichnung der Sache.	Terminsstunde.	Name des Richters.	Ordnungsnummer des Protokolls oder der Erledigung und Bemerkungen.
1.	2.	3.	4.	5.	6.	7.
						Dienstag,
1	C. 50	6	Schulz ·/. Müller	10	Hermann	Nr. 7
2	D. 54	14	Bär ·/. Wolf	$10^1/_2$	Budde	Wegen Ausbleibens des geladenen Zeugen ausgefallen.
						Donnerstag,
1	A. 21	1	Martin ·/. Ehefrau	12	Budde	Nr. 2

Formular Nr. 2. (§. 11.)

hülfesachen. R. H.

Kurze Angabe des Inhalts des Ersuchens.	Tag der Erledigung durch Abgabe der Akten an	Tag der Erledigung auf andere Weise.	Bemerkungen.
5.	6.	7.	8.
Zeugenvernehmung	die ersuchende Behörde	—	—
Eidesabnahme	das Amtsgericht Springe	—	—

Formular Nr. 3. (§. 16.)

kalender.

Fristen.

Laufende Nummer.	Aktenzeichen	Angeordnet laut Ordnungsnummer.	Angeordnet am	Bezeichnung der Sache.	Befolgt oder erledigt laut Ordnungsnummer.	Bemerkungen.
8.	9.	10.	11.	12.	13.	14.
...en 14. September						
1	G. 82	12	30./8	Kohlmeier ·/. Scharf	Nr. 15	—
...en 16. September						

Sühn

Jährlich fortlaufende Nummer.	Name, Stand oder Gewerbe und Wohnort des Antragstellers.	Name, Stand oder Gewerbe und Wohnort des Gegners.	Termins-tag.
1.	2. a.	2. b.	3.
36	Kaufmann Friedrich Meyer zu Hannover, Osterstraße 6.	Tischlermeister Georg Becker zu Wülfel	24/6
37	Anbauer Gottfried Lampe zu Lenthe.	seine Ehefrau Auguste, geb. Schreiner, daselbst.	1/7
38	Maurermeister Ernst Wolf zu Hannover.	Kaufmann Johann Ernst daselbst.	3/7

Mahn

Jährlich fortlaufende Nummer.	Name, Stand oder Gewerbe und Wohnort des Gläubigers.	Name, Stand oder Gewerbe und Wohnort des Schuldners.	Gegen-stand. Mark.	Das Gesuch ist zurück-gewiesen am	Tag des Zahlungs-befehls.	Tag des Wider-spruchs.	Tag des Voll-streckungs-befehls.
1.	2. a.	2. b.	3.	4.	5.	6.	7.
236	Kaufmann Ernst Schulz zu Hannover, Georgstraße 6.	Wittwe Marie Becker, geb. Meyer, daselbst, Herschelstraße 4.	50 M.	—	24/4 80 Ludwig, G.-Schr.	—	15/5 80 Ludwig, G.-Schr.
237	Malermeister Joh. Hausmann zu Hannover, Seestraße 12.	1. Gastwirth Friedrich Bernhard zu Kleefeld. 2. Tischler Karl Vogel daselbst.	132 M.	—	24/4 80 Ludwig, G.-Schr.	29/4 80 (s. Bemerk.) Ludwig, G.-Schr.	30/5 80 Ludwig, G.-Schr.

register A.

Formular **Nr. 4.** (§. 21.)

Ergebniß des Termins.				Gegenstand.	Berechnung der Kosten.	Bemerkungen.
Erschienen ist		Ein Vergleich ist				
der Antragsteller.	der Gegner.	aufgenommen.	nicht aufgenommen.			
4. a.	b.	c.	d.	5.	6.	7.
ja	ja	ja	—	30 M. für gelieferte Waaren	Werthstufe: 30 M. Vergleichsgebühr: 2,40 M. (§ 41 GKG.) Schreibgebühr für Abschrift des Vergleichs, 4 Seiten 0,40 M. 2,80 M. Zahlungspflichtig: Jeder zu 1,40 M.	
ja	nein	—	ja	Ehescheidung	—	
—	ja	—	nein	3000 M. Bauforderung	Werthstufe: 3000 M. Gebühr für den Sühnetermin (§ 41 GKG.) 11,20 M. Zahlungspflichtig: der Antragsteller.	

register B.

Formular **Nr. 5.** (§. 22.)

Es ist Einspruch erhoben. Aktenzeichen.	Berechnung der Kosten.	Bemerkungen.
8.	9.	10.
C. 478/80	Werthstufe: 50 M. Zahlungsbefehl: (§ 37 [1] GKG.) . . . 0,80 M. Schreibgebühr . . . . 0,40 „ Zahlungspflichtig: Schulz. zus. 1,20 M. Vollstreckungsbefehl: (§ 37 [2] GKG.) . 0,50 M. Zahlungspflichtig: derselbe.	
—	Werthstufe: 120—200 M. Zahlungsbefehl: (§ 37 [1] GKG.) . . . 1,40 M. Schreibgebühr . . . . 0,40 „ Zahlungspflichtig: Hausmann. 1,80 M. Vollstreckungsbefehl: (§ 37 [2] GKG.) . 1,00 M. Zahlungspflichtig: derselbe. Ertheilung der Vollstreckungsklausel (§ 35 [1] GKG.) . . . . 1,00 M. Zahlungspflichtig: derselbe.	Widerspruch ist nur von Vogel erhoben. Ludwig, G.-Schr. Vollstreckungsklausel gegen die Erben des ꝛc. Bernhard ertheilt am 7./7 80. Ludwig, G.-Schr.

Civilprozeßregister.

Tag des Eingangs der ersten Schrift.	Namen, Stand oder Gewerbe, Wohnort oder Aufenthaltsort der Parteien.	Namen der Prozeßbevollmächtigten.	Gegenstand des Prozesses.	Jährlich fort	
				C. Gewöhnliche Prozesse.	D. Urkunden- und Wechselprozesse.
1.	2.	3.	4.	a.	b.
2/8	Kaufmann Ernst Schulz zu Berlin gegen Rentier Friedrich Becker zu Hannover.	Rechtsanwalt Müller. Justizrath Schmidt.	Forderung	—	47
3/8	Anbauer Johann Meyer zu Döhren.	Wittwe Ernestine Meyer, geb. Brandt daselbst.	Vermächtniß	324	—
3/8	Staatsanwaltschaft.	unverehelichte Karoline Herborn zu Herrenhausen.	Entmündigung	—	—

Vollstreckungs

Tag des Eingangs der ersten Schrift.	Name, Stand oder Gewerbe, Wohnort oder Aufenthaltsort		Namen der Prozeßbevollmächtigten.	Gegenstand.
	des Gläubigers.	des Schuldners.		
1.	2. a.	b.	3.	4.

Formular Nr. 6. (§. 23.)

C. D. E. F. G. H.

laufende Nummer der Rechtsangelegenheit.				Akten sind		Bemerkungen.
E. Ent- mündigungs- sachen.	F. Aufgebots- verfahren.	G. Arreste und einstweilige Ver- fügungen.	H. Anträge außerhalb eines bei dem Gericht anhängigen Rechtsstreites.	weggelegt im Jahre	aufzu- bewahren bis	
5. c.	d.	e.	f.	6. a.	b.	
—	—	—	—	1880	1891	
—	—	—	—	1881	1892	
4	—	—	—	1880	1910	

Formular Nr. 7. (§. 24.)

register. J. K. L. M.

Jährlich fortlaufende Nummer der Rechtsangelegenheit.				Akten sind		Bemerkungen.
J. Vertheilungs- verfahren.	K. Zwangs- ver- steigerung von unbeweglichen Gegenständen.	L. Zwangs- ver- waltung von unbeweglichen Gegenständen.	M. Andere Anträge, betreffend Zwangs- vollstreckung.	weggelegt im Jahre	aufzu- bewahren bis	
5. a.	b.	c.	d.	6. a.	b.	

Kalender für mündliche

Laufende Nummer.	Aktenzeichen.	Namen der Parteien.	Terminsstunde.	Namen der Prozeßbevollmächtigten.	Gegenstand des Rechtsstreits.	Jährlich fortlaufende Nummer für kontradiktorische Verhandlungen.
1.	2.	3.	4.	5.	6.	7.
						Freitag, den
1	C. 274/80	Schulz ·/. Meyer.	10	R.-A. Müller f. Kl.	Forderung	—
2	D. 69/80	Ernst ·/. Becker.	11	—	Eigenthum	256

Aushang des

Nr. 1.

Verzeichniß der unterschriebenen und verkündeten

Laufende Nr.	Name, Stand oder Gewerbe, Wohnort oder Aufenthaltsort des Klägers.	des Beklagten.	Aktenzeichen.
1	Kaufmann Ernst Fritze zu Berlin.	Schuhmacher Johann Becker zu Hannover.	D. 912/80

Ausgehängt am 6. Januar 1881.

N., Gerichtsschreiber.

Formular Nr. 8. (§. 25.)

Verhandlungen.

Ergebnisse der mündlichen Verhandlung.						Erledigung des Termins ohne mündliche Verhandlung.	Das Urtheil ist zur Gerichtsschreiberei gekommen am	Tag des Aushangs des Urtheilsverzeichnisses.	Bemerkungen.
Endurtheile auf Versäumniß, Verzicht, Anerkenntniß und zur Erledigung eines bedingten Urtheils.	Andere Endurtheile.	Zwischenurtheile.	Vergleiche.	Beweisbeschlüsse.	Anderweite Ergebnisse.				
8.									
a.	b.	c.	d.	e.	f.	9.	10.	11.	12.
17. September 1880.									
C.	—	—	—	—	—	—	18/9	20/9	6 Zeugen!
—	—	—	—	D.	—	—	—	—	—

Formular Nr. 9. (§. 26.)

Urtheilsverzeichnisses.

Urtheile des Königlichen Amtsgerichts in Hannover.

Namen der Prozeßbevollmächtigten.	Tag der Verkündung.
R.-A. Jordan für Kläger.	3/1 81.

Abgenommen am 14. Januar 1881.

N. Gerichtsschreiber.

B.
Auszug aus der Gerichtsvollzieherordnung
vom 14. Juli 1879.[1])

(Anlage zu Stück 30 des JMBl. v. 1879)

Erster Abschnitt.
Gerichtsvollzieher.

§ 1.

Zum Gerichtsvollzieher kann nur ernannt werden, wer
1) das fünfundzwanzigste Lebensjahr vollendet hat;
2) die aktive Dienstpflicht im stehenden Heere oder in der Flotte erfüllt hat, oder von derselben für die Friedenszeit endgültig befreit ist;
3) die für den Gerichtsvollzieherdienst erforderliche körperliche Rüstigkeit besitzt;
4) sich in geordneten Vermögensverhältnissen befindet, und
5) eine Prüfung bestanden hat.

Von der Ablegung der Prüfung sind diejenigen befreit, welche die Gerichtsschreiberprüfung bestanden haben.

§ 2.

Der Prüfung muß ein mindestens sechsmonatiger Vorbereitungsdienst bei einem von der Anstellungsbehörde zu bestimmenden Amtsgerichte vorangehen. Während jenes Zeitraums ist der Anwärter vorzugsweise bei einem Gerichtsvollzieher, nebenbei auch bei einem Gerichtsschreiber zu beschäftigen. Die Anstellungsbehörde kann die Bestimmung des Gerichtsvollziehers und des Gerichtsschreibers, bei welchem die Beschäftigung zu erfolgen hat, dem Amtsrichter überlassen.

Beim Antritte des Vorbereitungsdienstes ist der Anwärter mittelst Handschlags an Eidesstatt zur Amtsverschwiegenheit zu verpflichten.

Dem Amtsrichter liegt die allgemeine, dem Gerichtsvollzieher und Gerichtsschreiber die besondere Leitung des Vorbereitungsdienstes ob.

§ 5 Abs. 1.

Ueber den Erfolg des Vorbereitungsdienstes hat der Amtsrichter nach Anhörung des Gerichtsvollziehers und des Gerichtsschreibers ein Zeugniß auszustellen und dasselbe der Anstellungsbehörde vorzulegen. Letztere entscheidet über die Zulassung zur Prüfung.

---

[1]) Es sind nur diejenigen Vorschriften aufgenommen, welche für die Thätigkeit der Gerichtsvollzieher bei einem Amtsgericht in bürgerlichen Rechtsstreitigkeiten von Bedeutung sind.

§ 16.

Die Gerichtsvollzieher werden bei den Amtsgerichten angestellt.

Sie haben ihren amtlichen Wohnsitz am Orte des Amtsgerichts. Von der Anstellungsbehörde kann ihnen der amtliche Wohnsitz an einem anderen Orte des Amtsgerichtsbezirks angewiesen werden.

§ 17 Abs. 1.

Die örtliche Zuständigkeit der Gerichtsvollzieher umfaßt den Landgerichtsbezirk, zu welchem der Bezirk des im § 16 bezeichneten Amtsgerichts gehört.

§ 18.

Der sachliche Geschäftskreis der Gerichtsvollzieher wird durch die in den Reichs- und Landesgesetzen getroffenen Zuständigkeitsnormen, sowie durch die Vorschriften der §§ 19 bis 21 bestimmt.

§ 19.*

Die Gerichtsvollzieher sind verpflichtet, Aufträge jeder Art, welche ihrer dienstlichen Stellung entsprechen und ihnen von den Gerichten oder Staatsanwaltschaften ertheilt werden, auszuführen, insbesondere:

1) Behändigungen, mit oder ohne Beurkundung derselben, auch in solchen Fällen, in denen die Behändigung nicht in Form der Zustellung erfolgt, vorzunehmen,
2) bei einzelnen Sitzungen der Gerichte den innern Dienst wahrzunehmen.

§ 20.

Die Gerichtsvollzieher sind auf Anordnung der Anstellungsbehörde verpflichtet, den inneren Dienst bei den Sitzungen des Amtsgerichts gegen eine als Pauschquantum im voraus festzusetzende Entschädigung ständig wahrzunehmen. Die Anordnung der Anstellungsbehörde ist jederzeit widerruflich.

§ 22.

Sind bei einem Amtsgerichte mehrere Gerichtsvollzieher bestellt, so werden die Geschäfte, welche von Amtswegen angeordnet oder unter Vermittelung des Gerichtsschreibers den Gerichtsvollziehern übertragen werden, im voraus vertheilt. Die Vertheilung soll in der Regel unter sämmtliche Gerichtsvollzieher und thunlichst nach örtlich abgegrenzten Bezirken erfolgen.

Die näheren, die Geschäftsvertheilung betreffenden Anordnungen werden von der Anstellungsbehörde oder in deren Auftrage durch den Präsidenten des Landgerichts getroffen.

Abweichungen von der im voraus angeordneten Geschäftsvertheilung sind nur aus besonderen Gründen im einzelnen Falle mit Genehmigung des Amtsrichters zulässig.

Die Gültigkeit der Handlung eines Gerichtsvollziehers wird dadurch nicht berührt, daß die Handlung nach der Geschäftsvertheilung einem der anderen Gerichtsvollzieher zu übertragen gewesen wäre.

§ 23.

Die Gerichtsvollzieher erwerben für die Amtshandlungen, welche ihnen von den Parteien mit oder ohne Vermittelung des Gerichtsschreibers aufgetragen sind, die tarifmäßigen Gebühren und Vergütungen an baaren Auslagen.[2])

---

[2]) Vgl. GOGB. in [§§ 1038 bis 1062].

§ 24.

Vorbehaltlich anderweiter Bestimmung, insbesondere über die Gewährung einer im voraus bestimmten jährlichen Gesammtentschädigung, wird den Gerichtsvollziehern für die Amtshandlungen, welche von Amtswegen angeordnet werden, am Schlusse jedes Vierteljahrs eine von dem Präsidenten des Landgerichts als Pauschquantum festzusetzende Entschädigung aus der Staatskasse gewährt.

§ 25.

Die Höhe der am Schlusse jedes Vierteljahrs festzusetzenden Entschädigung ist nach billigem Ermessen in der Weise zu bestimmen, daß die Gebühren und die Schreibgebühren ungefähr zu fünf Zehntheilen, die baaren Auslagen, welche nicht zu den Reisekosten und Schreibgebühren gehören, zum vollen Betrage vergütet werden, und an Stelle der tarifmäßigen Reisekosten eine nach den örtlichen Verhältnissen angemessene Vergütung für die entstandenen Unkosten, jedoch nicht mehr als sieben Zehntheile des tarifmäßigen Betrages, gewährt wird. Bei der Festsetzung sind außerdem die im § 19 bezeichneten Geschäfte zu berücksichtigen.

Das im § 20 bezeichnete, von der Anstellungsbehörde festgesetzte Pauschquantum für die Wahrnehmung des Sitzungsdienstes ist in die Entschädigung nicht mit einzurechnen.

§ 26.

Der Gerichtsvollzieher hat auf die für die Amtshandlungen seines Vertreters erwachsenden Gebühren und sonstigen Vergütungen keinen Anspruch.

Abweichende Verabredungen zwischen dem Gerichtsvollzieher und dem ihm bestellten allgemeinen Vertreter sind mit Genehmigung der Anstellungsbehörde zulässig. Die letztere kann die Genehmigung davon abhängig machen, daß der vertretene Gerichtsvollzieher mit seiner Kaution die Haftung für die Amtshandlungen des Vertreters übernimmt.

Die im § 20 bezeichnete Entschädigung wird auch im Fall einer Vertretung dem vertretenen Gerichtsvollzieher fortgewährt.

§ 30.

Die Gerichtsvollzieher führen ein Dienstsiegel. Dasselbe zeigt den Königlichen Adler mit der Umschrift: „Gerichtsvollzieher bei dem Königlich Preußischen Amtsgericht .... (Ortsname)."

Das Dienstsiegel wird auf Staatskosten beschafft.

§ 31.

Die Gerichtsvollzieher tragen eine Dienstkleidung. Sie haben dieselbe auf eigene Kosten zu beschaffen.

Die Dienstkleidung besteht aus einem dunkelblauen Ueberrocke mit stehendem schwarzem Sammetkragen und weißen Metallknöpfen mit Adler ohne Umschrift, und aus einer Mütze von der Farbe des Rockes mit Kokarde und schwarzem Sammetstreifen als Besatz.

§ 32.

Die Gerichtsvollzieher müssen an ihrem amtlichen Wohnsitze wohnen und ein Geschäftslokal haben. Die Haltung mehrerer Geschäftslokale ist ihnen nicht gestattet.

§ 33.

Die Gerichtsvollzieher haben, soweit es nach Lage der Verhältnisse erforderlich ist, zur Unterbringung gepfändeter Sachen ein Pfandlokal zu halten.

§ 34.*

Die Gerichtsvollzieher dürfen, vorbehaltlich der Bestimmung im § 18 der Deutschen Gebührenordnung für Gerichtsvollzieher [§ 1055], die Ausführung eines innerhalb ihrer örtlichen Zuständigkeit und ihres Geschäftskreises (§§ 17 bis 21) erhaltenen Auftrags nur ablehnen, wenn sie im einzelnen Falle von der Ausübung ihres Amts kraft Gesetzes ausgeschlossen sind (§ 156 des Deutschen Gerichtsverfassungsgesetzes [§ 42.])

§ 35.

Der Gerichtsvollzieher ist nicht befugt, die Ausführung eines Auftrags einer anderen Person zu übertragen.

Ist der Gerichtsvollzieher an der Erledigung eines unmittelbar von einer Partei ertheilten Auftrags rechtlich oder thatsächlich behindert, so hat er hiervon unter Angabe des Grundes den Auftraggeber unverzüglich zu benachrichtigen. Ist die Benachrichtigung des Auftraggebers nicht thunlich, oder erfordert das Interesse der Partei die sofortige Erledigung des Auftrags, so hat der behinderte Gerichtsvollzieher die Bestellung des Vertreters sofort bei dem Amtsrichter zu beantragen. Letzteres gilt auch dann, wenn der Auftrag unter Vermittelung des Gerichtsschreibers ertheilt oder die Ausführung der Amtshandlung von einer Behörde angeordnet ist.

Der Amtsrichter ist ermächtigt, für einzelne Amtshandlungen einen anderen Gerichtsvollzieher als Vertreter zu bestellen.

Ist einem behinderten Gerichtsvollzieher ein allgemeiner Vertreter bestellt, so gehen auf diesen die dem ersteren ertheilten Aufträge von selbst über.

§ 36.

Die Gerichtsvollzieher dürfen für ihre Amtshandlungen über die ihnen zustehenden Gebühren und baaren Auslagen hinaus keine Vergütungen annehmen, fordern oder sich versprechen lassen. Desgleichen ist ihnen die Verabredung einer geringeren Vergütung als der ihnen zustehenden Gebühren und baaren Auslagen untersagt.

Bei der Zwangsvollstreckung dürfen sie die ihnen zustehenden Gebühren und Vergütungen an baaren Auslagen von dem Schuldner ihres Auftraggebers nur annehmen, wenn zugleich ihr Auftraggeber wegen seiner Forderung vollständig befriedigt wird.

§ 37.

Die Gerichtsvollzieher dürfen in bürgerlichen Rechtsstreitigkeiten als Prozeßbevollmächtigte oder Beistände nur für nahe Angehörige vor Gericht auftreten. Zu den nahen Angehörigen gehören die Ehefrau, sowie diejenigen Personen, mit welchen der Gerichtsvollzieher in gerader Linie verwandt, verschwägert oder durch Adoption verbunden, in der Seitenlinie bis zum dritten Grade verwandt oder bis zum zweiten Grade verschwägert ist, auch wenn die Ehe, durch welche die Schwägerschaft begründet ist, nicht mehr besteht.

Zweiter Abschnitt.
Gerichtsvollzieher kraft Auftrags.

§ 41.*

Im Falle einer erforderlichen Aushülfe oder Vertretung können mit der einstweiligen Wahrnehmung der Gerichtsvollziehergeschäfte beauftragt werden:

Personen, welche zu Gerichtsvollziehern (§ 1) oder zu Gerichtsschreibern ernannt werden können, sowie Personen, welche die Gerichtsvollzieherprüfung (§ 1 Nr. 5) oder die Gerichtsschreiberprüfung bestanden haben.

In Ermangelung der vorstehend bezeichneten Personen können beauftragt werden:

Personen, welche zu Gerichtsschreibergehülfen ernannt werden können, sowie Personen, welche mit der einstweiligen Wahrnehmung der Gerichtsschreibergeschäfte beauftragt werden können;[3])

Personen, welche im Vorbereitungsdienste für das Gerichtsvollzieheramt mindestens drei Monate bei einem Gerichtsvollzieher beschäftigt worden sind;

Gerichtsdiener;

Unterbeamte der Justizverwaltung, welche auf Grund des § 104 des Ausführungsgesetzes zum Deutschen Gerichtsverfassungsgesetze vom 24. April 1878 einstweilig in den Ruhestand versetzt sind;

sofern auf Grund eines von dem Vorstande der betreffenden Justizbehörde ausgestellten Zeugnisses anzunehmen ist, daß sie zur einstweiligen Wahrnehmung des Gerichtsvollzieherdienstes befähigt sind.

Unter besonderen Verhältnissen kann der Auftrag mit Genehmigung des Justizministers auch anderen als den bezeichneten Personen ertheilt werden.

§ 42.

Mit der einstweiligen Wahrnehmung des Gerichtsvollzieherdienstes dürfen in jedem Falle nur Personen beauftragt werden, welche sich in geordneten Vermögensverhältnissen befinden. Die Erfüllung der übrigen in § 1 bezeichneten Voraussetzuugen der definitiven Anstellung ist nicht erforderlich.

§ 43.*

Die Bestimmungen des § 13 Abs. 1 und der §§ 14 bis 26, 29 bis 40 finden, vorbehaltlich der in den §§ 44 bis 47 enthaltenen Vorschriften, auch hinsichtlich der mit der einstweiligen Wahrnehmung des Gerichtsvollzieherdienstes beauftragten Personen entsprechende Anwendung.

§ 44.

Bei Gefahr im Verzuge kann der Auftrag bis auf weitere Anordnung der Anstellungsbehörde durch den Amtsrichter ertheilt werden.

§ 46.

Zum Tragen der Dienstkleidung sind die mit der einstweiligen Wahrnehmung des Gerichtsvollzieherdienstes beauftragten Personen nicht ver-

---

[3]) Vgl. Anm. 8 zu [§ 40].

pflichtet. Es kann ihnen jedoch von der Anstellungsbehörde die Verpflichtung auferlegt werden, ein Dienstabzeichen zu tragen.

§ 48.

Bei Gefahr im Verzuge ist der Amtsrichter ermächtigt, mit der Wahrnehmung einzelner, den Gerichtsvollziehern zugewiesener Geschäfte eine Person, welche zur einstweiligen Wahrnehmung des Gerichtsvollzieherdienstes befähigt ist, und in deren Ermangelung jede andere von ihm für geeignet erachtete Person zu beauftragen.

Der Beauftragte ist, sofern er nicht den allgemeinen Diensteid geleistet hat, mittelst Handschlages an Eidesstatt dahin zu verpflichten, daß er die Obliegenheiten eines Gerichtsvollziehers getreulich erfüllen wolle.

Er erwirbt für die ihm übertragene Amtshandlung die tarifmäßigen Gebühren und Vergütungen an baaren Auslagen. Letztere Vorschrift findet auch Anwendung, wenn der Beauftragte etatsmäßig oder diätarisch angestellter Beamter ist.

Dritter Abschnitt.

Hülfsgerichtsvollzieher.

§ 49.*

Mit der Vornahme solcher Zustellungen, welche von Amtswegen angeordnet werden, können besondere Personen widerruflich beauftragt werden (Hülfsgerichtsvollzieher). Der Auftrag kann auf einzelne Gattungen dieser Geschäfte beschränkt werden.

Die Gerichtsdiener sind zur Uebernahme der Geschäfte eines Hülfsgerichtsvollziehers neben den Gerichtsdienergeschäften verpflichtet.

Die Bestellung von Hülfsgerichtsvollziehern soll, vorbehaltlich der Vorschriften der §§ 53 und 54, nur erfolgen, wenn die Geschäftslast durch die vorhandenen Gerichtsvollzieher nicht ordnungsmäßig bewältigt werden kann und die Vermehrung der Zahl der Gerichtsvollzieherstellen nicht zweckmäßig oder nicht thunlich ist.

§ 50.*

Die Bestimmungen der §§ 16, 17, 19 bis 22, 24, 25, 30 bis 32, 34 bis 42, 44 und 46 finden, vorbehaltlich der in §§ 51 und 54 enthaltenen Vorschriften, auch hinsichtlich der Hülfsgerichtsvollzieher entsprechende Anwendung.

§ 51.*

Zur Wahrnehmung der Geschäfte eines Hülfsgerichtsvollziehers sind die in § 41 bezeichneten Personen gleichmäßig befähigt.

Die in § 41 Abs. 2 bezeichneten Personen können zu Hülfsgerichtsvollziehern bestellt werden, wenn auf Grund eines von dem Vorstande der betreffenden Justizbehörde ausgestellten Zeugnisses anzunehmen ist, daß sie zur einstweiligen Wahrnehmung des Gerichtsvollzieherdienstes hinsichtlich der von Amtswegen angeordneten Zustellungen für befähigt zu erachten sind.

§ 54.

Die den Gerichtsvollziehern zugewiesene Thätigkeit bei Zustellungen, welche durch die Post oder durch Aufgabe zur Post erfolgen, kann, sofern es sich um Zustellungen, welche von Amtswegen angeordnet sind, handelt, durch Gerichtsdiener als Hülfsgerichtsvollzieher ausgeübt werden. Einer ausdrücklichen Bestellung derselben als Hülfsgerichtsvollzieher bedarf es hierzu nicht. Den Gerichtsdienern wird für die Gerichtsvollziehergeschäfte dieser Art eine besondere Entschädigung nicht gewährt.

Vierter Abschnitt.
Uebergangs- und Schlußbestimmungen.

§ 62.*

Die in den §§ 2, 5, 22, 35, 44, 48 den Amtsrichtern zugewiesenen Befugnisse werden bei den mit mehreren Richtern besetzten Amtsgerichten von demjenigen Richter wahrgenommen, welchem das Recht der Aufsicht gebührt.

C.
Auszug
aus der
Geschäftsanweisung für die Gerichtsvollzieher
vom 24. Juli 1879. 1)

(Anlage zu Stück 31 des JMBl. 1879.)

Erster Abschnitt.
Allgemeine Bestimmungen.

§ 1.

Geschäftskreis. Die den Gerichtsvollziehern obliegenden Dienstverrichtungen und das bei deren Vornahme zu beobachtende Verfahren sind durch die Reichs- und Landesgesetze, sowie durch die Gerichtsvollzieherordnung bestimmt und werden durch diese Anweisung näher geregelt.

§ 2.

Amtsbezirk. Hinsichtlich des Bezirks, in welchem der Gerichtsvollzieher sein Amt auszuüben hat, sind die §§ 17, 22 GVO. [Anl. B] maßgebend.

Zur Uebernahme der von den Parteien unmittelbar ertheilten Aufträge ist der Gerichtsvollzieher ohne Rücksicht auf die nach § 22 GVO. [Anl. B] erfolgte Geschäftsvertheilung verpflichtet.

§ 3.*

Ausschließung von der dienstlichen Thätigkeit. Die Fälle, in denen der Gerichtsvollzieher kraft Gesetzes von der Ausübung seines Amtes ausgeschlossen ist, ergeben sich aus § 156 GVG. [§ 42]. Ob der Auftrag von einer Behörde, einem Beamten oder von einer Privatperson ertheilt ist, macht dabei keinen Unterschied.

§ 4.

Rechtliche oder thatsächliche Verhinderung. Das Verhalten des Gerichtsvollziehers bei Aufträgen, an deren Erledigung er aus rechtlichen oder thatsächlichen Gründen verhindert ist, regelt der § 35 GVO. [Anl. B.]

---

1) Vgl. Anm. 1 zu Anl. B.

§ 5.*

Die mündliche Ertheilung des Auftrags unter Aushändigung der zu dessen Ausführung erforderlichen Schriftstücke seitens des Auftraggebers oder des um die Vermittelung des Auftrags in Anspruch genommenen Gerichtsschreibers genügt, um den Gerichtsvollzieher zur Vornahme der aufgetragenen Amtshandlung zu ermächtigen. Form der Auftragsertheilung.

Bei den von Seiten des Gerichts angeordneten Geschäften ist auch der Gerichtsschreiber zur Beauftragung des Gerichtsvollziehers befugt. Der geschäftliche Verkehr zwischen diesem Beamten und dem Gerichtsvollzieher wird durch die Geschäftsordnung für die Gerichtsschreibereien [Anl. A] näher geregelt.

Zur Empfangnahme von Aufträgen, welche die von Amtswegen angeordneten Geschäfte betreffen oder unter Vermittelung des Gerichtsschreibers ertheilt werden, hat sich der Gerichtsvollzieher auf der Gerichtsschreiberei des an seinem amtlichen Wohnsitze befindlichen Gerichtes nach näherer Vorschrift der Vorstände derselben einzufinden. Die Niederlegung der auf den Auftrag bezüglichen Schriftstücke in das auf der Gerichtsschreiberei für den Gerichtsvollzieher bestimmte Fach ersetzt die mündliche Beauftragung.

§ 6.

Die Erledigung der ertheilten Aufträge darf nicht verzögert werden. Ist für die Ausführung eines Auftrags eine bestimmte Frist gestellt, so hat der Gerichtsvollzieher den Auftrag innerhalb dieser Frist zu erledigen oder — im Falle der Behinderung — in Gemäßheit des § 35 GVO. [Anl. B] die Bestellung eines Vertreters bei dem Amtsgerichte rechtzeitig zu beantragen. Im Uebrigen hat der Gerichtsvollzieher nach den Umständen pflichtmäßig zu ermessen, in welcher Reihenfolge, je nach der größeren oder geringeren Dringlichkeit der Aufträge, die Erledigung derselben zu bewirken ist. In der Regel sollen hierbei die freiwilligen Versteigerungen den übrigen Geschäften nachstehen. Pflicht zur ungesäumten Dienstleistung.

§ 7.*

Der Gerichtsvollzieher darf folgende Amtshandlungen auch an Sonntagen und allgemeinen Feiertagen vornehmen: Sonntage und allgemeine Feiertage.

Zustellungen durch Aufgabe zur Post,

Aufgaben zur Post zum Zweck der Zustellung.

Andere Amtshandlungen dürfen an Sonntagen und allgemeinen Feiertagen nur mit Erlaubniß des Richters vorgenommen werden. Die Erlaubniß oder Anweisung ist bei Vornahme der Amtshandlung vorzuzeigen, in der über dieselbe aufzunehmenden Urkunde zu erwähnen und bei den Zustellungen abschriftlich mitzutheilen.

§ 8.*

Zur Nachtzeit dürfen Zwangsvollstreckungen (§§ 46—103 d. Anw.) nur mit Erlaubniß des Amtsgerichts, in dessen Bezirk die Vollstreckung erfolgen soll, andere Amtshandlungen, welche das Betreten einer Wohnung erforderlich machen, nur mit Genehmigung des auftraggebenden Richters vorgenommen werden. Nachtzeit

Die Nachtzeit im gesetzlichen Sinne umfaßt in dem Zeitraume vom 1. April bis 30. September die Stunden von 9 Uhr Abends bis 4 Uhr

Morgens, und in dem Zeitraume vom 1. Oktober bis 31. März die Stunden von 9 Uhr Abends bis 6 Uhr Morgens.

§ 9.

Gerichtsferien.

Die Gerichtsferien sind ohne Einfluß auf die Verpflichtung des Gerichtsvollziehers, die ihm ertheilten Aufträge zu erledigen.

§ 10.

Aufbewahrung fremder Gelder.

Der Gerichtsvollzieher ist verpflichtet, die vermöge des Dienstes in seinen Gewahrsam kommenden fremden Gelder, getrennt von seinen eigenen Geldern, unter genügendem Verschlusse aufzubewahren.

§ 11.

Empfangsbescheinigung.

Ueber den Empfang von Geldern, Schriftstücken und anderen Gegenständen, welche aus Veranlassung eines Dienstgeschäfts in den Gewahrsam des Gerichtsvollziehers kommen, hat derselbe der Behörde oder der Privatperson auf Verlangen eine Bescheinigung zu ertheilen.

Im Falle des § 677 CPO. [§ 652] ist diese Bescheinigung auch ohne Verlangen zu ertheilen.

§ 12.

Beurkundung.

Bei der Aufnahme von Urkunden haben die Gerichtsvollzieher neben den besonderen für die einzelnen Arten der Urkunden getroffenen Vorschriften nachstehende allgemeine Regeln zu beachten:

1) Jede Urkunde muß Zeit und Ort der Abfassung enthalten und von dem Gerichtsvollzieher unter Beifügung seiner Amtseigenschaft (Gerichtsvollzieher) und seines amtlichen Wohnsitzes unterschrieben werden.
2) Die Urkunden sollen deutlich und bestimmt abgefaßt und leserlich geschrieben sein. Der Gebrauch der Bleischrift oder einer anderen ähnlichen Trockenschrift ist unstatthaft.
3) Die Urkunden — Urschriften wie Abschriften — sind ohne Lücken anzufertigen. Radirungen sind untersagt. Etwa nöthige Durchstreichungen müssen in der Art geschehen, daß das Durchstrichene noch leserlich bleibt. Werden Formulare verwendet, so sind die in denselben vorhandenen zur Ausfüllung bestimmten Zwischenräume, insoweit sie durch die erforderlichen Eintragungen nicht ausgefüllt werden, zu weiteren Eintragungen durch Striche ungeeignet zu machen.
4) In dem Protokolle über ein Geschäft, welches nach Verhältniß der verwendeten Zeit vergütet wird, ist die Dauer der letztern anzugeben. Zu diesem Zwecke ist insbesondere auch die Zeit des Anfangs und Endes des Geschäfts, sowie eine etwaige Unterbrechung zu vermerken.
5) Die Abschriften sind stets als solche zu bezeichnen. Die dem Gerichtsvollzieher obliegende Beglaubigung erfolgt mit dem Vermerk „Beglaubigt" unter Beifügung der Unterschrift (Nr. 1 oben). Die Beglaubigung darf erst erfolgen, nachdem der Gerichtsvollzieher von der wörtlichen Uebereinstimmung der Abschrift mit der Urschrift (Ausfertigung) sich überzeugt hat.
6) Unter den Urschriften und Abschriften ihrer Akte haben die Gerichtsvollzieher eine Berechnung der Kosten nach Maßgabe des § 121 d. Anw. aufzustellen.

§ 13.

Das Dienstsiegel ist in einer jeden Mißbrauch ausschließenden Weise zu verwahren und bei dem Ausscheiden aus der Dienststelle dem Amtsgerichte zurückzugeben. Dienstsiegel.

Das Dienstsiegel darf nur zu dienstlichen Zwecken, nicht bei außerdienstlichen Geschäften und Korrespondenzen verwendet werden.

§ 14.

Die dienstliche Korrespondenz des Gerichtsvollziehers ist, soweit deren Verschluß erforderlich wird, mit dem Dienstsiegel oder an dessen Stelle mit entsprechenden Siegelmarken, deren Beschaffung dem Gerichtsvollzieher auf eigene Kosten obliegt, zu verschließen. Dienstliche Korrespondenz.

Die durch die Post zu befördernde dienstliche Korrespondenz ist außerdem mit dem Vermerke „Portopflichtige Dienstsache" zu versehen.

§ 15.

Der Gerichtsvollzieher ist zur Amtsverschwiegenheit verpflichtet. Amtsverschwiegenheit.

§ 16.

Der Gerichtsvollzieher hat bei der Vornahme von Dienstverrichtungen außerhalb seiner Wohnung oder seines Geschäftslokals die vorgeschriebene Dienstkleidung zu tragen. Dienstkleidung.

Zweiter Abschnitt.

Einzelne Geschäftszweige.

I. Zustellungen.

1. Allgemeine Bestimmungen.

§ 17.

Die Zustellung besteht in der Uebergabe einer Ausfertigung oder einer beglaubigten Abschrift des zuzustellenden Schriftstücks unter Beurkundung der erfolgten Uebergabe.

Auf den Inhalt des Schriftstücks kommt es für das bei der Zustellung desselben zu beobachtende Verfahren nicht an. Auch ein Schriftstück, welches nur die Ladung einer Person vor Gericht enthält, ist in derselben Weise wie andere Schriftstücke zuzustellen.

§ 18.

Für die Thätigkeit der Gerichtsvollzieher kommen drei Arten von Zustellungen in Betracht: Arten der Zustellung.

1) Zustellungen, welche von den Gerichtsvollziehern selbst ohne Mitwirkung der Post ausgeführt werden (gewöhnliche Zustellung) (§§ 24 bis 34 d. Anw.).
2) Zustellungen durch die Post (§ 35 d. Anw.).
3) Zustellungen durch Aufgabe zur Post (§ 36 d. Anw.).

Bei gewöhnlichen Zustellungen ist der Gerichtsvollzieher auf den im § 17 Abs. 1 GVO. [Anl. B] bezeichneten Amtsbezirk beschränkt. Zustellungen durch die Post kann er nach jedem Orte des Deutschen Reichs bewirken.

Ob der Gerichtsvollzieher einen ihm ertheilten Zustellungsauftrag im Wege der gewöhnlichen Zustellung oder im Wege der Zustellung durch die Post auszuführen hat, richtet sich nach der Anweisung des Auftraggebers. In Ermangelung einer Anweisung hat der Gerichtsvollzieher nach pflichtmäßigem Ermessen die Zustellung in der einen oder in der anderen Weise (Nr. 1, 2) zu besorgen.

Wählt er in einem solchen Falle die gewöhnliche Zustellung (Nr. 1), obgleich die Zustellung mit geringeren Kosten durch die Post hätte erfolgen können, so dürfen nur die für den Fall der Zustellung durch die Post zulässigen Gebühren und Auslagen erhoben werden.

Zustellungen durch Aufgabe zur Post (Nr. 3) sind nur in gesetzlich bestimmten Fällen und immer nur auf ausdrückliches Verlangen des Auftraggebers zulässig.

2. Zustellung in bürgerlichen Rechtsstreitigkeiten.

§ 19.

Der Gerichtsvollzieher hat die Zustellungen in bürgerlichen Rechtsstreitigkeiten nach Maßgabe der §§ 152 bis 178, 180 CPO. [§§ 229 bis 256, 258] zu besorgen.

§ 20.

Auftrag.

Der Auftrag zur Vornahme einer Zustellung wird dem Gerichtsvollzieher entweder durch das Gericht (Richter, Gerichtsschreiber) oder von einer Partei, sei es von dieser selbst oder von ihrem Bevollmächtigten, ertheilt. Der Auftrag einer Partei erfolgt unmittelbar oder unter Vermittelung des Gerichtsschreibers.

Der unter Vermittelung des Gerichtsschreibers beauftragte Gerichtsvollzieher hat sich in jeder Beziehung, insbesondere auch rücksichtlich des Gebührenbezugs, als unmittelbar von der Partei beauftragt zu betrachten.

§ 21.

Empfangnahme und Beglaubigung der Schriftstücke.

Bei der Empfangnahme der zuzustellenden Schriftstücke hat der Gerichtsvollzieher, sofern es sich nicht um einen durch den Gerichtsschreiber vermittelten Parteiauftrag handelt, auf den Urschriften und allen Abschriften die Zeit der Uebergabe zu vermerken und der Partei auf Verlangen zu bescheinigen.

Die Abschriften der zuzustellenden Schriftstücke sind bei allen von der Partei selbst unmittelbar oder unter Vermittelung des Gerichtsschreibers ertheilten Aufträgen von dem Gerichtsvollzieher zu beglaubigen, sofern sie nicht von einem Rechtsanwalt bereits beglaubigt sind. Die Beglaubigung erfolgt in der im § 12 Nr. 5 d. Anw. vorgesehenen Weise.

§ 22.*

Vorbereitung der Zustellung.

Der Gerichtsvollzieher hat die Zustellung vor deren Besorgung gehörig vorzubereiten, damit bei der Ausführung sich keine Anstände erheben und keine Verzögerungen verursacht werden, auch die Wirksamkeit der Zustellung nicht beeinträchtigt wird.

Insbesondere ist zu prüfen, ob die Schriftstücke unterschrieben, die Abschriften gehörig beglaubigt und in der erforderlichen Anzahl vorhanden sind, ob in den Ladungen die Zeit und der Ort des Termins angegeben ist, und ob die Person, an welche zuzustellen ist, nach Namen, Stand oder Gewerbe und Aufenthaltsort hinreichend bezeichnet ist, so daß danach namentlich die Adresse, wenn die Zustellung durch die Post bewirkt werden soll, sicher angegeben werden kann. Etwaige Anstände müssen auf dem kürzesten Wege, in der Regel sofort bei Entgegennahme des Auftrags, oder in sonst geeigneter Weise, soweit thunlich durch den Gerichtsvollzieher selbst beseitigt werden.

§ 23.

Der Gerichtsvollzieher hat die Zustellungsaufträge, vorbehaltlich anderweiter Bestimmung des Auftraggebers, wenn die Zustellung an seinem Wohnorte oder unter seiner Vermittelung durch die Post zu erfolgen hat, spätestens binnen vierundzwanzig Stunden, wenn die Zustellung außerhalb seines Wohnortes durch ihn selbst zu bewirken ist, auf der ersten Reise und spätestens binnen vier Tagen zu erledigen; Sonntage und allgemeine Feiertage werden nicht mitgerechnet.

Frist für die Erledigung des Auftrags.

§ 24.

a. Gewöhnliche Zustellungen.

Ort der Zustellung.

Die Zustellung kann an jedem Orte erfolgen, wo der bezeichnete Empfänger angetroffen wird. Hat derselbe aber an diesem Orte eine Wohnung oder ein Geschäftslokal, so ist er nicht verpflichtet, sich auf eine außerhalb derselben versuchte Zustellung einzulassen. Der Gerichtsvollzieher muß in einem solchen Falle bei Verweigerung der Annahme die Zustellung in der Wohnung oder in dem Geschäftslokale bewirken (§ 165 CPO. [§ 243]).

Der regelmäßige Ort, welchen der Gerichtsvollzieher zur Vornahme der Zustellung aufzusuchen hat, ist daher die Wohnung oder das Geschäftslokal des bezeichneten Empfängers, weil alsdann die Zustellung nöthigenfalls in dessen Abwesenheit und selbst bei verweigerter Annahme der Schriftstücke vorgenommen werden kann.

Jedenfalls muß bei Bewirkung der Zustellung außerhalb der Wohnung oder des Geschäftslokals immer ein angemessener Ort und eine passende Gelegenheit gewählt werden, welche die ungehinderte und sichere Uebergabe und Annahme der Schriftstücke gestatten.

§ 25.

Personen, an welche die Zustellung zu erfolgen hat. (Anhang: Formulare Nr. 1, 6 bis 10, 11.)

Die Zustellung erfolgt an den bezeichneten Empfänger in Person.

Handelt es sich um eine Zustellung an einen Unteroffizier oder Gemeinen des aktiven Heeres oder der aktiven Marine, so muß die Zustellung an den Chef der zunächst vorgesetzten Kommandobehörde derselben (Chef der Kompagnie, Eskadron, Batterie u. s. w.) erfolgen (§ 158 CPO. [§ 235]). Zu den Unteroffizieren gehören in dieser Beziehung auch die Feldwebel, Wachtmeister und die denselben gleich- oder nachstehenden Avancirten.

Die Zustellung an eine Behörde, Gemeinde oder Korporation, sowie an Aktiengesellschaften, eingetragene Genossenschaften und andere Personenvereine, welche als solche klagen und verklagt werden können, erfolgt an deren gesetzliche Vertreter oder Vorsteher. Sind mehrere gesetzliche Vertreter oder Vorsteher vorhanden, so genügt die Zustellung an einen derselben (§ 157 CPO. [§ 234]).

§ 26.

Falls der bezeichnete Empfänger nicht angetroffen wird. — Ersatzzustellung.

Kann eine Zustellung an den bezeichneten Empfänger in Person nicht erfolgen, so ist sie nach Maßgabe der §§ 166—169 CPO. [§§ 244—247] an eine andere Person oder durch Niederlegung bei einer Behörde zu bewirken. Dabei sind die folgenden Fälle zu unterscheiden.

§ 27.

Zustellungen an Gewerbetreibende. (Anhang: Formular Nr. 4)

Soll die Zustellung an einen Gewerbetreibenden erfolgen, welcher ein **besonderes** Geschäftslokal hat, so hat sich der Gerichtsvollzieher der Regel nach zunächst in das Geschäftslokal desselben (Laden, Komptoir 2c.) zu begeben. Wird der bezeichnete Empfänger dort nicht angetroffen, so kann die Zustellung in dem Geschäftslokale an einen darin anwesenden Gehülfen des Gewerbetreibenden (Kommis, Buchhalter, Gesellen, 2c.) erfolgen.

Ist die Zustellung in dieser Weise nicht ausführbar, so hat sich der Gerichtsvollzieher in die Wohnung des bezeichneten Empfängers zu begeben und demnächst, wenn derselbe auch dort nicht angetroffen wird, nach Maßgabe der §§ 30—32 d. Anw. zu verfahren.

§ 28.

Zustellungen an Rechtsanwälte. (Anhang: Formular Nr. 5.)

Soll die Zustellung an einen Rechtsanwalt erfolgen, so hat sich der Gerichtsvollzieher der Regel nach zunächst in das Geschäftslokal (Büreau) desselben zu begeben. Wird der Rechtsanwalt dort nicht angetroffen, so kann die Zustellung in dem Geschäftslokale an einen darin anwesenden Gehülfen (Büreauvorsteher, Expedient 2c.) oder Schreiber des Rechtsanwalts erfolgen.

Ist die Zustellung in dieser Weise nicht ausführbar, so hat sich der Gerichtsvollzieher in die Wohnung des Rechtsanwalts zu begeben und demnächst, wenn derselbe auch dort nicht angetroffen wird, nach Maßgabe der §§ 30—32 d. Anw. zu verfahren.

§ 29.

Zustellungen an Behörden, Gemeinden, Korporationen oder Personenvereine. (Anhang: Formulare Nr. 6 bis 10)

Soll die Zustellung an den gesetzlichen Vertreter oder Vorsteher einer Behörde, einer Gemeinde, einer Korporation oder eines Personenvereins, wie Aktiengesellschaften, eingetragene Genossenschaften und dergleichen Gesellschaften, erfolgen, so hat sich der Gerichtsvollzieher der Regel nach zunächst während der gewöhnlichen Geschäftsstunden der Behörde 2c. in das Geschäftslokal derselben zu begeben. Wird in diesen Stunden die Person, an welche die Zustellung erfolgen soll, dort nicht angetroffen oder ist sie an der Annahme verhindert, so kann die Zustellung in dem Geschäftslokale an einen andern dort anwesenden Beamten oder Bediensteten der Behörde 2c. erfolgen.

Ist die Zustellung in dieser Weise nicht ausführbar, so hat sich der Gerichtsvollzieher in die Wohnung des Empfängers zu begeben und demnächst, wenn derselbe auch dort nicht angetroffen wird, nach Maßgabe der §§ 30—32 d. Anw. zu verfahren. Hat jedoch die Behörde 2c. ein besonderes Geschäftslokal, so kann außerhalb dieses Lokals, auch in der Wohnung, nur an dem Empfänger in Person zugestellt werden.

§ 30.

Zustellungen an andere Personen. (Anhang: Formulare Nr. 2, 3.)

Soll die Zustellung an eine andere als an eine der in den §§ 27—29 d. Anw. bezeichneten Personen erfolgen, so hat sich der Gerichtsvollzieher der Regel nach in die Wohnung des bezeichneten Empfängers zu begeben. Wird derselbe dort nicht angetroffen, so kann die Zustellung in der Wohnung an einen zu der Familie gehörenden erwachsenen Hausgenossen oder an eine in der Familie dienende erwachsene Person erfolgen. Daß die dienende Person in demselben Hause wohne, ist nicht erforderlich.

Wird in der Wohnung eine solche Person nicht angetroffen, so kann die Zustellung an den in demselben Hause wohnenden Hauswirth oder Vermiether erfolgen, wenn diese zur Annahme des Schriftstücks bereit sind.

§ 31.

Niederlegung der Schriftstücke bei einer Behörde. (Anhang: Formulare Nr. 12, 13.)

Ist der bezeichnete Empfänger in seiner Wohnung nicht angetroffen und kann die Zustellung auch nicht nach den Vorschriften des § 30 d. Anw. erfolgen, so hat der Gerichtsvollzieher dieselbe nach Maßgabe des § 167 CPO. [§ 245] durch Niederlegung zu bewirken.

Der Gerichtsvollzieher hat unter den dort bezeichneten Niederlegungsstellen thunlichst diejenige zu wählen, welche dem Empfänger am bequemsten zugänglich ist.

Die Nachbarn, denen die Niederlegung der Schriftstücke mitgetheilt wird, sind zu ersuchen, den Empfänger davon alsbald in Kenntniß zu setzen. In die an der Wohnungsthür zu befestigende schriftliche Anzeige ist neben dem Orte der Niederlegung auch die Bemerkung aufzunehmen, daß die Niederlegung zum Zweck der Zustellung erfolgt sei und die niedergelegten Schriftstücke von dem Orte der Niederlegung abzuholen seien.²)

§ 32.

Bevor der Gerichtsvollzieher die Zustellung an eine der in den vorstehenden §§ 27—30 bezeichneten Personen oder durch Niederlegung (§ 31) bewirkt, hat er sich die Ueberzeugung zu verschaffen, daß die Wohnung oder das Geschäftslokal, in welcher die Zustellung vorgenommen oder vergebens versucht wird, auch wirklich die Wohnung oder das Geschäftslokal des bezeichneten Empfängers ist und daß die Personen, mit denen er verhandelt, auch wirklich diejenigen sind, für welche sie sich ausgeben. Die Personen, an welche an Stelle des bezeichneten Empfängers die Zustellung erfolgt, hat der Gerichtsvollzieher zu bedeuten, daß sie verpflichtet sind, die Schriftstücke dem Ersteren alsbald auszuhändigen.

An unerwachsene Kinder, an Miether oder an Fremde darf eine Zustellung niemals geschehen.

§ 33.

Verweigerung der Annahme der Zustellung.

Die Annahme einer gehörig erfolgenden Zustellung darf von der Person, an welche sie bewirkt wird, nicht verweigert werden. Geschieht dies dennoch, so hat der Gerichtsvollzieher das zu übergebende Schriftstück am Orte der Zustellung zurückzulassen.

Es ist jedoch hierbei zu beachten, daß an den Hauswirth oder Vermiether (§ 30 Abs. 2 d. Anw.) die Zustellung nur erfolgen kann, wenn sie zur Annahme bereit sind, daß also, wenn sie die Annahme verweigern, die Zustellung auch nicht durch Zurücklassung des Schriftstücks bewirkt werden darf.

§ 34.

Zustellungsurkunde.

Der Gerichtsvollzieher hat über jede von ihm bewirkte Zustellung eine Urkunde aufzunehmen, welche den in den §§ 173, 174 CPO. [§§ 251, 252] vorgesehenen Erfordernissen entsprechen muß.

Der Gerichtsvollzieher hat der Unterschrift der Zustellungsurkunde das Dienstsiegel beizufügen, wenn der Auftraggeber dies verlangt oder wenn dem Gerichtsvollzieher bekannt ist, daß von der Urkunde außerhalb des Landgerichtsbezirks Gebrauch gemacht werden soll.

---

²) Ueber das fernere Verfahren mit den niedergelegten Schriftstücken und die Thätigkeit des Gerichtsvollziehers bei demselben s. allgemeine Verfügungen vom 7. Januar und 29. April 1879 (JMBl. S. 6, 95). Vergl. Anm. zu [§ 18 der Anl. A].

Ist die Zustellungsurkunde auf einen besonderen Bogen geschrieben, so ist auf die Haltbarkeit der herzustellenden Verbindung besonders zu achten.

Das Original der Zustellungsurkunde ist dem Auftraggeber ohne Verzug und spätestens am Tage nach der Zustellung zu übergeben oder zu übersenden. War der Auftrag durch den Gerichtsschreiber vermittelt, so erfolgt die Uebermittelung unmittelbar an die Behörde oder Partei, welche die Vermittelung des Gerichtsschreibers in Anspruch genommen hatte.

§ 35.

b. Zustellung durch die Post. (Anhang: Formular Nr. 14.)

Das bei der Zustellung durch die Post zu beobachtende Verfahren ergiebt sich aus den §§ 177, 178 [§§ 255, 256] CPO., zu welchen noch die nachfolgenden Anweisungen ertheilt werden.

Der Gerichtsvollzieher hat in der von ihm nach Maßgabe des § 177 a. a. O. [§ 255] auszustellenden Bescheinigung auch die Person, für welche die Zustellung erfolgen soll, zu bezeichnen.

In der Adresse ist die Person, welcher zugestellt werden soll, nach Name, Stand oder Gewerbe und Wohnort so genau zu bezeichnen, daß der Adressat leicht und sicher aufgefunden werden kann und Verwechselungen ausgeschlossen sind.

Besondere Sorgfalt ist nöthig rücksichtlich der häufig vorkommenden Familiennamen (Müller, Schulze 2c.) und der gleich oder ähnlich lautenden Ortsnamen. Bei Sendungen nach größeren Städten ist, soweit thunlich, die Wohnung des Adressaten näher anzugeben.

Bei Zustellungen an Unteroffiziere und gemeine Soldaten (§ 158 CPO. [§ 235]) ist die Adresse an diese selbst zu richten unter genauer Bezeichnung des Truppentheils (Kompagnie, Eskadron oder Batterie des zu bezeichnenden Regiments 2c., zu welchem sie gehören) und unter Beifügung des Zusatzes: „zu Händen des Chefs der (genau zu bezeichnenden) zunächst vorgesetzten Kommandobehörde" (Chef der Kompagnie, Eskadron, Batterie 2c.).

Bei Zustellungen an Behörden, Gemeinden 2c. (§ 157 Abs. 2 CPO. [§ 234]) ist die Adresse ebenfalls an diese selbst zu richten mit dem Zusatze: „zu Händen des Vorstehers". Ist dem Gerichtsvollzieher der Vorsteher näher bezeichnet, so ist dem Zusatze diese Bezeichnung hinzuzufügen.

Auf die vordere Seite des Briefumschlags, oben links, ist die Nummer zu setzen, unter welcher der Zustellungsauftrag im allgemeinen Dienstregister eingetragen steht. Unter der Nummer hat der Gerichtsvollzieher sich als Absender unter Beifügung seiner Amtseigenschaft zu bezeichnen.

Dem Briefe ist der Entwurf zu der von dem Postboten aufzunehmenden Zustellungsurkunde und zu einer beglaubigten Abschrift derselben offen beizufügen und, daß dies geschehen, auf der vorderen Seite des Briefumschlags, unten links, durch die Worte: „Hierbei ein Formular zur Zustellungsurkunde nebst Abschrift" zu vermerken.

Zu den Entwürfen für die Urschriften und Abschriften der Zustellungsurkunden sind die von der Postverwaltung unentgeltlich, nach deren näherer Anweisung, zu beziehenden Formulare[3]) zu verwenden, nöthigenfalls unter Vornahme der erforderlichen Abänderungen. Vor der Uebergabe der Sendung an die Post hat der Gerichtsvollzieher den Kopf des Formulars sowohl zur Urschrift als zur Abschrift vollständig auszufüllen, und gleich-

---

[3]) Vgl. Anm. 34 zu [§ 254].

zeitig auf der Rückseite des Formulars zur Urschrift seine für die Rücksendung der Urkunde erforderliche Adresse anzugeben. Die Uebergabe des vorschriftsmäßig überschriebenen und verschlossenen Briefes mit dem Entwurfe zur Urschrift und Abschrift der Zustellungsurkunde an die Postanstalt enthält das Ersuchen des Gerichtsvollziehers an dieselbe um Zustellung (§ 177 CPO. [§ 255]). Eines besonderen Anschreibens oder sonstigen ausdrücklichen Ersuchens bedarf es nicht.

Die rechtzeitige Erledigung der Zustellung durch die Post ist durch das allgemeine Dienstregister zu kontroliren und zu dem Zwecke in Spalte 5 desselben sowohl der Tag der Uebergabe der Sendung, als später der Tag der Rücklieferung der Zustellungsurkunde zu vermerken.

Der Gerichtsvollzieher hat nach der von der Postanstalt ihm überlieferten Zustellungsurkunde zu prüfen, ob die Zustellung gehörig erfolgt ist und, nachdem etwaige Mängel durch Vermittelung der Postanstalt abgestellt sind, die Urkunde mit der Urschrift des zugestellten Schriftstücks und der von ihm nach § 177 CPO. [§ 255] ausgestellten Bescheinigung dem Auftraggeber alsbald zuzufertigen.

Der Gerichtsvollzieher ist verpflichtet, die zum Zweck der Zustellung der Postanstalt zu übergebende Sendung für Rechnung des Auftraggebers zu frankiren und die Postgebühr zu verlegen.

§ 36.

Der Gerichtsvollzieher hat Zustellungen, welche durch Aufgabe zur Post zu bewirken sind, von solchen Zustellungen, welche durch die Post erfolgen sollen (vergl. § 18 Nr. 2, 3 d. Anw.), genau zu unterscheiden. Der wesentliche Unterschied besteht darin, daß die Zustellung durch Aufgabe zur Post mit der Uebergabe des Briefes an die Postanstalt für vollzogen angesehen wird, während bei der Zustellung durch die Post die Uebergabe des Briefes an die Postanstalt nur das Ersuchen um Zustellung enthält und diese nur dadurch bewirkt werden kann, daß der Brief durch einen Postboten in derselben Weise, als wenn der Gerichtsvollzieher den Akt selbst vornähme, dem Adressaten zugestellt wird.

c. Zustellungen durch Aufgabe zur Post. (Anhang: Formular Nr. 15)

Das bei der Zustellung durch Aufgabe zur Post zu beobachtende Verfahren, sowie Form und Inhalt der Zustellungsurkunde sind in den §§ 161, 173, 175 CPO. [§§ 238, 251, 253] vorgeschrieben. Die Abschrift der Zustellungsurkunde ist, verbunden mit der zu übergebenden Schrift, in den Briefumschlag mit einzuschließen. Der Gerichtsvollzieher hat darauf zu sehen, daß von ihm an dem in der Zustellungsurkunde bezeichneten Tage die Aufgabe zur Post auch wirklich ausgeführt wird. Rücksichtlich der Fassung der Adresse sind die Vorschriften im § 35 d. Anw. zu beachten. Der dort erwähnte, auf die Beifügung des Formulars zur Zustellungsurkunde bezügliche Vermerk wird jedoch der Adresse nicht zugefügt. Ist die Postsendung eingeschrieben so ist der Postschein mit der Zustellungsurkunde zu verbinden. Die etwa als unbestellbar zurückgekommene Sendung ist dem Auftraggeber zu übermitteln.

§ 37.

Wird der Gerichtsvollzieher von einem Rechtsanwalt mit einer Zustellung an den Gegenanwalt oder im Falle des § 19 der Deutschen Rechtsanwaltsordnung, [§ 239] an den Zustellungsbevollmächtigten desselben beauftragt, so genügt zur Beurkundung der Zustellung das mit dem Datum und der

Zustellung von Anwalt zu Anwalt.

Unterschrift versehene schriftliche Empfangsbekenntniß des Gegenanwalts oder des Zustellungsbevollmächtigten. Der Gerichtsvollzieher hat seinerseits die Zustellung nur zu beurkunden, wenn der Auftraggeber dies verlangt oder das vorgeschriebene schriftliche Empfangsbekenntniß von dem Gegenanwalte oder dem Zustellungsbevollmächtigten verweigert wird oder wegen deren Abwesenheit oder aus einem sonstigen Grunde nicht zu erlangen ist. In einem solchen Falle erfolgt sowohl die Zustellung, als deren Beurkundung nach den allgemeinen Vorschriften (§§ 26 bis 28, 30 bis 34 d. Anw.), sofern nicht bei einer Zustellung an den Zustellungsbevollmächtigten des Gegenanwalts die Zustellung an den Letzteren durch Aufgabe zur Post von dem Auftraggeber verlangt worden ist (§ 36 d. Anw.).

§ 38.

Besondere Vorschriften für gewisse Zustellungen bei der Zwangvollstreckung.

Für die Zustellung der Protokolle über Vollstreckungshandlungen der Beschlüsse über die Pfändung und Ueberweisung von Forderungen und der Benachrichtigung über das Bevorstehen der Pfändung einer Forderung bestehen besondere Vorschriften (§§ 683, 730, 736, 744, 745 CPO. [§§ 658, 704, 710, 718, 719], §§ 58, 90, 92, 93 d. Anw.).

II. Behändigungen mit Beurkundung.

§ 44.*

Die Gerichtsvollzieher haben im Auftrage der Gerichte (Richter) Behändigungen von Schriftstücken zu besorgen und die Behändigung zu beurkunden (§ 19 Nr. 1 GVO. [Anl. B]). Die Behändigung findet statt bei der Rückgabe von Schriftstücken, welche den Parteien gehören und diesen zurückzugeben sind. Von der Zustellung unterscheidet sich die Behändigung vorzugsweise dadurch, daß bei der letztern das zur Behändigung bestimmte Schriftstück selbst zu übergeben ist, während bei der Zustellung das zur Zustellung bestimmte Schriftstück behufs Rückgabe an den Auftraggeber in den Händen des Gerichtsvollziehers verbleibt und der Person, welcher zugestellt werden soll, nur eine Ausfertigung oder beglaubigte Abschrift davon übergeben wird. Bei der Behändigung wird daher die Behändigungsurkunde mit dem zu behändigenden Schriftstücke nicht verbunden.

Das von dem Gerichtsvollzieher bei der Besorgung von Behändigungen zu beobachtende Verfahren richtet sich nach den seitens des Auftraggebers in dem einzelnen Falle ertheilten Anordnungen. In Ermangelung solcher Anordnungen ist die Behändigung unter Anwendung der Vorschriften über Zustellungen in bürgerlichen Rechtsstreitigkeiten zu bewirken (§§ 19 bis 38 d. Anw.), jedoch mit der Maßgabe, daß die Uebergabe einer Abschrift der Behändigungsurkunde unterbleibt und im Fall der Abwesenheit des bezeichneten Empfängers die Behändigung durch Niederlegung des Schriftstücks bei einer der im § 167 CPO. [§ 245] bezeichneten Behörden ausgeschlossen ist. Auch muß die Behändigungsurkunde eine kurze Angabe des Inhalts des behändigten Schriftstücks, das Datum desselben und die Geschäftsnummer, unter welcher die Behändigung angeordnet ist, enthalten.

Bei der geschäftlichen Behandlung hat der Gerichtsvollzieher sorgfältig darauf zu achten, daß die zur Behändigung bestimmten Schriftstücke, welche nach Maßgabe der Geschäftsordnung für die Gerichtsschreibereien [Anl. A] vor der Uebergabe an den Gerichtsvollzieher als solche bezeichnet sein sollen, nicht mit andern zur **Zustellung** bestimmten Schriftstücken verwechselt werden.

Bei den durch die Post zu bewirkenden Behändigungen können die Gerichte die Postanstalt um die Vornahme der Behändigung unmittelbar ersuchen, einer Mitwirkung der Gerichtsvollzieher bedarf es hierbei nicht.

III. Besorgung von schriftlichen und mündlichen Mittheilungen, Erkundigungen und dergleichen Aufträgen.

§ 45.*

Die Gerichtsvollzieher sind verpflichtet, im Auftrage der Gerichte (Richter) schriftliche Mittheilungen, die nicht in den Formen der Zustellungen zu erfolgen brauchen, sowie mündliche Bestellungen, Erkundigungen, Vorlegung von Akten und Schriftstücken, überhaupt Aufträge jeder Art, welche ihrer dienstlichen Stellung entsprechen, auszuführen (§. 19 Abs. 1 GVO. [Anl. B]).

Aufträge dieser Art sind nach Maßgabe der Anweisung des Auftraggebers zu erledigen. Ueber die Ausführung hat der Gerichtsvollzieher, sofern nicht etwas Anderes vom Auftraggeber angeordnet ist, bei mündlich ertheilten Aufträgen eine mündliche, bei sonstigen Aufträgen eine kurze schriftliche Anzeige, in der Regel unter der Verfügung, durch welche der Auftrag ertheilt ist, zu erstatten.

IV. Zwangsvollstreckungen in bürgerlichen Rechtsstreitigkeiten.

1. Allgemeine Bestimmungen.

§ 46.

Die Gerichtsvollzieher haben die Zwangsvollstreckung in bürgerlichen Rechtsstreitigkeiten zu bewirken, soweit dieselbe nicht den Gerichten vorbehalten ist (§§ 47, 48 d. Anw.).

Bei der ihnen zugewiesenen Zwangsvollstreckung haben die Gerichtsvollzieher eine selbstständige Thätigkeit zu entwickeln. Sie unterliegen dabei der Aufsicht, nicht aber der unmittelbaren Leitung der Gerichte.

Unter bürgerlichen Rechtsstreitigkeiten werden bei der Zwangsvollstreckung nicht nur die eigentlichen Prozesse, sondern auch die Fälle verstanden, in denen ohne voraufgegangenen Prozeß ein Anspruch des Gläubigers von dem Schuldner nach den Vorschriften der CPO. zwangsweise beigetrieben werden kann.

Bei der Zwangsvollstreckung heißt derjenige, für welchen die Vollstreckung erfolgt, der Gläubiger, derjenige, gegen welchen sie erfolgt, der Schuldner, und die Urkunde, auf Grund deren sie erfolgt, der Schuldtitel, ohne Rücksicht darauf, ob es sich um die Beitreibung einer Geldforderung oder um die Herausgabe einer beweglichen oder unbeweglichen Sache handelt, oder ob die Vollstreckung auf die Erzwingung einer Handlung oder Unterlassung gerichtet ist.

§ 47.

Zum Geschäftsbereich der Gerichtsvollzieher gehören folgende Zwangsvollstreckungen:

1. die Zwangsvollstreckung wegen Geldforderungen, soweit dieselbe in bewegliche körperliche Sachen zu bewirken ist (§§ 708 bis 728 CPO. [§§ 682 bis 702]).

   Zu den beweglichen körperlichen Sachen gehören in dieser Beziehung auch die sog. Inhaberpapiere, wie Aktien, Staatsschuldscheine,

Pfand- und Rentenbriefe und andere dergleichen Werthpapiere (§ 81 d. Anw.).

Auch die Forderungen aus Wechseln und anderen Papieren, welche durch Indossament übertragen werden können (§ 82 der Anw.) werden, soweit es auf den Akt der Pfändung ankommt, wie bewegliche körperliche Sachen behandelt (§ 732 CPO. [§ 706]);

2. die Zwangsvollstreckung zur Erwirkung der Herausgabe von beweglichen und unbeweglichen Sachen (§§ 769 bis 771 CPO. [§§ 847 bis 849]);
3. die Zwangsvollstreckung zur Beseitigung des von dem Schuldner gegen die Vornahme einer von ihm zu duldenden Handlung geleisteten Widerstandes (§ 777 CPO. [§ 855]);
4. die Zwangsvollstreckung durch Haft (§§ 780 bis 795 CPO. [§§ 858 bis 873]);
5. die Vollziehung von Arrestbefehlen und einstweiligen Verfügungen in dem Umfange, in welchem den Gerichtsvollziehern die auf die unmittelbare Befriedigung des Gläubigers gerichtete Zwangsvollstreckung (Nr. 1 bis 4) zusteht (§§ 796 bis 822 CPO. [§§ 874 bis 900]).

Außerdem steht den Gerichtsvollziehern bei der Zwangsvollstreckung in Forderungen eine in den §§ 89 bis 93 d. Anw. näher angegebene Mitwirkung zu.

§ 48.

Welche Zwangsvollstreckungen nicht in den Geschäftsbereich der Gerichtsvollzieher fallen.

Auf die den Gerichten vorbehaltenen Zwangsvollstreckungen dürfen sich die Gerichtsvollzieher nicht einlassen. Parteien, welche sich mit derartigen Anträgen an sie wenden, sind an das Gericht zu verweisen.

Den Gerichten sind folgende Zwangsvollstreckungen vorbehalten:

1. Die Zwangsvollstreckung wegen Geldforderungen, soweit dieselbe
   a) in das unbewegliche Vermögen (§§ 755 bis 757 CPO., Ges. vom 4. März 1879, betreffend die Zwangsvollstreckung in das unbewegliche Vermögen [§§ 729 bis 835]),
   b) in andere als die im § 47 Nr. 1 Abs. 2, 3 d. Anw. bezeichneten Forderungen des Schuldners (§§ 729 bis 754 CPO. [§§ 703 bis 728])

   zu bewirken ist;
2. die Zwangsvollstreckung zur Erwirkung von Handlungen oder Unterlassungen (§§ 773 bis 776 CPO. [§§ 851 bis 854]).

§ 49.

Auftrag.

Der Auftrag zur Zwangsvollstreckung wird dem Gerichtsvollzieher von dem Gläubiger selbst — nicht durch das Gericht — ertheilt. Dem Gläubiger steht frei, wegen Ertheilung des Auftrages die Mitwirkung des Gerichtsschreibers bei dem Amtsgericht, bei welchem der Gerichtsvollzieher bestellt ist, in Anspruch zu nehmen. Der unter Vermittelung des Gerichtsschreibers beauftragte Gerichtsvollzieher hat sich in jeder Beziehung, insbesondere auch bei Ablieferung der beigetriebenen Gelder, als unmittelbar von dem Gläubiger beauftragt anzusehen.

Hat der Gläubiger zur Führung des voraufgegangenen Prozesses einen Rechtsanwalt oder eine andere Person mit schriftlicher Prozeßvollmacht versehen, so ist der Bevollmächtigte während der Dauer der Bevollmächtigung auch zum Antrage auf Zwangsvollstreckung befugt. Die beigetriebenen

Gelder und sonstigen Gegenstände dürfen jedoch an den Bevollmächtigten nicht abgeliefert werden, es sei denn, daß der Gläubiger dies ausdrücklich verlangt hat oder die in den Händen des Bevollmächtigten befindliche Vollmacht ausdrücklich darauf gerichtet ist. Eine Ausnahme machen nur die von dem Gegner zu erstattenden Prozeßkosten, zu deren Empfangnahme der Bevollmächtigte schon durch die bloße Prozeßvollmacht ermächtigt wird (§ 77 CPO. [§ 156]).

Durch den Auftrag zur Zwangsvollstreckung in Verbindung mit der Uebergabe der vollstreckbaren Ausfertigung wird der Gerichtsvollzieher, ohne daß es einer besonderen Erklärung des Gläubigers bedarf, zugleich ermächigt, die Zahlungen und sonstigen Leistungen, auch die freiwillig erfolgten, von dem Schuldner in Empfang zu nehmen, darüber zu quittiren und demselben, wenn er seiner Verbindlichkeit genügt hat, die vollstreckbare Ausfertigung des Schuldtitels auszuliefern (§§ 675 bis 677 CPO. [§§ 650 bis 652]). Demnach ist der Besitz der vollstreckbaren Ausfertigung dem Schuldner und Dritten gegenüber der unerläßliche, andererseits aber auch ausreichende Ausweis zur Bewirkung der Zwangsvollstreckung und aller zu deren Ausführung erforderlichen Handlungen. Der Gerichtsvollzieher hat dieselbe deshalb bei der Vornahme von Vollstreckungshandlungen bei sich zu führen und auf Verlangen zu seiner Legitimation vorzuzeigen.

Verlangt der Gläubiger seine Zuziehung zur Zwangsvollstreckung, so hat der Gerichtsvollzieher nur in dessen Anwesenheit zur Zwangsvollstreckung zu schreiten.

§ 50.

Vollstreckbare Ausfertigung des Schuldtitels. Vollstreckungsklausel.

Die Zwangsvollstreckung ist **nur** auf Grund einer vollstreckbaren Ausfertigung des Schuldtitels zulässig. Diese Ausfertigung muß in der Regel die Klausel enthalten: „Vorstehende Ausfertigung wird dem u. s. w. (Bezeichnung der Person, für welche die Vollstreckung erfolgen soll) zum Zwecke der Zwangsvollstreckung ertheilt", und unterschrieben und untersiegelt sein.

Die vollstreckbare Ausfertigung wird in der Regel von dem Gerichtsschreiber, in gewissen Fällen auch von dem Gericht selbst ertheilt. Der Gerichtsvollzieher hat, wenn ihm die vollstreckbare Ausfertigung eines **Deutschen** Gerichts oder eines **Deutschen** Gerichtsschreibers vorgelegt wird, nicht zu prüfen, ob die Klausel mit Recht auf den Schuldtitel gesetzt ist.

Außerdem sind zur Ertheilung vollstreckbarer Ausfertigungen befugt:

1. ein Deutscher Notar bezüglich der vor ihm selbst errichteten notariellen Urkunden (§ 705 Abs. 2 CPO. [§ 680]);
2. ein Preußischer Schiedsmann bezüglich der von ihm selbst innerhalb seiner Zuständigkeit aufgenommenen Vergleiche (§ 32 Schiedsmannsordnung [§ 677 Nr. 7, § 680 Abs. 6]);
3. eine Preußische Polizeibehörde im Geltungsbereiche der Feldpolizeiordnung vom 1. November 1847 bezüglich der von ihr selbst aufgenommenen Vergleiche in Feldpolizeisachen (§ 59 a. a. O.; § 12 des Ausführungsgesetzes zur CPO. vom 24. März 1879 [§ 677 Nr. 6 u. § 680 Abs. 6]).

In den Fällen der Nr. 1, 2, 3 hat der Gerichtsvollzieher die Zuständigkeit desjenigen, welcher die Vollstreckungsklausel ertheilt hat, zu prüfen.

Von dem Vorhandensein der vorschriftsmäßigen Vollstreckungsklausel hat sich der Gerichtsvollzieher in allen Fällen auf das Sorgfältigste zu überzeugen, weil Schuldtitel, die an sich zur Zwangsvollstreckung geeignet sind, vielfach ohne Vollstreckungsklausel ausgefertigt werden und in solcher Form den Gerichtsvollzieher zur Vornahme der Zwangsvollstreckung nicht ermächtigen.

Sind in der Vollstreckungsklausel Beschränkungen angeordnet, insbesondere rücksichtlich des Gegenstandes der Zwangsvollstreckung oder hinsichtlich des Betrages der beizutreibenden Forderung, so darf die Vollstreckung nur unter Einhaltung dieser Beschränkung bewirkt werden.

§ 51.

Der Gerichtsvollzieher darf mit der Zwangsvollstreckung nur beginnen, wenn sowohl der Gläubiger, von welchem er beauftragt ist, in der Vollstreckungsklausel, als auch der Schuldner, gegen welchen die Vollstreckung erfolgen soll, in dem Schuldtitel oder in der Vollstreckungsklausel namentlich bezeichnet ist. Ist dies nicht der Fall, so hat sich der Gerichtsvollzieher mit der Vollstreckung nicht zu befassen. Behauptet der Auftraggeber, daß er durch Erbgang oder eine andere Rechtsnachfolge an die Stelle des bezeichneten Gläubigers, oder daß eine dritte Person an die Stelle des bezeichneten Schuldners getreten sei, so hat der Gerichtsvollzieher den Auftraggeber an das Prozeßgericht behufs Ertheilung einer anderweiten Vollstreckungsklausel zu verweisen.

Eine zur Zeit des Todes des Schuldners bereits *begonnene* Zwangsvollstreckung ist in den Nachlaß desselben ohne Weiteres fortzusetzen.

§ 52.

Schuldtitel, die ohne Vollstreckungsklausel vollstreckbar sind.

Ohne Vollstreckungsklausel sind vollstreckbar die im Mahnverfahren erlassenen Vollstreckungsbefehle, sowie die Ausfertigungen der Arrestbefehle und einstweiligen Verfügungen.

Für oder gegen eine andere als die in dem Befehle oder in der Verfügung bezeichnete Person darf der Gerichtsvollzieher auch solche Schuldtitel nur auf Grund einer die Person namhaft machenden Vollstreckungsklausel vollstrecken.

§ 53.

Urtheile außerdeutscher Gerichte.

Das Urtheil eines außerdeutschen Gerichts darf der Gerichtsvollzieher nur auf Grund einer von einem Deutschen Gericht oder von einem Deutschen Gerichtsschreiber ertheilten Vollstreckungsklausel vollstrecken.

§ 54.

Vollstreckungsgericht.

Das Amtsgericht, in dessen Bezirk das Vollstreckungsverfahren stattfinden soll oder stattgefunden hat, ist das Vollstreckungsgericht. Diesem Vollstreckungsgericht steht die Entscheidung rücksichtlich des Verhaltens des Gerichtsvollziehers bei Bewirkung einer Zwangsvollstreckung zu, mag es sich um die Uebernahme des Auftrags oder um die vorgeschriebene Ausführung desselben, um das dabei beobachtete Verfahren, z. B. Ausdehnung, Beschränkung oder Verzögerung der Pfändung oder Versteigerung, oder um die ordnungswidrige Gebührenerhebung handeln (§ 685 CPO. [§ 660]).

§ 55.

Prüfung des Auftrags.

Die Gerichtsvollzieher haben in jedem einzelnen Falle zu beachten, daß ihnen die selbstständige Feststellung solcher Voraussetzungen der Zwangsvollstreckung obliegt, *vor* deren Eintritt zwar die vollstreckbare Ausfertigung ertheilt wird, gleichwohl aber mit der Zwangsvollstreckung noch nicht vorgegangen werden darf.

Es kann daher vorkommen, daß trotz der Vorlegung der vollstreckbaren Ausfertigung der Gerichtsvollzieher nicht ohne Weiteres zur Vollstreckung übergehen darf.

Es kommen hierbei folgende Fälle in Betracht:

1. Ist in dem Schuldtitel die Geltendmachung eines Anspruchs von dem Eintritt eines Kalendertages abhängig gemacht, so darf der Gerichtsvollzieher mit der Zwangs-Vollstreckung erst beginnen, wenn der Kalendertag abgelaufen ist. Ist z. B. Jemand verurtheilt, an den Gläubiger am 15. Mai 300 Mark zu zahlen, so kann erst am 16. Mai mit der Vollstreckung vorgegangen werden.

2. Ist in dem Schuldtitel bestimmt, daß die Vollstreckung desselben erst erfolgen solle, wenn der Gläubiger dem Schuldner Sicherheit geleistet habe, so darf der Gerichtsvollzieher mit der Vollstreckung erst vorgehen, wenn die vorschriftsmäßige Bescheinigung einer Hinterlegungskasse über Hinterlegung des in dem Schuldtitel bezeichneten Betrages, oder die vorschriftsmäßige Bescheinigung eines Amtsgerichts über die Annahme dieses Betrages zur vorläufigen Verwahrung, oder wenigstens die Urkunde eines Gerichtsvollziehers über die Aufgabe des bezeichneten Betrages zur Post behufs Beförderung an die Hinterlegungskasse vorgelegt wird (§§ 14—17, 73—78 Hinterlegungsordnung [Anl. F]; § 119 d. Anw.).

3. Sofern gegen eine dem aktiven Heere oder der aktiven Marine angehörende Militärperson die Zwangsvollstreckung von dem Gerichtsvollzieher überhaupt bewirkt werden kann (§ 699 CPO. [§ 674], § 86 d. Anw.), darf mit derselben erst begonnen werden, nachdem die vorgesetzte Militärbehörde von der bevorstehenden Vollstreckung in Kenntniß gesetzt ist.

Erfolgt die Anzeige an die Militärbehörde durch den Gläubiger, so hat sich der Gerichtsvollzieher darüber eine Bescheinigung der Militärbehörde von dem Gläubiger vorlegen zu lassen.

4. Vor dem Beginn einer jeden Zwangsvollstreckung hat der Gerichtsvollzieher zu prüfen, ob dem Schuldner die nachbezeichneten Urkunden zugestellt sind:

a) der Schuldtitel (Urtheil, notarielle Urkunde 2c.), auf Grund dessen die Zwangsvollstreckung erfolgen soll;

b) die Vollstreckungsklausel, sofern entweder eine Rechtsnachfolge (Erbgang 2c.) auf Seiten des ursprünglichen Gläubigers oder Schuldners eingetreten ist oder die Vollstreckung des Schuldtitels nach Inhalt desselben von dem Eintritte einer Thatsache abhängt. Ist in der Klausel auf Urkunden Bezug genommen, so müssen auch diese zugestellt sein. Ist die Vollstreckung von einer dem Gläubiger obliegenden Sicherheitsleistung abhängig gemacht (Nr. 2 oben), so bedarf es einer Zustellung der Vollstreckungsklausel nicht;

c) im Falle der Nr. 2 die dort bezeichneten Urkunden über die erfolgte Sicherheitsleistung.

Ist die Zustellung dieser Urkunden (a bis c) noch nicht erfolgt, so hat der Gerichtsvollzieher dieselben gleichzeitig mit dem Beginne der Zwangsvollstreckung zu bewirken.

5. Während der Dauer eines Konkursverfahrens finden zu Gunsten

einzelner Konkursgläubiger weder in das zur Konkursmasse gehörige, noch in das sonstige Vermögen des Gemeinschuldners Arreste oder Zwangsvollstreckungen statt (§ 11 Deutsche Konk.O.).

§ 56.

Verhalten bei der Zwangsvollstreckung.

Der Gerichtsvollzieher hat die Zwangsvollstreckung, sobald damit begonnen werden kann, auf die möglichst rasch zum Ziele führende Weise durchzuführen, dabei aber dahin zu sehen, daß dieselbe dem Schuldner keinen unnöthigen Nachtheil bringe.

Vor dem Uebergange zur Vollstreckung selbst hat der Gerichtsvollzieher den Schuldner, sofern er denselben bei der Vollstreckung antrifft, zur freiwilligen Leistung aufzufordern. Wird nicht der Schuldner, wohl aber ein Angehöriger desselben angetroffen, so ist die Aufforderung an diesen zu richten.

Eine freiwillige Leistung des zur Vollstreckung stehenden Anspruchs oder eines Theiles desselben hat der Gerichtsvollzieher anzunehmen und an den Gläubiger zu befördern.

Auf die Wünsche des Gläubigers und des Schuldners ist, soweit dies ohne Herbeiführung überflüssiger Kosten und Weitläufigkeiten, sowie ohne Gefährdung des Zweckes der Vollstreckung geschehen kann, die geeignete Rücksicht zu nehmen.

Die Zwangsvollstreckung muß nöthigenfalls mit Gewalt durchgeführt werden. Das von dem Gerichtsvollzieher in einem solchen Falle zu beobachtende Verfahren ist in den §§ 678, 679 CPO. [§§ 653, 654] vorgeschrieben.

Wird die gewaltsame Oeffnung der verschlossenen Hausthüren, Zimmerthüren und Behältnisse des Schuldners nothwendig, so hat der Gerichtsvollzieher zu deren Vornahme behufs Vermeidung unnöthiger Beschädigung einen geeigneten Handwerker zuzuziehen.

Sind Zeugen zur Vollstreckung zuzuziehen (§ 679 CPO. [§ 654]), so müssen dazu unbetheiligte Personen, welche erforderlichenfalls über den Vorgang zeugeneidlich vernommen werden können, und thunlich nur solche Personen gewählt werden, die am Orte der Zwangsvollstreckung wohnen.

§ 57.

Kosten der Zwangsvollstreckung.

Der Gerichtsvollzieher hat bei der Zwangsvollstreckung zugleich die Kosten derselben durch Zwangsvollstreckung in bewegliche körperliche Sachen des Schuldners beizutreiben. Zu diesen Kosten gehören insbesondere die Gebühren und baaren Auslagen des Gerichtsvollziehers, die Kosten für Ertheilung der vollstreckbaren Ausfertigung und andere nothwendige, dem Gläubiger aus Anlaß der Zwangsvollstreckung erwachsene außergerichtliche Kosten (§ 697 CPO. [§ 672]). Es macht hierbei keinen Unterschied, ob es sich um die Zwangsvollstreckung wegen einer Geldforderung oder um eine andere Zwangsvollstreckung handelt.

§ 58

Protokoll.

Der Gerichtsvollzieher hat über jede Vollstreckungshandlung ein Protokoll aufzunehmen. Dasselbe muß den in den §§ 682, 683 CPO. [§§ 657, 658] und in dem § 23 GOGV. [§ 1060] vorgesehenen Erfordernissen entsprechen. Alle Anordnungen, welche zur Durchführung der Vollstreckung getroffen sind, müssen angegeben werden und, wenn die Vollstreckung nicht zur vollen Befriedigung des Gläubigers führt, muß aus dem Protokolle zu ersehen sein, daß alle zulässigen Mittel versucht worden sind, ein anderes Ergebniß aber nicht zu erreichen gewesen ist.

Die Bezugnahme auf die vollstreckbare Urkunde darf in dem Protokolle niemals fehlen.

Das Protokoll muß im unmittelbaren Anschluß an die Vollstreckungshandlung und, soweit dies irgend ausführbar, an Ort und Stelle aufgenommen werden.

Zu beachten ist, daß es bei der Uebersendung einer Abschrift des Pfändungsprotokolls durch die Post in dem Fall des § 683 Abs. 2 CPO. [§ 658] einer weiteren Beurkundung, als der dort angeordneten Vermerkung zum Protokolle, nicht bedarf.

§ 59.

Der Gerichtsvollzieher darf sich von der Durchführung der Vollstreckung durch Einreden des Schuldners oder dritter Personen nicht abhalten lassen. Die Fälle, in denen dieselbe ausnahmsweise ohne Anweisung des Gläubigers einzustellen oder zu beschränken ist, und wieweit dabei die bereits getroffenen Anordnungen aufzuheben oder einstweilen aufrecht zu erhalten sind, sind in den §§ 691, 692 CPO. [§§ 666, 667] angegeben. Einstellung oder Beschränkung der Vollstreckung. a. auf Verlangen des Schuldners.

Ueber den Vorgang ist, auch wenn es nicht zur Vollstreckung kommt, ein Protokoll aufzunehmen, in welchem unter Anderem die vorgelegten Schriftstücke, auf Grund deren die Einstellung der Vollstreckung erfolgt, genau zu bezeichnen und die getroffenen Anordnungen anzugeben sind.

Der Gläubiger ist von der Einstellung oder Beschränkung zu benachrichtigen.

Rücksichtlich des Verfahrens bei Einstellung oder Beschränkung einer Zwangsvollstreckung ist noch folgendes zu beachten:

1. Verlangt der Schuldner die Einstellung oder Beschränkung der Zwangsvollstreckung aus einer vorgelegten Entscheidung in Gemäßheit des § 691 Nr. 1 CPO. [§ 666], so hat der Gerichtsvollzieher die Vollstreckbarkeit der vorgelegten Entscheidung zu prüfen.

Vollstreckbar sind Entscheidungen, welche ausdrücklich für vorläufig vollstreckbar erklärt oder rechtskräftig geworden sind. Die Rechtskraft ist ohne Bescheinigung (§ 646 CPO. [§ 622]) nur anzunehmen bei den in der Berufungsinstanz ergangenen Urtheilen der Landgerichte und den in der Revisionsinstanz ergangenen Urtheilen. Aber auch bei solchen Urtheilen muß die Rechtskraft bescheinigt sein, wenn dieselben Versäumnißurtheile sind.

Eine Entscheidung, welche in der Beschwerdeinstanz erlassen wird, desgleichen eine Entscheidung, durch welche ein nur vorläufig vollstreckbares Urtheil oder dessen vorläufige Vollstreckbarkeit aufgehoben wird, ist in jedem Falle geeignet, die Einstellung der Zwangsvollstreckung zu begründen.

2. Ist im Fall der Nr. 2 des § 691 a. a. O. [§ 666] die Einstellung nur für eine bestimmte Zeit angeordnet, so ist die Zwangsvollstreckung nach Ablauf der bestimmten Frist fortzusetzen.

3. Eine vorgelegte Privaturkunde ist nur zu berücksichtigen, wenn ein Verdacht gegen ihre Aechtheit nicht obwaltet (§ 691 Nr. 4 a. a. O. [§ 666]).

4. Aus Postscheinen muß sich die baare Einzahlung des Schuldbetrages, nicht blos die Aufgabe eines Geldbriefes zur Post ergeben.

5. In den Fällen der Nr. 4 und 5 des § 691 [§ 666] a. a. O. ist die Zwangsvollstreckung wieder aufzunehmen, falls der von der Einstellung benachrichtigte Gläubiger dies verlangt.

§ 60.

b. auf Anweisung des Gläubigers.

Auf Anweisung des Gläubigers hat der Gerichtsvollzieher nach Maßgabe derselben die Zwangsvollstreckung jederzeit völlig oder einstweilen einzustellen oder zu beschränken. Ueber die erfolgte Anweisung ist ein Nachweis zu den Akten zu bringen, entweder durch eine schriftliche oder protokollarische Erklärung des Gläubigers oder durch eine Notiz des Gerichtsvollziehers.

Zur Wiederaufnahme der Vollstreckung hat der Gerichtsvollzieher auch im Fall der einstweiligen Einstellung, namentlich bei Stundungen, einen neuen Antrag des Gläubigers abzuwarten, sofern nicht von demselben ein bestimmter Termin bezeichnet ist, nach dessen Ablauf die Zwangsvollstreckung ohne Weiteres fortgesetzt werden soll.

§ 61.

Benachrichtigung der Parteien.

Der Gerichtsvollzieher hat die Parteien von dem Verlaufe der Zwangsvollstreckung, auch wenn es nicht besonders vorgeschrieben ist, in Kenntniß zu setzen, insoweit dies für dieselben zur Wahrung ihrer Interessen zweckdienlich erscheint.

Zum Nachweis der erfolgten Benachrichtigung genügt, sofern nicht gesetzlich dafür besondere Formen vorgeschrieben sind, eine kurze Notiz des Gerichtsvollziehers zu den Akten.

2. Zwangsvollstreckung in bewegliche körperliche Sachen.

§ 62.

Die Zwangsvollstreckung wegen Geldforderungen in bewegliche körperliche Sachen wird von dem Gerichtsvollzieher durch Pfändung und Verwerthung derselben nach Maßgabe der §§ 708 bis 728 CPO. [§§ 682 bis 702] bewirkt.

Der gehörig (vergl. §§ 66, 71 d. Anw.) vollzogenen Pfändung ist im § 709 CPO. [§ 683] die Wirkung beigelegt, daß durch dieselbe der beauftragende Gläubiger ein Pfandrecht und namentlich im Verhältniß zu anderen Gläubigern des Schuldners die Rechte eines durch Vertrag begründeten Faustpfandrechts erwirbt, sowie, daß das durch eine frühere Pfändung begründete Pfandrecht demjenigen vorgeht, welches durch eine spätere Pfändung begründet wird. Für die Befriedigung des Gläubigers ist somit der Akt der Pfändung, sowohl was die Zeit, als die gehörige Form anlangt, von entscheidender Bedeutung. Deshalb haben die Gerichtsvollzieher, um nicht die Interessen des Auftraggebers zu gefährden und nicht sich selbst dem Regresse wegen eines begangenen Versehens auszusetzen, überall mit besonderer Vorsicht zu verfahren.

§ 63.

Pfändung.

Der zur Zwangsvollstreckung schreitende Gerichtsvollzieher hat den Schuldner, sofern er denselben anwesend findet, nach erfolgter fruchtloser Aufforderung zur Befriedigung des Gläubigers anzuhalten, soweit der Zweck der Vollstreckung es erfordert, seine Zimmer, Keller, Böden, Gewölbe u. s. w., sowie die darin befindlichen Kästen, Schränke und dergleichen Behältnisse zu öffnen und seine Habseligkeiten vorzuzeigen.

Soweit es ohne Gefährdung der Interessen des Gläubigers geschehen kann, ist die Pfändung auf die dem Schuldner entbehrlichsten Sachen, wobei dessen Erklärungen zu berücksichtigen sind, und vorzüglich auf solche Sachen zu richten, welche, wie Geld und Werthpapiere, Silber, Gold,

Wäsche und dergleichen, leicht fortzuschaffen sind. Welche Werthpapiere bei der Zwangsvollstreckung wie bewegliche körperliche Sachen zu behandeln sind, ist im § 81 d. Anw. näher angegeben. Ist der Gerichtsvollzieher im Zweifel, ob ein vorgefundenes Werthpapier zu den beweglichen körperlichen Sachen zu rechnen ist, so hat er dasselbe, falls andere zur Deckung des Gläubigers ausreichende Gegenstände nicht vorhanden sind, vorläufig zu pfänden.

Um sich vor Ueberpfändung zu schützen, muß der Gerichtsvollzieher den ungefähren Werth der einzelnen Gegenstände bei deren Verzeichnung im Protokolle mit vermerken und danach den Umfang der Pfändung so bemessen, daß der Erlös aus den Pfandstücken zur Befriedigung des Gläubigers und zur Deckung der Kosten der Zwangsvollstreckung hinreicht.

§ 64.

Beschränkung der Pfändung und fruchtlose Vollstreckung.

Im § 715 CPO. [§ 689] sind diejenigen Sachen bezeichnet, welche der Pfändung nicht unterworfen sind. Außerdem ist das Inventarium der Posthaltereien der Pfändung nicht unterworfen (§ 20 Gesetz über das Postwesen des Deutschen Reichs vom 28. Oktober 1871).

Der Gerichtsvollzieher hat pflichtmäßig zu ermessen, welche von den Sachen des Schuldners in Gemäßheit der vorgedachten Bestimmungen von der Pfändung auszuschließen sind. Soweit die Befriedigung des Gläubigers nicht gefährdet wird, sind Sachen, deren Pfändbarkeit zweifelhaft ist, zu übergehen.

Führt die Pfändung nicht zur völligen Deckung des Gläubigers oder muß die Pfändung unterbleiben, weil nur Sachen, welche der Pfändung überhaupt nicht unterliegen, oder weil nur ganz werthlose oder nur so viel Sachen vorgefunden werden, daß von deren Verwerthung ein Ueberschuß über die Kosten der Zwangsvollstreckung sich nicht erwarten läßt (§ 708 Abs. 2 CPO. [§ 682]), so hat der Gerichtsvollzieher die vorgefundenen Sachen in dem Protokoll so zu bezeichnen, daß danach wenigstens ein allgemeiner Ueberblick über Art, Beschaffenheit und Werth der nicht gepfändeten Sachen und ein Anhalt für die Beurtheilung der Rechtmäßigkeit der Ausschließung von der Pfändung gegeben wird. Werthvollere Stücke, sowie die an sich pfändbaren Sachen, ingleichen diejenigen Stücke, über deren Pfändbarkeit der Gerichtsvollzieher selbst im Zweifel ist, sind stets einzeln aufzuführen; dagegen genügt im Uebrigen die Angabe der Gattung der Gegenstände mit der pflichtmäßigen Versicherung, daß davon nicht mehr, als nach Maßgabe der gesetzlichen Bestimmungen der Pfändung nicht unterworfen ist, vorgefunden sei.

Niemals darf sich der Gerichtsvollzieher mit der allgemeinen Bemerkung begnügen, daß der Schuldner keine Zahlungsmittel oder daß derselbe nur Sachen besitze, welche der Pfändung nicht unterlägen oder deren Werth die Kosten der Zwangsvollstreckung nicht decke.

§ 65.

Ansprüche Dritter.

Wenn bei der Pfändung von dem Schuldner für dritte Personen oder von diesen selbst an den im Gewahrsam des Schuldners vorgefundenen Gegenständen Ansprüche erhoben werden, so darf sich der Gerichtsvollzieher hierdurch von der Pfändung nicht abhalten lassen. Werden solche Ansprüche nur auf einen Theil der vorgefundenen Gegenstände erhoben, so hat der Gerichtsvollzieher zu ermessen, ob es dem Interesse des Gläubigers entspricht, die in Anspruch genommenen Gegenstände freizulassen. Er darf dies jedoch nur insoweit thun, als die nicht in Anspruch genommenen Gegenstände zur Deckung des Gläubigers und der Kosten der Zwangsvollstreckung ausreichen. Eine etwaige Anweisung des Gläubigers hiebei ist in jedem Falle maßgebend.

Bei der Beurtheilung, wie weit die Pfändung auszudehnen sei, um die Befriedigung des Gläubigers und die Deckung der Kosten der Zwangsvollstreckung zu sichern, hat der Gerichtsvollzieher auf die Möglichkeit, daß die erhobenen Ansprüche für begründet erachtet werden könnten, Rücksicht zu nehmen.

Werden die in Anspruch genommenen Sachen gepfändet, so hat der Gerichtsvollzieher den Dritten an das Gericht zur Geltendmachung seines Anspruchs zu verweisen (§§ 690, 710, 688 CPO. [§§ 665, 684, 663]) und, soweit noch erforderlich, dem Gläubiger von dem erhobenen Anspruche zu benachrichtigen.

§ 66.

Besitznahme und Unterbringung der Pfandstücke.

Nach § 712 CPO. [§ 686] kann die Pfändung der im Gewahrsam des Schuldners befindlichen beweglichen körperlichen Sachen gültig nur dadurch bewirkt werden, daß der Gerichtsvollzieher dieselben in Besitz nimmt.

Der Gerichtsvollzieher hat die Sachen zu diesem Zweck dem Schuldner wegzunehmen und, vorbehaltlich der im § 71 d. Anw. erwähnten Ausnahme, auch aus dem Gewahrsam desselben zu entfernen.

Der Gerichtsvollzieher ist verpflichtet, für die sichere Unterbringung und Verwahrung der Pfandstücke, sowie nöthigenfalls für die Erhaltung derselben bis zur Verwerthung zu sorgen.

Der Gerichtsvollzieher ist dafür verantwortlich, daß die durch die Unterbringung der Pfandstücke, insbesondere durch deren Transport, durch die Bestellung eines Verwahrers oder Hüters entstehenden Ausgaben nicht unnöthig aufgewendet werden und daß dieselben das rechte Maß nicht überschreiten.

Die zur Unterbringung der Pfandstücke getroffenen Anordnungen sind in dem Pfändungsprotokolle oder unter demselben zu vermerken.

§ 67.

Gepfändetes baares Geld.

Gepfändetes baares Geld ist thunlichst sofort und spätestens am zweiten Tage nach der Pfändung an den Gläubiger oder, sofern die Hinterlegung erfolgen muß (vergl. § 103 d. Anw.), an die Hinterlegungsstelle abzuliefern und bis zur Ablieferung nach Maßgabe des § 10 d. Anw. zu verwahren.

§ 68.

Pfandlokal.

Die Gerichtsvollzieher haben, soweit es nach Lage der Verhältnisse erforderlich ist, zur Unterbringung gepfändeter Sachen ein Pfandlokal zu halten (§ 33 GVO. [Anl. B]). Für die Aufbewahrung der Sachen im Pfandlokale können sie einen angemessenen Betrag als baare Auslage in Ansatz bringen, sofern ihnen durch Haltung des Pfandlokals Unkosten erwachsen.

Die im Pfandlokal verwahrten Gegenstände sind mit der Nummer, unter welcher die Angelegenheit im Register für Zwangsvollstreckungen eingetragen steht, zu bezeichnen und von den zu anderen Vollstreckungen gehörenden Sachen getrennt zu halten, überhaupt vor Verwechselungen zu hüten.

Das Pfandlokal ist vorzugsweise zur Aufnahme der am Wohnsitze des

Gerichtsvollziehers gepfändeten Sachen bestimmt, soweit dieselben ihrer Beschaffenheit nach dazu überhaupt geeignet sind. Rücksichtlich der außerhalb des Wohnsitzes gepfändeten Sachen hat der Gerichtsvollzieher nach den Umständen, namentlich mit Rücksicht auf den Ort der künftigen Versteigerung zu ermessen, ob die Pfandstücke zweckmäßig in das Pfandlokal zu schaffen oder nach § 69 d. Anw. zu verwahren sind.

§ 69.

Bestellung eines Verwahrers.

Ist ein Pfandlokal nicht vorhanden oder die Benutzung des vorhandenen Pfandlokals wegen der Beschaffenheit der Pfandstücke oder aus sonstigen Gründen, insbesondere bei den außerhalb des Wohnsitzes des Gerichtsvollziehers gepfändeten Sachen wegen der dadurch verursachten Mehrkosten, nicht thunlich oder nicht zweckmäßig, so sind die Pfandstücke in der Regel einer am Orte der Pfändung wohnenden zuverlässigen und zahlungsfähigen Person, thunlichst dem Ortsvorsteher, in Verwahrung zu geben.

Der bestellte Verwahrer erhält auf Verlangen ein Verzeichniß der ihm übergebenen Gegenstände. Die etwaige Entschädigung desselben für Hergabe des Verwahrungsgelasses und für die Beaufsichtigung der Pfandstücke ist thunlichst im Voraus festzustellen.

Der Gerichtsvollzieher hat sich von dem Verwahrer den richtigen Empfang der in Verwahrung gegebenen Sachen bescheinigen zu lassen und demselben auf Verlangen eine Abschrift der Bescheinigung zu ertheilen.

In wichtigeren Fällen ist über die Bestellung des Verwahrers ein Protokoll aufzunehmen, welches mit dem Pfändungsprotokolle verbunden werden kann. Dasselbe ist von dem Verwahrer zu unterschreiben und hat insbesondere zu enthalten:

1. das mit dem Verwahrer getroffene Abkommen;
2. das Anerkenntniß des Verwahrers über die erfolgte Uebergabe;
3. sofern ein besonderes Protokoll aufgenommen wird, die Bezeichnung der in Verwahrung gegebenen Sachen.

§ 70.

Kostbarkeiten und Werthpapiere.

Kostbarkeiten und Werthpapiere sind wie fremdes baares Geld (§ 10 d. Anw.) zu verwahren. Dieselben sind mit einem Umschlage zu versehen, auf welchem das Rubrum der Sache und die Nummer, unter welcher dieselbe im Register für Zwangsvollstreckungen eingetragen steht, zu vermerken ist.

§ 71.

Belassung der Pfandstücke im Gewahrsam des Schuldners.

Von der Regel, daß die gepfändeten Sachen aus dem Gewahrsam des Schuldners zu entfernen sind, darf der Gerichtsvollzieher nach § 712 Abs. 2 CPO. [§ 686] nur abweichen:

a) wenn der Gläubiger einwilligt;
b) wenn ein anderes Verfahren mit erheblichen Schwierigkeiten verknüpft ist.

Auch in diesen Fällen hat der Gerichtsvollzieher, um die Pfändung wirksam zu machen, den Besitz an den Pfandstücken zu ergreifen und die Pfändung durch Anlegung von Siegeln oder auf sonstige Weise ersichtlich zu machen.

Dazu werden noch die nachfolgenden Anweisungen ertheilt:

1. Ueber die erfolgte Einwilligung des Gläubigers ist ein Nachweis durch eine protokollarische oder schriftliche Erklärung desselben oder durch eine Notiz des Gerichtsvollziehers zu den Akten zu bringen.

2. Die Anlage der Siegel oder die sonstigen Vorkehrungen müssen so geschehen, daß rücksichtlich jedes einzelnen Pfandstücks die erfolgte Pfändung ersichtlich gemacht wird. Ob zu diesem Zwecke das Siegel an jedes einzelne Stück, oder nur an den Umhüllungen und Verpackungen, an den Gefäßen, Gelassen und dergl., in welchen die Pfandstücke verwahrt werden, anzulegen ist, hat der Gerichtsvollzieher nach der Beschaffenheit der Sachen und nach den sonstigen Umständen zu ermessen. Letzterenfalls ist Vorsorge zu treffen, daß ohne Verletzung des Siegels oder der Umhüllung u. s. w. kein Pfandstück entfernt werden kann.

Ist wegen der Beschaffenheit der Pfandstücke die Anlegung von Siegeln überhaupt nicht ausführbar, oder ist dadurch die Erkennbarkeit der erfolgten Pfändung nicht zu erreichen, so ist die Pfändung durch Anheftung einer schriftlichen mit der Unterschrift des Gerichtsvollziehers versehenen Anzeige in unmittelbarer Nähe der Pfandstücke an einer in die Augen fallenden Stelle oder durch sonstige geeignete Maßnahmen, thunlichst unter entsprechender Mitverwendung des Dienstsiegels für Jedermann erkennbar zu machen. Auch ist, sofern dies in dem einzelnen Falle erforderlich erscheint, ein Hüter zu bestellen.

3. Der Gerichtsvollzieher hat den Schuldner zu bedeuten, daß der Besitz der Pfandstücke auf ihn, den Gerichtsvollzieher, übergegangen sei, und daß der Schuldner sich jeder Verfügung über dieselben, sowie der Beschädigung oder Ablösung der angelegten Siegel bei Vermeidung der gesetzlichen Strafen enthalten müsse.

4. In dem Pfändungsprotokoll sind die Gründe, welche die Belassung der Pfandstücke im Gewahrsam des Schuldners rechtfertigen, sowie die Zahl der angelegten Siegel und die sonstigen zur Erkennbarmachung und Sicherung der Pfändung getroffenen Maßnahmen anzugeben; auch ist zu vermerken, daß der Schuldner in Gemäßheit der Nr. 3 bedeutet worden ist.

§ 72.

Pfändung von Sachen, die sich nicht im Gewahrsam des Schuldners befinden.

Verlangt der Gläubiger die Pfändung von Gegenständen, welche, obwohl sie dem Schuldner gehören sollen, sich im Besitze einer dritten Person befinden, so hat der Gerichtsvollzieher bei dieser zunächst nur Nachfrage zu halten, ob sie zur sofortigen Herausgabe bereit sei.

Im Bejahungsfalle ist mit der Pfändung in derselben Weise wie rücksichtlich der im Gewahrsam des Schuldners befindlichen Sachen zu verfahren.

Wird die Herausgabe verweigert oder der Besitz der Sachen überhaupt in Abrede gestellt, so muß der Gerichtsvollzieher sich auf die Aufnahme eines Protokolls über den Vorgang beschränken und dem Gläubiger das Weitere überlassen.

Verlangt der Gläubiger die Pfändung solcher Sachen des Schuldners, welche sich in seinem eigenen Besitze befinden, so hat der Gerichtsvollzieher mit deren Pfändung ohne Weiteres in der gewöhnlichen Weise zu verfahren (§ 713 CPO. [§ 687]).

§ 73.

Benachrichtigung des Schuldners von der Pfändung.

Der Gerichtsvollzieher hat den Schuldner von der erfolgten Pfändung nach Maßgabe des § 683 CPO. [§ 658] auch dann zu benachrichtigen, wenn Sachen gepfändet sind, die sich im Besitze des Gläubigers oder einer dritten Person befunden haben.

§ 74.

Pfändungsprotokoll.

Das über die Pfändung aufzunehmende Protokoll (§ 682 CPO. [§ 657], §§ 12, 58 d. Anw.) hat insbesondere zu enthalten:

1. ein genaues Verzeichniß der abgepfändeten Gegenstände, unter Angabe des ungefähren Werthes jedes einzelnen derselben, geeignetenfalls auch der Zahl, des Maßes oder Gewichts;
2. die Angabe, daß der Gerichtsvollzieher die gepfändeten Sachen in Besitz genommen hat;
3. die Angabe, wie über die Unterbringung der Sachen verfügt ist oder verfügt werden soll;
4. die Angabe, daß der Schuldner von der Pfändung in Kenntniß gesetzt ist oder gesetzt werden soll, und wie dies geschehen ist oder geschehen soll (§ 683 CPO. [§ 658]);
5. die Angabe der Zeit und des Orts des Versteigerungstermins oder der Gründe, aus welchen die sofortige Ansetzung des Termins unterblieben ist.

Außer diesen regelmäßigen Angaben hat das Protokoll nach Verschiedenheit der Fälle noch die besonderen Vermerke zu enthalten, welche rücksichtlich einzelner Arten von Pfändungen oder rücksichtlich besonderer Vorgänge bei der Pfändung vorgeschrieben sind (z. B. §§ 59, 64, 71 Nr. 4 d. Anw.).

Die nach Abschluß des Protokolls erfolgte Zustellung oder Uebersendung einer Abschrift desselben an den Schuldner ist zum Protokolle nachträglich zu vermerken.

§ 75.

Veräußerung der Pfandstücke.

Die Veräußerung der Pfandstücke hat der Gerichtsvollzieher, ohne einen weiteren Auftrag des Gläubigers abzuwarten, nach Maßgabe der §§ 716 bis 726 CPO. [§§ 690 bis 700] zu bewirken.

Befinden sich unter den Pfandstücken Kostbarkeiten, so hat der Gerichtsvollzieher dieselben zuvor durch einen Sachverständigen abschätzen zu lassen. Falls die Abschätzung nicht zu Protokoll des Gerichtsvollziehers erklärt wird, ist der Sachverständige zu deren schriftlicher Abgabe zu veranlassen.

Der Gerichtsvollzieher darf die Pfandstücke und zwar ohne Unterschied, ob die Veräußerung im Wege der öffentlichen Versteigerung oder des freihändigen Verkaufs erfolgt, weder selbst noch durch Andere oder für Andere erwerben, uoch von seinen Angehörigen erwerben lassen. Auch darf er den zu seiner Unterstützung bei der öffentlichen Versteigerung etwa zugezogenen Personen das Mitbieten nicht gestatten.

§ 76.

a. Oeffentliche Versteigerung.

Die Veräußerung der Pfandstücke durch den Gerichtsvollzieher erfolgt im Wege der öffentlichen Versteigerung nach Maßgabe der §§ 716—719 CPO. [§§ 690 bis 693]. Inwieweit ausnahmsweise ein freihändiger Verkauf stattfindet, ist im § 80 d. Anw. angegeben.

Die Versteigerung ist in der Gemeinde (Stadt, Dorf, Flur u. s. w.), in welcher die Pfändung erfolgt ist, zu bewirken. Einigen sich jedoch der Gläubiger und der Schuldner bei oder nach der Pfändung über einen anderen Ort, oder wird ein solcher durch das Vollstreckungsgericht bestimmt, so ist die Versteigerung an diesem Orte vorzunehmen (§§ 717 Abs. 3, 726 CPO. [§§ 691, 700].

Erfordert das Interesse des Gläubigers die Vornahme der Versteigerung an einem anderen Orte, steht insbesondere bei der Versteigerung am Orte der Pfändung ein angemessener Preis nicht zu erwarten, oder sind die Pfandstücke zur Aufbewahrung an einen anderen Ort geschafft, so hat der Gerichtsvollzieher den Gläubiger hiervon sogleich in Kenntniß zu setzen, damit derselbe, falls eine Einigung mit dem Schuldner über einen anderweiten Versteigerungsort nicht zu Stande kommt, die Bestimmung eines solchen bei dem Vollstreckungsgericht beantragen kann.

§ 77.

Versteigerungstermin.

Der Termin zur öffentlichen Versteigerung ist von dem Gerichtsvollzieher in der Regel sogleich bei der Pfändung zu bestimmen. Nur wenn die Parteien darüber einverstanden sind, daß der Termin erst später bestimmt werden soll, oder wenn die sofortige Bestimmung in dem einzelnen Falle nicht thunlich oder nicht zweckmäßig erscheint, — z. B. weil Früchte auf dem Halme gepfändet sind und der Eintritt der Reife der gepfändeten Früchte mit Sicherheit noch nicht übersehen werden kann, oder weil voraussichtlich durch das Vollstreckungsgericht eine andere Art der Veräußerung oder die Versteigerung an einem anderen Orte angeordnet werden wird — ist die Anberaumung des Termins einstweilen auszusetzen.

Es ist thunlichst Sorge zu tragen, daß der Schuldner auch von dem nicht sogleich bei der Pfändung angesetzten Termin Kenntniß erhalte.

Die Frist zwischen dem Tage der Pfändung und dem Termine zur Versteigerung ist unter Beachtung der Bestimmungen im § 717 Abs. 1 CPO. [§ 691] so zu bemessen, daß der Termin in einer der Beschaffenheit und dem Werthe der zu verkaufenden Pfandstücke entsprechenden Art und Weise öffentlich bekannt gemacht werden kann.

In der Regel ist die Frist auf vierzehn Tage zu bestimmen. Ueber einen Monat nach der Pfändung darf der Termin nur aus besonderen Gründen hinausgeschoben werden.

Der Versteigerung muß eine öffentliche Bekanntmachung vorausgehen. Dieselbe erfolgt in ortsüblicher Weise (durch Ausruf, Anschlag, Insertion u. dergl.), unter besonderer Berücksichtigung der geringeren oder größeren Wichtigkeit des Gegenstandes.

Die Bekanntmachung hat insbesondere zu enthalten:

1. eine allgemeine Bezeichnung der zu versteigernden Gegenstände (Möbel, Betten, Kleidungsstücke u. dergl.), unter Hervorhebung besonders werthvoller Sachen;
2. die Angabe des Orts, des Tages und der Stunde der Versteigerung.

Wann und wie die Bekanntmachung erfolgt ist, hat der Gerichtsvollzieher durch Belagsstücke oder durch einen Vermerk unter dem Pfändungsprotokoll ersichtlich zu machen.

Die etwaige Wiederaufhebung eines bereits bekanntgemachten Termins ist thunlichst zur öffentlichen Kenntniß zu bringen, insbesondere ist die Abnahme der Aushänge und Anschläge sofort zu veranlassen.

§ 78.

Abhaltung des Versteigerungstermins.

Vor dem Beginn des Termins sind die zu versteigernden Gegenstände zum Verkauf bereit zu stellen und dabei mit dem Pfändungsprotokolle zu vergleichen.

Die etwa fehlenden oder beschädigten Gegenstände sind unter dem

Pfändungsprotokolle, oder wenn ein Verwahrer oder Hüter bestellt gewesen ist, in dem über die Rückgewähr der Pfandstücke aufzunehmenden Protokolle zu verzeichnen. Dem Schulder ist Abschrift der Bemerkung oder des Protokolls über das Fehlen oder die Beschädigung einzelner Gegenstände, dem Verwahrer oder Hüter auf Verlangen eine Bescheinigung der richtigen Rückgewähr der Pfandstücke zu ertheilen.

Bei der Eröffnung des Termins sind zunächst die Kaufbedingungen bekannt zu machen. Eine Abweichung von den im § 718 CPO. [§ 692] bestimmten Bedingungen ist nur zulässig, wenn dieselbe durch das Vollstreckungsgericht angeordnet oder zwischen dem Gläubiger und Schuldner vereinbart ist.

Nach der Bekanntmachung der Kaufbedingungen ist zum Bieten aufzufordern.

Die zum Ausgebot kommenden Sachen sind in dem Versteigerungsprotokolle zu verzeichnen. Die einzelnen Stücke müssen nach und nach ausgerufen und vorgezeigt werden. Bei Kostbarkeiten ist der Schätzungswerth, bei Gold- und Silbersachen auch der Gold- oder Silberwerth, mit dem ersten Aufrufe unter dem Bemerken mitzutheilen, daß ein Gebot unter dem Gold- oder Silberwerthe nicht angenommen werde.

Sogleich nach dem Zuschlage ist in dem Versteigerungsprotokolle bei jedem einzelnen Stücke das Meistgebot und der Name des Käufers, sowie die Zahlung des Kaufpreises, sobald dieselbe erfolgt ist, genau zu vermerken.

Zur Vermeidung einer ungerechtfertigten Ausdehnung der Versteigerung hat der Gerichtsvollzieher den Erlös dann und wann aufzurechnen, und sobald derselbe zur Befriedigung des Gläubigers und zur Deckung der Kosten der Zwangsvollstreckung ausreicht, mit der Versteigerung abzubrechen.

Kann bei ausgebotenen Gold- oder Silbersachen wegen Nichtabgabe eines den Gold- oder Silberwerth erreichenden Gebotes der Zuschlag nicht ertheilt werden, so ist in dem Versteigerungsprotokolle die erfolgte Ausbietung zu vermerken.

§ 79.

Versteigerungsprotokoll.

Das über die Versteigerung aufzunehmende Protokoll (§ 682 CPO. [§ 657], §§ 12, 58 d. Anw.) hat insbesondere zu enthalten:

1. den Betrag der durch die Versteigerung zu deckenden Forderung einschließlich der Kosten der Zwangsvollstreckung;
2. die Kaufbedingungen, insoweit dieselben ausnahmsweise abweichend von den Regeln des § 718 CPO. [§ 692] bestimmt sind (§ 78 d. Anw.);
3. die Aufzählung der versteigerten Gegenstände nebst Angabe des Käufers und des Meistgebots rücksichtlich der einzelnen Gegenstände und der erfolgten Zahlung des Kaufpreises.

Der Verzeichnung der dem Meistgebote vorhergegangenen Gebote sowie der Mitbietenden außer dem Meistbietenden bedarf es nicht. Zu den Personen, deren Unterschrift das Protokoll enthalten soll (§ 682 Nr. 3, 4 CPO., [§ 657]), gehören von den Bietern nur die jedesmaligen Meistbietenden.

Haben dieselben sich vor dem Schlusse des Termins entfernt, so ist dies in dem Protokolle als Grund der nicht erfolgten Unterschrift zu vermerken.

Der Geerichtsvollzieher hat zu dem Protokoll den tarifmäßigen Stempel vorschriftsmäßig und rechtzeitig bei Vermeidung der gesetzlichen Ordnungsstrafen zu verwenden. Der Stempel ist aus dem Erlöse zu entnehmen.

§ 80.

Freihändiger Verkauf.

Die Veräußerung der Pfandstücke im Wege des freihändigen Verkaufs finden statt:

1. wenn das Vollstreckungsgericht denselben anordnet (§ 726 CPO. [§ 700]);
2. bei Werthpapieren, welche einen Börsen- oder Marktpreis haben (§ 722 a. a. O. [§ 696]);
3. bei Gold- und Silbersachen, wenn bei der voraufgegangenen öffentlichen Versteigerung ein den abgeschätzten Gold- oder Silberwerth erreichendes Gebot nicht erzielt worden ist (§ 721 CPO. [§ 695], § 78 Abs. 5, 8 d. Anw.).

Der Verkauf kann auch an den Gläubiger geschehen.

Bei dem freihändigen Verkaufe muß der Gerichtsvollzieher auf die Erzielung eines möglichst hohen Preises bedacht sein. Keinesfalls dürfen Gold- und Silbersachen unter dem abgeschätzten Gold- und Silberwerthe, oder Werthpapiere unter dem Tageskurse verkauft werden. Die Uebergabe an den Käufer darf, wenn zwischen dem Gläubiger und Schuldner nicht ein Anderes vereinbart ist, nur gegen baare Zahlung geschehen. Bei einem durch das Vollstreckungsgericht angeordneten Verkaufe sind die etwaigen besonderen Anordnungen des Gerichts zu beachten.

Das über den Verkauf aufzunehmende Protokoll hat insbesondere zu enthalten:

1. die Angabe des Grundes, aus welchem die Veräußerung im Wege des freihändigen Verkaufs erfolgt ist;
2. die genaue Bezeichnung des verkauften Gegenstandes nebst Angabe des abgeschätzten Gold- oder Silberwerths, des Tageskurses oder des von dem Vollstreckungsgericht bestimmten Preises;
3. die Angabe des abgeschlossenen Geschäfts und die Erfüllung desselben.

§ 81.

Pfändung und Veräußerung von Werthpapieren.

Bei der Zwangsvollstreckung wegen Geldforderungen werden Werthpapiere wie bewegliche körperliche Sachen behandelt und demgemäß so wie diese von dem Gerichtsvollzieher durch Besitzergreifung gepfändet und im Wege der öffentlichen Versteigerung oder des freihändigen Verkaufs veräußert.

Man unterscheidet Werthpapiere, in denen der Berechtigte nicht namentlich bezeichnet ist, die vielmehr auf den jedesmaligen Inhaber lauten, und Werthpapiere, die auf den Namen einer bestimmten Person ausgestellt sind.

Bei den Inhaberpapieren gilt der jedesmalige Inhaber Dritten gegenüber ohne Weiteres für berechtigt, über das Papier und über das aus demselben ergebene Recht zu verfügen. Zu diesen Papieren gehören namentlich Schuldverschreibungen des Staats und der Kommunen, Prioritätsobligationen der Eisenbahnen, Pfand- und Rentenbriefe u. dergl., in der Regel auch Aktien. Es können aber derartige Papiere auch auf Namen ausgestellt sein, und sind dieselben von dem Gerichtsvollzieher in dem einzelnen Falle darauf hin zu prüfen.

Bei den Werthpapieren auf Namen gilt nur derjenige zu Verfügung für berechtigt, auf dessen Namen entweder das Papier selbst oder, wenn dasselbe von dem ursprünglich Berechtigten veräußert ist, die Veräußerungsurkunde lautet. Zu den Werthpapieren dieser Art gehören insbesondere die auf den Namen einer bestimmten Person ausgestellten Aktien.

Bei der Veräußerung von Werthpapieren muß der Gerichtsvollzieher mit Vorsicht zu Werke gehen. Ob die Veräußerung im Wege des freihändigen Verkaufs oder der öffentlichen Versteigerung zu erfolgen hat, hängt, sofern nicht durch das Vollstreckungsgericht eine Anordnung über den Verkauf getroffen ist, davon ab, ob das Werthpapier einen Börsen- oder Marktpreis hat oder nicht. Hierüber und zugleich über die Höhe des Tageskurses muß sich der Gerichtsvollzieher vor Allem zuverlässig unterrichten, aus dem Kurszettel in den Zeitungen oder bei einer mit dem Verkehr in solchen Papieren vertrauten Behörde oder Privatperson.

Ergiebt sich hierbei, daß das Papier keinen Börsen- oder Marktpreis hat, so erfolgt die Veräußerung im Wege der öffentlichen Versteigerung nach den allgemeinen Vorschriften.

Hat dasselbe dagegen einen Börsen- oder Marktpreis, so ist die Veräußerung im Wege des freihändigen Verkaufs unter Beachtung der hierüber in dem vorstehenden Paragraphen ertheilten Vorschriften zu bewirken. Dem Ermessen des Gerichtsvollziehers bleibt überlassen, ob er bei dem freihändigen Verkauf sich der Vermittelung eines Bankiers (Bank-Instituts) bedienen oder ob er den Verkauf selbst besorgen will. Ersteren Falls ist statt des Protokolls über den Verkauf die über denselben ertheilte Rechnung bei den Akten zu verwahren. In keinem Falle darf das Papier anders als gegen baare Zahlung weggegeben werden.

Zur völligen Ausführung der Veräußerung liegt dem Gerichtsvollzieher bei den auf den Namen einer bestimmten Person lautenden Werthpapieren zugleich die Erwirkung der Umschreibung auf den Namen des Käufers und bei den auf den Inhaber lautenden Papieren, sofern das Papier etwa durch einen auf dasselbe gesetzten Vermerk außer Kurs gesetzt ist, zugleich die Erwirkung der Wiederinkurssetzung ob. Die Ermächtigung zur Abgabe der hierzu erforderlichen Erklärungen hat der Gerichtsvollzieher vor der Veräußerung bei dem Vollstreckungsgericht unter Einreichung des Schuldtitels und des Pfändungsprotokolles zu beantragen.

Die Wiederinkurssetzung selbst ist ebenfalls vor der Veräußerung bei der zuständigen Behörde zu bewirken. Die etwa erforderliche Umschreibung auf den Namen des Käufers ist nach der Veräußerung bei der betreffenden Aktiengesellschaft oder der sonst zuständigen Stelle zu erwirken.

§ 82.

Pfändung von Forderungen aus Wechseln und anderen indossabeln Papieren.

Sollen zur Befriedigung des Gläubigers Forderungen dienen, welche dem Schuldner aus Wechseln oder anderen, durch Indossament übertragbaren (indossabeln) Papieren (Art. 301 bis 303 Deutsch. Handelsgesetzbuch) an dritte Personen — Drittschuldner — zustehen, so liegt dem Gerichtsvollzieher eine weitergehende als die in den §§ 89, 90 d. Anw. angegebene Thätigkeit ob.

Bei Forderungen dieser Art ist der Schuldner zur Erfüllung nur gegen Vorlegung des indossabeln Papiers verpflichtet. Auch der Gläubiger, welcher bei der Zwangsvollstreckung aus einer solchen Forderung des Schuldners seine Befriedigung sucht, muß zur Vorlegung des Papiers bei Einforderung der Leistung von dem Drittschuldner in den Stand gesetzt werden. Deshalb ist in § 732 CPO. [§ 706] bestimmt, daß die Pfändung solcher Forderungen nicht wie bei gewöhnlichen Forderungen durch einen Beschluß des Vollstreckungsgerichts erfolgen, sondern wie bei beweglichen körperlichen Sachen durch den Gerichtsvollzieher in der Weise bewirkt werden soll, daß derselbe das Papier in Besitz nimmt.

Bei der Ungewißheit des Werthes und des Zeitpunktes des Einganges einer Forderung hat sich der Gerichtsvollzieher auf die Pfändung von Forderungen aus Wechseln oder anderen indossabeln Papieren in der Regel nur einzulassen, wenn er von dem Gläubiger ausdrücklich dazu angewiesen wird. Ohne eine solche Anweisung sind derartige Forderungen nur zu pfänden, wenn andere Pfandstücke überhaupt nicht oder nicht in ausreichender Zahl vorhanden sind.

Von der erfolgten Pfändung sind die Parteien wie bei anderen Pfändungen zu benachrichtigen, der Gläubiger unter Mittheilung einer beglaubigten Abschrift des Pfändungsprotokolls.

Die in Besitz genommenen Urkunden sind von dem Gerichtsvollzieher in der im § 70 d. Anw. vorgeschriebenen Weise zu verwahren.

Das Pfändungsprotokoll hat insbesondere zu enthalten:

1) eine genaue Bezeichnung der gepfändeten Forderung, nach Gegenstand, Betrag, Fälligkeit und Namen des Gläubigers und des Schuldners unter Bezugnahme auf die darüber ausgestellte Urkunde;
2) die Angabe, daß der Wechsel oder das indossable Papier in Besitz genommen ist.

Die weitere Durchführung der Vollstreckung erfolgt wie bei gewöhnlichen Forderungen (§ 89 d. Anw.) durch das Vollstreckungsgericht auf Antrag des Gläubigers.

Die Urkunde über die gepfändete Forderung hat der Gerichtsvollzieher an den Gläubiger herauszugeben, sobald derselbe die Ausfertigung eines Beschlusses des Vollstreckungsgerichts vorlegt, durch welchen ihm die gepfändete Forderung überwiesen, oder angeordnet ist, daß die den Gegenstand der Forderung bildenden Sachen an einen von dem Gläubiger zu beauftragenden Gerichtsvollzieher herauszugeben sind.

Ueber die erfolgte Uebergabe der Urkunde an den Gläubiger hat der Gerichtsvollzieher sich eine Empfangsbescheinigung von demselben ertheilen zu lassen und bei den Akten zu verwahren.

Wird die gepfändete Forderung freigegeben, so ist die Urkunde darüber dem Schuldner unter Beachtung der Vorschrift im § 88 d. Anw. zurückzugeben.

§ 83.

Pfändung und Veräußerung von Früchten, die vom Boden noch nicht getrennt sind.

Die Pfändung und Veräußerung von Früchten, die vom Boden noch nicht getrennt sind, richtet sich nach den in dieser Beziehung rücksichtlich beweglicher körperlicher Sachen ertheilten Vorschriften in Verbindung mit den besonderen Bestimmungen der §§ 714, 725 CPO. [§§ 688, 699].

Der Gerichtsvollzieher hat die erfolgte Pfändung der Früchte und deren Besitznahme in geeigneter Weise durch Aufrichtung von Pfandtafeln oder Pfandwischen mit einer von ihm unterschriebenen Pfändungsanzeige oder durch andere zweckentsprechende Vorrichtungen, thunlichst unter Benutzung des Dienstsiegels, für Jedermann erkennbar zu machen.

Ist nach den Umständen die Bestellung eines Hüters erforderlich, so hat der Gerichtsvollzieher vorzugsweise den Feldhüter zu wählen. Erklärt sich bei einer auf dem platten Lande erfolgten Pfändung der Ortsvorstand zur Beaufsichtigung der Früchte bereit, so bedarf es der Bestellung eines besonderen Hüters nicht.

Auf das Herannahen der Erntezeit hat der Gerichtsvollzieher sorgfältig zu achten, auch den Ortsvorstand oder den etwa bestellten Hüter zur rechtzeitigen Anzeige darüber zu verpflichten, damit der Versteigerungstermin mit gehöriger Frist angesetzt und bekannt gemacht werden kann und nicht durch Ueberreife der Früchte Verlust entsteht.

Das Pfändungsprotokoll hat insbesondere zu enthalten:

1) die Bezeichnung des Grundstücks nach Lage, ungefährem Flächeninhalt und Fruchtart;
2) die Angabe, welcher Erlös aus der Verwerthung der gepfändeten Früchte voraussichtlich zu erwarten ist;
3) die Angabe der Vorrichtungen, durch welche die erfolgte Pfändung erkennbar gemacht ist, ob der Ortsvorstand in Beaufsichtigung übernommen hat, oder ob ein Hüter bestellt ist oder bestellt werden soll, oder aus welchen Gründen die Bestellung eines solchen nicht erforderlich ist;
4) die Angabe, wann der Eintritt der Ernte zu erwarten steht.

Die Versteigerung ist jedenfalls erst mit Eintritt der Erntezeit zulässig.

Ob dieselbe vor oder nach der Aberntung, im Ganzen oder in einzelnen Partien zu bewirken ist, hat der Gerichtsvollzieher nach den Umständen zu bestimmen.

Will der Gerichtsvollzieher die Früchte erst nach der Aberntung versteigern, so hat er zur Vornahme der Aberntung eine zuverlässige Person zu bestellen, auch für die sichere Unterbringung und Verwahrung der Ernte bis zur Versteigerung zu sorgen. Der Gerichtsvollzieher hat die Aberntung soweit zu beaufsichtigen, als erforderlich ist, um den Ertrag der Ernte mit Sicherheit festzustellen.

Die für die Aberntung zu gewährende Entschädigung ist thunlichst im Voraus zu vereinbaren.

Bei der Versteigerung der Früchte vor deren Aberntung ist der Termin in der Regel an Ort und Stelle abzuhalten.

§ 84.

Pfändung bereits gepfändeter Sachen.

Für die weitere Pfändung von Sachen, welche bereits gepfändet sind, ist in den §§ 727, 728 CPO. [§§ 701, 702] ein abweichendes Verfahren vorgeschrieben.

Die weitere Pfändung wird durch die Erklärung des Gerichtsvollziehers bewirkt, daß er die bereits gepfändeten Sachen für seinen Auftraggeber pfände. Ist die erste Pfändung von einem anderen Gerichtsvollzieher vorgenommen, so ist diesem gegenüber die Erklärung abzugeben. Ueber die Erklärung ist in allen Fällen ein Protokoll aufzunehmen. Abschrift desselben ist, wenn die erste Pfändung durch einen anderen Gerichtsvollzieher erfolgte, diesem zuzustellen, Diese Zustellung schließt die Abgabe der Erklärung gegenüber dem anderen Gerichtsvollzieher, wenn sie nicht bereits früher erfolgt ist, in sich.

Da nur insoweit, als eine Pfändung bereis stattgefunden hat, die durch eine bloße Erklärung bewirkte weitere Pfändung die Wirkung einer gültigen Pfändung hat, so hat sich der Gerichtsvollzieher darüber, daß eine Pfändung bereits stattgefunden, und welche Gegenstände davon betroffen sind, auf das Sorgfältigste zu überzeugen und, wenn irgend thunlich, zu diesem Zwecke das über die erste Pfändung aufgenommene Protokoll einzusehen.

Auf die weitere Pfändung hat sich der Gerichtsvollzieher nur insoweit einzulassen, als andere zur Deckung des Gläubigers hinreichende pfändungsfähige Gegenstände nicht vorgefunden werden. Eine Ausnahme hiervon findet nur statt, wenn der Gläubiger die weitere Pfändung verlangt oder nach dem pflichtmäßigen Ermessen des Gerichtsvollziehers von der Pfändung bereits gepfändeter Sachen die Befriedigung des Gläubigers mit größerer Sicherheit und Schnelligkeit zu erwarten steht.

Ferner ist zu prüfen, ob sich von der weiteren Pfändung nach Deckung der Forderung des Gläubigers der ersten Pfändung und der Kosten der ersten Vollstreckung ein Ueberschuß über die Kosten der späteren Vollstreckung erwarten läßt (§ 708 Abs. 2 CPO. [§ 682]).

Zur Sicherung des Vorrechts des Gläubigers der weiteren Pfändung dem Gläubiger einer noch späteren Pfändung gegenüber ist in dem Pfändungsprotokolle genau die Zeit anzugeben, zu welcher die weitere Pfändung erklärt worden ist.

Die Benachrichtigung des Schuldners von der weiteren Pfändung liegt dem die letztere bewirkenden Gerichtsvollzieher ob.

Das über die weitere Pfändung aufzunehmende Protokoll hat insbesondere zu enthalten:

1. die Bezeichnung der weiter gepfändeten Gegenstände thunlichst durch Bezugnahme auf die erste Pfändung;
2. die Erklärung des Gerichtsvollziehers, daß er die Sachen für seinen Auftraggeber pfände;
3. die Angabe der Zeit, zu welcher die Erklärung zu Nr. 2 abgegeben ist;
4. die unter Nr. 4 in § 74 d. Anw. vorgeschriebene Angabe.

Nach Vollziehung der weiteren Pfändung sind, sofern nicht Anordnungen des Vollstreckungsgerichts ein Anderes bedingen, außer der Abschrift des Pfändungsprotokolls die vollstreckbare Ausfertigung und die sonstigen, den Auftrag des Gläubigers enthaltenden Schriftstücke dem Gerichtsvollzieher der ersten Pfändung zu übergeben, mit dem Ersuchen, das Weitere in Gemäßheit der §§ 727, 728 CPO. [§§ 701, 702] zu veranlassen.

Der Gerichtsvollzieher der ersten Pfändung hat sich, sobald die weitere Pfändung erfolgt ist, als Beauftragter des Gläubigers der späteren Pfändung zu betrachten, insbesondere auch für ihn den Verkauf der gepfändeten Gegenstände zu bewirken und ihm den auf seine Forderung entfallenden Betrag aus dem Erlöse der Pfandstücke zu übermitteln.

Hat der Gerichtsvollzieher der ersten Pfändung auch die weitere Pfändung vorgenommen, so muß das Pfändungsprotokoll über die letztere zu den Akten über die erste Pfändung genommen werden.

§ 85.

Gleichzeitige Pfändung derselben Sachen für mehrere Gläubiger.

Ein Gerichtsvollzieher, welcher vor Ausführung einer aufgetragenen Pfändung von anderen Gläubigern gegen denselben Schuldner mit der Pfändung beauftragt wird, muß alle Aufträge als gleichzeitige behandeln. Auf die Reihenfolge, in welcher die Aufträge an den Gerichtsvollzieher gelangt sind, kommt, so lange die Pfändung noch nicht erfolgt ist, nichts an. Das Pfandrecht erwirbt der Gläubiger erst, wenn die Pfändung für ihn gehörig bewirkt ist; während aus der Auftragsertheilung allein für den Auftraggeber im Verhältniß zum Schuldner und dessen übrigen Gläubigern keine Vorzugsrechte erwachsen. Deshalb hat der Gerichtsvollzieher beim Vorliegen mehrerer Pfändungsaufträge gegen denselben Schuldner, so lange nicht eine Pfändung in Folge des früheren Auftrags erfolgt ist, für die mehreren Gläubiger gleichzeitig zu pfänden.

Ueber eine für mehrere Gläubiger gleichzeitig bewirkte Pfändung derselben Sachen ist nur ein Pfändungsprotokoll aufzunehmen, welches außer den gewöhnlichen Erfordernissen auch die Bemerkung enthalten muß, daß die Pfändung für die mehreren Gläubiger gleichzeitig bewirkt worden ist.

Das weitere Verfahren, insbesondere wenn der Erlös zur Deckung sämmtlicher Forderungen nicht ausreicht, bestimmt sich nach § 728 CPO. [§ 702] (§ 87 Abs. 3 d. Anw.).

§ 86.

Veräußerung von Pfandstücken, deren Pfändung durch die Militärbehörde erfolgt ist.

Zur Vornahme einer Pfändung gegen eine dem aktiven Heere oder der aktiven Marine angehörende Person des Soldatenstandes ist der Gerichtsvollzieher dann nicht befugt, wenn die Pfändung in Kasernen oder andern militärischen Dienstgebäuden oder auf Kriegsfahrzeugen stattfinden soll. In einem solchen Falle erfolgt die Pfändung auf Ersuchen des Vollstreckungsgerichts durch die Militärbehörde. Dagegen liegt dem Gerichtsvollzieher nach der Pfändung der weitere Betrieb der Zwangsvollstreckung ob (§ 699 CPO. [§ 674]).

Der von dem Gläubiger mit der Uebernahme und Verwerthung der Sachen beauftragte Gerichtsvollzieher hat sich die vollstreckbare Ausfertigung des Schuldtitels aushändigen zu lassen und nach der Anweisung des Vollstreckungsgerichts entweder die Mittheilung der Militärbehörde wegen Uebernahme der gepfändeten Sachen abzuwarten oder derselben zu diesem Zwecke seine Beauftragung anzuzeigen.

Bei der Uebernahme der Pfandstücke hat der Gerichtsvollzieher dieselben mit dem über die Pfändung aufgenommenen Protokolle oder Verzeichnisse zu vergleichen und die etwa fehlenden oder beschädigten Stücke zu verzeichnen. Der Termin zur Versteigerung ist sogleich zu bestimmen.

§ 87.

Auszahlung des Erlöses.

Der Gerichtsvollzieher hat über das in Folge der Zwangsvollstreckung in seine Hände gelangte Geld in den Akten eine Verrechnung desselben aufzustellen, welche den dem Gläubiger zukommenden Betrag, die Kosten der Zwangsvollstreckung und den etwa verbleibenden Ueberschuß nachweisen muß.

Sind mehrere Gläubiger bei der Pfändung betheiligt und reicht die Masse zur Deckung aller Forderungen nicht aus, so sind die Kosten des Verkaufs vorweg in Abzug zu bringen und sodann die einzelnen Forderungen mit den für dieselben erwachsenen besonderen Kosten nach der Reihenfolge der Pfändungen zu befriedigen, soweit die Masse reicht.

Verlangt jedoch einer der Gläubiger ohne Zustimmung der übrigen eine andere Vertheilung, oder ist für mehrere Gläubiger gleichzeitig gepfändet, ohne daß sich diese über die Vertheilung der unzureichenden Masse einigen, so ist die gerichtliche Vertheilung erforderlich. Der Gerichtsvollzieher ist zur Einholung von Erklärungen der Gläubiger über die Vertheilung nicht verpflichtet.

Die den Gläubigern zukommenden Beträge, sowie den dem Schuldner etwa verbleibenden Ueberschuß hat der Gerichtsvollzieher, soweit nicht die Hinterlegung der ersteren (§ 103 d. Anw.) zu erfolgen hat, an die Empfangsberechtigten ungesäumt auszuzahlen. Inwieweit die Auszahlung an den Prozeßbevollmächtigten erfolgen kann, ist im § 49 Abs. 2 d. Anw. näher angegeben. Die Uebersendung durch die Post ist thunlichst mittels Postanweisung zu bewirken. Der Gerichtsvollzieher hat sich über die ohne Vermittelung der Post bewirkte Auszahlung des Geldes von dem Empfangsberechtigten eine Quittung ertheilen zu lassen. Die Quittung oder, bei Uebersendung durch die Post, der Postschein, aus welchem der abgesandte Geldbetrag ersichtlich sein muß, sind als Beläge bei den Akten zu verwahren.

Nach Abwickelung des Geschäfts muß der Gerichtsvollzieher dem Schuldner eine Abrechnung ertheilen, entweder durch abschriftliche Mittheilung der über den Erlös aufgestellten Verrechnung oder durch Aufnahme der Ergebnisse derselben in die dem Schuldner nach § 677 CPO. [§ 652] (§ 11 d. Anw.) zu ertheilende Quittung.

§ 88.

Rückgabe von Pfandstücken.

Der Gerichtsvollzieher hat nach Beendigung der Zwangsvollstreckung die etwa nicht zur Verwerthung gelangten Pfandstücke und im Laufe der Zwangsvollstreckung die in Folge einer Entscheidung des Gerichts oder auf Anordnung des Gläubigers von der Pfändung freigewordenen Pfandstücke dem Schuldner oder sonstigen Empfangsberechtigten ungesäumt zur Verfügung zu stellen und zu deren Rücknahme aufzufordern.

Ueber die erfolgte Rückgabe hat der Gerichtsvollzieher sich eine Bescheinigung von dem Empfangsberechtigten ertheilen zu lassen und bei den Akten zu verwahren.

3. Mitwirkung bei der Zwangsvollstreckung in Forderungen.

§ 89.

Geldforderungen des Schuldners, welche demselben gegen eine dritte Person — Drittschuldner — zustehen, können bei der Zwangsvollstreckung von dem Gläubiger zwar ebenfalls zu seiner Befriedigung in Anspruch genommen werden. Der Gerichtsvollzieher ist jedoch vorbehaltlich der rücksichtlich der Werthpapiere, sowie der Forderungen aus Wechseln und andern indossabeln Papieren in den §§ 81, 82 d. Anw. angegebenen Ausnahmen, nicht befugt, hierbei selbständig mit der Vollstreckung vorzugehen. Vielmehr liegt der Beschluß über die Pfändung und Ueberweisung der Forderung, durch welche Zwangsvollstreckungen dieser Art bewirkt werden, den Gerichten ob.

In dem Pfändungsbeschlusse wird dem Drittschuldner verboten, an den Schuldner zu zahlen und letzterem zugleich geboten, sich jeder Verfügung über die Forderung zu enthalten. Durch den Ueberweisungsbeschluß wird dem Gläubiger die gepfändete Forderung zur Einziehung oder an Zahlungsstatt zum Nennwerthe überwiesen, je nachdem das Eine oder das Andere von ihm beantragt ist.

Nur die Zustellung dieser Beschlüsse liegt dem Gerichtsvollzieher ob. Bei der Zustellung sind die allgemeinen Vorschriften maßgebend, es sind jedoch noch die nachfolgenden besonderen Bestimmungen zu beachten.

§ 90.

Zustellung des Pfändungs- und Ueberweisungsbeschlusses.

Verlangt der Gläubiger, daß der Drittschuldner zur Abgabe der im § 739 Abs. 1 CPO. [§ 713] bezeichneten Erklärungen aufgefordert werde, so kann die Zustellung des Pfändungsbeschlusses an den Drittschuldner nur im Wege der gewöhnlichen Zustellung, nicht durch die Post, bewirkt werden.

Der Gerichtsvollzieher hat den Pfändungsbeschluß zunächst dem Drittschuldner zuzustellen, falls der Gläubiger nicht verlangt, daß die Zustellung an den Schuldner vorhergehe. Die Zustellung an den Drittschuldner ist besonders zu beschleunigen und in der Zustellungsurkunde genau der Zeitpunkt derselben anzugeben. Bei der Zustellung hat der Gerichtsvollzieher den Drittschuldner, falls der Gläubiger dies verlangt hat, aufzufordern, dem Letztern selbst oder dem Gerichtsvollzieher die im § 739 CPO. [§ 713] bezeichnete Erklärung entweder sofort behufs Aufnahme derselben in die Zustellungsurkunde oder spätestens binnen zwei Wochen abzugeben. Die gestellte Aufforderung und die von dem Drittschuldner etwa sofort abgegebene Erklärung ist in die Zustellungsurkunde aufzunehmen. Die Erklärung ist dem Drittschuldner zur Genehmigung vorzulesen oder zur eigenen Durchlesung vorzulegen und von demselben unterschreiben zu lassen. Daß dieser letzteren Vorschrift genügt ist oder aus welchem Grunde dies nicht geschehen, ist in der Zustellungsurkunde zu vermerken.

Wird von dem Drittschuldner die geforderte Erklärung erst nach der Zustellung abgegeben, so hat der Gerichtsvollzieher dieselbe dem Auftraggeber sogleich zu übermitteln.

Nach bewirkter Zustellung an den Drittschuldner hat der Gerichtsvollzieher den Pfändungsbeschluß sofort und ohne Auftrag des Gläubigers dem Schuldner mit einer beglaubigten Abschrift der Urkunde über die Zustellung an den Drittschuldner zuzustellen oder durch die Post zustellen zu lassen. Dies muß rücksichtlich der Zustellungsurkunde auch dann geschehen, wenn inzwischen oder vorher die Zustellung des Pfändungsbeschlusses an den Schuldner erfolgt ist. Die Zustellung an den Schuldner kann, wenn derselbe außerhalb des Deutschen Reichs wohnt, durch Aufgabe zur Post (§ 36 d. Anw.) erfolgen; sie unterbleibt, wenn dessen Aufenthalt unbekannt ist.

Bei der Zustellung des Ueberweisungsbeschlusses (§ 736 CPO. [§ 710]) kommen die vorstehenden Bestimmungen gleichmäßig zur Anwendung.

§ 91.

Erwirkung der Herausgabe der Urkunde über eine überwiesene Forderung.

Der Schuldner ist verpflichtet, die über eine überwiesene Forderung vorhandenen Urkunden an den Gläubiger herauszugeben (§ 737 Abs. 2 CPO. [§ 711]).

Auf Verlangen des Gläubigers hat der Gerichtsvollzieher diese Urkunden auf Grund der vollstreckbaren Ausfertigung des Schuldtitels und der Ausfertigung des Ueberweisungsbeschlusses dem Schuldner im Wege der Zwangsvollstreckung wegzunehmen. Spätestens bei Beginn der Zwangsvollstreckung ist die Ueberweisungsurkunde zuzustellen. Sind die wegzunehmenden Urkunden in dem Ueberweisungsbeschlusse nicht so genau bezeichnet, daß danach die Aufsuchung derselben bei dem Schuldner erfolgen kann, so ist dem Gläubiger zu überlassen, eine Vervollständigung des Beschlusses bei dem Gerichte zu beantragen.

Die Vollstreckung selbst hat der Gerichtsvollzieher nach den Vorschriften zu bewirken, welche für das Verfahren bei der Zwangsvollstreckung zur Erwirkung der Herausgabe beweglicher Sachen ertheilt sind (§ 94 d. Anw.).

§ 92.

Zwangsvollstreckung in Forderungen, welche die Herausgabe oder Leistung von beweglichen körperlichen Sachen zum Gegenstande haben.

Bei der Zwangsvollstreckung in Forderungen des Schuldners, vermöge deren der Drittschuldner nicht eine bestimmte Summe Geldes, sondern bewegliche körperliche Sachen herauszugeben oder zu leisten hat, findet eine Ueberweisung der gepfändeten Forderung an den Gläubiger nicht statt.[4]) Dagegen wird in dem Pfändungsbeschlusse angeordnet, daß die Sachen von dem Drittschuldner an einen von dem Gläubiger zu beauftragenden Gerichtsvollzieher herauszugeben seien (§§ 745, 746 CPO. [§§ 719, 720]).

Die Zustellung des Pfändungsbeschlusses erfolgt auch in diesem Falle nach den im § 90 d. Anw. erheilten Vorschriften. Der mit der Uebernahme der herauszugebenden Sachen beauftragte Gerichtsvollzieher, welcher sich außer dem Pfändungsbeschlusse auch die vollstreckbare Ausfertigung des Schuldtitels von dem Gläubiger aushändigen lassen muß, ist zur Vornahme von Zwangsmaßregeln gegen den Drittschuldner behufs Wegnahme der Sachen auf Grund des Pfändungsbeschlusses allein nicht befugt. Lehnt daher der Drittschuldner die Herausgabe der Sachen ab, so hat der Gerichtsvollzieher sich mit der Sache nicht weiter zu befassen, sondern dem Gläubiger die Klage gegen denselben zu überlassen.

Erklärt sich dagegen der Drittschuldner zur Herausgabe oder Leistung bereit, so hat der Gerichtsvollzieher die Sachen sofort zu übernehmen und dieselben in dem darüber aufzunehmenden Protokolle zu verzeichnen.

Das weitere Verfahren wegen Unterbringung und Verwerthung der Sachen, wegen Auszahlung oder Hinterlegung des Erlöses erfolgt in gleicher Weise, als wenn die Sachen durch den Gerichtsvollzieher bei dem Schuldner gepfändet worden wären. Insbesondere hat der Gerichtsvollzieher den Schuldner von dem Versteigerungstermine in Kenntniß zu setzen.

Für den Fall, daß eine Forderung des Schuldners auf Herausgabe oder Leistung von beweglichen körperlichen Sachen für mehrere Gläubiger gepfändet sein sollte, regelt der § 751 CPO. [§ 725] das weitere Verfahren in ähnlicher Weise, wie dies bezüglich der Zwangsvollstreckung in bewegliche körperliche Sachen in den §§ 727, 728 CPO. [§§ 701, 702] (§ 87 Abs. 2, 3 d. Anw.), geschehen ist. Dabei ist zu beachten, daß die Rangordnung der Gläubiger nach der Zeit der Zustellung des Pfändungsbeschlusses (§§ 730 Abs. 3, 709 Abs. 3 CPO. [§§ 704, 683]) an den Drittschuldner bestimmt wird.

§ 93.

Zustellung der Benachrichtigung über das Bevorstehen der Pfändung einer Forderung.

Will ein Gläubiger in Gemäßheit der §§ 744, 745 CPO. [§§ 718, 719] die Benachrichtigung über das Bevorstehen der Pfändung einer Forderung, welche seinem Schuldner an einen Dritten zusteht, diesen beiden zustellen lassen, so finden auf diese Zustellung die allgemeinen Vorschriften

[4]) Zu allgemein gefaßt, s. § 748 CPO. [§ 722].

über Zustellungen Anwendung. Der mit der Zustellung beauftragte Gerichtsvollzieher hat nicht zu prüfen, ob dem Auftraggeber ein vollstreckbarer Schuldtitel zur Seite steht.

Die Benachrichtigung ist zunächst dem Drittschuldner zuzustellen, falls der Gläubiger nicht verlangt hat, daß die Zustellung an den Schuldner vorhergehe. Die Zustellung ist besonders zu beschleunigen, und in der Zustellungsurkunde zur Sicherung des von dem Gläubiger erstrebten Vorrechts genau der Zeitpunkt der Zustellung anzugeben.

4. Zwangsvollstreckung zur Erwirkung der Herausgabe von Sachen.

§ 94.

Die auf Herausgabe einer bestimmten beweglichen Sache oder einer gewissen Quantität von bestimmten beweglichen Sachen (z. B. von 10 Hektoliter Roggen, lagernd da und da) gerichtete Zwangsvollstreckung wird dadurch vollzogen, daß der Gerichtsvollzieher die in dem vollstreckbaren Schuldtitel bezeichneten Gegenstände bei dem Schuldner aufsucht, sie demselben wegnimmt und dem Gläubiger übergiebt (§ 769 CPO. [§ 847]). a. Bewegliche Sachen.

Die Uebergabe an den Gläubiger oder die Absendung an denselben muß thunlichst im unmittelbaren Anschluß an die Wegnahme der Gegenstände erfolgen. Die zu diesem Zweck erforderlichen Vereinbarungen mit dem Gläubiger sind bei der Entgegennahme des Auftrags, jedenfalls so zeitig zu treffen, daß unnöthige Weiterungen vermieden werden. Kann ausnahmsweise die Uebergabe oder Absendung nicht sogleich nach der Wegnahme erfolgen, so ist mit der Aufbewahrung der Sachen bis zum Eingange der Anweisung des Gläubigers in der Weise zu verfahren, wie dies in Ansehung gepfändeter Sachen in den §§ 68—70 d. Anw. vorgeschrieben ist.

In gleicher Weise erfolgt die Vollstreckung, wenn es sich nicht um die Herausgabe bestimmter Sachen, sondern um die Leistung einer bestimmten Quantität vertretbarer Sachen oder Werthpapiere handelt (§ 770 CPO. [§ 848]). Solche Fälle liegen z. B. vor, wenn Jemand zur Lieferung von 1 Hektoliter Roggen, 1 Schock Eier u. dergl., oder zur Lieferung von 3 000 Mark der 4 proz. Königlich Preußischen Staatsanleihe vom Jahre 1852 oder von 300 Mark der $4^1/_2$ proz. Berliner Stadtanleihe vom Jahre 1874 verurtheilt ist. Der Gerichtsvollzieher hat bei dem Schuldner nach Sachen der bezeichneten Gattung zu suchen, die in dem Schuldtitel angegebene Quantität wegzunehmen und dem Gläubiger zu übergeben.

Das über den Vollstreckungsakt aufzunehmende Protokoll (§ 682 CPO. [§ 657], §§ 12, 58 d. Anw.) hat insbesondere zu enthalten:

1) die Bezeichnung der dem Schuldner weggenommenen Sachen, unter näherer Angabe bei vertretbaren Sachen der Zahl, des Maßes und Gewichts, bei Werthpapieren des Nennwerths, der Litera, Nummer und des Datums;
2) die Angabe, daß die Uebergabe oder Absendung an den Gläubiger oder dessen Bevollmächtigten erfolgt oder aus welchen Gründen dieselbe nicht erfolgt ist, und in welcher Weise letzterenfalls für die Aufbewahrung und Sicherung der Gegenstände gesorgt ist.

Sind die weggenommenen Sachen dem Gläubiger zu übersenden, so hat sich der Gerichtsvollzieher von demselben eine Empfangsbescheinigung ertheilen zu lassen.

§ 95.

b. Unbewegliche Sachen und bewohnte Schiffe.

Die auf Herausgabe, Ueberlassung oder Räumung einer unbeweglichen Sache oder eines bewohnten Schiffes gerichtete Zwangsvollstreckung wird dadurch vollzogen, daß der Gerichtsvollzieher den Schuldner aus dem Besitz setzt und den Gläubiger in den Besitz einweist (§ 771 CPO. [§ 849]).

Zu der Vollstreckung hat der Gerichtsvollzieher den Gläubiger oder einen von demselben zu bestellenden Bevollmächtigten zuzuziehen, da der Akt der Besitzeinweisung nur in Gegenwart des Einen oder des Andern geschehen kann. Die zu diesem Zweck erforderlichen Vereinbarungen mit dem Gläubiger sind bei der Entgegennahme des Auftrags, jedenfalls so zeitig zu treffen, daß unnöthige Weiterungen vermieden werden.

Lautet das Urtheil zugleich auf Zubehör und Inventarienstücke, so muß der Gerichtsvollzieher auch diese dem Gläubiger übergeben.

Bewegliche Sachen, welche nicht Gegenstand der Zwangsvollstreckung sind, z. B. bei der Räumung einer Miethswohnung das Mobiliar des Schuldners, hat der Gerichtsvollzieher wegzuschaffen oder wegschaffen zu lassen und mit demselben nach Maßgabe des § 771 Abs. 2, 3 CPO. [§ 849] zu verfahren.

Die Sachen sind von dem Gerichtsvollzieher, sofern ihm die Unterbringung derselben obliegt, in derselben Weise unterzubringen und zu verwahren, wie dies in Ansehung gepfändeter Sachen in den §§ 68—70 d. Anw. vorgeschrieben ist.

Werden die verwahrten Sachen demnächst an den Schuldner zurückgegeben, so hat der Gerichtsvollzieher sich von demselben eine Empfangsbescheinigung ertheilen zu lassen.

Wird die Abholung der Sachen verzögert, so hat der Gerichtsvollzieher den Verkauf derselben unter Mittheilung des Sachverhalts bei dem Vollstreckungsgerichte zu beantragen und, falls dem Antrage stattgegeben wird, zu bewirken, in Ermangelung einer anderweiten Anordnung des Gerichts, unter Beobachtung der Vorschriften über die Veräußerung gepfändeter Sachen.

Das über den Vollstreckungsakt aufzunehmende Protokoll (§ 682 CPO. [§ 657], §§ 12, 58 d. Anw.) hat insbesondere zu enthalten:

1. die Angabe, daß der Gläubiger oder der von demselben bestellte Bevollmächtigte anwesend gewesen ist;
2. die genaue Bezeichnung der herausgegebenen, überlassenen oder geräumten Sache, einschließlich der vorgefundenen Zubehör- und Inventarienstücke;
3. die Angabe, daß der Schuldner aus dem Besitze gesetzt und der Gläubiger oder dessen Bevollmächtigter in den Besitz eingewiesen ist;
4. falls Sachen des Schuldners in Verwahrung gebracht sind, die Angabe des Grundes der Verwahrung, die Bezeichnung der Sachen und wie über die Unterbringung derselben verfügt ist oder verfügt werden soll.

5. Zwangsvollstreckung zur Erwirkung der Herausgabe von Personen.

§ 96.

Bei der auf Herausgabe eines Kindes oder einer anderen unselbständigen Person gerichteten Zwangsvollstreckung hat der Gerichtsvollzieher unter entsprechender Anwendung der Vorschriften zu verfahren, welche für die Zwangsvollstreckung zur Erwirkung der Herausgabe beweglicher Sachen (§ 94 d. Anw.) ertheilt sind.

6. Zwangsvollstreckung zur Beseitigung des von dem Schuldner gegen die Vornahme einer von ihm zu duldenden Handlung geleisteten Widerstandes.

§ 97.

Wenn es sich um die Vollstreckung eines Schuldtitels handelt, nach welchem der Schuldner verpflichtet ist, die Vornahme einer Handlung zu dulden, so kann der Gläubiger, wenn der Schuldner gegen die Vornahme dieser Handlung Widerstand leistet, zur Beseitigung desselben einen Gerichtsvollzieher zuziehen (§§ 777, 773, 775 CPO. [§§ 855, 851, 853]).

Der zugezogene Gerichtsvollzieher hat sich aus der ihm von dem Gläubiger zu übergebenden vollstreckbaren Ausfertigung des Schuldtitels genau zu unterrichten, welche Handlung derselbe oder die von ihm mit der Ausführung derselben beauftragte dritte Person vorzunehmen berechtigt und der Schuldner zu dulden verpflichtet ist. Insoweit danach das Verlangen des Gläubigers begründet ist, muß der Gerichtsvollzieher den Schuldner zu seiner Verpflichtung unbedingt und unter Beobachtung der Vorschriften in den §§ 678 Abs. 3, 679 CPO. [§§ 653, 654] nöthigenfalls mit Gewalt anhalten. Die erforderlichen und zulässigen Zwangsmaßregeln müssen in sachgemäßer Weise zur Anwendung gebracht werden und dürfen über das zur Beseitigung des Widerstandes nothwendige Maß nicht hinausgehen.

Das über den Vollstreckungsakt aufzunehmende Protokoll (§ 682 CPO. [§ 657], §§ 12, 58 d. Anw.) hat insbesondere zu enthalten:

1. die Bezeichnung der Handlung, zu deren Duldung der Schuldner angehalten ist;
2. die Angabe der etwa angewendeten Zwangsmaßregeln.

7. Zwangsvollstreckung durch Haft.

§ 98.

Die Zwangsvollstreckung durch Verhaftung des Schuldners im Auftrage des Gläubigers darf der Gerichtsvollzieher nur vornehmen, nachdem ihm ein gerichtlicher Haftbefehl übergeben worden ist, in welchem der Gläubiger, der Schuldner und der Grund der Verhaftung bezeichnet sind (§ 789 CPO. [§ 867]).

Die Uebergabe des Haftbefehls macht die Beobachtung der allgemeinen Vorschriften über die Zulässigkeit der Zwangsvollstreckung (§§ 49—55 d. Anw.) nicht entbehrlich. Der Gerichtsvollzieher hat sich deshalb insbesonder e auch die vollstreckbare Ausfertigung des Schuldtitels aushändigen zu lassen.

Die Fälle, in denen die Haft unstatthaft ist, sind in den §§ 785, 787 CPO. [§§ 863, 865] angegeben. Der Gerichtsvollzieher darf diesen Vorschriften entgegen einen Haftbefehl nicht vollstrecken.

Wegen Krankheit des Schuldners darf jedoch von dessen Verhaftung nur Abstand genommen werden, wenn der Gerichtsvollzieher durch ein vorschriftsmäßiges Attest des zuständigen Medizinalbeamten oder durch den Augenschein sich überzeugt, daß durch die Vollstreckung der Haft die Gesundheit des Schuldners einer nahen und erheblichen Gefahr ausgesetzt werde.

Der Grund der Aussetzung einer unternommenen Verhaftung ist in dem über den Akt aufzunehmenden Protokolle zu vermerken.

Ueber das von dem Gerichtsvollzieher bei der Vollziehung eines Haftbefehls zu beobachtende Verfahren enthalten die §§ 790 bis 792 CPO. [§§ 868 bis 870] die näheren gesetzlichen Vorschriften.

Da die Aufnahme des Schuldners in das Gefängniß unstatthaft ist, wenn nicht mindestens für einen Monat die Kost einschließlich der Verpflegungskosten, welche durch die Haft entstehen, im Voraus gezahlt sind, so muß sich der Gerichtsvollzieher von dem Gläubiger vor der Verhaftung die Kassenquittung über die Einzahlung des erforderlichen Betrags oder diesen Betrag selbst zur Abführung an die Kasse aushändigen lassen.

Bei der Bewirkung der Verhaftung kommen die §§ 104 bis 106 d. Anw. zur entsprechenden Anwendung.

Der Verhaftete ist ungesäumt in das zur Aufnahme der Schuldgefangenen bestimmte Gefängniß des Bezirks, in welchem die Verhaftung erfolgt, abzuführen und dort dem mit der Aufnahme der Gefangenen beauftragten Beamten unter Aushändigung des Haftbefehls zur Vollstreckung der Haft zu übergeben.

Das über die Vollziehung des Haftbefehls aufzunehmende Protokoll (§ 682 CPO. [§ 657], §§ 12, 58 d. Anw.) hat insbesondere zu enthalten:

1. die Bezugnahme auf den Haftbefehl;
2. die Angabe, daß der Haftbefehl dem Schuldner bei der Verhaftung vorgezeigt ist;
3. die Zeit der Verhaftung und der Ablieferung in das Gefängniß.

Der Gerichtsvollzieher hat sich die Ablieferung des Verhafteten in das Gefängniß von dem Gefängnißbeamten unter dem Protokolle bescheinigen zu lassen.

§ 99.

Nachverhaftung.

Die weitere Verhaftung eines zum Zwecke der Zwangsvollstreckung bereits verhafteten Schuldners (Nachverhaftung) erfolgt, soweit nicht die bereits erfolgte Verhaftung ein Anderes bedingt, nach Maßgabe der rücksichtlich der ersten Verhaftung ertheilten Vorschriften.

Der Gerichtsvollzieher hat den Schuldner im Gefängnisse aufzusuchen, ihn anderweit für verhaftet zu erklären und den mit der Aufnahme der Gefangenen beauftragten Gefängnißbeamten unter Aushändigung des Haftbefehls um Vollstreckung der Haft, sobald die erstverhängte Haft beendet sein werde, zu ersuchen. Daß dies Ersuchen gestellt ist, ingleichen die darauf ertheilte Antwort, ist in dem Protokolle zu vermerken.

Die Vollziehung der Schuldhaft gegen eine in Untersuchungs- oder in Strafhaft befindliche Person kann erst nach Beendigung der Untersuchungs- oder Strafhaft erfolgen. Der Gerichtsvollzieher hat sich in einem solchen Falle nöthigenfalls mit dem Vorstande des Gefängnisses in Verbindung zu setzen.

§ 100.

Vollziehung eines Haftbefehls gegen einen Zeugen.

Ist gegen einen Zeugen zur Erzwingung des Zeugnisses die Haft angeordnet worden (§ 355 Abs. 2 CPO. [§ 425]), so erfolgt die Verhaftung im Auftrage der Partei nach Maßgabe der Vorschriften des § 98 d. Anw., jedoch lediglich auf Grund des Haftbefehls.

Hiervon verschieden ist der Fall, daß in einem Civilprozesse ein Zeuge wegen Verweigerung des Zeugnisses oder der Eidesleistung zur Strafe der Haft verurtheilt ist (§ 355 Abs. 1 CPO. [§ 425]). Die Vollstreckung einer solchen Strafe erfolgt im Auftrage des Gerichts nach den in dieser Beziehung für Strafsachen bestehenden Vorschriften.

8. Vollziehung von Arrestbefehlen.

§ 101.

Das von dem Gerichtsvollzieher bei der Vollziehung eines Arrestbefehls (§ 47 Nr. 5, § 52 d. Anw.) zu beobachtende Verfahren bestimmt sich, vorbehaltlich der in §§ 809, 810 CPO. [§§ 887, 888] bezeichneten Abweichungen, nach den Vorschriften für die auf die unmittelbare Befriedigung des Gläubigers gerichtete Zwangsvollstreckung.

Ob die im § 809 Abs. 2 CPO. [§ 887] bezeichnete zweiwöchige Frist zur Vollziehung des Befehls abgelaufen ist oder nicht, hat der Gerichtsvollzieher selbstständig zu prüfen. Die Zeit der Verkündung des Befehls an den Gläubiger ist aus der mit dem Befehle verbundenen Abschrift der Zustellungsurkunde zu ersehen. Bei Berechnung der zweiwöchigen Frist ist der Tag der Verkündung oder der Zustellung nicht mitzurechnen (§ 199 CPO. [§ 276]).

Die Zustellung des Arrestbefehls ist ebenso wie die Zustellung anderer Schuldtitel spätestens bei dem Beginn der Pfändung oder der Verhaftung zu bewirken.

Sind in dem Arrestbefehle die zu pfändenden Gegenstände nicht bezeichnet, z. B. wenn der Befehl nur allgemein auf Vollziehung des Arrestes in das Vermögen des Schuldners lautet, so sind so viel Sachen zu pfänden, als zur Deckung des Gläubigers wegen seiner Forderung nebst Zinsen und Kosten erforderlich sind.

Die Sorge für die Unterbringung und Bewahrung der Pfandstücke bis zum Austrage der Sache liegt dem Gerichtsvollzieher ob. Eine Versteigerung der Gegenstände auf Grund des Arrestbefehls findet nicht statt, es sei denn, daß dieselbe von dem Vollstreckungsgericht angeordnet wird. Läßt sich übersehen, daß alle oder einzelne Pfandstücke einer beträchtlichen Werthsverringerung ausgesetzt sind, oder daß deren Aufbewahrung mit unverhältnißmäßigen Kosten verbunden sein wird, so hat der Gerichtsvollzieher den Gläubiger nöthigenfalls darauf anfmerksam zu machen, damit derselbe die Versteigerung bei dem Vollstreckungsgericht beantragen kann.

9. Vollziehung von einstweiligen Verfügungen.

§ 102.

Zur Sicherung einer späteren Zwangsvollstreckung, welche nicht auf Beitreibung einer Geldsumme, sondern auf Erwirkung der Herausgabe von Sachen oder auf Erwirkung von Handlungen oder Unterlassungen gerichtet ist, dienen die einstweiligen gerichtlichen Verfügungen. In denselben wird angegeben, was zur Sicherung des Gläubigers geschehen soll.

Die Vollziehung erfolgt im Auftrage des Gläubigers durch einen Gerichtsvollzieher, insoweit es sich dabei um die Vornahme der in den §§ 94—97 d. Anw. bezeichneten Vollstreckungshandlungen oder um die Verhaftung des Schuldners handelt. Nach den in dieser Beziehung ertheilten Vorschriften bestimmt sich auch das von dem Gerichtsvollzieher bei der Vollziehung einer einstweiligen Verfügung zu beobachtende Verfahren. Es finden jedoch die in den §§ 809, 810 CPO. [§§ 887, 888] rücksichtlich der Arrestbefehle gegebenen besonderen Bestimmungen auch auf die einstweiligen Verfügungen, ingleichen die besonderen Vorschriften des § 101 d. Anw. auf das bei der Vollziehung derselben zu beobachtende Verfahren entsprechende Anwendung.

10. Hinterlegung.

§ 103.

Der Gerichtsvollzieher darf gepfändetes oder aus der Verwerthung gepfändeter Sachen gelöstes Geld an den Gläubiger in den Fällen nicht auszahlen, in welchen die Hinterlegung erfolgen muß.

Die Hinterlegung ist insbesondere vorgeschrieben:

1. wenn nach der vollstreckbaren Ausfertigung dem Schuldner nachgelassen ist, durch Sicherheitsleistung oder durch Hinterlegung die Zwangsvollstreckung abzuwenden;
2. wenn die Vertheilung des Erlöses in Gemäßheit der § 728 Abs. 2, § 751 Abs. 2 CPO. [§§ 702, 725] und des § 87 Abs. 2, 3 d. Anw. durch das Gericht erfolgen muß;
3. wenn die Hinterlegung durch das Gericht angeordnet ist;
4. wenn bei der Vollziehung eines Arrestes Geld gepfändet oder bei der Vertheilung des Erlöses auf den Arrestsucher gefallen ist (§ 810 Abs. 2 CPO. [§ 888]).

Die Hinterlegung ist, sobald deren Nothwendigkeit feststeht, von dem Gerichtsvollzieher ungesäumt bei der zuständigen Hinterlegungsstelle unter Beobachtung der Vorschriften der Hinterlegungsordnung [Anl. F.] zu bewirken.

In den Fällen unter Nr. 2 ist dem zuständigen Amtsgericht der Sachverhalt behufs Vertheilung des Erlöses mitzutheilen. Der Anzeige sind die vollstreckbaren Ausfertigungen der Schuldtitel, die Pfändungsprotokolle, die Bescheinigung über die erfolgte Hinterlegung, sowie die sonstigen auf das Verfahren sich beziehenden Schriftstücke, insbesondere die etwaigen Pfändungs- und Ueberweisungsbeschlüsse, beizufügen.

IX. Beurkundung bei Hinterlegungen.

§ 119.

Will Jemand Geld, Werthpapiere oder Kostbarkeiten durch die Post behufs Hinterlegung an die Hinterlegungskasse einsenden, so kann er einen Gerichtsvollzieher beauftragen, die Aufgabe der Gegenstände zur Post zu beurkunden. Der mit der Beurkundung beauftragte Gerichtsvollzieher darf sich mit der bloßen Versicherung des Hinterlegers, daß die Gegenstände in den vorgewiesenen Briefen oder Packeten enthalten seien, niemals begnügen, hat sich vielmehr von dem Inhalte derselben und der wirklich erfolgten Aufgabe Gewißheit zu verschaffen. Zu dem Zwecke hat er sich nöthigenfalls Geld vorzählen, Werthpapiere oder Kostbarkeiten einzeln vorweisen und nach Vergleichung mit der einzusendenden schriftlichen Erklärung des Hinterlegers in seiner Gegenwart, sowohl verpacken, als zur Post geben oder einzahlen zu lassen.

Form und Inhalt der über die Aufgabe zur Post aufzunehmenden Urkunde sind in den §§ 17, 39 Hinterlegungsordn. [Anl. F] angegeben.

Der Gerichtsvollzieher hat zu der Urkunde den tarifmäßigen Stempel (§ 35 Abs. 1 a. a. O.) vorschriftsmäßig und rechtzeitig bei Vermeidung der gesetzlichen Ordnungsstrafen zu verwenden.

Die Urkunde ist dem Auftraggeber in Urschrift zu übermitteln.

Wegen Beidrückung des Dienstsiegels kommt die Vorschrift im § 34 d. Anw. zur Anwendung.

X. Sitzungsdienst.

§ 120.

Der Gerichtsvollzieher, welchem die Wahrnehmung des Dienstes bei den Sitzungen eines Gerichts ständig oder für einzelne Sitzungen übertragen ist, hat sich zeitig vor der Eröffnung derselben im Sitzungslokale einzufinden und sich während der ganzen Dauer der Sitzung zur Verfügung des Vorsitzenden bereit zu halten.

Zur Wahrnehmung des Sitzungsdienstes gehört:

1. die Besorgung des Aufrufs;
2. die Herbeiholung der erforderlichen Akten, Ueberführungsstücke und dergleichen Gegenstände;
3. die Anweisung und Bedeutung der geladenen Personen, wenn sie zum Termine sich melden;
4. die Vollstreckung der sitzungspolizeilichen Anordnungen des Vorsitzenden;
5. die Ausführung aller sonstigen den Sitzungsdienst bei dem Gericht betreffenden allgemeinen oder im einzelnen Falle getroffenen Anordnungen.

Dritter Abschnitt.

Gebühren.

§ 121.*

Die Gerichtsvollzieher haben unter der Urschrift der von ihnen aufgenommenen Urkunden eine Berechnung der tarifmäßigen Gebühren und baaren Auslagen (Reisekosten, Schreibgebühren, sonstige Auslagen), welche für den beurkundeten Akt in Ansatz kommen, aufzustellen. Es macht hierbei keinen Unterschied, ob die Gebühren und Auslagen von ihnen selbst bezogen oder zur Staatskasse eingezogen werden. Wird mehr als die für die geringste Zeitdauer bestimmte Gebühr berechnet, so ist die Zeitdauer anzugeben (vergl. § 23 GOGV. [§ 1060] und § 12 Nr. 4, 6 d. Anw.). Berechnung.

Die Gebühren und baaren Auslagen sind nach den einzelnen Posten (Gebühr für den Akt, Schreibgebühr, Reisekosten, sonstige baare Auslagen an Porto, Transport- und Verwahrungskosten, Stempel 2c.) anzugeben. Bei Reisekosten ist auch die Gesammtzahl der Kilometer des Hinweges und des Rückweges anzugeben.

Neben der Berechnung ist die Nummer zu vermerken, unter welcher die Sache im allgemeinen Dienstregister eingetragen steht. Auf die Abschrift der Urkunde ist auch Abschrift der Gebührenberechnung zu übertragen.

Wenn eine gesonderte Gebührenrechnung zu ertheilen ist, weil der Gebührenzahler weder die Urschrift des Aktes noch eine Abschrift desselben erhält, so muß die Rechnung außerdem eine kurze Bezeichnung der Sache und des vorgenommenen Geschäfts und sofern die Höhe der Gebühr davon abhängt, auch das Objekt, sowie Ort und Zeit der Ausstellung enthalten und von dem Gerichtsvollzieher unterschrieben sein.

Die Berechnung der Reisekosten, Schreibgebühren und sonstigen baaren Auslagen erfolgt in allen Fällen nach den Vorschriften der Deutschen Gebühren-Ordnung für Gerichtsvollzieher ohne Rücksicht darauf, ob die Gebühr für den Akt selbst durch die Gebühren-Ordnung oder anderweit bestimmt ist.

§ 122.

Gebührenvorschuß.

Die Gerichtsvollzieher sind verpflichtet, Geldbeträge, welche sie als Vorschuß für Gebühren erhalten haben (§ 18 GOGV. [§ 1055]), sowie die Rückzahlung eines etwaigen Ueberschusses in dem allgemeinen Dienstregister bei der betreffenden Sache zu bemerken.

§ 123.

Erhebung der Gebühren bei Parteiaufträgen.

Der Gerichtsvollzieher hat die ihm zukommenden Gebühren und baaren Auslagen für Amtshandlungen, welche ihm von den Parteien mit oder ohne Vermittelung des Gerichtsschreibers aufgetragen sind, sogleich nach der Erledigung des Auftrages unter Mittheilung der Gebührenrechnung (§ 121 d. Anw.) von dem Auftraggeber zu erheben, soweit dieselben nicht bei der Zwangsvollstreckung gegen den Schuldner von diesem zu erheben oder gleichzeitig mit beizutreiben sind (§ 697 CPO. [§ 672], § 36 Abs. 2 GVO. [Anl. B], § 57 d. Anw.).

Die Erhebung durch Postvorschuß ist nur bei der Einforderung vom Auftraggeber selbst statthaft.

§ 124.

Erhebung der Entschädigung für die von Amtswegen angeordneten Geschäfte.

Behufs Festsetzung und Zahlbarmachung der den Gerichtsvollziehern nach Maßgabe der §§ 24, 25 GVO. [Anl. B] für die Besorgung der von Amtswegen angeordneten Geschäfte aus der Staatskasse vierteljährlich zu gewährenden Entschädigung hat der Gerichtsvollzieher bis zum 21. des ersten Monats eines jeden Kalenderquartals das allgemeine Dienstregister für das vorhergehende Quartal bezüglich der Spalte 9 abzuschließen und dem Amtsrichter vorzulegen.

Zum vorschriftsmäßigen Quartalsabschlusse gehört:

1. die Aufrechnung der Spalte 9 sowohl gesondert für jeden Monat als unter Uebertragung der Ergebnisse aus den beiden ersten Monaten für das ganze Quartal gemeinschaftlich in dem Register für den letzten Monat;
2. die Aufzählung der nicht tarifirten Dienstgeschäfte (§§ 19, 21 GVO.) aus dem ganzen Quartal in dem Register des letzten Monats nach ihrer Registernummer;
3. das Datum des Abschlusses und die Unterschrift des Gerichtsvollziehers.

Kann ausnahmsweise zur Zeit des Abschlusses die Gebühr für einen Auftrag, welcher ein von Amtswegen angeordnetes Geschäft betrifft, noch nicht zum Ansatz kommen, so ist der Auftrag in das Register des ersten Monats des laufenden Quartals unter neuer Nummer zu übertragen. Sowohl in dem Register des früheren als des laufenden Monats ist die

Uebertragung unter Hinweis auf die Nummer des anderen Registers in Spalte 10 zu vermerken.

Der Amtsrichter überreicht das allgemeine Dienstregister mit den ihm erforderlich scheinenden Bemerkungen, insbesondere rücksichtlich der nicht tarifirten Geschäfte, dem Präsidenten des Landgerichts zur Festsetzung der Entschädigung, sowie des davon anrechnungsfähigen Betrages (§§ 25, 27 GVO. [Anl. B.]).

§ 125.

Wird einer armen Partei durch das Prozeßgericht das Armenrecht bewilligt, so erlangt dieselbe dadurch das Recht, daß ihr zu vorläufig unentgeltlichen Bewirkung von Zustellungen und von Vollstreckungshandlungen ein Gerichtsvollzieher beigeordnet werde (§ 107 Nr. 3 CPO. [§ 186]). Die Bewilligung des Armenrechts muß zwar für jede Instanz besonders erfolgen; zur ersten Instanz gehört jedoch in dieser Beziehung auch die Zwangsvollstreckung (§ 110 Abs. 1 CPO. [§ 189]). Der Beiordnung eines bestimmten Gerichtsvollziehers für die zum Armenrechte verstattete Partei bedarf es in der Regel nicht. Die arme Partei ist vielmehr, sofern nicht bei der Bewilligung des Armenrechts andere Bestimmungen getroffen sind, befugt, sich unmittelbar an den Gerichtsvollzieher behufs Vornahme von Zustellungen und Zwangsvollstreckungen zu wenden. Der Auftrag kann auch durch den Gerichtsschreiber vermittelt oder von dem Prozeßbevollmächtigten der armen Partei ertheilt werden. Armensachen.

Verpflichtet zur Uebernahme des Auftrags ist der Gerichtsvollzieher des Amtsgerichts, in dessen Bezirke die Amtshandlung vorzunehmen ist, unter mehreren Gerichtsvollziehern dieses Amtsgerichts derjenige, welcher nach der Geschäftsvertheilung (§ 22 Abs. 1 GVO. [Anl. B.]) für den Ort, wo die Amtshandlung vorzunehmen ist, die durch den Gerichtsschreiber vermittelten Parteiaufträge zu besorgen hat. Dieser Gerichtsvollzieher gilt kraft dieser Anweisung als beigeordnet.

Der Gerichtsvollzieher kann zum Nachweise des Armenrechts die Vorweisung der darüber ergangenen gerichtlichen Entscheidung verlangen. Wird jedoch der Auftrag von einem Rechtsanwalt ertheilt oder durch den Gerichtsschreiber vermittelt, so hat sich der Gerichtsvollzieher mit deren Versicherung, daß der Partei das Armenrecht bewilligt sei, zu begnügen.

Auch ohne vorgängige Bewilligung des Armenrechts haben die Gerichtsvollzieher Zustellungsaufträge, welche ihnen von Rechtsanwälten ertheilt werden, auf Verlangen vorläufig unentgeltlich zu erledigen, falls der Rechtsanwalt sich bereit erklärt, die Gebühren und baaren Auslagen aus eigenen Mitteln zu zahlen, wenn das Armenrecht nicht bewilligt werden sollte.

Inwieweit die Gebühren und baaren Auslagen für die Geschäfte einer armen Partei von dem in die Prozeßkosten verurtheilten Gegner beigetrieben werden können, ist im § 115 CPO. [§ 194] bestimmt. In Betreff der Kosten der Zwangsvollstreckung findet der § 57 d. Anw. Anwendung.

Wegen des Ersatzes der baaren Auslagen aus der Staatskasse in Gemäßheit des § 21 GOGV. [§ 1058] hat sich der Gerichtsvollzieher an das Prozeßgericht erster Instanz zu wenden, wenn die Beitreibung von dem Gegner der armen Partei entweder nicht statthaft oder erfolglos geblieben ist.

Vierter Abschnitt.

Registratur.

1. Register.

§ 126.

Der Gerichtsvollzieher ist verpflichtet, außer dem im § 113 d. Anw. bezeichneten Wechselprotestregister

a) ein allgemeines Dienstregister,

b) ein Register für Zwangsvollstreckungen und freiwillige Mobiliarversteigerungen

zu führen.

Ob der einem Gerichtsvollzieher allgemein oder für einzelne Amtshandlungen bestellte Vertreter sich der Register des vertretenen Gerichtsvollziehers zu bedienen hat oder nicht, ist im einzelnen Falle im Aufsichtswege zu bestimmen.

§ 127.*

Allgemeines Dienstregister.

Das allgemeine Dienstregister hat den Zweck, eine Uebersicht über sämmtliche von dem Gerichtsvollzieher zu erledigende Dienstgeschäfte, einschließlich der in den §§ 19, 21 GVO. [Anl. B.] bezeichneten Geschäfte, jedoch mit Ausnahme des ständigen Sitzungsdienstes (§ 20 a. a. O.), die Art und Zeit der Erledigung derselben, die dafür berechneten, dem Gerichtsvollzieher oder der Staatskasse zukommenden, erhobenen oder noch zu erhebenden Gebühren und baaren Auslagen, zu liefern. Außerdem giebt dasselbe die Grundlage zur Festsetzung der Entschädigung des Gerichtsvollziehers für die Besorgung der von Amtswegen angeordneten Geschäfte, sowie für die Ermittelung des anrechnungsfähigen Einkommens desselben.

A.

Das Register ist nach dem in der Anlage enthaltenen beispielsweise ausgefüllten Formular in Bogenformat einzurichten und für jeden Kalendermonat besonders anzulegen. Dasselbe muß mit fortlaufenden Blattzahlen versehen und dauerhaft geheftet sein. Jede Seite ist für 20 Nummern zu bestimmen.

Vor der Ingebrauchnahme ist das Register dem Amtsrichter vorzulegen, welcher auf der letzten Seite die Zahl der Blätter unter seiner Unterschrift zu vermerken hat.

Die völlig erledigten Register sind jahrgangsweise zusammenzufügen und mit entsprechender Aufschrift zu versehen.

Die Gerichtsvollzieher haben alle Aufträge von Behörden und Privatpersonen nach der Zeit des Eintreffens in fortlaufender Reihenfolge bei dem Eintreffen und jedenfalls am Tage desselben in das Register einzutragen. Auf allen Schriftstücken ist der Tag des Eingangs und die Nummer des Registers zu vermerken. (Wegen des Uebergabevermerks bei Zustellungsaufträgen vergl. § 21 d. Anw.).

Spalte 1 hat die fortlaufende Nummer zu enthalten, welche für jeden Monat mit 1 beginnt.

In Spalte 2 ist lediglich der Kalendertag des Eintreffens einzutragen, Monat und Jahr ergiebt die Aufschrift. Nur bei den aus einem früheren

Register übertragenen Nummern (§ 124 d. Anw.) sind Monat und Jahr zu vermerken.

Zur Bezeichnung des Auftrags in Spalte 3 gehört, unter Anwendung thunlichster, dem Verständniß unnachtheiliger Kürze (Abkürzung), die Angabe des Rubrums der Sache und des aufgetragenen Geschäfts unter Bezeichnung der Zahl der erforderlichen Akte gleicher Art (Zwangsvollst. w. Geldf., 3 Zust., 2 vereinf. Zust. u. s. w.), sowie die Angabe, ob das Geschäft von Amtswegen angeordnet ist. Die durch den Gerichtsschreiber vermittelten Aufträge von Parteien sind als von Amtswegen angeordnete Geschäfte nicht anzusehen, dagegen gelten als solche die übrigen von dem Gerichtsschreiber und alle von dem Gerichte (Richter) ertheilten Aufträge[5]).

Spalte 4 hat den Tag der Dienstverrichtung, welche die Erledigung des Auftrages herbeigeführt hat, zu enthalten. Falls der Auftrag (Nr. dieses Registers) mehrere zu verschiedenen Zeiten vorzunehmende Dienstverrichtungen des Gerichtsvollziehers erfordert, so ist

a) wenn die einzelnen, zu verschiedenen Zeiten vorzunehmenden Dienstverrichtungen keine für sich bestehende gebührenpflichtige Akte ausmachen, sondern zusammen nur einen einzigen gebührenpflichtigen Akt in sich schließen (§ 12 GOGV. [§ 1049]), der Tag der völligen Erledigung des Auftrags einzutragen (z. B. bei Zustellungen durch die Post die Aushändigung der von der Post überlieferten Zustellungsurkunde an den Auftraggeber);

b) wenn aber der Auftrag mehrere an verschiedenen Tagen vorzunehmende für sich bestehende gebührenpflichtige Akte zur Folge hat, so ist der Tag der Vornahme der ersten gebührenpflichtigen Dienstverrichtung einzutragen (z. B. bei Zwangsvollstreckungen die Pfändung, bei Zustellungen an mehrere Personen die zunächst bewirkten Zustellungen eines Tages), und muß sodann jede einzelne auf denselben Auftrag sich beziehende später ausgeführte Dienstverrichtung (z. B. die Versteigerung der Pfandstücke, die Zustellung an die übrigen Personen) unter fortlaufender neuer Nummer am Tage der Verrichtung in das Register eingetragen werden; einer Ausfüllung der Spalte 2 bedarf es dabei nicht, und in Spalte 3 ist nur die Zugehörigkeit zu der betreffenden Nummer des Registers, welche den Auftrag enthält, zu vermerken.

Spalte 5 hat die Art der Erledigung des Auftrags, die dienstliche Verrichtung, auch, sofern Reisekosten berechnet werden, den Ort und, falls bei Geschäften, die nach Verhältniß der verwendeten Zeit vergütet werden, ein Mehreres als die für die geringste Zeitdauer bestimmte Gebühr beansprucht wird, die Zeitdauer der Verrichtung (ausschließlich der Hin- und Rückreise) kurz und deutlich zu bezeichnen. (Wegen Kontrole der rechtzeitigen Erledigung der Zustellung durch die Post in Spalte 5 vergl. § 35 Abs. 10 d. Anw.)

In Spalte 6 ist der Werth des Objekts anzugeben, sofern davon (z. B. bei Pfändungen, Versteigerungen, Siegelungen) die Höhe der Gebühr ab-

---

[5]) Es sind in Spalte 3 auch die Geschäftsnummern der amtlichen Aufträge einzutragen (allg. Verf. vom 6. Dez. 1879, JMBl. S. 466).

hängig ist. Wenn sich ausnahmsweise, wie z. B. bei Siegelungen und Entsiegelungen vorkommen kann, der Werth des Objektes nicht sogleich mit voller Sicherheit bestimmen läßt, muß eine ungefähre Ermittelung erfolgen und nöthigenfalls die Gebührenberechnung nach erfolgter Feststellung des Werths berichtigt werden. Daß die Werthsangabe nur eine ungefähre sei, ist in Spalte 10 zu vermerken.

In den Spalten 7, 8, 9 sind die Gebühren und baaren Auslagen nach Anleitung des Registers einzutragen. Sie müssen sich in genauer Uebereinstimmung mit der Gebührenberechnung befinden, welche unter den Urschriften der aufgenommenen Akte aufgestellt ist. Bei der Eintragung der Gebühr wird diejenige für die Beglaubigung unter die Gebühr für den Akt gesetzt. Der Gerichtsvollzieher kann kurz vor dem Jahresabschlusse zur Erleichterung desselben in Spalte 8 noch nicht eingegangene Gebühren eintragen, wenn der Eingang ihm gesichert erscheint. Die eingetragenen Gebühren gelten als eingegangen.

In Spalte 10 sind alle diejenigen Vermerke aufzunehmen, welche nach ausdrücklicher Vorschrift der Anweisung in diese Spalte gewiesen sind (z. B. Gebührenvorschuß, ungefähre Schätzung des Werthobjekts, Unbeitreibbarkeit einer Gebühr, Eingang von Gebühren nach dem Jahresabschlusse) oder zur Klarstellung des Sachverhalts oder aus besonderen Gründen zweckmäßig erscheinen und in keine der anderen Spalten gehören (z. B. ausdrückliche Ermächtigung zur Vornahme der Zustellung ohne Benutzung der Post, wenn ein Mehreres als der Betrag der Gebühr bei Zustellung durch die Post berechnet wird, Armensachen u. s. w.).

§ 128.

Jahresabschluß.

Behufs Ermittelung des anrechnungsfähigen Diensteinkommens hat der Gerichtsvollzieher bei dem letzten Quartalsabschlusse (§ 124 d. Anw.) zugleich den Jahresabschluß für das vorhergehende Geschäftsjahr zu machen und zu diesem Zwecke auch die Spalten 7 und 8 des allgemeinen Dienstregisters sowohl gesondert für jeden Monat als unter Uebertragung der Ergebnisse aus den übrigen Monaten gemeinschaftlich in dem Register für den Monat Dezember aufzurechnen.

Nach dem Abschlusse dürfen in Spalte 7 und 8 keine weiteren Eintragungen gemacht werden. Die noch offenen Stellen sind zu durchstreichen. Nachträglich eingehende Gebühren und Auslagen sind in dem Register des Monats des Eingangs mit neuer Nummer unter Hinweis auf die Nummer des früheren Registers einzutragen. In letzterem ist in Spalte 10 der nachträgliche Eingang und die Zeit desselben zu vermerken.

§ 129.

Monatliche Revision.

Im Laufe des folgenden Monats ist das allgemeine Dienstregister für den vorhergehenden Monat dem Amtsrichter an den ein für allemal von demselben hierzu bestimmten Tagen und Stunden zur Revision vorzulegen. In den Monaten des Quartalsabschlusses erfolgt die Revision bei Vorlegung desselben.

Bei der Revision wird die gehörige und rechtzeitige Erledigung der Aufträge, sowie die Richtigkeit der Gebührenberechnungen und der Angabe über die von Amtswegen erfolgte Anordnung eines Geschäfts, geeignetenfalls unter probeweiser Vergleichung mit den gerichtlichen oder den zu diesem Zweck einzufordernden Akten des Gerichtsvollziehers, geprüft und die erfolgte Prüfung in dem Register vermerkt.

Dem Amtsrichter bleibt unbenommen, die wiederholte Vorlegung des Registers anzuordnen.

§ 130.

Das Register hat den Zweck, eine Uebersicht über die bei dem Gerichtsvollzieher anhängigen Zwangsvollstreckungen und freiwilligen Mobiliarversteigerungen, die rechtzeitige und gehörige Erledigung derselben, den Stand der einzelnen Sache von der Auftragsertheilung bis zur Erledigung und die dieselbe betreffende Thätigkeit des Gerichtsvollziehers zu liefern. Register für Zwangsvollstreckungen und freiwillige Mobiliarversteigerungen.

Von den Zwangsvollstreckungen sind nur diejenigen in das Register einzutragen, welche im Auftrage von Parteien, mit oder ohne Vermittelung des Gerichtsschreibers, zu bewirken sind (§§ 46—103, 109 d. Anw.). Die von den Gerichten und Staatsanwaltschaften aufgetragenen Vollstreckungen (§§ 104—108, 110 d. Anw.) werden von diesen Behörden besonders kontrolirt und sind in das Register nicht einzutragen.

Das Register ist nach dem in der Anlage enthaltenen beispielsweise ausgefüllten Formular in Bogenformat einzurichten und für jedes Geschäftsjahr besonders anzulegen. Dasselbe muß mit fortlaufenden Blattzahlen versehen und dauerhaft gebunden sein. Jede Seite ist für 10 Nummern zu bestimmen. B.

Vor der Ingebrauchnahme ist das Register dem Amtsrichter vorzulegen, welcher in demselben auf der letzten Seite die Zahl der Blätter unter seiner Unterschrift zu vermerken hat. Die Eintragung der Sachen in das Register erfolgt nach der Zeit des Eingangs in fortlaufender Reihenfolge bei dem Eintreffen und jedenfalls am Tage desselben gleichzeitig mit der Eintragung des Auftrags im allgemeinen Dienstregister.

In Spalte 3 sind die Nummern des allgemeinen Dienstregisters, welche sich auf den Auftrag beziehen, zu verzeichnen.

In Spalte 4 sind die Namen des Gläubigers und Schuldners, bei freiwilligen Versteigerungen der Name des Auftraggebers, anzugeben.

In Spalte 5 sind bei Zwangsvollstreckungen der Betrag der beizutreibenden Forderung, die beizutreibenden Gegenstände oder was sonst Gegenstand der Vollstreckung ist, bei freiwilligen Versteigerungen die Gegenstände im Allgemeinen (Möbel, Erntevorräthe), zu bezeichnen.

Spalte 6 ist nach dem Ergebnisse der Vollstreckung oder Versteigerung auszufüllen. Die Gebühren des Gerichtsvollziehers finden in Spalte 5 und 6 keine Berücksichtigung.

Spalte 7 hat die vollständige Uebersicht über den Stand und Verlauf der einzelnen Sache zu ergeben.

Jede einzelne bezügliche Dienstverrichtung des Gerichtsvollziehers ist unter Angabe des Tages der Verrichtung in der Reihenfolge der Ausführung hier einzutragen, ferner sind alle Vorkommnisse, welche für die Erledigung des Auftrags von Bedeutung sind (z. B. Anberaumung und Abhaltung des Versteigerungstermins unter Angabe des Ortes, Stundungen, Einstellung oder Beschränkung des Verfahrens, Ablieferung des Geldes,

Zurücknahme des Auftrags, Uebergang desselben auf einen anderen Gerichtsvollzieher) unter Angabe des Tages mit kurzen Worten zu erwähnen.

Die Verbindung mehrerer Vollstreckungen wegen Geldforderungen im Wege der weiteren oder der gleichzeitigen Pfändung (§§ 84, 85 d. Anw.) ist in Spalte 7 bei den betheiligten Sachen zu vermerken, auch ist demnächst anzugeben, welche Beträge auf dieselben von den beigetriebenen Geldern entfallen sind. Erfolgt die Hinterlegung des Geldes zum Zwecke eines Vertheilungsverfahrens, so ist der ganze hinterlegte Betrag in Spalte 6 bei der ersten Nummer einzutragen.

In Spalte 8 sind alle diejenigen Vermerke aufzunehmen, welche zur Klarstellung des Sachverhalts oder aus sonstigen Gründen zweckmäßig erscheinen und in keine der vorhergehenden Spalten gehören. Insbesondere gehört dahin die Angabe der Gründe für das Unterbleiben der Auszahlung der beigetriebenen Gelder innerhalb der im § 87 d. Anw. bestimmten Frist, sowie der Vermerk, daß es sich um Vollziehung eines Arrestbefehls handelt.

Bei völliger Erledigung des Auftrags ist in Spalte 8 auf eine in die Augen fallende Weise das Wort „Erledigt" einzutragen.

§ 131.

Monatliche Revision.

Das Register für die Zwangsvollstreckungen und freiwilligen Versteigerungen ist allmonatlich an den ein für allemal hierzu bestimmten Tagen und Stunden dem Amtsrichter zur Revision vorzulegen. Dem Register sind die Akten über diejenigen Sachen, in welchen seit der letzten Revision Zahlungen erfolgt sind, beizufügen. Auch kann die gleichzeitige oder nachträgliche Vorlegung aller Vollstreckungsakten angeordnet und die Revision noch weiter, insbesondere auf die Kassenbestände ausgedehnt werden.

Der Amtsrichter hat die erfolgte Revision in dem Register zu vermerken und bei den einzelnen Nummern die geschehene Belegung der Ablieferung der beigetriebenen Gelder in geeigneter Weise erkennbar zu machen.

Die Rückgabe des Registers und der unbeanstandeten Akten und Beläge erfolgt am Tage der Vorlegung.

2. Akten.

§ 132.

Die Gerichtsvollzieher haben mit ihren Dienstpapieren Generalakten, Spezialakten und Sammelakten, anzulegen.

§ 133.

Generalakten.

Ueber die auf den Dienst des Gerichtsvollziehers bezüglichen Anordnungen der Aufsichtsbehörden sind Generalakten anzulegen. Dieselben sind nach folgenden Gegenständen zu sondern:

1. betreffend den Dienst der Gerichtsvollzieher im Allgemeinen.
   Dahin gehören auch solche Verfügungen, welche sich nicht auf eine der unter Nr. 2 bis 7 bezeichneten Geschäftsgattungen beziehen;
2. betreffend Gebührenwesen;
3. betreffend Zustellungen und Behändigungen;
4. betreffend Zwangsvollstreckungen und Vollstreckungen;
5. betreffend Wechselproteste;
6. betreffend freiwillige Mobiliarversteigerungen;
7. betreffend Einziehung von Geldstrafen und Gerichtskosten.

Die Deckel der Generalakten sind mit Aufschrift und Nummer nach Maßgabe des vorstehenden Absatzes zu versehen. Vor den Akten ist ein Inhaltsverzeichniß zu führen, welches das Datum und den kurzen Inhalt der Schriftstücke, sowie das betreffende Blatt der Akten anzugeben hat.

Die zu demselben Aktenstücke gehörigen Schriften sind nach der Reihenfolge des Eingangs einzuheften und mit fortlaufenden Blattzahlen zu versehen. Bezieht sich eine Verfügung auf mehrere in gesonderten Generalakten behandelte Geschäftszweige, so ist entweder ein Auszug aus der Verfügung zu den betreffenden anderen Akten zu bringen, oder es ist wenigstens in dem Inhaltsverzeichnisse der letzteren der in Betracht kommende Inhalt der Verfügung unter Hinweis auf die Akten, bei denen sich dieselbe befindet, kurz anzugeben.

§ 134.

Ueber jede einzelne in das Register für Zwangsvollstreckungen und freiwillige Mobiliarversteigerungen einzutragende Sache (§ 130 Abs. 2) sind Spezialakten anzulegen. Spezialakten.

Zu den Spezialakten sind alle auf die betreffende Sache bezüglichen Schriften (Protokolle, Quittungen, Postscheine, Fristscheine, Korrespondenzen u. s. w.) zu nehmen. Die zu den Akten gehörigen Schriftstücke sind beim Eingange mit der Nummer zu versehen, unter welcher die Sache im Register für Zwangsvollstreckungen und freiwillige Mobiliarversteigerungen eingetragen steht. Enthält ein Aktenstück außer der vollstreckbaren Ausfertigung mehr als einen Bogen, so ist dasselbe mit einem Umschlage zu versehen. Aus den Akten muß sich der Stand der Sache jederzeit vollständig ergeben.

Die Akten über laufende Zwangsvollstreckungen und Versteigerungen einerseits und die Akten über erledigte Sachen dieser Art anderseits sind gesondert von einander nach der Nummerfolge des Registers, letztere jahrgangsweise zu einem oder mehreren Packeten zusammengebunden, aufzubewahren.

§ 135.

Einzelne Schriftstücke, welche weder zu Generalakten noch zu Spezialakten gehören, sind bis zur Erledigung des Auftrags, auf welchen sie sich beziehen, in der Nummerfolge des allgemeinen Dienstregisters in einem oder nöthigenfalls mehreren Umschlägen aufzubewahren. Sammelakten.

Nach Erledigung des Auftrags sind dieselben, soweit nicht die Aushändigung an die Partei erfolgt in derselben Folge jahrgangsweise zu einem oder mehreren Packeten zusammenzubinden und gesondert von den Schriftstücken über laufende Sachen dieser Art aufzubewahren. Die Packete sind mit entsprechender Aufschrift (Sammelakten Jahr . . . . . Band . . . . .) zu versehen.

§ 136.

Die Gerichtsvollzieher sind verpflichtet, ihre Register und Akten übersichtlich zu ordnen und in einer jeden Mißbrauch ausschließenden Weise aufzubewahren. Die Aufbewahrung muß thunlichst in einem Aktenschranke erfolgen, dessen Fächer mit entsprechender Aufschrift zu versehen sind. Den Aufsichtsbeamten sind die Akten und Register jederzeit auf Verlangen auch außerhalb des Geschäftslokals zur Revision vorzulegen. Aufbewahrung der Akten und Register.

Jeder Person, welche bei einer von dem Gerichtsvollzieher betriebenen

Zwangsvollstreckung betheiligt ist, muß auf Begehren Einsicht der betreffenden Register und Akten gestattet und gegen die gesetzlichen Schreibgebühren Abschrift einzelner Schriftstücke oder des betreffenden Theils des Registers ertheilt werden (§ 680 CPO. [§ 655]). Personen, welche ein rechtliches Interesse an der Sache nicht haben, darf weder die Einsicht der Akten gestattet, noch Abschrift eines Schriftstückes ertheilt werden.

§ 137.

Rückgabe von Schriftstücken.

Nachdem der Auftrag erledigt, zurückgenommen oder auf andere Weise erloschen ist, hat der Gerichtsvollzieher die ihm übergebenen Schriftstücke, soweit nicht deren Aushändigung an die Gegenpartei erfolgen muß (§ 677 CPO. [§ 652]), dem Auftraggeber zurückzustellen.

Fünfter Abschnitt.

Gerichtsvollzieher kraft Auftrags und Hülfsgerichtsvollzieher.

§ 138.

Gerichtsvollzieher kraft Auftrags sowie Hülfsgerichtsvollzieher haben sich, vorbehaltlich der abweichenden Bestimmungen im zweiten und dritten Abschnitt der GVO. [Anl. B], nach den Vorschriften d. Anw. gleichfalls zu richten.

Rücksichtlich derjenigen aus der Zahl der Gerichtsdiener bestellten Hülfsgerichtsvollzieher, deren Auftrag auf einzelne Gattungen der von Amtswegen angeordneten Geschäfte beschränkt ist (§ 49 Abs. 1 GVO. [Anl. B]), sind die Präsidenten der Landgerichte ermächtigt, zur Kontrole des Geschäftsbetriebes an Stelle des vierten Abschnitts dieser Anweisung anderweite Anordnungen zu treffen.

Anlage A.[1])
(§ 127 d. Anw.)

Allgemeines Dienstregister

des Gerichtsvollziehers . . . .

in

. . . .

für

den Monat Dezember

188

---

[1]) Die Ausfüllung der Register=Formulare findet sich bereits in der amtlichen Veröffentlichung im JMBl.

Laufende Nummer.	Tag des Eingangs.	Bezeichnung des Auftrags.	Tag der Dienstverrichtung.	Art und Weise der Erledigung, dienstliche Verrichtung.
1.	2.	3.	4.	5.
1	1	Paul w. Stachitz, 3 Zust. von Amtsw.	2	zugest. an Müller, Wulfen, Bader
2	"	Vogel w. Voigt, Zust.	2	zugest. an Rechtsanw. Vetterling
3	"	Kraul w. Neumann, Zust.	5	z. P. am 2. / zurück am 5.
4	"	Herold w. Maidam, Zwangsvollstr. w. Geldford.	4	Pfändung in Bahnsdorf 4 St.
5	2	U. S. w. Müller, 5 Zust. v. Amtsw.	7	z. P. an Zeug. Müller und Krause a / zurück am 6., am 7.
6	—	zu Nr. 5 vorstehend.	2	zugest. an Angekl. Wäsche u. Dam Zeug. Erich
7	2	U. S. w. Hoffmann, vereinf. Zust. v. Amtsw.	2	zugest. an Warnagel in Dubro
8	"	U. S. w. Erich, Zust. v. Amtsw.	5	z. P. am 2. / zurück am 5.
9	"	Müllersche Vormunds., Zust. v. Amtsw.	2	zugest. an Vormund Littmann
10	3	Richtersche Grunds., Behänd. ohne Beurk. v. Amtsw.	6	behändigt an Richter in Bücknig
11	"	Düringsche Testamentss., Behänd. m. Beurk. v. Amtsw.	3	behändigt an Düring
12	"	Bader w. Vorst, Zust.	3	Zust. in Bahnsdorf vergebens vers Vorst dort unbekannt
13	4	Gandersche Wechsels., Protestaufnahme.	4	Protestaufn. gegen Pfeiler in Wied mit Nachsuchung der Wohnung
14	"	Thielesche Nachlaßs., Siegelung v. Amtsw.	4	Siegelung in Fermerswalde im St hause, 3 St.
15	"	Meierscher Konkurs, Inventur	8. u. 9	Inventur in Bukau bei Meier, 14
16	—	zu Nr. 45. Oktober 1880	5	Versteigerung der Pfandstücke in Lan naundorf
17	5	Wahrnehmung des Sitzungsdienstes, v. Amtsw.	6	Sitzungsdienst 3½ St.
18	"	Hechtsche Vormunds., Erkundigung beim Waisenrathe in Altherzberg, v. Amtsw.	9	Nachfrage in Altherzberg
19	—	zu Nr. 23. Oktober 1879.	—	—
20	—	u. s. w.		Summa . .
				Dazu
				November
				Oktober
				September
				u. s. w.
				Januar
				Summa . .
				Nichttarifirt:
				Dezember Nr. 10, 11, 17, 18, 53, u.
				November Nr. 4, 7, 11, 23, 24, 26 43, 59, u. s. w.
				Oktober Nr. 1, 9, 16, 24, 31, 38, 64, u.

Anmerkung. Die Ergebnisse der Spalten 7 und 8 werden nur beim Jahresabschlusse, nich

Objekt, sofern davon ie Höhe der Gebühr abhängt.	Gebühren und baare Auslagen												Bemerkungen.
	A. dem Gerichtsvollzieher für Parteizwecke								B. der Staatskasse für von Amtswegen angeordnete Geschäfte.				
	a. berechnet.				b. eingegangen.								
	Gebühr für den Akt (Beglaubigung).	Schreibgebühr.	Reisekosten.	Sonstige baare Auslagen.	Gebühr für den Akt (Beglaubigung).	Schreibgebühr.	Reisekosten.	Sonstige baare Auslagen.	Gebühr für den Akt.	Schreibgebühr.	Reisekosten.	Sonstige baare Auslagen.	
M.	M.	M.	M.	M.	M.	M.	M.	M.	M.	M.	M.	M.	
6.	7.				8.				9.				10.
—	—	—	—	—	—	—	—	—	2,40	—	—	—	
—	0,80	—	—	—	0,80	—	—	—	—	—	—	—	
	0,10				0,10								
—	0,40	—	—	0,50	—	—	—	—	—	—	—	—	Armensache.
	0,05												
436,80	6,00	0,40	1,60	0,40	6,00	0,40	1,60	0,40	—	—	—	—	15 M. Gebührenvorschuß.
—	—	—	—	—	—	—	—	—	0,80	—	—	0,80	
—	—	—	—	—	—	—	—	—	2,40	—	—	—	
—	—	—	—	—	—	—	—	—	0,40	—	1,60	—	Zur Zustellung ohne Benutzung der Post angewiesen.
—	—	—	—	—	—	—	—	—	0,40	—	—	0,50	
—	—	—	—	—	—	—	—	—	0,80	—	—	—	
—	—	—	—	—	—	—	—	—	—	—	—	—	
—	—	—	—	—	—	—	—	—	—	—	—	—	
—	—	—	1,60	0,20	—	—	1,60	0,20	—	—	—	—	
600	2,50	—	1,80	1,95	2,50	—	1,80	1,95	—	—	—	—	
6000	—	—	—	—	—	—	—	—	3,75	—	1,40	—	Werthobjekt annähernd geschätzt.
1675,63	20,00	—	2,00	2,50	20,00	—	2,00	2,50	—	—	—	—	
435,09	13,70	—	2,00	2,75	13,70	—	2,00	2,75	—	—	—	—	
—	—	—	—	—	—	—	—	—	—	—	—	—	
—	—	—	—	—	—	—	—	—	—	—	—	—	
—	0,80	0,40	1,40	—	0,80	0,40	1,40	—	—	—	—	—	Rückstand von Nr. 23/10. 79.
—	57,70	2,40	18,60	13,50	56,10	1,40	16,60	12,60	45,50	—	4,00	21,40	
—	61,10	2,20	14,20	16,10	60,20	1,80	13,20	15,90	33,60	—	3,50	17,50	
—	53,20	3,30	23,10	13,50	53,00	3,10	20,00	13,00	39,70	—	3,00	21,10	
—	57,60	4,50	12,70	15,10	55,10	4,00	10,40	14,00	—	—	—	—	
	u. s. w.												
—	43,10	3,80	21,40	9,10	42,80	3,40	20,30	9,10	—	—	—	—	
—	755,80	49,80	235,40	163,20	734,60	46,50	224,10	160,00	118,80	—	10,50	60,00	

.... den 20. Januar 188 .

....

Gerichtsvollzieher.

Gelegenheit der Abschlüsse für das I., II. und III. Quartal übertragen.

Anlage B.
(§ 130 d. Anw.)

Register

des Gerichtsvollziehers . . . . in . . . .

für

Zwangsvollstreckungen

und

freiwillige Mobiliarversteigerungen

für

das Geschäftsjahr 18 . .

Laufende Nummer.	Tag des Eingangs.	Nummern des allgemeinen Dienstregisters.	Bezeichnung der Sache.	Beizutreibende Gelder, Gegenstände u. s. w.		Beigetriebene oder aus Versteigerungen gelöste Gelder.			
				M.	Pf.	M.	Pf.	Tag des Eingangs.	Tag der Ablieferung (Hinterlegung).
1.	2.	3.	4.	5.		6.			
1.	3/1.	27.	Voigt wider Vogel	163	75	63	75	20/1.	20/1.
2.	8/1.	83.	Littmann wider Riemer	200	—	—	—	—	—
3.	17/1.	101.	Auft wider Böck	83	99	40	—	21/1.	21/1.
4.	20/1.	113.	Tränkner wider Schulze	Räumung einer Miethswohnung				23/1.	
5.	25/1.	125.	Kunad wider Friese	65	60	65	60	27/1.	28/1.
6.	"	136. 146. 105.	Gerhard wider Meyer	853	50	864	16	14/2.	15/2.
7.	28/1.	146.	Köppe wider Meyer	215	50	—	—	—	—
8.	"	167.	Altsohn wider Heinze	Verhaftung		—	—	29/1.	
9.	29/1.	171.	Freiwillige Versteigerung für den Magistrat in Herzberg	Geschlagene Hölzer		963	95	14/2.	
10.	30/1.	183.	u. s. w.						

Stand und Verlauf der Zwangsvollstreckung oder der freiwilligen Mobiliarversteigerung.	Bemerkungen.
7.	8.
Pfändung am 5/1. Termin zur Versteigerung am 20/1. Mittags 12 Uhr in Dubro. Postschein über 100 *M*. am 11/1. vorgelegt erhalten. Rest am 20/1. erhalten.	Erledigt.
Pfändung am 8/1.	Arrestsache.
Pfändung am 18/1. Termin zur Verst. in Formersroda am 2/2. Vormitt. 11 Uhr. Am 20/1. 40 *M*. auf Abschlag. Frist bis 1/3. Termin aufgehoben am 26/1.	
Am 23/1. in Groß-Rößen den Schuldner aus dem Besitz der Wohnung gesetzt und den Gläubiger eingewiesen.	Erledigt.
Zahlung erhalten am 27/1.	Erledigt.
Pfändung am 27/1. Termin zur Verst. am 14/2. in Bahnsdorf. Weitere Pfändung für Nr. 7. Versteigert am 14/2. Erlös 892 *M*. 26 *Pf*. Hinterlegt am 15/2. Anzeige behufs Vertheilung dem Amtsgericht am 15/2.	Erledigt.
Weitere Pfändung der in Nr. 6 gepfändeten Gegenstände am 28/1. durch den Gerichtsvollzieher Petschau in Herzberg. Deshalb mit Nr. 6 verbunden.	Erledigt.
Den ꝛc. Heinze in Alt-Herzberg verhaftet und in das Schuldgefängniß in Herzberg eingeliefert am 29/1. 2 Uhr Nachmittags.	Erledigt.
Versteigerungstermin am 13/2. Vormittags 10 Uhr im Großbusch. Versteigert am 13/2. Erlös 992 *M*. 87 *Pf*.	Erledigt.

Anhang.[1]

Formulare für Zustellungen.

[1] Die Ausfüllung und die Anmerkungen finden sich nicht in der Veröffentlichung der Formulare im JMBl., wohl aber in der „amtlichen Ausgabe" (Berlin 1879, R. v. Deckers Verlag, Marquardt u. Schenck).

Formular Nr. 1.

Uebergabe an den bezeichneten Empfänger[1]).
(§ 25 d. Anw.)

Gebühren:

Zustellung... *0,80 M.*
Beglaubigung
(*4* Blatt).. *0,20* „
Reisekosten
(km).. — „
1,00 M.

A. D. R. Nr. *123.*

Abschrift — (Ausfertigung) — ——————*vor*stehende*n* Schriftstücks nebst Abschrift dieser Zustellungsurkunde habe ich heute hier im Auftrage des *Tischlermeisters Gottfried Schulze* ——————
zu *Bahnsdorf* —————— zum Zwecke der Zustellung
an de*n Schneidermeister Karl Hinze* ——————
wohnhaft zu *Herzberg a./E.* —————— diese*m* in Person übergeben.

— (Da der Empfänger die Annahme — in der Wohnung — in dem Geschäftslokale — verweigerte — und derselbe hier weder eine Wohnung, noch ein Geschäftslokal hat, — so habe ich d*as* Schriftstück — am Orte der Zustellung zurückgelassen.)[2])

Herzberg, den ———*zehn*ten *Oktober* 18*79.*

König

Gerichtsvollzieher *kr. A.*
in *Herzberg a./E.*

---

[1]) Die eingeklammerten Stellen sind hier und bei den übrigen Beispielen in Wirklichkeit zu durchstreichen.
kr. A. = kraft Auftrags.

[2]) Wird die Annahme verweigert, so kommt es darauf an, ob die Person, welcher zugestellt werden soll, an dem Orte der Zustellung eine Wohnung oder ein Geschäftslokal hat (§ 24 d. Anw.).

a) Hat dieselbe eine Wohnung oder ein Geschäftslokal, so lautet der Schluß — Da der Empfänger die Annahme — in der Wohnung — (in dem Geschäftslokale) — verweigerte — (und derselbe hier weder eine Wohnung, noch ein Geschäftslokal hat) — so habe ich das Schriftstück am Orte der Zustellung zurückgelassen. —

b) Hat dieselbe weder Wohnung noch Geschäftslokal, so lautet der Schluß: — Da der Empfänger die Annahme — (in der Wohnung — in dem Geschäftslokale) — verweigerte — und derselbe hier weder eine Wohnung, noch ein Geschäftslokal hat, — so habe ich das Schriftstück am Orte der Zustellung zurückgelassen.

Formular Nr. 2.

Uebergabe an Hausgenossen oder dienende Personen.
(§ 30 d. Anw.)

Gebühren:

Zustellung... *0,80 M.*
Beglaubigung
(Blatt) — „
Reisekosten
(km).. — „
0,80 M.

A. D. R. Nr. *165.*

(Abschrift) — Ausfertigung — —————— *vor*stehende*n* Schriftstücks nebst Abschrift dieser Zustellungsurkunde habe ich heute hier im Auftrage der *Königl. Staats-Anwaltschaft bei dem Landgericht II.* ——————
zu *Berlin* —————— zum Zwecke der Zustellung
an de*n Orgelbauer Christian Kleinschmidt* ——————
in dessen Wohnung *Jerusalemerstr. 103 zwei Treppen* ——————
da ich *ihn* selbst nicht angetroffen habe, — dem zur Familie gehörigen erwachsenen Hausgenossen, nämlich de*r Ehefrau* ——————
— (de in der Familie dienenden erwachsenen) ——————
—————— übergeben.

(— Da die Annahme verweigert wurde, so habe ich die Schriftstücke am Orte der Zustellung zurückgelassen,) —

Berlin, den ———*sechszehn*ten *Oktober* 18*79.*

Ferdinand Müller

Gerichtsvollzieher *kr. A.*
in *Berlin.*

Formular Nr. 3.
Uebergabe an Hauswirth oder Vermiether.
(§. 30 d. Anw.)

Gebühren:
Zustellung... *0,80 M.*
Beglaubigung (Blatt).. — „
Reisekosten[1]) (*11* km)... *0,10* „
0,90 M.

A. D. R. Nr. *179.*

(Abschrift) — Ausfertigung — ————— *vor*stehenden Schriftstücks nebst Abschrift dieser Zustellungsurkunde habe ich heute hier im Auftrage des *Rechtsanwalts Voigt* ————— zu *Liebenwerda* ————— zum Zwecke der Zustellung an den *Töpfermeister Wilhelm Schulze* ————— da ich *denselben* in der hiesigen Wohnung ————— selbst nicht angetroffen habe, auch die Zustellung an einen Hausgenossen oder an eine dienende Person nicht möglich war, der in demselben Hause wohnenden — Hauswirth*in* — (Vermiether) — nämlich der *verwittweten Gastwirth Müller, Wilhelmine geb. Voigt,* welche zur Annahme bereit war, übergeben.

Uebigau, den *vierundzwanzigsten November* 18*79.*

Ehrlich
....
Gerichtsvollzieher
in *Liebenwerda.*

[1]) Im Fall eine Ermächtigung zur Zustellung ohne Benutzung der Post nicht ertheilt ist und bei der Zustellung durch die Post das Gewicht des Briefes mehr als 15 Gramm betragen würde. (§. 18 Abs. 3 d. Anw.)

Formular Nr. 4.
Uebergabe an Gewerbegehülfen.
(§. 27 d. Anw.)

Gebühren:
Zustellung... *0,80 M.*
Beglaubigung (*1* Blatt).. *0,05* „
Reisekosten (km)... — „
0,85 M.

A. D. R. Nr. *386.*

Abschrift — (Ausfertigung) — ————— *neben*stehenden Schriftstücks nebst Abschrift dieser Zustellungsurkunde habe ich heute hier im Auftrage des *Rentiers Heinrich Brandt* ————— zu *Berlin* ————— zum Zwecke der Zustellung an den *Kaufmann Ferdinand Liebert* ————— wohnhaft zu *Schöneberg*, da ich *ihn* in *seinem* besonderen Geschäftslokale *Leipzigerstrasse 183 parterre* ————— selbst nicht angetroffen habe, dort der Gewerbegehülf*in*, nämlich der *Ladenmamsell Wilhelmine Fiedler* ————— übergeben.

— (Da die Annahme verweigert wurde, so habe ich die Schriftstücke am Orte der Zustellung zurückgelassen.) —

Berlin, den *einunddreissigsten Oktober* 18*79.*

Gräulich
....
Gerichtsvollzieher
in *Berlin.*

Formular Nr. 5.
Uebergabe an Gehülfen eines Rechtsanwalts.
(§. 28 d. Anw.)

Gebühren:

Zustellung... *0,80 M.*
Beglaubigung (Blatt) — „
Reisekosten (km).. — „
0,80 M.

(Abschrift) — Ausfertigung — ———— *vorstehenden* Schriftstücke nebst Abschrift dieser Zustellungsurkunde habe ich heute hier im Auftrage des *Königlichen Amtsgerichts* zu *Brandenburg a./H.* ———— zum Zwecke der Zustellung an den Rechtsanwalt *Geisenheimer* ———— wohnhaft zu *Brandenburg a./H.* ————, da ich ihn in dem Geschäftslokale *Potsdamerstr. 24* ———— selbst nicht angetroffen habe, dort dem — (Gehülfen) — Schreiber — desselben, *Adolph Vogel* ———— übergeben.

— (Da die Annahme verweigert wurde, so habe ich die Schriftstücke am Orte der Zustellung zurückgelassen.) —

A. D. R. Nr. *13.*

Brandenburg a./H., den ———— *ersten November* 1879.

Trautmann

Gerichtsvollzieher
in *Brandenburg a./H.*

Formular Nr. 6.
Uebergabe an Vorsteher von Behörden ꝛc. in Person.
(§§. 25, 29 d. Anw.)

Gebühren:

Zustellung... *0,80 M.*
Beglaubigung (Blatt) — „
Reisekosten (km).. — „
0,80 M.

Abschrift — (Ausfertigung) — ———— *vorstehender* Schriftstücke nebst Abschrift dieser Zustellungsurkunde habe ich heute hier im Auftrage des *Rechtsanwalts Hofmann* ———— zu *Potsdam* ———— zum Zwecke der Zustellung an den Vorstand der *Königlichen Regierung* ———— zu *Potsdam* ———— an den Vorsteher *Herrn Regierungs-Präsidenten Franke* ———— in Person übergeben.

— (Da die Annahme verweigert wurde, so habe ich die Schriftstücke am Orte der Zustellung zurückgelassen.) —

A. D. R. Nr. *167.*

Potsdam, den *vierzehnten Mai* 18*80*.

Gondter

Gerichtsvollzieher
in *Potsdam.*

Formular Nr. 7.

Uebergabe an Beamte oder Bedienstete einer Behörde oder Gemeinde.
(§. 29 d. Anw.)

Gebühren:
Zustellung ... *0,80 M.*
Beglaubigung (Blatt) . — „
Reisekosten (km) ... — „
0,80 M.

(Abschrift) — Ausfertigung — ———— vorstehenden Schriftstücks nebst Abschrift dieser Zustellungsurkunde habe ich heute hier im Auftrage des *Rechtsanwalts Dittrich* ———— zu *Schönebeck* ———— zum Zwecke der Zustellung an den Vorsteher des *Magistrats* zu *Schönebeck* ————, da ich den Vorsteher *Bürgermeister Müller* ———— in dem Geschäftslokale *am Markte* ———— während der gewöhnlichen Geschäftsstunden — nicht — (zwar) — angetroffen habe, — (derselbe aber an der Annahme verhindert war,) — dort dem bei dem *Magistrate zu Schönebeck* ———— angestellten *Stadtsekretär Wilhelm Lohse* ———— übergeben.

— (Da die Annahme verweigert wurde, so habe ich die Schriftstücke am Orte der Zustellung zurückgelassen.) —

A. D. R. Nr. *163.*

Schönebeck, den *fünfzehnten December* 187*9*.

Hoffmann
....
Gerichtsvollzieher
in *Schönebeck.*

Formular Nr. 8.

Uebergabe an Beamte oder Bedienstete von Personenvereinen.
(§. 29 d. Anw.)

Gebühren:
Zustellung ... *0,80 M.*
Beglaubigung (*4* Blatt) *0,20* „
Reisekosten (km) ... — „
1,00 M.

Abschrift — (Ausfertigung) — ———— vorstehender Schriftstücke nebst Abschrift dieser Zustellungsurkunde habe ich heute hier im Auftrage des *Windmüllers Friedrich Hinderlich* ———— zu *Schöneberg* ———— zum Zwecke der Zustellung an den Vorstand des *Vorschussvereins (eingetragene Genossenschaft)* ———— zu *Berlin* ————, da ich in dem Geschäftslokale *Dresdenerstr. 34* ———— während der gewöhnlichen Geschäftsstunden — (kein Mitglied des Vorstandes) — von den Mitgliedern des Vorstandes nur den *Direktor, Rentier Karl Träger und den zweiten Direktor, Friedrich Strauch* ———— angetroffen habe — diese aber an der Annahme verhindert waren — dort dem bei dem *Vorschussvereine (eingetragene Genossenschaft) zu Berlin* ———— angestellten *Buchhalter Wilhelm Voigt* ———— übergeben.

— (Da die Annahme verweigert wurde, so habe ich die Schriftstücke am Orte der Zustellung zurückgelassen.) —

A. D. R. Nr. *144.*

Berlin, den *dreizehnten November* 187*9*.

Kirchner
....
Gerichtsvollzieher
in *Berlin.*

Formular Nr. 9.

Uebergabe an Hausgenossen rc. bei Zustellungen an Behörden rc. ohne besonderes Geschäftslokal.
(§. 29 d. Anw.)

Gebühren:

Zustellung ... *0,80 M.*
Beglaubigung (*4* Blatt) .. *0,20* „
Reisekosten[1]) (*6* km) ... *0,10* „
1,10 M.

A. D. R. Nr. *184.*

Abschrift — (Ausfertigung) — ———— *vorstehenden* Schriftstücks nebst Abschrift dieser Zustellungsurkunde habe ich heute hier im Auftrage des *Bäckermeisters Heinrich Else* ——
zu *Günthersdorf* ———— zum Zwecke der Zustellung an den Vorstand der *Landgemeinde* ——
zu *Günthersdorf* ————, welche ein besonderes Geschäftslokal nicht hat, da ich den Vorsteher *Ortsschulzen Heinrich Müller* ——
in der hiesigen Wohnung ——
selbst nicht angetroffen habe, dort — (dem zur Familie gehörigen erwachsenen Hausgenossen, nämlich de) ——
— der in der Familie *des Ortsschulzen Heinrich Müller* ——
dienenden erwachsenen *Magd Friederike Senft* ——
übergeben.

— (Da die Annahme verweigert wurde, so habe ich die Schriftstücke am Orte der Zustellung zurückgelassen.) —

Günthersdorf, den *sechszehnten Januar* 18*80.*

Böttcher
....
Gerichtsvollzieher
in *Oschersleben.*

[1]) Vgl. Note zu Formular 3.

Formular Nr. 10.

Uebergabe an Hauswirth rc. bei Zustellungen an Behörden rc. ohne besonderes Geschäftslokal.
(§. 29 d. Anw.)

Gebühren:

Znstellung ... *0,80 M.*
Beglaubigung (Blatt) . — „
Reisekosten[1]) (km) ... — „
0,80 M.

A. D. R. Nr. *19.*

Abschrift — (Ausfertigung) — ———— *vorstehenden* Schriftstücks nebst Abschrift dieser Zustellungsurkunde habe ich heute hier im Auftrage des *Rechtsanwalts Müller* ——
zu *Dingelstedt* ———— zum Zwecke der Zustellung an den Vorstand der *Kirchengemeinde* ——
zu *Geismar* ————, welche ein besonderes Geschäftslokal nicht hat, da ich den Vorsteher *Kirchenkassenrendant Schneidermeister Karl Lilienthal* —
in der hiesigen Wohnung ——
selbst nicht angetroffen habe, auch die Zustellung an einen Hausgenossen oder an eine dienende Person nicht möglich war, dem in demselben Hause wohnenden — Hauswirth — (Vermiether) — nämlich dem *Schullehrer Joseph Gensicke*
——
welcher zur Annahme bereit war, übergeben.

Geismar, den ——*zweiten Oktober* 18*79.*

Duckstein
....
Gerichtsvollzieher
in *Dingelstedt.*

[1]) Im Fall eine Ermächtigung zur Zustellung ohne Benutzung der Post nicht ertheilt ist und bei der Zustellung durch die Post das Gewicht des Briefes nicht mehr als 15 Gramm (z. B. wenn ein nur eine Ladung enthaltendes Schriftstück zuzustellen ist) betragen haben würde. (§. 2 Abs. 3 GOGV. [§ 1039].)

Formular Nr. 11.

Zustellung an Unteroffiziere und Gemeine.
(§. 25 d. Anw.)

Gebühren:

Zustellung...	*0,80* M.
Beglaubigung (*1* Blatt)..	*0,05* „
Reisekosten (km)...	— „
Porto......	*0,10* „
	0,95 M.

A. D. R. Nr. *134.*

Abschrift — (Ausfertigung) — ——————— *neben*stehend*en* Schriftstück*s* nebst Abschrift dieser Zustellungsurkunde habe ich heute hier im Auftrage des *Kaufmanns Ferdinand Kirchner* ——————— zu *Graditz* ———————, zum Zwecke der Zustellung an den Chef der dem *Musketier Georg Meier von der 4. Comp. 4. Thüring. Inf.-Regt. No. 72* ——— zunächst vorgesetzten Kommandobehörde jenem, nämlich dem *Hauptmann und Kompagnie-Chef Herrn Voigt* ——————— in Person übergeben.

Torgau, den *dreizehnten November* 18*79*.

Riemer
....
Gerichtsvollzieher
in *Torgau*.

Formular Nr. 12.

Zustellung durch Niederlegung.
(§. 31 d. Anw.)

Gebühren:

Zustellung...	*0,80* M.
Beglaubigung (*6* Blatt)..	*0,30* „
Reisekosten[1] (*8* km)....	*0,10* „
	1,20 M.

A. D. R. Nr. *83.*

Abschrift — (Ausfertigung) — ——————— *vor*stehend*en* Schriftstück*s* nebst Abschrift dieser Zustellungsurkunde habe ich heute im Auftrage des *Malers Herrmann Rothe* ——————— zu *Herzberg a./E.* ——————— zum Zwecke der Zustellung an d*en* *Handarbeiter Friedrich Kleinstandt* ——————— wohnhaft zu *Wiederau* ———————, da ich *ihn* in der dortigen Wohnung ——————— nicht angetroffen habe, und die Zustellung weder an einen Hausgenossen, noch an eine dienende Person, noch an den Hauswirth oder Vermiether möglich war, ———
— (auf der Gerichtsschreiberei des Amtsgerichts zu) ———————
— (bei der Postanstalt ——————— zu) ———————
— bei dem Gemeindevorsteher zu *Wiederau, Ortsrichter Karl Wieland* ———
— (bei dem Polizeivorsteher zu) ———————
niedergelegt.

Die Mittheilung ist durch eine schriftliche an der Thür der Wohnung des bezeichneten Empfängers befestigte Anzeige — sowie durch mündliche Mittheilung an — (einen) — zwei — Nachbarn — bekannt gemacht.

— (Die Mittheilung an — einen zweiten — Nachbarn war nicht thunlich.)[2] —

Wiederau, den ———*siebenten November* 18*79*.

König
....
Gerichtsvollzieher *kr. A.*
in *Herzberg a./E.*

---

[1]) Vgl. Note zu Formular 3.

[2]) a) Für den Fall der Mittheilung an nur einen Nachbar lautet der Schluß:

Die Mittheilung ist durch eine schriftliche an der Thür der Wohnung des bezeichneten Empfängers befestigte Anzeige — sowie durch mündliche Mittheilung an — einen — (zwei) — Nachbarn — bekannt gemacht.

Die Mittheilung an — einen zweiten — Nachbarn war nicht thunlich.

b) Für den Fall, daß die Mittheilung an keinen Nachbar erfolgen kann, lautet der Schluß:

Die Mittheilung ist durch eine schriftliche an der Thür der Wohnung des bezeichneten Empfängers befestigte Anzeige — (sowie durch mündliche Mittheilung an — einen — zwei — Nachbarn) — bekannt gemacht.

Die Mittheilung an — (einen zweiten) — Nachbarn war nicht thunlich.

Formular Nr. 13.
Anzeige über Niederlegung eines Schriftstücks.
(§§. 31, 32 d. Anw.)

Für den *Handarbeiter Friedrich Kleinstandt, wohnhaft zu Wiederau,* habe ich heute ein im Auftrage des *Malers Hermann Rothe* ——— zu *Herzberg a./E.* ——— zuzustellendes Schriftstück ———
— (auf der Gerichtsschreiberei des Amtsgerichts zu) ———
— (bei der Postanstalt ——— zu) ———
— bei dem Gemeindevorsteher zu *Wiederau, Ortsrichter Karl Wielandt* ———
— (bei dem Polizeivorsteher zu) ———
——— niedergelegt.

Das Schriftstück ist dort abzuholen.

Wiederau, den ——— *siebenten November* 18*79.*

König
....

Gerichtsvollzieher *kr. A.*
in *Herzberg a./E.*

Formular Nr. 14.
Zustellung durch die Post.
(§. 35 d. Anw.)

Gebühren:
Zustellung... *0,40 M.*
Beglaubigung (Blatt) . — „
Postgebühr .. *0,50* „
0,90 M.

A. D. R. Nr. *236.*

(Abschrift) — Ausfertigung — ——— *vor*stehenden Schriftstücks habe ich im Auftrage des *Königl. Landgerichts* ——— zu *Torgau* ——— in einem mit meinem Dienstsiegel verschlossenen mit der Geschäftsnummer A. D. R. Nr. *236* bezeichneten und mit folgender Adresse:

An den *Kaufmann Herrn Friedrich Müller* ———
zu
Berlin, Friedrichstr. 235 I.

versehenen Briefe zum Zwecke der Zustellung an den bezeichneten Empfänger der Postanstalt ——— zu *Torgau* ——— mit dem Ersuchen übergeben, die Zustellung einem Postboten des Bestimmungsortes aufzutragen.

Torgau, den *fünfundzwanzigsten November* 18*79.*

Gernig
....

Hülfs-**Gerichtsvollzieher**
in *Torgau.*

Formular Nr. 15.
Zustellung durch Aufgabe zur Post
(§. 36 d. Anw.)

Gebühren:
Zustellung... *0,40 M.*
Beglaubigung
(*1* Blatt).. *0,05* „
Postgebühr .. *0,10* „
0,55 M.

Abschrift — (Ausfertigung) — ———— *neben*stehenden Schriftstücks nebst Abschrift dieser Zustellungsurkunde habe ich heute im Auftrage des *Lohgerbermeisters Friedrich Schulze* ————
zu *Jessen* ———— unter der Adresse

An den *Buchhändler Karl Hoffmann*
zu
Magdeburg, Breite Weg 176 II.

— (und mit dem Vermerke „Einschreiben" versehen) — zum Zwecke der Zustellung an den bezeichneten Empfänger bei der Postanstalt zu *Jessen* ———— aufgegeben.

A. D. R. Nr. *5.*

Jessen, den ————*ersten Dezember* 187*9*.

Bühring
....
Gerichtsvollzieher
in *Jessen.*

D.

Auszug[1]) aus der Anweisung,

betreffend

die Behandlung der bei den Justizbehörden entstehenden Einnahmen und Ausgaben,

vom 30. August 1867.

Erster Abschnitt.
Allgemeine Bestimmungen.

§ 1.

Wahrnehmung der Kassengeschäfte.

1. Die Erhebung der aus dem Geschäftsbetriebe der Justizbehörden entstehenden Einnahmen an Kosten und Geldstrafen erfolgt durch die Verwaltung der indirekten Steuern. Unter Kosten im Sinne dieser Anweisung sind Gerichtsgebühren, baare Auslagen, durchlaufende Gelder, ohne Materialverbrauch zu erhebende Stempelabgaben, unter Geldstrafen auch Werthsersatzgelder in Forstdiebstahlssachen und der Erlös aus dem Verkaufe der der Einziehung unterliegenden Gegenstände zu verstehen.

Die Verwaltung der indirekten Steuern verrechnet die der Staatskasse verbleibenden Hebungen nach Maßgabe der durch den Etat zu treffenden Anordnungen, verwendet die durchlaufenden Gelder ihrer Bestimmung entsprechend und bestreitet die entstehenden Hebungskosten aus den dazu bestimmten Etatsfonds.

Zur Hebung der Einnahmen wird für jede Justizbehörde eine Amtsstelle (Steuerhebestelle) bestimmt. Die Thätigkeit dieser Steuerhebestelle erstreckt sich in Bezug auf die Beitreibung der Gerichtskosten auf den Bezirk des Amtsgerichts, für welches sie bestimmt ist.

2. Alle sonstigen bei den Justizbehörden vorkommenden Einnahmen werden durch die Regierungs- (Bezirks-) Hauptkassen, in den Hohenzollernschen Landen durch die Landeskasse erhoben und nach Maßgabe der Kassenetats der Justizverwaltung verrechnet. Diese Kassen haben auch die Ausgaben der Justizverwaltung auf Grund der Etats und der von den Justizbehörden ausgehenden, in Form des Ersuchens zu erlassenden Zahlungsanweisungen zu leisten und zu verrechnen.

Bei Ausführung der Zahlungen und bei Erhebung der Einnahmen bedient sich die Regierungs-Hauptkasse in den geeigneten Fällen der Spezialkassen ihres Bezirks. Für jede Justizbehörde wird eine Spezialkasse zur Wahrnehmung der bezeichneten Verrichtungen bestimmt.

---

[1]) Es interessiren hier nur der erste und der zweite Abschnitt. Der dritte behandelt das Verfahren der Steuerbehörde, der vierte Angelegenheiten der Justizverwaltung.

§ 2.
Feststellung der Kosten und Vorschüsse.

Die Kosten werden von dem Gerichtsschreiber berechnet und selbständig festgestellt. Dies gilt von den einzufordernden Kostenvorschüssen nur insoweit, als deren Höhe gesetzlich normirt ist. Die Höhe anderer Vorschüsse wird durch das Gericht bestimmt.

Die Vorschrift des § 16 des Deutschen Gerichtskostengesetzes (DGKG.) [§ 981], über die Festsetzung des Werthes des Streitgegenstandes wird hierdurch nicht berührt.

§ 3.
Ueberweisung der Solleinnahme.

Alle Kosten und der Staatskasse gebührenden Geldstrafen werden der Steuerhebestelle überwiesen.

Die Ueberweisung erfolgt durch Registrirung der Beträge in dem von dem Gerichtsschreiber aufzustellenden Gerichtsschreiberei- oder Kostenregister (Form. 1). Durch das Zusammenheften der von dem Gerichtsschreiber der Steuerhebestelle mitgetheilten Register wird bei dieser das Gerichtskostenregister gebildet.

Form. 1.

§ 4.
Hebungsbefugnisse des Gerichtsschreibers.

1. Der Gerichtsschreiber erster Instanz ist **verpflichtet**, von den Zahlungspflichtigen Kostenvorschüsse bezw. Kosten anzunehmen, wenn von der Erlegung des Vorschusses die Fortsetzung eines Rechtsstreits, die Vornahme einer gerichtlichen Handlung oder die Haft des Schuldners abhängt [1]) oder wenn von der Erlegung der Kosten die Ausreichung einer Schrift abhängig gemacht worden ist.

2. Der Gerichtsschreiber des Gerichts erster Instanz ist **berechtigt**, Kosten zu erheben, wenn dieselben durch die Post eingehen oder durch eine mündliche Aufforderung von der Partei unmittelbar zu erlangen sind oder von dem Gerichtsvollzieher gemäß § 14 Nr. 3 vorgeschossen werden.

3. Die Annahme von Kostenvorschüssen und Kosten, welche der Steuerhebestelle zur Hebung bereits überwiesen worden sind, ist dem Gerichtsschreiber nicht gestattet. Gehen solche durch die Post ein, so sind sie unverzüglich an die Steuerhebestelle abzuführen. Die Abführung wird durch das Posteingangsnotizbuch kontrolirt.

§ 5.
Einziehung von Kosten beim Strafvollstreckungsverfahren.

Die Kosten eines Verfahrens, durch welches eine Geldstrafe verhängt worden ist, werden durch den Gerichtsvollzieher gleichzeitig mit der Geldstrafe beigetrieben und bei der Steuerhebestelle eingezahlt (§ 18).

Zweiter Abschnitt.
Berechnung und Ueberweisung der Gerichtskosten und Geldstrafen.

§ 6.*
Zuständigkeit des Gerichtsschreibers.

1. Die Berechnung und Festsetzung der Kosten erfolgt durch den Ge-

---

[1]) Vgl. § 3 GKG. [§ 968].

richtsschreiber des in § 28 des Ausführungsgesetzes zum Deutschen Gerichtskostengesetze [§ 1032] bestimmten Gerichts.

2. Die Registrirung der Kosten erfolgt auch für die Kosten der höheren Instanz ausschließlich durch den Gerichtsschreiber des Gerichts der ersten Instanz.

Die Kosten jeder Instanz werden besonders registrirt.

§ 7.

Ansatz der Kostenvorschüsse.

In Bezug auf die Erhebung von Vorschüssen sind die gesetzlichen Bestimmungen maßgebend. Auf Grund des § 84 DGKG. [§ 1021] werden Vorschüsse nur erhoben, wenn die Erhebung richterlich angeordnet ist; die gesetzliche Verpflichtung zur Zahlung der vorzuschießenden Beträge wird hierdurch nicht berührt.

§ 8.*

Zeit für den Ansatz der Kosten.

1. Die Kostenvorschüsse sind zu berechnen, sobald für die Erhebung derselben die Voraussetzungen eintreten.

2. Die Berechnung der Kosten findet unmittelbar nach der Vollziehung einer Handlung oder nach dem Erlaß einer Entscheidung statt, wenn die Thätigkeit des Gerichts damit überhaupt oder vorläufig beendigt ist. Dies gilt insbesondere, wenn die Vorschriften in § 34 Nr. 1, §§ 35, 37, 38, 41, 43, 45 bis 47 Abs. 2, §§ 48, 97 des DGKG. [§§ 998, 999, 1001, 1002, 1005, 1007, 1009 bis 1011, 1012, 1031.a] anzuwenden sind.

3. Die Schreibgebühr für Abschriften und Ausfertigungen, welche nicht von Amtswegen zu ertheilen waren, sind stets gesondert für Rechnung des Antragstellers in Ansatz zu bringen. Die Einforderung kann, wenn sie nicht vorschußweise gefordert ist, bis zur Berechnung der allgemeinen Kosten ausgesetzt werden.

4. Im Laufe des Verfahrens findet eine Berechnung der Kosten statt von Jahr zu Jahr in bürgerlichen Rechtsstreitigkeiten nach § 94 Nr. 1 DGKG. [§ 1031].

5. Die Kosten für ein zusammenhängendes Verfahren (allgemeine Kosten), soweit sie nicht unter die Vorschrift der Nr. 4 fallen, werden erst nach der Beendigung desselben berechnet.

Im Sinne dieser Anordnung gilt das Verfahren als beendigt: in bürgerlichen Rechtsstreitigkeiten bei dem Erlaß einer unbedingten Entscheidung über die Kosten, bei der Aufnahme eines Vergleichs, und bei der Zurücknahme der Klage.

6. Für die Rechtsangelegenheiten, welche durch die deutschen Prozeßordnungen nicht betroffen werden, z. B. Subhastationen, finden die bisherigen Bestimmungen über den Zeitpunkt der Kostenberechnung auch ferner Anwendung.

7. Bei Weglegung (Reposition) der Akten hat der Gerichtsschreiber zu prüfen, ob alle Kosten in Ansatz gekommen sind. Daß diese Prüfung erfolgt ist, hat der Gerichtsschreiber auf dem Aktendeckel zu bemerken.

§ 9.

Form und Inhalt der Kostenrechnung.

1. Die Kostenrechnung wird regelmäßig nach Formular 2 aufgestellt. Form. 2
Die einzelnen Kostenansätze werden darin mit Hinweis auf die angewendete

Vorschrift des Kostengesetzes aufgeführt. Die Einzelbeträge werden in Spalte 1 zur Ermittelung der Kostensumme und in die Spalten 2 bis 7 zum Nachweis der darunter befindlichen, bei der Verrechnung in Betracht kommenden Gattungen der Solleinnahme eingestellt.

2. Wenn gemäß § 94 Nr. 1 des D. GKG. [§ 1031] die allgemeinen Kosten für eine Instanz zu verschiedenen Zeiten berechnet werden, so wird aus der vorangegangenen Kostenrechnung die Summe der Spalten 1 bis 7 in der ferneren Kostenrechnung vorgetragen. Hiernach wird durch die Summe jeder eine und dieselbe Instanz betreffenden Kostenrechnung der Gesammtbetrag der allgemeinen Kosten dargestellt, welcher bis zur Anfertigung derselben für diese Instanz erwachsen ist.

3. Zum Nachweise des zu registrirenden Betrages kommen die etwa bereits registrirten Kostenvorschüsse und Kosten unter Hinweis auf die Registernummern beziehungsweise die Nummern des Einnahmeregisters in Abrechnung.

4. Wird die Verpflichtung zur Zahlung der Kosten durch eine gerichtliche Entscheidung begründet, so wird der Gesammtbetrag der allgemeinen Kosten nach den Bestimmungen dieser Entscheidung auf die Parteien vertheilt.

Sind Vorschüsse erfordert, so finden folgende Bestimmungen Anwendung:

Ergiebt sich, daß der einer Partei nach der Entscheidung zur Last fallende Kostenantheil geringer ist, als der erforderte Vorschuß, so bleibt dennoch diese Partei erster Schuldner in Höhe des auf sie registrirten, die Vorschußpflicht nicht übersteigenden Kostenvorschusses.

Ergiebt sich dagegen, daß der einer Partei auferlegte Kostenantheil höher ist, als der von ihr geforderte Vorschuß, so wird sie zwar immer Schuldner des Mehrbetrages; als erster Schuldner kommt dieselbe indeß nur bei demjenigen Theile dieses Mehrbetrages in Betracht, welcher durch die auf den Gegner innerhalb seiner Vorschußpflicht etwa bereits registrirten Kostenvorschüsse nicht gedeckt wird. Für den Rest haftet eine solche Partei nur als zweiter Schuldner.

5. Das Vorhandensein von Personen, welche als zweite Schuldner der berechneten Kosten haften (vergleiche §§ 90 und 88 des D. GKG. [§§ 1027, 1025]) wird in der letzten Spalte der Kostenrechnung in der Regel nur durch einen allgemeinen Vermerk erkennbar gemacht. Es bleibt jedoch dem Gerichtsschreiber überlassen, hierbei sogleich die Zahlungspflichtigen nach Personen und Beträgen festzustellen.

§ 10.

Darstellung der Gebührengattungen.

Bei Darstellung der verschiedenen Gebührengattungen in der Kostenrechnung ist Folgendes zu beachten:

Kostenvorschüsse jeder Art werden in Spalte 2 des Formulars 2 eingestellt. Die dadurch bewirkte Verrechnung muß jedoch durch Umschreibung berichtigt werden, wenn bei der späteren Aufstellung der Kostenrechnung sich ergiebt, daß die bereits registrirten Vorschüsse mehr betragen, als die aufgelaufenen, in Spalte 2 nachzuweisenden Gerichtskosten.

Die Berichtigung erfolgt dadurch, daß der durch die Registrirung der Vorschüsse in Spalte 2 bereits zu viel nachgewiesene Betrag durch Einstellung in Spalte 9 zur Absetzung gelangt, während er gleichzeitig in den entsprechenden Spalten 3 bis 7 ausgebracht wird.

Beträgt der registrirte Vorschuß mehr als die berechneten Kosten, so ist die Steuerhebestelle zu benachrichtigen, welcher Betrag des Vorschusses niederzuschlagen oder zurückzuzahlen ist.

Ergiebt sich, daß die registrirten Vorschüsse weniger betragen, als die abgelaufenen, in Spalte 2 nachzuweisenden Kosten, so bewendet es bei der Verrechnung der früher registrirten Vorschüsse. Auf Grund der späteren Kostenrechnung werden zunächst die in Spalte 3 bis 7 gehörigen Gattungen der Solleinnahme, soweit dies früher noch nicht geschehen war, eingestellt und in Spalte 2 nur der außerdem noch zu registrirende Restbetrag.

Reichen die auf Kosten der Instanz eingegangenen Beträge zur Deckung aller Gebührengattungen nicht aus, so erfolgt die Verrechnung zunächst auf die in Spalten 7, 6, 4 und 3 bezeichneten Beträge und zwar in der angegebenen Reihenfolge.

§ 11.

Abgekürzte Kostenrechnungen.

Die Berechnung der Kosten kann in den Akten auf der betreffenden Schrift (auch in dem Sühne-, Mahnregister u. s. w.) erfolgen, wenn die Rechnung nur wenige Ansätze umfaßt und auf frühere Registrirungen nicht Bezug zu nehmen hat. Bei der Reinschrift der Kostenrechnung wird in diesem Falle das Formular 3 benutzt. Ueberschrift und Rubrum fallen weg, wenn die Reinschrift auf das die Kosten veranlassende Schriftstück gesetzt wird. Form. 3.

§ 12.

Zahlungsunfähigkeit.

Ist bei dem Gericht die Zahlungsunfähigkeit des Kostenschuldners bekannt, so unterbleibt die Berechnung der Kosten. Der Gerichtsschreiber rechtfertigt dies durch einen Vermerk in den Akten und theilt allmonatlich der Steuerhebestelle ein Verzeichniß derjenigen Personen mit, gegen welche Kosten außer Ansatz gelassen sind. In dem Verzeichniß sind die Rechtssachen anzugeben.

Sind Thatsachen bekannt, welche die Vermuthung begründen, daß ein zur Zeit zahlungsunfähiger Schuldner später zahlungsfähig werden wird, so ist seine Kostenschuld zu berechnen und mit Angabe der betreffenden Thatsachen in Spalte „Bemerkungen" in das Register einzustellen.

§ 13.

Ausfertigung der Kostenrechnungen.

1. Behufs Mittheilung an den Zahlungspflichtigen wird von der Kostenrechnung eine Reinschrift angefertigt, welche sich auf die Spalten a bis e und auf die Spalte 1 des Formulars 2 beschränkt.

Sind in der Kostenrechnung mehrere Personen als erste Schuldner bezeichnet, so wird für jeden eine besondere Reinschrift angefertigt; die als zweite Schuldner bezeichneten Personen erhalten die Kostenrechnung erst, wenn Zahlung von ihnen verlangt wird. Die Reinschriften der Kostenrechnungen sind von dem Gerichtsschreiber zu unterzeichnen.

2. Wird der Betrag der Kostenrechnung der Steuerhebestelle überwiesen, so ist ein Formular anzuwenden, welches nachstehenden Vermerk enthält:

„Die nachstehend berechnete Schuld von .... ℳ ist binnen

einer Woche nach Empfang dieser Rechnung an die .... (Steuerhebestelle zu ....) mit Angabe der Nr. .... zu entrichten oder frankirt einzusenden.

Andernfalls tritt ohne weitere Mahnung die Beitreibung im Verwaltungszwangsverfahren ein."

An die Stelle dieses Vermerks tritt, wenn nach der Kostenrechnung eine Rückzahlung stattfinden soll, nachstehende Eröffnung:

„Die nachstehend berechnete Rückzahlung von .... ℳ ist binnen einer Woche bei der (Steuerhebestelle zu .....) in Empfang zu nehmen, widrigenfalls der Empfangsberechtigte die Zusendung auf seine Gefahr und Kosten zu gewärtigen hat."

§ 14.

Hebungen des Gerichtsschreibers.

1. Wenn der Richter die Vornahme einer gerichtlichen Handlung von der Erlegung eines Kostenvorschusses abhängig macht, so wird der betreibenden Partei in der Entscheidung eröffnet, daß der Gerichtsschreiber des Gerichts erster Instanz den Vorschuß anzunehmen habe.

2. Wird bei dem Gericht erster Instanz die Ausreichung einer Schrift von der Erlegung der Kosten oder der Schreibgebühr abhängig gemacht, so wird dem Zahlungspflichtigen die Kostenrechnung, geeignetenfalls durch Postkarte mit folgendem Vermerk mitgetheilt:

„Die .... (Bezeichnung der Schrift) liegt auf der Gerichtsschreiberei gegen Erlegung des Kostenbetrags für Sie bereit; erfolgt die Einzahlung binnen einer Woche nicht, so wird die Kostenrechnung der Steuerhebestelle zur sofortigen zwangsweisen Beitreibung überwiesen werden."

Nach Ablauf der Woche erfolgt zum Zwecke der Beitreibung die Einstellung des Betrages in das Kostenregister. Wenn zu diesem Behufe der Kostenbetrag in das Register (Form. 1) eingestellt wird, ist die Spalte f von dem Gerichtsschreiber auszufüllen.

3. Kosten für Akte, in Folge deren der Gerichtsschreiber in Vermittelung eines Parteiauftrags dem Gerichtsvollzieher Schriften zum Zwecke der Zustellung oder des Gebrauchs bei der Zwangsvollstreckung aushändigt, hat dieser vorschußweise zu entrichten, um sie unter Ausreichung der Empfangsbescheinigung des Gerichtsschreibers gleichzeitig mit seinen eigenen Gebühren von den Zahlungspflichtigen zu erfordern.

§ 15.

Einnahmeregister.

Form. 4.

Der Gerichtsschreiber verzeichnet die Gelder, welche er erhebt, sofort beim Empfange in seinem Einnahmeregister (Form. 4) nach einer durch das Etatsjahr fortlaufenden Nummerfolge und ertheilt auf Erfordern Empfangsbescheinigung. In dieser ist die Nummer des Eintrags in dem Einnahmeregister anzugeben.

Ueber die in § 14 Nr. 1 bezeichneten Vorschüsse kann die Empfangsbescheinigung auf der vorgelegten Entscheidung, welche den Vorschuß festsetzt, ertheilt werden.

Auf der bei den Akten verbleibenden Urschrift der Kostenrechnung ist die Nr. des Einnahmeregisters noch an dem Hebungstage nachzutragen.

§ 16.
Ablieferungen des Gerichtsschreibers an die Steuerhebestelle.

Das Einnahmeregister wird von dem Gerichtsschreiber täglich beim Schlusse der Geschäftsstunden aufgerechnet. Die Tageslosung ist in das Kostenregister aufzunehmen („zu registriren") und mit dem Einnahmeregister an die Steuerhebestelle noch an demselben Tage abzuliefern. Der Steuerhebestelle werden dabei Zahlungen von Gebühren der Zeugen und Sachverständigen und von Transportkosten unter Aushändigung der darüber sprechenden Belege statt baaren Geldes in Anrechnung gebracht.

Die Steuerhebestelle ertheilt dem Gerichtsschreiber eine Quittung über jede abgelieferte Tageslosung.

§ 17.
Berichtigung des Einnahmeregisters.

Wenn die nach § 14 Nr. 3 durch Vermittelung des Gerichtsvollziehers versuchte Erhebung der Kosten mißlingt, so händigt der Gerichtsvollzieher dem Zahlungspflichtigen die Kostenrechnung aus. Dieselbe muß mit dem im § 13 vorgeschriebenen Vermerke versehen sein. Die Quittungen verzeichnet er, um die Erstattung der vorgeschossenen Beträge zu erlangen, in einer Nachweisung, welche in besonderen Spalten

a) die Nr. des Einnahmeregisters,
b) die Bezeichnung der Rechtsangelegenheit und
c) den Betrag

enthält. Die Erhebung gilt als mißlungen, wenn seit Aushändigung der Kostenrechnung an den Gerichtsvollzieher vier Wochen verflossen sind.

Der Gerichtsschreiber erstattet auf Grund dieser Nachweisung und gegen Rückgabe der Quittungen dem Gerichtsvollzieher die vorgeschossenen Beträge gegen Empfangsbescheinigung. Der Gerichtsschreiber setzt die erstatteten Beträge in dem Einnahmeregister Spalte 1 und der stattgehabten Zerlegung entsprechend in den Spalten 2 bis 7 daselbst ab. Die hierbei in den Spalten 2 bis 7 sich etwa ergebenden Minusbeträge sind mit rother Tinte einzutragen. Der Gerichtsschreiber kassirt die zurückgegebenen Quittungen und liefert die Nachweisung des Gerichtsvollziehers mit dem Einnahmeregister an die Steuerhebestelle ab. Die Registernummern sind von der Steuerhebestelle bei den betreffenden Posten in dem ihr verbliebenen Einnahmeregister (Spalte Bemerkungen) zu notiren.

Die abgesetzten Kosten werden demnächst in gewöhnlicher Weise neu registrirt. Der Gerichtsschreiber füllt dabei nach der Angabe des Gerichtsvollziehers die Spalte f des Kostenregisters aus.

§ 18.*
Erhebung der Geldstrafen und der Kosten des Verfahrens, durch welches dieselben verhängt worden sind.

1. Die durch eine andere gerichtliche Entscheidung [2]) verhängte Geldstrafe kann der Verurtheilte an die Steuerhebestelle entrichten, welche für das mit der Sache befaßte Gericht erster Instanz bestimmt ist. Auf sein Verlangen hat der Gerichtsschreiber ihm ein die Rechtssache und den Betrag bezeichnendes Annahmeersuchen kostenfrei zu ertheilen. Das Annahmeersuchen wird nicht registrirt.

---

[2]) außer den Strafbefehlen.

2. Wird die Beitreibung einer Geldstrafe angeordnet, so fertigt der Gerichtsschreiber die Kostenrechnung an. In diese stellt er unter Hinweis auf die rechtskräftige Entscheidung die Geldstrafe mit ein. Für jeden Verurtheilten wird eine Reinschrift der Kostenrechnung angefertigt.

Form. 5. Das Ergebniß der Kostenrechnung wird in eine Beitreibungsliste (Form. 5) übertragen. Die Nummer, unter welcher die Einstellung stattfindet, wird auf der bei den Akten zurückbleibenden Urschrift der Kostenrechnung vermerkt.

Die Beitreibungsliste wird für jeden Gerichtsvollzieherbezirk abgesondert angelegt; die Bezirke der Gerichtsvollzieher werden durch römische Zahlen unterschieden. Bei Ausreichung der Beitreibungsliste werden dem Gerichtsvollzieher zugleich die Reinschriften der Kostenrechnungen zum Zwecke der Aushändigung übergeben.

3. Der Gerichtsvollzieher trägt den Auftrag in das allgemeine Dienstregister unter einer Nummer ein und vermerkt die Nummer und den Tag des Empfangs auf der Beitreibungsliste. Er erledigt den Auftrag, indem er dem Verurtheilten die Kostenrechnung aushändigt, Zahlung fordert, dabei auf Verlangen die Beitreibungsliste vorlegt und, wenn die Zahlung nicht vollständig erfolgt, zur Pfändung schreitet.

Das Ergebniß seiner Thätigkeit, die tarifmäßigen Gebühren und baaren Auslagen, vermerkt der Gerichtsvollzieher in der Beitreibungsliste. Ein Geldbetrag, welcher Geldstrafe und Kosten nicht vollständig deckt, wird zunächst auf die Strafe, sodann auf die Kosten verrechnet.

Nach vollständiger Erledigung des Auftrags summirt der Gerichtsvollzieher die Spalten 7, 8 und 10 der Beitreibungsliste und verzeichnet das Ergebniß der Spalte 7 in dem allgemeinen Dienstregister bei dem entsprechenden Eintrag. Wird in dem allgemeinen Dienstregister der Quartalsabschluß bewirkt, bevor die Beitreibungsliste vollständig erledigt ist, so wird der Auftrag nach Maßgabe des § 124 Abs. 3 der Geschäftsanweisung für die Gerichtsvollzieher [Anl. C] in das Register des ersten Monats des laufenden Quartals übertragen.

4. Die erledigte Beitreibungsliste übergiebt der Gerichtsvollzieher dem Gerichtsschreiber des Amtsgerichts mit den dazu gehörigen Quittungen (Spalte 9) und Protokollen, welche mit den Nummern der entsprechenden Listeneinträge zu versehen sind. Der Gerichtsschreiber prüft die Beitreibungsliste und die Anlagen und bezeugt nach Erledigung etwaiger Erinnerungen die Richtigkeit.

Betrifft der Inhalt der Beitreibungsliste nur ein Aktenstück, so ist dieselbe bei diesen Akten vorzulegen. Betrifft der Inhalt der Beitreibungsliste verschiedene Akten, so hat der Gerichtsschreiber zu den einzelnen Akten den Eingang oder Nichteingang der Strafe in kürzester Form anzuzeigen und unter der Beitreibungsliste zu vermerken, daß dies geschehen ist.

5. Hat die Zwangsvollstreckung durch den Gerichtsvollzieher die Unbeibringlichkeit der Kosten oder einer Geldstrafe, an deren Stelle eine Freiheitsstrafe nicht treten soll, ergeben, und ist zugleich die Möglichkeit einer Sicherstellung oder anderweiten Einziehung vorhanden, so hat der Gerichtsschreiber die Beträge der Steuerhebestelle zum Zweck der Einstellung in das Register über die weiter zu verfolgenden Niederschlagungen zu überweisen; eine Registrirung erfolgt in diesem Falle nicht.

6. Die Ablieferung der erhobenen Gelder an die Steuerhebestelle erfolgt, soweit sie der Staatskasse gebühren, nach Erledigung der Beitreibungsliste auf Grund eines Ablieferungsscheins, welchen der Gerichtsschreiber nach Formular 6 ausstellt und registrirt. Form 6.

7. Sind Geldstrafen und Kosten im Bezirk eines anderen Gerichts beizutreiben, so ist die Gerichtsschreiberei des betreffenden Amtsgerichts um Beitreibung zu ersuchen. Von dieser wird die Post in die Beitreibungsliste aufgenommen und seiner Zeit das Ergebniß der ersuchenden Behörde mitgetheilt. Die der Preußischen Staatskasse gebührenden Geldstrafen und Kosten werden durch den ersuchten Gerichtsschreiber registrirt.

8. Kosten und Geldstrafen, welche nach Maßgabe der Bestimmungen in Nr. 1 bei der Steuerhebestelle eingezahlt werden, sind bei dieser so lange vorläufige Verwahrung zu nehmen, bis deren Registrirung erfolgt ist.

Um diese zu erwirken, legt die Steuerhebestelle von Woche zu Woche dem Gerichtsschreiber des mit der Sache in erster Instanz befaßten Gerichts ein Verzeichniß der eingegangenen Gelder nach Formular 7 vor. Der Gerichtsschreiber nimmt das Ergebniß desselben in das Kostenregister auf, notirt die Zahlung in den Akten mit Angabe der Registernummer und legt die Vermerke der Strafvollstreckungsbehörde zur Kenntnißnahme vor. Form. 7.

Das Verzeichniß erhält die Steuerhebestelle zurück.

10.[3]) Ist die Beitreibung der Geldstrafe nicht anzuordnen, so erfolgt die Berechnung, Festsetzung und Registrirung der Kosten des Strafverfahrens in gewöhnlicher Weise.

§ 19.

Registrirung der Solleinnahmen.

1. Behufs Registrirung der Solleinnahme stellt jeder Gerichtsschreiber das in § 2 bezeichnete Kostenregister nach den Anforderungen des Formulars 1 auf. Die durchlaufenden Gelder (Spalten 6 und 7) müssen hierbei einzeln für jeden der in Spalte 8 benannten Empfangsberechtigten so bezeichnet werden, daß danach die Auszahlung bei der Steuerhebestelle bewirkt werden kann.

2. Die Spalte d ist, wenn die Kostenrechnung vollständige Angaben über die Verhaftung des zweiten Schuldnes nicht enthält (§ 9 Nr. 5), nur mit dem Vermerk „vorbehalten" auszufüllen. Sind in der Kostenrechnung vollständige Angaben über die Verhaftung zweiter Schuldner bereits enthalten, so sind dieselben in Spalte d nach Personen und Beträgen zu bezeichnen.

3. Die Einstellung der Solleinnahme in das Register erfolgt auf Grund:

a) des von dem Gerichtsschreiber geführten Einnahmeregisters (§§ 15, 16) und der von demselben ausgestellten Ablieferungsscheine (§ 18 Nr. 6);

b) der Rechnungen über Kosten, welche in das Einnahmeregister oder einen Ablieferungsschein nicht aufgenommen sind;

c) der Anträge der Steuerhebestelle auf Registrirung der in vorläufige Verwahrung genommenen Geldstrafen (§ 18 Nr. 8) und eingegangener Kosten, welche früher vorläufig niedergeschlagen waren (§ 28 Nr. 4).

In dem zuletzt gedachten Falle muß bei der Registrirung auf die Nummer des Registers über die weiter zu verfolgenden Niederschlagungen verwiesen werden.

---

[3]) Nr. 9 interessirt für den Civilprozeß nicht.

4. Bei der Einstellung einer Kostenrechnung in das Register ist die Registernummer auf die Urschrift zu setzen.

Dies gilt auch in den Fällen des § 17 Abs. 2 und § 18 Nr. 8.

5. Finden in einer Prozeßsache mehrfache Einträge in das Gerichtskostenregister statt, so ist bei jedem neuen Eintrag auf die Nummer des zuletzt voraufgegangenen Eintrags von dem Gerichtsschreiber zu verweisen.

6. Die Registernummer, mit welcher ein Monatsabschnitt des Kostenregisters schließt, bezeichnet der Gerichtsschreiber in dem Register als Schlußnummer. Am 31. März schließt die Nummerfolge des mit diesem Tage ablaufenden Etatsjahres, die Schlußnummer des Etatsjahres wird als solche bezeichnet.

7. Das Kostenregister wird durch Summirung der Spalten 1, 2 bis 7 und 9 abgeschlossen, von dem Aussteller durch Unterschrift beglaubigt und in regelmäßig ein für allemal bestimmten, einen oder mehrere Tage umfassenden Zeitabschnitten der Steuerhebestelle ausgehändigt. Sind Registrirungen nicht vorgekommen, so ist Vakatbescheinigung zu ertheilen. Dem Register werden die unter 3 c bezeichneten Schriften sowie die für die Zahlungspflichtigen bestimmten Reinschriften der Kostenrechnungen beigefügt.

8. Haben mehrere Gerichtsschreibereien oder Gerichtsschreibereiabtheilungen an dieselbe Steuerhebestelle Kostenregister abzuliefern, so erhalten die ersteren besondere Nummern, welche in römischen Ziffern den Registernummern beizufügen sind.

§ 20.
Berichtigung der Zahlungspflichten.

1. Entnimmt der Gerichtsschreiber der ersten Instanz aus den ihm wieder zugehenden Akten, daß durch die Entscheidung der höheren Instanz die Zahlungspflicht geändert ist, so macht er hiervon der Steuerhebestelle Anzeige mit dem Ersuchen, ihm Mittheilung zu machen, wenn die zu erhebenden Beträge noch nicht gezahlt sind. Ist letzteres der Fall, so hat der Gerichtsschreiber eine berichtigte Kostenrechnung für den Zahlungspflichtigen auszufertigen und behufs Mittheilung an denselben der Steuerhebestelle zu übergeben. Hat der Zahlungspflichtige bereits früher die Kostenrechnung erhalten, so bedarf es nur einer berichtigten Darstellung der Zahlungspflichten.

Dasselbe gilt, wenn für bereits registrirte Kosten später ein zweiter Schuldner eintritt.

2. Wird eine Kostenrechnung auf erhobene Beschwerde durch das Gericht derart geändert, daß eine Niederschlagung oder Zurückzahlung erfolgen muß, so hat der Gerichtsschreiber den Inhalt der Entscheidung der Steuerhebestelle mitzutheilen.

§ 21.
Registrirungsgebühr.

Ob und welche besondere Vergütung dem Gerichtsschreiber und dem Gerichtsvollzieher für die Mitwirknug bei der Erhebung der Kosten zu bewilligen sei, bleibt weiterer Bestimmung vorbehalten.[3])

---

[3]) Vgl. hierüber die allgemeinen Verfügungen v. 2. Oktober, 21. Oktober und 2. Dezember 1879 (JMBl. S. 400, 418, 462), 20. Februar und 12. April 1880 (JMBl. S. 40, 79).

Formulare.

Formular 1 (§. 3). **Etatsjahr 1. April 1880/81.**

Seite 1.

Kostenregister.

[III. Nr. 55.] Register-Nr. [1726 bis 1732]

für die Steuerhebestelle zu .... über die derselben in der Zeit vom .... bis .... überwiesenen Gerichtskosten.

Hierbei .... Anlagen.

Gerichtsschreiberei-[Abtheilung]

des Königl. Amtsgerichts

Seite 2.

Durch das Etatsjahr fortlaufende Nr.	Geschäfts-Nr. der Kostenrechnung.	Name, Stand und Wohnort der Zahlungspflichtigen.	Name des zweiten Kostenschuldners, im Falle beschränkter Mithaft mit Angabe des Betrages, im Falle die Angabe vorbehalten ist, ein Vermerk darüber.	Bezeichnung der Rechtsangelegenheit, in welcher die Kosten entstanden sind.	Tag, an welchem die Kostenrechnung dem Zahlungspflichtigen mitgetheilt ist.	Es sind zu erheben. ℳ. Pf.
a.	b.	c.	d.	e.	f.	1.
		[Außer den Linien für die Seiten- und Uebertragungssummen nur 10 Querlinien auf jeder Seite. Einträge in Spalte 1a werden von der Gerichtsschreiberei nicht aufgerechnet.]				
		Summe				
		Unterschrift des Gerichtsschreibers.				

Seite 3.

Es sind					Es sind zu verrechnen als							Umschreibungen aus Spalte 2 in die Spalten 3 bis 8.	Bemerkungen (über die Vermögenslage Zahlungspflichtiger u. s. w.).
baar eingegangen		niedergeschlagen		Zum Verzeichniß der Reste übertragen.	der Staatskasse verbleibende Gelder				durchlaufende Gelder				
Betrag.	Einnahme-Journal-Nr.	Betrag.	Niederschlagungsregister-Nr.		Gerichtskosten und Auslagen.	Stempel.	Schreibgebühren bei dem Amtsgericht.	Strafen, welche der Kasse verbleiben.	Kalkulaturgebühren.	Andere durchlaufende Gelder.	Name des Empfangsberechtigten.		
M. Pf.		M. Pf.		M. Pf.	M. Pf.	M. Pf	M. Pf.	M. Pf.	M. Pf.	M. Pf.		M. Pf.	
1a.		1b.		1c.	2.	3.	4.	5.	6.	7.	8.	9.	g.

Formular 2. (§. 9).

Königl. [Amtsgericht] ....

Kosten

Laufende Nr.	Blatt der Akten- oder Geschäfts-Nr.	Gegenstand des Kostenansatzes.	Werthstufe.	Bezeichnung der vorschußpflichtigen Partei.
a.	b.	c.	d.	e.

rechnung.

Es sind zu erheben.	Es sind zu verrechnen							Umschreibungen aus Spalte 2 in die Spalten 3 bis 8.	Bemerkungen [über die Vermögenslage der Zahlungspflichtigen 2c.].
	der Staatskasse verbleibende Gelder				durchlaufende Gelder				
	Gerichtskosten und Auslagen.	Stempel.	Schreibgebühren bei dem Amtsgericht.	Strafen, welche der Kasse verbleiben.	Kalkulaturgebühren.	Andere durchlaufende Gelder.	Name des Empfangsberechtigten.		
M. Pf	M. Pf.	M. Pf.	M. Pf.	M. Pf.	M. Pf	M. Pf.		M. Pf.	
1.	2.	3.	4.	5.	6.	7.	8.	9.	f.

Formular 4 (§. 15). (Etatsjahr 1. April 18(80/81).

Seite 1.

Einnahme-Register

der Gerichtsschreiberei-Abtheilung Nr. .... des [Amtsgerichts]

zu .... für den .... 18......

Registrirt Nr. ....

Seite 2.

Jährlich fortlaufende Nr.	Geschäfts-Nr.	Name des Einzahlers.	Bezeichnung der Rechtsangelegenheit, in welcher die Kosten entstanden sind.	Es sind erhoben. ℳ.	Pf.
a.	b.	c.	d.	1.	

Seite 3.

Es sind zu verrechnen als:							
der Staatskasse verbleibende Gelder			durchlaufende Gelder				Bemerkungen.
Gerichtskosten und Auslagen. M. Pf.	Stempel. M. Pf.	Schreibgebühren bei dem Amtsgericht. M. Pf.	Name des Empfangsberechtigten.	Kalkulaturgebühren. M. Pf.	Andere durchlaufende Gelder. M. Pf.		
2.	3.	4.	5.	6.	7.		e.

Formular 3 (§. 11).

Königliches ....

Gerichtsschreiberei-Abtheilung Nr. ....

Kostenrechnung

in Sachen ....

(Beispiel.)

Mahnverfahren.

B. 2754.

Zahlungsbefehl §. 37 [1] D.G.K.G.	Werthſ. ℳ 200 =	ℳ 2,30
Schreibgebühr		„ 0,40

zahlungspflichtig Kläger .... für .... ℳ 2,70

Formular 5 (§. 18).

Empfangen am .... 18..... Nr. ..... des allg. Dienstregisters.
Zurückgegeben am .... 18 .....

N., Gerichtsvollzieher.

Beitreibungsliste.

Die umstehend genannten Personen haben nach den wider sie ergangenen rechtskräftigen Entscheidungen die bei den einzelnen Namen verzeichneten Vermögensstrafen zu entrichten. D.............................. in .... hat die Beitreibung angeordnet.

Der Gerichtsvollzieher Herr wird beauftragt, die beigefügten Kostenrechnungen auszuhändigen, die in der Beitreibungsliste verzeichneten Geldbeträge (Geldstrafen, Werthsersatzgelder und Kosten) einzufordern, nöthigenfalls im Wege der Zwangsvollstreckung beizutreiben und die erhobenen Beträge an (die Steuerhebestelle in ....) oder, soweit dieselben dritten Berechtigten gebühren, an diese unmittelbar abzuliefern.

Dieser Auftrag ist binnen .... zu erledigen.

.... den .... 18.....

(Unterschrift).

Anmerkung. Zahlt der Pflichtige bei Aushändigung der Kostenrechnung, ohne daß es zu einem Akt der Zwangsvollstreckung kommt, so werden weder für die Staatskasse noch für den Gerichtsvollzieher Gebühren und Auslagen erhoben; kommt es zur Zwangsvollstreckung, so werden für die Staatskasse die tarifmäßigen Gebühren und baaren Auslagen des Gerichtsvollziehers liquidirt und in Spalte 7 eingestellt.

Werthsersatzgelder sind in Spalte 5 c und d auf besonderen Linien anzugeben, so daß der Betrag der Geldstrafe dem Betrage des Werthsersatzes voransteht.

Durch das Etats-jahr fort-lau-fende Nr.	Ge-schäfts-Nr.	Des Forst-dieb-stahl-ver-zeich-nisses Nr.	Des Zahlungspflichtigen Name, Stand oder Gewerbe, Wohn- oder Aufenthaltsort.	Es sind einzuziehen: im Ganzen nach dem Strafbefehl oder der Kosten-rechnung. M.	Pf.	Darunter sind enthalten: Schreib-gebühren bei dem Amtsgericht (Kosten-rechnung Spalte 4). M.	Pf.	Geld-strafen 2c. (Kosten-rechnung Spalte 5). M.	Pf.	Geld-strafen 2c. und Gebühren für andere Berechtigte (Kosten-rechnung Spalte 7). M.	Pf.
1.	2.	3.	4.	5. a.		b.		c.		d.	

Name des Berechtigten zu Spalte 5 d.	In das allgemeine Dienstregister des Gerichtsvollziehers (Spalte 9) einzustellende Gebühren, Vergütungen und baare Auslagen.				Der Gerichtsvollzieher hat eingezogen:				Empfangsbekenntniß durch Namensschrift des Berechtigten (Spalte 6) oder Hinweis auf die Quittung.	Es sind nicht zu erlangen gewesen:	
					für die Staatskasse einschließlich der in Spalte 7 bezeichneten Beträge:			für andere Berechtigte.			
	Gebühren für den Akt.	Schreibgebühr.	Reisekosten.	Sonstige baare Auslagen.	Kosten (5 a. u. 7).	Schreibgebühren bei dem Amtsgericht (5 b.)	Strafen (5 c).			Kosten u. Werthsersatzgelder.	Geldstrafen.
	ℳ Pf.	ℳ Pf.	ℳ Pf.	ℳ Pf.	ℳ Pf.	ℳ Pf.	ℳ Pf.	ℳ Pf.		ℳ Pf.	ℳ Pf.
6.	7. a.	b.	c.	d.	8. a.	b.	c.	d.	9.	10. a.	b.

Formular 6 (§. 18).

Ablieferungsschein.

Gerichtsschreiberei-Abtheilung Nr. des
Ablieferungsschein registrirt Nr.

Der Gerichtsvollzieher Herr .... hat abzuliefern die nach seiner Beitreibungsliste von Nr. .... bis .... erhobenen ℳ ....

.... **den** 18....

(Unterschrift.)

Formular 7 (§. 18).

Verzeichniß

über die während der Zeit vom bis .... durch die Steuerhebestelle zu .... in vorläufige Verwahrung genommenen, bei dem Königl. ...... Gericht in .... festgesetzten Geldstrafen und Kosten.

Nr. des Kassenbuchs.	Geschäfts-Nummer des Gerichts.	Bezeichnung der Rechtssache.	Name des Einzahlers.	Gezahlter Betrag		In das Gerichtskostenregister sind aufzunehmen							
						der Staatskasse verbleibende Gelder:						durchlaufende Gelder Sp. 7.	
						Gerichtskosten Sp. 2.		Schreibgebühren bei dem Amtsgericht Sp. 4.		Strafen Sp. 5.			
				M.	Pf.	M.	Pf.	M.	Pf.	M.	Pf.	M.	Pf.
1.	2.	3.	4.	5.		6.							
			Summa										

Register-Nr.

Anmerkung. Die Spalte 6 trägt der Gerichtsschreiber nach. Umfaßt das Verzeichniß Rechtssachen, bei denen verschiedene Gerichtsschreibereiabtheilungen betheiligt sind, so circulirt bei diesen das Verzeichniß zur vorgeschriebenen Erledigung. Die Registrirung und Aufbewahrung übernimmt in diesem Falle der ein für alle mal bestimmte Gerichtsschreiber. Demselben wird das Verzeichniß zuletzt vorgelegt.

E.

Auszug aus den Vorschriften

über die

Fondsverwaltung bei den Justizbehörden.[1])

vom 28. September 1879.

§ 8.* Jede Justizbehörde verfügt über die Fonds zur Bestreitung der Auslagen in Civil- und Strafsachen und an Porto rc. (Kap. 83, 84 und 85 des Etats[2]).

§ 13.* Betrifft die Zahlungsanweisung Auslagen, die in Rechtssachen entstanden sind, so wird dieselbe von dem Richter, durch dessen Amtshandlung bezw. Anordnung die Auslagen veranlaßt sind, Namens der Behörde unterzeichnet und der Unterschrift die Amtseigenschaft sowie ein Farbendruck des Dienstsiegels beigefügt.

Zahlungsanweisungen solcher Art sind den Empfangsberechtigten zur Vorlegung bei der Spezialkasse behufs Erhebung des angewiesenen Betrages auszuhändigen, wenn die sofortige Befriedigung aus den Hebungen eines Gerichtsschreibers (§ 16 d. Anw. v. 30. Aug. 1879 [Anl. D]) nicht ausführbar ist.

§ 14 Buchst. a bis d*. Für die Zahlungsanweisungen sind die Formulare Nr. 3 bis 7 zu benutzen. Außerdem ist Folgendes zu beachten: Form. 3—7.

a. Die in Rechtssachen entstandenen Auslagen sind in den Akten nachrichtlich zu vermerken.

Bevor die Vollziehung einer Zahlungsanweisung erfolgt, muß die dazu gehörige Liquidation durch den Gerichtsschreiber als „rechnerisch und nach den Ansätzen richtig" bescheinigt sein.

In der Regel ist die Anweisung unter die Liquidation selbst zu setzen.

Kommissionsgebühren der Gerichtsbeamten und Insertionskosten sind, soweit als thunlich, nach Monatsbeträgen auf Grund von Zusammenstellungen anzuweisen, welche die Einzelbeträge, sowie die Rechtssache ergeben und vom Gerichtsschreiber als richtig zu bescheinigen sind.

b. Ist die Zulässigkeit der Ausgabe von gewissen Bedingungen abhängig, so muß in der Zahlungsanweisung die stattgehabte Erfüllung der Bedingung bezeugt werden.

c. Beruht die einzelne Zahlungsanweisung auf einer speziellen Ermächtigung der vorgesetzten Behörde, so ist beglaubigte Abschrift derselben der Anweisung beizufügen.

d. Gründet sich die angewiesene Zahlung auf einen Vertrag, so ist derselbe der Zahlungsanweisung beizufügen, oder, wenn dies bereits früher geschehen ist, auf ihn zu verweisen.

§ 15 Abs. 1. In allen Fällen muß die Zahlungsanweisung den Empfangsberechtigten, den einmalig oder periodisch zu zahlenden Betrag, bei fortlaufenden Bewilligungen den Jahresbetrag, die Zahlungstermine, die nähere Bezeichnung des durch die Zahlung zu tilgenden Anspruchs und die Bestimmung über die Verrechnung der Ausgabe unter Benennung des Fonds nach Kapitel, Titel und Position des Etats ergeben.

---

[1]) Hier interessiren nur die wenigen Vorschriften, welche sich nicht auf die Justizverwaltung, sondern auf den Betrieb einzelner Rechtsangelegenheiten beziehen.

[2]) Nach dem Etat für 1880/81: Kap. 78, 79.

Berech[nung]

der Entschädigung

in der ....

nach Maßgabe des Gesetzes vom

— Termin am

Nr.	1. Name und Stand oder Erwerbszweig des Zeugen.	2. Aufenthaltsort des Zeugen.	3. Zeit des Termins und der Entlassung des Zeugen.	4. Einfache Entfernung vom Aufenthaltsorte ab. Landweg. km	Eisenbahn 2c. km
1.					

Anlage Nr. 3.

nung

de Zeugen

Sache ....

30. Juni 1878 (Reichs-Gesetzbl. S. 173).

.... 18..... —

5. Berechnung im Einzelnen.								6.		7.
a. Für Zeitversäumniß. §§. 2 u. 5.		b. Reiseentschädigung. §§. 7, 9—11.		c. Für Aufwand außerhalb des Aufenthaltsortes. §. 8.		d. Für Nachtquartier. §. 8.		Gesammtbetrag. (Spalte 5 a bis d).		Namensschrift als Quittung.
M.	Pf.	*M.*	Pf.	*M.*	Pf.	*M.*	Pf.	*M.*	Pf.	

Nach de. Entfernung.., den Sätzen und rechnerisch geprüft und mit .... *M.* ... *Pf.* richtig befunden. Dieser Betrag ist in den Akten notirt.

..........................., Gerichtsschreiber.

Zum Gesammtbetrage von ....*M.* ....*Pf.* festgesetzt und auf die Regierungs-Hauptkasse in .... zur Zahlung und zur Verrechnung bei Kapitel .. Titel .. des Etats [1]) angewiesen.

Entschädigung ist von de. Zeugen verlangt worden.

N............................., den 18....

Königl. ....

(Unterschrift.)

[1]) Im Staatshaushaltsetat von 1880/81 Kapitel 78 (JMBl. 1880 S. 62).

Berech

der Vergütung und Reise

in der

nach Maßgabe des Gesetzes vom

— Termin am

Nr.	1. Name und Stand oder Erwerbszweig	2. Aufenthaltsort	3. Zeit des Termins und der Entlassung des Sachverständigen.	4. Einfache Entfernung vom Aufenthaltsorte ab.	
	des Sachverständigen.			Landweg. km	Eisenbahn 2c. km
1.					

Anlage Nr. 4.

nung

entschädigung de... Sachverständigen

Sache ....

30. Juni 1878 (Reichs-Gesetzbl. S. 173).

18..... —

5. Berechnung im Einzelnen. a. Vergütung. §§. 3, 4, 5. ℳ	Pf.	b. Reise-entschädigung. §§. 7, 9—11. ℳ	Pf.	c. Für Aufwand außerhalb des Aufenthaltsortes. §. 8. ℳ	Pf.	d. Für Nachtquartier. ℳ	Pf.	6. Gesammtbetrag. (Spalte 5 a bis d). ℳ	Pf.	7. Namensschrift als Quittung.

Nach de. Entfernung.., den Sätzen und rechnerisch geprüft und mit ....ℳ ....Pf richtig befunden. Dieser Betrag ist in den Akten notirt.

..............................., Gerichtsschreiber.

Zum Gesammtbetrage von ....ℳ ....Pf. festgesetzt, und auf die Regierungs-Hauptkasse in .... zur Zahlung und zur Verrechnung bei Kapitel .. Titel .. des Etats[2]) angewiesen.

Vergütung ist von de. Sachverständigen verlangt worden.

N............................., den .... 18...

Königl. ....

(Unterschrift.)

[2]) s. Anm. 1.

Berech

der de...... nachstehend

in der ....

gemäß §. 14 des Gesetzes vom 30. Juni 1878 (Reichs-

— Termin am

Nr.	1. Name des Beamten.	2. Nähere Bezeichnung der dienstlichen Stellung des Beamten.	3. Aufenthaltsort des Beamten.	4. Nähere Angabe der Dauer der Reise.	5. Einfache Entfernung. Landweg. km	Eisen-bahn 2c. km

Anlage Nr. 5.

nung

genannten Zeugen

Sache ....

Gesetzbl. S. 173) zustehenden Tagegelder und Reisekosten.

18..... —

6. Betrag der Entschädigung an Reisekosten für Landweg. M.	Pf.	Eisenbahn ꝛc. M.	Pf.	Zu- und Abgang. M.	Pf.	Tagegeldern. M.	Pf.	7. Gesammtbetrag. (Spalte 6). M.	Pf.	8. Bezeichnung des betreffenden Gesetzes oder der bezüglichen Verordnung.	9. Namensschrift als Quittung.

Nach de. Entfernung.., den Sätzen und rechnerisch geprüft und mit ....*M.* ....*Pf.* richtig befunden. Dieser Betrag ist in den Akten notirt.

..............................., Gerichtsschreiber.

Zum Gesammtbetrage von ....*M.* ....*Pf.* festgesetzt und auf die Regierungs-Hauptkasse in .... zur Zahlung und zur Verrechnung bei Kapitel ... Titel ... des Etats[3]) angewiesen.

D.. vorstehend aufgeführte.. Zeuge.. über Umstände, von denen .... in Ausübung .... Amtes Kenntniß erhalten ha...., zugezogen und ha.... die Vergütung verlangt.

N.............................., den .... 18...

Königl. ....

(Unterschrift.)

---

[3]) S. Anm. 1.

Anlage Nr. 6.

Berechnung

der

den nachstehend aufgeführten Sachverständigen

in der .... Sache ....

gemäß §. 14 des Gesetzes vom 30. Juni 1878 (Reichs-Gesetzbl. S. 173) zustehenden Tagegelder und Reisekosten.

— Termin am .... 18..... —

Berechnung und Attest des Gerichtsschreibers	wie Formular Anlage Nr. 5.

Anweisung:

Zum Gesammtbetrage von ....*M.* ....*Pf.* festgesetzt und auf die Regierungs-Hauptkasse in .... zur Zahlung und zur Verrechnung bei Kapitel .. Titel .. des Etats[4]) angewiesen.

D.. vorstehend aufgeführte.. Sachverständige.. aus Veranlassung seines — ihres — Amtes, welches die zur Begutachtung erforderlich gewesene Kenntniß voraussetzt, zugezogen und hat — haben — die Vergütung verlangt.

N.............................., den .... 18...

Königl. ....

(Unterschrift.)

---

[4]) s. Anm. 1.

Anlage Nr. 7.

Berechnung

der

Reisekosten und Tagegelder rc.

für nachbezeichnete, in der .... Sache ....

wegen ....

auf Grund der Verfügung vom .... ausgeführte Dienstreise.*)

— Aktenzeichen: —

Zeit der Ausführung.		Reiseweg und Angabe der dienstlichen Verrichtungen.	Kilometer.		Zu- und Abgänge bei Benutzung der Eisenbahn rc.	Betrag der Entschädigung nach den Verordnungen vom 24. Dezember 1873 und 8. Mai 1876				Namensschrift als Quittung.
						im Einzelnen		zusammen.		
Monat.	Tag.		Landweg.	Eisenbahn rc.		M.	Pf.	M.	Pf.	
		Reiseweg: von .... nach .... Es erfolgte die Abreise und die Rückkehr Dienstliche Verrichtung:								
		Zusammen . . .								

1. Für den ....
...... km Landweg . . . . à — M. 50 Pf.
km Eisenbahn . . . . à — „ 13 „
...... Zu- und Abgänge . . . . à 3 „ — „
Tagegelder für .... mal 24 Stunden . . à 9 „ — „
Für .... Nachtquartier . . . . à 3 „ — „
Summe . . .

2. Für den ....
...... km Landweg . . . . à — M. 25 Pf.
km Eisenbahn . . . . à — „ 10 „
..... Zu- und Abgänge . . . . à 2 „ — „
Tagegelder für .... mal 24 Stunden . . à 4 „ 50 „
Für .... Nachtquartier . . . . à 1 „ 50 „
Summe . . .

Ueberhaupt . . . .

*) Rechtssachen betreffend.

Die Richtigkeit der obigen Angaben bescheinigt

N.., den .... 18...

....

(Namens-Unterschriften mit Angabe der Dienststellung.)

Nach den Entfernungen, den Sätzen und rechnerisch geprüft und mit .... *M.* ... *Pf.* richtig befunden. Dieser Betrag ist in den Akten notirt.

...., Gerichtsschreiber.

Die Königliche Regierungs-Hauptkasse in .... hat die vorstehende Summe von .... *M.* .... *Pf.* an die Liquidanten zu zahlen und bei Kapitel ... Titel .. des Etats[5]) zu verrechnen.

N.., den .... 18...

Königl. ....

---

[5]) s. Anm. 1.

F.
Auszug aus der Hinterlegungsordnung
vom 14. März 1879.

(GS. 1879 S. 249.)[1]

Erster Abschnitt.
Hinterlegung von Geld, Werthpapieren und Kostbarkeiten.

Erster Titel.
Allgemeine Bestimmungen.

§ 1 Abs. 1.

Für die Hinterlegung
1) von Geld,
2) von Werthpapieren auf Inhaber,
3) von Werthpapieren auf Namen, auf welche die Zahlung dem Inhaber geleistet werden kann,
4) von Kostbarkeiten

werden als Hinterlegungsstellen die Bezirksregierungen, in der Provinz Hannover die Finanzdirektion in Hannover und die Landdrosteien in Lüneburg und Osnabrück bestimmt.[2])

§ 5 Abs. 1.

Die Annahme zur Hinterlegung, die Auszahlung hinterlegter Gelder und die Herausgabe von Werthpapieren und Kostbarkeiten erfolgt auf Weisung der Hinterlegungsstelle.

§ 6.*

Die nach den bestehenden Vorschriften begründete Zuständigkeit der Gerichte, zwischen den Betheiligten über die Berechtigung oder die Verpflichtung zur Hinterlegung oder über den Anspruch auf Auszahlung oder Herausgabe zu entscheiden, sowie den Betheiligten gegenüber eine Hinterlegung oder die Auszahlung oder Herausgabe anzuordnen, wird durch die Bestimmungen des § 5 nicht berührt.

Zweiter Titel.
Hinterlegung von Geld.

§ 11.

Geld kann nur in Zahlungsmitteln hinterlegt werden, welche bei den Staatskassen in Zahlung anzunehmen sind.

Anderes als kassenmäßiges Geld ist jedoch anzunehmen, wenn der Schuldner, welcher durch Hinterlegung von einer Verbindlichkeit sich be-

---

[1]) Zur Ausführung der Hinterlegungsordnung hat der Finanzminister unter dem 29. Juli 1879 Bestimmungen erlassen. Vgl. allgemeine Verfügung vom 26. Aug. 1879 (JMBl. S. 326).

[2]) Die für diese Behörden gegebenen Vorschriften, § 1 Abs. 2 bis § 57 HO., haben für das vorliegende Werk nur insoweit Interesse, als es sich um die Formen handelt, in welchen eine Hinterlegung zu bewirken ist.

freien will, seiner Angabe nach die Verbindlichkeit durch Zahlung solchen Geldes erfüllen darf.

In diesem Falle ist das nicht kassenmäßige Geld in kassenmäßiges umzusetzen und die Staatskasse nur für den bei der Umsetzung als Reinerlös erlangten Betrag verhaftet.

§ 12.

Die Einzahlung zur Hinterlegung kann unmittelbar bei der Kasse oder mittels portofreier Einsendung durch die Post geschehen.

Im Fall der Einsendung durch die Post gilt die Einzahlung erst mit dem Eingang bei der Kasse als bewirkt.

§ 13.*

Für die Einzahlungen unmittelbar bei der Kasse kann die Hinterlegungsstelle bestimmte Tage und Stunden festsetzen.

In dringenden Fällen ist die Einzahlung während der gewöhnlichen Geschäftsstunden jederzeit zuzulassen.

§ 14.

Die Einzahlung oder Einsendung des Geldes kann ohne vorgängiges Gesuch erfolgen. Erfolgt sie ohne vorgängiges Gesuch, so ist eine schriftliche Erklärung in zwei Exemplaren bei der Einzahlung vorzulegen oder bei der Einsendung gleichzeitig einzusenden.

Die Erklärung muß enthalten:

1) Namen, Stand oder Gewerbe und Wohnort des Hinterlegers und, falls die Hinterlegung in dessen Vertretung von einer anderen Person bewirkt wird, Namen, Stand oder Gewerbe und Wohnort dieser Person;
2) den Betrag des hinterlegten Geldes und, wenn anderes als kassenmäßiges Geld hinterlegt wird, die Angabe der Geldsorten;
3) die bestimmte Angabe der Veranlassung zur Hinterlegung und, sofern die Rechtsangelegenheit, in welche die Hinterlegung erfolgt, bei einer Behörde anhängig ist, insbesondere auch die Bezeichnung der Sache und der Behörde.

In der Erklärung ist, soweit es thunlich, die Person, an welche der hinterlegte Betrag ausgezahlt werden soll, nach Namen, Stand oder Gewerbe und Wohnort zu bezeichnen.

§ 15.

Ein vorgängiges Gesuch um die Annahme ist bei der Hinterlegungsstelle schriftlich einzureichen. Demselben ist die nach § 14 erforderliche Erklärung in zwei Exemplaren beizufügen.

Der Gesuchsteller ist binnen drei Tagen nach Eingang des Gesuchs zu benachrichtigen, daß die Kasse zur Annahme des Betrages angewiesen sei, oder von dem der Annahme entgegenstehenden Hinderniß in Kenntniß zu setzen.

Die Benachrichtigung ist bei der Einzahlung vorzulegen oder bei Einsendung des Geldes in Urschrift oder Abschrift gleichzeitig einzusenden.

§ 17.

Die Gerichtsvollzieher sind zuständig, die Aufgabe des Geldes zur Post zu beurkunden.

Die Urkunde soll enthalten:

1) die Angabe, zu welcher Zeit, unter welcher Adresse und bei welcher Postanstalt die Sendung aufgegeben ist;

2) die Bezeichnung der Art des Verschlusses und der Verpackung des Geldes;
3) die Bezeichnung der Summe und der Gattungen desselben;
4) eine Abschrift der in Gemäßheit der §§ 14, 15 der Hinterlegungsstelle eingesandten Erklärung;
5) die Unterschrift des Gerichtsvollziehers.

Erfolgt die Aufgabe des Geldes durch Einzahlung bei der Post zur Auszahlung an die Hinterlegungskasse, so genügt an Stelle der unter Nr. 2, 3 vorgeschriebenen Bezeichnungen die Bezeichnung der Summen.[5])

§ 20.

Ist der Hinterleger durch Entscheidung oder Anordnung der zuständigen Behörde zur Hinterlegung für berechtigt oder verpflichtet erklärt, so darf die Annahme nicht auf Grund der Unzulässigkeit einer Hinterlegung abgelehnt werden.

Die Entscheidung oder Anordnung ist der nach § 14 erforderlichen Erklärung in Ausfertigung oder in Abschrift beizufügen. Die Kasse behält das beigefügte Schriftstück zurück.

§ 21.

Ersucht die für die Rechtsangelegenheit zuständige Behörde um Annahme eines in der Angelegenheit zu hinterlegenden Betrages, so findet die Vorschrift des § 20 Abs. 1 Anwendung.

§ 22.

Das Gesuch um Auszahlung ist bei der Hinterlegungsstelle schriftlich einzureichen. Demselben ist der Nachweis der Berechtigung zur Empfangnahme beizufügen.

§ 23.

Der Berechtigte ist binnen zehn Tagen nach Eingang des Gesuchs zu benachrichtigen, daß die Kasse zur Zahlung des Betrages an ihn angewiesen sei, oder von dem der Auszahlung entgegenstehenden Hindernisse in Kenntniß zu setzen.

§ 30.

Das Gesuch um Auszahlung darf unbeschadet der Vorschrift des § 24, nicht zurückgewiesen werden:

1) wenn durch rechtskräftige Entscheidung die Berechtigung zur Empfangnahme festgestellt oder die Auszahlung von der zuständigen Behörde angeordnet ist;
2) wenn der Antrag auf eine von der zuständigen Behörde auf die Hinterlegungsstelle ausgestellte Anweisung sich gründet;
3) wenn die Auszahlung durch Erklärung sämmtlicher Betheiligten bewilligt ist.

§ 31.

Ersucht die für die Rechtsangelegenheit zuständige Behörde um Auszahlung des hinterlegten Geldes an sie selbst oder eine in dem Ersuchen bezeichnete Person, so darf das Ersuchen nicht abgelehnt werden.

Wenn gegen die Auszahlung ein Hinderniß sich ergiebt, so ist dasselbe unter Aussetzung der Auszahlung der ersuchenden Behörde mitzutheilen. Dem weiteren Ersuchen, die Auszahlung ungeachtet des Hindernisses zu bewirken, hat die Hinterlegungsstelle zu genügen.

---

[5]) § 119 GAGB. [Anl. C].

§ 35. Abs. 1.

Die Gebühr des Gerichtsvollziehers für die Beurkundung der Aufgabe des Geldes zur Post (§ 17) beträgt achtzig Pfennig. Die Urkunde unterliegt, wenn der Betrag des Geldes die Summe von hundertundfünfzig Mark erreicht, eine Stempelabgabe von fünfzig Pfennig. Bei einem geringeren Betrage ist dieselbe stempelfrei.

Dritter Titel.

Hinterlegung von Werthpapieren und Kostbarkeiten.

§ 39 Abs. 1.*

Auf das Verfahren bei der Hinterlegung von Werthpapieren und Kostbarkeiten finden die Vorschriften der §§ 12 bis 17, 19 bis 33, 35 entsprechende Anwendung, soweit nicht Abweichungen aus den Bestimmungen dieses Titels sich ergeben.

§ 40.

Die nach § 14 erforderliche Erklärung muß an Stelle der in Nr. 2 vorgeschriebenen Angaben enthalten:

1) bei Hinterlegung von Werthpapieren:
   a. die Bezeichnung der Werthpapiere nach Gattung, Nummern und Nennbetrag, sowie nach den etwaigen sonstigen Unterscheidungsmerkmalen;
   b. falls mit den Werthpapieren die zu denselben gehörigen Talons oder Zins- oder Dividendenscheine hinterlegt werden, die hierauf bezüglichen Angaben;
   c. falls Talons oder Zins- oder Dividendenscheine zu Werthpapieren hinterlegt werden, welche bei der Kasse sich bereits in Verwahrung befinden, eine Bezugnahme auf die in Betreff der Werthpapiere selbst vorgelegte Erklärung;
2) bei Hinterlegung von Kostbarkeiten die Bezeichnung derselben nach Gattung und Stoff, sowie nach den etwaigen sonstigen Unterscheidungsmerkmalen und besonderen Eigenschaften.

Vierter Titel.

Einstellung der Verzinsung und Aufgebot.

§ 58.

Hat binnen zwanzig Jahren nach der Einstellung oder letzten Einstellung der Verzinsung [3]) die Auszahlung des Geldes nicht stattgefunden, so können die Betheiligten im gerichtlichen Aufgebotsverfahren [4]) zur Anmeldung ihrer Ansprüche aufgefordert werden.

§ 59.

Für das Verfahren ist das Amtsgericht zuständig [6]), in dessen Bezirk die Hinterlegungsstelle ihren Sitz hat.

---

[3]) Vgl. §§ 53 bis 57 HO. Regel ist Einstellung mit dem Ablaufe von zehn Jahren vom Beginn der Verzinsung an gerechnet.

[4]) Vgl. §§ 823 ff. CPO. [§§ 901 ff.], welche auch hier anwendbar sind.

[6]) § 823 Abs. 2 CPO. [§ 902 Abs. 1].

§ 60.

Zu dem Antrage auf Erlaß des Aufgebots ist die Hinterlegungsstelle berechtigt.

§ 61.

Zur Begründung des Antrages sind beizubringen:

1) die Urschrift oder eine Abschrift der bei der Hinterlegung vorgelegten Erklärung[7];
2) ein Zeugniß der Behörde über den Tag, an welchem die Hinterlegung des Geldes bewirkt, sowie über den Tag, mit welchem die Verzinsung des Geldes eingestellt oder zuletzt eingestellt worden ist[8];
3) die bei der Hinterlegungsstelle angebrachten Gesuche um Fortsetzung der Verzinsung[9] oder um Auszahlung des Geldes oder ein Zeugniß der Behörde, daß solche Gesuche nicht angebracht sind.

§ 62.

Als Rechtsnachtheil ist anzudrohen[10], daß die Ausschließung der Betheiligten mit ihren Ansprüchen gegen die Staatskasse erfolgen werde.

§ 63.

Die Vorschriften der §§ 58 bis 62 finden auf Geld, dessen Betrag die Summe von dreißig Mark nicht erreicht[10a], sowie auf Werthpapiere und Kostbarkeiten entsprechende Anwendung, soweit nicht aus den nachfolgenden Bestimmungen sich Abweichungen ergeben.

§ 64.

Der Erlaß des Aufgebots kann beantragt werden mit Ablauf von dreißig Jahren, vom Ende des Monats an gerechnet, in welchem die Hinterlegung bewirkt ist.

§ 65.

Wenn ein Betheiligter vor Ablauf der Frist unter dem Nachweis der Fortdauer der Veranlassung zur Hinterlegung, die Fortsetzung der Verwahrung beantragt, so ist der Antrag auf Erlaß des Aufgebots erst zulässig mit Ablauf von zwanzig Jahren, vom Ende des Monats an gerechnet, in welchem das den Antrag auf Fortsetzung der Verwahrung enthaltende Gesuch bei der Hinterlegungsstelle angebracht ist. Vor Ablauf der im § 64 bestimmten Frist ist der Antrag auf Erlaß des Aufgebots nicht zulässig.

§ 66.

Im Fall der Anbringung eines Gesuchs um Herausgabe von Zins- oder Dividendenscheinen oder von Talons hinterlegter Werthpapiere, sowie im Fall der Zurückweisung eines Gesuchs um Auszahlung hinterlegten Geldes (§ 63) oder um Herausgabe hinterlegter Werthpapiere oder Kostbarkeiten finden die Vorschriften des § 65 entsprechende Anwendung, wenn anzunehmen ist, daß zur Zeit der Anbringung des Gesuchs die Veranlassung zur Hinterlegung noch fortdauerte.

---

[7] vgl. § 14 HO.
[8] vgl. Anm. 3.
[9] vgl. § 54 HO.
[10] vgl. § 824 Nr. 3 CPO. [§ 903].
[10a] In diesem Falle findet nach § 10 Abs. 1 HO. eine Verzinsung und folgeweise eine Einstellung der Verzinsung nicht statt.

§ 68 [11]).

Bei Werthpapieren und Kostbarkeiten ist als Rechtsnachtheil anzudrohen, daß die Ausschließung der Betheiligten mit ihren Ansprüchen gegen die Staatskasse und mit ihren Rechten an den Gegenständen erfolgen werde.

§ 69.

Mit der Verkündung des Ausschlußurtheils erlangt die Staatskasse die Befugniß zur freien Verfügung über die Gegenstände.

Zweiter Abschnitt.

Vorläufige Verwahrung bei den Amtsgerichten.[12])

§ 70.

Die im § 1 bezeichneten Gegenstände können bei den Amtsgerichten in vorläufige Verwahrung genommen werden.

§ 71.

Die Annahme zur vorläufigen Verwahrung und die Herausgabe aus derselben erfolgt auf Anordnung des Amtsgerichts.

§ 72.

Die vorläufige Verwahrung bei den Amtsgerichten hat in dem Verhältniß zwischen den Betheiligten die Wirkungen einer Hinterlegung.

§ 73.

Die vorläufige Verwahrung ist nur in dringenden Fällen zulässig.

§ 74.*

Eine Dringlichkeit ist stets als vorhanden anzusehen:

1) wenn das Gericht den Gegenstand von Amtswegen in seinen Gewahrsam zu nehmen hat;
3) wenn von der Hinterlegung abhängt
   a. die Vollstreckbarkeit einer Entscheidung [13]);
   b. der Beginn, die Fortsetzung, die einstweilige Einstellung, die Einstellung, die Beschränkung oder die Abwendung einer Zwangsvollstreckung [14]);
   c. die Aufhebung einer erfolgten Vollstreckungsmaßregel [15]);
   d. die Anordnung, Vollziehung, Bestätigung, Abänderung oder Aufhebung eines Arrestes, einer einstweiligen Verfügung oder einer sonstigen Sicherheitsmaßregel [16]).

---

[11]) § 67 bezieht sich nicht auf Hinterlegungen in bürgerlichen Rechtsstreitigkeiten.

[12]) Vgl. hinsichtlich des Verfahrens ꝛc. bei der vorläufigen Verwahrung §§ 1 bis 13 der allgem. Verf. v. 9 Juli 1879 (JMBl. S. 173). Die Einzelnheiten sind, als nur die Justizverwaltung betreffend, hier ohne Interesse. Die Befugniß des Hinterlegers, die Hinterlegung bei der Hinterlegungsstelle zu bewirken (§ 1), bleibt durch die Zulassung der vorläufigen Verwahrung unberührt (§ 75 HO.).

[13]) §§ 650, 652 Abs. 1 CPO. [§§ 626, 628].

[14]) §§ 647, 652 Abs. 2, 657, 668 Abs. 2, 685 Abs. 1, 688 Abs. 1, 689, 690 Abs. 3, 696, 703, 803 CPO. [§§ 623, 628, 632, 643, 660, 663, 664, 665, 671, 678, 881].

[15]) §§ 647, 657, 685 Abs. 1, 688 Abs. 1, 689, 690 Abs. 3, 696, 703 CPO. [§§ 623, 632, 660, 663, 664, 665, 671, 678].

[16]) §§ 801 Abs. 2, 805 Abs. 2, 807 Abs. 1, 812, 815, 818, [§§ 879, 883, 885, 890, 893, 896].

§ 75.

Im Fall des § 74 Nr. 1 ist, wenn die Absendung des Gegenstandes an die Hinterlegungsstelle nicht sofort bewirkt wird, die vorläufige Verwahrung von Amtswegen anzuordnen.

In den übrigen Fällen kommen, unbeschadet der Befugniß des Hinterlegers, die Hinterlegung bei der Hinterlegungsstelle zu bewirken, die Vorschriften der §§ 76 bis 78 zur Anwendung.

§ 76.*

Die Verwahrung erfolgt in Civilprozeßsachen bei dem Amtsgericht, welches als Vollstreckungsgericht zuständig ist, oder in Ermangelung eines Vollstreckungsgerichts bei dem Amtsgericht, welches die Entscheidung erlassen hat, oder in dessen Bezirk das Gericht, von welchem die Entscheidung erlassen ist, seinen Sitz hat.

In dem die Entscheidung enthaltenden Urtheil oder Beschluß oder durch eine nachträgliche Anordnung kann ein anderes Amtsgericht für die Annahme zur vorläufigen Verwahrung bestimmt werden.

§ 77.

Das Gesuch um die Annahme ist schriftlich in zwei Exemplaren einzureichen oder zum Protokoll des Gerichtsschreibers anzubringen. Dasselbe muß eine den Vorschriften des § 14 Abs. 2, 3 oder des § 40 entsprechende Erklärung enthalten [17]). Wird die Annahme auf Grund einer Entscheidung oder Anordnung der für die Rechtsangelegenheit zuständigen Behörde beantragt, so ist eine Ausfertigung oder Abschrift der Entscheidung oder Anordnung beizufügen. Im Falle des § 19 Abs. 1 [18]) finden die Vorschriften des § 19 Abs. 3, 5, 6 entsprechende Anwendung.

§ 78.

Ueber die Annahme ist auf dem einen Exemplar des Gesuchs oder auf einer Abschrift des Protokolls sofort eine Bescheinigung zu ertheilen.

Die Bescheinigung ist von dem Amtsrichter und dem Gerichtsschreiber zu unterschreiben und mit dem Gerichtssiegel zu versehen.

§ 79.

Die vorläufig zu verwahrenden Gegenstände werden unter gemeinschaftlichem Verschluß des Amtsrichters und des Gerichtsschreibers aufbewahrt. Die Annahme und die Herausgabe ist von dem Amtsrichter und dem Gerichtsschreiber gemeinschaftlich zu bewirken. Bei der Buchführung sind die Vermerke über die Annahme und die Herausgabe von dem Amtsrichter und dem Gerichtsschreiber zu unterschreiben.

§ 80.

Bei den Amtsgerichten, welche der Justizminister bezeichnet, können die durch die Vorschriften der §§ 78 und 79 dem Amtsrichter und dem Gerichtsschreiber übertragenen Geschäfte zwei Gerichtsschreibern übertragen werden.

§ 81.

Gold wird ohne Vermischung mit anderem Gelde aufbewahrt.

---

[17]) Vgl. Formulare Nr. 2, 3 zur allgemeinen Verfügung v. 9. Juli 1879 (JMBl. S. 173.)

[18]) Hinterlegung zum Zwecke der Schuldbefreiung.

§ 82.

Das Amtsgericht kann die Hinterlegung der Gegenstände bei der Hinterlegungsstelle jederzeit bewirken.

Es hat dieselbe zu bewirken, wenn nach seinem Ermessen anzunehmen ist, daß die Herausgabe nicht binnen sechs Wochen erfolgen werde.

§ 83.*

Der Sendung an die Hinterlegungsstelle ist beizufügen:

1) im Falle des § 74 Nr. 1 eine in Gemäßheit der Vorschriften des § 14 Abs. 2, 3 oder des § 40 aufzustellende Erklärung sowie, falls es sachgemäß erscheint, eine Abschrift der Entscheidung oder Anordnung, auf Grund deren die Hinterlegung erfolgt;
2) in den übrigen Fällen das zurückbehaltene Exemplar des Gesuchs oder das Protokoll unter Beifügung der Ausfertigung oder Abschrift der Entscheidung oder Anordnung.

Die Uebersendung erfolgt auf Kosten und Gefahr der Betheiligten. Eine Kürzung des Portos von dem zu übersendenden Betrage findet nicht statt.

§ 84.

Der in der Erklärung als Hinterleger oder als Vertreter des Hinterlegers bezeichneten Person ist eine Bescheinigung über die erfolgte Hinterlegung zu ertheilen. Eine Abschrift der Bescheinigung ist dem Amtsgericht mitzutheilen.

§ 85.

Geschieht die Herausgabe aus der vorläufigen Verwahrung an den Empfangsberechtigten durch das Amtsgericht, so erfolgt sie unmittelbar bei demselben oder unter entsprechender Anwendung der §§ 25, 26, 43, 45 mittels Uebersendung durch die Post.

§ 86.

Gegen den Beschluß, durch welchen die Annahme zur vorläufigen Verwahrung oder die Herausgabe aus derselben abgelehnt wird, findet die Beschwerde nach Maßgabe der §§ 532 bis 538 CPO. [§§ 540 bis 544] statt. [19])

---

[19]) Der dritte Abschnitt der HO. bezieht sich nur auf Angelegenheiten, welche zu der streitigen Gerichtsbarkeit nicht gehören.

Anlage G.

Tabelle der Gerichtsgebühren

in bürgerlichen Rechtsstreitigkeiten für die erste Instanz.[1])

Laufende Nr.	**Werthsstufe** § 8 GKG. [§ 973].	**Volle Gebühr** (Verhandlungs-, Beweis-, Entscheidungsgebühr), §§ 18, 21 bis 24 GKG. [§§ 983, 985 bis 988]. ℳ	**Sechs Zehntheile** der vollen Gebühr (Urkunden- und Wechselprozeß), § 25 GKG. [§ 989]. ℳ	**Fünf Zehntheile** der vollen Gebühr, §§ 26, 29, 36, 42 GKG. [§§ 990, 993, 1000, 1006]. ℳ	**Drei Zehntheile** der vollen Gebühr, §§ 27, 34, 37 Nr. 1, 41, 42, 44, 45, 47 GKG. [§§ 991, 998, 1001, 1005, 1006, 1008, 1009, 1011]. ℳ	**Zwei Zehntheile** der vollen Gebühr, §§ 35, 37 Nr. 2, 38, 43, 46 GKG. [§§ 999, 1001, 1002, 1007, 1010]. ℳ
1.	bis 20 ℳ einschl.	1,00	0,60	0,50	0,30	0,20
2.	über 20 ℳ bis 60 ℳ einschl.	2,40	1,50	1,20	0,80	0,50
3.	„ 60 „ „ 120 „ „	4,60	2,80	2,30	1,40	1,00
4.	„ 120 „ „ 200 „ „	7,50	4,50	3,80	2,30	1,50
5.	„ 200 „ „ 300 „ „	11,00	6,60	5,50	3,30	2,20
6.	„ 300 „ „ 450 „ „	15,00	9,00	7,50	4,50	3,00
7.	„ 450 „ „ 650 „ „	20,00	12,00	10,00	6,00	4,00
8.	„ 650 „ „ 900 „ „	26,00	15,60	13,00	7,80	5,20
9.	„ 900 „ „ 1200 „ „	32,00	19,20	16,00	9,60	6,40
10.	„ 1200 „ „ 1600 „ „	38,00	22,80	19,00	11,40	7,60
11.	„ 1600 „ „ 2100 „ „	44,00	26,40	22,00	13,20	8,80
12.	„ 2100 „ „ 2700 „ „	50,00	30,00	25,00	15,00	10,00
13.	„ 2700 „ „ 3400 „ „	56,00	33,60	28,00	16,80	11,20
14.	„ 3400 „ „ 4300 „ „	62,00	37,20	31,00	18,60	12,40
15.	„ 4300 „ „ 5400 „ „	68,00	40,80	34,00	20,40	13,60
16.	„ 5400 „ „ 6700 „ „	74,00	44,40	37,00	22,20	14,80
17.	„ 6700 „ „ 8200 „ „	81,00	48,60	40,50	24,30	16,20
18.	„ 8200 „ „ 10000 „ „	90,00	54,00	45,00	27,00	18,00
19.	„ 10000 „ „ 12000 „ „	100,00	60,00	50,00	30,00	20,00
20.	„ 12000 „ „ 14000 „ „	110,00	66,00	55,00	33,00	22,00
1ff.	und so weiter; es sind für je 2000 ℳ mehr zuzusetzen	10,00	6,00	5,00	3,00	2,00

[1]) Vgl. Anm. 1 zu [§ 527].

[Anlage H.]

Tabelle der Rechtsanwaltsgebühren

in bürgerlichen Rechtsstreitigkeiten für die erste u. zweite (Berufungs- u. Beschwerde-) Instanz.[1]

Laufende Nr.	**Werthsstufe.** (§ 9 GORA. [§ 1088]).	**Volle Gebühr** (Prozeß-, Verhandlungs- und Vergleichsgebühr), §§ 13, 37 Abs. 3, 44, 48 GORA. [§§ 1092, 1116, 1123, 1127]. M.	**Sechs Zehntheile** der vollen Gebühr (Urkunden- und Wechselprozeß), § 19 GORA. [§ 1098]. M.	**Fünf Zehntheile** der vollen Gebühr, §§ 13 Abs. 2, 14, 16, 17, 18, 20, 21, 22, 39, 42 bis 46, 47 Abs. 2 GORA. [§§ 1092, 1093, 1095, 1096, 1097, 1099, 1100, 1101, 1108, 1121 bis 1125, 1126]. M.	**Drei Zehntheile** der vollen Gebühr, §§ 23, 37, 38 Nr. 1, 39 bis 41, 47 Abs. 1 GORA. [§§ 1102, 1116, 1117, 1118 bis 1120, 1126]. M.	**Zwei Zehntheile** der vollen Gebühr, §§ 24, 38 Nr. 2, 3, § 51 GORA. [§§ 1103, 1117, 1130]. M.
1.	bis 20 M. einschl.	2,00	1,20	1,00	1,00	1,00
2.	über 20 M. „ 60 M. einschl.	3,00	1,80	1,50	1,00	1,00
3.	„ 60 „ „ 120 „ „	4,00	2,40	2,00	1,20	1,00
4.	„ 120 „ „ 200 „ „	7,00	4,20	3,50	2,10	1,40
5.	„ 200 „ „ 300 „ „	10,00	6,00	5,00	3,00	2,00
6.	„ 300 „ „ 450 „ „	14,00	8,40	7,00	4,20	2,80
7.	„ 450 „ „ 650 „ „	19,00	11,40	9,50	5,70	3,80
8.	„ 650 „ „ 900 „ „	24,00	14,40	12,00	7,20	4,80
9.	„ 900 „ „ 1200 „ „	28,00	16,80	14,00	8,40	5,60
10.	„ 1200 „ „ 1600 „ „	32,00	19,20	16,00	9,60	6,40
11.	„ 1600 „ „ 2100 „ „	36,00	21,60	18,00	10,80	7,20
12.	„ 2100 „ „ 2700 „ „	40,00	24,00	20,00	12,00	8,00
13.	„ 2700 „ „ 3400 „ „	44,00	26,40	22,00	13,20	8,80
14.	„ 3400 „ „ 4300 „ „	48,00	28,80	24,00	14,40	9,60
15.	„ 4300 „ „ 5400 „ „	52,00	31,20	26,00	15,60	10,40
16.	„ 5400 „ „ 6700 „ „	56,00	33,60	28,00	16,80	11,20
17.	„ 6700 „ „ 8200 „ „	60,00	36,00	30,00	18,00	12,00
18.	„ 8200 „ „ 10000 „ „	64,00	38,40	32,00	19,20	12,80
19.	„ 10000 „ „ 12000 „ „	68,00	40,80	34,00	20,40	13,60
20. bis 38.	u. s. w.; es sind für je 2000 M. mehr zuzusetzen	4,00	2,40	2,00	1,20	0,80
39.	von 50000 M. bis 52000 M. einschl.	147,00	88,20	73,50	44,10	29,40
40. bis 63.	u. s. w.; es sind für je 2000 M. mehr zuzusetzen	3,00	1,80	1,50	0,90	0,60
64.	von 100000 M. bis 102000 M.	221,00	132,60	110,50	66,30	44,20
65 ff.	u. s. w.; es sind für je 2000 M. mehr zuzusetzen	2,00	1,20	1,00	0,60	0,40

[1]) Vgl. Anm. 1 zu [§ 527]. — Die Gebühren für die Berufungsinstanz sind denen der ersten Instanz gleich.

Zusätze.

Zu Seite 1 [§ 2] (§ 2 GVG.) Anm. 2, Zeile 3:
und allg. Verf. v. 26. Nov. 1880, JMBl. S. 270.

Zu Seite 5 [§ 13] (§ 13 GVG.) Anm. 2:
und Gesetz zur Abänderung und Ergänzung des erstgenannten Gesetzes und Einführung desselben im gesammten Umfang der Monarchie vom 2. August 1880 (GS. S. 315).

Zu Seite 10 [§ 22] (§ 21 AG. GVG.) Anm. 1:
Verordnung über Abänderung der Verordnung zu b. vom 27. Oktober 1880 (GS. S. 363).

Zu Seite 24 [§ 74] (§ 191 GVG.), als neue Anm. 1a):
1a) Vgl. Dolmetscherordnung vom 9. November 1880 (JMBl. S. 253).

Zu Seite 68 [§ 235] (§ 158 CPO.), Anm. 10:
Vgl. allgemeine Verfügung vom 29. Juli 1880, betreffend die Ladungen der Landgendarmen (JMBl. S. 186).

Zu Seite 75 [§ 261] (§ 182 CPO.) als neue Anm. 40a):
40a) Vgl. allgemeine Verfügung vom 3. September 1880, betreffend die im Auslande zu bewirkenden Zustellungen (JMBl. S. 205).

Zu Seite 156 [§ 575] (§ 571 CPO.) als neue Anm. 7a):
7a) Mittheilung von den Sühneterminen an evangelische Geistliche: allgemeine Verfügung vom 27. August 1879 (JMBl. S. 260).

Zu Seite 212 [§ 752] (§ 18 SO.) als neue Anm. 8a):
8a) Vgl. betreffs der den Bezirksregierungen zuzustellenden Abschriften der Subhastationspatente allgemeine Verfügung vom 27. November 1880 (JMBl. S. 266).

Zu Seite 326 Anm. 1 zu § 7 der [Anlage A.]:
Vgl. auch die allgemeine Verfügung vom 17. September 1880, betreffend die Aussonderung und den Verkauf der unbrauchbaren Akten der Justizbehörden (JMBl. S. 213).

Zu Seite 427 § 13 Anm. 2, neue Anm. 1a):
1a) Vgl. allgemeine Verfügung vom 4. Dezember 1880, betreffend die nach Beendigung einer Rechtsangelegenheit und Berichtigung der Kosten übrig bleibenden Kostenvorschußbestände (JMBl. S. 271) vb. m. der allgemeinen Verfügung gleichen Inhalts vom 13. Juli 1880 (JMBl. S. 160).

[Abgeschlossen am 15. Dezember 1880.]

Verzeichniß

der abgedruckten Vorschriften aus Gesetzen, Verordnungen und Verfügungen.

Bemerkung.

Die Verweisungen beziehen sich auf die §§ dieses Werks.

Die kleinen Ziffern bezeichnen die Anmerkungen.

Die großen lateinischen Buchstaben (A bis F) bedeuten die Anlagen, die denselben beigedruckten Ziffern die §§ derselben.

A. Reichsgesetze.

I. Gerichtsverfassungsgesetz.

Einführungsgesetz zum Gerichtsverfassungsgesetz.

II. Civilprozeßordnung.

§		§		§		§	
58	137	118	197	181	259	246	324
59	138	119	198	182	260	247	325, 326
60	139	120	199	183	261	248	327
61	140	121	200	184	262	251	330
62	141	122	202	185	263	252	331
63	142	124	203	186	264	253	332
64	143	125	204	187	265	254	333
65	144	126	205	188	266	255	334
66	145	127	206	189	267	256	335
67	146	128	207	190	268	257	336
68	147	129	208	191	269	258	337
69	148	130	209	193	270	259	338
70	149	132	210	194	271	260	339
71	150	133	211	195	272	261	340
72	151	134	212	196	273	262	341
73	152	135	213	197	274	263	342
74	153[1]	136	214	198	275	264	343
75	153	137	215	199	276	265	344
76	155	138	216	200	277	266	345
77	156	139	217	201	278	267	346
78	157	140	218	202	279	268	347
79	158	141	219	203	280	271	350
80	159	142	220	204	281	272	351
81	160	143	221	205	282	273	352
82	161	144	222	206	283	274	353
83	162	145	223	207	284	275	354
84	163	146	224	208	285	276	355
85	164	148	225	209	286	277	356
86	165	149	226	210	287	278	357
87	166	150	227	211	288	279	358
88	167	151	228	212	289	280	359
89	168	152	229	213	290	281	360
90	169	153	230	214	291	282	361
91	170	154	231	215	292	283	362
92	171	155	232	216	293	284	363
93	172	156	233	217	294	285	364
94	173	157	234	218	295	286	365
95	174	158	235	219	296	287	366
96	175	159	236	220	297	288	367
97	176	160	237	222	298	289	368
98	177	161	238	223	299	290	369
99	178	162	240	224	300	291	370
100	179	163	241	225	301	292	371
101	180	164	242	226	302	293	372
102	181	165	243	227	303	294	373
103	182	166	244	228	304	295	374
104	183	167	245	229	305	296	375
105	184	168	246	230	306	297	376
106	185	169	247	231	307	298	377
107	186	170	248	232	308	299	378
108	187	171	249	234	311	300	379
109	188	172	250	235	313	301	380
110	189	173	251	236	314	302	381
111	190	174	252	237	315	303	382
112	191	175	253	238	316	304	383
113	192	176	254	239	317	305	384
114	193	177	255	240	319	306	385
115	194	178	256	241	320	307	386
116	195	179	257	242	321	308	387
117	196	180	258	243	322	309	388

§		§		§		§	
310	389	380	450	440	511	551	557
311	390	381	451	441	512	552	558
312	391	382	452	442	513	553	559
321	393	383	453	443	514	554	560
322	394	384	454	444	515	555	561
323	395	385	455	445	516	556	562
324	396	386	456	446	517	558	563
325	397	387	457	447	518	559	564
327	398	388	458	448	519	560	565
328	399	389	459	449	520	561	566
329	400	390	460	450	521	562	567
330	401	391	461	451	522	563	568
331	402	392	462	452	523	565	569
332	403	393	463	453	524	566	570
333	404	394	464	454	525	567	571
334	405	395	465	455	526	568	572[4]
335	406	396	466	457	309	570	574
336	407	397	467	458	310	571	575
337	408	398	468	459	311	572	576
338	409	399	469	460	306	573	577
339	410	400	470	461	312	584	578
340	411	401	471	462	201	593	579
341	412	402	472	463	323	594	580
342	413	403	473	464	209	595	581
343	414	404	474	465	325, 326	596	582
344	415	405	475	466	328	597	583
345	416	406	476	467	329	598	584
346	417	407	477	468	474	599	585
347	418	408	478	470	349	600	586
348	419	409	479	471	348	601	587
349	420	410	480	472	527	602	588
350	421	411	481	473	528	603	589
351	422	412	482	474	529	604	590
352	423	413	483	475	530	605	591
354	424	414	484	476	531	606	591
355	425	415	485	477	532	616	592
356	426	416	486	478	533	617	593
357	427	417	487	479	534	618	594
358	428	418	488	480	535	619	595
359	429	419	489	482	536	620	596
360	430	420	490	483	537	621	597
361	431	421	491	506	538	622	598
362	432	422	492	530	539	623	599
363	433	423	493	531	540	624	600
364	434	424	494	532	541	625	601
365	435	425	495	533	542	626	602
366	436	426	496	534	543	627	603
367	437	427	497	535	544	628	604
368	438	428	498	539	545	629	605
369	439	429	499	540	546	630	606
370	440	430	500	541	547	631	607
371	441	431	501	542	548	632	608
372	442	432	502	543	549	633	609
373	443	433	503	544	550	634	610
374	444	434	504	545	551	635	611
375	445	435	505	546	552	636	612
376	446	436	506	547	553	637	613
377	447	437	508	548	554	638	614
378	448	438	509	549	555	639	615
379	449	439	510	550	556	640	616

§		§		§		§	
641	617	700	675	758	836	816	894
642	618	701	676	759	837	817	895
643	619	702	677	760	838	818	896
644	620	703	678	761	839	819	897
645	621	704	679	762	840	820	898
646	622	705	680	763	841	821	899
647	623	706	677 [73]	764	842	822	900
648	624	707	681	765	843	823	901, 902
649	625	708	682	766	844	824	903
650	626	709	683	767	845	825	904
651	627	710	684	768	846	826	905
652	628	711	685	769	847	827	906
653	629	712	686	770	848	828	908
654	630	713	687	771	849	829	909
655	631	714	688	772	850	830	910
657	632	715	689	773	851	831	911
658	633	716	690	774	852	832	912
659	634	717	691	775	853	833	913
660	635	718	692	776	854	834	914
661	636	719	693	777	855	836	915
662	637	720	694	778	856	837	916
663	638	721	695	779	857	838	917
664	639	722	696	780	858	839	918
665	640	723	697	781	859	840	919
666	641	724	698	782	860	841	920
667	642	725	699	783	861	842	921
668	643	726	700	784	862	843	922
669	644	727	701	785	863	844	923
670	645	728	702	786	864	845	924
671	646	729	703	787	865	846	925
672	647	730	704	788	866	847	926
673	648	731	705 [8]	789	867	848	927
674	649	732	706	790	868	849	928
675	650	733	707	791	869	850	929
676	651	734	708	792	870	851	934
677	652	735	709	793	871	852	935
678	653	736	710	794	872	853	936
679	654	737	711	795	873	854	937
680	655	738	712	796	874	855	938
681	656	739	713	797	875	856	939
682	657	740	714	798	876	857	940
683	658	741	715	799	877	858	941
684	659	742	716	800	878	859	942
685	660	743	717	801	879	860	943
686	661	744	718	802	880	861	944
687	662	745	719	803	881	862	945
688	663	746	720	804	882	863	946
689	664	747	721	805	883	864	947
690	665	748	722	806	884	865	948
691	666	749	723	807	885	866	949
692	667	750	724	808	886	867	950
693	668	751	725	809	887	868	951
694	669	752	726	810	888	869	952
695	670	753	727	811	889 [14]	870	953
696	671	754	728	812	890	871	954
697	672	755	731	813	891	872	955
698	673	756	732	814	892		
699	674	757	729 [1], 800	815	893		

Einführungsgesetz zur Civilprozeßordnung.

III. Konkursordnung.

IV. Rechtsanwaltsordnung.

V. Gerichtskostengesetz.

VI. Gebührenordnung für Gerichtsvollzieher.

VII. Gebührenordnung für Zeugen und Sachverständige.

VIII. Gebührenordnung für Rechtsanwälte.

§		§		§		§	
1	1080	19	1098	37	1116	79	1134
2	1081	20	1099	38	1117	80	1135
3	1082	21	1100	39	1118	81	1136
4	1083	22	1101	40	1119	82	1137
5	1084	23	1102	41	1120	83	1138
6	1085	24	1103	42	1121	84	1139
7	1086	25	1104	43	1122	85	1140
8	1087	26	1105	44	1123	86	1141
9	1088	27	1106	45	1124	87	1142
10	1089	28	1107	46	1125	88	1143
11	1090	29	1108	47	1126	89	1144
12	1091	30	1109	48	1127	90	1145
13	1092	31	1110	49	1128	91	1146
14	1093	32	1111	50	1129	92	1147
15	1094	33	1112	51	1130	93	1148
16	1095	34	1113	76	1131	94	1149
17	1096	35	1114	77	1132		
18	1097	36	1115	78	1133		

IX. Kleinere Reichsgesetze.

Reichsgesetz vom 8. November 1867 § 261 [40]
" " 21. Juni 1869 § 723 [29. 30]

B. Preußische Gesetze.

I. Gesetze, welche zur Ausführung oder aus Veranlassung der Reichsjustizgesetze ergangen sind.

(Nach der Zeitfolge geordnet).

1. Ausführungsgesetz zum Gerichtsverfassungsgesetze v. 24. April 1878.

§		§		§		§	
2	10	9	4, 6	22	23	68	34
3, 4	11	10	4	23	27	73	41
7	2	11	7	24	28	79	25
8	3	21	22	39	31	89	59

2. Gesetz, betreffend die Dienstverhältnisse der Gerichtsschreiber, v. 3. März 1879.

§		§		§	
4, 5	35, 36	6	37	8	39
		7	38	9	40

3. Gesetz, betreffend die Zwangsvollstreckung in das unbewegliche Vermögen, vom 4. März 1879.

§		§		§		§	
1	729	6	735	12	781	20	786 [19]
2	730	7	736	13	751	21	786, 793
3	731, 732	8	737	14	782	22	738
4	733	9	770, 775, 781	16	778	23	835
5	734	10	770	18	800	24	889

4. Ausführungsgesetz zur Konkursordnung vom 6. März 1879.

§ 7 684 [7].

5. Ausführungsgesetz zum Deutschen Gerichtskostengesetze vom 10. März 1879.

§		§		§	
17	1013	28	1032	30	1034
24	1019	29	1033	39	1061, 1062

6. Hinterlegungsordnung vom 14. März 1879 (Auszug) . . . . F.

II. Sonstige Gesetze.

III. Ministerialverfügungen.

Sachregister.

Bemerkungen.

Da diejenigen Vorschriften der Gebührengesetze und der Anlagen, welche sich lediglich auf eine bestimmte, in dem Werke abgedruckte Gesetzesvorschrift beziehen, in den Anmerkungen zu letzterer angeführt sind, ist von einer Verweisung auf dieselben im Sachregister Abstand genommen.

Im Uebrigen vgl. die Bemerkung vor dem Verzeichnisse der Gesetzesstellen.

Druckfehler.

S. 9 Z. 8 v. u. lies **13.** Februar statt 20. Februar

S. 35 Z. 11 v. u. in Anm. 16 lies [§ 372] statt [§ 572].

S. 73 Z. 12 v. o. lies § 260 statt § 261.

S. 274 Anm. 1 lies § 5 CPO. [§ 85] statt § 6 CPO. [§ 86].

S. 304 Z. 1 v. u. [§ 1084] lies Anfertigung statt Ausfertigung.

Druck von Troitzsch & Ostertag in Berlin.

FSC
www.fsc.org
MIX
Papier | Fördert gute Waldnutzung
FSC® C083411

Kolibri 360 GmbH
Ferdinand-Jühlke-Straße 7
99095 Erfurt, Deutschland
produktsicherheit@kolibri360.de